Ottmar Schneck

Handbuch Alternative Finanzierungsformen

Prof. Dr. Ottmar Schneck lehrt an der European School of Business ESB Reutlingen Banking, Finance & Rating und ist als Rating- und Finanzexperte in zahlreichen Gremien und Organiationen beratend und als Beirat tätig (www.ottmar-schneck.de). Darüber hinaus gründete er 2002 eine Ratingagentur, die sich auf Ratings mittelständischer Unternehmen und die Herstellung bankunabhäniger Ratingsysteme spezialisiert hat (www.schneck-rating.de). Lehrbücher von ihm sind zum Teil Bestseller (zum Beispiel *Lexikon der Betriebswirtschaft*, dtv) und in Hochschulen Standard (zum Beispiel *Betriebswirtschaft konkret*, Wiley-VCH).

Ottmar Schneck

Handbuch Alternative Finanzierungsformen

*Anlässe, Private Equity, Genuss-
scheine, ABS, Leasing, Factoring,
Mitarbeiterbeteiligung, BAV,
Franchising, Stille Gesellschaft,
Partiarisches Darlehen,
Börsengang*

WILEY-VCH Verlag GmbH & Co. KGaA

1. Auflage 2006

Alle Bücher von Wiley-VCH werden sorgfältig
erarbeitet. Dennoch übernehmen Autoren,
Herausgeber und Verlag in keinem Fall, einschließlich des vorliegenden Werkes, für die
Richtigkeit von Angaben, Hinweisen und Rat-
schlägen sowie für eventuelle Druckfehler
irgendeine Haftung

**Bibliografische Information
Der Deutschen Bibliothek**
Die Deutsche Bibliothek verzeichnet diese
Publikation in der Deutschen Nationalbiblio-
grafie; detaillierte bibliografische Daten sind im
Internet über <http://dnb.ddb.de> abrufbar.

© 2006 WILEY-VCH Verlag GmbH & Co.
KGaA, Weinheim

Printed in the Federal Republic of Germany.

Gedruckt auf säurefreiem Papier.

Satz   TypoDesign Hecker GmbH, Leimen
Druck und Bindung   Ebner & Spiegel GmbH,
Ulm
Umschlag   init GmbH, Bielefeld

ISBN-13:   978-3-527-50219-6
ISBN-10:   3-527-50219-X

Inhaltsverzeichnis

Handbuch Alternative Finanzierungsformen. Ottmar Schneck
Copyright © 2006 WILEY-VCH Verlag GmbH & Co. KGaA, Weinheim
ISBN 3-527-50219-X

Vorwort

Der Begriff »alternative Finanzierung« wird inzwischen in Literatur und Praxis vielfach ge-, aber auch missbraucht. Immer wenn ein Unternehmen keine klassische Finanzierung über Einlagen oder Darlehen erhält, wird der Ruf nach Alternativen laut, die dann am besten kostengünstig, bürokratiefrei und sofort verfügbar sein sollen. In der Tat scheinen die klassischen Formen der Kapitalaufbringung abhängig vom Risiko immer teurer, in der Beschaffung bezüglich der beizubringenden Informationen immer aufwändiger und in der Verfügbarkeit zunehmend begrenzt zu sein. Als einer der Hauptgründe wird die Neuregelung der Eigenmittelhinterlegung bei Banken, kurz Basel II, genannt. Mit dieser Neuregelung ist in der Tat eine Neuausrichtung der Finanzmärkte verbunden. Klassische Voraussetzungen für einen Kredit, nämlich Kreditsicherheiten, spielen immer weniger eine Rolle. Ohne ein Rating, das heißt eine von einer Bank oder einer externen Ratingagentur abgegebene Meinung über die Zahlungsfähigkeit des Unternehmens beziehungsweise Ratingobjektes, ist kaum noch eine Finanzierung denkbar. Dabei gilt dies sowohl für die Fremdkapitalaufnahme wie auch für die Eigenmittelaufnahme von außen. Von alternativen Finanzierungsformen im Sinne einer Umgehung des Ratings beziehungsweise von Basel II kann also nicht die Rede sein. Wer als Alternative zum Kredit ABS, Factoring, Private Equity und so weiter nutzen will, benötigt für die Kapitalgeber also ebenfalls ein Rating beziehungsweise eine Bonitätseinschätzung.

Wenn wir hier von alternativen Finanzierungsformen sprechen, sind diese zwar Alternativen zum klassischen Kredit oder zu der klassischen Einlage bestehender oder neuer Gesellschafter, niemals aber günstige, bürokratiefreie und unkomplizierte Alternativen, um die neuen Finanzmarktregeln zu umgehen. Wer solche Alternativen sucht, muss sich wohl Telefonnummern auf den Cayman-Inseln beschaffen oder hier nicht vorgestellte graue Kapitalmärkte bemühen. Eine echte Alternative wird dies meist nicht sein.

Das vorliegende Buch trägt im Titel das Wort »Handbuch«, da es sich um eine Stoffsammlung von alternativen Finanzierungsformen handelt und der

Handbuch Alternative Finanzierungsformen. Ottmar Schneck
Copyright © 2006 WILEY-VCH Verlag GmbH & Co. KGaA, Weinheim
ISBN 3-527-50219-X

Leser durchaus bei einer ihn interessierenden Form einsteigen kann, ohne die vorhergehenden Kapitel gelesen zu haben. Jede Finanzierungsform wird hier einzeln verständlich dargestellt, wenngleich die Lektüre der einführenden Kapitel grundlegende Zusammenhänge zu den Finanzierungsanlässen, -zielen und -planungsnotwendigkeiten enthält. So wird also nicht nur Alternative an Alternative gereiht, sondern in den ersten Kapiteln grundlegendes Wissen zur Finanzierung vermittelt.

Zielgruppe des Handbuches sind dabei alle Kapital suchenden Unternehmen und die beratenden Berufe, die sich auf die Vermittlung von Kapital fokussiert haben. Besonders herausgestellt werden dabei die mittelständischen Unternehmen in Deutschland, denen seit Jahren ein Finanzierungsproblem nachgesagt wird und die mit alternativen Finanzierungsformen häufig noch wenig vertraut sind. Dabei sind Begriffe wie ABS, Factoring, Genusschein oder Partiarisches Darlehen nach ausreichender Beschäftigung mit der Materie keine exotischen oder gar derivativen Formen der Finanzierung, sondern von zahlreichen mittelständischen Unternehmen meist bereits angewandte Alternativen. Gerade diese Anwendbarkeit führte zu der hier vorgenommenen Auswahl von Finanzierungsformen. Jede der hier vorgestellten Alterantiven ist praktisch erprobt und häufig werden anonymisierte Praxisfälle am Ende der Kapitel vorgestellt. Als Hilfen bei der Umsetzung solcher Finanzprodukte dienen häufig Hausbanken oder die hauseigenen Steuerberater beziehungsweise Wirtschaftsprüfer. Dabei sollte stets auch deren Interesse berücksichtigt und das eigene Ziel der Finanzierung betont werden.

Wer nun einen schnellen Überblick über die alternativen Finanzierungsformen gewinnen willl, dem sei ein Start mit einem ihm bereits bekannten Instrument wie zum Beispiel dem Leasing oder Factoring empfohlen. Wer sich dagegen einen grundlegenden Einstieg in die Anlässe, Ziele und auch klassischen Instrumente der Finanzierung wünscht, der möge das Buch sukzessive durcharbeiten. Um von Alternativen zu sprechen, bietet es sich an, die klassischen Formen zu kennen. Ebenso ist die Kenntnis der Veränderungen auf den Finanzmärkten (Basel II, Rating) vor der Beschäftigung mit Alternativen durchaus sinnvoll.

Besonderen Dank möchte ich Frau Anna Fedulow aussprechen, die in mühevoller Kleinarbeit das Manuskript mehrfach redigiert und durch konstruktive Hinweise verbessert hat.

Über Anregungen und Kritik freut sich der Autor jederzeit und stellt seine E-Mail-Adresse zur Verfügung: ottmar.schneck@fh-reutlingen.de

Rottenburg, im April 2006   *Ottmar Schneck*

1
Die Probleme der Finanzierung
sind vor allem im Mittelstand bekannt

1.1 Mittelstand als Wachstums- und Innovationsmotor

Durch die Heterogenität der mittelständischen Betriebe gibt es in Literatur und Praxis unterschiedliche Definitionen des Mittelstandsbegriffs. Am häufigsten werden die quantitativen Kriterien Anzahl der Mitarbeiter, Unternehmensumsatz und Bilanzsumme zur Klassifizierung herangezogen.

Seit dem 1. Januar 2005 gilt eine neue Empfehlung der EU zur Definition der Kleinst-, Klein- und Mittelunternehmen (KMU), die im Zuge der Harmonisierung von der Europäischen Kommission verabschiedet wurde. Aufgrund dieser Empfehlung sind europäische KMU-Förderprogramme nur noch für diejenigen Unternehmen zugänglich, die tatsächlich die Merkmale für KMU gemäß der EU-Definition aufweisen. Ein KMU muss demnach weniger als 250 Mitarbeiter beschäftigen und entweder einen Umsatz von weniger als 50 Millionen € oder eine Bilanzsumme von weniger als 43 Millionen € ausweisen. Außerdem muss das Unternehmen unabhängig sein, das heißt, es darf in der Regel nicht zu mehr als 25 % im Besitz eines anderen Unternehmens sein.

Auch in Deutschland findet die EU-Definition immer mehr Beachtung, zumindest in Bezug auf die Beschäftigtenzahl, und wird zunehmend auch von nationalen Einrichtungen wie der KfW-Mittelstandsbank angewendet. Das Zusatzkriterium der Unabhängigkeit ist strittig, da in vielen KMU große Firmenanteile häufig in der Hand weniger oder einzelner Familiengesellschafter liegen. Insbesondere in Deutschland wird daher dieses Kriterium für öffentliche Regelungen nicht angewandt.

Die folgende Abbildung zeigt die von der EU festgelegten definitorischen Schwellenwerte.

Neben diesen quantitativen Merkmalen gibt es auch qualitative Charakteristika von kleinen und mittelständischen Unternehmen.

Oft handelt es sich bei KMU um Familienunternehmen, in denen die Geschäftsführung durch ein Mitglied der Familie übernommen wird, das

Handbuch Alternative Finanzierungsformen. Ottmar Schneck
Copyright © 2006 WILEY-VCH Verlag GmbH & Co. KGaA, Weinheim
ISBN 3-527-50219-X

	Mitarbeiter	Umsatz oder	Bilanzsumme
Kleinstunternehmen	<10	< 2 Mio. €	< 2 Mio. €
Kleine Unternehmen	< 50	< 10 Mio. €	< 10 Mio. €
Mittlere Unternehmen	< 250	< 50 Mio. €	< 43 Mio. €

Quelle: http://europa.eu.int/rapid/pressReleasesAction.do

Abb. 1: Kriterien der Europäischen Kommission für KMU

gleichzeitig zum Gesellschafterkreis des Unternehmens gehört. Auf diese Weise werden Management, Risiko und Kapitalbesitz in einer Person vereint und es entsteht eine Struktur, bei der die Unternehmerpersönlichkeit die Rolle eines Patriarchen einnimmt, der über einen großen Einflussbereich verfügt und nur schwer zu ersetzen ist. Ein weiteres qualitatives Merkmal ist die weitgehende Konzernunabhängigkeit der KMU und die somit hohe Selbstständigkeit der Unternehmen. Diese Unabhängigkeit schränkt aber in vielen Fällen die Möglichkeiten der externen Kapitalbeschaffung ein.

Aufgrund der relativ kurzen Informationswege können kleine und mittelständische Unternehmen flexibler handeln, als es großen, breit aufgestellten Konzernen möglich ist. KMU besitzen meistens nur einen geringen Marktanteil und verfügen über in Menge und Sortimentbreite begrenzte Technologien, Produkte und Dienstleistungen. Dafür spezialisieren sie sich meist auf einen bestimmten Kundenkreis und bieten auch individualisierte Leistungen an. Bedingt durch den großen Anteil bedarfsorientierter Produktion, die Spezialisierung auf kleine Marktsegmente und die Nähe zum Kunden verfügen die Verantwortlichen im Mittelstand meist über große Markt- und Produktkenntnis. Häufig handelt es sich bei den Geschäftsführern um die Gründer des Unternehmens oder um Personen, die beispielsweise durch Erfindungen einen direkten Bezug zu Produkt und Markt haben.

KMU sind überwiegend Einzelunternehmen oder kleine Kapitalgesellschaften, da die hohen Anforderungen an eine Publikumsgesellschaft beziehungsweise für einen Börsengang nur ab einem bestimmten Umsatzvolumen erfüllt werden können. Die häufig fehlende Trennung von Unternehmens- und Privatvermögen lässt nur die Rechtsform einer Einzelunternehmung oder einer Personengesellschaft wie zum Beispiel der offenen Handelsgesellschaft (OHG) zu, da hier die Eigentümer auch mit ihrem Privatvermögen haften und somit bessere Kreditaussichten bei Banken haben.

14

1 Die Probleme der Finanzierung sind vor allem im Mittelstand bekannt

Für umsatzstärkere Unternehmen mit einem größeren Kreis an Eigentümern ist dagegen die Rechtsform der GmbH üblich. Der Vorteil hierbei ist die beschränkte Haftung der Gesellschafter, die abhängig von der Höhe des durch sie eingebrachten Stammkapitals an den Unternehmensgewinnen beteiligt sind.

Da also die meisten KMU nicht börsennotiert sind, stehen sie weniger in der Öffentlichkeit und unterliegen seltener permanentem Wachstumsdruck. Deswegen verfolgen KMU oftmals langfristig angesetzte Strategien in Bezug auf ihre Unternehmensentwicklung. Auch hinsichtlich ihrer Personalpolitik lassen sich die kleinen und mittelständischen Unternehmen von Konzernen unterscheiden. So ist dort die Mitarbeiterfluktuation gering und einer persönlichen Beziehung zu den Mitarbeitern wird große Bedeutung beigemessen. Dies zeigt sich vor allem beim vorsichtigen Abbau des Personalstamms in Krisensituationen und den damit einhergehenden Sorgen um den Verlust der Reputation des KMU in seiner Region. Im Gegensatz zu international agierenden Großunternehmen sind die KMU oftmals stark in ihrer Region verwurzelt. Häufig haben sie große regionale Bedeutung erlangt, indem sie mehreren Generationen als Arbeitgeber gedient und somit wesentlich zum wirtschaftlichen Wohlstand eines Ortes beigetragen haben. Für die Unternehmen hat diese Bindung an eine Region den Vorteil eines hohen Bekanntheitsgrades auf der einen und den eines angestammten und treuen Kundenkreises auf der anderen Seite. Auch wenn der Großteil der KMU aufgrund ihrer begrenzten Kapazität schwerpunktmäßig auf ihrem Heimatmarkt tätig ist, gibt es kleine und mittelständische Unternehmen, die mit ihren hoch spezialisierten Produkten weltweit marktführend sind und auch im Ausland agieren. Die regional aufgestellten, mittelständischen Betriebe haben aber vor allem eine große Bedeutung für den Binnenmarkt. Im Jahr 2005 hat lediglich jedes zehnte KMU Teile seines Umsatzes im Ausland erwirtschaftet. Auch wenn die geringe Exportquote mit der vollzogenen EU-Osterweiterung weiter steigen wird, konzentriert sich der deutsche Mittelstand auch weiterhin auf den Binnenmarkt. Bei den Betrieben mit mehr als 50 Millionen € Umsatz hingegen sind bereits knapp 75 % im Ausland aktiv. In Zeiten zunehmender Globalisierung stützt der Mittelstand daher den wichtigen Binnenmarkt und sichert hier Stabilität und Wachstum.

Oftmals als Rückgrat der deutschen Wirtschaft bezeichnet, erzeugen die über 3 Millionen KMU in Deutschland knapp 50 % der Wertschöpfung dieses Landes, sorgen für mehr als 70 % der Beschäftigung und tragen darüber hinaus mit durchschnittlich acht von zehn Ausbildungsplätzen wesentlich zur Förderung und Stabilisierung des Arbeitsmarktes bei. Bei diesen Daten handelt es sich um Angaben des Instituts für Mittelstandsforschung (IfM) in Bonn, das jährlich einen Mittelstandsreport publiziert. Gesamtwirtschaftlich gesehen gilt der Mittelstand besonders durch die von ihm ausgehende Innovationskraft als Wachstumsmotor. Ein beständiger Zwang zu Innovationen führt auch bei KMU zu Forschungs- und Entwicklungsausgaben und oftmals zu einer Vorreiterrolle bei der Produktion neuer, innovativer Produkte. Bestehen diese Innovationen später im Markt, werden die produzierenden KMU zu lukrativen Zulieferern für Großbetriebe. Auf diese Weise bietet sich den Konzernen die Möglichkeit einer höheren Produktdiversifizierung und gleichzeitig einer kostengünstigeren Produktion. Letzteres trifft in Deutschland besonders auf die Automobilbranche zu. Hier wird eine Vielzahl der Autobauteile nicht mehr von den Herstellern selbst gefertigt, sondern von regionalen, oftmals mittelständischen Unternehmen bezogen, die sich im Laufe der Jahre in einer Marktnische einen Namen gemacht haben. Die KMU profitieren bei dieser Geschäftsbeziehung von einem Kunden, der ihnen regelmäßig große Mengen abnimmt, während die Großbetriebe durch Outsourcing ihre Transaktionskosten und Risiken senken können.

Sowohl in Deutschland als auch im gesamten EU-Raum machen die kleinen und mittelständischen Unternehmen anzahlmäßig über 99 % aller Unternehmen aus. Hiervon wiederum beschäftigen neun von zehn Betriebe weniger als zehn Mitarbeiter, sind also nach den neuen Kriterien der EU-Kommission Kleinstbetriebe. Die Bedeutung des Mittelstandes zeigt sich auch anhand seiner Beschäftigungsquoten, auch wenn diese innerhalb der EU unterschiedlich ausfallen. So weisen England und Deutschland aufgrund der verhältnismäßig vielen Großbetriebe eine Beschäftigungsquote bei KMU von rund 60 % auf, im Gegensatz beispielsweise zu Italien und Spanien, bei denen mehr als 80 % der Arbeitsstellen auf den Mittelstand entfallen.

Natürlich spielen auch die politisch geschaffenen Rahmenbedingungen der jeweiligen Länder eine große Rolle. Die Regierungen der Länder haben die Möglichkeit, zum Beispiel durch eine Senkung der Unternehmenssteuern oder durch Bürokratieabbau bessere Bedingungen für mittelständische Unternehmen und so wichtige Voraussetzungen für Wachstum und Innovation zu schaffen. In der Bundesrepublik Deutschland gibt es eine gezielte Mittelstandspolitik, welche die Wettbewerbsfähigkeit, die Effizienzsteigerung und den Risikoausgleich der KMU unterstützt. Der Großteil der Maßnahmen geht vom Bundesministerium für Wirtschaft und Arbeit aus, wobei

1 Die Probleme der Finanzierung sind vor allem im Mittelstand bekannt

sich auch halböffentliche Einrichtungen wie die Arbeitsgemeinschaft industrieller Forschungseinrichtungen oder die Bundesstelle für Außenhandelsinformationen an verschiedenen Projekten beteiligen. Mit wichtigen Finanzierungsfragen des Mittelstandes befasst sich zudem die Kreditanstalt für Wiederaufbau (KfW), die langfristig festgesetzte Unternehmerkredite zu günstigen Zinssätzen vergibt und so die Investitionstätigkeiten des Mittelstands fördert.

1.2 Die Eigenkapitalproblematik im deutschen Mittelstand

Bevor auf die Eigenkapitalproblematik der deutschen KMU eingegangen wird, sollen die Funktionen des Eigenkapitals kurz erläutert werden.

Zunächst dient Eigenkapital zur Vor- und Anlauffinanzierung bei der Gründung einer Unternehmung. In Abhängigkeit von der gewählten Rechtsform muss das Gründungskapital bei einer GmbH laut § 5 GmbHG mindestens 25 000 €, bei einer Aktiengesellschaft laut § 7 AktG mindestens 50 000 € betragen. Gegenüber Investoren, Gläubigern und Kapitalgebern bildet Eigenkapital die Haftungsbasis. Das Eigenkapital haftet für mögliche Verluste und garantiert damit die Rückzahlung des Fremdkapitals. Erst im Fall einer Insolvenz ist die Rückzahlungsfähigkeit in Gefahr. Eigenkapital kann zudem ein Risikopolster für im laufenden Geschäftsbetrieb auftretende Verluste des Unternehmens darstellen und helfen, Liquiditätsengpässe oder die Zahlungsunfähigkeit eines Unternehmens abzuwenden. Besonders in konjunkturell schwierigen Zeiten und in Zeiten beschleunigten Strukturwandels ist diese Eigenkapitalfunktion von Bedeutung. Neben dem Vermeiden von Liquiditätsengpässen gewährleistet eine hohe Eigenkapitalquote dem Unternehmen auch ein hohes Maß an Dispositionsfreiheit. Durch die Unabhängigkeit von Fremdkapitalgebern können bei entsprechendem Eigenkapitalengagement risikoreichere Investitionen getätigt werden, ohne in zähe Verhandlungen mit dem Fremdkapitalgeber über jedes Detail der Investition treten zu müssen. Zudem bildet das Eigenkapital die Basis für die Gewinnbeteiligung der Eigenkapitalgeber. Idealtypisch bemisst sich der Gewinnanteil der einzelnen Eigenkapitalgeber am eingebrachten Kapital im Verhältnis zum gesamten Eigenkapital des Unternehmens. Die Gewinnbeteiligung soll das Risiko von Haftung und Verlust ausgleichen und belohnen.

Abbildung 2 verdeutlicht den Eigenkapitalschwund in deutschen Unternehmen im Lauf der letzten 40 Jahre. Mitte der 1960er-Jahre betrug die Eigenkapitalquote noch rund 30 %, aktuell nur noch rund 9 %. Mit wenigen

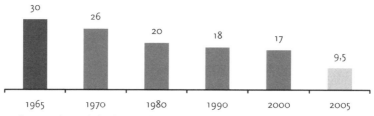

Quelle: Deutsche Bundesbank, Monatsberichte

Abb. 2: Eigenkapitalquoten deutscher Unternehmen in % der Bilanzsumme

Ausnahmen, so zum Beispiel der Energiewirtschaft, besteht die Eigenkapitalschwäche in allen Branchen.

Im Vergleich zu Großkonzernen sind mittelständische Unternehmen durch eine sehr geringe Eigenkapitalausstattung gekennzeichnet. Unter Verwendung der Rohdaten aus den Monatsberichten der Deutschen Bundesbank, die jährlich am Ende eines Jahres die Bilanzdaten der deutschen Unternehmen publiziert, können Bilanzrelationen errechnet werden (siehe Abbildung 3).

Aus Angaben der Deutschen Bundesbank geht hervor, dass sich mit zunehmender Betriebsgröße der mittelständischen Unternehmen die Eigenkapitalausstattung erheblich verbessert und der Verschuldungsgrad abnimmt. Bei kleinen Unternehmen beträgt der Anteil der Verbindlichkeiten an der Bilanzsumme über 70 %, bei den Großen sind es nur rund 40 %. Die Aussagekraft der Eigenkapitalquote ist jedoch vor allem bei Einzelunternehmen stark eingeschränkt, da bei dieser Rechtsform oftmals die Unterscheidung zwischen Firmen- und Privatvermögen schwierig ist. So kann es für den Einzelunternehmer steuerlich von Vorteil sein, Unternehmensaktiva im Privatvermögen zu halten. Zwar gibt es seit einiger Zeit eine positive Entwicklung der Eigenkapitelquoten, diese betrifft aber vor allem die größeren mittelständischen Betriebe.

	0,5 – 2,5 Mio. €	2,5 – 5 Mio. €	5 – 12,5 Mio. €	12,5 – 50 Mio. €	> 50 Mio. €
Eigenkapitalquote	2,8 %	8,8 %	13,0 %	18,4 %	23,2 %
Umsatzrentabilität	3,9 %	2,3 %	1,7 %	1,5 %	1,2 %
Cashflow-Rate	7,8 %	5,3 %	4,5 %	4,2 %	4,5 %
Verschuldungsgrad	48,9 %	38,2 %	36,3 %	31,5 %	26,3 %

Quelle: Eigene Berechnung auf Basis der Monatsberichte Dt. Bundesbank 12/2005

Abb. 3: Kapitalstruktur und Bilanzkennzahlen im Vergleich

1 Die Probleme der Finanzierung sind vor allem im Mittelstand bekannt

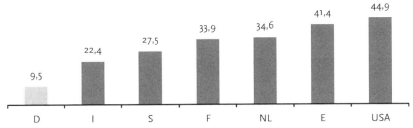

Quelle: IfM, Mittelstandsstatistik, http://www.ifm.uni-mannheim.de/

Abb. 4: Durchschnittliche Eigenkapitalquoten der KMU im internationalen Vergleich (2005)

Betrachtet man zudem die durchschnittliche Eigenkapitalquote der deutschen KMU und die Quoten anderer Industrieländer, so schneidet Deutschland eindeutig schlecht ab. Im Zuge zusammenwachsender Märkte und erstarkender Konkurrenz im Ausland ist ein solcher internationaler Vergleich durchaus angebracht. Die Eigenkapitalquoten mittelständischer Unternehmen unterschiedlicher Länder sind in Abbildung 4 dargestellt. Die Rohdaten für diese Berechnung stammen aus der stets aktualisierten Datenbank des Instituts für Mittelstandsforschung an der Universität Mannheim.

Die Eigenkapitalschwäche im deutschen Mittelstand hat viele Ursachen. Sie wird bestimmt durch externe und interne Faktoren. Erstere lassen sich von den Unternehmen nicht direkt oder gar nicht beeinflussen, wohingegen die internen Faktoren direkt mit der Entscheidungsfindung in dem jeweiligen Unternehmen im Zusammenhang stehen.

Eine erste wesentliche externe Ursache für die geringe Eigenkapitalausstattung mittelständischer Unternehmen ist die deutsche Steuergesetzgebung. Bis vor wenigen Jahren war die Thesaurierung von Gewinnen bei Kapitalgesellschaften in Deutschland gegenüber der Gewinnausschüttung benachteiligt. Kapitalgesellschaften mussten einen Körperschaftsteuersatz von 40 % auf thesaurierte Gewinne bezahlen, während ausgeschüttete Gewinne lediglich mit 30 % besteuert wurden. Mit dieser Regelung sollte für Unternehmen ein Anreiz dafür geschaffen werden, Aktionären die erzielten Gewinne auszuschütten. Vor allem aber sollte damit die übermäßige Bildung von Rückstellungen verhindert werden. Diese Spreizung der Körperschaftsteuersätze führte zu Finanzierungsmodellen wie zum Beispiel »Schütt-aus-hol-zurück« und ging letztlich an den Bedürfnissen der KMU vorbei. Um die Ausschüttung nicht weiter steuerlich zu belohnen und damit den Eigenkapitalschwund zu begünstigen, wurde der gespreizte Körperschaftsteuersatz 1999 abgeschafft. Als aktuell weiterhin bestehende steuerrelevante Hemmung der Eigenkapitalbildung gilt die Benachteiligung von Eigenkapital gegenüber Fremdkapital. Eine Einlagenfinanzierung, also die Erhöhung des Eigenkapitalstocks, ist im Vergleich zur Fremdkapitalerhöhung steuerlich insofern von Nachteil, als die Zinsen als Kosten für das Fremdkapital als Betriebsausgaben und somit als Aufwand in der Gewinn- und Verlustrechnung absetzbar sind. Die Dividende, der Preis für das Eigenkapital, muss hingegen aus dem versteuerten Gewinn finanziert werden. Die im Allgemeinen *hohe Besteuerung* der Unternehmen in Deutschland ist ein weiterer Grund für die schlechte Eigenkapitalausstattung. Den Unternehmen steht nach Steuern wesentlich weniger Geld für Reinvestitionen zur Verfügung. Die in den letzten Jahren eingeleiteten Steuerreformen haben zwar zu einer niedrigeren Steuerlast auch für KMU geführt, trotzdem aber, zumindest bisher, keine drastische Eigenkapitalerhöhung bewirkt. Es ist daher umstritten, ob die intensive Besteuerung der Unternehmen in Deutschland die Innenfinanzierungskraft mindert; gefördert wird die Innenfinanzierungskraft durch eine hohe Besteuerung jedenfalls definitiv nicht.

Ein weiterer externer Faktor ist die Existenz hoher Pensionsrückstellungen. Diese sind als langfristige Verbindlichkeiten dem Fremdkapital zuzurechnen. Genau wie kurzfristige Rückstellungen, beispielsweise Reparaturrückstellungen, mindern Pensionsrückstellungen den Gewinn, da sie als Aufwand in der Gewinn- und Verlustrechnung ergebniswirksam sind. Somit ergibt sich in Gewinnjahren ein positiver steuerlicher Effekt und die Unternehmen müssen entsprechend weniger Steuern zahlen. Bedingt durch die Langfristigkeit der Pensionsrückstellungen steht den Unternehmen in Höhe der Steuerersparnis Liquidität zur Verfügung, die zur Finanzierung von Anlage- und Umlaufvermögen eingesetzt werden kann. Die Pensionsrückstellungen können demzufolge – vergleichbar dem Eigenkapital – als langfristiges und vor allem zinsloses Finanzierungsmittel betrachtet werden. Auch wenn diese langfristigen Rückstellungen durch bilanziell vorgelagerte Gewinnschmälerungen dem Unternehmen als Kapital zur Verfügung stehen, so sind sie stets befristet und später auszahlbar.

Die Eigenkapitalschwäche deutscher KMU ist zum Teil auch historisch bedingt. Im Gegensatz zum amerikanischen Bankensystem, bei dem die Geschäftsbanken mit den Investmentbanken als Emissionsinstitute für Wertpapiere im Wettbewerb stehen, handelt es sich in Deutschland um ein *Universalbanksystem*. Bei diesem können alle wesentlichen Bankgeschäfte unter einem Dach abgewickelt werden. Bedingt durch diese Monopolbankstruktur besteht in Deutschland kein Beschaffungswettbewerb zwischen

1 Die Probleme der Finanzierung sind vor allem im Mittelstand bekannt

Fremd- und Eigenkapital. Dies hat zur Folge, dass die Banken eher an Darlehen mit dauerhaften Zinseinkünften als an Eigenkapitalemissionen mit nur einmaliger Emissionsprovision interessiert sind. In Deutschland hat sich daher ein so genanntes Hausbankensystem entwickelt, das eine entscheidende Rolle bei der Erklärung der Finanzstrukturen mittelständischer Unternehmen einnimmt. Diese langfristige und enge Bindung an ein oder mehrere Kreditinstitute ist gerade in der mittelständischen Wirtschaft verbreitet. Durch günstige Konditionen und niedrige Zinsen versuchen zudem vor allem die öffentlich-rechtlichen Sparkassen und Landesbanken und die genossenschaftlichen Volks- und Raiffeisenbanken ihre langfristigen Bindungen an die KMU aufrechtzuerhalten. Da Gewinnerzielung nur eines von mehreren Geschäftszielen der öffentlich-rechtlichen Banken ist, können diese auch weiterhin günstige Konditionen anbieten. Die guten Fremdkapitalkonditionen der Hausbanken machen Fremdkapital für mittelständische Unternehmen besonders attraktiv, welche folglich die Fremd- der Eigenfinanzierung vorziehen. Liegen die Zinssätze der Kredite außerdem noch unter der internen Verzinsung des Gesamtkapitals, ist es für die Unternehmen nach dem so genannten Leverage-Effekt günstiger, zusätzliches Fremdkapital aufzunehmen, anstatt die Eigenkapitaldecke zu stärken. Dieser Effekt ist vor allem in Niedrigzinsphasen »gefährlich«, da Fremdkapital eben nicht nur aus steuerlicher Sicht aufgrund der Abzugsfähigkeit der Zinsen, sondern auch wegen des Leverage-Effektes dem Eigenkapitalaufbau vorgezogen wird. Grundsätzlich nimmt mit zunehmender Unternehmensgröße auch die Anzahl von Bankverbindungen zu. Größere Unternehmen begeben sich somit seltener in Abhängigkeit von nur einem oder wenigen Kreditinstituten und vermeiden einen möglichen Lock-in-Effekt. Bei diesem kann ein Unternehmen nur schwer seine Hausbank wechseln und seine Abhängigkeit vom Fremdkapital reduzieren.

Die weit verbreitete *Abschöpfungsmentalität* von Gewinnen im Mittelstand ist eine weitere Ursache für dessen Eigenkapitalschwäche. KMU weisen oft geringere Renditen auf als die sehr kostenorientierten Großkonzerne. Bei kleinen Personengesellschaften und GmbHs stellt die Gewinnausschüttung oft die einzige Einnahmequelle der Gesellschafter dar, da häufig große Anteile des Gewinns ausgeschüttet und in renditestärkere Anlagen investiert werden. Oft wird auch eine bestimmte Abschöpfungsstrategie verfolgt. Dabei wird zum Beispiel ein Teil der Gewinne in Fonds oder anderen Wertpapieren angelegt, um später bei Bedarf eine Reinvestition auf dem Wege der Kapitalerhöhung aus Privatvermögen in das Unternehmen zu ermöglichen. Die Abschöpfungsstrategie kann insofern gestaltet werden, als die Ausschüttung nicht vom versteuerten Gewinn erfolgt, sondern zum Beispiel in Form von Geschäftsführungsbezügen vor Steuer dargestellt wird. Sofern die Geschäftsführung zugleich auch Gesellschafter ist, wird sich diese aus steuerlicher Sicht häufig attraktive Entnahmepolitik vielfach in KMU wiederfinden lassen.

Die Eigenkapitalschwäche im deutschen Mittelstand entstammt zum Teil auch der kritischen Sicht gegenüber der Öffnung des Unternehmens gegenüber neuen oder zusätzlichen Gesellschaftern. Viele KMU stehen zudem auch neuen oder ihnen unbekannten Finanzierungsformen kritisch gegenüber. Wie die Untersuchung zeigt, kommt für die meisten mittelständischen Unternehmen eine Eigenkapitalerhöhung zum Beispiel mit Hilfe eines Börsengangs aufgrund des damit einhergehenden *Souveränitätsverlustes* nicht in Frage.

Die Ursachenanalyse für die schlechte Eigenkapitalquote im Mittelstand führt nicht zuletzt zum Unternehmer selbst. Zahlreiche Untersuchungen haben ergeben, dass es in vielen KMU an einem planvollen Umgang mit der Ressource Eigenkapital mangelt. Mehr als drei Viertel der Unternehmer definieren keine Ziele und Strategien für ihre Eigenkapitalausstattung. Dies lässt auf eine *vernachlässigte Finanzplanung* schließen. Die Wichtigkeit des Eigenkapitals für die Entwicklung ihres Unternehmens ist vielen Mittelständlern nicht bewusst. Auch fehlt meistens eine Vorstellung davon, welche Eigenkapitalstrukturen zum Unternehmen passen würden. Diese mangelnde Orientierung resultiert häufig aus den knappen zeitlichen Reserven der Unternehmer vor allem in kleinen Unternehmen, die stark vom operativen Tagesgeschäft beansprucht werden und deswegen die Eigenkapitalplanung vernachlässigen müssen.

Allgemein kann festgestellt werden, dass sich das Bewusstsein für das Thema Eigenkapital mit zunehmender Größe des Betriebes schärft. Häufig ist dies ist auf die strukturierte Aufgabenplanung in größeren Unternehmen und die größere Trennung einzelner Aufgabenbereiche zurückzuführen. Auch ist in größeren Betrieben mehr betriebswirtschaftliches Know-how angesiedelt und betriebswirtschaftliche Entscheidungen werden in Rücksprache mit ausgebildeten Betriebswirten gefällt.

1 Die Probleme der Finanzierung sind vor allem im Mittelstand bekannt

1.3 Der Wunsch nach Mezzanine-Kapital vor allem im Mittelstand

Die alarmierend niedrige Eigenkapitalquote im deutschen Mittelstand veranlasst viele Unternehmer, sich Finanzierungsquellen zu öffnen, die eine Alternative zum klassischen Kredit beziehungsweise der klassischen Eigenmittelzulage darstellen. Dies geschieht nicht zuletzt aufgrund des im Zuge von Basel II veränderten Kreditvergabeverhaltens der Banken, für die die Eigenkapitalquote ausschlaggebend ist. In diesem Zusammenhang taucht immer öfter der Begriff Mezzanine-Kapital auf.

Die Mezzanine-Finanzierung ist vom italienischen Wort Mezzanino abgeleitet, das »Zwischengeschoss« heißt. Dieser eigentlich aus der Architektur stammende Begriff verweist auf die Positionierung von Mezzanine-Kapital in der Bilanz eines Unternehmens, die zwischen dem Eigen- und dem Fremdkapital liegt. Mezzanine ist eine hybride Finanzierungsart, die je nach Ausgestaltung der Mezzanine-Beteiligung mehr zum Eigenkapital oder mehr zum Fremdkapital gezählt werden kann und aus beiden Kapitalelementen Rechte verbriefen kann. Aus rechtlicher Sicht stellt Mezzanine-Kapital von der Steuer abzugsfähiges Fremdkapital dar und ist im Gegensatz zu Eigenkapital vorrangig. Es besitzt zudem meist reguläre Zinszahlungen. Aus bilanzieller Sicht sollte Mezzanine-Kapital als Eigenkapital angesehen werden, da das Hauptziel einer Mezzanine-Finanzierung die Stärkung der Eigenmittelquote ist. Dies ist steuerlich häufig umstritten. Die Sichtweise hängt dabei natürlich meist auch vom Betrachter ab, das heißt, wenn eine Finanzbehörde die Abzugsfähigkeit von Zahlungen zu prüfen hat, so ist nicht unerheblich, ob das zur Verfügung gestellte Kapital kündbar ist oder nicht. Auch nach den internationalen Rechnungslegungsstandards IFRS ist die Eingruppierung von Mezzanine-Kapital strittig, da dort in aller Regel jede Rückzahlungsmöglichkeit zur Eingruppierung als Fremdkapital führt. Handelsrechtlich und für die bei Eigentümerversammlungen maßgeblichen Bilanzen ist Mezzanine meist Eigenkapital. So kann eine eindeutige Klassifizierung nicht vorgenommen werden und ist im Einzelfall auf Basis der Vertragsdaten zu prüfen.

Finanzierungsanlässe für Mezzanine-Kapital entstehen beispielsweise, wenn ein sehr hoher Kapitalbedarf durch herkömmliche Eigen- oder Fremdmittelfinanzierung nicht oder nur teilweise gedeckt werden kann. Auch wenn gezielt Eigenkapital beschafft werden soll, ohne jedoch Anteile an Dritte abzugeben, ist eine Finanzierung durch Mezzanine sinnvoll. Mezzanine-Finanzierungen finden in der Regel auch dann Anwendung, wenn Kapital auf Zeit angeschafft werden soll oder ein Unternehmenserwerb ansteht. Auch Erweiterungs- und Rationalisierungsinvestitionen, Konsolidierungen, Umfinanzierungen oder Unternehmensübernahmen durch das Management sowie eine eventuelle Abspaltung von Konzernteilen können Anlässe für die Mezzanine-Finanzierung sein.

Insbesondere KMU wünschen sich ein Finanzierungsmittel, das steuerlich dem Fremdkapital zugerechnet werden kann und damit die Finanzierungskosten steuerlich abzugsfähig macht, das aber gleichzeitig in der Bilanz als Eigenkapital gilt. Damit wird unter Haftungs- und Ratingaspekten die formale Eigenkapitalquote erhöht und somit wiederum die Aufnahme von Fremdkapital erleichtert. Mezzanine-Kapital ist ein flexibles Finanzierungsinstrument, das die Möglichkeit bietet, einerseits die Haftung zu beschränken und andererseits die unternehmerische Unabhängigkeit zu erhalten und die Schwächung der bisherigen Eigenkapitalstruktur durch Aufnahme von Fremdkapital zu verhindern. Auf diese Weise können mittelständische Unternehmen strategische Vorhaben durchführen, ohne in ihrem unternehmerischen Entscheidungsspielraum eingeschränkt zu werden. Die Flexibilität bei der Ausgestaltung der Mezzanine-Finanzierung ermöglicht individuelle, auf die spezifische Unternehmenssituation ausgerichtete Finanzierungskonzepte. Die Finanzierung mit Mezzanine ist auf die jeweilige Unternehmenssituation anpassbar und bildet somit eine maßgeschneiderte Finanzierungslösung.

Die positiven Auswirkungen einer Mezzanine-Finanzierung sind vor allem die Stärkung der Eigenmittelquote und die Begünstigung des strategischen Liquiditätsmanagements, was zu einer verbesserten Bilanzstruktur des Unternehmens führt. Dies beeinflusst die zukünftige Unternehmensentwicklung auf eine positive Weise, da beispielsweise von Zulieferern vermehrt Zahlungsziele gewährt und die finanzielle Leistungsfähigkeit hinsichtlich langfristiger Abnehmer dokumentiert werden können. Weitere Vorteile sind die rechtsformunabhängige Vergabe von Mezzanine-Kapital und die Planungssicherheit aufgrund der terminierten Laufzeit der Mezzanine-Finanzierung und die dadurch sichere Kalkulationsbasis.

Bevor ab dem 8. Kapitel auf die verschiedenen alternativen Finanzierungsformen eingegangen wird, sollen im Folgenden die Ausgangsposition eines Unternehmens bezüglich der Notwendigkeit, der Ziele und Risiken sowie der Anlässe einer Finanzierung vorgestellt werden.

1 Die Probleme der Finanzierung sind vor allem im Mittelstand bekannt

2
Basel II und Rating als Chance für Unternehmen

Als häufige Begründung für die neue Diskussion um alternative Finanzierungsformen wird die Notwendigkeit eines Ratings nach Basel II genannt. Rating ist die Bewertung der künftigen Zahlungsfähigkeit eines Schuldners nach bestimmten Verfahren. Nach den neuen Finanzrichtlinien von Basel II wird es ohne Rating des Kreditnehmers keine Kreditvergabe mehr geben, da Banken verpflichtet sind, ihre Eigenkapitalhöhe an den Risiken ihrer Kunden auszurichten. Diese Risiken werden durch Rating gemessen. Je schlechter das Rating der Kunden, umso mehr haftendes Eigenkapital muss die Bank vorhalten und umso schlechter sind die Kreditkonditionen für den Kunden und umgekehrt. Auch auf den Kapitalmärkten spielen von Banken oder Agenturen vergebene Rating-Noten bereits eine wichtige Rolle und dienen als Maßstab für Investitionen. Das Rating eines Unternehmens gilt also zunehmend als seine Visitenkarte, wenn es um vorhandene und künftige Beziehungen zu Investoren und Kreditinstituten geht, aber auch gegenüber Kunden und der Öffentlichkeit. Rating sollte auch als Analyseinstrument verstanden werden, das zur Erkennung von Stärken und Schwächen eines Unternehmens dient, Optimierungspotenziale aufzeigt und somit die Geschäftsentwicklung positiv beeinflussen und eine Verbesserung des Ratingurteils herbeiführen kann.

2.1 Hintergründe und Entstehung von Basel II

Mit dem Inkrafttreten des neuen Baseler Akkords am 31.12.2006, kurz *Basel II* genannt, gelten für alle international tätigen Banken der G10-Länder neue Eigenkapitalvorschriften in Bezug auf die Vergabe von Krediten. In Zeiten zunehmender Liberalisierung und Globalisierung der Märkte sowie des technischen Fortschritts hat sich an den Finanzmärkten in den letzten Jahren ein Prozess tief greifender Veränderungen vollzogen, der auch Auswirkungen auf die traditionellen Bankgeschäfte hatte. Angesichts der stei-

Handbuch Alternative Finanzierungsformen. Ottmar Schneck
Copyright © 2006 WILEY-VCH Verlag GmbH & Co. KGaA, Weinheim
ISBN 3-527-50219-X

genden Zahl von Insolvenzen und der damit erhöhten Ausfallrisiken von Kreditengagements für Banken mussten Maßnahmen ergriffen werden, um die Stabilität der Finanzmärkte besser abzusichern. Auch die Anforderungen an das Kredit- und Risikomanagement von Banken und Unternehmen gleichermaßen sind deutlich angestiegen.

Anfang der 80er-Jahre entstand durch die Entwicklung freier Märkte für Güter und Kapital eine immer stärker werdende Verflechtung der nationalen Märkte durch Kapital- und Zahlungsströme. Aufgrund der sehr unterschiedlichen Aufsichtsnormen der Industrieländer begegnete man im internationalen Kreditverkehr der Problematik, dass Geldgeschäfte zunehmend dort abgewickelt wurden, wo sie den schwächsten Kontrollvorschriften unterlagen. Aufgrund des starken Wettbewerbs fiel das Eigenkapital der Banken weltweit auf einen Besorgnis erregenden Stand, was deren Fähigkeit gefährdete, ihre Verluste aufzufangen und solvent zu bleiben. Angesichts des deutlichen Harmonisierungsbedarfs entwarf der 1974 gegründete Baseler Ausschuss für Bankenaufsicht 1988 den 1. Baseler Akkord für die »Internationale Konvergenz der Eigenkapitalmessung und Eigenkapitalanforderungen«. Der Baseler Ausschuss für Bankenaufsicht ist ein Ausschuss der Zentralbanken und der Bankenaufsichtsinstanzen der wichtigsten Industrieländer, der alle drei Monate bei der Bank für internationalen Zahlungsausgleich (BIZ) in Basel zusammentritt. Er wurde von den Präsidenten der Zentralbanken der Länder der Zehnergruppe (G10) 1975 ins Leben gerufen und setzt sich zusammen aus hochrangigen Vertretern der Bankenaufsichtsbehörden und Zentralbanken von Belgien, Deutschland, Frankreich, Italien, Japan, Kanada, Luxemburg, den Niederlanden, Schweden, der Schweiz, Spanien, den USA und dem Vereinigten Königreich. Seine Aufgabe besteht in der Vereinbarung bankaufsichtlicher Standards und in der Aufstellung von Empfehlungen, die sich inhaltlich auf die Eigenmittelunterlegung, qualitative Anforderungen, Offenlegungsanforderungen und Anforderungen an die Aufsichtsbehörden beziehen.

Das bankenaufsichtsrechtliche Regelwerk Basel I sollte der zunehmenden Komplexität und dem steigenden Risikogehalt der Finanzgeschäfte Rechnung tragen. Die Kreditinstitute wurden durch Basel I dazu verpflichtet, pauschal jeden ausgegebenen Kredit mit 8 % Eigenkapital zu unterlegen, unabhängig von der individuellen Bonität des einzelnen Kreditnehmers, das heißt ohne Differenzierung des Risikogehalts des Kreditgeschäfts. Damit musste eine Bank für einen Kreditnehmer der besten Bonitätsklasse die gleiche Summe Eigenkapital vorhalten wie für einen Kreditnehmer mit einer schlechteren Bonität.

Die Regelungen von Basel I haben sich durchaus bewährt. Problematisch war jedoch der zu wenig differenzierte Ansatz, der zudem von den Banken zum Beispiel durch den Einsatz von so genannten Kreditderivaten relativ leicht umgangen werden konnte. Kreditderivate sind Absicherungsinstrumente von Risiken im Kreditgeschäft (zum Beispiel Swap, Option, Future oder Forward), die aber meist nicht in der Bilanz ausgewiesen werden müssen und so die Bonität eines Kreditgebers beziehungsweise einer Bank deutlich verändern können. Sichert eine Bank auf diese Weise für eine andere Bank ein Risiko durch ein Kreditderivat ab, so steigt deren Risiko, ohne dass dies auf der Aktivseite der Bilanz zum Ausdruck kommt. Treten dann die Risiken ein, so würde die nach Basel I vorgesehene Eigenkapitalquote nicht ausreichen, um den Schaden zu decken.

In Folge nahmen die Risiken der Banken und damit auch die des gesamten Finanzsystems zu. Der Margenverfall im Firmenkreditgeschäft und die Zunahme von Insolvenzen verstärkten diese Wirkungen. Außerdem traten Effekte einer Quersubventionierung beziehungsweise einer latenten Begünstigung schlechter Schuldner auf, da die Eigenkapitalkosten bei gleichen Kreditbeträgen sowohl für einen guten als auch für einen schlechten Schuldner in gleicher Höhe im zu zahlenden Kreditzins enthalten waren. Vor dem Hintergrund dieser Entwicklungen sah es der Baseler Ausschuss als Notwendigkeit an, die Messverfahren für das Kreditrisiko effizienter und die internationalen Eigenkapitalanforderungen risikogerechter zu gestalten. Im Januar 2001 veröffentlichte er in New York einen Entwurf zur Überarbeitung der internationalen Eigenkapitalvereinbarung von 1988. Interessierten Kreisen und insbesondere der internationalen Kreditwirtschaft wurde die Gelegenheit gegeben, die Vorschläge des zweiten Konsultationspapiers zu prüfen und Stellung zu nehmen. Inzwischen ist das neue Regelwerk verabschiedet und wird international von Banken angewandt.

Die Empfehlungen des Baseler Ausschusses richten sich grundsätzlich nur an die international tätigen Banken und sollen für deren Wettbewerb auf internationaler Ebene einen einheitlichen Regelungsrahmen schaffen. Sie werden meist unverändert durch Verabschiedung einer EU-Richtlinie durch die Europäische Kommission in europäisches Recht umgesetzt. Die Mitgliedsstaaten sind dann zur Übernahme der Richtlinie in nationales Recht verpflichtet. In Deutschland erfolgt die Umsetzung der Baseler Vorschläge durch Änderungen beziehungsweise Ergänzungen des KWG (Kreditwesengesetzes), der Grundsätze der BaFin (Bundesanstalt für Finanzdienstleistungsaufsicht) oder Verordnungen. Damit finden die Grundsätze der Baseler Vorschläge auch Anwendung auf kleinere Kreditinstitute mit geringerer

Komplexität und im Vergleich zu international tätigen Kreditinstituten weniger anspruchsvollem Tätigkeitsfeld.

Durch Basel II sollen nun die Eigenkapitalanforderungen stärker an den tatsächlichen Risiken der Kreditinstitute und damit ihrer Kreditengagements ausgerichtet werden. Die Banken müssen daher bei der Kreditvergabe eine Differenzierung nach der Bonität der Schuldner vornehmen. In Abhängigkeit von der Rating-Note müssen sie mehr oder weniger Eigenkapital unterlegen, was sich dann auch auf die von ihnen angebotenen Kreditkonditionen niederschlägt.

Alternative Finanzierungsformen werden damit für Unternehmen immer wichtiger, da der klassische Kredit als Finanzierungsinstrument immer stärkeren Restriktionen unterliegt.

2.2 Inhalte der neuen Eigenkapitalvereinbarung von Basel II

Mit der neuen Eigenkapitalvereinbarung sollen also eine genauere Abbildung der Risiken und eine differenziertere Eigenkapitalunterlegung durch Einsatz verbesserter Risikomanagementsysteme erfolgen. Ein höheres Risiko bedingt dann auch eine höhere Bindung von Eigenkapital und umgekehrt. Die gesamte aufsichtsrechtliche Eigenkapitalausstattung der Banken soll im Durchschnitt aber weder erhöht noch gesenkt werden.

Durch Basel II sollen fünf Ziele erreicht werden. Sicherheit und Stabilität des Finanzsystems sollen gefördert und die Wettbewerbsbedingungen verbessert werden. Zudem sollen sich Kreditinstitute in einem höheren Maße an den tatsächlichen und individuellen Risiken orientieren. Dies soll grundsätzlich auch für Institute unterschiedlicher Größe, Komplexität und Entwicklungsstufen anwendbar und geeignet sein.

Zur Erreichung dieser Ziele wurden drei grundlegende Ansätze für Maßnahmen festgelegt. Der neue Baseler Eigenkapitalakkord besteht daher aus drei sich gegenseitig ergänzenden Säulen, um die Stabilität des nationalen und des internationalen Bankensystems besser abzusichern.

Die erste Säule ist der Schwerpunkt des Konsultationspapiers. Sie umfasst die Mindestanforderungen an die Eigenkapitalausstattung der Kreditinstitute. Die Mindestnorm für die Quote »Eigenkapital zu Risikoaktiva« wird auch weiterhin 8 % betragen. Die Risikoaktiva werden jedoch durch zusätzliche Multiplikatoren ermittelt, die abhängig vom Risiko der Bank sind.

Die zweite Säule beschäftigt sich mit dem bankaufsichtlichen Überprüfungsprozess der angemessenen Eigenkapitalausstattung und ist damit für die Gesamtbanksteuerung relevant. Hier werden insbesondere die so genannten operationellen Risiken neu bewertet und gewichtet und fließen in die Gesamtbanksteuerung ein. Operationelle Risiken sind zum Beispiel das Risiko des Ausfalls der Banken-IT oder ganz schlicht auch eines Banküberfalles.

Die dritte Säule gibt Leitlinien für mehr Offenlegung und Transparenz der Banken vor. Dadurch soll Kunden die Möglichkeit gegeben werden, die Qualität ihrer Bank zu bewerten. Hierbei wurde insbesondere die Bankenausicht BaFIN (Bundesanstalt für Finanzdienstleistungsaufsicht) in ihren Kompetenzen verstärkt.

Die Basel-II-Regelungen sehen also eine differenziertere Regulierung der Bilanzstruktur von Banken vor. Das vorzuhaltende Eigenkapital wird nicht mehr in einem festen Verhältnis zum Kreditvolumen (= Forderungen aus Sicht der Bank) stehen, sondern unter Berücksichtigung eines Ratings ermittelt. Abhängig vom Rating-Ergebnis fällt die Eigenkapitalunterlegung höher oder niedriger aus. Die Berechnung des haftenden Eigenkapitals ist in der Abbildung 5 dargestellt.

In Abbildung 5 wird deutlich, dass bei der Regelung von Basel I eine fixe Relation zwischen Eigenkapital und dem in der Bankbilanz ausgewiesenen Kreditvolumen bestand. Durch Verlagerung der Kreditgeschäfte auf so ge-

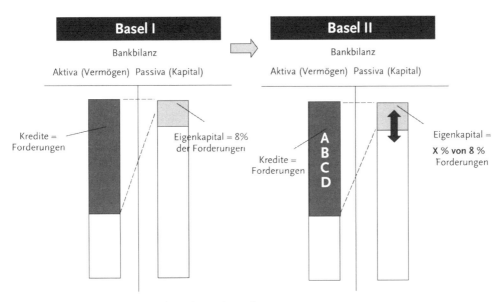

Abb. 5: Auswirkungen von Basel II auf die Bilanzen der Banken · **29**

nannte Off-Balance-Sheet-Geschäfte, meistens Provisionsgeschäfte, die außerhalb der Bilanz stattfanden, da sie als Vermittlungsgeschäfte getätigt wurden, konnten die Banken auch mit relativ geringem haftenden Eigenkapital arbeiten. Außerdem war die Risikostruktur der Kredite fast irrelevant. Durch Basel II wurde diese fixe Relation aufgehoben. Die Aktivseite der Bankbilanz beziehungsweise die dort gebuchten Kredite werden nun über ein Rating-Verfahren bewertet und davon abhängig wird dann das haftende Eigenkapital bestimmt.

2.3 Rating als Risikoanalyse von Unternehmen

Eine genaue Definition des Begriffes Rating ist immer abhängig von Rating-Ersteller, Untersuchungsobjekt, Zielsetzung und Auftraggeber. In der Unternehmenspraxis wird beispielsweise zwischen bankinternen Ratings und den Ratings externer Rating-Agenturen, den externen Ratings, unterschieden. Auch kann unter anderem ein Rating eines Unternehmens, eines angebotenen Produkts oder eines Staates erfolgen. Zusammenfassend handelt es sich bei einem Rating um einen Beurteilungs- und Einschätzungsvorgang.

Der Begriff Rating hat sich aus dem englischen Verb to rate entwickelt, das so viel bedeutet wie »einschätzen« oder »bewerten«, und aus dem Nomen Rate, das mit »Verhältniszahl« oder »Quote« übersetzt werden kann. Von einem Rating spricht man üblicherweise dann, wenn ein Untersuchungsobjekt hinsichtlich einer bestimmten Zielsetzung bewertet und in eine Skala oder Rangordnung gebracht wird. In diesem Sinne kann der Begriff Rating für verschiedene Arten der Leistungsbewertung verwendet werden. So werden beispielsweise Restaurants und Hotels, Universitäten, Immobilienprojekte oder Wertpapieranlagen bewertet. Im wissenschaftlichen Bereich finden Rating-Verfahren vor allem Anwendung im Bereich der Soziologie und Psychologie. Auch die Benotung von Prüfungsleistungen in der Schule kann durchaus als Rating bezeichnet werden.

Im Zusammenhang mit den neuen Eigenkapitalregeln des Baseler Ausschusses kann Rating als Beurteilung und Einstufung der zukünftigen Fähigkeit eines Unternehmens, seinen Zahlungsverpflichtungen nachzukommen, definiert werden. Dabei geht es vor allem um die Einschätzung von Wahrscheinlichkeiten für den Eintritt von Leistungs- und Zahlungsstörungen (Ausfallwahrscheinlichkeit) während der Kreditlaufzeit. Unter dem Begriff Rating kann sowohl der Rating-Prozess, das Verfahren zur Bewertung einer Bonität des Schuldners, als auch das Ergebnis beziehungsweise das Rating-Urteil verstanden werden.

Bankinterne Ratings stellen das Ergebnis der internen Risikomessung einer Bank in ihrem Kreditportfolio dar. Der Kunde wird von einem Kreditinstitut mit Hilfe eines hausinternen Verfahrens bewertet, aus dem dann eine Aussage über die Ausfallwahrscheinlichkeit des Kreditengagements abgeleitet wird. Interne Rating-Systeme dienen der Klassifizierung von Kreditengagements hinsichtlich ihres Kreditrisikogehalts. Sie gewährleisten somit eine konsistente Abbildung des gesamten Kreditportfolios in Risikokategorien.

Externe Ratings werden von privaten Rating-Agenturen durchgeführt. Die drei bekanntesten, weltweit agierenden Rating-Agenturen sind *Standard & Poor's, Moody's* und *Fitch*. Von diesen Agenturen vergebene Kredit-Ratings sind auf den internationalen Finanzmärkten schon seit einigen Jahrzehnten üblich. Dabei verfügen diese Agenturen über eine sehr breite statistische Basis, die es ihnen ermöglicht, Ausfallwahrscheinlichkeiten mit einer sehr hohen Präzision zu bestimmen. Sowohl Moody's als auch Standard & Poor's bewerten heute Emittenten und Emissionen über kurz- und langfristige Zeiträume, wobei das Bewertungsspektrum von einzelnen Finanzprodukten über Bankinstitute und Milliardenkredite bis hin zu den Umweltaktivitäten von Unternehmen reicht. Hierbei verwenden sie zur Bezeichnung unterschiedlicher Risikoklassen von Schuldnern Buchstabenkombinationen.

Diese Rating-Symbole in Form von Buchstaben und/oder Zahlen stellen ein Urteil über die Höhe der Ausfallwahrscheinlichkeit des Kredites dieses Unternehmens aufgrund bisher gesammelter Erfahrungen dar. An den Finanzmärkten hat sich ein Katalog von Rating-Symbolen zu einem international anerkannten Zeichensatz zur Beschreibung des Risikopotenzials von Finanztiteln entwickelt. Die Bewertungen folgen in der Regel dem Alphabet und sind an das amerikanische Notensystem angelehnt. Abbildung 9 zeigt die Rating-Skalen von Standard & Poor's und Moody's, die den meisten mittelständischen Rating-Agenturen als Vorbild dienen.

Die Skalen beider Rating-Agenturen beginnen mit einem so genannten »Triple A« (AAA beziehungsweise Aaa). Dies ist die Bezeichnung für die höchste Bonität und die geringste Ausfallwahrscheinlichkeit. Mit steigendem Ausfallrisiko erfolgt eine Abstufung bis zu den Buchstaben C beziehungsweise D. Zur Differenzierung innerhalb der Rating-Klassen verwenden die Agenturen Zahlen oder Plus- beziehungsweise Minuszeichen. Die Abstände zwischen den unterschiedlichen Ratings sind nicht metrisch interpretierbar, das heißt, in den oberen Kategorien liegen die Qualitäten eng bei-

Moody's	S&P's	Risikogarantie		

	Moody's	S&P's	Risikogarantie
Investment Grade	Aaa	AAA	Höchste Bonität, geringstes Ausfallrisiko
	Aa1 Aa2 Aa3	AA+ AA AA−	Höchste Bonität, kaum höheres Risiko
	A1 A2 A3	A+ A A−	Überdurchschnittliche Bonität, etwas höheres Risiko
	Baa1 Baa2 Baa3	BBB+ BBB BBB−	Mittlere Bonität, stärkere Anfälligkeit bei negativen Entwicklungen im Unternehmensumfeld
Speculative Grade	Ba1 Ba2 Ba3	BB+ BB BB−	Spekulativ, Zins- und Tilgungsrückzahlungen bei negativen Entwicklungen gefährdet
	B1 B2 B3	B+ B B−	Geringe Bonität, relativ hohes Ausfallrisiko
	Caa Ca C	CCC CC C	Geringe Bonität, höchstes Ausfallrisiko
		D	Schuldner bereits in Zahlungsverzug oder Insolvenz

Abb. 6: Rating-Skalen von Standard & Poor's und Moody's

einander, während sie sich in den unteren Kategorien stärker voneinander unterscheiden. Jede Rating-Stufe entspricht hierbei einer mathematisch-statistischen Ausfallwahrscheinlichkeit und ist damit als Risikomaß für die Wahrscheinlichkeit eines Ausfalls zu interpretieren.

Um den Investoren bei der Anlageentscheidung zusätzlich zu den Risikoklassen Orientierung zu verschaffen, unterteilen die Agenturen ihre Rating-Skalen in zwei Bereiche, den so genannten Investment Grade und den Speculative Grade (beziehungsweise Non-Investment Grade). Der Investment Grade beschreibt den Bereich der hohen Bonität von AAA (beziehungsweise Aaa) bis BBB- (beziehungsweise Baa3). Rating-Urteile, die darunter liegen, fallen in den Non-Investment Grade. Das bewertete Objekt ist dann hinsichtlich einer Investition nicht empfehlenswert.

Abhängig von der jeweiligen Rating-Klasse des Kredit suchenden Unternehmens sind die Banken im Rahmen der Regelungen von Basel II verpflichtet, die Eigenkapitalhinterlegung ihres Kreditengagements über bestimmte Risikogewichte anzupassen. Bei den verschiedenen Rating-Klassen müssen die Banken somit unterschiedliche Kapitalkosten tragen. Deswegen müssen schlecht geratete Unternehmen mit deutlich erhöhten Kreditzinsen rechnen, gut geratete Unternehmen hingegen bekommen attraktivere Konditionen. Ziel der differenzierten Eigenkapitalhinterlegung ist es, zu verhindern, dass Banken zu viele schlechte Risiken in ihren Kreditportfolios kumulieren. Außerdem soll der Risikobetrachtung gegenüber der reinen Renditebetrachtung mehr Bedeutung beigemessen werden. Basel II führt somit durch die differenzierte Eigenkapitalhinterlegung von Krediten zu einer Spreizung der Kreditkonditionen.

2.4 Kriterien in einem Rating-Verfahren

Um die Ausfallwahrscheinlichkeit eines Unternehmens zu prognostizieren, werden von den verschiedenen Rating-Agenturen und den Kreditinstituten zwar auf den ersten Blick unterschiedliche Rating-Verfahren angewendet, Vergleiche der Veröffentlichungen von Rating-Agenturen und Banken führen aber zum Ergebnis, dass im Kern oft sehr ähnliche Kriterien maßgeblich sind. Bei einem Rating werden sowohl qualitative als auch quantitative Kriterien berücksichtigt. Unter den quantitativen Kriterien werden die klassischen betriebswirtschaftlichen Kennzahlen verstanden, die auf Basis der Jahresabschlussdaten zustande kommen. Die qualitativen Kriterien dagegen sind nur bedingt messbar und skalierbar; sie stellen die so genannten »Soft Facts« dar. Die quantitativen und qualitativen Rating-Kriterien ergänzen sich gegenseitig. Qualitative Kriterien der Vergangenheit bestimmen in hohem Maße die quantitativen Zahlen im Jahresabschluss. Zum Beispiel ist der Umsatz eines Jahres auch das Resultat der Fähigkeiten des Managements, eine ausreichende Menge von Produkten zu einem angemessenen Preis an die richtige Zielgruppe zu verkaufen. Ein effektives Controlling beeinflusst über kleinere Aufwandsgrößen ebenfalls den Jahresabschluss. Andererseits bilden die quantitativen Kennzahlen aus den Geschäftsberichten die Basis für die Kriterien qualitativer Art und fließen in die Schätzungen über die künftige Entwicklung der Vermögens-, Finanz- und Ertragslage des Unternehmens ein.

Die Gewichtung zwischen den qualitativen und quantitativen Kriterien ist dabei je nach Rating-Modell unterschiedlich. In der Regel kann davon ausgegangen werden, dass mit zunehmend schlechten Bilanzkennzahlen diese auch höher gewichtet werden als die qualitativen Kriterien. So schwankt in

Abb. 7: Merkmale eines Rating-Urteils

vielen Modellen die Gewichtung der beiden Kriterienblöcke zwischen 30 und 70 %.

Die quantitativen Kriterien bilden die geschäftliche Tätigkeit eines Unternehmens. Da Kennzahlen in der Regel aus einem mathematischen Bruch, das heißt aus Quotienten bestehen, wird sehr oft eine »Ergebniszahl« im Zähler einer »Ursachenzahl« im Nenner zugeordnet. Eine Kennzahl macht also nur dann Sinn, wenn beide Zahlen im Bruch miteinander in Beziehung stehen. Bei einem guten Rating-System ist zunächst die Differenzierung in die verschiedenen Rechnungslegungsstandards vorzusehen. Es spielt nämlich eine große Rolle, nach welchen Rechnungslegungsstandards die Bilanz erstellt worden ist. Geht man davon aus, dass sich die Bilanz nach dem deutschen Handelsgesetzbuch (HGB) richtet, muss bei der Erstellung der Kennziffern darauf geachtet werden, nach welchen der drei Verfahren die Gewinn- und Verlustrechnung ermittelt worden ist. Hier unterscheidet das HGB das Gesamtkostenverfahren, das Umsatzkostenverfahren oder das Einnahmen-Ausgabenverfahren. Bei der Betrachtung der Bilanzdaten unter Rating-Aspekten wird eine Beurteilung der Vermögens-, Finanz- und Ertragslage vorgenommen. Hierzu wird anhand der vorliegenden Jahresabschlüsse schwerpunktmäßig eine Kennzahlenanalyse in drei Varianten durchgeführt. Im Zeitvergleich ermöglicht die Beurteilung der Kennziffern die transparente Darstellung der Unternehmensentwicklung. Mögliche positive und negative Entwicklungen können somit frühzeitig erkannt und durch eine Trendanalyse fortgeschrieben werden. Als Vergleichszeitraum werden in der Regel die letzten drei Geschäftsjahre herangezogen und die Daten nach ihrer Aktualität gewichtet, das heißt, jüngere Daten werden stärker gewichtet als ältere. Im Betriebsvergleich werden die ermittelten Kennziffern mit dem Branchendurchschnitt verglichen. Beim Auftreten größerer Differenzen wird dies als Stärke beziehungsweise Schwäche des Betriebes interpretiert. Ein nützlicher Maßstab für Branchenvergleiche ist die von der Deutschen Bundesbank herausgegebene Bilanzstatistik über 26 Branchen. Im so genannten Normenvergleich werden die Unternehmenskennzahlen einem Soll-Ist-Vergleich unterzogen. Sollprüfkriterien stammen idealerweise aus der Insolvenzforschung, denn insolvenzgerichtete Anzeichen weisen eine hohe Diagnosekraft aus. Bei allen Bilanzanalysekennzahlen muss beachtet werden, dass sie stets nur vergangenheitsorientierte Ereignisse abbilden und damit auch nur solche relativieren und bewerten können. Dennoch macht es Sinn, insbesondere die drei letzten Bilanzwerte in ein Rating einzubeziehen, um hieraus auch eine Trendentwicklung abzulesen.

Bei der Untersuchung der quantitativen Merkmale eines Unternehmens werden drei Bereiche bewertet: die Vermögens-, die Finanz- und die Ertragslage. Bei der Bewertung der Vermögenslage werden vor allem Relationen zwischen den Positionen auf der Aktivseite und denen auf der Passivseite einer Bilanz betrachtet. Hier geht es darum, wie das Unternehmen hinsichtlich der Kapitalverwendung, also der Art und Weise, wie das Kapital angelegt ist, aufgestellt ist. Eine hohe Anlagenintensität kann in einem Rating-Gutachten negativ bewertet werden, da unter Investorensicht sicher eine flexible, jederzeit liquidierbare Kapitalverwendung wichtig ist. Wenn das Kapital hingegen nur schwer umschichtbar und im Krisenfall nicht liquidierbar ist, wird auch die rentabelste Finanzanlage wertlos. Die Eigenkapitalquote ist bei allen Ratings eine entscheidende Kennziffer. Je nach Bank oder Investor wird diese Kennziffer im Rating gegenüber den anderen Kennzahlen meist mehrfach gewichtet. Dies ist nicht zuletzt dadurch bedingt, dass der deutsche Mittelstand eine relativ geringe Eigenkapitalquote aufweist. Die Quote wird als einfache Relation von Eigenkapital zu Gesamtkapital berechnet und mit dem Branchendurchschnitt in Relation gesetzt. Die Eigenkapitalquote ist für Investoren eine entscheidende Größe für die Haftungsmasse im Krisenfall. Je höher diese Kennzahl, umso besser das Rating, selbst wenn betriebswirtschaftlich in manchen Situationen durch günstiges Fremdkapital eine Renditeerhöhung auch durch Aufnahme von Fremdkapital möglich wäre. Der so genannte Leverage-Effekt wird beim Rating nicht berücksichtigt.

Die Finanzlage wird ebenfalls durch zahlreiche Kennzahlen bewertet. So geben die verschiedenen Anlagendeckungsgrade Auskunft über die Art und Weise der Finanzierung des Vermögens. Je höher diese Grade sind, umso besser ist dies aus Rating-Sicht, da das Vermögen überwiegend durch Eigenkapital gedeckt wird.

Bei der Bewertung der Ertragslage werden in den meisten Ratings nur die klassischen Renditekennziffern berechnet. Dies sind vor allem die Eigenkapitalrendite, die Gesamtkapitalrendite und die Umsatzrendite. Die vielen aus der angelsächsischen Literatur stammenden Relationen wie Return on Capital Employed (Rendite des arbeitenden Kapitals) oder Return on Cashflow (Rendite mit Cashflow statt Gewinn) sind hier noch nicht Standard. Die Eigenkapitalrendite gibt an, in welchem Maße sich der Kapitaleinsatz für den Eigentümer gelohnt hat. Analog dazu zeigt die Gesamtrendite, ob sich der Kapitaleinsatz aller Investoren gelohnt hat. Die Umsatzrendite zeigt an, wie viel vom Umsatz letztlich für den Eigentümer übrig geblieben ist.

Um eine zuverlässige Rating-Klassifizierung vornehmen zu können, legen die Agenturen besonderen Wert auf eine umfangreiche Bewertung der qualitativen und zukunftsgerichteten Unternehmensindikatoren. Die qualitativen Kriterien können in fünf Bereiche eingeteilt werden. Im Rahmen der Branchen-, Produkt- und Marktstellung werden einerseits die Markt- und Wettbewerbsdynamik sowie die Marktrisiken untersucht und andererseits das Produktportfolio und die Marktstellung des Unternehmens. Die dabei verwendeten Untersuchungskriterien sind Marktwachstum, Marktpräsenz, Produktlebenszyklus, Produktportfolio sowie Branchenattraktivität. Management und Strategie, interne Wertschöpfung, Planung und Steuerung sowie Finanzpolitik sind weitere Bereiche des qualitativen Ratings. Das Erstere berücksichtigt hauptsächlich die Unternehmensführung, Unternehmensstrategie und Unternehmenspolitik. Die interne Wertschöpfung umfasst die Themen Unternehmensorganisation, Wissensmanagement, Prozesse sowie Forschung und Entwicklung. Bei der Planung und Steuerung werden vor allem strategische Ziele und davon ausgehend operative Planungen in den Bereichen Produktion, Beschaffung, Absatz und Finanzen analysiert. Die Finanzpolitik als letzter Bereich des qualitativen Ratings untersucht das Liquiditätsmanagement und die Finanzierungsstruktur.

Mit dem Rating durch eine Rating-Agentur sind interne und externe Nutzenpotenziale verbunden. Interne Nutzenpotenziale entstehen, wenn das Rating als Informationsinstrument für das Management benutzt wird. Das Management gewinnt auf diese Weise wichtige Informationen über das eigene Unternehmen, die auf der Beurteilung qualifizierter Analysten beruhen. Ein Rating verlangt ein gewisses Maß an Transparenz und bietet dem Management die Möglichkeit, die Bilanz gründlich zu überprüfen und aufgedeckte Schwachstellen bereits im Vorfeld der Analyse zu beseitigen. Zudem dienen die Ergebnisse des Ratings vor allem zur internen Risikoidentifikation. Zahlreiche betriebswirtschaftlich relevante und für die Zukunft des Unternehmens entscheidende Faktoren werden objektiv analysiert und unter dem Aspekt des Risikos bewertet. Die Analysen zeigen Stärken und Schwächen sowie Chancen und Risiken sämtlicher Unternehmensbereiche auf. Gerade aus der quantitativen Analyse der Vermögens-, Finanz- und Ertragslage lassen sich Risiken ableiten, die langfristig zu finanziellen Problemen führen können. Somit findet eine langfristige Sensibilisierung hinsichtlich möglicher Risiken statt, die ein bewusstes internes Risikomanagement ermöglicht. Dazu gehören neben einer umfassenden Risikoidentifikation, einer kritischen Risikoanalyse und der nachvollziehbaren Risikogewichtung vor allem die optimale Handhabung, Kontrolle und Überwachung der Risiken. Gerade für eigentümergeführte, kleine Unternehmen hat der Einbezug qualitativer Fragestellungen, zum Beispiel zur Qualität der Geschäftsführung, den Vorteil, dass auch die Leistungen und Ideen des Eigentümers analysiert und offen gelegt werden. Auch in diesem Bereich können durch Risiken Verbesserungspotenziale aufgezeigt werden. Die ausführliche Dokumentation der Ergebnisse des gesamten Risikomanagementprozesses stabilisiert nicht nur die Bonität, sondern eröffnet neue Handlungsspielräume für den geschäftlichen Erfolg. Externe Nutzenpotenziale sind darin zu sehen, dass bei Publikation eines guten Rating-Ergebnisses das »Standing« oder die so genannte »Performance« eines Unternehmens öffentlich wird und damit Investoren, Kunden, Lieferanten und andere so genannte Stakeholder von der Güte des Zahlungsverhaltens und der Zahlungsfähigkeit überzeugt werden können. Dass dadurch Going-Public-Überlegungen erleichtert werden können, liegt auf der Hand.

3
Zunächst sind die Finanzierungsziele zu definieren

Die Entscheidung über den Einsatz von Eigen- oder Fremdmitteln beziehungsweise alternativen Finanzierungsformen sowie darüber, ob die entstehenden Kapitalkosten akzeptabel sind, ist von der Rendite der in Frage kommenden Investition abhängig. Das Risiko einer Finanzmittelverwendung spielt zudem insbesondere dann eine bedeutende Rolle, wenn die finanziellen Mittel für ein bestimmtes Vorhaben nur in begrenztem Maße zur Verfügung stehen. Für kleine und mittlere Unternehmen ist zudem die Unabhängigkeit ihrer Entscheidungen von großem Wert. Ein Kapitaleinsatz wird daher oft auch unter dem Aspekt der damit verbundenen Mitspracherechte oder Einflussnahmen über Aufsichtsratsmandate, Beiratsfunktionen oder einfach Kreditbedingungen betrachtet.

Bevor ein passendes Finanzinstrument ausgewählt wird, sollten daher zunächst die Entscheidungskriterien festgelegt und die Finanzierungsziele definiert werden.

3.1 Liquidität als Basis des Wirtschaftens

Sämtliche operativen Ziele, die wirtschaftliches Handeln determinieren, lassen sich vom Prinzip der Rationalität ableiten. Würden Ökonomen irrational argumentieren, ließen sich Menschen nicht effizient beziehungsweise optimal mit Gütern versorgen. Wirtschaften wäre zufällig und für sämtliche Koalitionspartner nicht kalkulierbar. Wer rational, das heißt vernünftig handelt, sollte die ihm zur Verfügung stehenden Mittel (zum Beispiel Finanzen, Talente, Rohstoffe) so einsetzen, dass er seine strategischen und taktischen Ziele bestmöglich erreicht. Stehen genügend Einsatzfaktoren zur Verfügung, so sollte versucht werden, die festgelegten Ziele mit kleinstmöglichem Mitteleinsatz zu erreichen. Hierbei unterscheidet man zwei Prinzipien. Das erste Prinzip lässt sich als Maximalprinzip, das zweite als Minimalprinzip definieren. In der betriebswirtschaftlichen Literatur

Handbuch Alternative Finanzierungsformen. Ottmar Schneck
Copyright © 2006 WILEY-VCH Verlag GmbH & Co. KGaA, Weinheim
ISBN 3-527-50219-X

Rationalprinzip			
Produktivität (mengenmäßige Rationalität)	Wirtschaftlichkeit (wertmäßige Rationalität)	Rentabilität (relative Rationalität)	Liquidität (Sicherheitsrationalität)

Abb. 8: Aspekte des ökonomischen Prinzips

werden beide Prinzipien als ökonomisches Prinzip zusammengefasst, wobei zu beachten ist, dass eine Kombination beider Prinzipien (mit minimalem Input maximalen Output zu erzielen) logisch unmöglich ist. In Abbildung 8 sind die verschiedenen Aspekte des ökonomischen Prinzips dargestellt. Diese können hinsichtlich ihrer Rationalität in eine mengenmäßige, eine wertmäßige und eine relative Komponente untergliedert werden.

Voraussetzung für die Existenz von Unternehmen ist deren Liquidität, das heißt deren Zahlungsfähigkeit. Zahlungsfähigkeit von Personen und Unternehmen ist die Fähigkeit, allen Zahlungsverpflichtungen termingerecht und vollständig nachkommen zu können. Umgekehrt spricht man von Zahlungsunfähigkeit, wenn es einem Unternehmen nicht gelingt, seinen Zahlungsverpflichtungen nachzukommen oder wenn es seine Gläubiger nicht zu einem zeitlichen Zahlungsaufschub oder zu einem Forderungsverzicht bewegen kann. In diesem Fall kann die mangelnde Liquidität zum Konkurs führen. Eine nur vorübergehende Illiquidität wird als Zahlungsstockung bezeichnet. Ursache einer Illiquidität kann beispielsweise eine Insolvenz (Überschuldung) sein, die dazu führt, dass kein Gläubiger mehr bereit ist, dem Unternehmen liquide Mittel zur Verfügung zu stellen. Neben der Grunddefinition des Liquiditätsbegriffs wird in der betriebswirtschaftlichen Literatur ebenso die Eignung eines Vermögensobjektes, sich ohne Wertverlust in Geld umwandeln zu lassen (Liquidierbarkeit), als Liquidität verstanden. Hier handelt es sich somit um eine potenzielle Monetisierung des Anlage- beziehungsweise Umlaufvermögens, beispielsweise durch den Verkauf von Produktionsanlagen oder Warenbeständen.

Gemessen werden kann die Liquidität mit so genannten Liquiditätszahlen, die das Verhältnis von liquiden Mitteln zu kurzfristig fälligen Verbindlichkeiten angeben. Ausgehend von diesen Überlegungen lassen sich verschiedene Liquiditätsgrade unterscheiden. Je nachdem, in welchem Maße liquidierbares Vermögen einbezogen wird, spricht man von der Liquidität ersten, zweiten oder dritten Grades. Zu den flüssigen Mitteln bei der Berechnung des ersten Lquiditätsgrades zählen dabei der Kassenbestand, Guthaben bei Banken und Schecks. Im Nenner der Kennzahl zum zweiten Li-

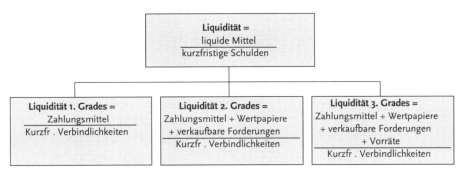

Abb. 9: Liquidität und Liquiditätsgrade

quiditätsgrad steht das monetäre Umlaufvermögen, zu dem neben den flüssigen Mitteln die Forderungen aus Lieferungen und Leistungen, die Wertpapiere und die eigenen Aktien gehören. Bei der Liquidität dritten Grades wird das Verhältnis der kurzfristigen Verbindlichkeiten zum gesamten Umlaufvermögen betrachtet.

Die Bedeutung der Liquiditätsgrade wird im folgenden Beispiel veranschaulicht. Das Unternehmen Müller aus dem Bereich des Maschinenbaus hat 75 000 € auf der Bank liquide im Zugriff. Das Konto ist täglich verfügbar und die Barmittel in der »Portokasse« betragen 2 800 €. Daneben hat es noch einen kleineren Betrag in Wertpapieren (Aktien der Deutschen Telekom AG) angelegt, als es dem Unternehmen finanziell sehr gut ging und keine Investitionen anstanden. Die Wertpapiere wurden vor Jahren zum Wert von 30 000 € gekauft und sind nach dem aktuellen Marktpreis circa 16 000 € wert, wobei die Kurse der Aktie stark schwanken. Die Firma Müller hat noch Forderungen an zahlungsunwillige Kunden in Höhe von 40 000 €, wobei davon auszugehen ist, dass die Hälfte davon nicht einforderbar ist. In der Bilanz sind Vorräte (Metalle, Werkzeuge etc.) im Wert von 280 000 € verzeichnet. Das Unternehmen hat offene Rechnungen gegenüber seinen Lieferanten in Höhe von 90 000 € zu begleichen, diese sind in zwei Tagen fällig. Die Liquiditätsgrade des Unternehmens Müller lassen sich somit wie folgt berechnen:

Liquiditätsgrad 1: (75 000 € + 2 800 €)/90 000 € = 86,44 %
Liquiditätsgrad 2: (75 000 € + 2 800 € + 16 000 € + 20 000 €)/
    90 000 € = 126,44 %
Liquiditätsgrad 3: (75 000 € + 2 800 € + 16 000 € + + 20 000 € + 280 000 €)/
    90 000 € = 437,56 %

Die Firma Müller weist vor allem beim Liquiditätsgrad 1 einen kritischen Wert auf, da in zwei Tagen Forderungen in Höhe von 90 000 € fällig werden und die vorhandenen flüssigen Mittel lediglich 77 800 € betragen. Der Liquiditätsgrad 2 kann als sehr gut bezeichnet werden. Der Liquiditätsgrad 3 ist etwas zu hoch. Übersteigt der dritte Liquiditätsgrad 150 bis 200 %, so deutet dies auf zu hohe Lagerbestände und damit eine hohe Kapitalbindung in den Beständen hin.

Neben den Liquiditätsgraden wird im Rahmen der Finanzierung häufig von Cashflow gesprochen. Da diese Größe in der Diskussion immer wichtiger wird und nicht zuletzt bei alternativen Finanzierungsformen eine wesentliche Rolle spielt, soll dieser Begriff im Folgenden erläutert werden.

Der Cashflow ist eine Maßgröße zur Beurteilung der Selbstfinanzierungskraft einer Unternehmung. Durch ihn wird deutlich, in welcher Höhe finanzielle Mittel für Investitionsausgaben und zur Schuldentilgung sowie zur Ausschüttung an Anteilseigner zur Verfügung stehen. Er gibt zudem Auskunft über die Herkunft und Verwendung der Mittel und damit über die Finanzierung eines Unternehmens. Grundsätzlich wird er berechnet, indem zum Anfangsbestand an Bar- und Buchgeld, also den gesetzlichen Zahlungsmitteln, die Einzahlungen der Periode addiert und die Auszahlungen subtrahiert werden. In der Praxis hat sich allerdings eine andere Methode durchgesetzt, die vom Jahresüberschuss beziehungsweise -fehlbetrag, also einer Gewinngröße, ausgeht. Zu dieser werden alle nicht auszahlungswirksamen Aufwendungen – wie zum Beispiel Abschreibungen (Gebäude wird abgeschrieben, obgleich es schon bezahlt ist) oder Rückstellungen (Rückstellungen für Pensionen werden gebildet, obgleich sie noch nicht zu Auszahlungen führen) –, welche ja den Gewinn rein rechnerisch schmälern, addiert, während alle nicht einzahlungswirksamen Erträge abgezogen werden. In der Regel ergeben sich somit lediglich Näherungswerte des tatsächlichen Fließens der liquiden Mittel.

Ausgehend von der Summe der betrieblichen Einzahlungen werden verschiedene Auszahlungen subtrahiert, was zu unterschiedlichen Cashflow-Begriffen führt. Zur Bestimmung des Operating Cashflow werden zunächst

---

Cashflow = Gewinn + Abschreibungen + Erhöhung bzw. – Vermind. der Rückstellungen
(vereinfachte Berechnung)

Cashflow = Gewinn + nicht auszahlungsw. Aufwendungen – nicht einzahlungsw. Erträge
(allgemeine Berechnung)

Abb. 10: Berechnungsmöglichkeiten des Cashflows

3 Zunächst sind die
Finanzierungsziele
zu definieren

Gewinn (Jahresüberschuss) nach Steuern und Zinsen

+ Abschreibungen

+ Erhöhung der Rückstellungen – Verminderung der Rückstellungen

= **Brutto-Cashflow**

+ Abnahme der Vorräte – Zunahme der Vorräte

+ Abnahme der Forderungen – Zunahme der Forderungen

+ Zunahme Verbindlichkeiten aus Lieferungen und Leistungen – Abnahme VLL

= **Operativer Cashflow** (Mittelzufluss aus Geschäftstätigkeit)

+ Erlöse aus Anlageabgängen (Desinvestition) – Investitionen (Mittelzufluss aus Investitionstätigkeit)

+ Zunahme Fremdkapital – Abnahme FK

+ Erlöse aus der Ausgabe von Anteile – Ausschüttungen (Dividenden)

(Mittelzufluss aus Finanztätigkeit)

= **Netto-Cashflow** (Veränderung der Zahlungsmittel)

Abb. 11: Kalkulation der verschiedenen Cashflow-Arten

von den gesamten betrieblichen Einzahlungen (Cash Inflows) die betrieblichen Auszahlungen, die Ersatzinvestitionen sowie fällige Steuerzahlungen (Cash Outflows) abgezogen. Zum Netto-Cashflow gelangt man, indem man zusätzlich vom Operating Cashflow Erweiterungsinvestitionen subtrahiert und Desinvestitionen dazuaddiert. Nach Abzug von Steuer- und Zinszahlungen, Tilgungen sowie Auszahlungen für Investitionen ergibt sich der Free Cashflow, der den Eigenkapitalgebern frei zur Disposition steht.

Neben der Liquidität, bei der die Liquiditätsgrade und der Cashflow als Maßgrößen vorgestellt wurden, ist natürlich die Rentabiliät als Finanzierungsziel von Bedeutung. Dass die beiden Zieldimensionen sich meist konfliktär zueinander verhalten, liegt bereits an deren gegensätzlicher Ausrichtung.

3.2 Rentabilität als Anreiz für den Kapitaleinsatz

Unter dem Begriff Rentabilität versteht man das Ergebnis einer unternehmerischen Handlung, zum Beispiel einer Investition, in Relation zu dem dafür eingesetzten Kapital. Kauft beispielsweise ein privater Investor eine Aktie zu 50 € und verkauft er diese nach einem Jahr zu 55 €, so erzielt er einen Wertzuwachs von 5 €. Sein Geschäft war rentabel, denn bezogen auf seine Einlage von 50 € bedeutet dies eine Rendite in Höhe von 10 %. Die

43

Rentabilität (Rendite) variiert entsprechend der Definition des Erfolges respektive der jeweils verwendeten Bezugsgröße. Wird als Erfolg einer Finanztransaktion der erzielte Gewinn vor oder nach Steuerzahlung definiert, so erhalten wir als Kennzahl für die Rentabilität die Umsatzrendite vor oder nach Steuern. Der Gewinn kann zu verschiedenen Kapitalbeständen (Eigen-, Fremd- oder Gesamtkapital) in Beziehung gesetzt werden, wodurch sich unterschiedliche Rentabilitätsgrößen ergeben. Die Eigenkapitalrendite gibt also die Rentabilität des Eigenkapitals wieder, die Gesamtkapitalrendite bezieht sich auf den Einsatz des gesamten Kapitals. Bei allen Rentabilitätsberechnungen sollte also darauf geachtet werden, welcher Gewinn in Relation zu welchem Kapital gesetzt wird. So macht es nur Sinn, den Gewinn nach Steuern und Zinsen in Relation zum Eigenkapital und den Gewinn vor Zinsen in Relation zum Gesamtkapital zu setzen. Wenn der Eigentümer überlegt, ob sein eingesetztes Kapital sich gut verzinst hat, so betrachtet er seinen Gewinn (nach Steuern und nach Zinsen) im Verhältnis zu seinem eingesetzten Kapital (Eigenkapital). Wenn alle Beteiligten (Staat, Bank, Eigentümer) ihre gesamte Rendite betrachten, werden sie den Gewinn, die Steuern und die Zinsen ins Verhältnis zum Gesamtkapital setzen. Diese Erfolgsgröße heißt im angelsächsischen Sprachraum auch EBIT (Earning before Interest and Tax). Die gebräuchlichsten Definitionen zur Renditeberechnung sind in Abbildung 12 ersichtlich.

In der internationalen Finanzliteratur wird zunehmend von *Return-Kennzahlen* gesprochen. Die Eigenkapitalrendite wird oft als Return on Equity (ROE) bezeichnet, die Gesamtrendite als Return on Investment (ROI), die

$$\text{Eigenkapitalrendite} = \frac{\text{Gewinn nach Steuer}}{\text{Eigenkapital}} \times 100$$

$$\text{Gesamtkapitalrendite} = \frac{\text{Gewinn vor Steuer} + \text{Fremdkapitalzinsen}}{\text{Eigenkapital} + \text{Fremdkapital}} \times 100$$

$$\text{Umsatzrendite} = \frac{\text{Gewinn}}{\text{Umsatz}} \times 100$$

$$\text{Cashflow-Rendite} = \frac{\text{Cashflow}}{\text{eingesetzt es Kapital}} \times 100$$

$$\text{Betriebskapitalrendite (Return on Capital Employment)} = \frac{\text{Gewinn}}{\text{betriebsnotwendiges Kapital}} \times 100$$

Abb. 12: Renditedefinitionen

3 Zunächst sind die
Finanzierungsziele
zu definieren

EBIT (Earnings before Interest and Tax) = Ergebnis vor Steuern und Zinsen

EBITDA (Earning before Interest, Tax, Depreciation and Amortisation) = Ergebnis vor Zinsen, Steuern und Abschreibungen

NOPAT (Net operating Profit after Tax) = Ergebnis vor Zins, aber nach Steuern

ROE (Return on Equity) = Eigenkapitalrendite

ROCE (Return on Capital Employment) = Rendite des eingesetzten und arbeitenden Kapitals

ROI (Return on Investment) = Rendite des gesamten investierten Kapitals (Gesamtkapitalrendite)

ROS (Return on Sales) = Umsatzrendite

Abb. 13: Übersicht über häufig verwendete Abkürzungen englischer Begriffe

Umsatzrendite als Return on Sales (ROS) und die Rendite des eingesetzten betriebsnotwendigen Kapitals als Return on Capital Employment (ROCE).

Bei der Berechnung der Gesamtkapitalrendite ist zu beachten, dass im Gegensatz zur international gebräuchlichen ROI-Definition die Zinszahlungen zum Gewinn zu addieren sind, sobald sich ein Unternehmen in erheblichem Umfang mit Fremdkapital finanziert. Da der Gewinn als Erfolg des Eigenkapitaleinsatzes und die Zinszahlungen als erwirtschafteter Erfolg des Fremdkapitaleinsatzes zu verstehen sind, ist es sinnvoll, zur Summe aus Eigen- und Fremdkapital die zugehörigen Erfolgsbeiträge Gewinn und Zinsen in Relation zu setzen. Da die Kennzahl ROI aus dem amerikanischen Finanzraum stammt, in dem sich Unternehmen in großem Umfang mit Eigenkapital finanzieren, sind die Zinsaufwendungen bei der Berechnung der erwirtschafteten Rendite weniger von Bedeutung.

Neben dem Gewinn können auch andere Erfolgsgrößen wie beispielsweise das Betriebsergebnis zur Ermittlung individueller Finanzkennzahlen herangezogen werden. Manche Unternehmen setzen in den Zähler der Rentabilitätskennzahl auch eine Cashflow-Größe ein. Die Wahl der »richtigen« Kennziffer erweist sich in der Praxis oftmals als problematisch, da die mittels unterschiedlicher Berechnungsgrößen gewonnenen Ergebnisse signifikant voneinander abweichen können. Wer über die Rentabilität insbesondere als Maß für die Attraktivität einer Kapitalanlage entscheiden und dabei Vergleiche zwischen Betrieben oder Branchen anstellen will, sollte daher stets zuvor die Berechnungsgrundlage der Daten und deren Aussagegehalt prüfen.

Zur Berechnung der Rentabilität wird in Unternehmen zunehmend auf standardisierte Werte wie das *DVFA/SG-Ergebnis* zurückgegriffen. Die Deutsche Vereinigung für Finanzanalyse und Anlageberatung (DVFA) ist der Berufsverband der Kapitalmarktexperten, in dem rund 800 Mitglieder aus Banken, Versicherungen und Kapitalanlagegesellschaften organisiert sind. Da dieser Verband durch seine Seminare zu Abschlüssen qualifiziert, die im Finanzmarkt inzwischen anerkannt und für bestimmte Berufsbilder Voraussetzung und Standard sind, gewinnt die Vereinheitlichung von Begriffen und Formeln durch die DVFA zunehmend an Bedeutung. Das DVFA/SG-Ergebnis, das um die Vorschläge der Schmalenbach-Gesellschaft (SG), des Verbandes der wirtschaftswissenschaftlichen Hochschullehrer in Deutschland, erweitert wurde, soll als standardisierte Erfolgsgröße die Rentabilitätsberechnung im Finanzbereich vergleichbar machen.

Zur Ermittlung dieser Größe werden ausgehend von dem ausgewiesenen Ergebnis des Unternehmens zahlreiche Zu- und Abschläge vorgenommen. Ziel ist die Bereinigung des Ergebnisses von außergewöhnlichen Belastungen oder Begünstigungen, um ein normiertes und somit vergleichbares Ergebnis zu errechnen. Die Bereinigung um Sondereinflüsse soll ungewöhnliche und dispositionsbedingte Aufwendungen und Erträge, Ergebnisanteile Dritter und Verwässerungseffekte eliminieren. Auf diese Weise sollen bilanzielle Effekte, die sich beispielsweise aus der Aufgabe wesentlicher Geschäftsbereiche, Produktlinien oder Funktionen, gravierender Veränderungen der Aufbau- und Ablauforganisation, der Stilllegung von Werken, des Verkaufs großer Beteiligungen oder des Abgangs von wesentlichen Teilen des Sachanlagevermögens ergeben, ausgeglichen werden. Dasselbe gilt auch für Fusionen, außergewöhnliche Schadensfälle, Aufwendungen für Börseneinführung, Kapitalerhöhungen und Sanierungsmaßnahmen, Kosten durch Anlauf, Vorleistungen, Erschließung, Ingangsetzung, Kapazitätserweiterung, Änderungen in den Bewertungsmethoden oder Änderungen in der Abschreibungs- und Rückstellungspolitik. Die Rentabilität des Unternehmens ist nach der Liquidität das zweitwichtigste Finanzierungsziel für die Wahl einer optimalen Finanzierungsform. Würde sich nach Einsatz der Finanzierungsform das finanzierte Projekt oder die finanzierte Investition nicht rentieren, so wäre der Einsatz dieser Finanzierungsform ebenfalls sinnlos.

3.3 Finanzielle Sicherheit durch Substanzerhaltung

Das Ziel der Sicherheit im Sinne der Vermeidung von Risiken und Ungewissheiten ist in enger Verbindung mit den Zielen Liquidität und Rentabilität zu sehen. Verschiedene Faktoren beeinträchtigen die Sicherheit. Als Beispiele sind hier die wachsende Verschuldung von Unternehmen, die immer stärkeren Turbulenzen in der Unternehmensumwelt sowie Marktrisiken zu nennen.

Auch bei dem Finanzierungskriterium der Sicherheit sind unterschiedliche Ausprägungen denkbar. So kann ein Unternehmen, um Engpässe in der Produktion auszuschließen und so Sicherheit für die Gütererstellung zu gewährleisten, zunächst darauf bedacht sein, seine Produktionskapazität zu erhalten. Dies wird als reproduktive Substanzerhaltung bezeichnet. Bei einer relativen Substanzerhaltung ist das Unternehmen darauf bedacht, die Substanz im Vergleich zur Konkurrenz zu erhalten. Wird die Substanz an den technischen Fortschritt angepasst, spricht man von einer leistungsäquivalenten Kapital- beziehungsweise Substanzerhaltung.

In diesem Zusammenhang wird in der Finanzwirtschaft stets auch die Frage aufgeworfen, ob es eine optimale Betriebsgröße, das heißt eine optimale Kapitalmenge beziehungsweise Substanz gibt. Die Thesen hierzu sind vielfältig, aber wenig verallgemeinerungsfähig. So ist bereits je nach Branche eine andere Substanz respektive Kapitalbindung notwendig. Wichtiger als die Menge des Kapitals ist die Art der Kapitalherkunft, das heißt, ob Eigen- oder Fremdkapital zur Verfügung gestellt werden soll. So ist unter dem Aspekt der finanziellen Sicherheit für einen anlagenintensiven Betrieb sicherlich eine stärker eigenfinanzierte Kapitalausstattung zu empfehlen als für einen Betrieb mit einem hohen Anteil liquidierbaren Umlaufvermögens. Zieht man andererseits den Gesichtspunkt der Rentabilität heran, so wird deutlich, das mit Eigenkapital finanzierte Unternehmen oder Vermögen anders als unter Sicherheitsaspekten im Nachteil sind. Beachtet man die Steuerwirkung, so ist nämlich die Fremdfinanzierung günstiger, da die entsprechenden Finanzierungskosten, das heißt die Zinsen, steuerwirksam absetzbar sind, während die Dividenden als Finanzierungskosten für Eigenkapital aus dem versteuerten Gewinn zu bezahlen sind. Die Gewichtung der Ziele finanzielle Sicherheit und Rentabilität bleibt letztlich den Präferenzen der Entscheider überlassen. Diese wiederum hängen davon ab, welche Risiken in der Finanzierung und Kapitalverwendung zu erwarten sind und welches Maß an Entscheidungsautonomie ein Unternehmer oder Manager im Verhältnis zu seinen Kapitalgebern anstrebt.

3.4 Unabhängigkeit in finanzwirtschaftlichen Entscheidungen

Alle Finanzierungsmöglichkeiten lassen sich finanzmarktorientiert nach Innen- und Außenfinanzierung oder aber bilanzorientiert nach Eigen- und Fremdfinanzierung unterscheiden. Außen- und Innenfinanzierung korrelieren also nicht mit den Begriffen Fremd- und Eigenfinanzierung, vielmehr liegen dieser Unterscheidung verschiedene Konzepte bezüglich der Mittelherkunft zugrunde. Bei der Außenfinanzierung wird Kapital von außen zugeführt, was durch Einlagen der Eigentümer oder durch Kreditaufnahme bei Gläubigern geschehen kann. *Eigen- und Fremdfinanzierung* unterscheiden sich hinsichtlich der gewährten Rechte an die Finanziers. Diese Differenzierung wird in der Tabelle von Abbildung 14 näher ausgeführt.

Kriterium	Eigenkapital	Fremdkapital
Verfügbarkeit	In der Regel unbegrenzt	Begrenzt auf die Laufzeit
Haftung	Eigentümer haftet für Verluste	Gläubiger haftet nicht für Verluste
Preis der Kapitalüberlassung beziehungsweise Ertragsanteil	Gewinnbeteiligung als Gegenleistung, zum Beispiel in Form von Dividende oder Wertzuwachs der Anteile	Zinsen als Gegenleistung für die Kapitalüberlassung ohne Gewinnanspruch und ohne Anspruch auf Teilhabe an der Wertsteigerung des Unternehmens
Mitspracherecht	Stimmrechte je nach Anteilsart	Keine Mitspracherechte, abgesehen von Bedingungen zum Beispiel bei der Besicherung des Fremdkapitals
Finanzierungsmöglichkeit	Einlagen der Alteigentümer oder Aufnahme neuer Anteilseigner, bei Kapitalgesellschaften Emission von Anteilsscheinen	Kredite und Darlehen in Abhängigkeit von der Marktsituation und Besicherung
Steuerliche Aspekte	Dividenden werden nach Steuerabzug gewährt	Zinsen sind als Betriebsausgaben steuerwirksam absetzbar, so dass Fremdkapital tendenziell günstiger ist als Eigenkapital
Vermögensanspruch	Anspruch auf den Liquidationserlös	Anspruch auf Rückzahlung in voller Höhe der Gläubigerforderung

Abb. 14: Gegenüberstellung der Eigen- und Fremdfinanzierung

Die Unabhängigkeit bei der Entscheidungsfindung ist in Verbindung mit den bereits dargestellten Zielsetzungen für die Wahl einer Finanzierungsform besonders für mittelständische Unternehmen wichtig. Je nach Art des aufgenommenen Kapitals kann es zu Veränderungen des Mitspracherechts

3 Zunächst sind die Finanzierungsziele zu definieren

und zu einer Beeinträchtigung der unternehmerischen Unabhängigkeit kommen.

Im Rahmen einer Eigenkapitalaufnahme kommt es zur Schaffung neuer Mitspracherechte, da Eigenkapital im Allgemeinen das Recht auf Mitbestimmung über die Führung des Unternehmens beinhaltet. Dies drückt sich bei einer Aktiengesellschaft wie bei allen anderen Gesellschaftsformen in den Stimmrechten der Kapitalgeber aus, die diese in der Haupt- oder Gesellschafterversammlung ausüben können. Eine von den Shareholdern, also den Anteilseignern unabhängige Kapitalverwendung ist in diesem Fall nicht möglich. Zudem ist gesetzlich vorgeschrieben, dass Manager nach Ablauf eines Geschäftsjahres Rechenschaft über die Kapitalverwendung abzulegen haben.

Auch aus der Aufnahme von Fremdkapital, beispielsweise in Form eines Kredites, können Restriktionen erwachsen. So ist hier zwar gesellschaftsrechtlich kein Mitspracherecht bei der Kapitalverwendung möglich, die Gläubiger können aber mittels Absprachen oder Vorbedingungen für eine Kapitalgewährung die Unabhängigkeit der Kapitalverwendung einengen. Bereits bei der Besicherung eines Kredites oder Darlehens durch Sicherheiten wie eine Hypothek oder Grundschuld wird durch Abtreten von Rechten auf Dritte im Falle einer Nichtrückzahlung des Fremdkapitals die Unabhängigkeit der finanziellen Entscheidung beschränkt.

Wird dem Prinzip der Unabhängigkeit oberste Priorität eingeräumt, so kann dies im Extremfall dazu führen, dass geplante Investitionen verschoben oder unterlassen werden, da eventuell nicht ausreichend Kapital aufgebracht werden kann. Gerade die mezzaninen Kapitalformen können hier eine optimale Mischung aus Unabhängigkeit für den Kapitalnachfrager und Sicherheit für den Kapitalanbieter ermöglichen.

3.5 Produktivität und Wirtschaftlichkeit als Basisvoraussetzung

Wie schon zu Anfang des Kapitels erwähnt, können sämtliche wirtschaftlichen Aktivitäten vom Prinzip der Rationalität abgeleitet werden. Die Wirtschaftswissenschaftler argumentieren hier mit dem so genannten ökonomischen Prinzip, bei dem ein gegebenes Ziel mit möglichst geringem Einsatz beziehungsweise ein gegebener Einsatz zu einem möglichst hohen Ergebnis im Sinne der Zielsetzung führen soll.

Der Begriff der Produktivität bezieht sich auf die Rationalität im Hinblick auf die Menge und kann als Relation zwischen mengenmäßigem Output und mengenmäßigem Input definiert werden. Erstellt beispielsweise ein Unternehmen ein Gut in drei Stunden und will seine Produktivität erhöhen, so kann es versuchen, die Stundenzahl zu verringern oder die Gütermenge in den zur Verfügung stehenden drei Stunden zu steigern. In der älteren Literatur wird dieses Prinzip auch als Technizität bezeichnet (Konrad Mellerowicz). Die Ansätze der Produktivitätssteigerung (Rationalisierung, Automatisierung) sind Gegenstand der Produktionstheorie.

Wird die Produktivität, also die Relation zwischen Ausbringungs- und Einsatzmenge an Produktionsfaktoren, mit den jeweiligen Preisen multipliziert, so erhalten wir die Wirtschaftlichkeit (Umsatz im Verhältnis zu den Kosten). Bei der Wirtschaftlichkeit handelt es sich um den wertmäßigen Ausdruck des ökonomischen Prinzips. Im Gegensatz zur Produktivität, die Mengen- oder Zeiteinheiten betrachtet, werden hier die Relationen aus wertmäßigen Einsatz- und Ausbringungsgrößen betrachtet. Produktionskennziffern (zum Beispiel ein Auto in zehn Stunden) können durch die Bewertung der Mengen mit Preisen beziehungsweise Kosten in Wirtschaftlichkeitskennziffern (Verkaufspreis des Autos / Arbeitsstunden x Lohnkosten) transferiert werden.

Im Gegensatz zur Produktivität, bei der die Zielformulierung von den betrachteten Maßeinheiten (zum Beispiel Arbeitsstunden, Stückzahl, Liter, Tonnen) abhängt, kann bei der Wirtschaftlichkeit als eindeutige Maxime ein Wert größer 1 gefordert werden. Ist der Wert des Outputs geringer als der Wert des Inputs, so wurde unwirtschaftlich gearbeitet.

Die Differenz aus Umsatz und Kosten wiederum ergibt den Erfolg beziehungsweise Gewinn des Unternehmens. Setzen wir ihn in Relation zum eingesetzten Kapital, so ergeben sich letztlich die verschiedenen Rentabilitätskenngrößen, die wiederum die Liquidität eines Unternehmens beeinflussen. Diese Zusammenhänge sind in Abbildung 15 abgebildet.

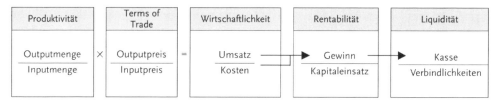

Abb. 15: Zusammenhang zwischen Mengenrelation und Finanzzielen

3 Zunächst sind die Finanzierungsziele zu definieren

Bei der Betrachtung von Finanzierungsalternativen dürfen neben den bereits erläuterten Zielen der Liquidität, Rentabilität und Unabhängigkeit die grundlegenden ökonomischen Zusammenhänge, vor allem im Hinblick auf Produktivität und Wirtschaftlichkeit, nicht unberücksichtigt bleiben. Ein Unternehmen kann zum Beispiel wirtschaftlich und zugleich wenig rentabel und unproduktiv sein, oder es ist nicht wirtschaftlich und unrentabel, aber sehr produktiv. Durch Simulation der dargestellten Zusammenhänge lässt sich ableiten, dass bei einer schlechten Produktivität – multipliziert mit einer Preisrelation, bei der die Outputpreise hoch und die Inputpreise niedrig sind – durchaus eine hohe Wirtschaftlichkeit erreichbar ist. Bei hoher Wirtschaftlichkeit und damit hohem Gewinn kann die Rentabilität hingegen bei einem sehr hohen Kapitaleinsatz relativ gering sein.

Das folgende Beispiel soll den Zusammenhang zwischen den wirtschaftlichen Größen nochmals verdeutlichen. In Automobilwerken wird Produktivität häufig in benötigten Arbeitsstunden (Inputmenge) je produziertem Kraftfahrzeug (Outputmenge) gemessen. Diese kann beispielsweise 1:30 betragen, es wird also in 30 Stunden ein Automobil produziert – eine bis Anfang der 90er-Jahre für deutsche Verhältnisse realistische Durchschnittsrelation. Verglichen mit anderen Automobilwerken ist diese Produktivität jedoch äußerst schlecht. In Japan kann zur Vereinfachung beispielsweise von der Relation 1:15 ausgegangen werden. Wie kann das deutsche Automobilwerk dennoch wirtschaftlicher sein als sein japanischer Konkurrent?

Die Erklärung liegt in der Preisrelation. Während der deutsche Autohersteller seine Produkte teuer verkaufen kann (30 000 €), ist es dem japanischen Hersteller trotz einer günstigeren Relation zwischen Absatz- und Einsatzgütern nur möglich, seine Automobile zu einem deutlich niedrigeren Preis abzusetzen (12 000 €). Problematisch wird es für den deutschen Hersteller, wenn er seine Produktivität nicht verbessert und angesichts zunehmender Konkurrenz mit geringeren Absatzpreisen rechnen muss (12 000 € bei 1:30). Damit würde er auch gemessen an der Wirtschaftlichkeit hinter dem japanischen Konkurrenten liegen.

In vielen Branchen wurde bis Anfang der 90er-Jahre unproduktiv gearbeitet, und dies wurde nicht problematisiert, da die Wirtschaftlichkeit angesichts sehr hoher Inlandspreise für die Absatzgüter und sehr niedriger Weltmarktpreise für die Einsatzgüter gesichert schien. Durch einen dramatischen Einbruch der Absatzpreise und eine Erhöhung der Einfuhrpreise aufgrund von international steigenden Lohnkosten, Ressourcenknappheiten und internationalen Abkommen ab Anfang der 90er-Jahre wurden wenig produktive Betriebe auch unwirtschaftlich. Dieses Problem kann sicherlich nicht einfach durch Veränderung der betrieblichen Terms of Trade (Preisrelation zwischen Input und Output) behoben werden, da weder die Konsumenten höhere Absatzpreise akzeptieren würden, noch die Importeure von Rohstoffen mit sinkenden Einfuhrpreisen rechnen können. Der Schlüssel zur Lösung des Problems liegt in vielen Branchen ausschließlich in einer Verbesserung der Produktivitätskennziffern. Dies gilt nicht nur für den Arbeitseinsatz, sondern auch für die Ergiebigkeit des Materialeinsatzes.

Die bisher dargestellten finanzwirtschaftlichen Ziele der Liquidität, Rentabilität, Unabhängigkeit, Produktivität und Wirtschaftlichkeit können sicher als Ausgangspunkt jeglicher Finanzierungsentscheidung gesehen werden. Häufig ist die Wahl zwischen klassischen und alternativen Finanzierungsmöglichkeiten aber auch abhängig davon, ob der Wert einer Investition gesteigert werden kann oder nicht. Diese so genannte Wertorientierung soll im folgenden Kapitel beschrieben werden.

4
Eine Wertorientierung sollte in die Zielbetrachtung einbezogen werden

Die im vorhergehenden Kapitel dargestellten finanzwirtschaftlichen Zielsetzungen sind von der klassischen Sichtweise einer Finanzierung von Zahlungsströmen mit möglichst sicheren und rentablen Rückflüssen geprägt. Seit Ende der 8oer-Jahre hat sich in der Finanzierungstheorie ergänzend zur traditionellen Sicht eine wertorientierte Perspektive entwickelt, bei der das Hauptaugenmerk auf der konsequenten Maximierung des Unternehmenswertes (Value) speziell für die Anteilseigner (Shareholder) gelegt wird.

4.1 Ursachen der wertorientierten Unternehmensbetrachtung

Die Anteilseigner eines Unternehmens sind alle Personen, die sich an der Unternehmung beteiligen. Dabei muss es sich nicht um Aktionäre einer Aktiengesellschaft handeln, Shareholder können durch unterschiedliche Beteiligungsarten Teilhaber von Unternehmen verschiedener Rechtsformen sein. Während klassischerweise Unternehmensziele als Konsens verschiedener Interessengruppen eines Unternehmens, der Stakeholder, anzusehen sind, bedeutet ein Bekenntnis zum Shareholder-Value-Ansatz, Konflikte zwischen Gläubigern, Kunden, Fiskus, Öffentlichkeit und Eigentümern ausschließlich zugunsten der Anteilseigner zu lösen. Nach diesem Ansatz soll durch wertorientierte Unternehmenspolitik der Unternehmens- und damit Anteilswert der Eigenkapitalgeber in Kombination mit einer optimalen Höhe der Gewinnausschüttung, dem Einkommen der Shareholder, gesteigert werden. Als Begründer dieses Ansatzes gilt Alfred Rappaport.

Während im angloamerikanischen Raum der Shareholder Value seit langem eine wichtige Rolle spielt und damit der Fokus bei der Finanzierung bezüglich der Alternativen und Ziele vor allem auf die Eigentümer gelegt wurde, hat diese Sichtweise in der europäischen Praxis erst in den 9oer-Jahren des 20. Jahrhunderts Beachtung gefunden. Die Macht von Gewerkschaften und Gläubigern sowie der Einfluss von Politik und Öffentlichkeit in Europa

Handbuch Alternative Finanzierungsformen. Ottmar Schneck
Copyright © 2006 WILEY-VCH Verlag GmbH & Co. KGaA, Weinheim
ISBN 3-527-50219-X

waren Grund für die Unternehmen, alle Interessengruppen zu befriedigen, um eine nachhaltige Steigerung des Unternehmenswertes zu erzielen. Neben der Steigerung des Anteilswertes werden hier deswegen meistens auch die Fähigkeit zur Zahlung von Zinsen, Löhnen und Lieferantenverbindlichkeiten sowie die Maximierung der Ausschüttung betrachtet.

Der wertorientierte Ansatz verbreitete sich aber schnell, unter anderem auch weil in Kapitalgesellschaften angestellte Manager durch Anteilseigner in den Gesellschafterversammlungen gewählt werden und somit eine Bevorrechtigung von Shareholder-Interessen gegenüber den anderen Stakeholdern für eine Wiederwahl im Amt als Vorstand oder Geschäftsführer förderlich ist.

Zwar wurde die maßgebliche Literatur vor allem für Großunternehmen geschrieben, doch wird zunehmend auch bei mittelständischen Unternehmen und insbesondere bei den Familienunternehmen versucht, eine optimale Kombination aus Ausschüttung und Werterhaltung beziehungsweise -steigerung für die Eigentümer zu erzielen. Durch die Shareholder-Value-Diskussion sind auch die externen Anteilseigner und Gesellschafter von mittelständischen Unternehmen in höherem Maße auf die Verzinsung ihrer Einlagen aufmerksam geworden. Zudem haben Kapitalerhöhungen dazu geführt, dass in vielen Unternehmen Beteiligungsgesellschaften Kapitalanteile übernommen haben und die Ausrichtung des unternehmerischen Handelns an der Steigerung ihres Anteilswerts fordern. Wertorientiertes Management hat daher in mittelständischen Unternehmen eine ähnlich große Bedeutung wie in börsennotierten Kapitalgesellschaften.

Der Unternehmenswert lässt sich mit Hilfe von wertorientierten Kennzahlen berechnen, die nachfolgend noch dargestellt werden. Zur Kalkulation dieser Kennzahlen sind die Kapitalkosten zu ermitteln und diese dann mit Wertgrößen wie EVA (Economic Value) oder CVA (Cashflow Value Added) zu betrachten. Beide Schlüsselkennzahlen werden nach der Vorstellung der Kapitalkostenberechnung hier erläutert.

4.2 Die Berechnung der Kapitalkosten

Kapitalkosten sind Kosten, die einem Unternehmen durch die Beschaffung von Fremdkapital oder Eigenkapital für Investitionen entstehen. In der Praxis bewerten Unternehmen ihre Geschäftstätigkeit oft danach, ob der erwirtschaftete Ertrag ausreicht, um die dafür erforderlichen Kapitalkosten zu decken. Nur wenn die Rendite über den Kapitalkosten liegt, wird Wert geschaffen. Investitionen, die diese einfache Regel nicht erfüllen, vernichten Wert, entweder den der Anteilseigener oder im Fall eines mittelständischen Unternehmens auch den des Inhabers. Die kalkulierten Kapitalkosten dienen somit als Maß für die Rendite-erwartungen. Die zwei bekanntesten Ansätze zur Berechnung der Kapitalkosten sind die CAPM-Methode *(Capital Asset Pricing Model)*, mit der sich die Eigenkapitalkosten ermitteln lassen, sowie die WACC- Methode *(Weighted Average Cost of Capital)*, die auf die Berechnung der durchschnittlichen Gesamtkapitalkosten abzielt.

Mit Hilfe des Capital Asset Pricing Model soll eine risikoangepasste Renditeanforderung als Kapitalkostensatz vorgegeben werden. Auf diese Weise lässt sich also die Höhe der von den Eigenkapitalgebern geforderten Eigenkapitalrendite berechnen. Das CAPM beschreibt eine funktionale Beziehung zwischen Rendite und Risiko: Je mehr Risiko eine Anlage beinhaltet, desto mehr Rendite muss sie auch erzielen. Das Modell geht auf den Harvard-Ökonom Copeland zurück und wurde seit den 70er-Jahren mehrfach verifiziert.

Die geforderte Rendite entspricht in diesem Modell der Rendite risikofreier Wertpapiere, zu der eine Risikoprämie addiert wird. Die Höhe der Risikoprämie setzt sich zum einen aus der durchschnittlichen Risikoprämie des Marktes und zum anderen aus dem spezifischen Risiko einer bestimmten Aktienanlage zusammen, das durch den Faktor Beta (β) dargestellt wird. Die Eigenkapitalkosten (k_{EK}) können nach dem CAPM mit der folgenden Formel berechnet werden:

$$k_{EK} = r_f + (E[r_m] - r_f) \times \beta$$

r_f = risikofreie Rendite
$E[r_m]$ = Erwartungswert der Rendite des Marktportefeuilles
$(E[r_m]\text{-}r_f)$ = Marktrisikoprämie
β = systematisches Risiko des Eigenkapitals
$(E[r_m]\text{-}r_f) \times \beta$ = gesamte Risikoprämie

Die risikofreie Rendite bringt die Verzinsung zum Ausdruck, die von Schuldnern höchstmöglicher Bonität für die Vergabe festverzinslicher Kapitalmarktpapiere bezahlt wird. Solche Titel können als repräsentativer Zahlungsstrom angesehen werden und dienen damit als Basis für die von den Kapitalgebern geforderte Rendite. In der Praxis wird hier häufig die Rendite zehnjähriger Bundesanleihen angesetzt.

Der Marktpreis des Risikos (Marktrisikoprämie) entspricht dem Unterschied zwischen der erwarteten Rendite eines Marktportefeuilles und der risikofreien Rendite. Copeland schlägt vor, das langfristige geometrische Mittel für die Rendite der Aktien aus dem S&P-500-Aktienindex zu verwenden, das bei circa 5 bis 6 % liegt. Bei der Bewertung deutscher Unternehmen empfiehlt es sich, analog dazu die langfristige Performance des DAX zu berücksichtigen.

Der Beta-Faktor (β) einer Aktie drückt ihre Reagibilität auf Markttrends aus. Eine Aktie mit einem β von 1,2 lässt beispielsweise eine Kurssteigerung von 12 % erwarten, wenn der Marktindex um 10 % steigt. Der Beta-Faktor misst die unternehmensspezifische Konjunkturanfälligkeit eines Unternehmens. Unternehmen in konjunkturanfälligen Branchen, wie beispielsweise der Autoindustrie, weisen einen Beta-Faktor > 1 aus, konjunkturunabhängige Unternehmen, zum Beispiel Unternehmen, die Grundnahrungsmittel herstellen, zeichnen sich durch ein Beta < 1 aus.

Da viele mittelständische Unternehmen nicht börsennotiert sind, müssen sie ihr unternehmensspezifisches Beta selbst ermitteln. Copeland schlägt für diesen Fall vor, den Beta-Faktor dann beispielsweise durch Management-Interviews oder einfach durch Vergleich mit ähnlichen Unternehmen zu bestimmen. Eine aktuelle Variante ist die Nutzung des Rating-Ergebnisses des mittelständischen Unternehmens. Je schlechter die Rating-Note ausfällt, umso höher ist das Risiko (Ausfallwahrscheinlichkeit) des Unternehmens und umso höher sollte der Zuschlag (Risikoprämie beziehungsweise Beta) zum risikofreien Zinssatz sein.

Ein Beispiel soll die Berechnung der Eigenkapitalkosten veranschaulichen. Als risikofreie Rendite kann die Rendite zehnjähriger Bundesanleihen angesetzt werden, die derzeit etwa 3,6 % beträgt. Der Beta-Faktor des Unternehmens beträgt beispielsweise 1,1 und für die Rendite des Marktportefeuilles sind gemäß der Rendite des deutschen Aktienindex 5,5 % angemessen. Unter Berücksichtigung dieser Annahmen lassen sich die Eigenkapitalkosten wie folgt ermitteln:

$$k_{EK} = 3,6\% + (5,5\% - 3,6\%) \times 1,1 = 5,6\%$$

Der so definierte Eigenkapitalkostensatz geht in den gewichteten Eigen- und Fremdkapitalkostensatz nach der Weighted-Average-Cost-of-Capital (WACC)-Methode ein. Mit Hilfe dieses Ansatzes können die Kosten des Gesamtkapitals ermittelt werden. Der gewichtete Kapitalkostensatz ist damit ein Kostensatz für das eingesetzte Eigen- und Fremdkapital in Abhängigkeit von deren Gewichtung bei der Gesamtfinanzierung und lässt sich nach der folgenden Formel berechnen:

4 Eine Wertorientierung sollte in die Zielbetrachtung einbezogen werden

$$k_{GK} = k_{EK} \cdot \frac{EK}{GK} + k_{FK} \left(1 - s\right) \cdot \frac{FK}{GK}$$

k_{GK} = Gesamtkapitalkostensatz
k_{EK} = Verzinsungsansprüche der Anteilseigner gemäß CAPM
k_{FK} = Kosten des Fremdkapitals
EK = Marktwert des Eigenkapitals
FK = Marktwert des Fremdkapitals
GK = EK + FK
s = Ertragsteuersatz des Unternehmens

Im Normalfall sollte sich durch Division von Zinsaufwendungen und durchschnittlichem Fremdkapital der relevante Zinssatz der jeweiligen Periode ermitteln lassen. Je nachdem, ob bei der Berechnung von Kennzahlen in der Gewinngröße der steuerliche Effekt der Zinsaufwendungen berücksichtigt wird, muss der Fremdkapitalzinssatz noch um den Steuersatz des Unternehmens verringert werden, da Zinsen in der GuV gewinnschmälernd wirken.

Je nach Situation kann es bei der Verwendung des WACC-Modells sinnvoll sein, von einer festen Kapitalstruktur auszugehen, da sich bei der rechnerischen Ermittlung der Kapitalstruktur einige Probleme ergeben können. Zum einen ist es möglich, dass die errechnete aktuelle Kapitalstruktur von derjenigen abweicht, die wahrscheinlich über die Lebensdauer der Unternehmung vorherrschen wird. Zum anderen entsteht bei der Berechnung des WACC ein Problem durch Zirkularität. Die gegenseitige Abhängigkeit entsteht, weil für die Berechnung des WACC Marktwerte benötigt werden. Um den Marktwert des Eigenkapitals zu ermitteln, benötigt man jedoch als Diskontierungsfaktor den WACC. Copeland empfiehlt daher, von einer Zielkapitalstruktur auszugehen. Um diese zu ermitteln, soll eine möglichst genaue Schätzung der gegenwärtigen Kapitalstruktur vorgenommen werden, die dann der Kapitalstruktur vergleichbarer Unternehmen gegenübergestellt wird.

Wenn der angestrebte Eigenkapitalanteil eines Unternehmens 2/3 ist und die Eigenkapitalkosten 5,6 %, die Kosten des Fremdkapitals 6 % und der Ertragsteuersatz 25 % betragen, ergeben sich nach dem WACC-Ansatz Gesamtkapitalkosten von 5,2 %:

$$k_{GK} = 5,6\% \times \frac{2}{3} + 6\% \left(100\% - 25\%\right) \times \frac{1}{3} = 5,2\%$$

4.3 Wertorientierte Kennzahlen

Die wertorientierte Unternehmensführung hat zur Folge, dass traditionelle Kennzahlen wie ROI (Return on Investment) oder ROS (Return on Sales) durch wertorientierte Kennzahlen ergänzt und zum Teil verdrängt werden. Bei der Berechnung dieser Kennzahlen wird davon ausgegangen, dass ein Unternehmen nur dann erfolgreich ist, wenn die erreichte Rendite die Kapitalkosten übersteigt. Wertorientierte Kennzahlen sind zur Wirtschaftlichkeitsbeurteilung wesentlich besser geeignet als beispielsweise der Umsatz, der Gewinn oder die Renditen. Dies beruht darauf, dass sich der Unternehmenswert nicht durch bilanzpolitische Maßnahmen manipulieren lässt, da er letztendlich auf reale Zahlungsströme zurückzuführen ist. Ein weiterer Vorteil wertorientierter Kennzahlen ist die explizite Berücksichtigung des Risikos. Durch bewusstes Eingehen von Risiken kann die Rentabilität erhöht werden (zum Beispiel durch Erhöhung des Verschuldungsgrads), was jedoch sicher nicht als eine Zunahme des Erfolgs gewertet werden kann und deshalb auch im Allgemeinen nicht mit einem Anstieg des Unternehmenswerts einhergeht.

Die in der Praxis am häufigsten angetroffenen Kennzahlen lassen sich je nach Einsatzbereich und Ausgangsgrößen in vier Klassen einteilen. Die Abbildung 16 verdeutlicht diese Einteilung.

	Kontrolle	Planung
Gewinnbasierte Größen	– ROI – Economic Value Added	– Ertragswert – Discounted EVA ® (MVA)
Cashflow-basierte Größen	– CF-ROI (Cashflow ROI) – Cashflow Value Added	– Discounted Cashflow – Discounted CVA (DCVA)

Quelle: Coenenberg, A. G. und Salfeld, R., 2003, S. 270

Abb. 16: Einsatzbereiche wertorientierter Kennzahlen

Nach Copeland sind die freien Cashflows einer Unternehmung ausschlaggebend für den Unternehmenswert.

Die Erfolgsgröße *Net operating Profit after Taxes* (*NOPAT*) entspricht dem operativen Ergebnis nach Steuern und vor Zinsaufwendungen. Sie ist ein Maßstab für die operative Leistung, da sie von Finanzierungs- beziehungsweise Investitionsentscheidungen weitestgehend unabhängig ist. Aufgrund des direkten Bezugs zur GuV ist diese Erfolgsgröße auch für mittelständische Unternehmen relativ problemlos zu ermitteln. Vom Betriebsgewinn werden die adjustierten Steuerzahlungen abgezogen und alle betrieblichen

4 Eine Wertorientierung sollte in die Zielbetrachtung einbezogen werden

Erträge und Aufwendungen miteinander verrechnet. Nicht berücksichtigt werden Posten wie Zinserträge, Zinsaufwand, außerordentliche Erträge und Erträge aus nichtoperativen Investitionen. Zudem werden die Steuern abgezogen, die das Unternehmen zahlen müsste, wenn es kein Fremdkapital, keine nicht betriebsbedingten Wertpapiere und keine nichtoperativen Erträge und Aufwendungen hätte. Das operative Ergebnis wird also nur mit den ertragsabhängigen Steuern belastet, die ihm tatsächlich zugerechnet werden können (Abbildung 17).

Neben Wachstumsraten von Umsätzen, Gewinnen und der Kapitalbasis ist die Kapitalrendite eine der wichtigsten Rechengrößen, da sie den freien Cashflow direkt beeinflusst. Die Kapitalrendite, auch unter dem englischen Begriff *Return on Invested Capital (ROIC)* bekannt, ist ein besserer Indikator für die Beurteilung der Leistungsfähigkeit einer Unternehmung als betriebswirtschaftliche Kennzahlen wie der Return on Investment (ROI) oder der Return on Assets (ROA). Die Kapitalrendite bildet die tatsächliche betriebliche Leistungsfähigkeit eines Unternehmens ab, indem sie das operative Ergebnis nach Steuern (NOPAT) ins Verhältnis zum in das Unternehmen investierte Kapital setzt.

$$\text{ROIC} = \frac{\text{Operatives Ergebnis nach Steuern (NOPAT)}}{\text{Investiertes Kapital}}$$

Unter dem investierten Kapital ist in diesem Zusammenhang die Gesamtheit aller im operativen Bereich investierten Mittel zu verstehen. Nach Copeland gehören dazu das Working Capital, welches das Umlaufvermögen abzüglich der kurzfristigen Schulden bezeichnet, Sachanlagen und sonstige

	Betriebsergebnis vor Steuern und Zinsen
+	Miet- und Leasingaufwand
−	Abschreibungen auf Miet- und Leasingobjekte
+	Erhöhung der Rückstellungen für latente Steuern
+	Erhöhung der sonstigen Rückstellungen
+	Goodwill-Abschreibungen
+	Erhöhung (− Verminderung) »aktivierter« Vorleistungen
+	Erhöhung (− Verminderung) der LIFO (Last-In-First-Out)-Reserven
+	Außerordentliche Aufwendungen (− außerordentliche Erträge)
−	Cash operating Taxes
=	**Net operating Profit after Taxes (NOPAT)**

Abb. 17: Berechnung des Net operating Profit after Taxes (NOPAT)

Vermögensgegenstände (abzüglich zinsfreier Verpflichtungen). Abbildung 18 stellt die Berechnung des ROIC stark vereinfacht dar. Copeland empfiehlt noch weitere Anpassungen, wie beispielsweise die Berücksichtigung des Goodwills, also des immateriellen Unternehmenswerts, oder die Bewertung des investierten Kapitals zu Marktwerten anstatt zu Buchwerten.

		Jahr 3	Jahr 2	Jahr 1
	Umsatz	229 354	233 520	240 002
+	Sonstige betriebliche Erträge	6 309	5 227	5 353
−	Sonstige betriebliche Aufwendungen	−42 693	−45 634	−45 694
−	Materialaufwand	−82 066	−81 640	−86 474
−	Personalaufwand	−98 543	−101 524	−103 170
−	Abschreibungen Sachanlagen	−6 532	−8 062	−8 404
=	**Operatives Ergebnis vor Steuern**	5 829	1 887	1 613
−	Steuern auf operatives Ergebnis	−2 351	−1 672	−2 528
=	**Operatives Ergebnis nach Steuern**	**3 478**	**215**	**−915**
	Ertragssteuern gemäß GuV	1 659	1 279	2 127
+	Steuervorteil aus Zinsaufwand	707	670	733
−	Steuern auf nichtoperatives Ergebnis	−15	−276	−332
=	**Steuern auf operatives Ergebnis**	2 351	1 672	2 528
	Operatives Umlaufvermögen	91 242	86 286	98 671
−	Zinsfreie kurzfristige Verbindlichkeiten	−20 519	−21 432	−21 564
=	**Working Capital**	70 723	64 854	77 107
+	Sachanlagen	27 118	27 934	28 734
+	Sonstige Vermögensgegenstände	1 829	2 826	5 201
=	**Investiertes Kapital**	99 670	**95 614**	**111 042**
	Operatives Ergebnis nach Steuern	3 478	215	
	Investiertes Kapital (zu Beginn des Geschäftsjahres)	95 614	111 042	
	ROIC	**3,6 %**	**0,2 %**	

Abb. 18: Schematische Berechnung der Kapitalrendite nach Copeland

4 Eine Wertorientierung
sollte in die
Zielbetrachtung
einbezogen werden

4.4 Economic Value Added (EVA) und Market Value Added (MVA)

Die Konzeption des Economic Value Added (EVA) geht ursprünglich auf die US-amerikanische Unternehmensberatung Stern Stewart & Co. zurück. Der EVA ist ein absoluter Wert, der dem Anteilseigner die Wertsteigerung eines Unternehmens anzeigen soll.

Während Kennzahlen wie die Kapitalrendite die Kosten des eingesetzten Kapitals teilweise oder vollkommen außer Acht lassen, werden diese bei der Berechnung des Economic Value Added (EVA) explizit berücksichtigt. Aufgrund seines unmittelbaren Bezugs zu den bilanziellen Rechengrößen ist der EVA besonders gut für mittelständische Unternehmen geeignet. So kann der EVA berechnet werden, indem vom operativen Gewinn vor Zinsaufwendungen die Gesamtkapitalkosten abgezogen werden.

$$EVA = NOPAT - (IK \times WACC)$$

NOPAT = versteuertes Betriebsergebnis vor Zinsaufwendungen
IK = investiertes Kapital
WACC = Gesamtkapitalkostensatz

Anhand dieser Formel wird deutlich, dass nur dann Wert geschaffen wird, wenn das operative Betriebsergebnis (NOPAT) ausreicht, um die Kapitalkosten zu decken. In Abhängigkeit davon, ob der EVA für das eingesetzte Eigen- oder für das Gesamtkapital berechnet werden soll, unterscheidet man zwischen zwei EVA-Kategorien. Sinnvollerweise muss bei der Renditegegenüberstellung entsprechend im ersten Fall die Eigenkapitalrendite und im zweiten Fall die Gesamtkapitalrendite zugrunde gelegt werden.

Der EVA kann auch mit Hilfe der so genannten Value-Spread-Formel ermittelt werden. Hierbei wird von der realisierten Rendite der nach der WACC-Methode berechnete Gesamtkapitalkostensatz, also die geforderte Rendite, abgezogen und somit der Value Spread ermittelt. Multipliziert man diese Wertdifferenz mit dem investierten Kapital, so erhält man den EVA, also den tatsächlichen Wertzuwachs der untersuchten Periode. Entspricht die erreichte der geforderten Rendite, so ist der EVA gleich null. Ein positiver Wert zeigt an, dass Mehrwert geschaffen wurde, im umgekehrten Fall fand eine Wertvernichtung statt.

$$EVA = (r - WACC) \times IK$$

$r \quad = \dfrac{NOPAT}{IK}$ Stewart's Rate of Return = realisierte Rendite

$WACC$ = gewichteter Kapitalkostensatz

IK = investiertes Kapital

Das investierte Kapital umfasst hier alle im operativen Bereich einer Unternehmung gebunden Mittel. Es setzt sich aus den Net fixed Assets (Anlagevermögen zu Restbuchwerten), dem Net working Capital (Umlaufvermögen abzüglich kurzfristiger unverzinslicher Verbindlichkeiten) zuzüglich der so genannten Equity Equivalents (immateriellen Vermögensgegenständen) zusammen. Der Begriff des investierten Kapitals nach Stewart weicht damit vom Ansatz Copelands ab, da er Equity Equivalents wie Goodwill oder Aufwendungen für F&E explizit berücksichtigt. Dies ist gerade bei mittelständischen Unternehmen wichtig, da hier häufig Patente, Marken und Schutzrechte vorhanden sind, die meist nicht in der Bilanz ausgewiesen sind. Die Addition dieser Equity Equivalents kann damit den Wert eines mittelständischen Unternehmens präzisieren. Wichtig bei der Berechnung des EVA ist, dass der Kapitalbestand zu Beginn der Periode zugrunde gelegt wird.

Da der EVA einen nachhaltigen Residualgewinn darstellen soll, also einen Gewinnüberschuss, der über den zur Deckung der Kapitalkosten notwendigen Gewinn hinausgeht und somit im Unternehmen Wert schafft, werden die Ausgangsgrößen NOPAT und investiertes Kapital um außergewöhnliche finanzielle und bewertungstechnische Einflüsse bereinigt. Ähnliche Bereinigungen wurden bereits im vorigen Kapitel bei der Darstellung des DCFA-Ergebnisses vorgestellt.

Die Qualität, aber auch die Kommunizierbarkeit des EVA hängen von der Art und dem Umfang der durchgeführten Konversionen ab. Mittelständische Unternehmen können mit einer relativ geringen Anzahl von Anpassungen die gewünschte nachhaltige ökonomische Ausrichtung sicherstellen. Dies wird in der Abbildung 19 veranschaulicht.

Der Economic Value Added kann auch für einzelne Geschäftsbereiche oder Abteilungen berechnet werden. Dies setzt voraus, dass das dort eingesetzte Kapital definierbar und die geforderte Rendite bekannt ist und darüber hinaus auch die aufgrund der bereichsspezifischen Aktivitäten erzielte Rendite ermittelt werden kann.

Der *Market Value Added (MVA)* hingegen lässt sich nur für eine gesamte Unternehmung errechnen, die zudem an einer Börse gehandelt werden

4 Eine Wertorientierung sollte in die Zielbetrachtung einbezogen werden

		Jahr 2	Jahr 2	Jahr 1
	Net fixed Assets			
	Anlagevermögen zu Buchwerten	32 974	34 273	35 357
	Net working Capital			
+	Umlaufvermögen	95 242	90 761	105 684
−	erhaltene Anzahlungen	−1 426	−1 567	−2 456
−	Verbindlichkeiten aus Lieferungen und Leistungen	−49 403	−43 851	−51 266
−	Wertpapiere des Umlaufvermögens	−2 171	−1 631	−1 812
	Equity Equivalents			
+	Goodwill	1 000	1 000	1 000
=	**Investiertes Kapital (IK)**	76 216	78 985	86 507
	Gesamtleistung	231 148	231 877	241 139
+	Sonstige betriebliche Erträge	6 309	5 227	5 353
−	Materialaufwand	−82 066	−81 640	−86 474
−	Personalaufwand	−98 543	−101 524	−103 170
−	Abschreibungen Sachanlagen	−6 532	−8 062	−8 404
−	Sonstige betriebliche Aufwendungen	−42 693	−45 634	−45 694
=	**Betriebsergebnis vor Zinsen und Steuern**	7 623	244	2 750
+	Miet- und Leasingaufwand	10 520	10 520	10 520
−	Abschreibungen auf Miet- und Leasingobjekte	5 000	5 000	5 000
+	Erhöhung der Rückstellungen für latente Steuern	405	405	405
+	Erhöhung der sonstigen Rückstellungen	−2 300	−2 299	−2 298
+	Goodwill-Abschreibungen	−2 205	0	0
+	Erhöhung (-Verminderung) »aktivierter« Vorleistungen	1 794	−1 643	1 137
+	Erhöhung (- Verminderung) der LIFO-Reserven	−1 340	−1 339	−1 338
−	Cash operating Taxes	2 351	1 672	2 528
=	**Net operating Profit after Taxes (NOPAT)**	21 848	12 560	18 704
	NOPAT	21 848	12 560	18 704
−	CAPITAL CHARGE (IK x WACC)	7 622	7 899	8 651
=	EVA	14 226	4 662	10 054

Abb. 19: Ermittlung des Economic Value Added (EVA)

muss. Allgemein ergibt sich der MVA dadurch, dass vom Marktwert eines Unternehmens dessen Geschäftsvermögen subtrahiert wird. Der Marktwert des Unternehmens kann als Marktkapitalisierung definiert werden und ergibt sich aus der Anzahl der Unternehmensanteile (zum Beispiel Aktien), multipliziert mit dem Kurs eines Anteils. Der Geschäftswert oder das Geschäftsvermögen kann aus der Bilanz oder aus separaten Bewertungen entnommen werden. Anders als der EVA ist der MVA eine mehrperiodige Performance-Kennzahl, die zur Zeitraumbetrachtung verwendet wird.

Neben den ertragsorientierten Wertkennzahlen lässt sich auch eine cashflowbasierte Wertkennzahl berechnen.

4.5 Cashflow Value Added und Discounted Cashflow

Im Zusammenhang mit der wertorientierten Finanzbetrachtung von Unternehmen ist nicht nur die rendite- und kapitalkostenbasierte EVA- oder MVA-Betrachtung relevant. Aufgrund bilanzieller Spielräume und der Anwendung unterschiedlicher Rechtslegungsnormen können die meisten Kennzahlen nur schwer miteinander verglichen werden und es bietet sich daher vor allem auch eine Betrachtung des Cashflows an. Um vom Cashflow, der an sich nur eine Auskunft über die Liquidität eines Unternehmens gibt, auf den Unternehmenswert schließen zu können, muss eine Kombination von cashflow-basierten Kennzahlen und Renditebezug erfolgen. So kann zum Beispiel der Cashflow-Return on Investment (CFROI) oder durch Übertragung des EVA-Ansatzes auf Cashflow-Größen der Cashflow Value Added (CVA) berechnet werden. Im Folgenden werden zunächst einige cashflow-basierte Einzelkennzahlen vorgestellt und darauf aufbauend dann die Methode des Discounted Cashflow (DCF), bei welcher der in Zukunft zu erwartende Cashflow einer Unternehmung abdiskontiert und so der aktuelle Barwert bestimmt wird.

Der CFROI ist ein interner Zinssatz, wie er bei einer Investitionsentscheidung verwendet wird. In einer Art Nachkalkulation aller bisher getätigten Investitionen wird derjenige Zinsfuß ermittelt, bei dem die Summe der abgezinsten zufließenden Mittel dem Investitionsbetrag entspricht.

Seit Ende der 90er-Jahre wird daher ein anderer Berechnungsmodus verwendet, der an das bekannte ROI-Konzept erinnert und nachfolgend dargestellt ist.

$$\text{CFROI} = \frac{\text{CF} - \text{öA}}{\text{BI}} = \frac{\text{NCF}}{\text{BI}}$$

CF	=	Brutto-Cashflow
öA	=	ökonomische Abschreibungen
BI	=	Bruttoinvestitionsbasis
NCF	=	nachhaltiger Cashflow

Der Brutto-Cashflow wird aus dem Jahresüberschuss hergeleitet und um aperiodische und außergewöhnliche Posten gemäß der Vorgehensweise der DVFA/SG bereinigt. Die ökonomischen Abschreibungen stellen sicher, dass ein Unternehmen am Ende der Nutzungsdauer einer Investition die notwendige Ersatzinvestition finanzieren kann. Sie lassen sich ermitteln, indem man die abschreibbaren Aktiva mit dem aus der Finanzmathematik bekannten Restwertverteilungsfaktor multipliziert.

$$\text{Restwertverteilungsfaktor} = \frac{c}{\left(1+c\right)^n - 1}$$

c = Kapitalkostensatz
n = ökonomische Nutzungsdauer des Anlagenmix

Die Bruttoinvestitionsbasis setzt sich aus den abschreibbaren und nicht abschreibbaren Aktiva zusammen. Während der Wert der abschreibbaren Aktiva im Modell des CFROI am Ende der Nutzungsdauer mit null angesetzt wird, geht man bei den nicht abschreibbaren Aktiva davon aus, dass ihr Wert konstant bleibt. Nicht abschreibbare Aktiva sind also mit dem Restwert in der Investitionsrechnung vergleichbar.

Zieht man vom CFROI die Kapitalkosten ab, so erhält man den CFROI-Spread. Die Boston Consulting Group, die den Ansatz maßgeblich geprägt hat, ermittelt die Kapitalkosten dabei nicht anhand des CAPM, sondern leitet diese aus dem Markt ab. Dazu wird eine Stichprobe deutscher börsenno-

Bruttoinvestitionsbasis

Nicht planmäßig abschreibbare Aktiva		Planmäßig abschreibbare Aktiva	
	Finanzanlagen		Immaterielle Vermögensgegenstände (ohne Goodwill), bewertet zu Anschaffungskosten
+	Forderungen und sonstige Vermögensgegenstände		
+	Wertpapiere des Umlaufvermögens		
+	Schecks, Kassenbestand		Sachanlagen (ohne Grundstücke), bewertet zu Anschaffungs- und Herstellungskosten
+	Aktive Rechnungsabgrenzungsposten	+	
−	Erhaltene Anzahlungen		
−	Verbindlichkeiten aus Lieferungen u. Leistungen	+	Inflationsanpassung
−	Kurzfristige Rückstellungen	=	**Planmäßig abschreibbare Aktiva**
−	Passive Rechnungsabgrenzungsposten		
=	Netto-Liquiditätsposition		
+	Vorräte		
+	Grundstücke		
=	**Nicht planmäßig abschreibbare Aktiva**		

Abb. 20: Berechnung der Bruttoinvestitionsbasis

		2003	2002	2001
	Finanzanlagen	2 226	2 604	2 862
+	Forderungen aus Lieferungen und Leistungen	49 403	43 851	51 266
+	Sonstige Vermögensgegenstände	1 829	2 826	5 201
+	Sonstige Wertpapiere	2 171	1 631	1 812
+	Liquide Mittel	6 738	9 556	9 364
+	Aktive Rechnungsabgrenzungsposten	6 212	6 028	5 874
−	Erhaltene Anzahlungen	−389	−1 413	
−	Verbindlichkeiten aus Lieferungen und Leistungen	12 738	10 802	12 319
−	Passive Rechnungsabgrenzungsposten	63	75	59
=	**Netto-Liquiditätsposition**	**80 991**	**75 960**	**88 757**
+	Vorräte	35 101	32 897	30 693
+	Grundstücke	20 286	21 438	9 489
=	**Nicht planmäßig abschreibbare Aktiva (NAA)**	**136 378**	**130 295**	**128 939**
	Immaterielle Vermögensgegenstände	10 689	10 851	10 833
+	Sachanlagen	75 463	70 379	90 617
+	Inflationsanpassung			
=	**Planmäßig abschreibbare Aktiva**	**86 152**	**81 230**	**101 450**
	Nicht planmäßig abschreibbare Aktiva	136 378	130 295	128 939
+	Abschreibbare Aktiva	86 152	81 230	101 450
=	**Bruttoinvestitionsbasis**	**222 530**	**211 525**	**230 389**
	Ergebnis nach Steuern gemäß DVFA/SG	2 307	−4 610	−5 897
+	Abschreibungen	8 737	8 062	8 404
+	Zinsaufwand	452	428	469
=	**Brutto-Cashflow**	**11 496**	**3 880**	**2 976**
	Abschreibbare Aktiva	86 152	81 230	101 450
×	RVF	0,0527	0,0527	0,0527
	Kapitalkosten	8,00%	8,00%	8,00%
	Angenommene Nutzungsdauer (in Jahren)	12	12	12
=	**Ökonomische Abschreibung**	**4 540**	**4 280**	**5 346**
	Brutto-Cashflow	11 496	3 880	2 976
−	Ökonomische Abschreibung	4 540	4 280	5 346
/	Bruttoinvestitionsbasis	222 530	211 525	230 389
=	**CFROI**	**3,13%**	**−0,19%**	**−1,03%**

66

Abb. 21: Berechnung des CFROI

tierter Unternehmen untersucht und anhand ihrer CFROI eine Cashflow-Projektion vorgenommen. Für mittelständische Unternehmen ist es sinnvoller, als Kapitalkosten die Kosten gemäß dem WACC anzusetzen, da sie nur schwer an vergleichbare Daten herankommen können.

Wie auch beim Economic Value Added (EVA) handelt es sich beim Cashflow Value Added (CVA) um einen Residualgewinn. Im Gegensatz zum EVA beruht dieser aber auf einem Cashflow-Ansatz. Der CVA lässt sich errechnen, indem man die Bruttoinvestitionsbasis mit dem CFROI-Spread multipliziert.

$$CVA = BI \times CFROI - Spread$$

BI = Bruttoinvestitionsbasis (einschließlich Inflations-
anpassung)
CFROI-Spread = CFROI − WACC

Der so ermittelte CVA stellt den in der betreffenden Periode erwirtschafteten realen Wertzuwachs dar. Ein Vorteil des CVA-Ansatzes ist, dass altersabhängige Renditeeffekte, wie sie bei der Berechnung des EVA entstehen, vermieden werden. Dem steht allerdings ein Mangel an Einfachheit und Transparenz gegenüber.

	Jahr 3	Jahr 2	Jahr 1
CFROI	12,3 %	13,2 %	10,1 %
Kapitalkostensatz	8,9 %	8,8 %	8,8 %
CFROI-Spread	3,4 %	4,4 %	1,3 %
Bruttoinvestitionsbasis	222 530	211 525	230 389
CVA	7 566	9 307	2 995

Abb. 22: Berechnung des Cashflow Value Added

Zur Abschätzung des Unternehmenswertes wird häufig die Methode des Discounted Cashflow (DCF) angewandt. Dabei wird der für die nächsten Jahre prognostizierte Cashflow mit einem Kapitalkostensatz abgezinst und als Unternehmenswert definiert. Das Ziel der DCF-Methode ist es, den monetären Gegenwartswert eines Unternehmens zu bestimmen.

Bei der DCF-Methode wird zwischen Entity- und Equity-Methode unterschieden. Bei der so genannten *Entity-Methode* wird zunächst der Gesamtwert der Unternehmung bestimmt (Entity = Einheit), indem man den Netto-Cashflow, also den Zahlungsmittelüberschuss, der sowohl Eigen- als auch Fremdkapitalgebern zur Verfügung steht, mit den gewichteten Gesamtkapitalkosten abdiskontiert. Zieht man von diesem Gesamtwert der Unternehmung das Fremdkapital ab, so erhält man den Wert des Eigenkapitals. Die *Equity-Methode* hingegen bestimmt den Wert des Eigenkapitals direkt, indem der Free Cashflow, das heißt der Cashflow nach Fremdkapitalkostenzahlung, mit dem Eigenkapitalkostensatz abdiskontiert wird. Als Diskontierungssatz zur Berechnung der Barwerte eignet sich der nach dem WACC-Ansatz ermittelte Gesamtkapitalkostensatz, da er neben den Verzinsungsansprüchen der Kapitalgeber auch das Risiko berücksichtigt. Der Wert des Eigenkapitals kann gemäß dem Equity-Ansatz nach der folgenden Formel berechnet werden:

$$EK_0 = GK_0 - FK_0 = \sum_{t=1}^{T} \frac{CF_t}{(1+k)^t} - FK_0$$

GK$_0$ = Gesamtkapital zum Betrachtungszeitpunkt
FK$_0$ = Marktwert des Fremdkapitals zum Betrachtungszeitpunkt
CF$_t$ = Barwert freier Cashflows
k = Kapitalkosten gemäß WACC-Ansatz

Üblicherweise werden für einen Detailprognosezeitraum von circa fünf Jahren Plan-GuV und Plan-Bilanzen erstellt. Mit diesen können nach dem Schema der DVFA/SG die freien Cashflows bestimmt werden. Für den Zeitraum nach der Detailprognose wird der letzte prognostizierte Cashflow herangezogen und unter der Prämisse einer so genannten ewigen Rente für die folgenden Perioden angesetzt.

Die Einrichtung des Arbeitskreises »Wertorientierte Unternehmensführung im Mittelstand« der Schmalenbach-Gesellschaft zeigt, dass das Thema auch im Mittelstand angekommen ist. Um die Nutzung der Konzepte bei mittelständischen Unternehmen zu ermöglichen, sind zum Teil Vereinfachungen bei der Kalkulation von Kennzahlen notwendig. So sind für mittelständische Unternehmen sicher nicht alle Formelbestandteile relevant. Dass sich aber mittelständische Unternehmen den Ansätzen öffnen sollten, um die Sprache der Kapitalanbieter zu sprechen, ist unstrittig.

4 Eine Wertorientierung
sollte in die
Zielbetrachtung
einbezogen werden

Tsd. €		Jahr 1	Jahr 2	Jahr 3	Jahr 4	Jahr 5	Rente ab Jahr 6
Betriebsergebnis		3 780	4 220	4 660	4 900	5 140	5 632
Gewerbeertragsteuer 17,00 %		−643	−717	−792	−833	−874	−957
		3 137	3 503	3 868	4 067	4 266	4 675
Körperschaftsteuer 25,00 %		−784	−876	−967	−1 017	−1 067	−1 169
Ergebnis nach Steuern		2 353	2 627	2 901	3 050	3 200	3 506
+Abschreibungen		824	919	1 015	1 068	1 120	1 227
−Investitionen		−706	−788	−870	−915	−960	−1 052
Veränderung des Netto-Umlaufvermögens		−588	−657	−725	−763	−800	−877
Cashflow		1 882	2 102	2 321	2 440	2 560	2 805
Barwertfaktor bei 8,20 %	5,20 %	0,95	0,90	0,86	0,82	0,78	19,23
diskontierter Cashflow		1 789	1 899	1 993	1 992	1 987	53 939
Gesamtwert des Unternehmens		63 600					
abzüglich verzinslicher Verbindlichkeiten		−23 000					
Wert des Unternehmens		40 600					

Abb. 23: Berechnung des Unternehmenswerts nach der DCF-Methode

4.6 Value at Risk als Wertbetrachtung bei maximalem Risiko

Eine wertorientierte Betrachtung von Unternehmen stützt sich heutzutage nicht nur auf Zahlungsströme (Cashflow), Kapitalkosten und Renditeerwartungen (WACC, CAPM) oder auf Differenzen zwischen bilanzierten Werten und den Erwartungen beziehungsweise Marktpreisen (EVA, MVA), sondern auch auf Risikoaspekte. Bei der Betrachtung des Unternehmenswertes hingegen kann das Risikomanagement durch eine Maßzahl, den Value at Risk (VaR), ausgedrückt werden, der den maximal zu erwartenden Verlust aus dem Ausfall von Vermögen (Aktiva) sowie aus der gleichzeitigen Veränderung von Zinsen, Währungen und Kursen, die diese Aktiva betreffen, unter Annahme bestimmter Wahrscheinlichkeitsverteilungen ausdrückt. Hier wird das maximale Risiko unter bestimmten Marktbedingungen simuliert. Andere, insbesondere bei Banken gebräuchliche Maßgrößen sind RoRAC (Return on Risk Adjusted Capital) oder FMaR (Financial Mobility at Risk).

Die Kennzahl VaR wird zunehmend in Geschäftsberichten von Unternehmen vermerkt, um aktuellen und potenziellen Investoren das Investitionsrisiko aufzuzeigen. Seit der Einführung des Gesetzes zur Kontrolle und Transparenz im Unternehmensbereich (KonTraG) im Jahre 1999 ist eine derartige Maßgröße für börsennotierte Unternehmen im Rahmen eines Risikoüberwachungssystems vorgeschrieben (§§ 91 ff. AktG). So muss im Lagebericht dieser Unternehmen eine Aussage über Risikofelder erfolgen, zum Beispiel durch Risk Maps, die Einzel- und Gesamtrisiken unterscheiden und Risikobereiche beschreiben. Weiterhin müssen eine Risikoanalyse und die Möglichkeit der Risikoerkennung dokumentiert werden. Die Einführung von Frühwarnsystemen wird dadurch nahe gelegt. Vorstand und Aufsichtsrat haben für die korrekte Dokumentation zu sorgen und haften bei Zuwiderhandlungen. Die Risikoberichte müssen abschließend durch Wirtschaftsprüfer bestätigt werden.

Berechnet ein Unternehmen seinen Wert bei maximalem Risiko mit der VaR-Methode, so ist zunächst das Risikovolumen zu bestimmen. Dieses umfasst beispielsweise Wertpapieranlagen mit hoher Volatilität (Schwankungsbreite), Forderungen, die ausfallen können, oder Anlagen, die störungsanfällig sind. Die einzelnen Risikopotenziale des Unternehmens werden jeweils mit einem spezifischen Risikofaktor multipliziert und dann addiert. Der Risikofaktor hängt von der Wahrscheinlichkeit des Schadenseintritts und der prozentualen Risikoeinschätzung ab.

Zur Verdeutlichung dieses Vorgehens ein einfaches Beispiel für die Berechnung des VaR. Einem Kunden wird ein Kredit in Höhe von 1 000 € für ein Jahr gewährt. Dieser stellt für das Unternehmen eine Forderung dar, deren Risiko darin besteht, dass sie nach einem Jahr nicht zurückbezahlt wird. Für den Kredit werden variable Zinsen vereinbart, angelehnt an einen Geldmarktzinssatz von beispielsweise 5 %. Diese stellen aus Sicht des Unternehmens Erträge dar. Um den VaR dieser Forderung, also den maximal zu erwartenden Verlust bei Ausfall der Forderung und der Zinsänderungen zu Ungunsten des Unternehmens, zu berechnen, werden die Risiken des Ausfalles und der Zinsänderung prognostiziert und mit Wahrscheinlichkeiten belegt. Diese Annahmen können auf Erfahrungen mit ähnlichen Kunden, auf Auskünften über den Kunden und Expertenmeinungen über Zinsänderungen basieren.

Lässt man die Ausfallwahrscheinlichkeit der Forderung beiseite und beschränkt sich auf das Zinsänderungsrisiko, so kann das Risikovolumen aus der Differenz zwischen erwarteten und möglichen Zinseinnahmen berechnet werden. Ausgehend von einem Zins von 5 % erhält der Unternehmer nach einem Jahr 50 € Zinsen ohne Tilgung. Bei der mit einer Wahrscheinlichkeit von 10 % erwarteten Zinssenkung auf 3 % würde ein Zinsertrag von 30 € eingehen, also 20 € weniger. Wird nun dieses Risikovolumen von 20 € mit dem Risikofaktor 0,1 multipliziert, so erhält man zum Jahresende einen VaR dieser Forderung von 2 € Wird dieser zusätzlich noch mit 5 % abgezinst, so ergibt sich ein VaR von 1,90 €. Wenn alle Risikopositionen dieses Unternehmens nach diesem Schema bewertet werden, ergibt die Summe der einzelnen Risikowerte den VaR des gesamten Unternehmens.

Kritisch anzumerken bleibt bei dieser Form der Wertbetrachtung eines Unternehmens, dass die Grundbedingung einer fairen oder möglichst objektiven Risikobetrachtung die Identifikation der Risiken, die Wahl möglichst objektiver Wahrscheinlichkeiten sowie die korrekte Prognose der Eintrittsmöglichkeiten wertbeeinflussender Variablen voraussetzt. Bereits bei der rechtzeitigen Identifikation von Risikopotenzialen werden Unternehmen abhängig von der Risikoeinstellung der Manager zu höchst unterschiedlichen Werten gelangen. Außerdem dürfte es schwierig sein, alle wertbeeinflussenden Variablen einschließlich ihrer jeweils denkbaren Entwicklungen vorherzusagen. In der Praxis bemüht man sich daher zunehmend um Näherungsmethoden wie die Szenariotechnik, die im Gegensatz zu exakt wirkenden Prognosemethoden zwar keine eindeutigen Trends erkennt, aber dafür mit Risikospannweiten (Worst Case, Best Case) durchaus sinnvolle Aussagen zulässt.

5
Typische Anlässe der Finanzierung

Die Wahl der optimalen Rechtsform ist für alle Betriebe eine der konstitutiven und damit wichtigsten Entscheidungen. Sie beeinflusst unter anderem die Art der Leitung, die Finanzierungsmöglichkeiten und die Haftung. Finanzierung ist in allen Phasen der Unternehmensexistenz wichtig. Zunächst wird Startkapital benötigt, um ein Unternehmen zu gründen. Häufig ist bei einer Unternehmensgründung ein Mindestkapital in Abhängigkeit von der gewählten Rechtsform notwendig. Um in der Wachstumsphase die Entwicklungs-, Vertriebs- und internen Verwaltungskosten zu decken, obwohl erst wenige Einnahmen generiert werden, ist eine weitere Zuführung von Kapital erforderlich. Sind die Wachstumsmöglichkeiten begrenzt oder ist das Unternehmen nicht überlebensfähig, so sind auch Sanierungen, Umwandlungen, Fusionen oder Liquidationen als Finanzierungs- beziehungsweise Desinvestitionsanlass zu beachten. Die in diesem Kapitel vorgestellten Finanzierungsanlässe sind in der folgenden Abbildung zusammengefasst.

Anlässe	Finanzierung durch	
Gründung	Grundausstattung an Eigenkapital (Stammkapital, Grundkapital, Haftsumme, Errichtungsfunktion)	
Wachstum	Kapitalerhöhung	– ordentlich (vgl. Bezugsrecht) – genehmigt – bedingt – aus Gemeinschaftsmitteln
Sanierung	Kapitalherabsetzung	– ordentlich – vereinfacht – Einziehung
Umwandlung	Konsolidierung	
Fusion	Kapitalzusammenlegung	
Liquidation	Kapitalverteilung	

Abb. 24: Überblick über die Anlässe der Finanzierung

Handbuch Alternative Finanzierungsformen. Ottmar Schneck
Copyright © 2006 WILEY-VCH Verlag GmbH & Co. KGaA, Weinheim
ISBN 3-527-50219-X

5.1 Gründungsfinanzierung

Der Zeitpunkt, ab dem ein Unternehmen zu existieren beginnt, ist häufig nicht eindeutig zu bestimmen. Meistens hat ein Unternehmer seine Geschäftstätigkeit schon vor einer Eintragung ins Handelsregister aufgenommen; bei bestimmten Tätigkeiten wie zum Beispiel freiberuflicher Arbeit ist er gar nicht dazu verpflichtet, formale Registrierungen vornehmen zu lassen. Ein neues Unternehmen kann auch aus einer Umgründung oder Unternehmensnachfolge entstehen. Vor der Wahl einer passenden Rechtsform sollte zunächst die Geschäftsidee hinsichtlich ihrer finanzwirtschaftlichen Realisierbarkeit und Attraktivität überprüft werden. Am Beginn einer Neugründung steht somit die Aufstellung eines *Businessplans*, also die Niederschrift des geplanten Geschäftsmodells. Den Ausgangspunkt eines jeden Businessplans bilden die Konzepte über Marktchancen und -risiken, das heißt mengenmäßige Prognosen unter anderem über Absatzzahlen und Materialbedarf. Dieses Mengengerüst sollte durch Szenarien abgesichert sein, wobei auch alternativ denkbare Entwicklungen wie der Eintritt zusätzlicher Wettbewerber oder anderer möglicher Risiken mit einbezogen werden sollten. Häufig gelangt man dann zu verschiedenen Vorhersagen (Best Case, Worst Case) und damit zu verschiedenen Businessplänen in Abhängigkeit von der Entwicklung beeinflussender Variablen. Aus den berechneten Plangrößen werden anschließend mit Absatz- und Beschaffungspreisen gewichtete Finanzdaten generiert, die in Anlehnung an eine Gewinn- und Verlustrechnung oder an eine Cashflow-Rechnung zu gewinn- oder kassenwirksamen Vorhersagen führen. Zudem sollte der Businessplan eine Zusammenstellung der Lebensläufe des Gründungsteams, Produktbroschüren und Presseberichte sowie erste für die künftige Geschäftstätigkeit bedeutsame Unterlagen (Organigramme, Patente) enthalten. Der Finanzplan sollte übersichtlich strukturiert sein. Häufig wird unter einem Businessplan auch nur der Finanzplan verstanden. Für die Investoren ist dabei wichtig, die zu jedem Zeitpunkt erforderliche Liquidität zu erkennen. Bei der Liquiditätsplanung ist vor allem die Berücksichtigung aller laufenden Aus- und Einzahlungen wichtig, insbesondere der fristgerechten Zins- und Tilgungszahlungen. Neben der Erstellung eines Businessplans, der zur Kommunikation des Geschäftsmodells an potenzielle Anteilseigner oder Gläubiger und als Controlling-Instrument für das Management dient, sind bei der Unternehmensgründung weitere Aspekte zu durchdenken. Dies sind zum Beispiel die Steuerpflicht, die formalen Anmeldepflichten (zum Beispiel für Angestellte die Krankenkassen-, Rentenkassenanmeldung) oder die Mitgliedschaftspflichten (zum Beispiel Industrie- und Handelskammer, Handwerkskammer, Innung, Berufsgenossenschaft, Finanzamt, Arbeitsamt).

Wird einem Unternehmen durch den Eigentümer, durch die Miteigentümer (Gesellschafter von Personengesellschaften) oder durch die Anteilseigner (Aktionäre, GmbH-Gesellschafter) Eigenkapital von außen zugeführt, so handelt es sich um eine Eigenfinanzierung in Form der Einlagenbeziehungsweise Beteiligungsfinanzierung. Die Geldeinlage ist die häufigste Form der Eigenkapitalzufuhr und, da Geld als nominelle Größe keine Bewertung notwendig macht, relativ unproblematisch. Kapitalzuführungen in Form von Sacheinlagen (Maschinen, Rohstoffe oder Waren) oder Rechten (Patente, Lizenzen, Wertpapiere) sind ebenfalls möglich, jedoch stellen sich bei ihrer Einbringung Bewertungsprobleme.

Die Gründungs- beziehungsweise Einlagefinanzierung kann mit Hilfe neuer oder bisheriger Gesellschafter erfolgen. Neben dem fehlenden Zugang zum organisierten Kapitalmarkt werden die Gesellschafter eines nicht emissionsfähigen Unternehmens beim Zufluss neuen Kapitals im Rahmen der Beteiligungsfinanzierung mit dem Problem der Neuaufteilung der stillen Reserven und der Beeinträchtigung der Mitspracherechte konfrontiert. Des Weiteren sind die erworbenen Geschäftsanteile nicht fungibel, das heißt leicht austausch- und handelbar, und lassen sich oft nur unter Schwierigkeiten wieder veräußern. Im Falle einer Veräußerung tritt das so genannte »Lemmon«-Problem im Sinne von Akerlof auf. Dabei wird der Käufer aufgrund der herrschenden *Informationsasymmetrie*, die auf dem Wissensvorsprung des Verkäufers beruht, annehmen, dass zu den Verkaufsmotiven erwartete Ertragsverschlechterungen zählen, die in den offiziellen Verkaufsunterlagen nicht ausgewiesen sind. Der interessierte Käufer ist folglich aufgrund dieser Vermutung nicht mehr bereit, den vom Verkäufer angesetzten Preis zu zahlen, und wird in Verhandlungen entsprechend versuchen, diesen herunterzuhandeln.

Speziell bei der Gründung einer *Einzelunternehmung* bereitet die Beschaffung von Eigenkapital die größten Schwierigkeiten, da primär das Vermögen des Unternehmers zur Verfügung steht, wenn dieser die Rechtsform der Einzelunternehmung beibehalten will und nicht bereit ist, einen stillen Gesellschafter aufzunehmen. Der Einzelunternehmer kann das Eigenkapital durch Zuführung aus seinem privaten Vermögen erhöhen, aber auch jederzeit durch Entnahmen verringern. Die Kosten der Beteiligungsfinanzierung sind jedoch gering, da sie lediglich die Handelsregistereintragung sowie die Gewinnausschüttung umfassen.

Bei der Gründung einer *offenen Handelsgesellschaft (OHG)* kann die Beteiligungsfinanzierung ebenfalls durch Einlagen alter Gesellschafter oder durch die Aufnahme neuer Gesellschafter erfolgen. Dabei wird die Einbringung neuen Kapitals seitens der alten Gesellschafter durch deren persönliche Vermögensverhältnisse begrenzt. Die Zahl neuer Gesellschafter sollte in Grenzen gehalten werden, da bei vielen Gesellschaftern die Leitung des Unternehmens schwierig wird. Die auf einem guten persönlichen Verhältnis der Gesellschafter basierende OHG hat daher in der Regel lediglich zwei bis vier Gesellschafter. Als Kosten der Beteiligungsfinanzierung in der OHG entstehen Aufwendungen im Bereich des Registerrechts für Eintragungen, Löschungen und Veröffentlichungen, der Gewinnausschüttung nach HGB oder Gesellschaftsvertrag, der Einkommensteuer, wenn die Gesellschafter natürliche Personen sind, der Gewerbesteuer sowie der Publizitätspflicht, falls das Unternehmen eine bestimmte Größe überschreitet. Bei der *Kommanditgesellschaft (KG)* muss die Anzahl der Komplementäre (Vollhafter) aus den für die OHG angeführten Gründen ebenfalls beschränkt bleiben. Durch die Aufnahme von Kommanditisten (Teilhaftern), deren Haftung auf die Höhe der Kapitaleinlage beschränkt ist und die von der Geschäftsführung ausgeschlossen sind, besitzt die Kommanditgesellschaft wesentlich bessere Voraussetzungen zur Verbreiterung der Eigenkapitalbasis. Zu beachten ist hierbei, dass Kommanditisten nur zu gewinnen sind, solange das Risiko einer Kapitalbeteiligung angemessen zu sein scheint. Ein wichtiger Faktor zur Risikobeurteilung ist in diesem Zusammenhang die Höhe des Vermögens der Komplementäre. Die im Rahmen der Beteiligungsfinanzierung anfallenden Kosten entsprechen denen der OHG. Als reine Kapitalanlage weist die Kommanditeinlage aufgrund ihrer mangelnden Fungibilität und Sicherheit Nachteile gegenüber anderen Kapitalanlageformen auf und ist somit nur beschränkt zur Ausweitung der Eigenkapitalbasis einsetzbar.

Die *Gesellschaft mit beschränkter Haftung (GmbH)* besitzt ein in ihrer Höhe fixiertes Nominalkapital, welches durch die Ausgabe von Anteilen an die Gesellschafter aufgebracht wird. Die Haftung der Gesellschafter gegenüber der Gesellschaft ist auf die Höhe ihrer Einlage beschränkt, was die Aufnahme von Eigenkapital für eine GmbH erleichtert. Gegenüber börsenfähigen Aktien sind GmbH-Anteile jedoch weitaus weniger fungibel, da für sie kein organisierter Markt existiert. Die Übertragung von Anteilen wird zudem durch die Notwendigkeit einer notariellen Beurkundung erschwert.

5.2 Die Wahl der Rechtsform unter Finanzierungsaspekten

Die Rechtsform eines Unternehmens regelt zum einen das Außenverhältnis zu Kunden, Lieferanten und Gläubigern, zum anderen das Innenverhältnis zwischen Gesellschaftern, Anteilseignern und Mitarbeitern. Handelsrechtliche Gesellschaften im weiteren Sinne sind privatrechtliche Zusammenschlüsse mehrerer Wirtschaftssubjekte zur Verfolgung eines gemeinsamen Zwecks. Nach der Struktur der Personenvereinigung kann zwischen Personengesellschaften als Gesellschaften im engeren Sinne und Körperschaften differenziert werden. Die bedeutendste Form der Körperschaften im Bereich der erwerbswirtschaftlichen Gesellschaften stellen die Kapitalgesellschaften dar. Während bei den Personengesellschaften idealtypisch jeder Gesellschafter Mitunternehmer und damit Mitentscheider ist, dominiert bei den Kapitalgesellschaften die Kapitalbeteiligung, also die Mitsprache entsprechend der Kapitaleinlage. Die Personengesellschaften sind in der Regel Eigentümerunternehmen, das heißt, dass das Unternehmen vom Eigentümer geleitet wird, während die Kapitalgesellschaften üblicherweise Managerunternehmen sind. Die wesentlichen Unterschiede zwischen Personen- und Kapitalgesellschaften sind in Abbildung 25 zusammengefasst.

Personengesellschaft	Kapitalgesellschaft
• ergänzend gelten die §§ 705 ff. über die Gesellschaft im BGB	• ergänzend gelten die Bestimmungen über den rechtsfähigen Verein, §§ 21 ff. BGB
• die Art der Zwecke und ihre Erreichung sind auf die Personen des Gesellschaftervertrags abgestellt	• Zwecke und Zweckerreichung überleben die Mitglieder
• nur wenige Mitarbeiter	• in der Regel eine Vielzahl von Mitgliedern
• Existenz hängt vom Gesellschafterbestand ab	• Existenz ist vom Mitgliederbestand unabhängig
• keine körperschaftliche Organisation, von den Gesellschaftern geführt (Selbstorganschaft)	• körperschaftliche Organisation, von mitgliederunabhängigen Organen geführt (Drittorganschaft)
• beruht auf dem Vertrauen der Gesellschafter untereinander	• beruht auf dem Kapital der Gesellschaft und deren Organisation
• persönliche Mitarbeit und (aber nicht notwendigerweise) Kapital	• grundsätzlich keine Mitarbeit der Mitglieder vorgesehen
• Beteiligung durch Mitarbeit und (aber nicht notwendigerweise) Kapital	• Beteiligung grundsätzlich nur durch Kapital
• Stimmrecht grundsätzlich nach Köpfen	• Stimmrecht nach Kapitalanteil
• persönliche Haftung der Gesellschafter	• mittelbare Haftung der Gesellschafter
• nicht selbstständig rechtsfähig	• selbstständig rechtsfähig

Abb. 25: Grundlegende Unterschiede zwischen Personen- und Kapitalgesellschaften

Grundlage für die jeweiligen Rechtsformen sind das Sonderprivatrecht für Kaufleute, das Handels- und Gesellschaftsrecht und die Spezialgesetze zu einzelnen Rechtsformen wie das Aktien-, Genossenschafts- oder GmbH-Gesetz. Eine Rechtsform benötigt, wer Kaufmann gemäß § 1 HGB und damit Gewerbetreibender ist. Die Tätigkeiten müssen einer Gewinnerzielungsabsicht unterliegen und nach außen als solche zu erkennen sein, damit steuerrechtlich nicht der Tatbestand der Liebhaberei oder des Hobbys vorliegt. Die Tätigkeit muss auf Dauer angelegt sein und nicht einmalig oder gelegentlich erfolgen. Selbstständigkeit ist eine weitere Voraussetzung, das heißt, ein abhängig Beschäftigter kann in dieser Funktion nicht Gewerbetreibender sein. Die Tatsache, dass sich die Tätigkeit auf einem wirtschaftlichen Gebiet vollziehen, also zu einem traditionellen Handels- oder Handwerksgebiet zählen muss, ist historisch begründet. Daher sind freie Berufe wie zum Beispiel Rechtsanwälte, Notare, Steuerberater, Architekten, Schriftsteller, die traditionell nicht einem Handelsstand oder einer Zunft angehören, kein Gewerbe im Sinne des HGB. Eine Aufzählung der freien Berufe ist in § 1 Kapitel II HGB enthalten.

Bei der Wahl einer Rechtsform gibt es eine Vielzahl von Kriterien, die der Entscheidungsträger zu bedenken und zu gewichten hat. Neben dem Finanzierungsaspekt, der im Folgenden den Schwerpunkt der Betrachtungen bildet, sollten auch die von einer Rechtsform abhängige Haftung, die Leitung und Vertretung, die Gründungskosten, die Art der Gewinn- und Verlustverteilung oder die Steuerbelastung berücksichtigt werden. Je nach Rechtsform stehen einem Unternehmen unterschiedliche Finanzierungsmöglichkeiten offen. So eröffnen nicht alle Rechtsformen gleichermaßen den Zugang zu den im vorhergehenden Kapitel vorgestellten Kapital- und Finanzmärkten. In diesem Zusammenhang ist die *Emissionsfähigkeit* der Kapitalgesellschaften von Bedeutung, die den Personengesellschaften nicht möglich ist. Auch hinsichtlich der Möglichkeiten der Finanzierung von innen, der Selbstfinanzierung durch das Thesaurieren, also das Einbehalten von Gewinnen, unterscheiden sich die Rechtsformen. Gerade mittelständische Unternehmen haben einen Zielkonflikt zwischen Emissionsfähigkeit, also der Rechtsform einer Kapitalgesellschaft einerseits und der unternehmerischen Unabhängigkeit und Nicht-Publizität von Daten, also der Rechtsform einer Personengesellschaft andererseits, auszutragen.

Ein weiteres Ziel bei der Rechtsformwahl ist eine möglichst passende Form der Haftung. Fremdkapitalgeber haben einen Rückzahlungsanspruch ihren Schuldnern gegenüber. Der Fremdkapitalgeber hat letztlich bis zum Recht der Zwangsversteigerung einen Rückzahlungsanspruch unabhängig vom Erfolg des Kapitaleinsatzes. Dem Eigentümer stehen als Anreiz für eine derartige Kapitalüberlassung ein Mitspracherecht und ein Gewinnanspruch zu. Unter Haftung ist die Verpflichtung des Haftenden zu verstehen, für Verbindlichkeiten und Schäden einzustehen, die ihm zuzuschreiben sind. Grundsätzlich gelten für Kaufleute die drei Maximen einer unbeschränkten, unmittelbaren und solidarischen, das heißt gesamtschuldnerischen Haftung gegenüber den Eigenkapitalgebern. *Unbeschränkte Haftung* bedeutet, dass Gesellschafter grundsätzlich auch mit ihrem Privatvermögen haften. Durch die Wahl einer entsprechenden Rechtsform kann allerdings die Haftung auf ein bestimmtes Kapital beschränkt werden. Diese Einschränkung wird bereits aus dem Namen der Rechtsform der Gesellschaft mit beschränkter Haftung (GmbH) deutlich. Eine GmbH muss mit mindestens 25 000 € Eigen- beziehungsweise Grundkapital ausgestattet sein, das dann als Haftungskapital zur Verfügung steht. Bei einer Aktiengesellschaft sind dies mindestens 50 000 €. Personengesellschaften müssen kein derartiges Mindesteigenkapital zur Gründung aufbringen, da deren Eigentümer persönlich für Schäden und Schulden haften. Die *Unmittelbarkeit* der Haftung bedeutet, dass alle Gesellschafter direkt haften. Dies wird in der Rechtsterminologie als Fehlen einer Einrede der Vorausklage bezeichnet; ein Gläubiger muss sich nicht unbedingt an den Gesellschafter richten, der einen Schaden verursacht oder eine Schuld bei ihm hat. Er kann auch bei einem anderen Gesellschafter Schäden oder Schulden einklagen. *Solidarische Haftung* bedeutet, dass die Gesellschafter untereinander verpflichtet sind, gesamtschuldnerisch zu haften, also jeder mit gleichen Teilen.

Bei der Rechtsformwahl sollte auch die *Gewinn- und Verlustverteilung* betrachtet werden. Hier ist zu klären, wer das Recht auf den Gewinn oder auf Anteile davon hat und wer sich am Misserfolg eines Unternehmens beteiligen muss. Da es sich hier in der Regel um ein Innenverhältnis handelt, sind die Entnahmerechte und Gewinnverteilungen, die in der Rechtsform geregelt werden, abdingbar. Dies bedeutet, dass sie durch Gesellschaftsverträge oder Satzungen anders geregelt werden können. Grenzen der Veränderbarkeit bestehen hier lediglich in Grundrechten, die beispielsweise dann verletzt würden, wenn ein Gesellschafter, der persönlich haften soll, von der Gewinnverteilung vertraglich gänzlich ausgeschlossen würde. Die Frage, welche Art der Ausschüttung und Verlusttragung gerecht ist, ob also Gewinn und Verlust gleichmäßig nach Köpfen oder äquivalent nach eingesetzten Kapitalien oder Arbeitszeiten zu verteilen sind, müssen die Gesellschafter untereinander regeln. Die Vorschriften im HGB und in Spezialgesetzen der Rechtsformen haben hier nur den Charakter von Empfehlungen. Dies bietet mittelständischen Unternehmen einen fast unbegrenzten Spielraum für ihre Ausschüttungspolitik.

Die *rechtsformabhängigen Kosten* für die Gründung und die anschließend zu zahlenden laufenden Kosten sind bei Kapitalgesellschaften höher als bei anderen Rechtsformen. Bei Kapitalgesellschaften müssen Organe wie der Aufsichtsrat finanziert werden und es sind erheblich mehr Mittel für die Publizität und Prüfung der Jahresabschlüsse aufzuwenden. Insbesondere dieses Kriterium ist für mittelständische Unternehmen wichtig. Kleine Unternehmen scheuen häufig rechtsformabhängige Kosten, die erheblich über ihrer Ertragskraft liegen können. Es sollte also gut überlegt werden, ab welcher Betriebsgröße zum Beispiel eine Publizitätspflicht überhaupt finanzierbar ist.

Auch die *Steuerbelastung* eines Unternehmens in Abhängigkeit von der Rechtsform ist ein wichtiges Auswahlkriterium. Zu beachten ist, dass die Steuersätze national häufigen Änderungen unterworfen sind und sich länderspezifisch unterscheiden. So ist es unter Finanzgesichtspunkten nicht unüblich, seinen Unternehmensstandort aus steuerlichen Erwägungen in so genannten Steuerparadiesen zu errichten, die den Unternehmen Steuerfreiheiten beziehungsweise -erleichterungen bieten. Während einige Steuern in Deutschland – wie etwa die Gewerbesteuer – unabhängig von der Rechtsform zu zahlen sind, ist vor allem die Besteuerung des Erfolges unterschiedlich. So haben die Gesellschafter von Personengesellschaften ihre Einkünfte aus selbstständiger Tätigkeit entsprechend dem für sie gültigen Einkommensteuersatz zu entrichten, der mit zunehmenden Einnahmen ansteigt. Demgegenüber werden Gewinne von Kapitalgesellschaften beim Unternehmen selbst mit einer fixen Körperschaftsteuer belegt und Ausschüttungen an die Anteilseigner in deren privater Sphäre individuell abweichend besteuert.

Rechtsformspezifische Unterschiede zeigen sich auch bei der *Unternehmensliquidation*. Für Personengesellschaften gilt, dass sie, soweit keine abweichende Regelung im Gesellschaftsvertrag getroffen ist, bei Kündigung durch Gesellschafter (§ 131 HGB), Tod eines voll haftenden Gesellschafters (§§ 131, 177 HGB) oder Insolvenzeröffnung (§ 131 HGB) aufgelöst werden. Für Kapital- und Personengesellschaften gemeinsam geltende Auflösungsgründe sind Zeitablauf, Beschluss der Gesellschafter beziehungsweise Hauptversammlung und Eröffnung des Konkursverfahrens. Konkursgrund für Personengesellschaften wie auch für natürliche Personen (Einzelunternehmer) ist weiterhin die Zahlungsunfähigkeit, die insbesondere dann anzunehmen ist, wenn eine Zahlungseinstellung vorliegt (§§ 102, 209 Konkursordnung). Für Kapitalgesellschaften gilt neben der Zahlungsunfähigkeit auch die Überschuldung als Konkursgrund (§§ 63, 64 GmbHG, § 92 AktG, §§ 207, 209 KO). Mit dem ersten Gesetz zur Bekämpfung der Wirtschaftskriminalität wurde der Konkursgrund der Überschuldung auch für solche OHG und KG eingeführt, bei denen der persönlich haftende Gesellschafter keine natürliche Person ist, was insbesondere auf die GmbH & Co. KG zutrifft (§ 209 KO).

Aus der Vielzahl der privaten und öffentlichen Rechtsformen kann ein Kaufmann je nach seinen persönlichen Erwägungen einen Typ auswählen. Die Wahlmöglichkeit ist allerdings nicht unbeschränkt. Die Begrenzung liegt zum einen darin, dass für bestimmte Wirtschaftsbereiche spezifische Rechtsformen vorgeschrieben sind, wie zum Beispiel für die Reederei, für den Schiffbau oder der Versicherungsverein auf Gegenseitigkeit (VvaG) für gegenseitige Versicherungsgeschäfte. Zudem besteht die Pflicht, bestimmte Rechtsformen zu wählen, wenn bestimmte Geschäfte betrieben werden. So ist die Rechtsform der Einzelunternehmung für Banken verboten, die AG für Hypothekenbanken oder Bausparkassen verpflichtend und Investitionsgesellschaften sind verpflichtet, als AG oder GmbH zu firmieren. Schließlich bestehen Vorschriften zu einer bestimmten Mindestgründerzahl (bei Genossenschaften) oder zur Einlage eines bestimmten Mindestkapitals (AG, GmbH).

Eine detaillierte Übersicht über die Rechtsgrundlagen und Organe sowie die Vor- und Nachteile der jeweiligen Rechtsformen wird im Buch *Betriebswirtschaft konkret* des Verlages Wiley-VCH gegeben (vgl. Literaturverzeichnis).

(1) Einzelunternehmung (§ 1–104 und §§ 238 ff. HGB): Unter Finanzierungsaspekten ist die Einzelunternehmung (EU) begrenzt auf die Einlagen des Einzelunternehmers. Er allein kann Eigenkapital generieren, er allein haftet für Schäden und Schulden, und er allein partizipiert an Gewinnen beziehungsweise hat Verluste auszugleichen. Bei der Bemessung der Steuern wird sein privater Einkommensteuersatz angesetzt. Während die Gründungskosten gering sind, kann das Unternehmen keine Anteile an einem Finanzmarkt ausgeben. Die zusätzliche Aufnahme von Fremdkapital in Form von Darlehen oder Krediten ist nach Maßgabe der persönlichen Bonität, der Kreditwürdigkeit des Eigentümers mehr oder weniger stark beschränkt. Trotz dieser Nachteile sind in Deutschland die meisten Unternehmen Einzelunternehmen.

(2) Stiftung des privaten Rechts (BGB §§ 80–88): Die private Stiftung ist eine rechtsfähige juristische Person, in der ein bestimmtes Vermögen zur Er-

reichung eines vom Stifter festgesetzten Zwecks verselbstständigt wird. Gerade für mittelständische Unternehmen ohne familieneigene Unternehmensnachfolge kommt diese Rechtsform zunehmend in Betracht. Stiftungen sind auf das eingelegte Grundkapital angewiesen, wobei Nachzahlungen im Sinne von Zustiftungen unter bestimmten Bedingungen möglich sind. Eine Finanzierung mit Darlehen ist nur in sehr begrenzten Ausnahmefällen zulässig, so dass eine Stiftung ebenfalls wie die EU nicht für ein wachsendes Unternehmen mit hohem Kapitalbedarf geeignet ist. Stiftungen werden hingegen vornehmlich unter Steueraspekten gegründet, um ein bestimmtes Vermögen steuerfrei oder steuerbegünstigt zu stellen. Bezüglich der Haftung ist das Stiftungsvermögen, allerdings nicht das Privatvermögen des Stifters relevant. Die Stiftungen unterliegen einer strengen staatlichen Aufsicht, um Steuermissbrauch zu unterbinden. Die Stiftung hat wegen der rechtlichen Verselbstständigung keine Gesellschafter, denen ein Gewinn zukommen würde oder die einen Verlust zu tragen hätten. Gewinne führen zu Zustiftungen oder werden auf das nächste Geschäftsjahr vorgetragen. Verluste sind ausschließlich durch das Stiftungsvermögen abgedeckt. In einer Stiftungsurkunde können aber Begünstigte (Destinatäre) bestimmt werden, an die Zuwendungen aus dem Stiftungsvermögen erfolgen sollen. Dies können politische Parteien, Kirchen, öffentliche Unternehmen oder wissenschaftliche Institute sein. Das Gesetz sieht als Auflösungsgründe die Erreichung des Stifterzwecks, den Ablauf einer vorgesehenen Zeitspanne sowie die Insolvenz oder die Nichtdurchführbarkeit des Stiftungszwecks vor. Verbleibt nach Auflösung ein Stiftungsvermögen, fällt dies den Destinatären, also den in der Stiftungsurkunde dafür vorgesehenen Personen zu. Wenn hier keine Regelung getroffen wurde, ist automatisch der Staat der Begünstigte.

(3) Gesellschaft bürgerlichen Rechts (§§ 705–740 BGB): Kennzeichnend für die Gesellschaft bürgerlichen Rechts ist der bewusste oder unbewusste vertragliche Zusammenschluss von natürlichen oder juristischen Personen mit dem Ziel der gemeinsamen Verfolgung eines bestimmten Zwecks. Die BGB-Gesellschaft muss keine Firma führen und ist nicht an den Zweck gebunden, ein Handelsgewerbe zu betreiben. Das Gesellschaftsvermögen steht allen Gesellschaftern gesamthänderisch zu und wird gegenüber dem Privatvermögen wie ein abgegrenztes Sondervermögen behandelt. Es kommt durch Einlage der Gesellschafter zustande, so dass eine zusätzliche Eigenfinanzierung durch die Aufnahme neuer Gesellschafter möglich ist. Für Verbindlichkeiten der BGB-Gesellschaften haften alle Gesellschafter unbeschränkt und gesamtschuldnerisch. Somit ist aufgrund der persönlichen

Haftung in Abhängigkeit von der Bonität der Gesellschafter gegenüber der Einzelunternehmung auch eine erhebliche Fremdfinanzierung vorstellbar. Am bedeutendsten ist die Rechtsform der BGB-Gesellschaft im Wirtschaftsleben beim Zusammenschluss von Freiberuflern wie Sozietäten von Rechtsanwälten, Kanzleien von Wirtschaftsprüfern oder Arztgemeinschaften. Darüber hinaus werden Gelegenheitsgesellschaften, zum Beispiel Konsortien bei einer Wertpapieremission von Kreditinstituten oder Arbeitsgemeinschaften im Baugewerbe, meist als BGB-Gesellschaften betrieben.

(4) Offene Handelsgesellschaft (§§ 105–160 HGB, §§ 705–740 BGB): Die offene Handelsgesellschaft (OHG) ist eine auf den Betrieb eines Handelsgewerbes gerichtete Personengesellschaft unter gemeinschaftlicher Firma. Die Gesellschafter leiten gemeinsam das Unternehmen, soweit der Gesellschaftsvertrag nichts Gegenteiliges regelt, und haften für die Gesellschaftsschulden ebenfalls unmittelbar, unbeschränkt und solidarisch als Gesamtschuldner. Bezüglich der Eigen- und Fremdfinanzierung gilt das Gleiche wie bei der vorhin dargestellten BGB-Gesellschaft. Interessanterweise können neben der Beteiligung natürlicher Personen auch juristische Personen als Gesellschafter einer OHG fungieren, so dass hier eine vielfältige Typenvermischung von Kapital- und Personengesellschaften vorstellbar ist.

(5) Kommanditgesellschaft (§§105–160 HGB und 161–177 HGB, §§ 705–740 BGB): Die Kommanditgesellschaft (KG) ist, wie die OHG, eine auf den Betrieb eines Handelsgewerbes unter gemeinschaftlicher Firma gerichtete Personengesellschaft. Abweichend von der OHG können hier Gesellschafter ihre Haftung auf eine bestimmte Vermögenseinlage beschränken. Diese werden dann als Kommanditisten bezeichnet, während komplementäre Gesellschafter jene sind, die unbeschränkt mit ihrem gesamten Vermögen, das heißt Privat- und Geschäftsvermögen, für Gesellschaftsschulden haften. Bezüglich der Eigen- und Fremdfinanzierung gilt das Gleiche wie bei der OHG oder BGB-Gesellschaft.

(6) Stille Gesellschaft (§§ 230-237 HGB): Eine Stille Gesellschaft (StG) ist eine Personengesellschaft, bei der sich ein oder mehrere Gesellschafter mit Vermögenseinlagen beteiligen, die in das Vermögen der Gesellschaft übergehen. Der stille Gesellschafter tritt im Außenverhältnis der Handelsgesellschaft nicht auf und kann daher bei allen bereits genannten und später noch genannten Rechtsformen vorkommen. Diese Gesellschaft bildet eine Möglichkeit der Eigenfinanzierung, ohne dass der Anteilseigener publiziert werden muss. Dies äußert sich auch darin, dass seine Kapitaleinlage in der Unternehmensbilanz nicht als gesonderte Eigenkapitalposition auftaucht. Als Gegenleistung wird in der Regel eine Gewinnbeteiligung vereinbart,

außerdem hat der Stille Gesellschafter bei Ausscheiden einen Anspruch auf ein Auseinandersetzungsguthaben, das auf Basis einer Liquidation zur Auseinandersetzungsbilanz ermittelt wird. Steuerrechtlich sind die Einkünfte des stillen Gesellschafters Einkünfte aus Kapitalvermögen. Eine Verlustbeteiligung kann der stille Gesellschafter durch Vertrag ausschließen. Problematisch ist diese Form der Kapitalbeteiligung an einem Unternehmen insofern, als ein eigentumsrechtlicher Übergang des Beteiligungsvermögens in das Gesellschaftsvermögen stattfindet.

(7) Gesellschaft mit beschränkter Haftung (GmbH-Gesetz): Die Gesellschaft mit beschränkter Haftung (GmbH) ist Formkaufmann mit eigener Rechtspersönlichkeit. Die Mitglieder der GmbH beteiligen sich mit Stammeinlagen (Eigenkapital) am Stammkapital, dessen Mindestnennbetrag auf 25 000 € festgelegt ist. Bei der Gründung muss mindestens die Hälfte des Stammkapitals eingezahlt sein; die Mindesthöhe einer Stammeinlage muss 250 € betragen. Nach § 1 GmbH-Gesetz sind auch Ein-Mann-Gesellschaften zulässig. Die wichtigste Besonderheit dieser Rechtsform ist, dass lediglich das Stammkapital für Gesellschaftsschulden als Haftungssumme dient. Ausnahmen gelten, sofern das Stammkapital noch nicht voll eingezahlt ist oder strafrechtliche Sachverhalte vorliegen. Hier kann nach neuester Rechtsprechung auf das Privatvermögen der Gesellschafter zugegriffen werden (Durchgriffshaftung). Bezüglich der Möglichkeit, im Anschluss an einen Wechsel der Rechtsform in eine AG Eigenkapital an der Börse zu erwerben, wurden in den letzten Jahren für die Unternehmen erhebliche Verbesserungen erzielt.

(8) Aktiengesellschaft (Aktiengesetz [AktG]): Die Aktiengesellschaft (AG) ist eine Gesellschaft mit eigener Rechtspersönlichkeit, das heißt eine juristische Person. Für ihre Verbindlichkeiten haftet lediglich das Gesellschaftsvermögen, das bei dieser Rechtsform als Grundkapital bezeichnet wird. Die AG besitzt als zwingend vorgeschriebene Organe den Vorstand, den Aufsichtsrat und die Hauptversammlung. Hinsichtlich der Finanzierung verfügt die AG über die uneingeschränkte Möglichkeit, über die Börse Eigenkapital durch Ausgabe von Anteilsscheinen (Aktien) zu erlangen. Auf die verschiedenen Arten von Aktien, die von einer AG emittiert werden können, wird in Kapitel 16 eingegangen. Die Börse wird auch als anonymer Kapitalmarkt bezeichnet, woraus sich die Begriffe für die AG in Frankreich, Société Anonyme (SA), und in Italien, Società Anonima, ableiten lassen.

(9) Kommanditgesellschaft auf Aktien (§§ 278–290 AktG, §§ 161–177 HGB): Bei der Kommanditgesellschaft auf Aktien (KGaA) handelt es sich um eine Mischform aufgrund der Verbindung zwischen einer Personen- und einer

Kapitalgesellschaft. Sie entsteht, wenn eine Kommanditgesellschaft die Kapitalbeschaffung mittels der Rechtsform der Aktiengesellschaft vornehmen will und gleichzeitig die volle und unbeschränkte Haftung auf das Grundkapital der Aktiengesellschaft, welche als Komplementär auftritt, beschränken möchte. Die wirtschaftliche Bedeutung der KGaA ist jedoch sehr gering, da es sich faktisch doch um eine AG mit den drei Organen Vorstand, Aufsichtsrat und Hauptversammlung handelt.

(10) Eingetragene Genossenschaft (Genossenschaftsgesetz [GenG]): Bei der eingetragenen Genossenschaft (eG) handelt es sich um eine Gesellschaft, welche die Förderung des Erwerbs oder der Wirtschaft ihrer Mitglieder mittels gemeinschaftlichen Geschäftsbetriebs bezweckt. Sie ist eine private Körperschaft, deren Eigenkapital sich durch die Zahl der Mitglieder und damit deren Genossenschaftsanteile ergibt. Zu beachten ist, dass die Eigenkapitalgeber (Genossen) im Verlustfall eine so genannte Nachschusspflicht in Höhe ihrer Einlage erbringen müssen. Die häufigsten Erscheinungsformen der Genossenschaft sind Kreditgenossenschaften (Volksbank, Raiffeisenbank), Einkaufsgenossenschaften von Landwirten oder im Handel sowie Absatzgenossenschaften wie Molkereien oder Winzereien und nicht zuletzt die Wohnungsbau-Genossenschaften.

(11) GmbH & Co. KG (HGB und GmbH-Gesetz): Bei der GmbH & Co. KG handelt es sich um eine Mischform aus einer Personen- und einer Kapitalgesellschaft. Sie entsteht dadurch, dass zunächst eine GmbH gegründet wird, die dann in einer KG die Rolle des Komplementärs übernimmt. Die Gesellschafter der GmbH sind zugleich Kommanditisten der KG, und die GmbH wird meist nur mit einem Mindestkapital ausgestattet. In der Bundesrepublik Deutschland ist die GmbH & Co. KG relativ weit verbreitet, da sie die Vorteile der Kapitalgesellschaft (begrenzte Haftung und große Finanzierungsmöglichkeiten) mit den steuerlichen Vorteilen einer Personengesellschaft verbindet. Bezüglich der Finanzierung gelten die Ausführungen, die bereits in dem Abschnitt über die KG dargelegt wurden.

(12) Europäische wirtschaftliche Interessenvereinigung (EWIV-VO; vergleichbar mit einer OHG; der Vereinigung müssen Mitglieder aus mindestens zwei verschiedenen EG-Staaten angehören): Die Europäische wirtschaftliche Interessenvereinigung (EWIV) ist eine im Rahmen der europäischen Gesetzesharmonisierung relativ neue Rechtsform, die für die gesamte EU gilt. Sie ist weitgehend vergleichbar mit einer OHG, da auch hier das oberste Organ die gemeinschaftlich handelnden Mitglieder sind. Ein Geschäftsführer leitet und vertritt die Gesellschaft, und die Haftung ist analog der OHG unbeschränkt, unmittelbar und gesamtschuldnerisch.

(13) Partnergesellschaft (PartGG. Gesamthandsgemeinschaft [§ 7 Abs. 2 PartGG verweist auf § 124 HGB], Partnerschaft ist Rechtssubjekt und Rechtsträger): Die Partnergesellschaft (PartG) ist wie die EWIV eine relativ junge Rechtsform. Sie weist als rechtsfähige Personengesellschaft prinzipielle Ähnlichkeiten mit der OHG auf. Das PartGG verweist weitgehend auf die Vorschriften zur OHG. Die Partnergesellschaft wurde vorwiegend für Zusammenschlüsse von freien Berufen gegründet und ist somit für ein klassisches mittelständisches Unternehmen meist irrelevant.

Es existieren noch weitere Rechtsformen, zum Beispiel der Verein oder die Rechtsform des öffentlichen Rechts (unter anderem Anstalten, Körperschaften, öffentliche Stiftungen). Diese sind jedoch für die Wahl einer Rechtsform unter Finanzierungsaspekten nicht relevant.

5.3 Wachstumsfinanzierung durch Kapitalerhöhung

Unternehmen, die nach ihrer Gründung wachsen, bedürfen meist höherer Finanzierungsvolumina. Die bei der Gründung eingebrachten Eigenmittel und die gegebenenfalls aufgenommenen Fremdmittel reichen zumeist nicht aus, um die Erweiterungsinvestitionen zu finanzieren. Somit wird die Erhöhung des Eigenkapitals notwendig, die als Kapitalerhöhung bezeichnet wird. Jede Kapitalerhöhung bedarf der Genehmigung durch eine Dreiviertelmehrheit des auf der Gesellschafterversammlung vertretenen Kapitals. Der Beschluss muss in das Handelsregister eingetragen und damit öffentlich gemacht werden. Sofern Anteilseigner unterschiedlicher Arten von Anteilsscheinen vertreten sind, muss von jeder dieser Gattungen die Dreiviertelmehrheit eingeholt werden, da die Stimmen der Aktionäre durch die Aufnahme gleichberechtigter neuer Aktionäre in der Hauptversammlung relativ an Gewicht verlieren.

Um die verschiedenen Möglichkeiten einer Kapitalerhöhung besser zu verstehen, soll hier nochmals kurz ein Grundverständnis für die bilanzorientierte Finanzbetrachtung vermittelt werden. Je nachdem, welche Rechte dem Kapitalgeber eingeräumt werden, wird zwischen Eigen- und Fremdfinanzierung unterschieden. Zudem lässt sich zwischen einer Außen- und Innenfinanzierung differenzieren.

Im Folgenden werden bis auf die Kapitalerhöhung aus Gesellschaftsmitteln, bei der lediglich eine Umschichtung innerhalb des Eigenkapitals erfolgt, alle Formen als Außenfinanzierung bezeichnet, da durch die Ausgabe neuer Aktien neues Kapital von außen dem Unternehmen zugeführt wird.

Es gibt unterschiedliche Kapitalerhöhungsarten. Im AktG werden die ordentliche, die genehmigte, die bedingte Kapitalerhöhung und die Kapitalerhöhung aus Gesellschaftsmitteln definiert. Im Folgenden werden die verschiedenen Formen der Kapitalerhöhung am Beispiel der AG vorgestellt, wobei die Abläufe bei einer GmbH identisch sind.

Bei einer ordentlichen Kapitalerhöhung beschließen die Aktionäre gemäß § 182 AktG junge, das heißt neue Aktien gegen Einlagen auszugeben. Vorschriften bezüglich des Volumens des neu aufzunehmenden Kapitals, des so genannten Emissionsvolumens, bestehen dabei nicht. Bei der Festsetzung des Emissionskurses liegt es im Interesse des Unternehmens, einen möglichst hohen Kurs zu erzielen, da ihm in diesem Fall ein Maximum an Emissionserlös zufließt.

Dies kann an folgendem Beispiel veranschaulicht werden. Eine Beispiel-AG beschließt nach Jahren hoher Wachstumsraten in Deutschland den Sprung in den französischen Markt. Allerdings ist dies aufgrund ihrer relativ knappen Liquidität nicht möglich. Der Vorstand schätzt die Kosten eines Engagements in Frankreich auf 15 Millionen €. Diese Summe soll zu einem Drittel durch die Aufnahme eines Kredits und zu zwei Dritteln durch eine Kapitalerhöhung aufgebracht werden. Dieser Vorschlag findet auf der Jahreshauptversammlung großen Zuspruch. Die Aktien der Beispiel-AG mit dem Nennwert von 5 € kosten an der Börse 14,50 €. Aufgrund der unklaren Börsenstimmung setzt die Gesellschaft den Emissionskurs der jungen Aktien auf 10 € fest. Es gelingt dem mit der Emission betrauten Bankenkonsortium, alle jungen Aktien zu platzieren, es fließen also 10 Millionen € im Zuge der ordentlichen Kapitalerhöhung zu. Bei einem Emissionskurs von 10 € wurden 1 Million Aktien mit einem Nennwert zu je 5 € emittiert, wodurch eine Zunahme des gezeichneten Kapitals auf 15 Millionen € stattfindet. Die Differenz in Höhe von 5 Millionen € fließt in die Kapitalrücklage.

Im Rahmen einer ordentlichen Kapitalerhöhung wird der Aktienkurs verringert, da sich offene und stille Reserven nach erfolgter Erhöhung der Anteile auf eine größere Zahl von Anteilseigner verteilen. Dieser Wertverlust wird auch als *Verwässerung* bezeichnet. Weiterhin verlieren die Stimmen der Altaktionäre durch diese Art der Kapitalerhöhung an Gewicht. Um diese für die Altaktionäre entstehenden Nachteile auszugleichen, wird ihnen ein so genanntes *Bezugsrecht* gewährt. Dies bedeutet, dass die Altaktionäre ein Recht auf Bezug der jungen Aktien haben. Der rechnerische Wert eines Bezugsrechts kann aus dem Bezugsverhältnis, dem Bezugskurs der jungen und dem Börsenkurs der alten Aktien bestimmt werden. Das Bezugsverhältnis entspricht der Relation des bisherigen Grundkapitals zum Erhöhungskapital. Es sagt aus, wie viele Altaktien erforderlich sind, um eine neue junge Aktie zu beziehen. Bei der Festsetzung des Bezugskurses gilt zu beachten, dass dieser den Nennwert, der auch als Nominalwert bezeichnet wird, nicht unterschreiten darf, da der Verkauf einer Aktie unter diesem Wert (pari) bei Emission nicht erlaubt ist. Die Obergrenze des Bezugskurses ist in der Praxis der aktuelle Börsenkurs der Altaktie, da Aktionäre nicht gewillt sind, neue Aktien zu kaufen, deren Bezugskurs über dem Börsenkurs liegt. Um den Wert eines Bezugsrechts zu ermitteln, wird im ersten Schritt der neue Kurs der bereits an der Börse gehandelten Altaktien errechnet. Dieser Kurs wird auch Mischkurs genannt. Um diesen zu berechnen, müssen neben dem Emissionskurs der jungen Aktien (K_{EM}) die Anzahl der jungen Aktien (n_j), der Kurs der alten Aktien vor der Kapitalerhöhung (K_a) sowie die Anzahl der alten Aktien (n_a) bekannt sein. Der Mischkurs (K_M) lässt sich nach der folgenden Formel ermitteln:

$$K_M = \frac{K_a \times n_a + K_{EM} \times n_j}{n_a + n_j}$$

Nach dem Einsetzen der Daten der Beispiel-AG kommt man zu folgendem Ergebnis:

$$K_M = \frac{14,50\,\text{€} \times 2\,000\,000 + 10,00\,\text{€} \times 1\,000\,000}{2\,000\,000 + 1\,000\,000} = 13,00\,\text{€}$$

Der rechnerische Wert des Bezugsrechts (BR) ergibt sich dann wie folgt:

$$BR = K_a - K_M$$

$$BR = 14,50\,\text{€} - 13,00\,\text{€} = 1,50\,\text{€}$$

Um zu errechnen, wie viele Bezugsrechte erworben werden müssen, um eine junge Aktie zu erhalten, benötigt man das Bezugsverhältnis (BV).

$$BV = \frac{n_a}{n_j} = \frac{2\,000\,000}{1\,000\,000} = \frac{2}{1}$$

Wer somit eine Aktie aus der Kapitalerhöhung der Beispiel-AG kaufen möchte und keine Altaktien besitzt, muss zwei Bezugsrechte zum Preis von 1,50 € sowie eine junge Aktie zum Emissionskurs in Höhe von 10 € erwerben. Dem Altaktionär steht es offen, ob er an der Kapitalerhöhung teilnimmt oder nicht. Für den Fall, dass er dies ablehnt, wird er durch den Verkauf des

Bezugsrechts für den ihm entstandenen Kursverlust entschädigt. Neben dem hier aufgrund seiner Anschaulichkeit dargestellten Verfahren kann der Wert des Bezugsrechts auch direkt mit Hilfe folgender Formel errechnet werden:

$$Bezugsrecht = \frac{\text{Börsenkurs der alten Aktien} - \text{Bezugskurs der jungen Aktien}}{\text{Bezugsverhältnis} + 1}$$

$$= \frac{(14,50 - 10,00)}{(2/1+1)} = 1,50 \ €$$

Seit 1995 ist es aufgrund einer Änderung des Aktiengesetzes möglich, das Bezugsrecht ohne Vorliegen besonderer Bedingungen auszuschließen. Der Ausschluss des Bezugsrechts der Altaktionäre muss allerdings durch einen Dreiviertelmehrheitsbeschluss durch diese selbst erfolgen und ist nur in drei Fällen zulässig: erstens, wenn es sich um eine Kapitalerhöhung gegen Bareinlagen handelt, zweitens, wenn das Volumen der Kapitalerhöhung 10 % des bisherigen gezeichneten Kapitals nicht überschreitet und drittens, wenn der Emissionskurs der jungen Aktien den aktuellen Börsenkurs der alten Aktien nur unwesentlich (nicht mehr als 5 %) unterschreitet. Diese Modifikation des Aktiengesetzes soll es dem Management einer Aktiengesellschaft erleichtern, eine Kapitalerhöhung schnell und kostengünstig durchzuführen.

Im Gegensatz zur ordentlichen Kapitalerhöhung ist die Erhöhung des Grundkapitals im Zuge einer *genehmigten Kapitalerhöhung* gemäß § 292 ff. AktG nicht an das Vorliegen eines bestimmten, gegenwärtigen Finanzierungsanlasses gebunden. Die Hauptversammlung ermächtigt den Vorstand der Aktiengesellschaft für maximal fünf Jahre, das Grundkapital um einen zuvor festgelegten Nennbetrag zu erhöhen. Eine Dreiviertelmehrheit der Hauptversammlung ist auch in diesem Fall notwendig. Kommt diese Mehrheit zustande, kann das Management der Gesellschaft innerhalb kürzester Zeit einen auftretenden Finanzierungsbedarf stillen, ohne die Formalien der ordentlichen Kapitalerhöhung erfüllen zu müssen. Mit der freien Wahl des Zeitpunktes wird ihr darüber hinaus die Möglichkeit gegeben, von einer für sie günstigen Lage am Kapitalmarkt zu profitieren. Zu beachten ist jedoch, dass die Aufstockung auf 50 % des gezeichneten Kapitals begrenzt ist.

Des Weiteren muss eine Kapitalerhöhung im Geschäftsbericht ausgewiesen werden. Im Falle noch ausstehender Einlagen für das bisherige Grundkapital dürfen junge Aktien erst nach deren Einzahlung ausgegeben werden. Die Ausgabe der jungen Aktien an die Arbeitnehmer der Gesellschaft stellt dabei

89

die einzige zulässige Ausnahme dar. Die bedingte Kapitalerhöhung ist zweckgebunden und darf nur in bestimmten Fällen durchgeführt werden. Hierunter fallen erstens die Gewährung von Umtausch- oder Bezugsrechten an Gläubiger von Wandel- oder Optionsanleihen, zweitens die Vorbereitung des Zusammenschlusses mehrerer Unternehmen (Fusion) und drittens die Gewährung von Bezugsrechten an Arbeitnehmer der Gesellschaft. Diese können somit neue Aktien gegen Einlage von Geldforderungen erwerben, die ihnen aus einer von der Gesellschaft eingeräumten Gewinnbeteiligung zustehen. Der Betrag des bedingten Kapitals ist in der Bilanz beim gezeichneten Kapital gesondert aufzuführen und darf die Hälfte des gezeichneten Kapitals nicht überschreiten. Eine Dreiviertelmehrheit der Hauptversammlung ist auch hier wieder Voraussetzung. Zweck, Bezugsberechtigte und Ausgabebetrag müssen im Beschlussbericht der Hauptversammlung erläutert sein.

Im Unterschied zu den bisher dargestellten Formen der Kapitalerhöhung wird den Altaktionären im Rahmen einer bedingten Kapitalerhöhung kein Bezugsrecht für junge Aktien angeboten. Stattdessen räumt die Gesellschaft bei der Ausgabe von Wandelobligationen und Optionsanleihen Bezugsrechte ein. Das bedingte Kapital ist in der Bilanz beim gezeichneten Kapital gesondert aufzuführen.

Im Gegensatz zu den oben dargestellten drei Formen der Kapitalerhöhung fließt dem Unternehmen im Falle einer *Kapitalerhöhung aus Gesellschaftsmitteln* gemäß §§ 207 ff. AktG kein zusätzliches Kapital zu. Hier erfolgt lediglich eine Umschichtung des bilanzierten Kapitals. Beim gezeichneten Kapital, das bei der AG als Grundkapital, bei der GmbH als Stammkapital bezeichnet wird, handelt es sich um das bei der Gründung eingebrachte Kapital, das sich nur bei Kapitalerhöhungen oder -verminderungen ändert. Die Kapitalrücklagen entstehen durch Überschüsse, die ein Unternehmen erzielt, wenn es seine ausgegebenen Anteile zu einem höheren Kurs als dem Nennwert verkaufen kann. Dies war im vorhergehenden Beispiel der Fall. Die Gewinnrücklagen entstehen durch Thesaurierung, das heißt Nichtausschüttung beziehungsweise Einbehaltung von Gewinnen am Geschäftsjahresschluss. Über die Gewinnverwendung, also die Ausschüttung beziehungsweise die Thesaurierung, wird in der Hauptversammlung durch die Aktionäre entschieden. Die Möglichkeiten und Grenzen der Bildung von Rücklagen sind im AktG detailliert geregelt. Bei einer Kapitalerhöhung aus Gesellschaftsmitteln handelt es sich um die Umwandlung von Rücklagen in gezeichnetes Kapital. Die Höhe des bilanzierten Eigenkapitals verändert sich somit nicht. Dieser Vorgang wird unter Bilanzierungsaspekten als Passivtausch bezeichnet. Voraussetzung für die buchhalterische Unwandelbarkeit der Rücklagen ist, dass sie in der letzten Bilanz als Rücklage ausgewiesen wurden und dass sie 10 % oder den satzungsgemäß höheren Teil des Grundkapitals überschreiten. Die Unwandelbarkeit ist verboten, wenn in der zugrunde liegenden Bilanz ein Verlust, ein Verlustvortrag oder ein anderer Gegenposten zum Eigenkapital ausgewiesen ist. Eine Umwandlung zweckgebundener Rücklagen ist ebenfalls nicht zulässig. Wie bei den anderen Formen der Kapitalerhöhung bedarf auch die Kapitalerhöhung aus Gesellschaftsmitteln eines Beschlusses der Hauptversammlung mit einer Dreiviertelmehrheit und muss zur Eintragung in das Handelsregister angemeldet werden, um Wirksamkeit zu erlangen. Den Aktionären stehen entsprechend ihren Anteilen Zusatzaktien, auch *Gratisaktien* genannt, zur Verfügung, da ja das gezeichnete Kapital und somit auch die Zahl der Aktien bei konstantem Nennwert je Stück erhöht wurde. Die Verwendung des Begriffs »Gratisaktien« ist jedoch irreführend, da dem Aktionär keine finanziellen Vorteile entstehen. Bei den Rücklagen handelt es sich letztendlich um nicht ausgezahlte Gewinne an die Aktionäre. Ausgehend von diesen Überlegungen kann somit der sinkende Kurswert der einzelnen Aktie bei gleichzeitig steigendem Grundkapitalvolumen erklärt werden. Kapitalerhöhungen aus Gesellschaftsmitteln werden häufig durchgeführt, um den Kurswert einer Aktie zu senken und damit die Handelbarkeit der Anteile zu erhöhen.

Kapitalerhöhungen sind also zusammenfassend Möglichkeiten, um das Eigenkapital zu erhöhen, indem bestehende Gesellschafter Kapital nachschießen oder neue Gesellschafter in das Unternehmen eintreten. Die Besonderheiten und rechtlichen Notwendigkeiten wurden deutlich. So wie im Fall des Wachstums einer Unternehmung das Kapital erhöht werden kann, ist eine Reduktion im Krisenfalle möglich. Diese Formen der Kapitalherabsetzung werden im folgenden Abschnitt vorgestellt.

5.4 Krisen- und Sanierungsfinanzierung

Kapitalherabsetzungen, also Verminderungen des Eigenkapitals, werden in der Praxis meist nur dann durchgeführt, wenn sich das Unternehmen in finanziellen Schwierigkeiten befindet und deshalb ein Sanierungsbedarf eintritt. Die theoretisch ebenfalls denkbaren Fälle der Entnahme von Kapital durch Gesellschafter oder die Finanzierung von Abfindungen beim Ausscheiden von Gesellschaftern sind eher selten. Die Kapitalherabsetzung kann bei Einzelunternehmen und Personengesellschaften durch einfache Privatentnahme vom Betriebskonto und damit die bilanzielle Verminderung des Eigenkapitalkontos erfolgen. Bei Kapitalgesellschaften erfordert dies, ebenso wie die Kapitalerhöhung, die Genehmigung der Gesellschafter (§ 58 GmbHG oder §§ 237 ff. AktG).

Für eine Unternehmenskrise können inner- und außerbetriebliche Gründe maßgeblich sein. Häufige Gründe sind innerbetrieblich die mangelhafte Mitarbeiterqualifikation und der Mangel an Kapital sowie außerbetrieblich die unvorhergesehene Änderung des Konsumentenverhaltens und einschneidende wirtschaftspolitische und gesetzliche Maßnahmen. Die wissenschaftliche Beschäftigung mit Unternehmenskrisen war in den ersten Jahrzehnten der jungen Disziplin der Betriebswirtschaftslehre nicht üblich. Es schien kontraproduktiv, sich mit gescheiterten Existenzen zu beschäftigen. Diese hatten offenbar ihre Ziele weder effektiv verfolgt noch effizient erreicht. Erst aufgrund einer drastischen Zunahme der Insolvenzzahlen in den letzten Jahren beschäftigt sich ein junger Zweig der Betriebswissenschaft neuerdings mit dem Phänomen von Krise und Sanierung. Besonders belastend ist eine Insolvenz dann, wenn sie in einer ohnehin strukturschwachen Region ein dort dominierendes Unternehmen trifft. Automatisch verschlechtert sich dann auch die Situation der Zulieferer. Ein Beispiel hierfür sind die Werften in Norddeutschland. Zur Überwindung einer Unternehmenskrise wird in der Literatur eine Vielzahl von Maßnahmen im Rahmen eines Krisenmanagements angeboten. Zu unterscheiden sind hier Sanierungsmaßnahmen einerseits und das Konkursverfahren (inklusive des Vergleichs oder des Zwangsvergleichs) andererseits.

Ziel einer Sanierung ist die Erhaltung und Fortführung sowie die Wiederherstellung der Leistungsfähigkeit eines Unternehmens. Erster Schritt eines Sanierers ist stets eine Ursachenanalyse, auf deren Grundlage spezifische Sanierungsmaßnahmen eingeleitet werden.

Im Rahmen einer *ordentlichen Kapitalherabsetzung* kann gemäß § 222 AktG die Verminderung des Grundkapitals durch zwei unterschiedliche Verfahren erfolgen. Denkbar ist zum einen eine Nennwertminderung, bei welcher der ursprüngliche Nennwert eines Anteils herabgesetzt wird. Entschließt sich ein Unternehmen zu dieser Maßnahme, kann es beispielsweise sein Grundkapital halbieren, indem es Aktien mit einem Nennwert von 100 € auf 50 € »heruntersstempelt«. Neben diesem Verfahren kann sich ein Unternehmen auch zu einer Zusammenlegung mehrerer Aktien zu einer Aktie gleichen Nennwerts entschließen. Dies bedeutet, dass die Aktionäre darüber zu beschließen haben, in welchem Verhältnis alte Aktien gegen neue einzutauschen sind.

Um zu verhindern, dass Aktionäre mittels einer Kapitalherabsetzung höhere Ausschüttungen vornehmen, als dies aufgrund des Gewinns des Geschäftsjahres und der Rücklagen möglich ist, darf eine Auszahlung an Aktionäre im Sinne einer Entnahme frühestens sechs Monate nach Eintragung des Herabsetzungsbeschlusses ins Handelsregister erfolgen. Anteilseigner könnten sich sonst in Krisensituationen Kapital auszahlen lassen, um so vor einem befürchteten Konkurs bevorrechtigt vor den Gläubigern an Liquidationsmasse zu gelangen.

Ziel der *vereinfachten Kapitalherabsetzung* ist gemäß §§ 229 ff. AktG die buchmäßige Sanierung des Unternehmens, die auch reine Sanierung genannt wird. Im Gegensatz zur ordentlichen Kapitalherabsetzung sind hier keine besonderen Vorschriften zum Gläubigerschutz zu beachten, dafür aber sind die Zwecke der vereinfachten Kapitalherabsetzung vom Gesetzgeber genau festgelegt. Dies sind der Ausgleich von Wertminderungen, von Verlusten und die Einstellung in die gesetzliche Rücklage. Ein Unternehmen, das eine vereinfachte Kapitalherabsetzung plant, darf keinen Gewinnvortrag vorliegen haben, freie Rücklagen müssen bereits aufgelöst sein und die gesetzliche Rücklage darf nach der Herabsetzung nicht mehr als 10 % des Grundkapitals betragen. Darüber hinaus muss das Vorhaben von einer Dreiviertelmehrheit in der Hauptversammlung genehmigt sein. Auch gilt es zu beachten, dass Gewinne an die Aktionäre nach erfolgter vereinfachter Kapitalherabsetzung erst dann ausbezahlt werden dürfen, wenn die gesetzliche Grundlage wieder mindestens 10 % des Grundkapitals umfasst. Die Gewinnausschüttung in den ersten zwei Jahren nach einer Beschlussfassung über eine vereinfachte Kapitalherabsetzung ist auf 4 Prozent beschränkt. Da in vielen Fällen das nach diesem Sanierungsschritt im Unternehmen verbleibende Grundkapital nicht zu einer Aufrechterhaltung des Geschäftsbetriebs ausreicht, müssen in einem weiteren Schritt neue liquide Mittel zugeführt werden.

Auch die *Kapitalherabsetzung durch Einzug von Aktien* bedarf gemäß §§ 237 ff. AktG der Zustimmung einer Dreiviertelmehrheit in der Hauptversammlung. Hier kann, wie auch im Fall der ordentlichen Kapitalherabsetzung, zwischen zwei verschiedenen Verfahren unterschieden werden. Die Gesellschaft kann zwischen der Einziehung der eigenen Aktien nach vorausgegangenem Erwerb oder der Zwangseinziehung der Aktien wählen, sofern diese in der ursprünglichen Satzung, durch die Satzungsänderung vor Übernahme oder die Zeichnung der Aktien gestattet war. Im Rahmen der Kapitalherabsetzung durch Einzug von Aktien sind die für die ordentliche Kapitalherabsetzung gültigen Vorschriften zu beachten, es sei denn, die Aktien werden der Gesellschaft unentgeltlich zur Verfügung gestellt oder sie werden

93

zu Lasten einer freien Rücklage respektive des Bilanzgewinns eingezogen. In diesen beiden Fällen bedarf es zur Durchführung der Kapitalherabsetzung lediglich einer einfachen Mehrheit in der Hauptversammlung. Der Beschluss einer Kapitalherabsetzung ist in das Handelsregister einzutragen.

Zur Veranschaulichung wird hier nochmals auf die bereits erwähnte Beispiel-AG zurückgegriffen. Sie entschließt sich zu einer Kapitalherabsetzung durch Einzug zuvor gekaufter eigener Aktien. Aufgrund eines hohen Verlustvortrages sowie getrübter Erwartungen bezüglich der künftigen Gewinnentwicklung der Beispiel-AG notiert die 50-€-Aktie bei 25 €. Die Geschäftsführung entschließt sich, zur Sanierung eine Immobilie zum Preis von 5 Millionen € zu veräußern. Die im Zuge dieser Transaktion zufließenden liquiden Mittel werden zum Erwerb eigener Aktien im Nennwert von 10 Millionen € verwendet, die aber zum Anschaffungspreis zu bilanzieren sind.

Aktiva		Passiva	
Vermögen	75	Gezeichnetes Kapital	30
Verlustvortrag	5	Gesetzliche Rücklage	3
		Fremdkapital	47
Summe	80		80

Abb. 26: Bilanz vor dem Aktienerwerb (in Mio. €)

Nach dem Erwerb der eigenen Aktien kann nun die Einziehung derselben erfolgen, wobei das Grundkapital um den Nennbetrag der eigenen Aktien in Höhe von 10 Millionen € vermindert wird. Damit »verschwindet« der Verlust, der zu der Maßnahme der Kapitalherabsetzung Anlass gab. Die eine Hälfte der Minderung des Grundkapitals entfällt auf den Ausgleich des Verlustes, die andere Hälfte spiegelt die Wertminderung der Aktien wider, welche die Beispiel-AG zur Hälfte ihres Nennwerts gekauft hat.

Aktiva		Passiva	
Vermögen	70	Gezeichnetes Kapital	30
Eigene Aktien	5	Gesetzliche Rücklage	3
Verlustvortrag	5	Fremdkapital	47
Summe	80		80

Abb. 27: Bilanz nach dem Aktienerwerb (in Mio. €)

Aktiva		Passiva	
Vermögen	70	Gezeichnetes Kapital	20
		Gesetzliche Rücklage	3
		Fremdkapital	47
Summe	70		70

Abb. 28: Bilanz nach der Aktieneinziehung (in Mio. €)

Unternehmen, die nicht mehr in der Lage sind, ihren Zahlungsverpflichtungen nachzukommen (Illiquidität) oder deren Verluste derart groß sind, dass das Eigenkapital nicht ausreicht, um diese aufzufangen (Überschuldung), erfüllen den Tatbestand der Insolvenz. Bevor allerdings ein Insolvenzverfahren nach dem 1999 geänderten neuen Insolvenzrecht (InsO, zuvor Konkursordnung KO) eingeleitet wird, muss geprüft werden, ob es außer der oben genannten Kapitalherabsetzung weitere Sanierungsmöglichkeiten gibt, die geeignet sind, ein Insolvenzverfahren abzuwenden. Zum Beispiel kann versucht werden, die vorhandenen Schulden zu prolongieren, das heißt Stundungen oder eine Streckung der Tilgungszahlungen bei den Gläubigern zu erwirken. Weiterhin kommt der Verkauf von eventuell unterbewerteten Vermögensgegenständen oder so genanntem Reservekapital in Frage. Zuweilen sind Gläubiger auch bereit, ihre Forderungen gegen Anteile am Unternehmen, das heißt Eigenkapitaltitel zu tauschen, so dass aus Gläubigern Shareholder mit Mitspracherechten werden. Möglicherweise zieht es ein Gläubiger vor, auf Teile seiner Forderungen zu verzichten. Dem Gläubiger kann für sein Stillhalten im Insolvenzfall beispielsweise eine vorrangige Besicherung seiner Forderungen eingeräumt werden. Eine andere Möglichkeit besteht darin, dem Gläubiger das Recht auf Separierung des Fremdkapitals als Sondervermögen einzuräumen; im Insolvenzfall wird dann seine Forderung abgesondert und fällt nicht in die Konkursmasse.

Im Rahmen einer Sanierung können sich Unternehmen auch dazu entschließen, ihre Rechtsform zu ändern, um so den Gläubigern eine veränderte Haftungsmasse zu bieten. Die Einzelheiten einer Umwandlung sind im Umwandlungsgesetz beschrieben, das detailliert regelt, unter welchen Umständen und auf welche Art und Weise eine bestimmte Rechtsform in eine andere umgewandelt werden darf.

Gelingt einem Unternehmen die Sanierung, so spricht man auch vom *Turnaround*. Die *Umwandlung* im Sinne einer Umgründung ist nicht zwangsläufig eine Maßnahme der Sanierung, auch wenn dabei die Altge-

95

sellschaft meist liquidiert wird, um die Rechtsform ändern zu können. Grund für eine Umwandlung kann auch nur das Ziel eines besseren Zugangs zu Kapitalmärkten beziehungsweise des Erlangens der Emissionsfähigkeit sein.

Wird eine Einzelunternehmung in eine Personengesellschaft umgewandelt, so spricht man von einer Umgründung, bei der sämtliche Vermögenswerte vom zu liquidierenden Unternehmen einzeln auf das neue Unternehmen übergehen (Einzelrechtsnachfolge). Bleibt ein Unternehmen in einer Rechtsformklasse (Personengesellschaft oder Kapitalgesellschaft), so wird eine formwechselnde Umwandlung vorgenommen, bei der das Unternehmen nur seine rechtliche Erscheinung wechselt, ohne dass eine formelle Liquidation nötig wäre. Dies ist auch nicht notwendig, wenn im Rahmen der Gesamtrechtsnachfolge das gesamte Vermögen des alten Unternehmens als Ganzes in das neue Unternehmen eingeführt wird.

5.5 Insolvenzabwicklung

Ist keine der genannten Sanierungs- oder Umwandlungsmaßnahmen erfolgreich, so ist ein *Insolvenzverfahren* einzuleiten, welches das Unternehmen selbst oder ein betroffener Gläubiger durch Anzeige beim Standortamtsgericht auslösen kann.

Jedes Insolvenzverfahren hat den Zweck einer Verwirklichung der Vermögenshaftung (§ 1 InsO) für die Gläubiger. Bei einem Gerichtstermin entscheiden die Beteiligten gemeinsam über den Fortgang des Verfahrens, das heißt über die Möglichkeit eines außergerichtlichen Vergleiches oder der oben genannten Sanierungsmaßnahmen. Auch während des Verfahrens können sie ihre Entscheidung weiterhin ändern (§§ 29 I, § 156 ff. InsO). Neben den schon bestehenden Gründen für die Eröffnung eines Insolvenzverfahrens, *Zahlungsunfähigkeit* und *Überschuldung*, ist 1999 für juristische Personen auch die so genannte *drohende Zahlungsunfähigkeit* hinzugekommen (§ 18 InsO). Dies bedeutet, dass der Schuldner voraussichtlich nicht in der Lage sein wird, seine Zahlungsverpflichtungen bei Fälligkeit zu erfüllen. Es muss sich dabei um eine voraussichtliche Zeitraum-Illiquidität handeln und nicht lediglich um eine vorübergehende Zahlungsstockung. Die Feststellung einer künftig wahrscheinlichen Zahlungsunfähigkeit und damit die Eröffnung eines Insolvenzverfahrens über ein noch liquides, betriebsfähiges Unternehmen führt in der Praxis zu schwer zu beantwortenden Ermessensfragen. Um den Missbrauch des neuen Eröffnungsgrundes als Druckmittel der Gläubiger zu verhindern, muss der Insolvenzantrag in diesem Fall vom Schuldner selbst ausgehen.

Strittig bei derartigen Verfahren, die meist in einer Zwangsvollstreckung, das heißt in der Versteigerung des Restvermögens zur Deckung der nicht befriedigten Schulden enden, ist die Reihenfolge, in der Ansprüche erfüllt werden. Hier werden aus- und absonderungsberechtigte Gläubiger, Massegläubiger, nachrangige und nicht nachrangige Insolvenzgläubiger unterschieden. Aussonderungsberechtigte Gläubiger können aufgrund eines persönlichen oder dinglichen Rechts verlangen, dass ein in der Verfügungsmacht des Schuldners befindlicher Gegenstand nicht in die Insolvenzmasse fällt, sondern vorab ausgesondert werden darf. Der absonderungsberechtigte Gläubiger kann beim Insolvenzverwalter eine Zwangsversteigerung eines unbeweglichen Gegenstandes beantragen, aus der er dann vor allen anderen Gläubigern bedient wird. Die restlichen Gläubiger werden als Massegläubiger bezeichnet, wobei auch hier Rangfolgen möglich sind. Organe der Gläubigermitwirkung sind der *Gläubigerausschuss* und die *Gläubigerversammlung*, die in ihrer Zusammensetzung die Interessenvielfalt widerspiegeln sollen. Der Gläubigerausschuss (§§ 67 ff. InsO) kann vorläufig durch das Insolvenzgericht, endgültig nur durch die Gläubigerversammlung eingesetzt werden. Als Exekutivorgan der Gläubigerversammlung überwacht er die Abwicklung des Verfahrens und unterstützt den Insolvenzverwalter (§§ 69, 160 InsO). Die Gläubigerversammlung (§§ 74 ff. InsO) wird vom Insolvenzgericht einberufen und formal geleitet. Letztlich trifft sie den Entschluss über den Ablauf des Insolvenzverfahrens und nicht wie bisher der Insolvenzverwalter. Zudem entscheidet sie über die Wahl des Insolvenzverwalters und des Gläubigerausschusses sowie über die Betriebsfortführung, die Sanierung und die Beauftragung des Verwalters mit der Erstellung eines Insolvenzplans. Durch eine privatautonome Einigung der mitspracheberechtigten Beteiligten kann das Verfahren auch abweichend von den Regelungen der InsO beendet werden. Der *Insolvenzplan* tritt an die Stelle von Vergleich und Zwangsvergleich. Es gibt jedoch keine Mindestquote für Gläubiger. Der Plan ist für alle Verwertungsarten offen und kann daher flexibel gestaltet werden. Das Recht der Planinitiative liegt bei dem von der Gläubigerversammlung dazu beauftragten Insolvenzverwalter oder beim Schuldner (§ 218 InsO). Der Plan ist gegliedert in einen darstellenden Teil (§ 220 InsO), der das bisherige Geschehen sowie die Grundlagen und Auswirkungen des Plans beschreibt, und in einen gestaltenden Teil (§ 221 InsO), der die durch den Plan zu verwirklichenden Rechtsänderungen beschreibt, vor allem hinsichtlich der Gläubigerrechte.

Auch natürliche Personen können insolvent werden und nach neuem Recht von ihren restlichen Verbindlichkeiten befreit werden, sofern sie eine so genannte Wohlverhaltensphase von sieben Jahren beachten, in der sie quasi einen Insolvenz- beziehungsweise Finanzplan einhalten. Dies wird als Restschuldbefreiung bezeichnet.

Abschließend kann konstatiert werden, dass bei den Anlässen der Finanzierung – von der Gründung bis zur Invsolvenz und Abwicklung eines Unternehmens – bei den einzelnen Maßnahmen der Rechtsformwahl, Kapitalerhöhung oder -herabsetzung stets deren Besonderheiten zu beachten sind. Nicht in jeder Phase und bei jedem Anlass ist jegliche Form der Finanzierung sinnvoll. Die später ab Kapitel 8 vorgestellen alternativen Finanzierungsformen sind dabei genauso in die Betrachtung einzubeziehen wie die in den beiden folgenden Kapiteln vorgestellten klassischen Finanzierungsalternativen.

6
Innenfinanzierung durch Rücklagen, Rückstellungen und Abschreibungen

Im Folgenden werden zunächst die klassischen Finanzierungsformen in zwei Kapiteln dargestellt. Dass dies mit den Formen der Innenfinanzierung beginnt, ist kein Zufall, sondern entspricht der Realität, in der Unternehmen zunächst versuchen werden, ihren Finanzierungsbedarf durch Erzielung und Einbehalt von Gewinnen zu decken. Hier wird schnell deutlich, dass dabei nicht nur die Rücklagen, also einbehaltene verdiente Gewinne, eine Rolle spielen, sondern auch die Kalkulation von Rückstellungen als Risikovorsorge und Abschreibungen als Gegenwert für den Werteverzehr genutzter Gegenstände. Denn sowohl Rückstellungen als auch Abschreibungen verändern den Gewinn und damit die Möglichkeit, überhaupt Rücklagen zu bilden.

Während bei der Außenfinanzierung einem Unternehmen finanzielle Mittel extern von Banken, Geschäftspartnern oder über den Kapitalmarkt zugeführt werden, erfolgt die Kapitalbeschaffung im Rahmen der Innenfinanzierung, also durch den Einbehalt von Gewinnen, aber auch durch Vermögensumschichtungen und mit Hilfe bilanztechnischer Möglichkeiten, die den Cashflow erhöhen.

6.1 Selbstfinanzierung durch offene und stille Reserven

Je nachdem, ob der einbehaltene Gewinn in der Bilanz ausgewiesen wird oder nicht, wird zwischen offener und stiller Selbstfinanzierung unterschieden. Bei der *offenen Selbstfinanzierung* wird der in der Gewinn- und Verlustrechnung ausgewiesene Gewinn nach Steuern ganz oder teilweise im Betrieb einbehalten. Während dies bei Personen- und Einzelgesellschaften durch die Gutschrift auf ein Kapitalkonto sowie den Verzicht auf Entnahmen von diesem Konto geschieht, fließt der einbehaltene Gewinn bei Kapitalgesellschaften in die so genannten offenen Rücklagen. Rücklagen sind Bestandteile des Eigenkapitals. Die verschiedenen Arten der offenen Rücklagen (vgl. Abbildung 29) sind in den §§ 266 ff. HGB definiert.

Handbuch Alternative Finanzierungsformen. Ottmar Schneck
Copyright © 2006 WILEY-VCH Verlag GmbH & Co. KGaA, Weinheim
ISBN 3-527-50219-X

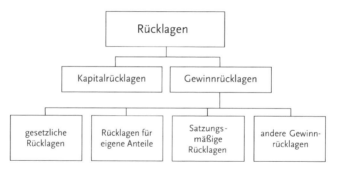

Abb. 29: Rücklagenarten gemäß §§ 266 HGB

Kapitalrücklagen werden gemäß § 272 HGB für den Betrag gebildet, der im Rahmen der Ausgabe von Aktien, Wandel- und Optionsschuldverschreibungen bei einer Emission über pari, das heißt bei Verkäufen der Papiere über dem Nennwert, erzielt wird. Während die Summe der Nennwerte in das Grund- beziehungsweise gezeichnete Kapital gebucht wird, wird das Agio, also das Aufgeld, das Anleger bezahlen, in die Kapitalrücklagen eingestellt. Bei Personengesellschaften kann eine Kapitalrücklage dadurch entstehen, dass Gesellschafter Zuzahlungen vornehmen und diese nicht in das gezeichnete Kapital gebucht werden. Streng genommen gehört diese Rücklagenart nicht zur Selbstfinanzierung, da das Agio von außen zufließt.

Im Gegensatz dazu handelt es sich um echte Selbstfinanzierung, wenn Gewinne nicht ausgeschüttet, sondern thesauriert, das heißt einbehalten werden. *Gewinnrücklagen* bestehen gemäß AktG aus mehreren Unterarten. Zunächst sind die *gesetzlichen Rücklagen* gemäß § 150 AktG so lange zu bilden, bis die Summe aus gesetzlichen Rücklagen und Kapitalrücklagen 10 % des Grundkapitals oder eventuell einen in der Satzung bestimmten höheren Prozentsatz erreicht hat. Ist die gesetzlich beziehungsweise satzungsmäßig geforderte Höhe der Rücklagen nicht erreicht, so dürfen gesetzliche Rücklagen lediglich in Ausnahmefällen wie beispielsweise zum Ausgleich des aktuellen Jahresfehlbetrags oder des Verlustvortrags aus dem Vorjahr verwendet werden. Diese Regelung greift allerdings nur, wenn die genannten Fehlbeträge weder durch Gewinnvorträge noch durch einen Jahresüberschuss und die Auflösung anderer Gewinnrücklagen ausgeglichen werden können.

Übersteigt hingegen die Summe aus Kapital- und gesetzlichen Rücklagen den gesetzlichen oder durch die Satzung festgelegten Prozentsatz des Grundkapitals, so darf der Überschuss zu einer Kapitalerhöhung aus Gesellschaftsmitteln oder zur Finanzierung von Vermögensteilen, wie beispielsweise langfristigen Aktiva, verwendet werden.

In die *Rücklage für eigene Anteile* ist gemäß § 272 HGB IV der Betrag einzustellen, der zum Aufkauf eigener Anteile am Unternehmen bezahlt wurde und entsprechend auf der Aktivseite der Bilanz aufgeführt ist. Da in diesem Fall den Gläubigern Wertpapiere des eigenen Unternehmens als Haftungsmasse zur Verfügung stehen, die nur so werthaltig sind wie das Unternehmen selbst, muss das Unternehmen aus den Gewinnen eine Rücklage in Höhe des Werts der eigenen Aktien bilden.

Bestimmungen zu *satzungsmäßigen Rücklagen* werden durch einen Satzungsbeschluss der Hauptversammlung mit einer Dreiviertelmehrheit festgelegt.

Anderen Gewinnrücklagen dürfen Vorstand und Aufsichtsrat einer Aktiengesellschaft maximal 50 % des nach Bedienung der gesetzlichen Rücklagen verbleibenden Jahresüberschusses zuführen. Allerdings kann die Satzung dem Vorstand und Aufsichtsrat erlauben, den maximalen Anteil zu erhöhen (vgl. § 58 AktG).

Während die bisher beschriebenen Rücklagen offen ausgewiesen werden, spricht man auch dann von Selbstfinanzierung, wenn so genannte *stille Reserven* beziehungsweise stille Rücklagen gebildet werden. Stille Reserven bezeichnen Gewinne oder Wertsteigerungen im Unternehmen, die nicht in der Bilanz ausgewiesen werden. Diese Finanzierungsform ist insbesondere für mittelständische Unternehmen interessant.

Stille Rücklagen können durch die nachfolgend dargestellten bilanztechnischen Bewertungsmaßnahmen gebildet werden. Zunächst ist darauf hinzuweisen, dass nach deutschem Bilanzierungsrecht das *Vorsichtsprinzip* sowie das so genannte *Niederstwertpinzip* als Grundsätze ordnungsgemäßer Buchhaltung (GoB) gemäß HGB vorgeschrieben sind. Vermögensgegenstände sollen daher auf keinen Fall überbewertet, sondern im Sinne des Gläubigerschutzes unter Liquidationsgesichtspunkten zu einem niedrigeren Wert angesetzt werden. Daraus ergibt sich die Tendenz zu bilanziellen Unterbewertungen, die beim Verkauf von Vermögensgegenständen die Offenlegung und Auflösung stiller Reserven (das heißt die Differenz zwischen Marktpreis und Buchwert) nach sich ziehen.

Auch die nachhaltige Unterbewertung durch den *Ansatz hoher Abschreibungen*, die jährlich den in der Bilanz ausgewiesenen Anschaffungs- und Herstellungswert eines Wirtschaftgutes schmälern, ohne dass dafür möglicherweise ein sachlicher Grund vorliegt, führt zu stillen Reserven. Auf die verschiedenen Abschreibungsmöglichkeiten wird in Kapitel 6.3 eingegangen.

Das Handelsrecht gewährt im Gegensatz zum geltenden Steuerrecht bei bestimmten Vermögensgegenständen ein *Aktivierungswahlrecht*. Dies bedeutet, dass in der für Gläubiger und Anteilseigner maßgeblichen Handelsbilanz eine Aktivierung von Vermögensgegenständen teilweise unterbleiben kann. Da die Steuerbilanz diesen beiden Zielgruppen nicht zugänglich ist, werden damit stille Reserven gelegt, die nur der Finanzbehörde bekannt sind.

Eine weitere Möglichkeit, stille Reserven zu bilden, ist die Unterlassung von *Zuschreibungen* beziehungsweise Wertaufholungen. Da Vermögensgegenstände auch an Wert gewinnen können, was bei Wertpapieren, Grundstücken oder tendenziell knappen Vorräten der Fall sein kann, sollte eigentlich deren Wert in der Bilanz aufgezeigt werden, um ein realistisches Bild von der Vermögenslage des Unternehmens zu vermitteln. Dies ist in der angloamerikanischen Praxis der Rechnungslegung üblich, im deutschen Rechnungswesen aber nicht als Verpflichtung vorgeschrieben. Das bedeutet, dass Unternehmen eher stille Reserven anlegen, als entsprechende Wertsteigerungen auszuweisen. Außerdem stellen nach dem deutschen HGB immer noch die Anschaffungs- und Herstellungskosten die Obergrenze für eine Wertaufholung dar, so dass höchstens die bisher vorgenommenen Abschreibungen neutralisiert werden können, eine darüber hinausgehende Wertsteigerung aber nicht angesetzt werden darf.

Stille Reserven können auch durch eine *Überbewertung von Passiva*, insbesondere von Rückstellungen, entstehen. Diese Möglichkeit wird in Kapitel 6.2 ausführlich besprochen.

Der Vorteil der stillen gegenüber der offenen Selbstfinanzierung besteht in der so genannten *Steuerstundung*. Bei der offenen Selbstfinanzierung wird der Gewinn nach Steuern im Unternehmen behalten, bei der stillen Selbstfinanzierung hingegen wird der Periodenaufwand erhöht und dadurch der zu versteuernde Gewinn verringert. Zudem müssen die Gewinne aus stillen Rücklagen erst bei der Auflösung derselben versteuert werden. Das folgende Beispiel verdeutlicht die Vorzüge der stillen Selbstfinanzierung.

Ein Beispielunternehmen besitzt eine Produktionsmaschine, deren Anschaffungskosten 100 000 € betragen. Die realistische Wertminderung der Maschine wird auf 10 000 € jährlich geschätzt. Fließt diese geschätzte Wertminderung über die kalkulatorischen Kosten in die Produktkosten ein, so ersetzt der Markt, sofern der Umsatz auch realisiert wird, die Wertminderung der Maschine über den Preis der verkauften Güter. In der Gewinn- und Verlustrechnung hingegen kann eine andere Art der Abschreibung erfolgen, als dies der Realität entspricht. Während in der Kalkulation eine lineare Abschreibung über zehn Jahre gewählt wurde, kann in der Gewinn- und Verlustrechnung beispielsweise eine degressive Abschreibung in Höhe von jeweils 20 % vom Restbuchwert erfolgen.

Hat das Beispielunternehmen in diesem Jahr Produkte im Wert von 80 000 € verkauft und dabei Kosten von 60 000 € zu berücksichtigen, so ergibt sich unter der Hypothese einer linearen Abschreibung zunächst die in Abbildung 30 als Variante 1 dargestellte Gewinn- und Verlustrechnung. Entscheidet sich das Unternehmen jedoch dazu, die degressive Abschreibungsmethode zu wählen, so beträgt die Abschreibung im ersten Jahr 20 000 €. Die Gewinn- und Verlustrechnung ändert sich dementsprechend, wie dies die Variante 2 der Abbildung zeigt. Bei der ersten Variante entsteht ein Gewinn von 10 000 €, der nach Versteuerung zur offenen Selbstfinanzierung verwendet werden kann. Bei der zweiten hingegen werden infolge der Bildung stiller Rücklagen über die Unterbewertung von Vermögensgegenständen durch eine »zu hohe« Abschreibungsquote Steuerzahlungen verschoben, während die liquiden Mittel (10 000 €), die durch die stillen Rücklagen gebildet wurden und insgesamt im Unternehmen verbleiben, zur Finanzierung einer zusätzlichen Investition genutzt werden können. Hier sind die Steuerstundung und die damit verbundenen Liquiditäts- und Zinsgewinne deutlich erkennbar. Dem Beispielunternehmen steht mehr Liquidität, beispielsweise für Investitionen, zur Verfügung; darüber hinaus bewirkt der Aufschub der Besteuerung einen Zinsgewinn, der zusätzlich die Rentabilität des Unternehmens erhöht.

Gewinn- und Verlustrechnung, Variante 1			
Abschreibung	10 000 €	Erlöse	80 000 €
Aufwand	60 000 €		
Gewinn	10 000 €		
Summe	80 000 €	Summe	80 000 €

Gewinn-und-Verlust-Rechnung, Variante 2			
Abschreibung	20 000 €	Erlöse	80 000 €
Aufwand	60 000 €		
Gewinn	0 €		
Summe	80 000 €	Summe	80 000 €

Abb. 30: Beispiel zur Bildung stiller Reserven

Die Selbstfinanzierung im Allgemeinen bietet noch weitere Vorteile gegenüber der Außenfinanzierung. Unter dem Gesichtspunkt der *Unabhängigkeit* ist die Selbstfinanzierung äußerst attraktiv, da hier weder neue Mitspracherechte geschaffen werden noch sonstige Verschiebungen in der Eigentümerstruktur erfolgen. Dementsprechend kann die Unternehmung frei über die Verwendung der Mittel entscheiden; sie sind nicht, wie es beispielsweise bei Krediten der Fall ist, zweckgebunden.

Zudem wird die *Eigenkapitalbasis* gestärkt, was dem Sicherheitsbestreben eines Unternehmens zugute kommt. Auch verbessert jede Erhöhung der Eigenkapitalbasis die Bonität einer Unternehmung, was wiederum zu geringeren Fremdkapitalkosten führen kann.

Schließlich ist die Selbstfinanzierung im Vergleich zur Finanzierung über neues Beteiligungskapital *kostengünstiger*, da im Falle der Selbstfinanzierung die Emissionskosten entfallen.

Neben diesen Vorteilen hat die Selbstfinanzierung über Rücklagen auch Schwächen, die vor allem die Anleger betreffen. Indem das Unternehmen seine Gewinne im Unternehmen behält und diese selbst investiert, fallen die Sparer- und die Investorfunktion zusammen. Dies bewirkt sowohl eine Verringerung des Kapitalmarktvolumens und der potenziell auszuschüttenden Gewinne als auch die Gefahr, dass die Mittel, die im Rahmen der Selbstfinanzierung gewonnen wurden, nicht optimal investiert werden. Dieses Problem entsteht durch die *mangelnde Kontrolle* über die Selbstfinanzierungsmittel.

Eine stark ausgeprägte Selbstfinanzierung bewirkt schließlich auch, dass mit zunehmendem Grad die Aussagekraft der Bilanz für Externe immer stärker abnimmt und es damit in einem gewissen Maße zur *Bilanzverschleierung* kommt.

6.2 Finanzierung über Rückstellungen

Bei Rückstellungen handelt es sich im Gegensatz zu Rücklagen um Verpflichtungen, die hinsichtlich des Grundes, der Höhe und des Zeitpunktes der Fälligkeit noch nicht sicher feststehen. In den Rückstellungen werden demnach Finanzmittel für Verbindlichkeiten in der Zukunft vorgehalten, weshalb die Rückstellungen auch bilanziell zum Fremdkapital gezählt werden. Die Finanzierung aus Rückstellungen ist somit eine innerbetriebliche Fremdfinanzierung.

Die einzelnen Rückstellungsfälle sind in § 249 HGB geregelt. Dabei gilt gemäß § 249 Satz 1 und 2 eine Passivierungspflicht für *Schuldrückstellungen* bei ungewissen Verbindlichkeiten, drohenden Verluste aus schwebenden Geschäften und Gewährleistungen, die ohne rechtliche Verpflichtung erbracht werden.

Für unterlassene Instandhaltungen, die innerhalb von drei Monaten nach dem Bilanzstichtag nachgeholt werden, sowie für Abraumbeseitigungen, die im folgenden Geschäftsjahr nachgeholt werden, müssen *Aufwandsrückstellungen* gebildet werden. Darüber hinaus besteht gemäß § 249 I und II HGB ein Ansatzwahlrecht für bestimmte Aufwandsrückstellungen, nämlich für unterlassene Instandhaltungen, die innerhalb eines Zeitraums von vier bis zwölf Monaten nach dem Bilanzstichtag nachgeholt werden, und alle übrigen Aufwandsrückstellungen, das heißt Rückstellungen für Aufwendungen, die ihrer Eigenart nach genau umschrieben und dem Geschäftsjahr oder einem früheren Geschäftsjahr zuzuordnen sowie am Abschlussstichtag wahrscheinlich oder sicher, aber hinsichtlich ihrer Höhe oder des Zeitpunktes ihres Eintritts unbestimmt sind.

Der Unterschied zwischen einer Schuld- und einer Aufwandsrückstellung besteht darin, dass bei einer Schuldrückstellung gegenüber Dritten eine ungewisse Rechtsverpflichtung besteht, während bei einer Aufwandsrückstellung eine Selbstverpflichtung vorliegt, zum Beispiel in Form eines Beschlusses der Unternehmensleitung zur Durchführung von Instandhaltungsmaßnahmen.

Der Finanzierungseffekt aus Rückstellungen ergibt sich daraus, dass die Rückstellungen in die Produktkalkulation eingehen. So gelangt der Betrag, der für die Rückstellungen benötigt wird, über den Verkauf der Produkte ins Unternehmen, wo er bis zur Inanspruchnahme der Rückstellungen zur Disposition steht. Die Fristigkeit der Rückstellung bestimmt demnach maßgeblich den Finanzierungseffekt; dieser ist umso stärker, je länger die Rückstellungen im Unternehmen verbleiben. Die Fristigkeit der Rückstellung hängt letztendlich von ihrem Charakter ab, wobei die meisten Rückstellungen kurzfristiger Natur sind. Zu diesen kurzfristigen Rückstellungen zählen beispielsweise die Rückstellungen für erwartete Steuernachzahlungen, für Urlaubsgelder oder für drohende Verluste aus Forderungen.

Da jedoch diese kurzfristigen Rückstellungen jährlich gebildet werden, sind fortdauernd Rückstellungswerte im Unternehmen vorhanden, die einen langfristigen Finanzierungseffekt bewirken. Diese Werte werden ebenso zu den langfristigen Rückstellungen gezählt wie Pensionsrückstellungen und Rückstellungen für Garantieverpflichtungen, die über mehrere Jahre angelegt werden. Den Pensionsrückstellungen kommt dabei die größte Bedeutung zu. Sie stellen die Verpflichtung eines Unternehmens gegenüber ihren Arbeitnehmern zur Zahlung von zukünftigen Pensionen oder ähnlichen Leistungen dar und haben somit einen langfristigen Finanzierungseffekt.

Nach dem Anwartschaftsdeckungsverfahren muss eine Unternehmung Rücklagen ab dem Zeitpunkt bilden, an dem sie sich gegenüber ihren Mitarbeitern zur Zahlung von Alters-, Invaliden- oder Hinterbliebenenbezügen verpflichtet hat. Da zwischen dem Zeitpunkt der Zusage und dem Eintreten des Zahlungsfalls normalerweise Jahre vergehen können, kommt es bei einigen Kapitalgesellschaften vor, dass die so angesparten Pensionsrückstellungen die Höhe des Grundkapitals übersteigen; der Finanzierungseffekt ist dementsprechend groß.

Rückstellungen stellen nicht zahlungswirksame Aufwendungen dar, bei denen im Gegensatz zu Abschreibungen der Zahlungszeitpunkt vom Moment der Rückstellungsbildung sehr stark abweicht. Die finanziellen Mittel, die beispielsweise durch den Verkauf entsprechend kalkulierter Produkte in die Unternehmung gelangen, stehen dort für die Dauer der Rückstellung zur Verfügung. Der Effekt wird schließlich dadurch noch verstärkt, dass durch die Aufwendungen der Pensionsrückstellungen der Gewinn reduziert wird, was zu einer gleichzeitigen Minderung der zu zahlenden Steuern führt. Die Steuerzahlung wird auf den Zeitpunkt der Auflösung der Rückstellung verschoben, was wiederum eine Finanzierung aus Steuerverschiebung bewirkt. Da zudem die Höhe der Verpflichtung bei den meisten Rückstellungen nicht bekannt ist, wird im Rahmen der Rückstellungsbildung ein Ermessensspielraum eingeräumt, den das Unternehmen nutzen kann.

Am Anfang, das heißt bei der ersten Zusage und bei der Einführung der Pensionsrückstellungen, ist der Finanzierungseffekt aus Pensionsrückstellungen am höchsten. Zu diesem Zeitpunkt werden die Rückstellungen zunächst gebildet, nicht jedoch ausgezahlt. Kommt es später zu einem Ausgleich zwischen Pensionsrückstellungen des Jahres und den entsprechenden Auszahlungen, so ist der unmittelbare Finanzierungseffekt aufgebraucht. Es bleibt jedoch der Wert der Pensionsrückstellungen, welcher der Unternehmung als dauerhaftes Kapital zur Verfügung steht. Der unter Finanzierungsgesichtspunkten schlechteste Fall tritt ein, wenn die Auszahlungen die jährlichen Pensionsrückstellungen übersteigen.

Das Risiko der Finanzierung aus Rückstellungsgegenwerten sollte deswegen nicht unberücksichtigt bleiben. Zum einen können Gehaltssteigerungen und damit denkbare Rentensteigerungen sowie die Verkürzung von

Arbeitsverhältnissen und die Möglichkeit der Verlängerung von Lebenszeiten oder eine Veränderung der Arbeitsrechtsprechung dazu führen, dass die künftigen Auszahlungen deutlich höher ausfallen, als es der vorsorgenden Kapitalbindung im Unternehmen entspricht. Außerdem kann der hohe Verschuldungsgrad potenzielle Gläubiger abschrecken, da die Haftungsbasis für zusätzliches Fremdkapital durch Rückstellungen verringert wird. Insbesondere angelsächsische Investoren sind vorsichtig bei deutschen Unternehmen, die erhebliche Rückstellungen bilanziert haben, da durch deren Bilanzierungsvorschriften mit strengeren Bewertungsansätzen die Anwartschaften als zusätzliches Risiko gelten und so den Unternehmenswert senken.

Bei hohen Rückstellungen können die Fremdkapitalkosten langfristig höher ausfallen, als es zunächst erscheint – betrachtet man beispielsweise den gesetzlich auf 6 % festgelegten Abzinsungssatz für Pensionsanwartschaften. Immer mehr Unternehmen tendieren daher dazu, ihre Altersvorsorge für die Mitarbeiter durch eigene Fonds abzusichern. Es fließt damit zwar sofort Kapital in die eigenständig verwalteten Fonds ab, daraus lassen sich aber bis zur Auszahlung der Pensionen Finanzerträge erzielen, die die oben genannten Risiken abdecken und eventuell noch zu Überschüssen führen.

6.3 Innenfinanzierung durch Abschreibungen

Neben der Innenfinanzierung durch Rücklagen und Rückstellungen können auch Abschreibungen als Möglichkeit der Innenfinanzierung genutzt werden. Unter Abschreibungen versteht man die Erfassung der Wertminderung abnutzbaren Vermögens.

Die Anschaffungs- und Herstellungskosten von Gütern, die eine mehrjährige Nutzungsdauer besitzen, so genannte abnutzbare Anlagevermögen, dürfen im Interesse einer periodengerechten Gewinnermittlung nicht im Jahr der Beschaffung oder Herstellung in voller Höhe Gewinn mindernd verrechnet werden, sondern sind nach Maßgabe der eingetretenen Wertminderungen als Abschreibungen auf die Jahre der Nutzungsdauer zu verteilen. Die Abschreibungen sind damit im Rahmen der Gewinn- und Verlustrechnung Aufwand, während die Auszahlungsreihe für die Investition von der Art der Finanzierung abhängt.

Ursachen einer Wertminderung des abnutzbaren Anlagevermögens können unter anderem technischer oder natürlicher Verschleiß, Entwertung aufgrund technischen Fortschritts oder Preisveränderungen sein. Da in der

107

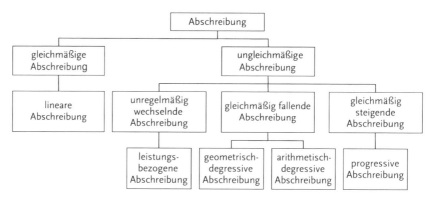

Abb. 31: Abschreibungsarten

Praxis die jährliche Wertminderung nicht exakt ermittelt werden kann, ist die Abschreibung in der Bilanz eine so genannte Verteilungsabschreibung. Anschaffungs- beziehungsweise Herstellungskosten werden nach einem planmäßigen Verfahren auf die Jahre der Nutzung verteilt.

Zur Ermittlung des jährlichen Abschreibungsbetrags stehen verschiedene Abschreibungsverfahren zur Verfügung, die in Abbildung 31 dargestellt sind und im Folgenden kurz beschrieben werden.

Bei der *linearen Abschreibung* wird der Basiswert eines Anlageguts gleichmäßig auf die einzelnen Perioden, in denen es voraussichtlich genutzt wird, verteilt.

$$a = \frac{B}{n}$$

mit: a = Jährlicher Abschreibungsbetrag
B = Basiswert
n = Geschätzte Nutzungsdauer in Jahren

Erwartet man, dass nach Ablauf der voraussichtlichen Nutzungsdauer noch ein Verkaufserlös V beispielsweise in Höhe des Schrottwertes erzielt werden kann, so gilt:

$$a = \frac{B - V}{n}$$

Wenn beispielsweise eine Maschine für 100 000 € erworben wird und ihre voraussichtliche Nutzungsdauer auf fünf Jahre geschätzt wird, so lässt sich die lineare Abschreibung wie folgt ermitteln:

a) unter der Annahme, dass nach fünf Jahren kein Verkaufserlös erzielt werden kann:

a = B / n, das heißt a = 100 000 € / 5 Jahre = 20 000 €

b) Unter der Annahme, dass am Ende der voraussichtlichen Nutzungsdauer ein Verkaufserlös von 10 000 € erzielt werden kann, folgt:

a = (B − V) / n, das heißt a = (100 000 € − 10 000 €) / 5 = 18 000 €

Bei der *degressiven Abschreibung* wird der Basiswerts eines Anlageguts ungleichmäßig über seine voraussichtliche Nutzungsdauer verteilt. Dabei werden die ersten Jahre der Nutzungsdauer stärker als die späteren belastet. Bei der ersten Variante, der geometrisch-degressiven Abschreibung, wird das Anlagegut jährlich mit dem gleichen Prozentsatz abgeschrieben, allerdings nicht wie bei der linearen Abschreibung vom Basiswert, sondern vom jeweiligen Restwert. Deshalb muss der Prozentsatz bei der geometrisch-degressiven Abschreibung höher sein als bei der linearen, wenn in beiden Fällen eine gleiche Nutzungsdauer angenommen wird. Seit dem Steueränderungsgesetz von 2001 ist nur noch eine maximale degressive Abschreibungsquote von 20 % zulässig. Die prozentuale Abschreibung wird folgendermaßen ermittelt:

$P = 100 \times (1 - (R_n / B)1/n$

P   = Abschreibungssatz in %
n   = Geschätzte Nutzungsdauer in Jahren
B   = Basiswert
R_n = Restwert zum Ende der Nutzungsdauer

Bei der *arithmetisch-degressiven* Abschreibung fallen die jährlichen Abschreibungsbeträge stets um den gleichen Betrag. Zunächst wird ein Degressionsbetrag ermittelt.

$$D = \frac{B}{N}$$

D   = Degressionsbetrag
N   = Summe der arithmetischen Reihe 1 + 2 ...+ n Nutzungsjahren
B   = Basiswert

6.3 Innenfinanzierung
durch Abschreibungen

Die jährlichen Abschreibungsbeträge ergeben sich dann aus

$$a_t = D \times R$$

R = Restnutzungsdauer

Wenn wir diese Formel auf unser Beispiel anwenden, erhalten wir:

$$\text{Degressionsbetrag} = \frac{B}{N} = \frac{100\,000\,€}{1+2+3+4+5} = \frac{100\,000\,€}{15} = 6\,666,67\,€$$

Die Abschreibungsbeträge lauten (in €):

A1 =	D × n	6 666,67 € × 5	=	33 333,33 €
A2 =	D × (n − 1)	6 666,67 € × 4	=	26 666,67 €
A3 =	D × (n − 2)	6 666,67 € × 3	=	20 000,00 €
A4 =	D × (n − 3)	6 666,67 € × 2	=	13 333,33 €
A5 =	D × (n − 4)	6 666,67 € × 1	=	6 666,67 €
Summe				100 000,00 €

Bei der *leistungsbezogenen Abschreibung* gibt es keinen einheitlichen Trend der jährlichen Abschreibungsbeträge. Sie ergeben sich aus dem Umfang der Beanspruchung, welcher das Anlagegut ausgesetzt ist. Rechnerisch wird der jährliche Abschreibungsbetrag wie folgt ermittelt.

$$a_t = \frac{B \times L_{Pt}}{L}$$

a_t = Abschreibungsbetrag der Periode t
B = Basiswert
L = Voraussichtliche Gesamtleistung des Anlagegutes
L_{Pt} = Periodenleistung des Anlagegutes

Für die verwendetet Maschine wird von einer Gesamtleistung von 30 000 Maschinenlaufstunden ausgegangen. In der Abrechnungsperiode beträgt die Maschinenlaufzeit 5 000 Stunden. Es ergibt sich somit der folgende Abschreibungsbetrag:

$$a_t = \frac{B \times L_{Pt}}{L} = \frac{100\,000\,€}{30\,000\,\text{Std.}} \times 5000\,\text{Std.} = 16\,666,67\,€$$

6 Innenfinanzierung durch Rücklagen, Rückstellungen und Abschreibungen

Diese Abschreibungsmethode wird zunehmend in der Praxis angewandt, da sie einen realen Werteverzehr in der Rechnungslegung abbildet.

Grundvoraussetzung für die Nutzung von Abschreibungen als Finanzierungsinstrument ist, dass der Markt die in die Absatzpreise eingegangenen Kalkulationsbestandteile vergütet, so dass es zu einem Zufluss von Zahlungsmitteln kommt. Da Abschreibungen zwar Aufwendungen, aber gleichzeitig nicht auszahlungswirksam sind, ergibt sich ein Finanzierungseffekt.

Zur Veranschaulichung nehmen wir ein Beispielunternehmen an, das in der betrachteten Periode eine Rechnung in Höhe von 35 000 € ausgestellt und diesen Betrag bereits erhalten hat. Als Aufwand wurde ausschließlich eine lineare Abschreibung in Höhe von 35 000 € gebucht. In der Gewinn- und Verlustrechnung erzielt das Unternehmen ein ausgeglichenes Ergebnis, da sich Aufwand und Ertrag entsprechen. Den Aktionären der Unternehmung können keine liquiden Mittel ausgeschüttet werden. Allerdings weist die Unternehmung einen positiven Cashflow in Höhe von 35 000 € auf. Der Cashflow steht dem Beispielunternehmen zur Verfügung, da die Abschreibungen als Aufwendungen gebucht, aber nicht ausgezahlt werden. Am Ende der Nutzungsdauer des Anlagegutes kann der kumulierte Cashflow zum Erwerb einer Maschine gleichen Kaufpreises genutzt werden.

Dieses Beispiel zeigt, dass die finanziellen Mittel nicht durch die Abschreibungen selbst zur Verfügung stehen, sondern durch die im Unternehmen aufgrund der Abschreibungen verbleibenden Umsatzerlöse. Aus diesem Grund wird auch von einer Finanzierung durch Abschreibungsgegenwerte gesprochen. Die somit zeitlich gebundenen finanziellen Mittel können anderweitig eingesetzt werden, da eine Ansammlung der liquiden Mittel in der Kasse bis zum Zeitpunkt der Beschaffung der Nachfolgeobjekte nicht in jedem Fall vernünftig ist. Die Höhe der Abschreibungsgegenwerte, die im Unternehmen verbleiben, richtet sich nach dem Wert der Abschreibungsgegenstände und nach der Wahl des Abschreibungsverfahrens, das den Aufwand für die Abschreibungen auf die einzelnen Perioden bestimmt.

Im Zusammenhang mit den verschiedenen Abschreibungsmethoden steht der so genannte *Lohmann-Ruchti- Effekt,* der bei der Finanzierung von wachsenden Unternehmen genutzt werden kann. Soll der Betriebsprozess eines Unternehmens im bisherigen Umfang beibehalten werden, so sind die Anlagen, deren Nutzungsdauer beendet ist, zu ersetzen. Dies wird auch als Reinvestition bezeichnet. Hierbei werden die vom Markt vergüteten Abschreibungsgegenwerte in neue Anlagen investiert. Da jedoch der Rückfluss früher investierter Mittel in Form von Abschreibungsgegenwerten bereits weit vor dem Ersatzzeitpunkt erfolgt, kann ein Unternehmen versuchen, diese Mittel nicht nur zur Finanzierung von Ersatz-, sondern auch von Neuinvestitionen zu nutzen. Die später notwendigen Mittel zur Ersatzfinanzierung fließen nicht aus den Abschreibungsgegenwerten der zu ersetzenden Abschreibungsgegenstände, sondern aus anderen Abschreibungsgegenwerten zu.

Zum besseren Verständnis dieses Zusammenhangs folgt wieder ein Beispiel: Ein Unternehmen der Textilindustrie erwirbt in fünf aufeinander folgenden Jahren Maschinen im Wert von je 300 000 €. Die dazu benötigten Mittel werden durch Beteiligungsfinanzierung aufgebracht. Die Maschinen werden bei einer voraussichtlichen Nutzungsdauer von fünf Jahren linear abgeschrieben. Je Maschine fallen jährlich Abschreibungen in Höhe von 60 000 € an. Dabei wird davon ausgegangen, dass die Abschreibung dem Wertminderungsverlauf entsprechend und bei konsequenter Berücksichtigung in der Produktpreisgestaltung vom Markt vergütet wird. Ferner wird unterstellt, dass Technik und Wiederbeschaffungskosten der Maschinen über die Jahre hinweg konstant bleiben.

Da in den ersten fünf Jahren eine externe Finanzierung der Maschinen erfolgt, entsteht ein jährlicher Kapitalbedarf in Höhe von 300 000 €. Mit Beginn des sechsten Jahres, in dem die erste Maschine obsolet wird, gilt es jährlich Ersatzinvestitionen vorzunehmen. Der Ersatzinvestitionsbedarf von 300 000 € jährlich entspricht genau der vom fünften Jahr an verrechneten jährlichen Abschreibungssumme. Abbildung 32 zeigt, dass ab dem Ende des fünften Jahres bei gleich bleibendem Geschäftsbetrieb einmalig 600 000 € freigesetzt werden können.

Jahr (Ende) / Maschine	1	2	3	4	5	6	7	8	9	10
1	60	60	60	60	60	60	60	60	60	60
2		60	60	60	60	60	60	60	60	60
3			60	60	60	60	60	60	60	60
4				60	60	60	60	60	60	60
5					60	60	60	60	60	60
Jährliche Abschreibungen	60	120	180	240	300	300	300	300	300	300
Liquide Mittel	60	180	360	600	900	900	900	900	900	900
– Reinvestition					300	300	300	300	300	...
Freigesetzte Mittel	60	180	360	600	600	600	600	600	600	600

Abb. 32: Abschreibungsplan mit Kapitalfreisetzungseffekt

6 Innenfinanzierung
durch Rücklagen,
Rückstellungen und
Abschreibungen

Jahr (Ende)	1	2	3	4	5	6	7	8	9	10	11
Maschine											
1	60	60	60	60	60	60	60	60	60	60	60
2		60	60	60	60	60	60	60	60	60	60
3			60	60	60	60	60	60	60	60	60
4				60	60	60	60	60	60	60	60
5					60	60	60	60	60	60	60
6						*60*	60	60	60	60	60
7							*60*	60	60	60	60
8									*60*	60	60
Jährliche Abschreibungen	60	120	180	240	300	360	420	420	480	480	480
Liquide Mittel	60	180	360	600	900	660	480	600	480	660	540
– Reinvestition					600	600	300	600	300	600	600
Freigesetzte Mittel	60	180	360	600	300	60	180	0	180	60	−60

Abb. 33: Abschreibungsplan mit Kapazitätserweiterungseffekt

Aus dem Beispiel ist ersichtlich, dass die Abschreibungsbeträge der Jahre eins bis vier in Höhe von insgesamt 600 000 € nicht zur Reinvestition genutzt werden und der Unternehmung zur Finanzierung einer Kapazitätserweiterung zur Verfügung stehen. Würde dieser Betrag zur Anschaffung zweier neuer Maschinen verwendet, so käme es zu einer Erweiterung der Periodenkapazität, ohne dass eine Kapitalbeschaffung von außen erforderlich wäre. Die Anschaffungskosten dieser Maschinen würden ebenfalls wiederum im Laufe ihrer Nutzungsdauer freigesetzt und könnten für weitere Investitionen eingesetzt werden. In Abbildung 33 sind die Erweiterungsinvestitionen fett und kursiv gedruckt, wobei die Ersatzinvestitionen wiederum nur kursiv gedruckt sind.

Neben dieser Darstellung kann der Kapazitätserweiterungseffekt auch direkt durch die Ermittlung des so genannten Kapazitätsmultiplikators bestimmt werden. Dieser lässt sich in Abhängigkeit von der Nutzungsdauer der Maschinen (= t) wie folgt errechnen.

$$\text{Kapazitätsmultiplikator} = \frac{2}{1 + 1/t}$$

Unter Verwendung der Daten aus dem vorangegangenen Beispiel (fünf Maschinen je 300 000 €, voraussichtliche Nutzungsdauer fünf Jahre) ergibt sich als Kapazitätsmultiplikator:

$$\text{Kapazitätsmultiplikator} = \frac{2}{1 + 1/5} = 1,66667$$

Auch bei dieser Berechnung kommt es zu einer Ausweitung der Kapazität von fünf auf acht Maschinen.

Der Kapazitätseffekt ist hier idealtypisch dargestellt worden. Es gelingt dem Beispielunternehmen, seine Kapazität über die Finanzierung aus Abschreibungen von fünf auf acht Maschinen zu steigern. In der betrieblichen Praxis wird er jedoch in dieser reinen Form aus verschiedenen Gründen nicht anzutreffen sein.

Zum einen findet die Erstausstattung der Unternehmung mit Fremd- oder Eigenkapital keine Berücksichtigung, obwohl Fristigkeit und Umfang des Kapitals den Kapazitätserweiterungseffekt mindern können. Die im Rahmen einer Kapazitätserweiterung in aller Regel notwendige Aufstockung des Umlaufvermögens wird ebenfalls nicht betrachtet, denn nur wenn der damit verbundene Bedarf an liquiden Mitteln anderweitig gedeckt werden kann, kommt es zu keiner Einschränkung des Kapazitätserweiterungseffektes. Daneben ist die Annahme, dass die Abschreibung unabhängig vom gewählten Abschreibungsverfahren der tatsächlichen Abnutzung eines Abschreibungsgutes entspricht, nicht realistisch. Es ist beispielsweise vorstellbar, dass ein Anlagegut trotz Gleichartigkeit einen abweichenden Abnutzungsverlauf aufweisen kann. Dieser Unterschied ist in den meisten Fällen nicht abbildbar. Außerdem wird eine weitgehende Teilbarkeit der Gesamtheit der Anlagegüter angenommen, was insbesondere in den heute vorherrschenden mehrstufigen, kapazitiv vernetzten Fertigungsprozessen nicht der Fall ist. Der Kapazitätserweiterungseffekt könnte anders gesagt nur dann in reiner Form genutzt werden, wenn eine Investition in alle Fertigungsstufen erfolgte.

Auch der technische Fortschritt wird beim Kapazitätserweiterungseffekt nicht berücksichtigt. Ein weiterer Schwachpunkt ist die Annahme, dass der Wiederbeschaffungswert der Anlagegüter konstant ist. Schließlich muss auch die Prämisse in Frage gestellt werden, dass der Absatzmarkt, an dem die Abschreibungen verdient werden müssen, immer bereit ist, den erforderlichen Preis zu zahlen. In Zeiten wirtschaftlicher Schwäche muss ein Unternehmen häufig seine Preise anpassen. Dies führt dazu, dass die Abschreibungen nicht mehr durch die Preise gedeckt sind.

Trotz der aufgezeigten Schwachstellen, mit denen das Modell des Kapazitätserweiterungseffektes behaftet ist, ist in der Praxis möglich, mit Hilfe von Abschreibungsgegenwerten einen Finanzierungseffekt zumindest partiell zu erzielen. Vor allem wachsende mittelständische Unternehmen sollten daher die Finanzierungsmöglichkeiten dieses Effekts für sich prüfen.

Die Grundidee der Finanzierung aus Vermögensumschichtung besteht darin, dass Elemente der Aktivseite der Bilanz veräußert werden, was zu zusätzlicher Liquidität führt. Es findet demnach ein Aktivtausch statt, indem beispielsweise Grundstücke, Wertpapiere oder Vorräte verkauft werden; das Anlage- oder Umlaufvermögen wird zugunsten des Kassenbestandes reduziert.

Gemeinhin wird unterstellt, dass es sich bei den veräußerten Vermögensgegenständen entweder um nicht betriebsnotwendige Vermögensteile oder um nicht oder wenig produktive Aktiva handelt, die entweder gegen Liquidität getauscht oder durch produktivere Aktiva ersetzt werden sollen. Dabei wird jedoch übersehen, dass es in Zeiten langfristiger Liquiditätsengpässe durchaus auch zum Verkauf von produktiven und notwendigen Vermögensgegenständen kommen kann. In diesem Falle stellt das »Sale and Lease Back«, eine sehr elegante Lösung dar, da dabei ein Unternehmen das Eigentum an einem Vermögensgegenstand gegen Liquidität abgibt, diesen Vermögensgegenstand jedoch zur Produktion nutzen kann.

Auch Rationalisierungsmaßnahmen können über eine dauerhafte Vermögensumschichtung einen Finanzierungsbeitrag leisten. Können beispielsweise die Lagerbestände durch effizientere Planung und kostengünstigeren Einkauf verringert werden, so findet automatisch eine Umschichtung von Vorräten hin zu Kassenbeständen statt; die finanziellen Mittel, die nicht mehr in den Vorräten gebunden sind, können danach anderweitig, zum Beispiel für neue Investitionen, genutzt werden.

Problematisch ist eine Finanzierung über Vermögensumschichtung insbesondere bei Unternehmen, die bei den fraglichen Vermögensteilen erhebliche stille Reserven gebildet haben, da diese nach ihrer Aufdeckung versteuert werden müssen.

Nachdem die Möglichkeiten der Innenfinanzierung durch Rücklagenbildung, Abschreibungsplanung und Rückstellungsplanung dargestellt wurden, sollen im folgenden Kapitel die klassischen Finanzierungsformen der Außenfinanzierung über Darlehen und Kredite vorgestellt werden. Erst wer diese klassischen Formen kennt und die Grundüberlegungen und rechtlichen Grundmuster versteht, wird anschließend die alternativen Finanzierungsformen nutzen können.

7
Klassische Finanzierung über Darlehen und Kredite

Die klassische Kreditfinanzierung ist eine Fremdfinanzierung und wie die Einlagen- und Beteiligungsfinanzierung eine Außenfinanzierung. Dabei wird dem Unternehmen für einen befristeten Zeitraum Fremdkapital von außen, das heißt von Gläubigern überlassen und somit ein zivilrechtliches Schuldverhältnis begründet. Der Gläubiger übernimmt bei der Kreditfinanzierung keine Haftung für die Geschäftstätigkeit des Unternehmens, erwirbt dafür aber auch kein Mitspracherecht bei unternehmerischen Entscheidungen. Dieser formale Ausschluss wird jedoch häufig dadurch umgangen, dass Gläubiger ihren Kapitaleinsatz an Bedingungen knüpfen und damit die Kapitalverwendung letztlich doch nicht frei disponierbar ist. Der Kreditgeber wird nicht am Gewinn des Unternehmens beteiligt, stattdessen erhält er für seine Kapitalüberlassung vom Kreditnehmer Zinsen, die verhandelt werden können. So können fixe oder variable Zinssätze, einmalige oder mehrere jährliche Zinstermine, vorschüssige oder nachschüssige Zinszahlungen vereinbart werden. Kredite werden zumeist nur gegen Kreditsicherheiten gewährt, und die Zins- und Tilgungszahlungen sind aus Sicht des Unternehmens als feste Größe in die Finanzplanung aufzunehmen, da eine Zahlungsunfähigkeit an einem Zins- oder Tilgungstermin zur Insolvenz führen kann. Das Fremdkapital kann bei Banken oder auf dem Kapitalmarkt aufgenommen werden. Weitere Formen der Kapitalaufnahme sind Kredite von Kapitalsammelstellen wie zum Beispiel von Versicherungen, von Marktpartnern, die beispielsweise in Form von Lieferantenkrediten gewährt werden, Kreditsubstitute wie Factoring oder Leasing sowie Gesellschafterdarlehen.

Es existieren unterschiedliche Arten von Krediten. Sehr häufig werden Kredite nach ihrer Fristigkeit differenziert. Die Zeiträume, die anzusetzen sind, führen in der Literatur zu keiner einheitlichen Definition. Kredite mit einer Laufzeit von weniger als einem Jahr gelten zumeist als kurzfristige Kredite. Bei einer Laufzeit von ein bis fünf Jahren werden Kredite als mittelfristig und bei einer Laufzeit von über fünf Jahren als langfristig bezeichnet.

Handbuch Alternative Finanzierungsformen. Ottmar Schneck
Copyright © 2006 WILEY-VCH Verlag GmbH & Co. KGaA, Weinheim
ISBN 3-527-50219-X

Diese Einteilung ist aus § 268 V HGB abgeleitet. Jede Bank verwendet jedoch ihr eigenes Einteilungsraster.

Zudem werden Kredite häufig nach ihrer Verwendungsart eingeteilt. Kredite, die zur Finanzierung des Anlagevermögens dienen, werden unter dem Begriff Investitionskredite zusammengefasst. Besteht das Ziel des Kredits hingegen in der Finanzierung des Umlaufvermögens, wird von Betriebsmittel- oder Umsatzkrediten gesprochen. Kredite, die zur Finanzierung des privaten Konsums aufgenommen werden, heißen Konsum- oder Konsumentenkredite. Häufig kommt es vor, dass Kredite zur Überbrückung bis zum Erhalt eines längerfristigen Kredits aufgenommen werden. In diesem Fall spricht man von Zwischenkrediten.

7.1 Kreditfähigkeit und Kreditsicherheiten

Mit der Einräumung eines Kredits geht ein Kreditgeber das Risiko ein, dass der Kredit nicht fristgerecht, nur teilweise oder sogar überhaupt nicht getilgt wird. Dasselbe gilt für die Zinszahlungen. Die Einschätzung dieses Risikos wird im Rahmen der Kreditwürdigkeitsprüfung vorgenommen, bei der die Kreditfähigkeit und die Kreditwürdigkeit unter persönlichen und sachlichen Aspekten betrachtet werden. Der wesentliche Bestandteil einer Kreditwürdigkeitsprüfung bei der Vergabe von Krediten an Unternehmen ist das Rating. Das Rating eines Unternehmens ermittelt seine Bonität und fasst die Rating-Ergebnisse in einer Rating-Note zusammen. Auf das Thema Rating wurde in Kapitel 2 ausführlich eingegangen. Im Folgenden werden die formalen Prüfungserfordernisse sowie mögliche Kreditsicherheiten dargestellt.

Im Rahmen der Kreditfähigkeitsprüfung werden die rechtlichen Verhältnisse des Kreditantragstellers festgestellt und damit seine Fähigkeit geprüft, Kreditverträge rechtswirksam abschließen zu können. Sie ist grundsätzlich bei natürlichen, voll geschäftsfähigen Personen, bei juristischen Personen des privaten und öffentlichen Rechts sowie bei Personengesellschaften (OHG, KG) gegeben. Natürliche Personen sind eingeschränkt erst ab dem siebten Lebensjahr, in vollem Umfang nach Vollendung des 18. Lebensjahres geschäftsfähig. Für nicht geschäftsfähige Personen werden Kredite über gesetzliche Vertreter aufgenommen, für beschränkt geschäftsfähige Personen reicht die Zustimmung des gesetzlichen Vertreters aus. Im Falle von juristischen Personen und Personengesellschaften erfolgt der Nachweis der Kreditfähigkeit durch eine Prüfung der Legitimation zur gesetzlichen Vertretung des Unternehmens.

Für den Kreditgeber besteht auch nach einem erfolgreichen Test der formalen Kreditfähigkeit sowie einem positiv ausgefallenen Rating bei der Überlassung des Kapitals an den Schuldner ein Ausfall- und Zinsänderungsrisiko, also zum einen das Risiko, dass der Schuldner seinen Verpflichtungen nicht oder nicht termingerecht nachkommen kann und zum anderen das Risiko, dass bei variabel vereinbarten Zinsen die Zinsen und damit die Zinseinnahmen für den Gläubiger sinken. Diesen Risiken muss, abgesehen von regelmäßigen Ratings, durch ein aktives Risikokonzept entgegengewirkt werden. Risiken können beispielsweise durch die richtige Risikomischung (Portfolio), durch Risikoteilung oder Risikokompensation reduziert werden. Eine *Portfoliotechnik* liegt vor, wenn höher verzinsliche Engagements, die ein hohes Risiko bergen, mit niedriger verzinslichen Engagements, die ein niedrigeres Risiko aufweisen, gemischt werden. Bei der *Risikoteilung* schließen sich mehrere Fremdkapitalgeber zusammen, um einen Gesamtbetrag aufzubringen. Diese Form der Kreditvergabe wird auch als Konsortial- oder syndizierter Kredit bezeichnet. Auch aus Sicht des Kreditnehmers bringt ein syndizierter Kredit den Vorteil, dass er nicht nur von einer Bank beziehungsweise einem Kreditgeber abhängig ist. Der Kreditgeber kann sein Risiko auch durch eine zeitliche, sachliche oder persönliche Risikostreuung minimieren. Im Gegensatz zur Risikostreuung im Portfolio wird hier das Kreditrisiko auf mehrere Branchen beziehungsweise Bereiche verteilt. Eine *Risikokompensation* liegt vor, wenn der Fremdkapitalgeber das Risiko durch Gegengeschäfte ausschaltet. Diese Technik wird als Hedging bezeichnet. Eine *Risikoüberwälzung* ist möglich, wenn der Kapitalgeber jemanden findet, der für ihn das Risiko tragen will. Institutionelle Anbieter wie die Hermes-Versicherung oder die Ausgleichsbank übernehmen die Kreditrisiken gegen eine Gebühr beziehungsweise Prämie. Die wohl häufigste Form der Absicherung gegen Kreditrisiken ist aber die Honorierung. Hierbei berücksichtigt der Fremdkapitalgeber das inhärente Risiko bei der Gestaltung der Kreditkonditionen für den Schuldner. Dieses *Risk Adjusted Pricing*, also die Konditionengestaltung entsprechend dem Risiko, ist heute bei den Kapitalgebern üblich und basiert auf den in Kapitel 4 beschriebenen *Value-at-Risk-Modellen*. Oftmals lassen sich Gläubiger zudem außerordentliche Informationsrechte bei ihren Schuldnern einräumen, um die Kapitalverwendung beobachten zu können. Eine formale Mitbestimmung oder Teilnahme an den Aufsichtsorganen ist zwar nicht möglich, wird aber teilweise als Bedingung für die Kreditvergabe vereinbart.

Letztlich dienen auch *Kreditsicherheiten* zur Absicherung gegen Kreditrisiken. Kreditsicherheiten lassen sich in Personalsicherheiten und Realsicherheiten von natürlichen oder juristischen Personen unterteilen. Realsicherheiten sind Sachwerte, die durch den Kreditnehmer bereitgestellt werden. Der Kreditgeber erhält somit zur Absicherung seines Risikos Rechte an Vermögensteilen des Gläubigers. Zu den Realsicherheiten gehören der Eigentumsvorbehalt, die Abtretung, das Pfandrecht und die Grundpfandrechte, bei denen Grundstücke als reale Sicherheiten dienen.

Verkauft ein Unternehmen ein Produkt nicht gegen Barzahlung, sondern gegen eine Forderung, so läuft es Gefahr, dass der Käufer, der Eigentümer der bezahlten Ware geworden ist, zahlungsunfähig wird, bevor er seine Rechnung begleicht. Das Risiko, im sich anschließenden Insolvenzverfahren Verluste zu erleiden, wird durch den Einsatz des so genannten *Eigentumsvorbehalts* neutralisiert. Der Eigentumsvorbehalt verschiebt den Eigentumsübergang vom Verkäufer einer Ware zum Käufer auf den Zeitpunkt der Bezahlung der Ware. Durch die Übergabe der Ware wird der Käufer nur Besitzer einer beweglichen Sache, der Verkäufer bleibt hingegen Eigentümer der Ware bis zum Zahlungseingang. Der Eigentumsvorbehalt ist das wichtigste Sicherungsmittel für die weit verbreiteten Lieferantenkredite. Es lassen sich drei Formen des Eigentumsvorbehalts unterscheiden, die durch dessen Umfang definiert werden. Der *einfache Eigentumsvorbehalt*, der sich aus § 455 BGB ergibt, sieht vor, dass der Verkäufer einer beweglichen Sache deren Eigentümer bleibt, bis die Zahlung durch den Käufer erfolgt ist. Bei Nichtzahlung oder Zahlungsverzug kann der Verkäufer die Herausgabe der Sache fordern. Die Wirkung des einfachen Eigentumsvorbehalts setzt dann aus, wenn die Ware weiterverarbeitet oder mit anderen Gegenständen verbunden wird, wenn sie wesentlicher Bestandteil eines Grundstücks wird oder wenn sie gutgläubig von einem Dritten erworben wurde. Der *verlängerte Eigentumsvorbehalt* erfolgt als Ermächtigung zur Weiterveräußerung durch den Käufer der Ware unter gleichzeitiger Vorausabtretung der entstehenden Forderung an den Lieferanten der Ware (§ 398 BGB) oder in Form einer Ermächtigung zur Weiterverarbeitung der Ware durch den Käufer mit der Vereinbarung des Eigentumsübergangs an den hergestellten Erzeugnissen auf den Lieferanten (§ 950 BGB). Im *erweiterten Eigentumsvorbehalt* wird der Eigentumsübergang an einer Sache davon abhängig gemacht, ob der Käufer auch die Zahlungsverpflichtungen für die anderen vom Verkäufer bezogenen Sachen erfüllt hat.

Die *Abtretung von Forderungen und Rechten* (Zession) zur Sicherung von Krediten ist in der Praxis von besonderer Bedeutung. Der Kreditgeber tritt als Zedent Forderungen, über die er verfügt, in einem formfreien Abtretungsvertrag an den Kreditgeber als Zessionar ab. Gerade bei mittelständischen Unternehmen hat die Forderungsquote in den letzten Jahren aufgrund gesunkener Zahlungsmoral stark zugenommen. Die Abtretung von Forderungen, die früher eher kritisch gesehen wurde, da von außen betrachtet das Unternehmen als schwach liquide eingestuft wurde, ist heute ein übliches Finanzierungsinstrument. Forderungen, für die ein gesetzliches, vertragliches oder kollektives Abtretungsverbot besteht, können allerdings nicht abgetreten werden. Geschieht dies, so handelt es sich um eine offene Zession. Wird von einer Anzeige Abstand genommen, handelt es sich um eine stille Zession. Während bei der stillen Zession der Gläubiger seine Zahlungen weiterhin an den ursprünglichen Gläubiger leisten kann, ist bei der offenen Zession eine befreiende Leistung nur an den neuen Gläubiger möglich. Die Forderungsabtretung kann sich zwar auch nur auf einzelne Forderungen beziehen, zumeist findet sie aber als *Mantelzession* Anwendung, bei der sich der Kreditnehmer verpflichtet, laufende Forderungen bis zu einer bestimmten Gesamthöhe abzutreten. Dies erfolgt durch die Einreichung von Rechnungskopien oder Forderungslisten. Dem Kreditnehmer wird dabei eine Auswahlmöglichkeit eingeräumt. Bei der *Globalzession* erfolgt eine Abtretung aller gegenwärtigen und zukünftigen Forderungen, zum Beispiel einer bestimmten Kundengruppe. Der Zessionar wird bereits bei der Entstehung der Forderung deren Gläubiger, eine Auflistung der Forderung entfällt.

Verfügt ein Kreditnehmer über wertvolle bewegliche Sachen oder Wertpapiere, so kann er vom *Pfandrecht* Gebrauch machen. Das Pfandrecht bezieht sich auf eine Forderung und ist ein dingliches Recht, das dem Kreditgeber gestattet, die verpfändete Sache oder das Recht mit Vorrang vor anderen Gläubigern zu verwerten. Das Pfandrecht ist wie die Bürgschaft eine akzessorische Sicherheit. Akzessorisch bedeutet, dass die Sicherheitsleistung von der Hauptschuld abhängt, das heißt, wenn die Schuld getilgt ist, entfällt auch die Pflicht des Bürgen zu leisten. Das Gegenteil von akzessorisch wäre fiduziarisch, das heißt, dass die Sicherheit unabhängig von der Hauptschuld weiterhin bestünde.

Mit der Tilgung des zu sichernden Kredits erlischt also das Pfandrecht des Kreditgebers. Damit das Pfandrecht Gültigkeit erlangt, müssen alle beteiligten Parteien einverstanden sein und die Pfandübergabe muss stattfinden. Das Pfand bleibt nach erfolgter Übergabe weiterhin Eigentum des Schuldners, auch wenn es sich im Besitz des Kreditgebers befindet. Als Übergabe des Pfandes gilt sowohl die effektive Übergabe der Sache als auch die Übergabe eines Herausgabeanspruchs durch denjenigen, der unmittelbar im Besitz der Sache ist. Hier muss eine Anzeige der Verpfändung gegenüber dem unmittelbaren Besitzer erfolgen. Weiterhin gilt die Ausstellung eines mit einem Indossament versehenen Orderpapiers, beispielsweise eines Lagerscheins bei Lagerung der Sache unter Mitverschluss des Kreditgebers. Mit der Übergabe der beweglichen Sache ist diese der Nutzung durch das Unternehmen entzogen. Als Pfand eignen sich nur bewegliche Sachen, die für die Aufrechterhaltung der Geschäftstätigkeit nicht zwingend notwendig sind. Kommt der Kreditnehmer seinen Verpflichtungen nicht nach, so kann der Gläubiger die Pfandsachen veräußern (§ 1228 BGB), nachdem er dem Kreditnehmer den Verkauf angedroht hat. Der Verkauf muss im Rahmen einer öffentlichen Versteigerung erfolgen (§ 1234 BGB), die jedoch erst nach der Einhaltung der gesetzlich definierten Wartefristen (§ 1220 BGB) stattfinden darf.

Bei der Verwendung von Pfandrechten zur Kreditsicherung können aufgrund der zahlreichen Vorschriften also nur Wertpapiere oder zeitweise nicht benötigte Waren verpfändet werden, da sie für die Unternehmensprozesse nicht Verwendung finden. Das Konstrukt der *Sicherungsübereignung* hingegen erlaubt dem Kreditnehmer, die sicherungsübereignete Sache weiterhin zu nutzen. Für den Kreditgeber entfällt im Gegenzug die Notwendigkeit einer Verwahrung der sicherungsübereigneten Sache. Diese bleibt im unmittelbaren Besitz des Kreditnehmers, der Kreditgeber erwirbt nur den mittelbaren Besitz. Dies ist durch schriftliche, vertragsmäßige Vereinbarung eines Besitzkonstituts möglich, im Rahmen dessen der Kreditgeber dem Kreditnehmer den Besitz an der Sache überlässt. Es lassen sich drei Arten der Sicherungsübereignung unterscheiden: die Einzelübereignung, die Raum- und die Mantelübereignung. Bei der *Einzelübereignung* wird eine konkrete Sache übereignet, zum Beispiel ein Auto. Bei der *Raumübereignung* werden Sachen übereignet, die sich in einem bestimmten Raum befinden, wobei für Sachen, die unter Eigentumsvorbehalt stehen, eine Anwartschaft auf Eigentum vereinbart wird. Die *Mantelübereignung* erfolgt in Form eines Rahmenvertrags. Dabei werden die zu übertragenden Sachen, die der Kreditnehmer dem Kreditgeber zur Verfügung stellt, in Listen detailliert aufgeführt. Die Sicherungsübereignung stellt den Kapitalgeber vor eine Vielzahl von Problemen, da die übereignete Sache unter Eigentumsvorbehalt steht, bereits einem anderen Gläubiger übereignet worden sein kann und dem Pfandrecht eines Vermieters oder Wertminderungen unterliegen kann. Der Wert der Sicherungsübereignung hängt von der Art des Sicherungsgutes ab. Während börsengehandelte Produkte leicht zu verwerten sind, gestaltet sich dies für Spezialmaschinen äußerst schwierig. Des Weiteren ist der Zustand des Sicherungsgutes in die Bewertung einzubeziehen. Der Kreditgeber verpflichtet den Kreditnehmer daher, die Sicherungsgüter vorschriftsmäßig zu pflegen und aufzubewahren. Das Risiko eines natürlichen Untergangs sollte so weit wie möglich durch den Abschluss von Versicherungen minimiert werden.

Verfügt das Unternehmen über Grundstücke und Gebäude, also unbewegliches Vermögen, so kann es dem Kreditgeber Sicherheiten in der Form von *Grundpfandrechten* anbieten. Grundpfandrechte sind von besonderer Bedeutung bei der Sicherung langfristiger Kredite. Ein Grundpfandrecht entsteht durch die Eintragung der Belastung ins Grundbuch. Das Grundbuch ist das vom zuständigen Amtsgericht geführte öffentliche Register aller Grundstücke seines Bezirks. Für jedes Grundstück wird ein Grundbuchblatt angelegt, aus dessen Bestandsverzeichnis Art, Lage und Größe des Grundstücks sowie die mit dem Eigentum verbundenen Rechte hervorgehen. In der sich anschließenden ersten Abteilung werden die Namen der Eigentümer sowie der Rechtsgrund und Zeitpunkt des Grundstücksübergangs festgehalten. Die zweite Abteilung gibt einen Überblick über die Lasten und Beschränkungen des Grundstückseigentümers. Dort sind beispielsweise Wohn-, Nießbrauch- oder Vorkaufsrechte eingetragen. In der dritten und letzten Abteilung werden die Grundpfandrechte sowie deren Veränderungen und Löschungen chronologisch aufgeführt. Grundpfandrechte können in Form der Hypothek, der Grund- sowie der Rentenschuld gewährt werden. Die Rentenschuld ist jedoch zur Kreditsicherung ungeeignet, da sie regelmäßige Zahlungen aus einem Grundstück bewirkt. Die *Hypothek* ist eine Grundstücksbelastung, aus der sich ein dinglicher Anspruch des Gläubigers auf das Grundstück und ein persönlicher Anspruch an den Schuldner ergeben. Die Hypothek ist akzessorisch und damit direkt abhängig von der Höhe der Forderung. Dies bedeutet, dass ein Kreditgeber, der seine Forderung durch eine Hypothek sichert, Ansprüche gegenüber dem Kreditnehmer auf eine Rückzahlung zuzüglich Zinsen und Nebenkosten des Kredites besitzt und diese sowohl persönlich beim Kreditnehmer als auch aus dessen Grundstück unter Einschluss seiner Bestandteile wie Zubehör und Erträge geltend machen darf. Es gibt mehrere Arten von Hypotheken. Die *Verkehrshypothek* wird bei gutgläubigem Erwerb durch Dritte in das Grundbuch eingetragen und kann in Form einer Brief- oder Buchhypothek erfolgen. Beim Abschluss einer *Briefhypothek* bestätigt das Grundbuchamt den Grundbucheintrag durch die Ausgabe einer öffentlichen Urkunde, die auch als Hypothekenbrief bezeichnet wird. Der Gläubiger muss dabei die Höhe seiner Forderung nicht gesondert nachweisen, wenn er sein Pfandrecht ausüben will. Er erwirbt in diesem Fall die Hypothek mit dem Entste-

123

hen der Forderung und der Übergabe des Hypothekenbriefes. Bei der *Buchhypothek* erfolgt lediglich ein Eintrag ins Grundbuch, der Gläubiger erhält also keine Urkunde, und eine Abtretung kann nur durch eine Umschreibung des Grundbuchs vollzogen werden. Bei einer *Sicherungshypothek* muss der Gläubiger vor Ausübung seines Pfandrechts die Höhe der Forderung nachweisen. Dabei kann er sich nicht auf die Eintragung ins Grundbuch berufen. Die Sicherungshypothek ist grundsätzlich eine Buchhypothek. Bei der *Höchstbetragshypothek* haftet das Grundstück in Höhe des im Grundbuch eingetragenen Höchstbetrags. Wie die Sicherungshypothek ist die Höchstbetragshypothek grundsätzlich eine Buchhypothek, bei welcher der Gläubiger die Höhe seiner Forderung nachzuweisen hat, wenn er sein Pfandrecht geltend machen will.

Die *Grundschuld* ist im Gegensatz zur Hypothek ein Grundpfandrecht, das nicht an das Bestehen einer Forderung gebunden und somit fiduziarisch ist. Beispielsweise besteht bei einem Kredit, der durch eine Grundschuld abgesichert wird, zwar ein wirtschaftlicher, aber kein rechtlicher Zusammenhang. Das Recht des Begünstigten, eine bestimmte Geldsumme aus dem Grundstück zu erhalten, bleibt auch bei vorübergehender Abdeckung des Kreditsaldos bestehen. Der Kreditnehmer und Sicherungsgeber wird vor einer missbräuchlichen Verwertung der Grundschuld durch den Sicherungsvertrag geschützt. Fällig wird eine Grundschuld nach vorheriger Kündigung, wobei die Kündigungsfrist sechs Monate beträgt. Für die Grundschuld gelten, mit Ausnahme der rechtlichen Verbundenheit von Grundpfandrecht und Forderung, die gleichen Vorschriften wie für die Hypothek. Daher muss man auch hier zwischen Brief- und Buchgrundschuld unterscheiden. Die so genannte Eigentümergrundschuld ist in § 1996 BGB geregelt und kann durch die Rückzahlung einer Hypothek entstehen, wobei der Wert der Rückzahlung zu einer Eigentümergrundschuld wird. Des Weiteren lässt sich die Eigentümergrundschuld von einem Grundstückseigentümer in das Grundbuch eintragen und später an einen zukünftigen Kreditgeber abtreten.

Bei der *Personalsicherheit* wird die Haftung des Schuldners um die Haftung einer oder mehrerer anderer Personen ergänzt. Dies kann durch eine Bürgschaft, eine Garantie oder einen Schuldbeitritt erfolgen.

Die Eignung einer Bürgschaft als Mittel der Kreditsicherung hängt entscheidend von der Kreditwürdigkeit des Bürgen ab. Die Bürgschaft ist ein Vertrag zwischen dem Bürgen und dem Gläubiger eines Dritten, in dem sich der Bürge dem Gläubiger gegenüber verpflichtet, für die Erfüllung der Verbindlichkeiten des Dritten einzustehen. Die Bürgschaft ist akzessorisch, das heißt, sie ist in Bestand und Höhe abhängig von der bestehenden Forderung, der so genannten Hauptschuld. Der Bürge haftet auch für die Erhöhung dieser Hauptschuld infolge von auflaufenden Zinszahlungen oder sonstigen Kapitalkosten. Tilgungszahlungen der Hauptschuld führen im Gegenzug zu einer Minderung der Höhe der Bürgschaft. Die Bürgschaft ist ein einseitig verpflichtender Schuldvertrag. Bürgschaften können hinsichtlich der Höhe und der zeitlichen Dauer begrenzt werden. Aufgrund der mit einer Bürgschaftserklärung einhergehenden umfassenden Verpflichtungen bedarf diese der Schriftform. Diese gesetzliche Vorschrift entfällt, wenn es sich bei der Person des Bürgen um einen Vollkaufmann handelt. Auch bei der Bürgschaft können verschiedene Formen unterschieden werden. Bei der *Ausfallbürgschaft* verfügt der Bürge über das Recht der Einrede auf Vorausklage (§ 771 BGB), also das Recht, erst dann seiner Verpflichtung nachzukommen, wenn der Gläubiger erfolglos eine Zwangsvollstreckung auf das Vermögen des Hauptschuldners veranlasst hat. Der Bürge haftet bei der Ausfallbürgschaft ausschließlich für den durch den Gläubiger nachgewiesenen Ausfall des Hauptschuldners. Im Rahmen einer *selbstschuldnerischen Bürgschaft* verzichtet der Bürge auf die Einrede auf Vorausklage und wird somit behandelt, als ob er selbst der Hauptschuldner sei. Diese Art der Bürgschaft findet in der Praxis sehr häufig Anwendung, da sie für Vollkaufleute im Zuge des Betriebes ihres Handelsgeschäfts die einzig zulässige Bürgschaftsart ist. In Abhängigkeit von der Anzahl der Bürgen und der Beziehung, in der sie zueinander stehen, werden weitere Formen der Bürgschaft unterschieden. Bei der *Mitbürgschaft* haften alle Bürgen gesamtschuldnerisch für dieselbe Verbindlichkeit, auch dann, wenn sie die Bürgschaft nicht gemeinschaftlich übernommen haben. Bei der *Nachbürgschaft* haftet der Nachbürge erst nach erwiesener Zahlungsunfähigkeit der Haupt- und Vorbürgen. Die *Rückbürgschaft* regelt das Haftungsverhältnis zwischen einem Hauptbürgen und einem Nachbürgen. Der Rückbürge haftet gegenüber dem Hauptbürgen, wenn dieser aus seiner Bürgschaft heraus Zahlungen leisten musste.

Eine Unterart der Bürgschaft ist der *Kreditauftrag*. Der Kreditauftrag beruht auf einem bürgschaftsähnlichen Vertragsverhältnis. Dabei wird ein möglicher Kreditgeber von einer Person beauftragt, einem Dritten im eigenen Namen und auf eigene Rechnung Kredit zu gewähren. Ein Beispiel ist die Aufforderung einer Muttergesellschaft an ihre Hausbank, der Tochtergesellschaft einen Kredit zu gewähren. Der Kreditnehmer haftet aus dem Kreditvertrag, der Auftraggeber als Bürge für die entstehende Verbindlichkeit.

Im Gegensatz zur Bürgschaft ist die *Garantie* nicht gesetzlich, sondern durch einen bürgschaftsähnlichen Vertrag geregelt. Der Garantiegeber verpflichtet sich dabei gegenüber dem Garantienehmer, für den Eintritt eines bestimmten Erfolges oder das Ausbleiben eines bestimmten Misserfolges Gewähr zu übernehmen. Der Unterschied zur Bürgschaft besteht darin, dass die Garantie von der dem Vertragsabschluss zugrunde liegenden Forderung unabhängig, also fiduziarisch ist. Die Verpflichtung des Garanten ist damit umfassender als die des Bürgen. Garantien werden zumeist für klar definierte Einzelgeschäfte abgegeben. Sie finden häufig Verwendung im Außenhandel. Garantiegeber sind unter anderem Staat, Organisationen der Europäischen Union, Banken und Kreditgarantiegemeinschaften einzelner Branchen.

Der *Schuldbeitritt* ist eine vertragliche Vereinbarung, wonach einem Kreditnehmer eine weitere Person beitritt und gesamtschuldnerisch die Haftung für einen Kreditbetrag übernimmt. Der Schuldbeitritt kann sowohl mit dem Gläubiger als auch mit dem Kreditnehmer vereinbart werden, wobei im letztgenannten Fall eine Genehmigung des Gläubigers notwendig ist.

7.2 Darlehen von Banken oder ›Private Debt‹

Langfristige Bankkredite oder Darlehen werden zumeist als Investitionskredite zur Beschaffung oder Erstellung von Gütern des Anlagevermögens verwendet. Als Kreditgeber kommen unter anderen Kreditinstitute, Realkreditinstitute, Versicherungen und Bausparkassen in Betracht. Realkreditinstitute sind private oder öffentlich-rechtliche Grundkreditanstalten, die Darlehen gewähren und sich durch die Ausgabe von Pfandbriefen beziehungsweise Kommunalobligationen refinanzieren. Bausparkassen bündeln das Sparkapital ihrer Kunden und gewähren daraus Darlehen für Wohnungsbauvorhaben. Die Versicherungen stellen Darlehen aus ihrem Deckungsstock bereit, also aus den Sparanteilen und Prämien der Versicherten. Wegen der strengen rechtlichen Regelungen können diese Darlehen nur Kreditnehmern erster Bonität gewährt werden.

Zusätzlich existieren für die Darlehensvergabe Kreditinstitute mit Sonderaufgaben, wie zum Beispiel die Kreditanstalt für Wiederaufbau (KfW). In Abbildung 34 sind diese Sonderkreditinstitute zusammengestellt. Bei allen genannten Instituten handelt es sich um öffentliche Anbieter, die meist öffentlich geförderte, langfristige Kreditprogramme anbieten. Da sich die Angebote ändern, ist es empfehlenswert, sich regelmäßig aktuelle Informationen über Konditionen und Usancen der Förderkredite einzuholen.

Ausfuhr-Kreditanstalt	Die AKA-Kredite werden von der AKA-Ausfuhr-Kredit-Gesellschaft mbH AKA gewährt, hinter der ein Zusammenschluss von 50 im Exportgeschäft tätigen Banken steht. Zur Unterstützung des Exportkreditgeschäfts bietet die AKA mittel- bis langfristige Kredite (maximal zehn Jahre) an, um den Investitionsgüterexport, teils auch durch Mittel der Bundesbank unterstützt, zu fördern.
Kreditanstalt für Wieder-KfW	KfW-Kredite werden von der staatlichen Kreditanstalt für Wiederaufbauaufbau bereitgestellt und dienen der Förderung der deutschen Wirtschaft sowie auch speziell der deutschen Exporte. Hier existieren folgende Programme: – Mittelstandsprogramm Inland, Ausland, – Umweltprogramm, – Beteiligungsfonds.
Deutsche Ausgleichsbank	Kredite der Deutschen Ausgleichsbank dienen insbesondere zur Unterstützung von Existenzgründern. Junge Unternehmen erhalten mittels zinsverbilligter Kredite Anschub- und Wachstumshilfen. Hier existieren folgende Programme: – Existenzgründungsprogramm, – Umweltprogramm, – Eigenkapitalergänzungsprogramm.
Kreditgemeinschaften und öffentliche Haushalte	Kreditgemeinschaften sind branchenspezifische Einrichtungen, die das Ziel einer ausreichenden Kreditversorgung mittelständischer Unternehmen verfolgen. Dazu gewähren sie Teilgarantien in Form von Ausfall-Bürgschaften, die bis zu 80 % des Kreditbetrags abdecken. Bei den öffentlichen Programmen sind zu nennen: – Eigenkapitalhilfeprogramm, – BMZ-Niederlassungs- und Investitionszulageprogramm.
Industriekreditbank AG	Die Industriekreditbank AG, eine von deutscher Industrie und Banken getragene Bank, vergibt mittel- bis langfristige Kredite an die gewerbliche Wirtschaft. Sie refinanziert sich über die Ausgabe von Wertpapieren oder Darlehensaufnahme am Bankenmarkt.
European Recovery Program (ERP)	Die Regional- und Aufbauprogramme des ERP richten sich speziell an Existenzgründer. Neu sind Innovationsprogramme und Umweltprogramme zur Förderung spezieller Technologien.

Abb. 34: Sonderkreditinstitute

Im Gegensatz zu den genannten öffentlichen Darlehensgebern sind unter dem Begriff »Private Debt« in den letzten Jahren auch Gesellschaften entstanden, die analog zu den Private-Equity-Gesellschaften (vgl. Kapitel 14) statt Eigenkapital Kapital suchenden Unternehmen Fremdkapital als Private Debt zur Verfügung stellen. Die Leistungen dieser Gesellschaften können von der reinen Beratung des Unternehmens bei der Ausgabe von Schuldpapieren bis hin zur Abwicklung einer Emission reichen. In Kapitel 9 werden die Möglichkeiten der Finanzierung über Schuldverschreibungen und deren Anbieter für mittelständische Unternehmen beschrieben.

7.3 Finanzierung über kurzfristige Kredite

Im Gegensatz zu den Darlehen handelt es sich bei der kurzfristigen Fremdfinanzierung um die Zuführung von Fremdkapital in ein Unternehmen, das diesem in der Regel bis zu einem Jahr zur Verfügung steht. Unabhängig davon werden Warenkredite aller Art der kurzfristigen Fremdfinanzierung zugerechnet. Grundsätzlich dient die kurzfristige Fremdfinanzierung der Beschaffung der notwendigen Liquidität zur Aufrechterhaltung der Geschäftstätigkeit. Ihre verschiedenen Formen sind in der Abbildung 35 zusammengefasst.

- Lieferantenkredit	Skonto versus Fremdkapitalzins
- Kundenanzahlung	zeitliche Begrenzung in der Bilanz
- Kontokorrentkredit (§§ 355 HGB)	Partner ist Kaufmann, Saldenanerkenntnis
- Diskontkredit	drei gute Unterschriften, max. 90 Tage, guter Handelswechsel, BPL
- Lombardkredit	bewegliche Sachen oder Forderungen als Faustpfand
- Avalkredit	Bank übernimmt Bürgschaft oder Garantie
- Akkreditiv	Auftrag an Bank, an Begünstigten gegen Dokument zu zahlen
- Rembourskredit	Akkreditiv mit Wechselakzeptanz durch zweite Bank
- Negoziierungskredit	Ankauf einer Tratte mit Dokumenten durch beauftragte Bank
- Eurokredite	Kredite vom Eurogeldmarkt zu FIBOR-, LIBOR-, PIBOR-Sätzen

Abb. 35: Kurzfristige Kreditinstrumente

Beim *Kontokorrentkredit* räumt ein Kreditinstitut einem Kreditnehmer einen Kredit in einer bestimmten Höhe ein, der vom Kreditnehmer entsprechend seinem Bedarf bis zum vereinbarten Höchstbetrag, auch Kreditlinie genannt, in Anspruch genommen werden kann. Kontokorrentkredite weisen in der Regel eine Laufzeit von sechs bis zwölf Monaten auf; sofern der Kreditnehmer jedoch keinen Anlass zur Auflösung des Vertragsverhältnisses gibt, wird der Kontokorrentkredit automatisch verlängert. Somit kann ein Kontokorrentkredit auch zur Deckung eines langfristigen Finanzierungsbedarfs eingesetzt werden, was jedoch seinem ursprünglichen Ziel, der Sicherung der Zahlungsbereitschaft in Spitzenzeiten, entgegensteht. Die mittel- oder sogar langfristige Bindung der Mittel birgt, zum Beispiel aufgrund der Finanzierung bedeutender Posten des Anlagevermögens, die Gefahr eines »Einfrierens« des Kredits in sich und führt folglich im Falle der Kündigung durch den Kreditgeber zu Zahlungsschwierigkeiten auf Seiten des Kreditnehmers. Um dieser Gefahr zu begegnen, führt der Kreditgeber eine laufende Kreditkontrolle durch.

Die Einräumung eines Kontokorrentkredits durch ein Kreditinstitut setzt üblicherweise voraus, dass der Kreditnehmer einen Großteil seines Zahlungsverkehrs über das Kreditinstitut abwickelt. In einigen Fällen kann das Kreditinstitut sogar eine Ausschließlichkeitserklärung vom Kreditnehmer verlangen, mittels deren sich der Kreditnehmer verpflichtet, sämtliche Zahlungsvorgänge über das Kreditinstitut abzuwickeln. Dies erlaubt dem Kreditinstitut umfassendere Einblicke in die finanzielle Situation des Unternehmens. Die Kenntnis der finanziellen Situation des Kreditnehmers ist jedoch häufig unzureichend, um den Sicherheitsüberlegungen des Kreditgebers Rechnung zu tragen und der Kreditnehmer muss daher Sicherheiten stellen.

Bei Kontokorrentkrediten wird aufgrund der Deckung kurzfristiger Schwankungen im Kapitalbedarf zwischen Betriebs-, Saison- und Zwischenkrediten unterschieden. *Betriebskredite* dienen der kurzfristigen Finanzierung von Lohn- und Gehaltszahlungen, der Ausnutzung von Skonti oder der Beschaffung von Roh-, Hilfs- oder Betriebsstoffen. *Saisonkredite* werden zur Finanzierung von saisonal auftretenden Beschäftigungsspitzen eingesetzt. Als Beispiel können hier die im Rahmen der Weinernte anfallenden Personalaufwendungen in einem besonders ertragreichen Jahr angeführt werden. *Zwischenkredite* werden zur Finanzierung von bedeutenden Bauvorhaben oder der Emission von Wertpapieren eingesetzt.

Der Kontokorrentkredit ist ein sehr flexibel einsetzbares Finanzierungsinstrument, da der Kreditnehmer selbst entscheiden kann, in welcher Höhe er den ihm gewährten Kreditrahmen in Anspruch nimmt und wofür er ihn einsetzt. Die Inanspruchnahme eines Kontokorrentkredits ist jedoch mit sehr hohen Kapitalkosten verbunden, die ungefähr 5 % über den Geldmarktsätzen liegen. Der Kreditnehmer zahlt neben den Sollzinsen eine Kreditprovision, die als Zuschlag zu den Zinsen oder in Form einer Bereitstellungsprovision berechnet werden kann. Ferner sind Umsatzprovisionen, die als Gebühr für die Kontoführung und die Bereitstellung erhoben werden,

129

sowie Barauslagen wie Gebühren, Porti oder fremde Spesen zu zahlen. Überschreitet der Kreditnehmer die Kreditlinie betragsmäßig oder zeitlich ohne ausdrückliche Vereinbarung, muss er darüber hinaus eine Überziehungsprovision entrichten.

Zur Deckung des kurzfristigen Kapitalbedarfs kann neben dem Kontokorrentkredit der *Lombardkredit* aufgenommen werden. Beim Lombardkredit erfolgt die Vergabe eines Bankkredits gegen ein »Faustpfand« , wobei die verpfändeten Güter nicht in voller Höhe ihres Wertes beliehen werden. Die Beleihungsgrenzen schwanken je nach Art des Pfandes zwischen 50 % (Waren) und 80 % (mündelsichere festverzinsliche Wertpapiere). Voraussetzung der Lombardierung ist, dass das Sicherungsgut wertbeständig und schnell verwertbar ist. Folglich müssen die Sicherungsgüter für eine bestimmte Zeit haltbar und marktgängig sein, das heißt gegebenenfalls an einer Börse gehandelt werden. Verpfändbar sind demnach Wertpapiere, Waren, Wechsel, Forderungen und Edelmetalle. Der Lombardkredit unterscheidet sich vom Kontokorrentkredit vor allem dadurch, dass er zu einem festen Termin in voller Höhe bereitgestellt wird und auch zurückgezahlt werden muss, er weist also weniger Flexibilität auf. Die Kapitalkosten liegen in der Regel zwischen denen eines Wechseldiskontkredits und denen eines Kontokorrentkredits. Die zu leistenden Zinszahlungen orientieren sich an den Spitzenrefinanzierungssätzen der nationalen Zentralbanken, die im Allgemeinen die Obergrenze des Tagesgeldsatzes darstellen. Hinzu kommt ein individueller Risikozuschlag des Kreditnehmers. Des Weiteren fallen Kosten im Zuge der Bewertung, Verwaltung und Verwahrung des verpfändeten Gutes an. Der Lombardkredit wird bei Banken und Unternehmen immer seltener. Dies liegt nicht nur daran, dass im Dienstleistungsbereich tätige Unternehmen kaum verpfändbare Gegenstände haben, sondern auch daran, dass im industriellen Bereich die gegebenenfalls zu verpfändenden Betriebsmittel für den Betrieb genutzt werden müssen.

Neben dem Kontokorrent- und Lombardkredit wird der *Wechselkredit* vor allem bei exportorientierten Unternehmen genutzt, da er bei so genannten Akkreditionen eine Rolle spielt. Der Wechsel ist ein schuldrechtliches Wertpapier, das strengen gesetzlichen Vorschriften unterliegt. Er verbrieft ein Vermögensrecht, das vom Inhaber des Wechsels geltend gemacht werden kann. Ein Kunde, der von einem Lieferanten Hilfsstoffe bezogen hat, kann beispielsweise diesem anstelle einer Barzahlung oder der Ausnutzung eines Zahlungsziels einen Wechsel anbieten. Zu unterscheiden sind der gezogene Wechsel, die so genannte Tratte, und der eigene Wechsel, der auch als Solawechsel bezeichnet wird. Der *gezogene Wechsel* enthält die unbedingte Anweisung des Ausstellers als Gläubiger an den Bezogenen als Schuldner, die Wechselsumme zu einem festgelegten Zeitpunkt, dem so genannten Verfallstag, an eine im Wechsel genannte Person, die Firma (Remittenten) oder deren Order zu zahlen. Der *eigene Wechsel* hingegen enthält das Versprechen des Ausstellers, selbst an den im Wechsel genannten Wechselnehmer oder dessen Order bei Fälligkeit des Wechsels eine bestimmte Geldsumme zu zahlen. Beim Solawechsel ist der Aussteller selbst der Schuldner, beim gezogenen Wechsel dagegen der Gläubiger. Der Bezogene (Schuldner beziehungsweise der Schuldner der Wechselsumme) zahlt aber nicht an den Gläubiger (Aussteller), sondern auf Anweisung des Gläubigers an einen Dritten, dem der Gläubiger seinerseits den im Wechsel genannten Betrag schuldet. Kommt der Bezogene seinen Verpflichtungen nicht nach, so wird die Forderung des Dritten (Remittenten) gegen den Aussteller nicht ausgeglichen. Folglich haftet der Aussteller des Wechsels als Rückgriffsschuldner. Der Wechsel ist ein geborenes Orderpapier, das durch Einigung und Übergabe der indossierten Urkunde übertragen werden kann. Mit dem Indossament übernimmt der Indossant die Haftung für die Annahme und Einlösung des Wechsels. Der gezogene Wechsel muss acht gesetzliche Bestandteile aufweisen. Zudem sind in den Wechseltext auch so genannte kaufmännische Bestandteile aufzunehmen.

Wird ein gezogener Wechsel, das heißt die Zahlungsanweisung des Ausstellers, vom Bezogenen akzeptiert, so wird der Wechsel nicht mehr als Tratte, sondern als Akzept bezeichnet. Da der Bezogene erst bei Fälligkeit des Wechsels Zahlung leisten muss, entsteht zwischen dem Aussteller und dem

1. Bezeichnung »Wechsel« im Text der Urkunde

2. unbedingte Anweisung zur Zahlung einer Geldsumme

3. Angaben des Bezogenen (die aus dem Wechsel zahlungsverpflichtete Person oder Firma)

4. Angabe der Verfallzeit

5. Angabe des Zahlungsortes
   (fehlt der Zahlungsort, so gilt hilfsweise der Wohnort des Bezogenen)

6. Name des Wechselnehmers (Remittenten); ist der Aussteller gleichzeitig Remittent, so genügt die Angabe »an eigene Order«

7. Tag und Ort der Ausstellung (fehlt der Ausstellungsort, so gilt der Wechsel an dem Ort ausgestellt, der beim Namen des Ausstellers angegeben ist)

8. eigenhändige Unterschrift des Ausstellers

Abb. 36: Die acht gesetzlichen Merkmale des gezogenen Wechsels

Bezogenen eine Kreditbeziehung. Weitere Kreditbeziehungen entstehen, falls der Aussteller das Akzept vor Fälligkeit mit einem Indossament weitergibt. Bis zur Einlösung bleiben er und alle weiteren Indossanten aus dem Wechsel verpflichtet. Die Kreditfunktion des Wechsels ist eng mit dessen Sicherungsfunktion verbunden. Aufgrund der strengen gesetzlichen Vorschriften (Prinzip der Wechselstrenge) sowie der Loslösung von dem zugrunde liegenden Rechtsgeschäft, wie zum Beispiel einem Kaufvertrag, stellt der Wechsel ein besonders geeignetes Sicherungsmittel dar, da er dem Wechselgläubiger im Falle einer Nichtzahlung bei Fälligkeit Prozessvorteile verschafft. Löst der Bezogene einen Wechsel bei Fälligkeit nicht ein, kann der Wechsel zu Protest gegeben werden (Wechselprotest). In diesem Fall steht dem Inhaber grundsätzlich ein Rückgriffsanspruch gegen seine Vormänner zu, wobei der Wechselinhaber nicht an die Reihenfolge seiner Vormänner gebunden ist, die gesamtschuldnerisch haften. Nach der Art des Rückgriffs unterscheidet man zwischen Reihenregress, bei dem der Rückgriff lediglich auf den unmittelbaren Vorbesitzer des Wechsels erfolgt, und einem Sprungregress, bei dem ein oder mehrere Indossanten übersprungen werden. Voraussetzung für den Rückgriff ist die rechtzeitige Erhebung eines Protests über die Nichtzahlung, der nur von Notaren, Gerichtsvollziehern oder bei Wechseln bis zu einer Summe von 1 000 € auch von einem Postbeamten in einer öffentlichen Urkunde festgehalten werden muss. Jeder Wechselgläubiger kann seine Rechte durch Vorlage des protestierenden Wechsels in einem Urkundenprozess innerhalb kürzester Zeit geltend machen. Die Fristen zwischen Klagezustellung und Verhandlung sind äußerst kurz bemessen und schwanken in Abhängigkeit vom Wohnsitz des Beklagten zwischen 24 Stunden und sieben Tagen. Ziel des Wechselprozesses ist es, möglichst schnell einen vollstreckbaren Titel des Beklagten zu erwirken.

Wechselkredite treten in verschiedenen Formen auf. Refinanziert sich ein Unternehmen, das Wechsel seiner Kunden besitzt, durch deren Verkauf vor Fälligkeit an ein Kreditinstitut, handelt es sich um einen *Diskontkredit*. Die Höhe des Diskontkredits, der von einem Kreditinstitut gewährt wird, ist für den einzelnen Kunden durch die so genannte Diskontlinie begrenzt. Eine einwandfreie Kreditwürdigkeit des Kunden ist Voraussetzung für den Ankauf von Wechseln durch die Bank. Das Kreditinstitut vergütet für den Wechsel die Wechselsumme abzüglich der Zinsen für die Restlaufzeit (Diskont) und der Spesen. Obwohl dem Wechseldiskont ein Kaufvertrag über das Wertpapier zugrunde liegt, entsteht eine Kreditbeziehung, da das Kreditinstitut vor Fälligkeit des Wechsels in Vorleistung tritt. Geht der angekaufte Wechsel zu Protest, stellt das Kreditinstitut Regressansprüche gegen den Einreicher und zieht den Diskontkredit zurück. Das Kreditinstitut hat im Rahmen eines bestimmten Kontingents die Möglichkeit, den angekauften Wechsel zur Rediskontierung an die Deutsche Bundesbank einzureichen, um sich zu refinanzieren. Die Deutsche Bundesbank kauft jedoch nur Wechsel, die bestimmte Anforderungen erfüllen. So muss der zu rediskontierende Wechsel auf einem Handels- oder Warengeschäft basieren. Finanzwechsel werden von der Bundesbank nicht angenommen. Des Weiteren rediskontiert die Bundesbank nur Wechsel, die eine Restlaufzeit von mehr als 90 Tage aufweisen, mindestens drei gute Unterschriften tragen (eine davon ist das Indossament der Bank an die Landeszentralbank) und bei dem Kreditinstitut an einem Bankplatz, an einem Ort, an dem die Bundesbank eine Niederlassung unterhält, zahlbar sind.

Im Rahmen der bisher behandelten Formen des kurzfristigen Bankkredits wird der Unternehmung durch das Kreditinstitut Geld zur Verfügung gestellt. In diesem Zusammenhang wird daher von *Geldleihe* gesprochen. Entschließt sich das Kreditinstitut hingegen, der Unternehmung keine finanziellen Mittel, sondern seine Kreditwürdigkeit zur Verfügung zu stellen – das Kreditinstitut gibt seinen guten Namen her und steht für die Unternehmung ein –, wird von Kreditleihe gesprochen.

Handelskredite werden in den Bereichen Industrie und Handel von Geschäftspartnern gewährt und beruhen auf Warenlieferungen. Kreditinstitute sind nur indirekt durch die Finanzierung des Handelspartners eingeschaltet. Formen der Handelskredite sind der Lieferanten- und der Kundenkredit.

Der *Lieferantenkredit* ist die am häufigsten in der Praxis verwendete und daher die bekannteste Handelskreditart. Dem Volumen nach haben Lieferantenkredite eine ebenso hohe Bedeutung für die Finanzierung deutscher Unternehmen wie die kurz- bis mittelfristigen Bankkredite. Der Lieferantenkredit darf nicht mit *Krediten von Lieferanten* verwechselt werden, die dazu dienen, die Geschäftsausstattung eines potenziellen Abnehmers zu finanzieren, und vom Abnehmer langfristig über die gelieferten Waren zurückgezahlt werden. Ausstattungskredite werden beispielsweise zur Einrichtung von Tankstellen oder Gaststätten gewährt. Dem Lieferantenkredit liegt ein Kaufvertrag zwischen einem Lieferanten als Kreditgeber und einem Abnehmer als Kreditnehmer zugrunde, der Waren oder Dienstleistungen unter Stundung des Kaufpreises, das heißt auf Ziel, erhält. Hierbei geht die Initiative zumeist vom Lieferanten aus. Dieser verspricht sich durch die Gewährung eines Kredites Umsatzsteigerungen und wendet den Lieferantenkredit als Marketinginstrument an. Die Sicherung des Kredits erfolgt meist

133

durch Vereinbarung eines Eigentumsvorbehalts. Der Lieferantenkredit kann in Form eines Buch- oder eines Wechselkredits auftreten. Beim Buchkredit erfolgt eine Lieferung der Ware oder Dienstleistung; dabei kann die Zahlung innerhalb eines bestimmten Zeitraums, der Skontofrist, unter Abzug des Skontosatzes vom Rechnungsbetrag oder innerhalb der Zahlungsfrist ohne Abzug des Skontobetrags vom Rechnungsbetrag vorgenommen werden. Der Wechselkredit entsteht durch die Akzeptierung eines der Rechnung beigelegten Wechsels durch das belieferte Unternehmen.

Wird einem Unternehmen ein Lieferantenkredit gewährt, so stehen ihm unterschiedliche Entscheidungsalternativen offen. Es kann das eingeräumte Zahlungsziel nutzen, wodurch sich Ziel- und Rechnungspreis entsprechen. Der Kredit wird durch Absprachen oder Verzögerungen verlängert, was zu einem Aufschlag der entstehenden Zinsen auf den Kaufpreis führen kann. Letztlich ist eine Skontoausnutzung möglich, indem der Zielpreis um das Skonto gemindert wird.

Als Skonto wird der Preisnachlass bei Zahlung vor Fälligkeit bezeichnet. Durch den Verzicht auf diesen Nachlass entstehen dem Unternehmen so genannte Opportunitätskosten im Sinne eines entgangenen Skontoabzuges, die auf das Jahr bezogen hohe Prozentwerte erreichen können.

Ein Unternehmer, der darüber nachdenkt, ob er das eingeräumte Skonto nutzen oder eine Zahlung sofort leisten soll, kann die folgende Faustformel als Grundlage für seine Entscheidung verwenden:

$$r = \frac{S \times 360}{z - s}$$

r = Jahressatz in %
S = Skontosatz in %
z = Eingeräumtes Zahlungsziel in Tagen
s = Vorgegebene Skontofrist in Tagen

Wenn ein Unternehmer Waren für 20 000 € geliefert bekommt und der Lieferant ein Zahlungsziel von 30 Tagen einräumt und bei einer Bezahlung innerhalb der nächsten fünf Tage 2,5 % Skonto gewährt, kann seine Kalkulation wie folgt aussehen:

- 2,5 % Skonto von 20 000 € ergeben einen möglichen Skontoabzug von 500 €. Es müssen also innerhalb der nächsten fünf Tage nur 19 500 € bezahlt werden.

- Bei einer Nichtnutzung des Skontos und der Bezahlung des Rechnungsbetrages erst in 30 Tagen entstehen Opportunitätskosten, die folgende Größe erreichen:

$$r = \frac{S \times 360}{z - s} = \frac{2,5\% \times 360}{30 - 5} = 36\%$$

Eine Fremdfinanzierung der Vorauszahlung bereits nach fünf Tagen könnte also bis zu 36 % Zinsen kosten, erst bei einem höheren Zinssatz wäre die Nichtnutzung des Skontos, also ein Lieferantenkredit, vorteilhaft.

In der Praxis ist zu beobachten, dass trotz der hohen Opportunitätskosten viele mittlere und kleinere Unternehmen Lieferantenkredite in Anspruch nehmen. Als Ursachen dafür gelten die oft unzureichende Kapitalausstattung sowie der Mangel an Sicherheiten, der ihnen den Zugang zu Bankkrediten verwehrt. Neben den hohen Opportunitätskosten birgt ein Lieferantenkredit auch die Gefahr einer Abhängigkeit vom Lieferanten in sich. Der Vorteil des Lieferantenkredits ist, dass er schnell, bequem, formlos und ohne langwierige Kreditwürdigkeitsprüfungsverfahren in Anspruch genommen werden kann. Darüber hinaus kann er auch dann genutzt werden, wenn Kreditlinien bei Banken bereits ausgeschöpft sind.

Beim *Kundenkredit* dreht sich die Konstellation des Lieferantenkredits um, das heißt, dass auf Basis einer vertraglichen Vereinbarung zwischen einem Lieferanten und einem Kunden Letzterer den Lieferanten durch eine Anzahlung auf eine zukünftig zu erbringende Leistung kreditiert. Der Kundenkredit ist daher auch unter den Bezeichnungen Abnehmerkredit, Vorauszahlungskredit und Kundenanzahlung bekannt. Der Kundenkredit ist eine viel genutzte Finanzierungsalternative, die immer dort eingesetzt wird, wo zwischen Planung und Fertigstellung viel Zeit verstreicht und auf besondere Bedürfnisse des Kunden individuell eingegangen werden muss. Dementsprechend werden Kundenkredite häufig im Großanlagen- oder Schiffbau eingesetzt. Der Kundenkredit schont die Liquidität des Lieferanten, da sich der Abnehmer an der Deckung des Kapitalbedarfs zwischen Auftragseingang und Zahlung beteiligt. Dies ist umso wichtiger, je teurer und zeitaufwändiger die Erstellung der Leistung ist. Des Weiteren bekommt der Lieferant durch die Anzahlung und die dem Abnehmer damit entstehenden Kosten Aufschluss über dessen Fähigkeit, seinen Verbindlichkeiten nachzukommen. Die Bereitstellung von Kreditbeträgen signalisiert dem Lieferanten außerdem ein fortwährendes Interesse des Kunden an der Leistungserstellung, das Nichtabnahmerisiko wird somit verringert. Die Höhe des Kundenkredits und die Staffelung der Zahlungen durch den Abnehmer sind von verschiedenen Faktoren abhängig. Zum einen ist die Marktstellung des Geschäftspartners im Vergleich zu seinen Konkurrenten von besonderer Bedeutung. Zudem ist die Auftragslage des Lieferanten entscheidend; ist diese gut, so ist es ihm eher möglich, einen Kundenkredit auszuhandeln. In verschiedenen Branchen haben sich jedoch im Laufe der Jahre auch branchenübliche Zahlungsbedingungen herausgebildet. Im Baugewerbe ist es beispielsweise üblich, jeweils ein Drittel des Kaufpreises nach Vertragsabschluss, nach Fertigstellung des Rohbaus und schließlich nach Übergabe des Gebäudes zu zahlen. Die Besicherung des Kredits erfolgt zumeist über Bankbürgschaften. Garantien oder Konventionalstrafen können ebenfalls vertraglich geregelt werden.

Bei einem *Avalkredit* (§§ 765–778 BGB in Verbindung mit §§ 349–351 HGB) übernimmt ein Kreditinstitut die Haftung für die Verbindlichkeiten eines Kunden gegenüber einem Dritten in Form einer Bürgschaft oder Garantie. Wie beim Akzeptkredit werden der Unternehmung hier keine Geldmittel bereitgestellt. Für das Kreditinstitut entsteht mit der Gewährung eines Avalkredits eine Eventualverbindlichkeit, die nur dann zu einer Verbindlichkeit wird, wenn der Kreditnehmer seinen Verpflichtungen gegenüber einem Dritten nicht nachkommt. Die Bonitätsanforderungen, die an den Kreditnehmer gestellt werden, sind daher hoch. Der Avalkredit findet überall dort Anwendung, wo der Dritte nicht daran interessiert oder nicht in der Lage ist, die Kreditwürdigkeit des Kreditnehmers detailliert zu prüfen. In Abhängigkeit der dem Avalkredit zugrunde liegenden Bürgschaft werden verschiedene Kreditformen unterschieden; als Bürgschaften können hier Zollbürgschaft, Frachtstundungsbürgschaft, Bietungsgarantie, Anzahlungs-, Leistungs- und Gewährleistungsgarantie dienen. Die Kapitalkosten, die durch Inanspruchnahme eines Avalkredits entstehen, fallen in Form der Avalprovision an. Diese ist an das Kreditinstitut meist quartalsweise im Voraus zu entrichten und beläuft sich auf 1 bis 2,5 % pro Jahr.

Der *Akzeptkredit* ist ein Wechselkredit, bei dem der Bankkunde einen Wechsel auf sein Kreditinstitut zieht, den das Kreditinstitut akzeptiert. Der Kunde hat dem Kreditinstitut den Wechselbetrag vor dem Zeitpunkt der Fälligkeit des Wechsels bereitzustellen. Das Kreditinstitut löst den Wechsel bei Fälligkeit zu Lasten des Kunden ein. Im Außenverhältnis besitzt der Bankkunde somit ein Wertpapier, das durch das Bankakzept über eine einwandfreie Bonität verfügt. Für die Verwertung des akzeptierten Wechsels gibt es zwei Möglichkeiten. Die erste besteht darin, den Wechsel an einen Lieferanten als Zahlungsmittel weiterzugeben. Die zweite Möglichkeit ist die Einreichung zum Diskont bei einem akzeptierenden Kreditinstitut. Wegen der Risiken, die mit der Akzeptierung eines Wechsels verbunden sind, gewähren die Banken nur erstklassigen Kreditnehmern Akzeptkredite. Da es für die Banken von besonderem Interesse ist, die Wechsel zur Refinanzierung einsetzen zu können, werden Akzeptkredite folglich zur Finanzierung von Warengeschäften, zumeist mit dem Ausland, benutzt.

7.4 Berechnung der Kreditkosten

Die *Kapitalkosten* setzen sich aus verschiedenen Bestandteilen zusammen. Es sei auch darauf hingewiesen, dass bereits in Kapitel 4 bei der wertorientierten Finanzbetrachtung auf die Kapitalkosten eingegangen wurde.

Zinskosten, die über die Festlegung der Nominalzinssätze bestimmt werden, lassen sich unterschiedlich gestalten. Kredite mit variabler Verzinsung finden immer öfter Verwendung, Festzinsvereinbarungen über die gesamte Laufzeit sind dagegen heute eher die Ausnahme. Die variablen Zinsen sind meist an einen Referenzzinssatz wie beispielsweise den Euribor gekoppelt und werden mit einem individuellen Risikozuschlag versehen. Darüber hinaus ist es üblich, ein Damnum zu bestimmen, das heißt einen Darlehensteil, der dem Kreditnehmer nicht ausgezahlt wird und somit die Kapitalkosten beeinflusst. Schätzungskosten, Beurkundungsgebühren sowie Eintragungs- und Löschungsgebühren des Grundbuchamts sind ebenfalls zu berücksichtigen.

Die *Tilgung* eines Darlehens kann auf verschiedenen Wegen erfolgen. Die *Annuität* ist eine periodisch gleich bleibende Zahlung, die sich aus kontinuierlich fallenden Zinsleistungen und kontinuierlich steigenden Tilgungen zusammensetzt. Sie lässt sich durch die Multiplikation des Barwertes des Darlehens mit dem Wiedergewinnungsfaktor ermitteln. Abbildung 37 stellt exemplarisch die Berechnung von Kreditkosten bei verschiedenen Rückzahlungsplänen dar.

Die folgende Beispielrechnung soll den Unterschied zwischen einem Annuitäten-, einem Abzahlungs- und einem Festdarlehen verdeutlichen. Ein Unternehmer nimmt bei einer Bank ein Darlehen in Höhe von 100 000 € mit einer Laufzeit von fünf Jahren und einem Zinssatz von 10 % auf, die Tilgung und Verzinsung des Darlehens geschieht über eine Annuität.

Beim *Abzahlungsdarlehen* werden die Auszahlungen im Zeitablauf geringer, weil die regelmäßig gezahlten Tilgungsbeträge konstant sind, die Zinsanteile aber sinken. Die Höhe der jährlichen Tilgungsrate ergibt sich aus der

Auszahlungsplan bei einem Annuitätendarlehen

Jahr	Restschuld zum Jahresanfang	Zinsen	Tilgung	Annuität	Restschuld zum Jahresende
1	100 000,00	10 000,00	16 379,70	26 379,70	83 620,30
2	83 620,30	8 362,03	18 017,67	26 379,70	65 602,63
3	65 602,63	6 560,26	19 819,44	26 379,70	45 783,19
4	45 783,19	4 578,32	21 801,38	26 379,70	22 981,81
5	23 981,81	2 398,18	23 981,52	26 379,70	0,29
		31 898,79	99 999,71		

Auszahlungsplan bei einem Abzahlungsdarlehen

Jahr	Restschuld zum Jahresanfang	Zinsen	Tilgung	Annuität	Restschuld zum Jahresende
1	100 000,00	10 000,00	20 000,00	30 000,00	30 000,00
2	80 000,00	8 000,00	20 000,00	28 000,00	60 000,00
3	60 000,00	6 000,00	20 000,00	26 000,00	40 000,00
4	40 000,00	4 000,00	20 000,00	24 000,00	20 000,00
5	20 000,00	2 000,00	20 000,00	22 000,00	0,00
		30 000,00	100 000,00	130 000,00	

Auszahlungsplan bei einem Festdarlehen

Jahr	Restschuld zum Jahresanfang	Zinsen	Tilgung	Annuität	Restschuld zum Jahresende
1	100 000,00	10 000,00	0,00	10 000,00	100 000,00
2	100 000,00	10 000,00	0,00	10 000,00	100 000,00
3	100 000,00	10 000,00	0,00	10 000,00	100 000,00
4	100 000,00	10 000,00	0,00	10 000,00	100 000,00
5	100 000,00	10 000,00	100 000,00	110 000,00	0,00
		50 000,00	100 000,00	150 000,00	

Abb. 37: Berechnung der Kreditkosten bei verschiedenen Rückzahlungsplänen

Division des Kreditbetrags durch die Laufzeit des Darlehens. Der Tilgungs-
betrag beläuft sich hier auf 100 000 €/5 Jahre = 20 000 €.

Beim *Festdarlehen* kommt es im Rahmen der Laufzeit nur zu Zinszahlungen. Die Tilgung erfolgt am Ende der Darlehenslaufzeit durch eine einmalige Rückzahlung des aufgenommenen Kreditbetrags.

Um die Vorteilhaftigkeit langfristiger Bankkredite einschätzen zu können, muss die effektive Zinsbelastung bestimmt werden, die zumeist von
der nominellen Zinsbelastung abweicht. Zu ihrer Bestimmung kann folgende praxisübliche Faustformel herangezogen werden, die ein mögliches
Damnum berücksichtigt.

$$r = \frac{Z + \dfrac{D}{n}}{K} \times 100$$

r = Effektivzinssatz
Z = Nominalzinssatz
D = Damnum (in % des Darlehensbetrags)
K = Auszahlungskurs
n = Laufzeit

Diese Formel gilt für den Fall, dass das Darlehen am Ende der Laufzeit zurückgezahlt wird. Andere Tilgungsvarianten erfordern eine Modifikation
der Formel.

Erfolgt eine Tilgung in jährlich gleichen Raten, ist für die Berechnung
der Gesamtlaufzeit n in die Grundformel die mittlere Laufzeit t_m einzusetzen.

$$t_m = \frac{n + 1}{2}$$

Erfolgt hingegen eine Tilgung in jährlich gleich bleibenden Raten nach einer tilgungsfreien Zeit, ist zur Bestimmung der Gesamtlaufzeit n in der
Grundformel die mittlere Laufzeit t_m unter Berücksichtigung der tilgungsfreien Zeit t_f einzusetzen.

$$t_m = t_f + \frac{\left(n - t_f\right) + 1}{2}$$

Im Folgenden werden Alternativen zu den vorgestellten klassischen Formen der Finanzierung erläutert. Dabei muss im jedem Einzelfall geklärt

7.4 Berechnung der
Kreditkosten

werden, ob die Alternative günstiger oder besser als ein klassischer Kredit oder zum Beispiel eine klassische Selbstfinanzerung ist. Die Alternativen werden stets in ihrem Wesen grundlegend vorgestellt und wo möglich mit einem Beispiel und praktischen Handlungsanweisungen versehen.

8
Das Partiarische Darlehen

Das Partiarische Darlehen ist, wie der Name bereits sagt, ein dem klassischen Darlehen verwandtes Finanzierungsinstrument, das sich allerdings durch einige Besonderheiten auszeichnet und somit durchaus auch Eigenkapitalcharakteristika ausweist. In der Praxis finden sich Partiarische Darlehen vor allem bei der Finanzierung kleinerer Unternehmen.

8.1 Grundstruktur des Partiarischen Darlehens

Das Partiarische Darlehen, nachfolgend PDL genannt, ist ein schwer einzuordnendes Finanzierungsinstrument, da es eine Mischform zwischen Eigen- und Fremdkapital darstellt und je nach Vertragsgestaltung sehr stark von reinem Fremdkapital abweicht.

Das PDL kann als atypische stille Gesellschaft (vgl. Kapitel 15) mit Eigenkapitalcharakter oder als nachrangiges Darlehen mit Fremdkapitalcharakter gestaltet sein. Bilanziell und steuerrechtlich wird das PDL allerdings in weiten Teilen der typischen stillen Gesellschaft gleichgestellt und damit als Fremdkapital behandelt. Die Ausgestaltung der Kontrollrechte gleicht einer atypischen stillen Gesellschaft, jedoch ohne einen Gesellschafter zu besitzen.

In der Rangfolge der Behandlung bei Insolvenz ist es wiederum am ehesten mit einem nachrangigen Darlehen vergleichbar, das auch als Sicherheit für echte Fremdkapitalgeber dienen kann. Durch vertragliche Gestaltung lässt sich damit Eigenkapital schaffen, das ökonomisch alle Elemente besitzt, die für Fremdkapital typisch sind, das heißt feste Zinsen, fester Rückzahlungsbetrag, Laufzeitbegrenzung beziehungsweise Fremdkapital, und das ökonomisch alle Merkmale von Eigenkapital wie mitgliedschaftliche Kontroll- und Entscheidungsbefugnisse, Kapitalstamm plus Dividende aufweist. Die Vertragsgestaltung hängt dabei immer von den Zielen der Vertragspartner ab. Für den Insolvenzfall eines Unternehmens wird diese Rangfolge vertraglich in so genannten Intercreditor Agreements geregelt. Dabei

Handbuch Alternative Finanzierungsformen. Ottmar Schneck
Copyright © 2006 WILEY-VCH Verlag GmbH & Co. KGaA, Weinheim
ISBN 3-527-50219-X

steht das PDL meist hinter den normalen Fremdkapitalgebern. Oftmals wird zum Schutz vor einer eventuellen Überschuldung auch eine Rangrücktrittserklärung vereinbart, die den Kapitalgeber hinter alle anderen Gläubiger stellt. Dieser Vertragszusatz gilt meist auch für die Forderung auf Rückzahlung der Einlage außerhalb einer Insolvenz. Ein Rangrücktritt kann außerdem vom Eintritt eines bestimmten Ereignisses oder von einer bestimmten Frist abhängig gemacht werden. In diesen Fällen handelt es sich um einen bedingten Rangrücktritt. Ein freiwilliger Rangrücktritt und damit ein höheres Risiko für den Kreditgeber bringt jedoch Vorteile an anderer Stelle, wie zum Beispiel die Zusicherung von Kontrollrechten oder die Zahlung bestimmter Prämien. Je nachrangiger und langfristiger die Mezzanine-Tranche strukturiert ist, desto höher ist die Prämie. Neben der Nachrangigkeit des PDL fehlt meist eine Besicherung des Darlehens, wodurch das Risiko für den Darlehensgeber nochmals steigt. Das höhere Risiko muss ebenfalls mit anderen Vorteilen kompensiert werden, um das PDL für den Darlehensgeber attraktiv zu machen. Eine Möglichkeit ist die höhere Vergütung des Darlehens, das heißt eine Rendite, die deutlich über der eines klassischen Bankkredits liegt. Zudem können Mitsprache- beziehungsweise Kontrollrechte eingeräumt werden, die von reinen Informationsrechten bis hin zur Mitbestimmung oder einer anteiligen Geschäftsführung reichen können. In der Praxis wird zumeist ein Sitz im Aufsichtsrat oder im Beirat des Unternehmens mit Beobachterstatus und ohne Stimmrecht gewährt, da nach deutschem Insolvenzrecht Darlehensgeber mit zu umfangreichen eigentümerähnlichen Rechten wie Eigenkapitalgeber behandelt werden und damit ihr Recht auf Kapitalrückzahlung verlieren können. Zu den Interessen des Darlehensnehmers gehören die Festlegung möglichst kleiner Prämien und möglichst geringer Mitbestimmung. Deswegen verlangt der PDL-Geber häufig eine spezifische Rechnungs- beziehungsweise Rechenschaftslegung. In diesem Zusammenhang werden oftmals Kennziffern zur Rechenschaft genutzt, die zum Beispiel das Nettofremdkapital ins Verhältnis zum EBITDA setzen; diese Kennzahl gibt an, wie viele Jahre es dauern würde, bis der Darlehensnehmer seine Schulden aus eigenen Mitteln getilgt hätte beziehungsweise wie lange es im Hinblick auf erstrangiges Fremdkapital dauern würde. Oft wird auch das Verhältnis des Cashflows zum Kapitaldienst berechnet; dieses zeigt an, wie viel Cashflow für Rückzahlungen und Zahlung von Zinsen für Fremdkapital verbraucht wird. Eine weitere hilfreiche Kennzahl ist die EBIT-Zinsdeckung (EBIT/ zahlungswirksame Zinsaufwendungen), die zeigt, inwieweit Zinszahlungen an Fremdkapitalgeber aus dem EBIT beglichen werden können.

PDL werden meist befristet für einen Zeitraum zwischen fünf und zehn Jahren gegeben. Wird ein Darlehen unbefristet gewährt und sind keine Kündigungsmöglichkeiten im Vertrag vereinbart, so gelten die Regelungen der §§ 489, 490 des Bürgerlichen Gesetzbuches. Hierbei handelt es sich dann um ein Dauerschuldverhältnis zwischen Darlehensgeber und Darlehensnehmer. Eine fristlose Kündigung des Darlehensvertrags ist grundsätzlich möglich, wenn bestimmte Vertragsbedingungen nicht eingehalten werden. Dazu zählen unter anderem Verweigerung der Informationsrechte, Zahlungsverzug oder Einstellung der Zahlungen an den Darlehensnehmer.

Der Darlehensgeber ist rechtlich von jeglicher Verlustbeteiligung ausgeschlossen. Diese kann nur mittelbar in Form von geringerer oder entgangener gewinnabhängiger Vergütung auftreten.

Das PDL hat grundsätzlich eine zweigeteilte Vergütungsstruktur. Diese besteht aus einer festen Verzinsung und einer ertragsabhängigen Komponente. Auf die feste Normalverzinsung kann auch verzichtet werden. Diese stellt jedoch die sicherste Vergütung dar, da sie vom Gewinn unabhängig ist, und wird deshalb meist als monatlich fällige Zinszahlung in einem Spielraum zwischen 3 und 5 % über dem Interbanken-Verrechnungszinssatz (Euribor) festgelegt. Dieser feste Zinssatz wird auch als Pay-out-Marge bezeichnet.

Die gewinnabhängige Vergütung soll das erhöhte Risiko des Private-Debt-Gebers kompensieren und kann verschiedene Formen annehmen. Eine Möglichkeit ist eine über die Laufzeit des Darlehens thesaurierte, ertragsabhängige Verzinsung, die den Cashflow des Unternehmens nicht belastet, da sie erst am Ende der Laufzeit fällig wird. Die Verzinsung dieser so genannten Pay-in-kind-Marge liegt ebenfalls zwischen 3 und 5 % der Gesamtrendite des Unternehmers. Auch Vereinbarungen mit einer Pay-if-you-can-Klausel dienen dazu, die Zahlungen an die Kapitalgeber dann zu leisten, wenn das Unternehmen dazu liquide genug ist. Solche Regelungen bieten sich vor allem für Unternehmen mit stark schwankendem Cashflow an, wie dies beispielsweise in saisonabhängigen Branchen üblich ist.

Zum Ende der Laufzeit des Darlehensvertrags gibt es außerdem eine Vielzahl verschiedener so genannter *Kicker-Optionen*. Als Kicker werden schlicht die Einzahlungen bezeichnet. Der Non-Equity-Kicker ist eine einmalige Zahlung am Ende der Darlehenslaufzeit (»Back End Fee«), die einen Prozentsatz an der Wertsteigerung des zu finanzierenden Unternehmens darstellt. Der virtuelle Equity-Kicker stellt den Darlehensnehmer durch eine Barauszahlung so, als ob er die durch Option bezogenen Aktien beim Börsengang veräußert hätte. Diese zwei Formen beinhalten keine Beteiligung des Darlehensgebers am Unternehmen und vermeiden dadurch eine Verwässerung

143

der Gesellschafterrechte der Altgesellschafter. Der eigentliche Equity-Kicker ist eine Eigenkapitaloption, die den PDL-Geber dazu berechtigt, bei Ausübung des Equity-Kickers Gesellschafter des Unternehmens zu werden. Er kann in Form eines Bezugsrechts auf Unternehmensanteile oder als Wandlungsrecht des Darlehens in Eigenkapital gewährt werden. Da mezzanine Finanzierungsarten oft ausstiegsorientiert und Minderheitsbeteiligungen schwer veräußerbar sind, gibt es die Möglichkeit einer Put-Option, die den Kreditgeber dazu berechtigt, die Anteile aus dem Equity-Kicker an den Kapitalnehmer oder an Altgesellschafter zurückzugeben. Grundsätzlich wird über die Eigenkapitaloption ein Großteil der erwarteten Rendite, in der Regel zwischen 4 und 8 % der Gesamtrendite, der Private-Debt-Finanzierung erwirtschaftet.

Im Folgenden wird das Partiarische Darlehen zur stillen Gesellschaft und dem normalen nachrangigen Darlehen abgegrenzt. Eine stille Gesellschaft liegt vor, wenn sich jemand am Handelsgewerbe eines anderen mit einer in dessen Vermögen übergehenden Einlage per Gesellschaftsvertrag beteiligt. Bei der stillen Gesellschaft handelt es sich um eine Innengesellschaft. Diese regelt die Rechtsbeziehung zwischen dem Unternehmer und dem stillen Gesellschafter, tritt jedoch nach außen im Geschäftsverkehr nicht in Erscheinung.

Ein Partiarisches Darlehen unterscheidet sich von einer stillen Gesellschaft durch den Vertragszweck, die wirtschaftlichen Ziele und das Verhältnis der beiden Vertragsparteien. In einer stillen Gesellschaft handelt der Geschäftsführer im Sinne des Gesellschafters, beide verfolgen das gemeinsame Interesse der Erzielung und Aufteilung des zu erwirtschaftenden Gewinns. Bei einem PDL hingegen herrschen gegensätzliche Interessen vor, die sich zum Beispiel in der Möglichkeit einer autonomen Übertragung des PDL an einen Dritten zeigen, die bei der stillen Gesellschaft nicht möglich ist. Laut einem Urteil des Bundesgerichtshofs vom 10. Juni 1965 ist bei Vorhandensein gemeinsamer Ziele und eines gesellschaftsrechtlichen Elements in der schuldrechtlichen Beziehung der beiden Parteien eine stille Gesellschaft anzunehmen. Oftmals sind Mitarbeiter oder Familienmitglieder als stille Gesellschafter an das Unternehmen gebunden, jedoch ohne eine echte Beteiligung zu besitzen. Diese Bindungen sind im Gegensatz zum PDL oft längerfristig oder auf unbestimmte Zeit ausgelegt. Auch Förderinstitute wie zum Beispiel die Mittelstandsbeteiligungsgesellschaften der Länder gehören zum Kreis der Anbieter.

Der stille Gesellschafter verfügt in der Regel über keine besonderen Kontrollrechte. Nach gesetzlichen Vorschriften hat er lediglich Anspruch auf

Übermittlung des Jahresabschlusses und auf Einsichtnahme in die Bücher und Papiere des Unternehmens, soweit dies zur Prüfung des Jahrsabschlusses erforderlich ist. Zumeist kann er sich zudem die Zustimmung zu erheblicher Umgestaltung, Erweiterung oder Veräußerung vorbehalten. Darüber hinaus sind aber der individuellen vertraglichen Gestaltung fast keine Grenzen gesetzt und es lassen sich noch weitere Kontroll-, Mitbestimmungs- und Informationsrechte festlegen. Stille Gesellschafter legen oftmals Wert auf eine Repräsentation im Kontrollgremium (Aufsichtsrat/Beirat) des Unternehmens, sofern dieses vorhanden ist. Bei dieser Art ausgeweiteter Kontrolle spricht man von einer atypischen stillen Gesellschaft mit Eigenkapitalcharakter. Beim PDL ist der Einflussbereich des Kapitalgebers hingegen weitaus geringer.

Der stille Gesellschafter ist grundsätzlich am Gewinn und am Verlust des Unternehmens beteiligt. Die Gewinnbeteiligung ist dabei rechtlich festgelegt und kann vertraglich nicht unterbunden werden, während die Verlustbeteiligung ausgeschlossen werden kann. Eine Verlustbeteiligung ist ein Merkmal der stillen oder der atypisch stillen Gesellschaft, da bei einem PDL die Verlustbeteiligung rechtlich ausgeschlossen ist.

Die typische stille Beteiligung kann bilanziell dem Eigen- oder auch dem Fremdkapital zugeordnet werden. Die fehlende Verlustteilnahme des stillen Gesellschafters spricht für einen Bilanzausweis unter den »Sonstigen Verbindlichkeiten«, die Nachrangigkeit und die gewinnabhängige Bedienung hingegen sind wesentliche Eigenkapitalmerkmale und rechtfertigen somit den gesonderten Bilanzausweis als »Kapital des stillen Gesellschafters« nach dem gezeichneten Kapital und vor den Rückstellungen; der Ausweis unter dieser Position kann vor allem auch aus einer Verlustbeteiligung des stillen Gesellschafters abgeleitet werden, da in diesem Fall sein eingebrachtes Kapital die Verlustdeckungsfunktion übernimmt.

Insofern besitzt die stille Gesellschaft eine höhere Bilanzqualität als das Nachrangdarlehen und bei Verlustbeteiligung auch als das PDL.

Das *nachrangige Darlehen* ist das der reinen Fremdkapitalfinanzierung ähnlichste mezzanine Finanzierungsinstrument. Eine Verlustbeteiligung ist bei dieser meist mittelfristigen (Laufzeit: fünf bis acht Jahre) Finanzierungsform grundsätzlich ausgeschlossen. Das entscheidende Merkmal des nachrangigen Darlehens ist die sehr flexible Gestaltung der Nachrangigkeit, auch Nachrangabrede oder Rangrücktrittsvereinbarung genannt. Diese legt fest, an welcher Stelle der Kapitalgeber bei einer Insolvenz bedient wird, und kann einen Rücktritt hinter bestimmte, ausgewählte Gläubiger oder in seltenen Fällen auch eine weite Nachrangigkeit gegenüber allen Gläubigern beinhalten. In der Praxis wird in der Rangrücktrittsvereinbarung, vor allem zur Vermeidung der Überschuldung, die Rückzahlung nur im Rang nach den Forderungen sämtlicher Insolvenzgläubiger und außerhalb des Insolvenzverfahrens nur aus ungebundenem Vermögen festgelegt. Bilanziell wird das nachrangige Darlehen meist mit einem Nachrangvermerk unter den Verbindlichkeiten ausgewiesen und durch eine Erläuterung des Nachrangvermerks im Anhang ergänzt. Im Gegensatz zum PDL wird der Rangrücktritt des Kapitalgebers beim nachrangigen Darlehen normalerweise nicht mit erweiterten Kontrollrechten oder anderweitigen Vergünstigungen kompensiert. Außerdem liegt oftmals eine Besicherung des Kapitals vor. Das nachrangige Darlehen ist zudem meistens mit einer reinen ertragsunabhängigen Verzinsung ausgestattet. Diese kann regelmäßig ausgezahlt oder teilweise kapitalisiert und am Ende der Laufzeit gezahlt werden. Dabei ist jedoch das Gesetz zum Zinseszinsverbot (§§ 248 und 289 BGB) zu beachten, nach dem eine im Voraus getroffene Vereinbarung, dass fällige Zinsen wieder Zinsen tragen sollen, nichtig ist.

8.2 Anforderungen an das Unternehmen

Auch beim PDL müssen wie bei allen mezzaninen Finanzierungsformen erhöhte Anforderungen für eine Mezzanine-Kapitalaufnahme erfüllt werden. Ein erfahrenes Management ist dabei von großer Bedeutung und auch der Cashflow muss ausreichen. Bei Aufnahme eines PDL muss das Unternehmen über ein ausgereiftes internes und externes Berichtswesen verfügen, das den Kreditgebern eine umfassende Einsicht und Kontrolle ermöglicht. Eine zukunftsorientierte, detaillierte Geschäfts- und Finanzplanung ist hierfür Grundvoraussetzung, wobei vor allem der aktuelle und zukünftige freie Cashflow von Bedeutung für die PDL-Geber ist. Dieser zeigt den tatsächlichen Fluss der finanziellen Mittel an und somit auch, ob das Volumen zur Deckung aller Verbindlichkeiten genügt. Vor Eintritt des Kapitalgebers findet zudem eine eingehende Prüfung des Unternehmens im Zuge einer Unternehmensbewertung statt. Dabei sollte sich idealerweise ergeben, dass das Unternehmen akzeptable Margen verdient, operativ profitabel arbeitet und eine transparente rechtliche Struktur sowie eine Bilanzstruktur mit genügend Potenzial für die Aufnahme von Mezzanine-Kapital aufweist. Da ein PDL meist begrenzt für fünf bis zehn Jahre vergeben wird, muss sichergestellt sein, dass das Unternehmen auch nach diesem Zeitraum in der Lage ist, dieses zurückzuzahlen. Außerdem sollten die Kosten der Transaktion, zum Beispiel Beratungsgebühren und Rechtsanwaltskosten, bei der Höhe des Darlehens berücksichtigt werden. Oftmals ist ein Darlehen erst ab einer bestimmten Höhe sinnvoll.

Bei entsprechender Vertragsausgestaltung mit ausgeweiteten Kontrollrechten und Gewinnbeteiligung des Kapitalgebers sowie einer Nachrangigkeitserklärung kann das PDL wirtschaftlich als Eigenkapital angesehen werden, was aus Sicht eines weiteren Fremdkapitalgebers die Eigenkapitalquote steigen lässt und damit die Kreditwürdigkeit des Unternehmens erhöht. Ein weiterer Vorteil für die Unternehmenseigentümer und Gesellschafter besteht darin, dass mezzanines Kapital im Gegensatz zu reinem Eigenkapital keine oder nur sehr geringe Kapitalverwässerung der Anteile bedeutet. Dies kommt daher, dass PDL-Geber normalerweise keine Stimm- oder Vetorechte, sondern nur Kontroll- und Informationsrechte besitzen und die Selbstständigkeit des Unternehmens somit weitestgehend erhalten bleibt. Altgesellschafter werden also nicht in ihren Kompetenzen eingeschränkt.

Finanzierung durch PDL ist immer dann sinnvoll, wenn spätestens mittelfristig mit nachhaltigem Cashflow gerechnet werden kann. Dabei kann es sich um Projektfinanzierung, Rekapitalisierungen oder Wachstumsfinanzierungen handeln. Auch als Alternative zu einem Börsengang kann sie eingesetzt werden.

Genauer zu untersuchen sind Finanzierungen von laufenden Verlusten und Turn-around-Finanzierungen. Hier sollte von Fall zu Fall anhand der Verschuldungslage entschieden werden, ob das Unternehmen für eine Private-Debt-Finanzierung geeignet ist. Für diese Art der Finanzierung eignet sich in der Regel reines Eigenkapital mit unausgeschlossener Haftung besser.

Da die gesetzlichen Regelungen bezüglich des PDL dispositiv sind, können Laufzeit, Rangfolge, Kontrollrechte und Vergütung relativ frei gestaltet und somit auf die Bedürfnisse des Unternehmens und des PDL-Gebers genau zugeschnitten werden. Bei Überschuldung oder Zahlungsschwierigkeiten können zum Beispiel Zinsendzahlungen vereinbart werden. Die Flexibilität eines PDL ist gerade für mittelständische Betriebe mit Nischenprodukten und schnell erforderlicher Marktanpassung von großem Vorteil. Der Darlehensgeber ist durch die zweigleisige Zinsstruktur aus einer festen Darlehensverzinsung und einer gewinnabhängigen Verzinsung auch im Verlustfall teilweise geschützt.

Auch für eine Eigenkapitaloption am Ende der Laufzeit des Darlehens bietet sich Gestaltungsraum.

Partiarische Darlehen können dabei nicht nur von privaten Fremdkapitalgebern, sondern auch von Banken übernommen werden. So finanziert zum

Beispiel die Thüringer Aufbaubank (TAB) seit 1992 als Anstalt des öffentlichen Rechts zahlreiche mittelständische Unternehmen sowie Angehörige freier Berufe mit guten Marktchancen durch PDL. Die TAB unterstützt dabei Investitionen, Betriebsmittel, die Markteinführung neuer Produkte, Innovationen oder den Kauf von Unternehmensanteilen durch ein Partiarisches Darlehen mit Nachrangabrede. Die Laufzeit kann hierbei bis zu zehn Jahren betragen, es wird ein Finanzierungsbetrag von 20 000 bis 100 000 € gewährt. Die Vergütung besteht aus einem festen risikoabhängigen Entgelt, einem festen risikoabhängigen Zins und einem gewinnabhängigen Entgelt sowie einem gewinnabhängigen Zins (2 % p.a. des Beteiligungsbetrages). Auch Banken bieten ähnliche Produkte an. Eine Initiative zur Mitarbeiterkapitalbeteiligung und Unternehmensnachfolge des Ministeriums für Wirtschaft und Arbeit des Landes Nordrhein-Westfalen, der NRW-Bank und der EU stellen gar das Arbeitnehmerdarlehen in Form eines Partiarischen Darlehens als geeignete Form der Vorbereitung bestimmter Mitarbeiter auf eine Nachfolgeregelung dar. Flexibilität und Revidierbarkeit der vergebenen Kontrollrechte könnten als umkehrbare Testlösung gesehen werden.

Da es sich bei einem PDL um eine nicht standardisierte Finanzierungsform handelt, müssen individuell verhandelte Konditionen vertraglich festgehalten werden. Partiarische Darlehensverträge basieren grundsätzlich auf den Regelungen der herkömmlichen Darlehensverträge; diese sind in den §§ 488 ff. des Bürgerlichen Gesetzbuchs festgehalten. Die rechtliche Implementierung des Partiarischen Darlehens ist problemlos möglich, da sie keines Hauptversammlungs- beziehungsweise Gesellschafterbeschlusses bedarf. Allerdings kann insbesondere bei Gesellschaften, die bereits mit Private Equity beziehungsweise Venture Capital finanziert sind, die Geschäftsordnung für den Vorstand beziehungsweise die Geschäftsführung einen Zustimmungsvorbehalt zugunsten des Aufsichtsrats oder Beirats vorsehen.

In der angelsächsischen Finanzwelt wird, um diese Gesetzeslücken zu schließen, regelmäßig auf Verpflichtungserklärungen des Darlehensnehmers zurückgegriffen, so genannte Covenants. Diese dienen dazu, eine Verschlechterung der Stellung des Private-Debt-Kapitals zu vermeiden. Dabei wird unterschieden zwischen Positive Covenants, die die Verpflichtungen des Unternehmers festlegen und Negative Covenants, die Verbote beinhalten. Weiterhin kann zwischen Legal, Financial und Exit Covenants differenziert werden. Legal Covenants regeln Beirats- oder Aufsichtsmandate, die Zustimmung zur Veräußerung von Aktiva, Informations-, Kontroll- und Mitwirkungsrechte sowie Kündigungsgründe und -rechte. Kennzahlen und Cashflow-Entwicklungen werden in den Financial Covenants festgelegt. Exit

Covenants regeln Ausstiegs- und Eigenkapitaloptionen zum Ende der Laufzeit oder bei geplanten Börsengängen. Covenants beinhalten im Allgemeinen das Recht zur Kündigung bei Nichteinhaltung. Sie können mit den deutschen Allgemeinen Geschäftsbedingungen (AGB) verglichen werden.

Das sittenwidrige oder Wuchergeschäft ist nach § 138 Abs. 1 BGB nichtig. In der Regel liegt dies bei allen synallagmatischen, also gegenseitigen oder voneinander abhängigen Rechtsgeschäften vor, bei denen Leistung und Gegenleitung in einem besonderen Missverhältnis stehen. Der auf ein partiarisches Darlehen entfallende Gewinn muss daher angemessen sein. Überhöhte Gewinnanteile können zu verdeckten Gewinnausschüttungen führen. Der Bundesfinanzhof ermittelt den angemessenen Teil, indem er die Gewinnanteile ins Verhältnis zum Darlehensnennbetrag setzt. Dabei dürfen die Gewinne 25 % der Darlehenssumme nicht übersteigen. Maßgebend ist der zukünftige Durchschnittsgewinn, was eine Schätzung zum Zeitpunkt der Gewinnverteilungsabrede erforderlich macht. Eine Unwirksamkeit des Darlehens wegen Wuchers kann auch durch Zinswucher zustande kommen, von dem gesprochen wird, wenn der vereinbarte Zins den am Markt üblicherweise gehandelten Zins um 100 % übersteigt.

Wegen der fehlenden Verlustbeteiligung des PDL-Gebers wird das Partiarische Darlehen in der Steuerbilanz grundsätzlich als Fremdkapital unter »sonstige Verbindlichkeiten« ausgewiesen (siehe § 266 Abs. 3, C.8 HGB). Die Bewertung der Verbindlichkeit erfolgt in Handels- und Steuerbilanz grundsätzlich mit dem Rückzahlungsbetrag, der dem Ausgabebetrag entspricht, da es sich um eine gewinnabhängige und verzinsliche Verbindlichkeit handelt. Die Einlage geht zum Zeitpunkt des Darlehensvertragsabschlusses in das Vermögen des Unternehmers über. Die Einlage ist jedoch kein Haftkapital, da sie im Falle einer Insolvenz als Insolvenzforderung geltend gemacht werden kann, soweit dies nicht vertraglich durch eine Nachrangabrede verhindert ist. Der feste Verzinsungsanteil des PDL ist als Verbindlichkeit des Geschäftsinhabers gegenüber dem Darlehensgeber zu passivieren. Die gewinnabhängige Vergütung ist wie das Darlehen selbst unter »sonstige Verbindlichkeiten« auszuweisen. Ein nicht ausgezahlter Gewinnanteil ist ebenfalls als Verbindlichkeit des Unternehmers gegenüber dem Darlehensgeber zu erfassen und erhöht nicht die Geldeinlage. In der Gewinn- und Verlustrechnung (GuV) wird eine feste periodische Zahlung, die einem Zins entspricht, unter »Zinsen und ähnliche Aufwendungen« aufgeführt. Gewinnabhängige Vergütungen bedürfen einer Erweiterung des Gliederungsschemas nach § 275 HGB und werden unmittelbar vor dem Jahresüberschuss als »aufgrund eines Teilgewinnabführungsvertrages abgeführter Gewinn« ausgewiesen.

Wenn der mittelständische Unternehmer selbst als PDL-Geber auftritt und sofern er selbst auch bilanzierungspflichtig ist, muss das PDL als Darlehen im Anlagevermögen unter »sonstige Ausleihungen« (§ 266 II, A.III. 6 HGB), bei kürzerer Laufzeit im Umlaufvermögen unter »sonstige Vermögensgegenstände« (§ 266 Abs. 2, B.II.4 HGB) bilanziert werden. Die Bewertung des Darlehens erfolgt in der Handelsbilanz zu Anschaffungskosten. Der Gewinnanteil führt dabei nicht zu nachträglichen Anschaffungskosten auf die Einlage, sondern zu einer selbstständigen Forderung gegen den Geschäftsinhaber.

Grundsätzlich besteht für den PDL-Geber die Pflicht der Abschreibung des Darlehens bei Wertminderung wie bei jedem anderen Vermögensgegenstand. Bei einem Ausweis im Anlagevermögen im Fall einer langfristigen Kapitalüberlassung ist aufgrund der voraussichtlich dauerhaften Wertminderung die Abschreibung auf den am Stichtag beizulegenden niedrigeren Wert durchzuführen. Bei einem Ausweis im Umlaufvermögen, also bei einer kurzfristigen Kapitalüberlassung, besteht aufgrund des strengen Niederstwertprinzips bei Verlusten aus der Beteiligung in der Handelsbilanz eine Pflicht zur Abschreibung auf den am Stichtag beizulegenden niedrigeren Wert. Da bei einem PDL eine Verlustbeteiligung jedoch nicht möglich ist, ist dieser Fall unwahrscheinlich.

In der Gewinn- und Verlustrechnung (GuV) werden Erträge in Form einer festen Vergütung unter »sonstige Zinsen und ähnliche Erträge« aufgeführt. Gewinnabhängige Vergütungen bedürfen einer Erweiterung des Gliederungsschemas nach § 275 HGB und werden in der Position »Erträge aus Beteiligungen« als »Erträge aus Teilgewinnabführungsverträgen« ausgewiesen. Abschreibungen auf den niedriger beizulegenden Wert sind bei Ausweis im Anlagevermögen als »Abschreibung auf Finanzanlagen und auf Wertpapiere des Umlaufvermögens« oder bei Ausweis im Umlaufvermögen als »sonstige betriebliche Aufwendungen« auszuweisen.

Der Zinsaufwand des Darlehensnehmers ist grundsätzlich als Betriebsausgabe abzugsfähig und mindert damit die Bemessungsgrundlage für die Einkommen- oder Körperschaftsteuer beziehungsweise die Gewerbesteuer. Dabei ist jedoch zwischen festen und gewinnabhängigen Vergütungen zu differenzieren. Bei Festvergütungen sind, unabhängig davon, ob der Darlehensgeber der Gewerbesteuer unterliegt, nur 50 % abzugsfähig, während gewinnabhängige Vergütungen, soweit sie beim Darlehensgeber nicht der Gewerbesteuer unterliegen, zu 100 % abzugsfähig sind (§ 8 Nr. 3 GewStG). Die Gewerbesteuerbefreiung des Darlehensgebers ist durch Haltung des Darlehens im Privatvermögen möglich.

Eine Beschränkung der Kapitalertragsteuerpflicht auf Zinseinkünfte ist beim PDL wenig sinnvoll, da die Vergütung des PDL größtenteils aus gewinnabhängigen Komponenten besteht. Wird das Darlehen im Betriebsvermögen gehalten und ermittelt der Darlehensgeber den Gewinn durch den Betriebsvermögensvergleich, werden die Erträge aus dem Darlehen phasengleich, also in dem Jahr als Forderung erfasst, für das sie gezahlt werden. Dabei muss grundsätzlich Gewerbesteuer auf die Gewinnanteile des Darlehensgebers entrichtet werden.

8.3 Fallbeispiel für ein Partiarisches Darlehen eines mittelständischen Unternehmens

Das Beispielunternehmen entwickelt und produziert universelle Umrüstsätze für Dieselfahrzeuge für den Betrieb mit Pflanzenöl. Gegenstand des Unternehmens ist satzungsgemäß die Planung, Entwicklung, Herstellung und der Vertrieb von Umrüstsätzen für Kraftfahrzeuge zur Umstellung von Dieselbetrieb auf Betrieb mit Pflanzenölen. Die Serienfertigung des Patents wird bei einem ausgewählten Autoteilezulieferer unter strengen Qualitätskontrollen gefertigt. Das komplexe Modul zur Kontrolle des Fahrverhaltens und des Einspritzwechsels von Diesel auf das umweltverträgliche Rapsöl wird den Kunden dann von vertraglich gebundenen Qualitätspartner-Werkstätten eingebaut. Rapsöl bietet neben CO_2-neutraler und schwefelarmer Verbrennung den Vorteil der Unabhängigkeit von Rohstoffimporten und langen, kostenintensiven Transportwegen. Diese zukunftsorientierte Technologie bietet daher langfristige Vorteile gegenüber herkömmlichen Dieselfahrzeugen. Das Beispielunternehmen unterscheidet sich zudem von den am Markt befindlichen Lösungen vor allem in seiner Qualität, da auf Betriebssicherheit und Benutzerfreundlichkeit großen Wert gelegt wird und durch die industrielle Serienproduktion ein sehr gutes Preis-Leistungs-Verhältnis erzielt werden kann. Eine technische Weiterentwicklung für schwere Nutzfahrzeuge und eine Marktausweitung ins Ausland gehören zu den Zukunftsplänen des Beispielunternehmens.

Das Beispielunternehmen wurde in seinem Gründungsjahr zu 75 % durch ein PDL finanziert, das zusammen mit der Stammkapitaleinlage das Start- beziehungsweise Grundkapital bildete. Das PDL wurde im Fall des Beispielunternehmens also zum Zweck der Erstfinanzierung gewährt und zusätzlich mit einer Nachrangigkeitsklausel, einer langen Kündigungsfrist und einer hohen gewinnabhängigen Vergütung ausgestattet. Diese Vereinbarungen lassen auf eine Bewertung als Eigenkapitalersatz mit großem Risiko schließen. Mit einem errechneten jährlichen Ergebnis von circa 20 % des Umsatzes ab dem Folgejahr war das Unternehmen für eine mezzanine Finanzierung interessant. Bei einem geplanten Umsatz von circa 4 Millionen € würde sich ein Ertrag von circa 800 000 € ergeben. Die Kontrollrechte des PDL-Gebers wurden im Gegenzug stark eingeschränkt und erlaubten diesem nur ein Mindestmaß an Einblick zur Kontrolle der Gewinnermittlung. Eine 25-prozentige Gewinnbeteiligung, wie sie im folgenden BeispielvVertrag zwischen dem Beispielunternehmen und dem PDL-Geber dargestellt ist, stellt bei der Mitfinanzierung eines neu gegründeten Unternehmens eine notwendige Risikokompensation dar. Die zusätzliche feste jährliche Verzinsung mit einem Zinssatz von 1,5 % über Euribor soll das Risiko des Geldgebers noch zusätzlich verringern. Das eigenkapitalähnliche Darlehen gab dem Startup das nötige Kapital, um bei Banken und Lieferanten kurzfristige Kredite aufnehmen und die Produktion beginnen zu können.

Vertrag über ein Partiarisches Darlehen

Zwischen
Beispiel-GmbH, Schornsteinweg 20, 11111 Beispielstadt,
nachstehend »Unternehmen«
und
Dr. Hans Beispiel, Eiffelturmstr. 121, 12345 Musterdorf
nachstehend »Darlehensgeber«

Präambel

Der Darlehensgeber beabsichtigt, dem Unternehmen ein eigenkapitalähnliches Partiarisches Darlehen (Gewinndarlehen) nach Maßgabe nachfolgender Bestimmungen zu gewähren. Das Darlehen kommt erst nach einstimmiger Verabschiedung eines Businessplans seitens der Gesellschafter der Beispiel-GmbH zur Auszahlung. Die Auszahlungshöhe bestimmt sich nach dem Liquiditätsbedürfnis des Unternehmens und wird einvernehmlich festgelegt. Die Auszahlungen sind auf einen Gesamtbetrag von 75 000 € beschränkt.

§ 1 Darlehenskonditionen

(1) Das Darlehen ist unbefristet. Die Kündigungsfrist beträgt sechs Monate zum Jahresende. Die Kündigung des Darlehensvertrages durch den Darlehensgeber ist erstmals zum 31.12.2010 zulässig. Die Kündigung bedarf der Schriftform.
(2) Unabhängig davon kann das Darlehen jederzeit mit der Wirkung fällig werden, dass der gesamte Darlehensrestbetrag binnen 14 Tagen an den Darlehensgeber zurückzuzahlen ist, wenn das Unternehmen gegen die in diesem Vertrag enthaltenen Verpflichtungen

verstößt oder die Darlehenssumme vertragswidrig verwendet oder wenn aufgrund einer wesentlichen Veränderung des Unternehmens (Rechtsformänderung, Verschmelzung oder Spaltung, wesentliche Änderung von Geschäftsgegenstand oder Geschäftsbetrieb etc.) für den Darlehensgeber eine erhebliche Beeinträchtigung der Bonität des Unternehmens oder der Gewinnerwartungen zu erwarten ist.

§ 2 Gewinnbeteiligung

(1) Das Darlehen ist jährlich mit 1,5-Prozentpunkten über der Höhe des jeweils am 1.1. eines Jahres gültigen Euribor zu verzinsen.

(2) Darüber hinaus erfolgt die Verzinsung des Darlehensbetrages durch Beteiligung des Darlehensgebers am jährlichen Gewinn des Unternehmens in Höhe von 25 % des nach Maßgabe nachfolgender Bestimmungen ermittelten Jahresgewinns, maximal jedoch in Höhe von 1/4 der aushaftenden Darlehenssumme.

(3) Der maßgebende Jahresgewinn ist der sich aus dem Jahresabschluss des Unternehmens ergebende Jahresüberschuss vor Steuern und vor Gewinnbeteiligung des Partiarischen Darlehens. Steuerliche Sondervorschriften wie eine Investitionsrücklage oder eine vorzeitige Abschreibung sowie sonstige Rücklagenbewegungen bleiben ausdrücklich außer Betracht. Rückstellungen und vergleichbare Positionen sind nur insoweit zu berücksichtigen, als sie auch steuerlich anerkannt werden.

(4) Eine Beteiligung an der Substanz oder am Liquidationserlös ist ebenso wie eine Verlustbeteiligung ausgeschlossen. Verluste aus dem oder den Vorjahr/en oder das Vorhandensein eines Verlustvortrages bleiben für die Ermittlung des Gewinns des laufenden Geschäftsjahres unberücksichtigt.

(5) Der Gewinnanteil ist 30 Tage nach Beschlussfassung über die Bilanz, spätestens jedoch zum 30.09. des auf das Geschäftsjahr folgenden Jahres zur Zahlung an den Darlehensgeber fällig.

(6) Der Darlehensgeber ist berechtigt, über einen Wirtschaftsprüfer die Buchführungs- und Geschäftsunterlagen einzusehen, soweit diese für die Ermittlung des Gewinnanteils von Bedeutung sind. Auf Anforderung des Darlehensgebers ist das Unternehmen weiterhin verpflichtet, dem Darlehensgeber eine detaillierte und nachvollziehbare Berechnung des Gewinnanteils zu übermitteln. Darüber hinaus stehen ihm keinerlei Weisungs- und Kontrollrechte hinsichtlich der Führung des Geschäftsbetriebs des Unternehmens, seiner Verwaltung und Bilanzierung zu.

§ 3 Nachrangigkeit

(1) Im Falle der Eröffnung eines gerichtlichen Vergleichs- oder Insolvenzverfahrens über das Vermögen des Unternehmens wird hiermit die Nachrangigkeit des Darlehens gegenüber den Forderungen sämtlicher anderer Gläubiger des Unternehmens mit Ausnahme solcher Gläubiger, die selbst eine entsprechende Nachrangigkeitserklärung für ihre Forderungen abgegeben haben, vereinbart.

(2) Die auf die Forderung aus diesem Darlehen entfallende (Zwangs-)Ausgleichsquote bleibt ein nachrangiges Darlehen, für das die Bestimmungen dieses Darlehensvertrages einschließlich der Bestimmungen über die Verzinsung auch weiterhin Gültigkeit besitzen. Eine Tilgung darf erst nach Erfüllung des Ausgleichs gegenüber den nicht nachrangigen Gläubigern erfolgen.

§ 4 Schlussbestimmungen

(1) Die Rechte und Pflichten aus diesem Vertrag können nur mit schriftlicher Zustimmung des jeweils anderen Teils abgetreten oder sonst übertragen werden.

(2) Änderungen oder Ergänzungen dieses Vertrages bedürfen der Schriftform, wobei dieses Schriftformerfordernis selbst wiederum nur schriftlich abgedungen werden kann.

(3) Sollten einzelne Klauseln dieses Vertrages ganz oder teilweise unwirksam und/oder undurchführbar € gleich aus welchem Rechtsgrund € sein, berührt dies die Wirksamkeit der übrigen Klauseln nicht. Beide Vertragspartner verpflichten sich, die unwirksame/undurchführbare Klausel durch eine andere zu ersetzen, die dem wirtschaftlichen Zweck der unwirksamen/undurchführbaren Regelung am nächsten kommt und ihrerseits wirksam ist.

[Unterschriften]

Abb. 38: Vertrag über ein Partiarisches Darlehen

9
Ausgabe von Schuldverschreibungen beziehungsweise Anleihen

Im Gegensatz zum klassischen Kredit kann Fremdkapital auch vom anonymen Kapitalmarkt durch die Ausgabe von Schuldverschreibungen beschafft werden. Der Begriff *Schuldverschreibung* umschreibt dabei treffend den Unterschied zum Kredit. Während es sich bei einem Kredit oder Darlehen um eine duale vertragliche Vereinbarung handelt, wird hier Fremdkapital, also eine Schuld, in Form eines Wertpapiers verbrieft beziehungsweise »verschrieben«. Diese Schuldverschreibung wird auch als Anleihe oder Bond bezeichnet. Für die vielen hinsichtlich der Konditionen verschiedenen Varianten sind in Theorie und Praxis zahlreiche weitere Begriffe üblich, wie zum Beispiel Pfandbrief, Obligation oder Wandelschuldverschreibung.

9.1 Grundlagen der Schuldverschreibung

Ein Anleger kauft Anleihen meist zu einem Kurs von 100 % und mit einem variablen oder festen Kupon, der die Verzinsung dieser Anleihe angibt. Bei Nullkuponanleihen werden keine Zinszahlungen während der Laufzeit geleistet, sie werden je nach Laufzeit unter 100 % verkauft, während sie nach Ende der Laufzeit zu 100 % zurückgekauft werden. Anleihen wenden sich somit im Gegensatz zu einem langfristigen Bankkredit nicht an einen bestimmten Kreditgeber, sondern an den anonymen Kapitalmarkt, wo sie zumeist in den so genannten Teilschuldverschreibungen gehandelt werden.

Eine Anleihe besteht aus zwei Bestandteilen, dem Mantel und dem Bogen. Der Mantel ist die eigentliche Schuldurkunde, die das Forderungsrecht des Gläubigers gegenüber dem Emittenten der Anleihe verbrieft. Des Weiteren werden darin das Volumen der Anleihe, ihr Nominalwert, die Nominalverzinsung, die Zinstermine wie auch die Laufzeit schriftlich fixiert. Der Bogen besteht dagegen aus einem Erneuerungsschein, der zur Zuteilung eines Bogens berechtigt, sowie aus den Zinskupons, die einen jährlich oder halbjährlich zu begleichenden Zinsbetrag ausweisen.

Handbuch Alternative Finanzierungsformen. Ottmar Schneck
Copyright © 2006 WILEY-VCH Verlag GmbH & Co. KGaA, Weinheim
ISBN 3-527-50219-X

Die Bezeichnungen der verschiedenen Anleihenarten können bestimmten Emittenten zugeschrieben werden. Staats-, Länder-, Kommunalanleihen werden von öffentlichen Institutionen ausgegeben, Schuldverschreibungen meist von Kreditinstituten mit Sonderaufgaben, zum Beispiel der Kreditanstalt für Wiederaufbau (KfW). Die Ausgabe von Auslandsanleihen erfolgt durch ausländische Staaten, Großstädte oder Unternehmen. Sie können entweder auf € als €-Auslandsanleihen oder auf andere Währungen als Fremdwährungsanleihen lauten. Bankanleihen, Kommunalobligationen, Pfandbriefe stammen von Kreditinstituten und Industrieobligationen mit und ohne Sonderrechte von privaten Unternehmen.

Schuldverschreibungen, auch *Obligation, Anleihe* oder *Bond* genannt, gehören zu der Gruppe der vertretbaren Wertpapiere. Sie werden in den meisten Fällen als Inhaber- und seltener als Orderpapiere ausgegeben. Der Ausgeber, der als Emittent bezeichnet wird, verpflichtet sich mit der Ausgabe einer Schuldverschreibung dem Käufer gegenüber, vertraglich festgesetzte Zins- und Tilgungszahlungen zu leisten. Somit ist der Emittent Anleiheschuldner. Der Anleger dagegen hat das so genannte Forderungsrecht und erhält eine Rückzahlung sowie Verzinsung des verbrieften Kredits.

Die Voraussetzung für die Emission einer Anleihe oder Schuldverschreibung ist die Emissionsfähigkeit eines Unternehmens, die nicht an eine bestimmte Rechtsform gebunden ist. Unter *Emissionsfähigkeit* versteht man eine gute Bonität und ein gewisses Mindestemissionsvolumen. Diese Bedingungen werden an den unterschiedlichen Marktplätzen für Anleihen, den so genannten Rentenmärkten, vorgegeben. Rentenmärkte sind an den üblichen Börsenplätzen zu finden, innerhalb Europas insbesondere in Frankfurt am Main.

Der Nennbetrag, zu dem eine Anleihe ausgegeben wird, muss weder mit dem Ausgabe- noch mit dem aktuellen Kurs übereinstimmen. Der Ausgabekurs wird als pari (= 100 %) bezeichnet, wenn sich Nennwert und Ausgabekurs entsprechen. Liegt der Ausgabekurs unter- oder oberhalb des Nennwerts, dann liegt er unter oder über pari.

Die Laufzeit einer Anleihe liegt durchschnittlich zwischen 8 und 15 Jahren. Die Tilgung ist je nach Ausgestaltung der Anleihe ab oder an einem zuvor definierten und vertraglich fixierten Zeitpunkt zu leisten. Wird die Tilgungszahlung aufgeschoben, so kann das Unternehmen dadurch seine Liquidität nach Aufnahme des Fremdkapitals schonen und die Tilgung erst dann beginnen, wenn ausreichende Erlöse aus dem investierten Fremdkapital in das Unternehmen zurückfließen.

9 Ausgabe von
Schuldverschreibungen
beziehungsweise
Anleihen

Ein weiterer Flexibilitätsgewinn entsteht vor allem für mittelständische Unternehmen als Emittenten durch die Möglichkeit, die Anleihe mit einem vorzeitigen Kündigungsrecht auszustatten. Dieses wird in den Emissionsbedingungen, die im Emissionsprospekt enthalten sind, festgelegt. Die Ausstattung der Anleihen mit dem vorzeitigen Kündigungsrecht erfolgt häufig in Hochzinsphasen. Wenn das Marktzinsniveau fällt, erhöht sich für den Anleger das Risiko, dass der Emittent von seinem Kündigungsrecht Gebrauch macht, um seine Verbindlichkeiten abzubauen. Zudem kann sich der Emittent in dieser Situation durch die Ausgabe einer neuen Anleihe mit niedrigerem Nominalzins günstiger refinanzieren. Der Gebrauch der vorzeitigen Kündigung kann aber zu einer Abweichung von der erwarteten Rendite führen. Im Vergleich zu Anleihen ohne Kündigungsrecht weisen Anleihen mit einem vorzeitigen Kündigungsrecht jedoch prinzipiell höhere Renditen auf.

Die Besicherung von Anleihen erfolgt zumeist über Grundpfandrechte, besonders in Form der Grundschuld, die in Kapitel 7 dargestellt wurde. Bürgschaften werden bei der Besicherung von Anleihen seltener verwendet. Zumeist stehen in diesem Fall Konzernmütter oder die öffentliche Hand für die Bürgschaft ein. Besitzen Unternehmen eine erstklassige Bonität, wird teilweise auf Sicherheitsleistungen verzichtet und stattdessen die so genannte *Negativklausel* angewendet. Diese Klausel ist auch als Negativerklärung oder Negativrevers bekannt, da sich durch sie der Schuldner verpflichtet, in Zukunft keine Belastungen seiner Vermögensteile zugunsten anderer Gläubiger zuzulassen.

Neben den traditionellen Schuldverschreibungen existieren auch Sonderformen der Schuldverschreibungen, die mit verschiedenen Sonderrechten ausgestattet sind; diese sind in Abbildung 39 dargestellt. Zu diesen Sonder-

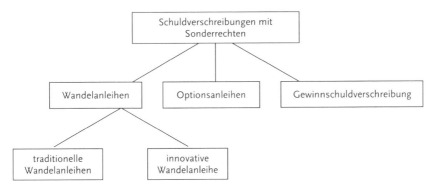

Abb. 39: Sonderformen der Anleihe

formen gehören beispielsweise die Wandelanleihe, die Optionsanleihe und die Gewinnschuldverschreibung, die auch als hybride Kontrakte bezeichnet werden können, da sie Charakteristika des Eigen- und des Fremdkapitals besitzen.

Bei der Gewinnschuldverschreibung handelt es sich um eine Anleihe, deren Verzinsung um einen Gewinnanspruch ergänzt ist. Diese Sonderform kommt den in Kapitel 16 ausführlich dargestellten Genussscheinen nahe.

Bei den Optionsscheinen hat der Käufer zusätzlich zu seinen Ansprüchen noch die Option auf ein bestimmtes Recht. Dieses Recht kann zum Beispiel die Möglichkeit der Wandlung in Aktien oder der Rückzahlung in eine andere Währung beinhalten. Die Wandelanleihe ist für mittelständische Unternehmen besonders geeignet und wird deshalb im folgenden Abschnitt ausführlich beschrieben.

9.2 Wandelschuldverschreibungen für Unternehmen

Wandelanleihen gehören zu den mezzaninen Finanzierungsinstrumenten, die sowohl Eigen- als auch Fremdkapitalcharakter besitzen. Je nach Ausgestaltung überwiegen die Eigen- oder die Fremdkapitaleigenschaften. Wandelanleihen finden in der Praxis breite Verwendung, da sie aufgrund des rechtlichen Spielraums eine hohe Flexibilität aufweisen. Sie werden nur durch den § 221 des Aktiengesetzes als »Schuldverschreibungen, bei denen den Gläubigern ein Umtausch- oder Bezugsrecht auf Aktien eingeräumt wird« definiert. Da Wandelanleihen eine Sonderform der Schuldverschreibung sind, spielt bei ihnen vor allem die Gestaltung des Wandelverhältnisses, der Sperrfrist, der Zuzahlungen und die Festlegung von Laufzeiten eine bedeutende Rolle. Zudem können auch die Form der Besicherung der Anleihe, der Verzinsungsform, der Kündigungsrechte und der Tilgungsmethoden individuell an ein Unternehmen angepasst werden. Bis zur Inanspruchnahme der Wandlungsoption besteht ein Anspruch auf Rückzahlung des Nennwerts und auf Zahlung der Zinsen. Im Falle einer Wandlung tritt an Stelle der Rückzahlung der Schuldverschreibung das Recht, Aktien des Unternehmens oder ein alternatives Wandlungsobjekt, zum Beispiel Aktien dritter Unternehmen, zu erhalten.

Mittelständische Unternehmen nutzen Wandelanleihen meist für Expansionsfinanzierungen wie zum Beispiel im Fall des Audiosoftwarespezialists Steinberg, der bereits Anfang der 90er-Jahre eine Wandelanleihe in Höhe von 1 Million € emittierte. Diese Emission diente zur Finanzierung der Ex-

9 Ausgabe von Schuldverschreibungen beziehungsweise Anleihen

pansion in neue Bereiche der digitalen Medien sowie in den schnell wachsenden internationalen Consumer-Markt. Steinberg verfolgte das Ziel, seinen Technologievorsprung weiter auszubauen.

Obwohl die Marktverhältnisse und die Ausgestaltungsmöglichkeiten der Wandelanleihen auch für nicht an der Börse notierte Unternehmen interessant und einfach sind, findet das Thema Wandelanleihe in der Praxis noch immer wenig Beachtung. Für die Emission ist nicht die Rechtsform einer Aktiengesellschaft (AG) notwendig, auch Gesellschaften mit beschränkter Haftung (GmbH) können von Wandelanleihen profitieren. Während bei einer AG der Beschluss eines bedingten Kapitals durch die Hauptversammlung erfolgen muss, beschließt bei einer GmbH die Gesellschafterversammlung über die Abtretung von eigenen Anteilen zur Bedienung der Optionen.

Auch ist die Finanzierung durch Wandelanleihen nicht unbedingt an ein externes Rating gebunden, weshalb die Begebung von Wandelanleihen gerade für KMU in Frage kommt. Es muss jedoch ein positiver Cashflow vorhanden sein, um die Finanzierungskosten einer Emission von circa 10 bis 15 % des Emissionsvolumens zu decken. Dabei handelt es sich hauptsächlich um Kosten für Tilgungszahlungen und um das Wandlungsrecht auf Anteile am Gesellschaftskapital, den so genannten Equity-Kicker. Darüber hinaus basiert eine erfolgreiche Emission auf einem liquiden Sekundärmarkt und einem ausreichenden Marktvolumen. In diesem Zusammenhang sind die zunehmende Bedeutung von Regionalbörsen und die Neuschaffung von KMU-Börsen, wie zum Beispiel dem G-Markt in Stuttgart, zu betrachten, die Emissionen von Wertpapieren für mittelständische Unternehmen erleichtern und attraktiver werden lassen.

Convertible Bonds, auch *Convertibles* genannt, sind Wandelanleihen, die mit dem Zusatzrecht ausgestattet sind, am Ende der Laufzeit ohne zusätzliche Kosten in Aktien umgetauscht zu werden. Convertibles haben ihre frühen Ursprünge zwar bereits im 18. Jahrhundert, gewinnen aber auch aktuell wieder an Bedeutung. Diese Wandelanleihen hatten ihre erste Ausgabe-Hochphase in den Jahren 1951/1952. In der Nachkriegszeit waren nur wenige Gesellschaften in der Lage, Kapitalerhöhungen durchzuführen, da die Aktienkurse so stark gesunken waren, dass Aktien unattraktiv waren. Die Platzierung von Rentenpapieren war ebenfalls nicht Erfolg versprechend, weil Wertpapierbesitzer den Schock der Währungsreform mit der Abwertung aller festverzinslichen Papiere noch nicht überwunden hatten. Um die ursprüngliche Substanz zu bewahren, wurden zu dieser Zeit Wandelanleihen ausgegeben, die es den Anlegern ermöglichten, das festverzinsliche Papier nach einer gewissen Frist zu einem festgesetzten Bezugskurs in Aktien zu tauschen.

Heutzutage besteht für Investoren der Vorteil von Wandelanleihen vor allem darin, dass einerseits Risiken begrenzt und andererseits die Chancen einer Aktienhausse genutzt werden können. Die steigenden Aktienkurse machen Convertibles für Unternehmen gegenüber einem traditionellen Corporate Bond äußerst interessant. Je höher die Wandlungsprämie, umso weniger ist die dem Convertible inhärente Aktienoption wert; je stärker die festverzinsliche Eigenschaft, umso eher werden die Papiere für Bondholder interessant.

Waren früher die Wandelanleihen für Emittenten die mehr oder weniger einzige Möglichkeit, Investoren zu gewinnen, so sind die heutigen Motive billigere Aktien und steuerliche Vorteile durch Gewinn mindernde Zinsen im Gegensatz zu Dividenden. Diese Produktvorteile werden durch den gemeinsamen europäischen Währungsraum verstärkt und führen zu stetig wachsenden Volumina.

Convertibles sind aufgrund der niedrigen Kupons und des höheren Preises der Aktien im Vergleich zum Emissionskurs eine günstige Finanzierungsquelle. Heutzutage erscheinen jedoch die geringe Sensitivität gegenüber der Höhe des Unternehmensrisikos sowie die Reduzierung von Informationsasymmetrien wichtiger. Aufgrund der Partizipation der Gläubiger an einer Erhöhung des Aktienpreises durch die mögliche Wandlung sowie aufgrund der niedrigen Zinsbelastung können klassische Interessenkonflikte zwischen Aktionären und Fremdkapitalgebern minimiert werden. Außerdem zeigt die Finanzierung durch Wandelanleihen das Vertrauen des Managements in die Zukunft des Unternehmens. Weitere Vorteile der Emission von Wandelanleihen sind vor allem die steuerlich abzugsfähigen Tilgungsleistungen, die den Steueraufwand für die emittierenden Unternehmen schmälern. Wandelanleihen dienen als kostengünstigere Finanzierungsmöglichkeit, da die Zinsen im Gegensatz zu denen bei Anleihen niedriger ausfallen. Durch früheren Emissionserlös und spätere Wandlung sind Liquidationserlöse möglich.

Es kommt zu einer Verwässerung der Aktienerträge und Stimmrechte zu einem späteren Zeitpunkt und zur Steigerung der Kreditqualität und der Glaubwürdigkeit von Emittenten durch nachrangige Begebung von Wandelanleihen. Wandelanleihen stärken somit die Eigenmittel und stellen gleichzeitig eine steuerlich elegante Möglichkeit zum Verkauf von Beteiligungen beziehungsweise Tochterunternehmen dar. Durch eine gestaffelte Zuzahlung ist es dem Emittenten möglich, Einfluss auf den Wandlungszeitpunkt

9 Ausgabe von Schuldverschreibungen beziehungsweise Anleihen

zu nehmen. Wandelt der Gläubiger seine Anleihe um, braucht das Fremdkapital nicht getilgt zu werden und aus dem befristet verfügbaren Fremdkapital wird unbefristet verfügbares Eigenkapital.

Ein Vorzug für den Anleger beim Kauf einer Anleihe besteht darin, dass er einen Anspruch auf Verzinsung und Rückzahlung der Anleihe besitzt, sofern die Wandlung noch nicht erfolgt ist. Außerdem können die Vorteile des Eigentümers bei Wertzuwächsen der Aktie mit den Rechten des Gläubigers auf Kapitalrückzahlung zum Nennwert und auf laufende Verzinsung verbunden werden, wodurch das Risiko des Kursverlustes begrenzt ist.

Nachteilig für den Anleger ist, dass Emittenten gesetzlich nicht verpflichtet sind, die Wandelanleihen zu besichern. Eine nicht besicherte Anleihe birgt für den Anleger ein zusätzliches Risiko, da dessen Anspruch im Liquidationsfall nachrangig befriedigt wird. Durch die zahllosen und durchaus komplizierten Ausgestaltungsmöglichkeiten sind die angebotenen Wandelanleihen generell nicht direkt miteinander vergleichbar. Dies gilt in besonderem Maße hinsichtlich der Preisfindung und der Sonderbestimmungen nach der Wandlung. Von Nachteil für den Investor ist es, dass keine Pflicht für den Emittenten zur Besicherung der Wandelanleihe festgelegt ist. Hinzu kommt, dass der Investor einen hohen Aufwand bei der Bewertung der Wandelanleihe im Rahmen der Bilanzierung hat und durch die zahlreichen Ausgestaltungsmöglichkeiten die einzelnen Produkte, zum Beispiel hinsichtlich der Preisfindung, nur schwer verglichen werden können.

Emissionen von Wandelanleihen sind aber auch mit potenziellen Risiken verbunden. So besteht zumeist für den Emittenten Unsicherheit bezüglich des Zeitpunktes und des Ausmaßes der Wandlung trotz Zuzahlung sowie der zukünftigen Kapitalstruktur. Des Weiteren sind der hohe Aufwand bei der Platzierung der Aktien und eine eventuelle Umwandlung des Unternehmens in eine Aktiengesellschaft zu beachten. Niedrige Ausgabevolumina erhöhen zudem die Finanzierungskosten bei Emissionen. Die Emission der Wandelanleihe lohnt sich also nur bei hohen Ausgabevolumina.

9.3 Ausgestaltung einer Unternehmensanleihe

Bei der Begebung von Wandelanleihen müssen Unternehmen einige Besonderheiten und Aspekte betrachten. Zunächst ist die *Eingrenzung des Umwandlungszeitraums durch Umtausch- und/ oder Sperrfrist* zu beachten. Dies bedeutet, dass die Umtauschfrist beziehungsweise Wandelfrist sich normalerweise über mehrere Jahre erstreckt; diese Frist gibt an, in welchem Zeit-

161

raum der Gläubiger die Wandelanleihe zu den festgelegten Bedingungen in Aktien umtauschen kann. In der Regel beginnt diese Frist mit Ausgabe der Wandelanleihe und endet am Fälligkeitstermin. Allerdings wird neben der Umtauschfrist oftmals auch eine Sperrfrist vereinbart, innerhalb deren die Wandlung nicht möglich ist, wie beispielsweise in einem bestimmten Zeitraum vor dem Fälligkeitstermin oder zum Jahreswechsel.

Weiterhin ist die *Festlegung des Wandelverhältnisses der Anleihen zu den Aktien* zu regeln. Das nominale Wandlungsverhältnis gibt an, welcher Nennwert an Wandelanleihen notwendig ist, um einen definierten Nennwert an Aktien bei der Wandlung zu erhalten. Aus diesem Nennwertverhältnis kann auch ein Stückverhältnis berechnet werden, welches generell bei der Emission angegeben wird.

Wenn beispielsweise das nominale Wandlungsverhältnis 5:1 ist und der Nennwert einer Anleihe 50 € und der Nennwert einer Aktie 5 € betragen, berechtigen fünf Anleihen zu je 50 €, also insgesamt 250 € Nennwert, bei einem Wandlungsverhältnis von 5:1 zum Bezug von 50 € Nennwert an Aktien. Bei 5 € Aktiennennwert entspricht dies zehn Aktien. Somit ergibt sich ein Stückverhältnis von fünf Anleihen zu zehn Aktien, das heißt 1:2. Folglich kann der Emittent durch die Festlegung des Wandelverhältnisses starken Einfluss darauf nehmen, wie hoch die Partizipation der Anleger am steigenden Unternehmenswert sein soll. Während der Laufzeit bleibt das Wandelverhältnis gewöhnlich konstant.

Bei der Wandlung der Anleihe in Aktien ist vom Anleger gewöhnlich eine Zuzahlung zu leisten. Diese *Zuzahlung als »Steuerungsinstrument« des Wandlungszeitpunkts* ist bei der Gestaltung einer Anleihe ebenfalls von Bedeutung. Eine zeitliche Staffelung dieser Zuzahlungsbeträge erlaubt es dem Emittenten, über die Veränderung der Attraktivität Einfluss auf den Wandlungszeitpunkt und somit auf dessen Wahrscheinlichkeit zu nehmen. Als Gestaltungsformen sind viele Varianten möglich; es kann auch keine Zuzahlung erfolgen, wobei der Ausgabekurs der Aktien lediglich durch das Wandelverhältnis bestimmt wird. Die konstante Zuzahlung ist eine weitere Gestaltungsform. Hierbei sind für den Ausgabekurs der Aktien sowohl das Wandlungsverhältnis als auch die Zuzahlung bestimmend. Eine zeitliche Veränderung der Attraktivität der Wandlung leitet sich daher nur aus dem Börsenkurs der Aktie ab. Bei einer steigenden Zuzahlung erhöht sich der Ausgabekurs der Aktien im Zeitverlauf, wohingegen aus einer sinkenden Zuzahlung ein sinkender Ausgabekurs resultiert. Des Weiteren ist auch eine dividendenabhängige Zuzahlung möglich. Bei einer dividendenabhängigen Zuzahlung wird der Ausgabekurs im Voraus nicht festgelegt, da durch die Koppelung an die Dividenden und einen eventuell vereinbarten Mindestbetrag ein steigender oder fallender Verlauf der Zuzahlung möglich ist. Durch die Gestaltung der Rückzahlung erfolgt bei der Wandlung neben der Aktienausgabe eine Barausschüttung an den Anleger. Das Wandelverhältnis und die Zuzahlung müssen dabei so bemessen sein, dass eine Ausgabe unter Nennwert nicht möglich ist, da eine solche Unterpari-Emission gemäß § 9 Abs. 1 AktG unzulässig ist.

Der Emittent kann also den Wandlungstermin hinauszögern, indem er zu Beginn der Laufzeit eine hohe Zuzahlung und später einen immer niedrigeren Betrag festsetzt.

Bedingt durch die geringen gesetzlichen Vorschriften haben die Emittenten die Möglichkeit, die Wandelanleihe ihren individuellen Bedürfnissen anzupassen. Es kann beispielsweise auf unterschiedliche Arten der Besicherung, Verzinsung, Tilgung und Kündigung zurückgegriffen werden. So kann eine Risikoreduktion durch eine freiwillige Besicherung erreicht werden. Im Gegensatz zu langfristigen Bankkrediten müssen die Wandelanleihen in der Regel nicht dinglich besichert werden, woraus sich Spielräume für die Inanspruchnahme von zusätzlichen Krediten ergeben. Durch eine freiwillige Besicherung mit Vermögensgegenständen wird das Risiko der Anleihe reduziert, was zu einer höheren Bonität und somit zu einem niedrigeren Zinssatz führen kann. Die am häufigsten eingesetzte Form der Besicherung sind hierbei die so genannten »Asset Backed Securities (ABS)«, die in Kapitel 17 dargestellt werden.

Grundsätzlich lässt sich für die Wandelanleihe feststellen, dass sie mit einem niedrigeren Zinssatz ausgestattet ist als die klassische Schuldverschreibung. Die Verzinsungsformen der Anleihe sind auch bei den Anleihen von mittelständischen Unternehmen zu definieren. Die Differenz zwischen dem niedrigen Zinssatz einer Wandelanleihe und dem normalerweise höheren Zinssatz einer normalen Wandelanleihe lässt sich dadurch begründen, dass vom Anleger zusätzlich zur Anleihe ein Optionsrecht erworben wird. Je nach Ausgestaltung der Verzinsung kommt es zu einer unterschiedlichen Belastung des Unternehmens. Die Verzinsung der Wandelanleihen kann fix oder variabel erfolgen, wobei diese überwiegend als festverzinsliche Wertpapiere, auch Straight Bonds genannt, ausgegeben werden. Es erfolgen in regelmäßigen, meist jährlichen Abständen Auszahlungen durch den Emittenten. Diese Auszahlungen bestehen aus Zinszahlungen, die durch den Zinssatz gebildet werden, der bei Emission fix vereinbart wurde. Bei der variablen Verzinsung werden die Wandelanleihen als so genannte Floater beziehungsweise Floating Rate Notes bezeichnet. Sie sind mit einem variablen Zinssatz ausgestattet, der eine marktgerechte Verzinsung gewährleisten soll. Der Emittent kommt nach Ablauf einer Zinsperiode von drei, sechs oder zwölf Monaten für die Zinszahlung auf. Zu diesem Zeitpunkt wird dann der neue Zinssatz für die folgende Periode festgelegt, der sich entweder an aktuellen Geldmarktsätzen orientiert oder an die aktuelle Situation des Unternehmens angepasst wird. Zu unterscheiden sind Floor-Floater, das heißt Floater, die eine Mindestverzinsung garantieren, oder Cap-Floater mit einer garantierten Höchstverzinsung. Des Weiteren existiert eine Kombination aus beiden, auch Collar genannt. Als zusätzliche Variante existiert der Convertible Floater, bei dem von der variablen Verzinsung zum Festzins übergegangen werden kann. Durch die variable Verzinsung entsteht bei steigendem Zinsniveau ein Zinsänderungsrisiko für den Emittenten, bei fallendem Zinsniveau hingegen für den Kapitalanleger.

Zerobonds sind Nullkuponanleihen, das heißt Wertpapiere ohne laufende Zinsausschüttungen. Die akkumulierten Zinsen werden am Ende der Laufzeit zusammen mit der Tilgung der Anleihe ausbezahlt. Aus diesem Grund ergeben sich für den Emittenten während der Laufzeit Liquiditätsvorteile. Der Anleger als Investor dagegen profitiert von einem großen Steuervorteil, da keine Steuern auf periodische Zinszahlungen anfallen, und sichert sich zudem die festgelegte Emissionsrendite für die komplette Laufzeit. Er besitzt darüber hinaus kein Wiederanlagerisiko aus Zinszahlungen. Man unterscheidet zwischen einem echten Zerobond und Kapitalzuwachsanleihen. Echte Zerobonds stellen ein Abzinsungsdarlehen dar, das heißt, die Emission erfolgt hierbei mit einem hohen Abschlag vom Nennwert und die Rückzahlung bei Laufzeitende zum Nennwert. Kapitalwachstumsanleihen dagegen werden zu einem normierten Emissionskurs ausgegeben und am Laufzeitende zu einem Kurs getilgt, der vor der Emission der Anleihe fixiert wurde. Der Zinsertrag der Zerobonds am Ende der Laufzeit entspricht der Differenz aus Nennwert und Emissionskurs. Die Besonderheit von Zerobonds ist ihre stark ausgeprägte Kursreagibilität. Diese entsteht dadurch, dass im Kurs des Zerobonds neben dem Kapitalertrag auch die Zinsen mit verzinst werden und somit eine Hebelwirkung entsteht. Die steuerliche Behandlung von Zerobonds hängt davon ab, ob sich ein Zerobond im Besitz eines Unternehmens oder im Privatbesitz befindet. Im erstgenannten Fall stellen die Zinserträge und Kursgewinne Einkünfte aus Gewerbebetrieb dar und unterliegen somit der Steuerpflicht. Verluste, die eventuell durch Engagements in Zerobonds entstanden sind, können aber gegen andere Einkünfte aufgerechnet werden. Für Zerobonds von privaten Eigentümern müssen lediglich Steuern für die Zinserträge bezahlt werden. Gewinne und

Verluste hieraus werden nicht berücksichtigt, außer wenn ein Spekulationsgeschäft nach § 23 EStG vorliegt. Da die Zahlung einmalig am Ende der Laufzeit geleistet wird, sind die Bonitätsanforderungen an den Emittenten prinzipiell höher als bei Kuponanleihen.

Gewöhnlich erfolgt die Tilgung der Wandelanleihen als Gesamttilgung am Ende der Laufzeit durch eine einmalige Rückzahlung des aufgenommenen Kreditbetrags. Es ist aber auch möglich, eine Ratentilgung zu vereinbaren, die mit oder ohne tilgungsfreie Jahre ausgestaltet sein kann. In diesem Fall können Raten gleicher Höhe oder unterschiedlicher Höhe festgelegt werden. Die Annuität beispielsweise ist eine periodisch gleich bleibende Zahlung, die sich aus den kontinuierlich fallenden Zinsleistungen und kontinuierlich steigenden Tilgungen zusammensetzt. Sie lässt sich durch die Multiplikation des Barwertes der Anleihe mit dem Wiedergewinnungsfaktor ermitteln. Bei der Tilgungsmethode der Abzahlung dagegen werden die Auszahlungen im Zeitablauf geringer, weil die regelmäßig gezahlten Tilgungsbeträge konstant sind, die Zinsanteile jedoch sinken. Die Höhe der jährlichen Tilgungsrate ergibt sich aus der Division des Kreditbetrags durch die Laufzeit des Darlehens.

Es können sowohl dem Emittenten als auch dem Anleger Rechte zur vorzeitigen Kündigung der Wandelanleihe eingeräumt werden. Besteht ein Kündigungsrecht des Emittenten und somit eine Kaufoption der Anleihe, so wird diese als Callable Bond bezeichnet. Bei einem Soft Call kauft das Unternehmen den Convertible, also die Wandelanleihe dann zurück, wenn ein bestimmter über dem Wandlungspreis liegender Aktienkurs oder eine zuvor festgelegte Frist erreicht werden. Bei einem Hard Call hingegen kann die Gesamtemission durch den Emittenten ohne Gründe gekündigt und zurückbezahlt werden. Verfügt der Käufer der Anleihe über das Kündigungsrecht, so wird die Anleihe als Putable Bond bezeichnet und kann an eine Frist oder Wertgrenze geknüpft werden.

Deutlich von der Wandelanleihe abzugrenzen ist die Aktienanleihe, auch Reverse Convertibles genannt. Bei dieser Sonderform liegt das Wahlrecht auf Umwandlung der Schuldverschreibung in Aktien nicht bei den Anlegern, sondern bei den Emittenten des Wertpapiers. Es wird somit keine Rückzahlung zum Nominalwert garantiert. Der Anleger übernimmt ein hohes Verlustrisiko bei begrenzten Gewinnchancen.

Bei den Exchangeable Bonds oder Exchangeables handelt es sich um Umtauschanleihen, die sich von der Wandelanleihe nur hinsichtlich der Aktien unterscheiden, die dem Anleger zur Wandlung angeboten werden. Diese Aktien sind keine Aktien des emittierenden Unternehmens, sondern Cross-

165

Holdings, das heißt Aktien eines Unternehmens, an dem der Emittent beteiligt ist.

9.4 Emissionsvoraussetzungen und bilanzieller Ausweis

Nach § 221 AktG ist für die Ausgabe von Wandelanleihen ein Beschluss der Hauptversammlung erforderlich. Dabei müssen mindestens drei Viertel des vertretenen Grundkapitals dem Antrag zustimmen. Damit das Unternehmen der Pflicht zur Ausgabe von jungen Aktien bei der Wandlung nachkommen kann, muss im Zuge der Hauptversammlung eine bedingte beziehungsweise genehmigte Kapitalerhöhung beschlossen werden. Durch die bedingte Kapitalerhöhung wird der Vorstand dazu ermächtigt, innerhalb der nächsten fünf Jahre junge Aktien zu emittieren. Der Beschluss über die bedingte Kapitalerhöhung ist beim Handelsregister einzureichen und in Gesellschaftsblättern bekanntzugeben. Als Alternative zu einer genehmigten Kapitalerhöhung können seit der Einführung des Gesetzes zur Kontrolle und Transparenz im Unternehmensbereich (KonTraG) vom Unternehmen eigene Aktien am Kapitalmarkt zurückgekauft werden. Es ist ein Rückkauf von höchstens 10 % des gezeichneten Kapitals möglich, der innerhalb der ersten 18 Monate nach dem Beschluss der Hauptversammlung erfolgen muss. Diese Aktien dürfen vom Unternehmen ohne Zeitbegrenzung gehalten werden. Im Regelfall werden die Aktien von einer Bank bis zum Zeitpunkt der Wandlung oder der Fälligkeit der Rückzahlung der Wandelanleihe einbehalten.

Der Käufer einer Wandelanleihe erwirbt neben der Schuldverschreibung das Recht, diese in Aktien umzuwandeln, die dann vom Unternehmen zur Verfügung gestellt werden müssen. Werden diese Aktien durch eine Neuemission bereitgestellt, so ändert sich die Beteiligungsquote des Anteilseigners am Unternehmen und führt gleichzeitig zu einer Verschlechterung seiner Position. Aus diesem Grund wird der Anteilseigner durch das Bezugsrecht auf die Wandelanleihen, das auch als Subscription Right oder Stock Right bekannt ist, vor der Verwässerung seines Kapitals geschützt. Wird das Bezugsrecht nicht ausgeübt, führt dies zu einer Vermögensumschichtung. Unter speziellen Voraussetzungen kann das Bezugsrecht mit qualifizierter Mehrheit der Hauptversammlung ausgeschlossen werden; dies kommt jedoch in der Praxis nur selten vor.

Grundsätzlich werden bei der Begebung von Wandelanleihen die Vorschriften des Verkaufsprospektgesetzes (VerkProspG) und der Verkaufsprospektverordnung (VerkProspV) angewendet. In diesen Gesetzen ist festgelegt, welche Informationen dem Anleger in welcher Form für seine Entscheidungsfindung zur Verfügung gestellt werden müssen. Der Emittent kann für den Inhalt des Verkaufsprospekts haftbar gemacht werden. Bei Börseneinführung im amtlichen Handel wird der Verkaufsprospekt vom Börsenzulassungsprospekt ersetzt, womit die Vorschriften des Verkaufsprospektgesetzes ihre Relevanz verlieren.

Vor der Wandlung der Anleihe wird der Anleger rechtlich mit einem Gläubiger des Unternehmens gleichgesetzt, dessen Ansprüche im Falle einer Insolvenz vorrangig zu bedienen sind. Nach der Wandlung der Anleihe ergibt sich aus der Miteigentümerstellung des Anlegers eine Nachrangigkeit gegenüber den Fremdkapitalforderungen. Der Zufluss von Fremdkapital in Form von Darlehen oder Krediten beziehungsweise aus der Begebung von Corporate Bonds stellt eine Mittelaufnahme mit einer steuerneutralen Wirkung dar. Dies kann damit begründet werden, dass es sich dabei um keine der sieben Einkommensarten nach § 2 Abs. 1 EStG handelt. Die Zinszahlungen des Unternehmens an den Anleger stellen für das Unternehmen Aufwendungen dar. Sie mindern den Gewinn und damit die Höhe der Steuerlast. Leistet der Anleger bei der Umwandlung eine Zuzahlung, so ist diese steuerpflichtig, da das Aufgeld einen Gewinn darstellt. Dennoch werden die Erträge und Zuzahlungen nicht in der Gewinn- und Verlustrechnung (GuV) erfasst, was dazu führt, dass sie außerhalb der Bilanz bei der Ermittlung des zu versteuernden Einkommens zum Jahresergebnis hinzugerechnet werden müssen.

Anleihen und konvertible Anleihen, unter die insbesondere die Wandelschuldverschreibungen fallen, werden mit der Begebung in der Bilanz *passivierungspflichtig*. Entsprechend § 266 Abs. 3 C HGB werden sie als Verbindlichkeiten bilanziert. Die konvertiblen Anleihen müssen dabei als so genannter »Davon-Vermerk« von den übrigen Anleihen getrennt ausgewiesen werden. Die Verbindlichkeit, die sich aus der Begebung der Wandelanleihe ergibt, muss gemäß § 253 Abs. 1 Satz 2 Fall 1 HGB zum Rückzahlungsbetrag ausgewiesen werden. Deshalb ist die Differenz, die sich bei einem Ausgabebetrag über dem Rückzahlungsbetrag ergibt, als Aufgeld in die Kapitalrücklage einzustellen. Im Falle der Ausgabe eines Zerobonds, bei dem der Ausgabebetrag unter dem Rückzahlungsbetrag liegt, ist neben der Verbindlichkeit in Höhe des Rückzahlungsbetrags ein aktiver Rechnungsabgrenzungsposten (ARAP) zu bilden. Die Höhe des ARAP ergibt sich aus der Differenz zwischen Ausgabe- und Rückzahlungsbetrag, welche als Disagio bezeichnet wird. Das Disagio entspricht dabei den aufgelaufenen Zinsen der Wandel-

167

anleihe am Ende der Laufzeit. Deshalb muss das im ARAP auf der Aktivseite erfasste Disagio sukzessive, also entsprechend der für die Wandelanleihe jährlich anfallenden Zinsen, über die Laufzeit verteilt aufgelöst werden. Somit wird der Aufwand für die Zinsen periodengerecht in der GuV erfasst. Mit der Wandlung oder der Tilgung der Anleihe erlischt die Schuld des Emittenten und muss daraufhin aus der Bilanz ausgebucht werden.

Im Fall der Wandlung in neu zu emittierende Aktien erhöht sich das Grundkapital im Rahmen der bedingten Kapitalerhöhung und gegebenenfalls bei einer Zuzahlung des Anlegers die Kapitalrücklage gemäß § 272 Abs. 2 AktG. Sowohl Grundkapital als auch Kapitalrücklage sind Bestandteile des Eigenkapitals. Ergibt sich neben der Zuzahlung eine positive Differenz zwischen dem Buchwert der aufgelösten Verbindlichkeit und dem Nennbetrag der ausgegebenen Aktien, ist auch dieser Betrag in die Kapitalrücklage einzustellen. Handelsrechtlich ist somit der Vorgang der Umwandlung erfolgsneutral.

Die laufenden Zinsen der Schuldverschreibung stellen Betriebsaufwendungen dar und werden beim Gesamtkostenverfahren gemäß § 275 Abs. 2 Nr. 13 HGB beziehungsweise beim Umsatzkostenverfahren nach § 275 Abs. 3 Nr. 12 HGB unter »Zinsen und ähnliche Aufwendungen« in der GuV ausgewiesen. Vorgeschrieben ist gemäß § 160 Abs. 1 Nr. 4 AktG, dass das genehmigte Kapital im Anhang anzugeben ist. Als weitere Anhangsangabe laut § 160 Abs. 1 Nr. 5 AktG ist die Anzahl der Bezugsrechte sowie der Wandelschuldverschreibungen, einschließlich der verbrieften Rechte, zu vermerken.

Durch die Wandlung in Aktien wird aus dem Fremdkapital der Anleihe Eigenkapital des Unternehmens. Dadurch verbessert sich die Eigenkapitalquote, das heißt der Anteil des Eigenkapitals am Gesamtkapital. Somit wird die Eigenfinanzierungskraft des Unternehmens optimiert. Kritisch anzumerken ist, dass bei der Ausgabe der Wandelanleihen der Rückzahlungsbetrag zwar als Fremdkapital erfasst wird, das Agio aber bereits Eigenkapital darstellt. Die Wandelanleihe kann durch das gewährte Bezugsrecht auf Aktien nur von Unternehmen in der Rechtsform einer Aktiengesellschaft angewendet werden, die entsprechend die Voraussetzungen des AktG zu erfüllen haben.

Eine Emission ist nur dann sinnvoll, wenn die Kosten für die Einführung des Wertpapiers und der dabei gewonnene Nutzen in einer wirtschaftlich günstigen Relation zueinander stehen. Diese Wirtschaftlichkeitsanalyse sollte jedes Unternehmen individuell durchführen. Des Weiteren muss für eine erfolgreiche Emission vom Unternehmen geprüft werden, ob ein liquider

Sekundärmarkt mit einem ausreichenden Marktvolumen vorliegt. Unter einem Sekundärmarkt wird ein Markt verstanden, an dem die umlaufenden Titel gehandelt werden; an einem Primärmarkt werden hingegen die Titel im Rahmen einer Neuemission gehandelt.

Entscheidet sich das mittelständische Unternehmen für eine Privatplatzierung, ist für die erfolgreiche Unterbringung der Wertpapiere die Beauftragung eines kompetenten Vermittlers von entscheidender Bedeutung. In diesem Fall muss eine größere Gruppe an Kapitalgebern individuell angesprochen werden, um für das Angebot eine entsprechende Nachfrage zu finden.

Da bei einer Finanzierung über Wandelanleihen eine absehbare, stabile wirtschaftliche Entwicklung des Unternehmens und damit die Höhe und Stabilität des Cashflows von großer Bedeutung sind, findet dieses Finanzierungsinstrument meist in der Expansionsphase großer mittelständischer Unternehmen Anwendung. In dieser Phase bestehen sowohl ein hoher Kapitalbedarf als auch ein großes Wachstumspotenzial. Der Cashflow muss auf jeden Fall ausreichen, um die laufenden Zinszahlungen und mögliche Tilgungszahlungen bedienen zu können. Zudem eignen sich wandelbare Wertpapiere gerade dann, wenn ein Unternehmen einen hohen Verschuldungsgrad aufweist, da sich auch bei erhöhtem Investitionsrisiko des Unternehmens das Risiko des Anlegers durch die Anleihekomponente des Wertpapiers nicht signifikant verändert. Durch die Verbriefung der Anleiherückzahlung wird der investierte Betrag des Anlegers erst bei einem latenten Insolvenzrisiko gefährdet.

9.5 Fallbeispiel zur Ausgabe einer Anleihe

Abschließend sollen noch typische Anlässe für die Begebung einer Anleihe dargestellt werden. Als Teil des Mezzanine-Kapitals findet die Wandelanleihe häufig im Rahmen von *Management Buy-outs (MBO)* und *Management Buy-ins (MBI)* Anwendung. Gründe dafür sind die begrenzten Eigenmittel des Managementteams und das Streben nach möglichst wenigen zusätzlichen Anteilspartnern am Eigenkapital. Außerdem wird das nach dem Buy-out stark verschuldete Unternehmen in der Anfangsphase durch die vergleichsweise niedrigen Zinssätze gering belastet. Dies ist vor allem bei einem Zerobond der Fall, der während der Laufzeit keine Zinszahlung erfordert.

Ein weiterer Anlass kann die *Vorbereitung des Börsengangs* durch Brücken-finanzierung sein. Mit Hilfe der Wandelanleihe kann im Vorfeld einer bereits durch die Hauptversammlung beschlossenen Platzierung von Aktien an der Börse eine klar definierte Finanzierung auf Zeit erfolgen. Somit kann die Finanzierung der Börseneinführung oder Kapitalerhöhung bis zum Zufluss des tatsächlichen Eigenkapitals sichergestellt werden.

Wachstumsstarke Unternehmen können ihr *Wachstum* aufgrund von unzureichend verwertbaren Aktiva oftmals nicht über Kredite *finanzieren*. Ein solcher Fall kann auftreten, wenn die Umsetzung von Strategien oder Vertriebskanälen finanziert werden muss, denen kein direkter Vermögenszuwachs gegenübersteht. Durch die Emission von Wandelanleihen kann zunächst über die Aufnahme von Fremdkapital eine Zwischenfinanzierung vorgenommen werden, bis sich die Ertragslage verbessert hat. Des Weiteren wird im Laufe der Zeit die Eigenfinanzierungskraft durch Umwandlung des Fremdkapitals in Eigenkapital gestärkt.

Im Folgenden wird anhand eines Fallbeispiels die Ausgabe von Wandelanleihen veranschaulicht. Die Beispiel-AG stellt Kunststoffspritzteile für die Automobilindustrie und andere industrielle Anwendungen her. Bedingt durch rückläufige Produktionszahlen in der Automobilbranche möchte sich die Beispiel-AG neue Absatzmärkte in der Produktion von Kunststoffspielzeug als Zulieferer von LEGO erschließen. Für die neuen Anforderungen in der Produktion benötigt das Unternehmen eine neue Anlage für 7 Millionen €. Das Investitionsrisiko wird als relativ hoch eingeschätzt, da die Anlage als Ergänzung der bereits vorhandenen Anlagen als Sonderanfertigung hergestellt werden muss. Eine Insolvenzgefahr des Unternehmens besteht aber im Falle eines Scheiterns des Projekts nicht.

Die Beispiel-AG hat bereits mehrere Finanzierungsalternativen auf ihre Relevanz überprüft. Ein Bankkredit wurde dem Unternehmen mangels ausreichender Besicherung durch die Anlagen nicht gewährt, eine Finanzierung über Leasing der Maschine wird vom Hersteller für Sonderanfertigungen nicht angeboten. Eine sofortige Erhöhung des Eigenkapitals durch Neuemission von Aktien kommt aufgrund der zurzeit sehr hohen Volatilität der vorhandenen Aktien nicht in Betracht. Die Begebung einer Anleihe wäre möglich, aber aufgrund der schlechten Kapitalmarktverhältnisse und des hohen Misstrauens muss den Investoren ein besonderer Anreiz in Aussicht gestellt werden.

Unter Berücksichtigung dieser Restriktionen und sowohl des Interesses des Unternehmens an einem möglichst preisgünstigen Kapitalzufluss als auch der Interessen der zurückhaltenden Investoren an angemessener Sicherheit und möglichst hoher Rendite eignete sich die Emission einer Wandelanleihe für die Beispiel-AG als Finanzierungsmöglichkeit am besten. Die 7 Millionen € werden über eine »KMU-Bank« in Anleihen mit Nominalwerten von je 1 000 € begeben, wobei die Laufzeit vom 01.06. des Jahres 1 bis zum 31.05. des Jahres 6 mit einer Verzinsung von 2,5 % vereinbart wird. Folgende weitere Usancen, das heißt Vereinbarungen werden getroffen.

Rückzahlung/Kündigung: Die Anleihen, sofern nicht gekündigt oder gewandelt, sind am 31.05. des Jahres 6 zum Kurs von 100 % zurückzubezahlen. Die Anleiheschuldnerin ist vom 01.06. des Jahres 4 bis zum 31.05. des Jahres 6 berechtigt, die Schuldverschreibungen insgesamt, jedoch nicht teilweise, zu kündigen und zum Nennwertbetrag einschließlich angefallener Zinsen zurückzuzahlen. Die schriftliche Kündigung muss mindestens sechs Wochen vor Rückzahlung zum jeweiligen Quartal erfolgen und ist unwiderruflich. Die Kündigung ist nur möglich, wenn die Aktie den dann aktuellen Wandlungspreis an mindestens 20 aufeinander folgenden Börsentagen um mehr als 140 % überschreitet. Eine Kündigung seitens des Anleihegläubigers ist nicht möglich.

Wandlungsrecht: Der Inhaber der Schuldverschreibung hat das Recht, die Schuldverschreibung in Aktien zu einem Nennwert von 50 € im Wandlungsstückverhältnis 1:12 umzuwandeln.

Wandlungsfrist: Das Wandlungsrecht kann vom 01.06. des Jahres 1 bis zum 01.05. des Jahres 6 jederzeit, außer vom 15.12. bis zum 10.01., ausgeübt werden.

Zuzahlung:

01.06. des Jahres 1 – 31.05. des Jahres 2	20 € pro Aktie
01.06. des Jahres 2 – 31.05. des Jahres 4	15 € pro Aktie
01.06. des Jahres 4 – 31.05. des Jahres 6	35 € pro Aktie

Dividendenberechtigung: Die bei einer Wandlung erworbenen Aktien sind bereits für das Ausgabejahr voll dividendenberechtigt. Dem Inhaber der früheren Schuldverschreibung stehen die Zinsen für den vorausgegangenen Zinstermin bis zum Wandlungstermin nicht zu.

Bei der Vorstellung des Vorhabens in der Hauptversammlung war diese zunächst von großer Skepsis dominiert, da das Finanzierungsinstrument Wandelanleihe den Anwesenden völlig unbekannt war. Nach Erläuterung der einzelnen Aspekte konnte jedoch die Zustimmung der qualifizierten Mehrheit errungen werden. Zum größten Vorteil für den Emittenten zählte, dass bei der erfolgreichen Emission der Beispiel-AG die Zinssätze für Wandelanleihen unter den Zinssätzen für Schuldverschreibungen lagen und sich somit eine kostengünstigere Finanzierung ergab.

Nachteilig für den Emittenten war, dass trotz der Gestaltungsmöglichkeit bei der Höhe der Zuzahlungen eine Unsicherheit hinsichtlich des Zeitpunkts und des Ausmaßes der Wandlung bestand. Damit herrschte auch weiterhin Unsicherheit hinsichtlich der zukünftigen Kapitalstruktur vor.

Zusammenfassend ist festzuhalten, dass sich die Wandelanleihe insbesondere in einem schwierigen Umfeld und bei einer verhältnismäßig geringen Eigenkapitalausstattung als geeignetes alternatives Finanzierungsinstrument erweisen kann. Sie kann in diesem Fall einen fairen Interessen- und Risikoausgleich zwischen Investor und emittierendem Unternehmen schaffen. Auch die zunehmende Neuschaffung von KMU-Börsen erleichtert die Emission von Wertpapieren für KMU und macht somit auch die Ausgabe von Wandelanleihen attraktiv.

Als weitere wesentliche Feststellung in Bezug auf die Anwendbarkeit ist zu erwähnen, dass im Bewusstsein von Banken und Unternehmen ein großes Informationsdefizit hinsichtlich dieses Finanzierungsinstruments herrscht, was als Voraussetzung für eine breitere Anwendung überwunden werden muss. Diese Bewusstseinsänderung wird mit hoher Wahrscheinlichkeit nicht von den Banken ausgehen, da diesen die Wandelanleihe oftmals nur als Theoriekonstrukt bekannt ist und Kreditvergabe lukrativer erscheint. Die Veränderung des Bewusstseins und die damit verbundene Verwerfung des Pecking-Order-Verhaltens muss daher zunächst bei den KMU herbeigeführt und auf die Banken übertragen werden. Denkbarer Ansatzpunkt wäre die Pull-Strategie, wie sie bereits im Bereich des Marketings vielfach angewendet wird. Auf den vorliegenden Fall übertragen bedeutet dies, dass bei KMU mit entsprechenden Voraussetzungen durch Informationsveranstaltungen, Beratungstätigkeit oder Ähnliches ein Bedarf generiert werden muss. Die damit entstehende Nachfrage könnte Banken dazu veranlassen, ein solches Finnzierungsinstrument am Kapitalmarkt verstärkt anzubieten und das vorhandene Potenzial auszuschöpfen. Die damit in Gang gesetzten Multiplikatoreffekte, das heißt die durch die Aktionen der Banken verstärkte Nachfrage, welche sich eventuell in Form einer Spirale weiterentwickelt, könnten die Bedeutung der Wandelanleihe speziell für KMU in der Zukunft erheblich steigern.

10
Die einfache Anwendbarkeit
des Factorings

Factoring ist der Verkauf von Forderungen an Dritte. Da die meisten Unternehmen einen hohen Forderungsbestand aufweisen, führt der Verkauf von Forderungen zu einer höheren Liquidität und ist somit ein geschicktes Finanzierungsinstrument. Factoring bedeutet Liquidität, Sicherheit und Service. Dieses Instrument ist seit langem als alternative Finanzierungsform bekannt und wird angesichts der neuen Eigenkapitalregelungen Basel II immer wichtiger, da Unternehmen versuchen, ihre Bilanzstruktur hinsichtlich einer höheren Liquidität zu optimieren.

10.1 Historische Entwicklung des Factorings

Schon bei den Babyloniern soll der Forderungskauf geschäftsmäßig betrieben worden sein. Zum Verständnis des Themas genügt es allerdings, die Entwicklung der Geschäftsbeziehungen zwischen Großbritannien und den USA gegen Ende des 19. Jahrhunderts zu betrachten. Aufgrund des schnellen und sich nach Westen ausbreitenden Bevölkerungswachstums der USA wuchs der Bedarf an Importwaren aus Großbritannien mit großer Geschwindigkeit. Die britischen Exporteure waren durch die Entfernung zum amerikanischen Kontinent nicht genügend mit dem dort ansässigen Markt vertraut und daher von einheimischen örtlichen Vertretern abhängig, die den amerikanischen Absatzmarkt und die Abnehmer der britischen Unternehmen bis ins Detail kannten. Diese Vertreter fungierten als Verkaufskommissionäre. Sie nahmen die britischen Exportwaren in ihren Besitz, verkauften diese in den USA im Namen der britischen Kommittenten und leiteten den Verkaufserlös unter Abzug ihrer Provision an ihre Kommittenten weiter. Die Verkaufskommissionäre wurden als Factors bezeichnet, was ein Synonym für Agent ist.

Nach und nach kamen zu den Tätigkeiten der Factors zusätzliche Dienstleistungen für die Kommittenten hinzu. Die Lagerhaltung im Land der Fac-

Handbuch Alternative Finanzierungsformen. Ottmar Schneck
Copyright © 2006 WILEY-VCH Verlag GmbH & Co. KGaA, Weinheim
ISBN 3-527-50219-X

tors sollte beispielsweise eine rasche und pünktliche Lieferung sicherstellen. Des Weiteren übernahmen die Factors zunehmend auch Funktionen im Marketing, in der Verwaltung und der Beitreibung der Forderungen sowie im Schutz vor Zahlungsausfall. Letzteres wurde durch eine Garantieerklärung für die Bezahlung der Kommissionsware durch den Factor erreicht. Die Factors bezahlten Vorschüsse auf die ausgelieferte Kommissionsware beziehungsweise die entstandenen Forderungen und halfen damit den britischen Unternehmen bei der Finanzierung der oft lang andauernden Forderungen.

In Deutschland wurde das Factoringgeschäft 1960 von einem Mainzer Privatbankier eingeführt. In den ersten Jahren bestanden die Dienstleistungen des Factors zunächst nur aus der Übernahme der Buchhaltung der Factorkunden. Bedeutend für die Kunden war außerdem die Finanzierung der Forderungen, weniger interessant dagegen der Schutz vor Forderungsausfall. Im Laufe der Jahre haben sich die Schwerpunkte der Kundenwünsche allerdings zugunsten der Kreditprüfung und der Überwachung des Kunden (Debitoren) verschoben. Die Führung der Debitorenbuchhaltung durch den Factor ist dagegen durch die Entwicklung der elektronischen Datenverarbeitung für die Kunden uninteressant geworden. Die Kunden bewerkstelligen die Debitorenbuchhaltung heute durch den weitaus billigeren Einsatz der Datenverarbeitung im eigenen Unternehmen selbst und fordern von Finanzdienstleistungsunternehmen vordergründig ein Factoring mit Delkredereübernahme durch den Factor, also ein Factoring mit Schutz des Kunden vor dem Zahlungsausfall.

10.2 Wesen und Arten des Factorings

Es existiert keine exakte Übersetzung des aus dem Englischen stammenden Begriffs Factoring. Deshalb wird in der Literatur zumeist auf Umschreibungen zurückgegriffen, welche die Bedeutung des Wortes Factoring nur ungenau oder unvollständig beschreiben. Factoring bezeichnet den Ankauf von Forderungen aus Lieferungen und Leistungen einer Unternehmung bei oder zumeist vor Fälligkeit durch eine Factoringgesellschaft. Da der Kauf dieser Forderungen sofort bezahlt wird, kann das Factoring insbesondere zur Steuerung der Liquidität verwendet werden. Benötigt eine Unternehmung liquide Mittel, so kann sie einen Teil ihrer Forderungen aus Lieferungen an eine Factoringgesellschaft verkaufen, die dann diese Forderungen übernimmt. Der Factoringgesellschaft wird für die Übernahme ein bestimmter Prozentsatz des Forderungswertes als Provision abgezogen.

Factoring ist eine Finanzdienstleistung und wurde aus der angelsächsischen Rechtskultur nach Deutschland getragen. Die Einführung des Factoringgeschäfts in Deutschland bereitete anfangs allerdings Schwierigkeiten, da die Zuordnung zu einem Darlehens-, Geschäftsbesorgungs- oder Versicherungsvertrag nicht eindeutig möglich war. Seit der grundlegenden Entscheidung des Bundesgerichtshofs vom 7. Juni 1978 wird das Factoringgeschäft sowohl von der Literatur als auch in der Rechtsprechung als Forderungskauf bezeichnet. Die rechtliche Einordnung des Factorings in das deutsche Recht wird im folgenden Abschnitt erläutert.

Beim Factoring handelt es sich um einen Forderungskauf als Besonderheit des Rechts beim Kauf beweglicher Sachen, der in dem Zweiten Buch des *Bürgerlichen Gesetzbuches (BGB)* »Schuldrecht« in den Abschnitten der §§ 433 ff. festgelegt ist. Die Regelungen der §§ 437 sowie 438 bilden den rechtlichen Rahmen für den Kauf von Forderungen und Rechten. § 437 BGB behandelt den Fall des echten Factorings, während § 438 eine Regelung für den Fall des unechten Factorings darstellt. Ein *unechtes Factoring* stellt ein Factoring ohne Delkrederefunktion dar, das heißt, es bietet keinen Schutz des Kunden vor einem Zahlungsausfall. Das *Fälligkeitsfactoring* bezeichnet ein Factoring ohne Finanzierungsform, und beim Inhouse-Factoring handelt es sich um eine Art des Factorings ohne Servicefunktion.

In der Novellierung des Kreditwesengesetzes (KWG) im Jahre 1976 wurde eine generelle Regelung der Fälle des Forderungskaufs bewirkt, die diese der Bankenaufsicht unterstellt. Im Kreditwesengesetz in § 1 Abs. 3 wird im Bezug auf Factoring von einem entgeltlichen Erwerb von Geldforderungen gesprochen, da als Geldforderungen Forderungen aus Rechnungen bezeichnet werden. Die aus dem BGB abgeleitete Definition des Factorings erlaubt die freie Wahl des Debitorenmanagements, des Mahnwesens und der Inkasso-Betreibung. Offen bleiben mit der Definition jedoch die beiden Fragen, ob Inlandsforderungen oder Forderungen aus dem globalen Waren- und Dienstleistungsverkehr gekauft werden und ob das Factoring in stiller Form oder mit Einbindung der Forderungsschuldner (Debitoren) betrieben wird.

Factoringgesellschaften wird in Fällen der Insolvenz ihrer Kunden eine andere Position als anderen Finanzdienstleistern zugesprochen. Factoring ist gemäß § 142 InsO (Insolvenzordnung) grundsätzlich jeder Anfechtung im Insolvenzverfahren entzogen. Der Factor ist mit den von ihm gekauften Forderungen vom Insolvenzverfahren über das Vermögen seines Kunden ausgeschlossen. Der Insolvenzverwalter kann also gegenüber dem Factor keinen Anspruch auf Beteiligung am Erlös aus der Forderungsbetreibung geltend machen.

Im Jahre 1988 wurde eine Konvention zum Internationalen Factoring verabschiedet, die in einer langjährigen Zusammenarbeit mit 59 Industrienationen der Welt ausgearbeitet wurde. Sie wurde in Ottawa verabschiedet und wird daher als Ottawa-Konvention bezeichnet. In 14 Staaten ist die Ottawa-Konvention bereits in das jeweilige nationale Recht integriert, in Deutschland ist sie seit 1998 integraler Bestandteil des deutschen Rechts. Die Ottawa-Konvention ist ein internationales Abkommen zum Factoring und bezieht sich ausschließlich auf das Factoringgeschäft im grenzüberschreitenden Verkehr, in dem Lieferant oder Gläubiger in einem und die Abnehmer oder Debitoren in einem anderen Staat ansässig sind. Zudem gilt die Ottawa-Konvention nicht für private Konsumenten, und die Offenlegung der Abtretung an den Debitoren muss gegeben sein.

Die Definition der Ottawa-Konvention unterscheidet sich daher von der in Deutschland fixierten Definition. Gemäß der Ottawa-Konvention gehören der Schutz vor Forderungsausfall, die Durchführung von Beitreibung und Inkasso der Forderungen, die Finanzierung der Forderungen und die Übernahme des Managements der Debitoren zu den möglichen Geschäftsfeldern des Factorings. Ein Factoringgeschäft wird dadurch definiert, dass mindestens zwei dieser vier Dienstleistungen angeboten werden.

Im Bereich der Außenhandelsfinanzierung wird der Verkauf von mittel- bis langfristigen Exportforderungen als Forfaitierung bezeichnet. Die Forfaitierung ähnelt somit dem bereits dargestellten Factoring, unterscheidet sich jedoch dadurch, dass der Forfaiteur oder die Factoringgesellschaft keine Servicefunktionen anbietet. Zudem werden die Forderungen im Rahmen der Forfaitierung in den meisten Fällen regresslos, das heißt ohne Recht auf Rückgriff, verkauft. Wenn das gesamte Ausfallrisiko an den Forfaiteur übergeht, spricht man von echter Forfaitierung. Da in der Praxis die echte Forfaitierung überwiegt, sind bei den meisten Forfaitierungen Forderungen mit erstklassiger Bonität anzutreffen, die zudem oftmals zusätzlich besichert werden. Diese Besicherung kann beispielsweise durch einen Wechsel verbrieft werden; oftmals werden Forderungen jedoch auch durch Bürgschaften, Garantien von Banken oder den betroffenen Importländern besichert.

Die Forfaitierung übernimmt wie auch das Factoring die Finanzierungs- und Delkrederefunktion. Bei der Delkrederefunktion der Forfaitierung wird darüber hinaus das Wechselkursrisiko ausgeschaltet. Zwar entfällt die Dienstleistungsfunktion im Rahmen der Forfaitierung zumeist, Forfaitierungsgesellschaften können jedoch den Exporteur bezüglich der Zahlungsmodalitäten beraten und ihm Auskünfte über den Importeur, respektive dessen garantierende Bank und über das politische Risiko des Importlandes geben. Nicht alle Forderungen im Außenhandel sind forfaitierungsfähig. Die Anforderungen variieren in Abhängigkeit von der Forfaitierungsgesellschaft, die häufig Tochtergesellschaft einer Bank ist. Im Allgemeinen müssen Kunden aber einen Mindestumsatz haben und ihre Auslandsforderungen eine Mindestgröße, Mindestlaufzeit und Streuung aufweisen.

Der Vorteil der Forfaitierung liegt in der Abwälzung des Länderrisikos auf den Forfaiteur. Dem stehen die relativ hohen Kosten für die meist hohen Laufzeiten der Forderungen gegenüber.

Seit einigen Jahren ist zu beobachten, dass die Auslandsforderungen nicht einfach gekauft beziehungsweise verkauft, sondern dass sie oder allein ihr Risiko verbrieft und weiterverkauft werden. Diese Tendenz zur so genannten Securitization, also zur Verbriefung von Rechten und Risiken auf den Finanzmärkten, führte dazu, dass sich durch die Möglichkeit der Aufteilung der Risiken viele Forfaitierungsgesellschaften gebildet haben.

10.3 Voraussetzungen und Beteiligte beim Factoring

Voraussetzung für ein funktionierendes Factoringgeschäft ist eine einwandfreie eigene Bonität und eine entsprechende Bonität der Kunden, deren Forderungen abgetreten werden sollen. Zudem sind eine breite Streuung des Kundenstamms, niedrige Forderungsausfälle sowie vernünftige Zahlungsziele die wesentlichen Bewertungskriterien der Factoringgesellschaften. An jedem Factoringgeschäft sind drei Partner beteiligt: zunächst der Factor, also ein Factoringinstitut oder eine Factoringbank, dann der Kunde des Factors und schließlich der Abnehmer einer Ware beziehungsweise Debitor des Factorkunden.

Zwischen diesen Partnern bestehen die in der Abbildung 40 dargestellten Geschäftsbeziehungen. Im Kaufvertrag zwischen dem Factorkunden und dem Debitor werden der Verkauf der Ware und die damit verbundene Lieferung der Waren (1) gegen ein bestimmtes Zahlungsziel (2) vereinbart. Das Factoringinstitut kauft von seinen Factorkunden Geldforderungen (3) im Rahmen eines Vertrages gegen die entsprechende Vergütung an (4). Das Factoringinstitut wird sich nun seinerseits bei Fälligkeit der Forderungen an den Kunden direkt wenden (5). Der Factor prüft jedoch vor dem Vertragsabschluss und fortlaufend die Bonität der Abnehmer und übernimmt im Rahmen eines vereinbarten Limits das volle Ausfallrisiko, das als Delkredererisiko bezeichnet wird.

177

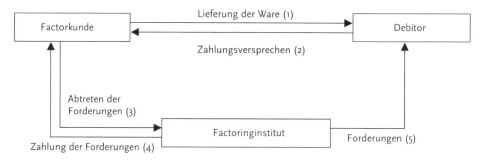

Abb. 40: Ablauf eines Factorings

Beim *offenen Factoring* informiert der Factorkunde seine Abnehmer darüber, dass die Forderungen an den Factor verkauft wurden und der Rechnungsbetrag an diesen zu zahlen ist. Dem Factor stellt er im offenen Factoring laufend Rechnungskopien über die Forderungen zur Verfügung, die dann vom Factor angekauft werden, sofern sie im Rahmen des eingeräumten Limits liegen. Beim *stillen Factoring* erfahren die Kunden in der Regel nichts davon.

Der Factor schreibt den Factoringerlös (Forderungskaufpreis) sofort dem Abrechnungskonto des Kunden gut. Lediglich 10 bis 15 % des Kaufpreises behält der Factor auf einem Sperrkonto zunächst als Sicherheit für Skontoabzüge und Mängelrügen ein. Dieser Sicherheitseinbehalt wird dem Kunden bei Zahlung durch den Debitor oder bei Fälligkeit gutgeschrieben.

Zumeist wird unter Factoring das Full-Service-Factoring beziehungsweise Standard-Factoring verstanden, bei dem der Factor drei wesentliche Funktionen übernimmt. Im Vordergrund steht die *Finanzierungs- und Liquiditätsfunktion*. Da die mit Zahlungszielen ausgestatteten Forderungen des Factorkunden sofort in bares Geld verwandelt werden, kann er aus Wettbewerbsgründen seinen Kunden größere Zahlungsziele einräumen, Skonti beim Einkauf nutzen, seine finanzielle Position stärken und seine Bilanzstruktur verbessern. Des Weiteren übernimmt der Factor in der Regel die *Dienstleistungs-, Service- und Verwaltungsfunktion*. Die Debitorenbuchhaltung vom Mahnwesen bis zur Forderungseintreibung wird vom Factor geführt und entlastet somit den Anschlusskunden sowohl vom verwaltungstechnischen als auch vom finanziellen Aufwand. Im Rahmen der *Kreditversicherungs- oder Delkrederefunktion* übernimmt der Factor nach vorheriger Prüfung der Kreditwürdigkeit der Drittschuldner das Risiko der Bonität der übertragenen Forderungen und kann bei ihrer Uneinbringlichkeit wegen

Zahlungsunfähigkeit oder -unwilligkeit der Drittschuldner nicht mehr seinen Klienten in Regress nehmen.

In Deutschland gibt es zwei Factoring-Verbände, den Deutschen Factoring-Verband e.V. und den Bundesverband Factoring. Diese dienen als erstes Anlaufziel für interessierte Unternehmen. Die Mitgliedschaft einer Factoringgesellschaft in einem der beiden Verbände gewährleistet die Seriosität des Anbieters. Im Deutschen Factoring-Verband (http://www.factoring.de) sind vorwiegend große Factoringgesellschaften Mitglied, zum Beispiel die Finanzierungstöchter großer Banken. Als Kriterium für eine Zusammenarbeit mit diesen Financiers wird derzeit ein Mindestumsatz von 2,5 bis 3,5 Millionen € jährlich erwartet. Diesem Verband gehören zurzeit 19 Factoringanbieter (vgl. Abbildung 41) an, die nach Verbandsschätzung mehr als 95 % des Factoringmarktes in Deutschland repräsentieren.

Der Bundesverband Factoring (http://www.bundesverband-factoring.de) besteht seit 1997 und vereint die kleineren Factoringanbieter. Diese Gesellschaften haben sich insbesondere auf das Geschäft mit KMU spezialisiert, so dass auch Forderungen von Unternehmen mit einem Jahresumsatz ab 50 000 € übernommen werden. Bei der Suche nach einem Factoringanbie-

- Allgemeine Kredit Coface Finanz GmbH, Mainz
- Atradius Factoring GmbH, Düsseldorf
- BFS finance GmbH, Verl
- BMP Becker, Müller & Partner GmbH, Köln
- BNP Paribas Lease Group S.A., Zweigniederlassung Deutschland, Köln
- Close Finance GmbH, Mainz
- Deutsche Factoring Bank, Deutsche Factoring GmbH & Co., Bremen
- Enterprise Finance Europe GmbH, Frankfurt/Main
- EUROFACTOR AG, Oberhaching bei München
- € Sales Finance GmbH, Frankfurt/Main
- Fortis Commercial Finance GmbH, Düsseldorf
- Heller Bank AG, Mainz
- IFN Finance GmbH, Köln
- InFoScore Finance AG, Baden-Baden
- Lloyds TSB Commercial Finance Ltd., Düsseldorf
- PB Factoring GmbH, Bonn
- Procedo Factoring Geschäftsbereich der REWE Deutscher Supermarkt KGaA, Mainz-Kastel
- Siemens Financial Services GmbH, München
- SüdFactoring GmbH, Stuttgart
- VR FACTOREM GmbH, Eschborn

Abb. 41: Mitglieder des Deutschen Factoring-Verbands e.V.

• Allgemeine Factoring	• factoring-on AG
• CB Credit-Bank GmbH	• factoring.plus.AG
• CF Commercial Factoring	• flc solutions
• cogitum informationsmanagement	• Ernst Factoring
• Crefo Factoring GmbH Berlin Brandenburg	• G.R. Factoring
• Crefo Factoring GmbH Rhein Wupper	• Hansekontor Makler Gesellschaft
• debifact	• Montan-Factoring
• Dieckmann von Laar Factoring Inkasso GmbH	• Nordwest-Factoring
• Dresdner Factoring	• Procom Factoring
• efcom GmbH	• Rhein-Main Factoring AG
• EKF Frankfurt	• Teba Kreditbank
	• Tewefa Factoring AG
	• ZAG Plus medicalFinance

Abb. 42: Mitglieder des Bundesverbands Factoring
Quelle: http://www.bundesverband-factoring.de/

ter sind vor allem die entstehenden Kosten zu berücksichtigen. In der Regel liegt die Factoringgebühr für die Übernahme der Debitorenbuchhaltung, des Mahnwesens und des Forderungsausfallrisikos bei 1,5 bis 5 % des verkauften Forderungsvolumens. Hinzu kommen die Zinsen für die Vorfinanzierung der Forderung, die zurzeit etwa 8 bis 9 % des Volumens betragen. Die Mitglieder des Bundesverbands Factoring sind in Abbildung 42 aufgelistet.

10.4 Risiken und Absicherungen im Factoring

Beim Factoringgeschäft steht der Factorkunde, also das Unternehmen, das seine Forderungen verkauft, im Spannungsfeld zwischen seinen Abnehmern, Lieferanten und Factorinstituten. Im Folgenden werden deshalb die rechtlichen Aspekte der Geschäftsbeziehungen zwischen dem Unternehmen und seinen Abnehmern beziehungsweise Lieferanten dargestellt.

Die bestehenden Kräfteverhältnisse auf dem Käufermarkt haben sich in den vergangenen Jahren weitgehend zur Nachfrageseite hin verschoben. Wenige umsatzstarke Handelsunternehmen besonders in der Nahrungsmittel- und Konsumgüterindustrie stehen einer großen Anzahl kleiner und mittlerer Lieferunternehmen gegenüber. Darüber hinaus bewirkt die Methode der Just-in-Time-Lieferung eine Abwälzung der Kosten und Risiken der Lagerhaltung von den Großabnehmern auf ihre Lieferanten. Die heutige Marktlage ist dadurch bestimmt, dass mittelständische Produzenten und

Lieferanten auf einen oder mehrere Großabnehmer nicht verzichten können, während aus Sicht der Abnehmer fast jeder Zulieferer ersetzbar ist. Jeder Lieferant steht unter Konkurrenzdruck, wenn er Preisverhandlungen mit seinen Kunden führt. Damit ein solches ungleiches Kraftverhältnis auf dem Markt nicht zum Missbrauch führt, untersagt das Gesetz gegen Wettbewerbsbeschränkung in § 26 marktbeherrschenden Unternehmen, anderen Unternehmen ohne sachlich gerechtfertigten Grund Vorzugsbedingungen zu gewähren. Diese Vorschrift wird allerdings oft durch Stillschweigen der gegen das Gesetz handelnden Unternehmen umgangen. Die Grenzen legitimen kaufmännischen Handelns sind durch eine Vielzahl an Regelungen festgelegt, zu denen vor allem die Gebote über Sittenwidrigkeit (§ 138 BGB), Unlauterkeit (§ 1 UWG) und Unangemessenheit (§ 9 AGBG) zählen.

Bei laufendem Geschäft und einem normalen Ablauf von Lieferbeziehungen zwischen KMU und Großabnehmern ergeben sich meist aus den sonstigen Klauseln, dem so genannten Kleingedruckten, das lediglich bei Nichterfüllung des Vertrages in Betracht gezogen wird, keine Schwierigkeiten. Kommt es jedoch zu Problemen in einer solchen Lieferbeziehung, so können die Klauseln, die oftmals jahrelang keine Berücksichtigung fanden, wirksam werden. Rückgabeklauseln, Kommissionsklauseln, Preisnachlassklauseln, die Auslistung eines Lieferanten aus einem Katalog und zusätzlich zu erfüllende Dienstleistungen können zu äußerst unliebsamen Überraschungen und nicht selten zu einer Krise führen. Sollen Forderungen gegen Großabnehmer finanziert werden, so bedarf es zunächst immer einer kritischen Auseinandersetzung der Finanzierungsinstitute mit den Vertragsbedingungen. Zudem kann über viele Klauseln in den Allgemeinen Einkaufsbedingungen der Großabnehmer verhandelt werden.

Häufig sind marktbeherrschende Unternehmen insbesondere aufgrund der Gefahr einer Doppelinanspruchnahme gegen eine Abtretung von Forderungen aus Lieferungen und Leistungen ihrer Lieferanten an Dritte. Sie schließen deshalb oftmals mit ihren Lieferanten eine Vereinbarung, welche die Nichtabtretbarkeit der Forderungen regelt. Mit diesem Abtretungsverbot können die Großabnehmer verhindern, dass sich der Lieferant Forderungen zu Finanzierungszwecken nutzbar macht und somit weniger von der Zahlungsbereitschaft des Abnehmers abhängig ist. In den Allgemeinen Einkaufsbedingungen der Großabnehmer wird das Abretungsverbot durch die Klausel »Forderungen, die sich gegen uns richten, können nicht/nur mit unserer Zustimmung abgetreten werden« ausgedrückt. Die rechtliche Grundlage des Abtretungsverbots ist das Bürgerliche Gesetzbuch. Gemäß § 399 BGB kann eine Forderung nicht abgetreten werden, wenn die Abtre-

181

tung durch eine Vereinbarung zwischen Gläubiger und Schuldner ausgeschlossen wird.

Damit es jedoch nicht zu einem volkswirtschaftlichen Missstand durch das Auswuchern des Abtretungsverbots kommt, wurde § 354a HGB geschaffen. Dieses Gesetz besagt, dass, auch wenn die Abtretung einer Geldforderung durch Vereinbarung mit dem Schuldner gemäß § 399 des BGB ausgeschlossen ist, die Abtretung trotzdem wirksam wird, wenn sie mit einem Rechtsgeschäft begründet wurde, was für beide Partner ein Handelsgeschäft darstellt. Die bedeutendste Rechtsfolge des § 354a HBG für die mittelständische Wirtschaft ist, dass Forderungen wieder zur Abtretung frei und wieder finanzierbar sind.

Gemäß § 455 BGB können Lieferanten, die Waren auf Ziel verkaufen, einen einfachen Eigentumsbehalt vereinbaren. Das heißt, dass sie vor einem Zahlungsausfall gesichert sind, bis der Abnehmer die Ware weiterverkaufen oder weiterverarbeiten kann. Der Lieferant verliert hierbei gleichzeitig sein vorbehaltenes Eigentumsrecht an der gelieferten Ware. Für Lieferanten bietet sich daher die Rechtsanwendung des verlängerten Eigentumsvorbehaltes zur Besicherung an. Dieses besteht aus der Vorausabtretung der Forderungen des Abnehmers aus dem Weiterverkauf der unter Eigentumsvorbehalt gelieferten Waren an den Zweitabnehmer.

Nach deutschem Recht können bestehende und künftig entstehende Forderungen aus der Lieferung von Waren gegen einen abstrakt beschriebenen Abnehmerkreis im Voraus abgetreten werden. Das Datum des Abtretungsvertrages bestimmt hierbei den Zeitpunkt der Abtretung. Kreditinstitute bedienen sich zur Kreditbesicherung regelmäßig dieser Form einer globalen Vorausabtretung von Forderungen, die als *Globalzession* bezeichnet wird.

10.5 Auswirkungen des Factorings auf die Bilanz

Bei einem echten Factoring werden die Forderungen aus der Bilanz des Forderungsverkäufers herausgebucht. Gleichzeitig kommt es zu einem Zugang an liquiden Mitteln und zu Aufwendungen, die für das Factoring anfallen. Die Auswirkungen des Factorings auf die Bilanz, die Gewinn- und Verlustrechnung, die Kapitalflussrechnung (Cashflow-Rechnung) sowie auf das auf dem Jahresabschluss basierende Rating werden im Folgenden erläutert. Durch den Verkauf der Forderung entfällt die Passivierungspflicht nach § 246 HGB für diese Forderungen. Die liquiden Mittel, die dem Forderungsverkäufer für diesen Forderungsverkauf zufließen, kann das Unternehmen zur Til-

Abb. 43: Bilanzielle Auswirkung des Factorings

gung von Fremdkapital nutzen. Somit kommt es zu einer Bilanzverkürzung bei konstantem Eigenkapital, da der Verschuldungsgrad reduziert wird. Ohne die Tilgung des Fremdkapitals kommt es hingegen nur zu einem Aktivtausch.

Bei der Betrachtung der Auswirkungen des Factorings auf die GuV wird in Abbildung 44 von einem Standard-Factoring ausgegangen, bei dem sowohl die Finanzierungsdienstleistung und das Debitorenmanagement als auch die Delkrederefunktion in Anspruch genommen werden. Die erhaltene Zahlung für den Forderungsverkauf spielt in der GuV keine Rolle, da der Geschäftsvorgang bereits als Umsatz verbucht wurde. Durch das Debitorenmanagement kommt es zu Einsparungen im Personalbereich, dem stehen allerdings Factoringgebühren gegenüber. Durch den Verkauf der Forderungen fallen die Wertberichtigungen auf Forderungen geringer aus. Für die Finanzierung durch den Factor müssen allerdings Zinszahlungen geleistet werden, wodurch die in der GuV ausgewiesenen Zinsen zunehmen.

	vor Factoring	nach Factoring
Umsatz	15 000	15 000
Sachkosten	10 750	10 750
Personalkosten	3 720	3 645
Wertberichtigung auf Forderungen	150	20
Zinsaufwand	60	65
Factoringgebühren	-	185
Steuern	131	135
Ergebnis nach Steuern	189	200

Abb. 44: Auswirkungen auf die GuV

Das Ergebnis nach Steuern steigt im dargestellten Beispiel an, da die Reduktion der Personalkosten, hervorgerufen durch das Outsourcing des Debitorenmanagements, und die fehlenden Wertberichtigungen die anfallenden Factoringgebühren und die höheren Zinszahlungen mehr als kompensieren. Folglich kann das Unternehmen, der Forderungsverkäufer, ein höheres bilanzielles Ergebnis ausweisen.

Durch den Forderungsverkauf kommt es zu einem Mittelzufluss, der den Cashflow des Forderungsverkäufers erhöht. Wird dieser Mittelzufluss genutzt, um in gleicher Höhe Fremdkapital zu tilgen, so bleibt der Cashflow unverändert. Allerdings sind dadurch in Zukunft geringe Zahlungsabflüsse zu erwarten, da die Zinszahlungen sich durch die Tilgung verringern. Weiterhin ist es möglich, dass sich der Cashflow erhöht, wenn die Mittelfreisetzung aus dem Forderungsverkauf nicht zur Schuldentilgung genutzt wird.

Der reine Forderungsverkauf hat keine Auswirkung auf das *Rating,* da zunächst nur ein Aktivtausch stattfindet. Erst durch den Abbau der Verschuldung ergibt sich eine Bilanzverkürzung bei konstantem Eigenkapital und somit eine bessere Eigenkapitalquote, die sich positiv auf das Rating-Ergebnis des Unternehmens auswirken kann. Vo allem bei der erstmaligen Anwendung des Factorings kann sich das Rating-Ergebnis signifikant verändern, wenn die entstehende Liquidität zur Tilgung von Fremdkapital verwendet wird. Zudem wird durch Factoring das Risiko von Zahlungsausfällen reduziert, was ebenfalls zu einer positiven Veränderung des Ratings führen kann.

10.6 Anwendungsbereiche und Vertragsbeispiel

Das Factoringgeschäft besitzt eine Vielzahl an Varianten und findet aus diesem Grund in den verschiedensten Branchen und den unterschiedlichsten Geschäftsarten Anwendung. Die Ausgestaltung der Anwendungsmöglichkeiten des Factorings wird bestimmt von der Bedeutung, die der Factorkunde den einzelnen Funktionen beimisst. Jeder Factorkunde hat unterschiedliche Bedürfnisse hinsichtlich Versicherung, Finanzierung und Dienstleistung, nach denen der Factoringvertrag individuell angepasst werden kann.

Sowohl das *Factoring mit* wie auch das *Factoring ohne Delkredere* sind grundsätzlich möglich. In Deutschland wird, im Gegensatz zu anderen Ländern, überwiegend das echte Factoring, also das Factoring mit Delkredere, angewendet. Das *offene Verfahren* bietet im Gegensatz zum *stillen Verfahren* im Allgemeinen mehr Vorteile für beide Partner und ist daher in Deutschland vorherrschend. Für den Factorkunden ist vor allem die Entlastung des Debitorenmanagements von Vorteil. Der Factor besitzt durch das offene Verfahren in höherem Maße die Möglichkeit, seine Debitoren zu kontrollieren. Beim *Fälligkeitsfactoring* ist die Versicherungsfunktion des Factorings entscheidend.

Verzichtet der Factorkunde auf die Dienstleistungsfunktion, so spricht man von einem *Inhouse-Factoring*. Hierbei liefert der Factorkunde dem Factor alle erforderlichen Informationen und Daten, die dieser für seine Beschlüsse über Zahlungen der Kaufpreise für Forderungen, für die Kenntnisse von der Ausschöpfung der Limite und für die Kontrolle und Verwaltung der Debitoren benötigt.

Das Factoring erfasst im Allgemeinen auch Exportforderungen. Die Abtretung von Forderungen bezieht sich also ebenso auf Forderungen des Factorkunden gegenüber Abnehmern aus dem Ausland. Hierbei sollte das von Land zu Land unterschiedliche Zahlungsverhalten der Abnehmer berücksichtigt werden. Zudem schlagen durch die Entfernung Mahnungen und Beitreibungsbemühungen häufig fehl. Bei dieser Art des Factorings ist also die Versicherungsfunktion besonders wichtig. Aufgrund der Risiken im grenzüberschreitenden Waren- und Dienstleistungsverkehr bedient sich der Factor häufig eines Korrespondenzfactors in dem Land der Abnehmer seines Kunden. In diesem Fall spricht man von Two-Factor-System. Der Korrespondenzfactor übernimmt als Importfactor das Delkredererisiko gegenüber dem Exportfactor und erledigt die Forderungsbeitreibungen.

Der idealtypische Factorkunde ist ein mittelständisches Unternehmen aus dem Bereich der Industrie, des Großhandels oder des Dienstleistungssektors, das steigende Umsatz- und Gewinnzahlen vorweisen kann. Je höher die Rechnungsbeträge des Unternehmens, desto besser ist es für das Factoring geeignet. Von Vorteil sind auch hohe Außenstände bei geringen Eigenmitteln, hohe Skontoerlöse im Einkauf, neu erschlossene Märkte im Ausland und gewerbliche Abnehmer. Günstig ist die Ausgangslage für Factoring ebenso, wenn ein Unternehmen, das Fertig- oder Halbfabrikate herstellt und verkauft, den Kunden offene Zahlungsziele einräumen möchte. Auch wenn der Abnehmerkreis wächst und als Kundenstamm dem Unternehmen nachhaltig erhalten bleibt, bietet sich die Durchführung von Factoring an.

Der Mustervertrag für ein Factoringgeschäft wurde vom Arbeitskreis Recht des Deutschen Factoring-Verbandes ausgearbeitet und liegt heute in der Fassung von November 2000 vor. Er findet sich in dieser Form, oftmals auch mit wenigen Änderungen oder Alternativen, in verschiedenen Ver-

185

tragsformularbüchern. Den in der Praxis abgeschlossenen Factoringverträgen liegt insbesondere der Factoringvertrag aus dem Buch von Brink zugrunde, wobei hier meist auf den individuellen Fall angepasste Änderungen und zusätzliche Bestimmungen ihre Geltung finden. Der Geist des Vertragstextes wird davon allerdings größtenfalls nicht berührt.

Vertrag über ein echtes Factoring

Die
A-GmbH, vertreten durch ihren alleinvertretungsberechtigten
Geschäftsführer ....
– nachfolgend Firma genannt –

und die

F-GmbH, vertreten durch ihren alleinvertretungsberechtigten
Geschäftsführer ....
– nachfolgend Factor genannt –

schließen den folgenden Factoringvertrag:

§ 1 Forderungskauf

(1) Die Firma verpflichtet sich, alle nach Unterzeichnung dieses Vertrages entstehenden Forderungen aus Warenlieferungen und Dienstleistungen gegen ihre sämtlichen Kunden (Debitoren) fortlaufend dem Factor zum Kauf anzubieten. Es dürfen nur solche Forderungen angeboten werden, auf die Lieferungen und Leistungen bereits vollständig erbracht sind. Diese Umstände sind durch Kopien der Vertragsurkunde und des Lieferscheins nachzuweisen.

(2) Die Forderungen werden dem Factor unverzüglich nach vollständiger Ausführung der Firmenleistung zum Kauf angeboten. Die Firma bietet den Abschluss des Kaufvertrages dadurch an, dass sie dem Factor alle wesentlichen Merkmale der Forderung gegen den Debitor übermittelt.

(3) Die Firma verpflichtet sich, dem Factor alle Umstände anzuzeigen, die einer Abtretung der Forderung entgegenstehen. Dazu zählen insbesondere ein verlängerter Eigentumsvorbehalt, eine Globalzession oder ein Abtretungsverbot. Die Anzeigepflicht entfällt, wenn der Kunde aufgrund eines Abtretungsverbots die Abtretbarkeit der Forderung einschränkt.

(4) Die Firma ist an ihr Kaufangebot für eine angemessene Frist gebunden, welche den notwendigen Prüfungen des Factors Rechnung trägt. Erklärt sich der Factor nach Ablauf eines Zeitraumes, der nach normalem Lauf für die Kaufentscheidung ausreicht, nicht, so kann die Firma dem Factor für die Annahme ihres Angebots eine abschließende Frist von acht Tagen ab Zugang ihrer schriftlichen Erklärung setzen. Nimmt der Factor das Angebot nicht fristgemäß an, kann die Firma über die Forderung frei verfügen.

(5) Der Factor nimmt das Kaufangebot der Firma an, indem er den Kaufpreis für die Forderung auf dem Abrechnungskonto der Firma gutschreibt. Die Firma verzichtet auf eine förmliche Annahmeerklärung. Lehnt der Factor das Kaufangebot der Firma ab, so weist er die Forderung als Inkassoforderung aus.

§ 2 Kauflimit

(1) Der Factor räumt der Firma für jeden ihrer Debitoren ein Kauflimit ein, das schriftlich festgehalten wird. Liegt die zum Kauf angebotene Forderung unter Berücksichtigung bereits angekaufter Forderungen im Rahmen des für diesen Debitor eingeräumten Limits, so ist der Factor verpflichtet, das Kaufangebot der Firma anzunehmen.

(2) Passt eine angebotene Forderung ganz oder teilweise nicht mehr in das Limit, so rückt sie insoweit nach, als durch Debitorenzahlungen das Limit für diese Forderung frei geworden ist. § 1 Abs. 3 gilt entsprechend.

(3) Über die Erweiterung des Kauflimits entscheidet der Factor nach pflichtgemäßem Ermessen unter banküblichen Gesichtspunkten. Zu einer Herabsetzung des Kauflimits ist der Factor nur unter der Voraussetzung berechtigt, dass er Umstände nachweist, aufgrund deren sich die bei der Limitvereinbarung zugrunde gelegte Kreditwürdigkeit des Kunden nachträglich negativ verändert hat. Solche Umstände sind insbesondere eine schleppende Zahlungsweise des Debitors, die Nichteinlösung von Schecks und Wechselproteste. Der Factor bleibt trotz Herabsetzung des Limits zum Ankauf von Forderungen verpflichtet, soweit der Kunde die Ware versandt oder die Dienstleistung erbracht hat und dabei auf das eingeräumte Limit vertrauen durfte.

§ 3 Ankauf sonstiger Forderungen

(1) Übersteigt eine angebotene Forderung ganz oder teilweise ein vereinbartes Limit oder wurde für einen Debitor kein Limit vereinbart, so entscheidet der Factor nach pflichtgemäßem Ermessen unter banküblichen Gesichtspunkten über den Ankauf der Forderung. Der Factor prüft insbesondere die Kreditwürdigkeit des Kunden. Liegen keine Umstände vor, die einer Kreditwürdigkeit entgegenstehen, ist der Factor zum Ankauf der angebotenen Forderung verpflichtet.

§ 4 Kaufpreis

Der vom Factor an die Firma zu zahlende Kaufpreis berechnet sich aus dem Nennwert der angekauften Forderung der Firma gegenüber ihrem Kunden abzüglich des Factoringentgelts in Höhe von _ % vom Nennwert der Forderung für die Übernahme des Delkredererisikos und des Debitorenmanagements.

(2) Der Kaufpreis ist der Firma unverzüglich nach dem Ankauf der Forderung gutzuschreiben.

§ 5 Forderungsabtretung

(1) Die Firma tritt dem Factor schon heute im Voraus alle nach Abschluss des Vertrages entstehenden künftigen Forderungen aus Warenlieferungen und Dienstleistungen, die ihr gegen sämtliche Kunden zustehen oder zustehen werden, unter der aufschiebenden Bedingung ab, dass über die jeweilige Forderung ein Kaufvertrag nach § 1 zustande kommt. Der Factor nimmt die Abtretung an.

(2) Kauft der Factor die Forderung nur teilweise an, so ist sie zunächst nur in der Höhe dieses Teilbetrages abgetreten.

(3) Soweit nach dem auf die Forderung anwendbaren Recht eine Vorausabtretung unwirksam ist, verpflichtet sich die Firma, unverzüglich nach dem Entstehen einer solchen Forderung diese an den Factor abzutreten. Die Übersendung der Rechnung gilt als Abtretungsangebot, die Gutschrift durch den Factor als Annahmeerklärung. Die Firma bevollmächtigt hiermit den Factor unwiderruflich, für ihn die Abtretungsanzeige gegenüber

dem Debitor abzugeben. Die Firma ist verpflichtet, auf Verlangen jederzeit alle zur Durchsetzung der Forderung benötigten Unterlagen und Belege unverzüglich an den Factor herauszugeben und sämtliche Erklärungen abzugeben, die gegebenenfalls zur Durchführung dieses Vertrages noch erforderlich sind oder sein werden.

§ 6 Ankauf sonstiger Forderungen und Einzugsermächtigung

(1) Lehnt der Factor den Ankauf einer Forderung nach § 3 zu Recht ab, beauftragt und ermächtigt die Firma den Factor widerruflich, die Forderung in eigenem Namen einzuziehen.
(2) Für den Forderungseinzug erhält der Factor von der Firma im Erfolgsfall ein Inkassoentgelt von € % des Nennwerts der eingezogenen Forderung.
(3) Die eingezogene Forderung ist unmittelbar nach dem Geldeingang abzüglich des Inkassoentgelts an die Firma weiterzuleiten.

§ 7 Delkredere

Der Factor trägt für die von ihm angekauften Forderungen das Risiko der Zahlungsunfähigkeit des Kunden (Delkredere).

§ 8 Haftung der Firma

(1) Die Firma garantiert dem Factor, dass die verkaufte Forderung einschließlich der abgetretenen oder übergegangenen Nebenrechte, wie sie in den übermittelten Daten beschrieben werden, besteht, abtretbar ist und nicht mit Einreden oder Einwendungen behaftet ist. Darüber hinaus garantiert die Firma, dass die Forderung nicht nachträglich in ihrem rechtlichen Bestand verändert wird. Zu einer nachträglichen Bestandsveränderung gehört es insbesondere, wenn die Forderung durch Einreden und Einwendungen € dazu zählen beispielsweise Aufrechnung, Anfechtung, Wandlung, Minderung, Rücktritt, Schadenersatz und Nachbesserung € beeinträchtigt wird.
Die Haftung ist jedoch ausgeschlossen, soweit die Abtretung aufgrund der Kollision mit einem verlängerten Eigentumsvorbehalt nicht wirksam geworden ist.
(2) Verweigert der Kunde aufgrund von Einreden oder Einwendungen die Zahlung, kann der Factor vom Forderungskaufvertrag zurücktreten, Schadensersatz wegen Nichterfüllung fordern oder verlangen, so gestellt zu werden, als ob die garantierte Eigenschaft der Forderung bestünde, wenn folgende Voraussetzungen alternativ vorliegen:
– Die Firma erkennt die Einreden oder Einwendungen des Kunden an.
– Die Einreden oder Einwendungen des Kunden sind gerichtlich rechtskräftig festgestellt.
(3) Erkennt die Firma die Einreden oder Einwendungen des Debitors nicht an, wird das Abrechnungskonto mit dem jeweiligen Forderungsbetrag vorläufig belastet, ohne dass der Factor die in Absatz 2 genannten Rechte geltend machen kann. Die vorläufige Belastung wird erst zu dem Zeitpunkt rückgängig gemacht, zu dem der rechtliche Bestand der Forderung rechtskräftig festgestellt wird oder der Debitor die Forderung endgültig anerkennt.
Soweit die Firma die Einreden oder Einwendungen später anerkennt oder die Berechtigung der Einreden oder Einwendungen durch rechtskräftiges Urteil festgestellt wird, kann der Factor die in Absatz 2 genannten Rechte geltend machen.
(4) Die Firma kann zur Vermeidung einer vorläufigen Belastung mit Zustimmung des Factors Sicherheiten leisten.

§ 9 Rechtsverfolgung gegenüber Debitoren

(1) Es obliegt dem Factor, Maßnahmen der Rechtsverfolgung für alle angekauften Forderungen gegenüber den Debitoren im eigenen Namen durchzuführen.

(2) Die Kosten der Rechtsverfolgung für angekaufte Forderungen einschließlich gerichtlicher Auseinandersetzungen trägt der Factor.

Die Kosten der Rechtsverfolgung für angekaufte Forderungen einschließlich gerichtlicher Auseinandersetzungen trägt der Factor, wenn sie aufgrund der Bonität des Debitors entstanden sind. Stellt sich nach der Durchführung rechtlicher Maßnahmen heraus, dass der Debitor berechtigterweise Einreden oder Einwendungen geltend gemacht hat, oder hat die Firma den rechtlichen Bestand der Forderung erst nachträglich hergestellt, dann trägt die Firma die Kosten der Rechtsverfolgung.

(3) Über eine gerichtliche Auseinandersetzung ist die Firma laufend zu unterrichten. Wenn der Factor Weisungen der Firma hinsichtlich der Prozessführung außer Acht lässt, kann sich die Firma gegenüber dem Factor darauf berufen, dass der Factor den Prozess mangelhaft geführt habe oder der Rechtsstreit mit dem Kunden unrichtig entschieden worden sei.

§ 10 Übertragung von Sicherheiten

(1) Die Firma tritt dem Factor im Voraus neben der verkauften und abgetretenen Forderung alle Ansprüche ab, die sie aus ihrem Vertrag mit dem Debitor insbesondere auf Herausgabe oder Rückgabe gelieferter Waren haben wird.

(2) Die Vertragsparteien sind sich schon jetzt darüber einig, dass das Vorbehalts- und Sicherungseigentum, mit welchem die Firma sich eine verkaufte und abgetretene Forderung hat sichern lassen, auf den Factor übergeht. Der Übergang erfolgt im Moment der Abtretung der gesicherten Forderung, spätestens jedoch in dem Zeitpunkt, in dem die Firma das Eigentum oder Miteigentum erwirbt.

Firma und Factor sind sich ebenfalls darüber einig, dass sämtliche bestehenden und künftig entstehenden Anwartschaftsrechte, die die Firma an den verkauften und gelieferten Gegenständen hat und die in Auftragsbestätigungen und den entsprechenden Rechnungen über verkaufte Forderungen enthalten sind, auf den Factor übergehen.

Die Firma tritt zugleich ihren künftigen Herausgabeanspruch gegen den Debitor oder einen anderen Dritten, der die Vorbehaltsware beziehungsweise das Sicherungsgut unmittelbar besitzt, an den Factor ab.

Ist die Firma selbst noch im unmittelbaren Besitz solcher Gegenstände, verwahrt sie diese treuhänderisch, unentgeltlich und getrennt von den anderen Waren für den Factor. Dasselbe gilt für Waren, die vom Debitor an die Firma zurückgeschickt wurden.

(3) Beim Versendungskauf tritt die Firma ihre Ansprüche gegen den Transporteur und ihr Verfolgungsrecht an der Ware an den Factor ab. Die Firma ist verpflichtet, in den Versanddokumenten vermerken zu lassen, dass dem Factor ein Weisungsrecht bezüglich der Ware zusteht. Die Verpflichtungen der Firma gegenüber dem Transporteur bleiben hiervon unberührt.

(4) Die Firma tritt sämtliche eventuellen Ansprüche gegen Versicherer von Waren an den Factor ab. Dazu zählen insbesondere Transport-, Einbruch-, Diebstahl- sowie die Brandversicherung. Ist eine wirksame Abtretung von weiteren Voraussetzungen abhängig, verpflichtet sich die Firma, die Abtretung in der entsprechenden Weise vorzunehmen. Weiterhin tritt die Firma alle gegenwärtigen und zukünftigen Schadensersatzansprüche, die die an den Kunden gelieferte Ware betreffen, an den Factor ab.

(5) Gehen Nebenrechte nicht bereits kraft Gesetzes über, verpflichtet sich die Firma, dem Factor auf erstes Anfordern alle Rechte zu übertragen, die der Durchsetzung und Sicherung der verkauften Forderung dienen.

10.6 Anwendungsbereiche und Vertragsbeispiel

§ 11 Aufrechnung

Die Aufrechnung mit einer anderen, nicht aus diesem Vertrag resultierenden Forderung ist dem jeweiligen Vertragspartner nur dann erlaubt, wenn der Aufrechnungsgegner zustimmt, der Vertrag die Aufrechnung vorsieht oder die Forderung rechtskräftig festgestellt worden ist.

§ 12 Vertragsdauer und -kündigung

(1) Die Vertragsdauer beginnt mit dem Datum der Unterschrift des Factors und endet nach Ablauf von 24 Monaten zum Monatsende. Eine Kündigung des Vertrages ist spätestens mit Ablauf des 18. Monats zum Ende des 24. Monats der Vertragsdauer möglich. Wurde der Vertrag bis dahin nicht gekündigt, läuft er auf unbestimmte Zeit weiter. Für einen späteren Zeitpunkt kann der Vertrag mit einer Kündigungsfrist von sechs Monaten jeweils zum Ende eines Kalenderjahres gekündigt werden.

(2) Die Kündigung ist nur wirksam, wenn sie durch einen eingeschriebenen Brief erfolgt.

(3) Das Recht zur Kündigung mit sofortiger Wirkung aus wichtigem Grund bleibt beiden Vertragsparteien erhalten.

§ 13 Geltung der Allgemeinen Geschäftsbedingungen

Ergänzend zu diesem Vertrag gelten die beigefügten und von der Firma anerkannten Allgemeinen Geschäftsbedingungen des privaten Bankgewerbes. Soweit die unmittelbare Anwendung der Allgemeinen Geschäftsbedingungen auf das Factoringgeschäft nicht möglich ist, sind die betreffenden Bestimmungen so anzuwenden, dass ihr wirtschaftlicher Zweck erreicht wird.

§ 14 Salvatorische Klausel

Sollten eine oder mehrere Bestimmungen dieses Vertrags unwirksam sein oder werden, so berührt das nicht die Wirksamkeit der übrigen Bestimmungen. Die Vertragsparteien verpflichten sich, sich auf eine ergänzende oder ersetzende Bestimmung zu einigen, die dem verfolgten Zweck entspricht oder zumindest am nächsten kommt und rechtlich zulässig ist.

§ 15 Schriftform

(1) Mündliche Nebenabreden bestehen nicht.

(2) Änderungen oder Ergänzungen dieses Vertrages bedürfen der Schriftform.

§ 16 Erfüllungsort und Gerichtsstand

(1) Erfüllungsort ist der Sitz der Firma.

(2) Zuständiges Gericht für alle Streitigkeiten aus diesem Vertrag oder seine Wirksamkeit ist der Gerichtsstand der Firma.

Zuständiges Gericht für alle Streitigkeiten aus diesem Vertrag oder seine Wirksamkeit ist der Gerichtsstand des Factors.

...., den ....

....
Geschäftsführer A-GmbH   Geschäftsführer F-GmbH

Abb. 45: Beispiel eines Factoringvertrages

Zu den Merkmalen eines Factoringvertrags gehören der Forderungskauf sowie die Übertragung der Forderungen des Kunden auf den Factor. Die Beziehung zwischen dem Factor und seinem Kunden, die auf eine bestimmte Zeitdauer festgelegt ist, und das Vorgehen bei der Risikoverteilung, wenn der Debitor nicht bezahlt, müssen ebenfalls vertraglich geregelt werden. Das Factoringgeschäft setzt eine bestimmte begrenzte Dauer der Verbindung zwischen dem Factor und seinem Kunden voraus. Der Factoringvertrag bildet den Rahmen für Rechtshandlungen des Kunden und des Factors und stellt ein Dauerschuldverhältnis dar.

Basis für den Factoringvertrag ist das Regelwerk über den Forderungskauf des BGB. Die gesetzlichen Vorgaben liefern lediglich Rahmenbedingungen, weshalb eine vertragliche Formulierung und Festlegung der individuellen Ausgestaltung des Factoringgeschäfts im Factoringvertrag notwendig ist. Gemäß dem Bürgerlichen Gesetzbuch (BGB) gibt es eine Vielzahl an unterschiedlichen Vertragstypen, die als Dauerschuldverhältnis angelegt werden können. Der Forderungskaufvertrag ist im Kaufrecht des Bürgerlichen Gesetzbuches, §§ 433 ff., im Besonderen in den §§ 437, 438 geregelt. § 437 BGB legt fest, dass der Verkäufer für den rechtlichen Bestand der verkauften Forderungen einstehen muss. § 438 BGB regelt die Haftung des Forderungsverkäufers für den Fall einer Zahlungsunfähigkeit des Forderungsschuldners. Diese beiden Vorschriften zeigen im Kontext der §§ 433 ff. BGB, dass das Gesetz den Forderungskauf sowohl mit wie auch ohne Rückgriff auf den Forderungsverkäufer bei Zahlungsunfähigkeit des Forderungsschuldners zulässt. Treue und Glauben sind die Basis des Factoringgeschäfts. Die Notwendigkeit der Worttreue und dem Wesensgehalt des Vertrags entsprechender Vertragserfüllung gilt somit für beide Vertragspartner als selbstverständlich.

11
Leasing statt Kauf

Der Begriff Leasing ist vom englischen Verb to lease abgeleitet, das mit »mieten« übersetzt werden kann. Leasing ist eine spezielle Form der Vermietung von Vermögensgegenständen beziehungsweise Anlagen. Diese Vermietung von Anlagegegenständen, die im § 535 BGB geregelt ist, unterscheidet sich vom klassischen Mietverhältnis dadurch, dass zwischen dem Hersteller des Gutes und dem Verwender, also dem Leasingnehmer, in der Regel eine Leasinggesellschaft eingeschaltet ist. Das Leasing kann deshalb auch als indirektes Mietgeschäft bezeichnet werden. Die Bedeutung des Leasinggeschäfts lässt sich bereits aus der Mitgliederzahl von über 1500 im Bundesverband Deutscher Leasinggesellschaften (BDL) organisierten Firmen erkennen. Der Finanzierungseffekt für ein Unternehmen ergibt sich beim Leasing dadurch, dass Wirtschaftsgüter genutzt werden können, ohne angeschafft und in der Bilanz aktiviert werden zu müssen.

11.1 Arten und Wesen des Leasings

Einem Leasinggeschäft liegt ein Leasingvertrag zugrunde, in dem sich der Leasinggeber verpflichtet, dem Leasingnehmer einen Vermögensgegenstand, das so genannte Leasingobjekt, für eine bestimmte oder eine unbestimmte Zeit zur Nutzung zu überlassen. Der Leasingnehmer zahlt dem Leasinggeber im Gegenzug ein Leasingentgelt; meistens erfolgt die Zahlung in Leasingraten. Leasingverträge haben einen ähnlichen Charakter wie Mietverträge, unterscheiden sich jedoch darin, dass die mietvertraglich geschuldete Wartungs- und Instandsetzungsleistung beziehungsweise der Gewährleistungsanspruch auf den Leasingnehmer übertragen wird. Dies geschieht im Austausch gegen die Abtretung der Kaufrechte seitens des Leasinggebers und die Finanzierungsfunktion (Vollamortisation) beim Leasing. Der Leasinggeber trägt hierbei die Sach- und Preisgefahr.

Handbuch Alternative Finanzierungsformen. Ottmar Schneck
Copyright © 2006 WILEY-VCH Verlag GmbH & Co. KGaA, Weinheim
ISBN 3-527-50219-X

Je nach Vertragsart des Leasings wird der Erwerb des Leasinggegenstandes nach Ablauf der Grund-Leasingzeit von Beginn an explizit angeboten.

Beim Leasing kommt dem Leasingnehmer das Recht zu, weitgehend als Eigentümer zu handeln und beispielsweise selbst für die erforderliche Wartung des Leasingobjekts Sorge zu tragen und die notwendigen Versicherungen abzuschließen. Die Vertragslaufzeiten werden zumeist frei vereinbart. Je nach Vertragstyp wird außerdem die Übernahme des Verwertungsrisikos eines zurückgegebenen Leasingobjektes nach Vertragsablauf durch die Leasinggesellschaft festgelegt.

Es lassen sich verschiedene Leasingarten unterscheiden. Je nachdem, ob das Leasingobjekt direkt oder indirekt vom Hersteller zur Verfügung gestellt wird, spricht man vom *direkten* oder vom *indirekten Leasing*.

In Abhängigkeit davon, ob einzelne Gegenstände oder ganze Systeme geleast werden, unterscheidet man zwischen *Equipment Leasing* und *Plant Leasing*. Aus steuerlicher- und bilanztechnischer Sicht stellt sich die Frage nach der Laufzeit des Leasingvertrages. Langfristige Leasingverträge, meist ohne Kündigungsmöglichkeit während einer Grundnutzeit, werden als Finanzierungsleasing beziehungsweise *Finance Leasing*, kurzfristige Leasingverträge als *Operating Leasing* bezeichnet. Finance Leasing, im US-GAAP auch Capital Leasing genannt, bezeichnet Leasingverträge, die aus Sicht des wirtschaftlichen Eigentums dem Leasingnehmer (oder auch Leasinggeber) zugeordnet werden. In diesem Fall muss das Leasinggut dem Leasingnehmer (Leasinggeber) zugeordnet und damit auch von diesem bilanziert werden.

Beim Operating Leasing erwirbt der Leasingnehmer (und gegebenenfalls auch der Leasinggeber) kein wirtschaftliches Eigentum und ist damit auch nicht bilanzierungspflichtig.

In der betrieblichen Praxis werden zudem so genannte Vollamortisations- von Teilamortisationsverträgen unterschieden. Nur bei Ersteren decken die Leasingraten in Summe die gesamten Anschaffungs- oder Herstellungskosten des Leasingobjekts sowie alle sonstigen Nebenkosten. Generell wird häufig eine Kaufoption nach der Leasingzeit vereinbart. Weitere Differenzierungen lassen sich im Hinblick auf Kündbarkeit, Gewährleistungs- und Instandhaltungspflichten sowie die Übernahme von Risiken beziehungsweise Mängelhaftung bei Schäden vornehmen.

Weiterhin werden Mobilien- und Immobilienleasing unterschieden.

Zu den Sonderformen des Leasings gehört unter anderem das so genannte *Sale and Lease Back*. Hierbei verkauft ein Unternehmen ein Objekt an einen Leasinggeber und mietet es im Anschluss von diesem. Das *Mainte-*

nance Leasing ist eine weitere Sonderform, bei der im Leasingvertrag der Wartungsvertrag mit eingeschlossen ist. Des Weiteren lassen sich *Leasingverträge mit oder ohne Optionsrecht* unterscheiden. Die Optionsrechte beziehen sich zumeist auf den Kauf eines Objektes nach Ablauf des Leasingvertrages und auf das Recht einer Mietverlängerung.

11.2 Leasing aus rechtlicher Sicht

Es gibt für das Leasing weder einen speziellen, in sich geschlossenen Rechtsrahmen noch eine gesetzliche Definition des Begriffs. Das Leasinggeschäft wird durch einzelne Regelungen im Bürgerlichen Gesetzbuch (BGB), im Gesetz zur Regelung des Rechts der Allgemeinen Geschäftsbedingungen, im Verbraucherkreditgesetz, im Haustürwiderrufsgesetz, im Produkthaftungsgesetz, in der Insolvenzordnung, im Handelsgesetz, in der Abgabenordnung, im Gewerbesteuergesetz, im Einkommen- und Körperschaftsteuergesetz sowie im Geldwäschegesetz bestimmt. Darüber hinaus existieren Erlasse von Bund und Ländern wie beispielsweise der Teil- und der Vollamortisationserlass für das Mobilienleasing.

Leasing stützt sich in großem Maße auf das Mietrecht im BGB, wobei die Rechtsprechung die Gestaltung übernimmt. Dies wird teilweise mit den Worten umschrieben, dass der Leasingvertrag »in erster Linie Miete« ist oder »in seinem Kern Mietrecht« enthält. Zu den Besonderheiten eines Leasingvertrags gehört, dass er im Gegensatz zum BGB-Mietvertrag keine Nutzungsgarantie des Leasinggebers während der gesamten Nutzungsdauer beinhaltet. Von Bedeutung ist nur, dass bei Nutzungsbeginn eine Nutzungsmöglichkeit des Leasingobjektes gegeben ist. Die Haftung für die Erfüllung der Lieferverpflichtung liegt beim Leasinggeber und bildet die Basis für den Leasingvertrag. Im Gegensatz zum BGB-Vermieter muss der Leasinggeber nicht dafür Sorge tragen, dass das Leasingobjekt in einem für den vertragsgemäßen Gebrauch erforderlichen Zustand erhalten bleibt. Der Leasinggeber beschränkt sich somit auf die Finanzierung der Nutzungsmöglichkeiten eines bei Leasingbeginn nutzbaren Leasingobjektes.

Leasinggeber bieten darüber hinaus häufig noch Serviceleistungen an und wirken unterstützend in Beschaffungsprozessen mit. Eigentümer sind in rechtlicher und wirtschaftlicher Hinsicht allerdings die Leasinggeber und nicht die Leasingnehmer. Dem Leasingnehmer obliegt zwar in der Regel die Auswahl des Leasingobjektes, des Lieferanten oder des Herstellers des Objektes, der Leasinggeber erwirbt dagegen das Leasingobjekt auf eigene Rechnung und wird somit Eigentümer. Aus diesem Grund akzeptiert die Rechtsprechung den Ausschluss eigener Gewährleistung des Leasinggebers bei eventuellen Mängeln, falls der Leasinggeber seine eigenen kaufrechtlichen Gewährleistungsansprüche gegen den Lieferanten an den Leasingnehmer abtritt.

Der Abschluss eines Leasingvertrags findet in der Regel als Formularvertrag statt und beinhaltet neben der Festlegung der Leasingrate, der Beschreibung des Leasingobjektes und der Übergabe des Leasingobjektes auch besondere Aspekte wie die Gewährleistung für Sachmängel des Leasingobjektes, die Gefahrtragung während der Dauer eines Leasingvertrages und die Vollamortisation auch bei vorzeitiger Beendigung eines Leasingvertrages. Diese besonderen Aspekte unterscheiden den Leasingvertrag grundsätzlich von einem BGB-Mietvertrag. Die Gewährleistung für Sachmängel umfasst die ausgeschlossene Haftung des Leasinggebers für die nicht erfolgte, nicht rechtzeitige oder fehlerhafte Lieferung oder ein sonstiges Verschulden des Lieferanten. Für Sach- und Rechtsmängel sowie für vollständige und rechtzeitige Lieferung des Leasingobjektes leistet der Leasinggeber in der Regel nur Gewähr, wenn er mit Abschluss des Leasingvertrages kaufrechtliche Ansprüche und Rechte gegen den Lieferanten, den Vorlieferanten, den Hersteller oder einen sonstigen Dritten an den Leasingnehmer abtritt. Der Leasingnehmer nimmt die Abtretung dieser Ansprüche damit an. Die Ansprüche umfassen das Recht auf Nacherfüllung, den Rücktritt vom Kaufvertrag, Minderung des Kaufpreises sowie auf Schadensersatz oder den Ersatz vergeblicher Aufwendungen.

Gebrauchte Leasingobjekte werden vom Leasinggeber in der Regel gekauft und verleast. Eine Haftung des Leasinggebers für Sach- und Rechtsmängel ist bei gebrauchten Leasingobjekten zumeist ausgeschlossen. Die Gefahrtragung hinsichtlich der Sach- und Preisgefahr, insbesondere der Gefahr des zufälligen Unterganges, des Verlustes und des Diebstahls des Leasingobjektes geht mit dessen Übernahme auf den Leasingnehmer über. Tritt eines der vorgenannten Ereignisse ein, so hat der Leasingnehmer den Leasinggeber hiervon unverzüglich schriftlich zu unterrichten. Die Verpflichtung zur Fortentrichtung der vereinbarten Leasingraten bleibt bestehen. Darüber hinaus können sowohl der Leasingnehmer als auch der Leasinggeber in den vorgenannten Fällen den Leasingvertrag kündigen.

Der Leasinggeber ist zumeist zur fristlosen Kündigung des Leasingvertrages berechtigt, wenn der Leasingnehmer seine Vertragspflichten verletzt, insbesondere das Leasingobjekt nicht ordnungsgemäß behandelt oder eine Standortveränderung beziehungsweise eine Gebrauchsüberlassung an Dritte durchführt. Des Weiteren kann der Leasinggeber fristlos kündigen, wenn der Leasingnehmer seinen Verpflichtungen aus dem Versicherungsvertrag nicht mehr nachkommt, die Versicherung gekündigt wird oder der Versicherungsschutz entfällt. Das Recht der fristlosen Kündigung, insbesondere wegen Zahlungsverzuges nach den gesetzlichen Bestimmungen, bleibt unberührt.

Im Falle der fristlosen Kündigung kann der Leasingnehmer zusätzlich zu den rückständigen Bruttoleasingraten die für die restliche Vertragsdauer noch ausstehenden Nettoleasingraten, jeweils abgezinst zum Refinanzierungszinssatz des Leasingnehmers, sowie eine prozentuale Abwicklungspauschale als Schadensersatz wegen Nichterfüllung verlangen. Ein Erlös aus der Verwertung des Leasingobjektes ohne Mehrwertsteuer wird für den Fall der Geltendmachung der Schadensersatzforderung unter Abzug der Verwertungskosten auf die Forderung angerechnet.

Eine außerordentliche Kündigung des Leasingvertrages durch den Leasingnehmer ist bei Vorliegen eines wichtigen Grundes möglich, den der Leasingnehmer zu vertreten haben muss. Mängel des Leasingobjektes stellen keinen wichtigen Grund dar, ebenso wenig liegt ein wichtiger Grund vor, wenn das Leasingobjekt nicht die Erwartungen des Leasingnehmers erfüllt. Stirbt der Leasingnehmer, so sind seine Erben in der Regel nicht berechtigt, den Leasingvertrag zu kündigen.

Was die Vollamortisation auch bei Beendigung des Vertrages betrifft, sei es durch Ablauf der vereinbarten Leasingdauer oder Kündigung oder aus sonstigen Gründen, ist der Leasingnehmer ohne Aufforderung verpflichtet, das Leasingobjekt auf seine Kosten und Gefahr sowie transportversichert an den Sitz des Leasinggebers zurückzugeben, es sei denn, der Leasinggeber bestimmt einen anderen Rückgabeort innerhalb Deutschlands.

Stellt der Leasinggeber Mängel am Leasingobjekt fest, die über den durch vertragsgemäßen Gebrauch entstandenen Verschleiß hinausgehen, so kann er die Beseitigung auf Kosten des Leasingnehmers verlangen. Soweit das Leasingobjekt nicht mehr verwertbar ist, hat der Leasingnehmer das Leasingobjekt auf Verlangen des Leasinggebers auf eigene Kosten zu vernichten und zu entsorgen. Gibt der Leasingnehmer das Leasingobjekt nach Beendigung des Leasingvertrages nicht zurück und widerspricht der Leasinggeber nicht der Fortsetzung des Mietverhältnisses, verlängert sich der Leasingvertrag auf unbestimmte Laufzeit. Die Geltendmachung eines weiter gehenden Schadens bleibt vorbehalten.

11.2 Leasing aus
rechtlicher Sicht

11.3 Die Zurechnung des Leasingobjekts ist abhängig von der Rechnungslegung

Die steuerlichen Konsequenzen eines Leasingvertrags hängen davon ab, ob das Leasingobjekt beim Leasingnehmer oder beim Leasinggeber zu bilanzieren ist. Während in der amerikanischen Rechtsprechung und den IAS (International Accounting Standards) sowie den US-GAAP (United States Generally Accepted Accounting Principles) bei der Bilanzierung grundsätzlich gilt, dass beim Finance Leasing das Objekt dem Leasingnehmer zuzuordnen ist, und beim Operating Leasing der Leasinggeber das Objekt zu bilanzieren hat, richtet sich die deutsche Rechtsprechung insbesondere nach der Nutzungsdauer. Um Leasingverträge steuerlich nicht günstiger zu stellen als Ratenzahlungen, wurde bereits 1961 per Steuererlass festgehalten, dass das Leasingobjekt bei einer Grundmietzeit unter 40 % und über 90 % der Nutzungsdauer dem Leasingnehmer zuzurechnen ist. Während eine überwiegende Nutzung durch den Leasingnehmer (mindestens 90 % der Nutzungsdauer) zur Bilanzierung beim Leasingnehmer führt, kann die Bilanzierungspflicht des Leasingnehmers im Fall der geringfügigen Nutzungsdauer (unter 40 % der Gesamtnutzungsdauer) nur unzureichend begründet werden. Im Zuge der weltweiten Durchsetzung der International Accounting Standards wird sich dieses Problem allerdings von selbst lösen.

Bei der *Zurechnung des Leasinggegenstandes beim Leasinggeber* muss dieser nach deutschem Recht den Leasinggegenstand mit seinen Anschaffungs- und Herstellungskosten aktivieren. Die Absetzung für Abnutzung ist nach der betriebsgewöhnlichen Nutzungsdauer vorzunehmen. Die Leasingraten sind für den Leasinggeber Betriebseinnahmen, der Leasingnehmer hingegen kann diese als Betriebsausgaben ausweisen.

Wird das *Leasingobjekt dem Leasingnehmer zugerechnet,* so hat der Leasingnehmer das Leasingobjekt mit seinen Anschaffungs- und Herstellungskosten zu aktivieren. Als Anschaffungs- oder Herstellungskosten gelten diejenigen Kosten, die der Berechnung der Leasingraten zugrunde gelegt worden sind, zuzüglich weiterer Anschaffungs- oder Herstellungskosten, die nicht in den Leasingraten enthalten sind. Dem Leasingnehmer stehen die Abschreibungen nach der betriebsgewöhnlichen Nutzungsdauer des Leasinggegenstandes zu. In Höhe der aktivierten Anschaffungs- und Herstellungskosten mit Ausnahme der nicht in den Leasingraten berücksichtigten Anschaffungs- und Herstellungskosten des Leasingnehmers ist eine Verbindlichkeit gegenüber dem Leasinggeber zu passivieren. Die Leasingraten sind in einen Zins- und Kostenanteil sowie einen Tilgungsanteil aufzuteilen, wobei berücksichtigt werden muss, dass sich infolge der laufenden Tilgung der Zinsanteil verringert und der Tilgungsanteil entsprechend erhöht. Der Zins- und Kostenanteil stellt eine sofort abzugsfähige Betriebsausgabe dar, während der andere Teil der Leasingrate als Tilgung der Kaufpreisschuld erfolgsneutral zu behandeln ist.

Der Leasinggeber überträgt bei Abschluss des Leasingvertrags als zivilrechtlicher Eigentümer dem Leasingnehmer die Nutzungsmöglichkeit sowie die mit dem Objekt verbundenen Risiken. Das Ausmaß der Nutzung ist frei vereinbar und versetzt den Leasingnehmer je nach Ausprägung der Übertragung in eine eigentümerähnliche beziehungsweise eigentümergleiche Position. Alle Rechnungslegungen, das heißt die deutsche wie auch die US-GAAP und die IFRS-Rechnungslegung, erheben bezüglich der Bilanzierung den Grundsatz wirtschaftlicher Betrachtungsweise. Ein Unternehmen sollte daher genau prüfen, wann der Leasingnehmer zum Eigentümer wird und das Leasingobjekt in seiner Bilanz zu bilanzieren hat. Die Zurechnungsregelungen sind allerdings in den genannten Rechnungslegungen unterschiedlich.

Bei der Zurechnung des Leasingobjekts nach deutschem Recht ist § 39 der Abgabenordnung relevant. Hier ist festgelegt, unter welchen Bedingungen Investitionsgüter bei wem bilanziert werden. Die zunächst rein steuerliche Regelung der Objektzurechnung wird nach dem Maßgeblichkeitsprinzip auch für die handelsrechtliche Bilanzierung akzeptiert. Da sich beide Rechtsbereiche am wirtschaftlichen Eigentum orientieren, hat die handelsrechtliche Praxis die steuerliche Zuordnungsweise übernommen. Entscheidend ist demnach, wer über ein Investitionsgut im wirtschaftlichen Sinne mit allen Risiken und Chancen der Wertentwicklung verfügt. Diese Art der Verfügung muss während der gesamten gewöhnlichen Nutzungsdauer gewährleistet sein. Derjenige, dem diese Nutzung obliegt, ist wirtschaftlicher Eigentümer des Investitionsgutes und muss aus diesem Grund das Leasingobjekt bilanzieren. Dabei ist unerheblich, ob er auch als zivilrechtlicher Eigentümer agiert. Bei allen Leasingverträgen, die den Regeln der steuerlichen Leasingerlasse entsprechen, ist der Leasinggeber wirtschaftlicher Eigentümer. Wird von den Regeln abgewichen, ist es möglich, dass der Leasingnehmer zum wirtschaftlichen Eigentümer wird und dann das Leasingobjekt zu bilanzieren hat.

Die Zurechnung für bewegliche Leasingobjekte ist im Vollamortisation- und im so genannten Teilamortisationserlass von 1973 geregelt. Beim *Vollamortisationsvertrag* amortisiert der Leasingnehmer mit den Leasingzahlungen weitgehend die Investitionskosten des Leasinggebers. Die Grundmiet-

11.3 Die Zurechnung des Leasingobjekts ist abhängig von der Rechnungslegung

zeit des Vollamortisationsvertrags beträgt 40 bis 90 % der betriebsgewöhnlichen Nutzungsdauer und ist unkündbar. Mit diesem Vertragsmodell kann für den Leasingnehmer eine Kauf- und Verlängerungsoption kombiniert werden.

Ein *Teilamortisationsvertrag* ist ebenfalls durch eine unkündbare Grundmietzeit im Bereich von 40 bis 90 % der betriebsgewohnten Nutzungsdauer gekennzeichnet. Die Leasingzahlungen werden nur auf einen Teil der Anschaffungskosten geleistet. Kalkulatorisch verbleibt ein Restwert, auf den der Leasingnehmer während der Vertragslaufzeit keine Leasingzahlungen leistet. Die fehlende Deckung der Kosten innerhalb der Grundmietzeit bestimmt den näheren Namen des Vertragstyps. Es gibt in diesem Rahmen einen so genannten Vertrag mit Andienungsrecht des Leasinggebers. In diesem Vertrag kommt dem Leasinggeber das Recht zu, das Leasingobjekt nach Ablauf der Grundmietzeit dem Leasingnehmer zum kalkulierten Restwert anzudienen. Der Leasinggeber hat eine Verkaufsoption, muss aber nicht andienen. Aus diesem Grund hat der Leasinggeber eine ausreichende Chance auf den Restwert, was die Bilanzierung beim Leasinggeber rechtfertigt.

Beim Vertrag mit Mehrerlösbeteiligung und Restwertgarantie des Leasingnehmers wird der Leasinggegenstand nach Ablauf der Grundmietzeit an einen Dritten verkauft. Der Erlös durch den Verkauf liegt dabei unter dem kalkulierten Restwert und wird zwischen Leasinggeber und -nehmer aufgeteilt. Gemäß Leasingerlass ist eine Objektzurechnung zum Leasinggeber legal, wenn der Mehrerlös des Leasingnehmers 75 % nicht überschreitet.

Ein Teilamortisationsvertrag ist ebenso als kündbarer Vertrag abschließbar. Der Leasingnehmer hat nach Ablauf der Grundmietzeit das Recht, den Vertrag zu vertraglich vereinbarten Zeitpunkten zu kündigen. Er hat aber den noch offenen Restwert zu garantieren. Kommt es zu einer Veräußerung des Leasingobjektes nach der Kündigung, so werden 90 % des Erlöses durch die Veräußerung auf den noch offenen Restwert angerechnet. Die restlichen 10 % verbleiben zusammen mit eventuellen Mehrgewinnen vollständig beim Leasinggeber, was die Bilanzierung des Objektes beim Leasinggeber rechtfertigt.

Über die Verträge mit erlassgeregelten Objektzuordnungen hinaus gibt es noch andere Verträge, in denen die Zuordnung des Objektes durch freie sachgerechte Würdigung nach allgemeinen Grundsätzen zu erfolgen hat. Zu diesen speziellen nicht erlasskonformen Mobilienleasingverträgen zählen unter anderem Kfz- und Immobilienleasingverträge. Das Teilamortisationsvertragsmodell hat den Vorteil, dass die Leasingzahlungen niedriger als bei einem Vollamortisationsvertrag sind. Ein Nachteil kann sein, dass in Höhe des Restwertes Investitionskosten in eine ungewisse Zukunft verschoben werden.

Die Zurechnung des Leasingobjekts nach US-GAAP und IAS ist gegenüber dem deutschen Recht einfacher. Die United States Generally Accepted Accounting Principles (US-GAAP) sind die amerikanischen Rechnungslegungsvorschriften, nach denen alle Publikumsgesellschaften und amerikanischen Unternehmen einschließlich ihrer europäischen Tochterunternehmen zu bilanzieren haben, um an der New Yorker Börse anerkannt zu werden.

In den US-GAAP sind zudem Prüfkriterien für die Bilanzierung von Leasingverträgen fixiert. Hierbei wird nach den so genannten *Operating-Leasing-Verträgen* mit Bilanzierung beim Leasinggeber und den so genannten *Capital-Leasing-Verträgen* mit Bilanzierung beim Leasingnehmer unterschieden. Die Kriterien zur Prüfung umfassen unter anderem Daten zu den Vertragslaufzeiten, Barwerten und Kaufoptionen.

Beim Operating Leasing erwirbt der Leasingnehmer ein kurzfristiges, zumeist jederzeit kündbares Nutzungsrecht am Leasingobjekt. Der Leasingvertrag entspricht somit einem zivilrechtlichen Mietvertrag. Beim Operating Leasing steht im Gegensatz zur mittel- und langfristigen Finanzierung die kurzfristige Nutzung des Investitionsgutes im Mittelpunkt, durch die Engpässe in der Produktion oder im Vertrieb überbrückt werden sollen. Ein spezielles Merkmal der Operating-Leasing-Verträge ist die nicht gegebene Amortisation der Finanzierungskosten des Leasinggebers in einer Vertragsperiode. Eine vollständige Amortisation ist erst erzielbar, wenn das Leasingobjekt mehrfach verleast und danach verkauft wird. Die diesen Verträgen unterliegenden Leasingobjekte weisen daher ein hohes Maß an Fungibilität auf, das heißt, das Investitionsgut ist problemlos wiederverwertbar.

Das Capital Leasing entspricht aus Sicht des Leasingnehmers wirtschaftlich einem kreditfinanzierten Kauf des geleasten Gegenstandes. Wesentliche am Leasingobjekt haftende Risiken und Chancen gehen gleichzeitig auf den Leasingnehmer über, der aus diesem Grund das Objekt zumeist bilanzieren muss.

11.4 Sonderformen des Leasings

Abschließend sollen Vorteile des Leasings für Unternehmen zusammengefasst werden. Neben den von der Bilanzierungspflicht abhängigen steuerlichen Vorteilen bietet das Leasing noch andere wirtschaftliche Vorzüge. Die Leasingraten sind, sofern das Objekt nicht beim Leasingnehmer zu bilanzieren ist, als Betriebsausgaben absetzbar, die Liquidität des Unternehmens wird geschont, und schließlich bleibt dem Unternehmer eine größere Entscheidungsfreiheit, angesichts technischer Neuerungen während der Nutzungsdauer auf moderne Anlagen umzusteigen. Der Leasinggeber hingegen genießt im Falle der Insolvenz ein Aussonderungsrecht, das Leasingobjekt gehört somit nicht zur Insolvenzmasse.

Leasing kann an die speziellen Bedürfnisse eines Unternehmens angepasst werden. Eine freie Vereinbarung der Führung von Kaufverhandlungen für das Investitionsgut, der Höhe der Beiträge für die Nutzung sowie der Dauer des Leasingvertrags ermöglichen den Leasingpartnern ein hohes Maß an Flexibilität. Sie wird noch dadurch verstärkt, dass frei vereinbart wird, wer für künftige Wartungen und Instandhaltungsarbeiten aufkommen muss und wie das Leasingobjekt nach Ende der Vertragszeit weiterverwertet werden soll. Die Höhe der Leasingrate und die Laufzeit des Leasingvertrages dagegen sind von Beginn an fix und ermöglichen daher Planungssicherheit.

Es kommt außerdem zum Investitionszeitpunkt nicht zum Liquiditätsentzug oder einer Ausweitung der Fremdfinanzierung, da die Leasinggesellschaft für die Übernahme der Finanzierung des Investitionsobjektes aufkommt. Durch die Leasingraten werden die Kosten der Investition über die Zeitspanne verteilt, in der mit dem Leasingobjekt Erträge erwirtschaftet werden. Somit erlangt der Leasingnehmer zusätzliche Liquidität.

Dadurch, dass der Leasinggeber aus rechtlicher Sicht Eigentümer des Leasingobjektes ist und es meist bilanziell ausweist, entfällt die Bilanzverlängerung beim Leasingnehmer. Dies hat positive Folgen für die Eigenkapitalquote und damit auch für das Rating. Im Gegensatz zur Finanzierung durch Eigenkapital, in der lediglich die Abschreibung steuermindernd zur Geltung kommt, sind Leasingraten als Betriebsausgaben sofort steuerlich abzugsfähig.

Leasinggesellschaften bieten in der Regel eine Vielzahl an ergänzenden Dienstleistungen an, zum Beispiel die laufende Wartung geleaster Maschinen oder medizinischer Geräte oder die Übernahme des gesamten Fuhrpark- oder IT-Managements. Leasingnehmern bietet sich somit die Chance, durch die Inanspruchnahme dieser Dienstleistungen die Vorgänge im eigenen Unternehmen effizienter zu gestalten.

Das große Maß an Flexibilität bei der Laufzeit von Leasingverträgen bringt den Unternehmen eine Erleichterung bei der Anpassung ihres Maschinenparks an den fortlaufenden technologischen Wandel. Das Verwertungsrisiko für alte Anlagen übernimmt zumeist der Leasinganbieter.

Durch Leasing lassen sich zudem konjunkturelle Auslastungsschwankungen flexibler auffangen als beim Kauf von Investitionsgütern.

Anbieter müssen ihren internationalen Kunden neben qualitativ hochwertigen Waren und Dienstleistungen zunehmend bessere Finanzierungsmöglichkeiten durch einen kompetenten Partner anbieten. Neben dem unternehmensinternen Einsatz ist Leasing demnach auch als Absatzförderungsinstrument bedeutend.

Beim Leasing von Großprojekten wie zum Beispiel von Immobilien können aufgrund des nicht standardisierten und damit flexiblen Leasingvertrages weitere Vorteile entstehen. Hierbei kann zum Beispiel auch die Gründung einer so genannten Einzweckgesellschaft durch das beteiligte Leasingunternehmen, den Investor, die Bank sowie den zukünftigen Leasingnehmer vollzogen werden. Diese Einzweckgesellschaft tritt als Leasinggeber auf und wird mit Eigen- und Fremdmitteln ausgestattet. Das Leasingunternehmen geht mit diesem Leasinggeber einen Verwaltungsvertrag ein, der in Form eines Geschäftsbesorgungsvertrags abgeschlossen wird, und übernimmt somit die operative Abwicklung für die Einzweckgesellschaft. Das Leasingunternehmen erhält für die Ausführung dieser Aufgabe ein Entgelt von circa 0,25 % der Investitionssumme pro Jahr. Bei der Erstellung des Investitionsobjekts ist die Einzweckgesellschaft der Vertragspartner für die Hersteller und Lieferanten. Des Weiteren trägt sie das gesamte Finanzierungsrisiko. Der Abschluss des Leasingvertrags findet nach Abschluss des Verwaltungsvertrags statt. Hierbei wird das Leasingobjekt durch die Einzweckgesellschaft als Leasinggeber dem Leasingnehmer zur Nutzung überlassen. Der Leasingnehmer führt die Gebühr für die Nutzungsüberlassung in Form von Leasingraten an die Einzweckgesellschaft ab. Diese Zahlungsströme dienen der Einzweckgesellschaft zur Begleichung ihrer eigenen Verbindlichkeiten im Bereich des Fremdkapitals. Der Leasingnehmer behält somit das eigentliche Investitionsrisiko und muss in der Regel auch für die Wartungs- und Instandhaltungskosten des Objekts sowie alle anderen Nutzungskosten aufkommen. Die Einzweckgesellschaft übergibt dem Leasingnehmer zusätzlich alle Gewährleistungsansprüche.

Ein positiver Aspekt dieser Finanzierungsart für den Leasingnehmer ist, dass das Leasinggut beim Leasinggeber, das heißt bei der Einzweckgesellschaft, bilanziert werden muss. Des Weiteren unterliegt die Bemessungsgrundlage der Gewerbeertragsteuer einer Verringerung aufgrund der Vermeidung von Dauerschuldzinsen. Es ist durchaus denkbar, dass der Leasingnehmer zugleich auch Mehrheitsgesellschafter der Einzweckgesellschaft ist. Dafür muss allerdings eine Konstruktion gewählt werden, bei der die Mehrheit der Stimmrechte nicht bei ihm liegt. Die bilanzielle Zuordnung des Leasingobjekts zu der Einzweckgesellschaft ist an Bedingungen geknüpft. Hierzu zählt, dass die Grundmietzeit zwischen 40 und 90 % der betriebsgewöhnlichen Nutzungsdauer liegt. Die Einzweckgesellschaft als Leasinggeber kommt darüber hinaus für das gesamte Wertveränderungsrisiko des Investitionsobjekts auf. Eine Drittverwendungsfähigkeit sollte ebenfalls vorliegen. Eine weitere Bedingung für das Immobilienleasing ist, dass das Risiko von Sach- und Gewährleistungsgefahren, die weder vom Leasingnehmer noch vom Leasinggeber zu vertreten sind, bei der Einzweckgesellschaft liegen sollte.

Für die Verwendung des Leasingobjekts zum Ende der vertraglich fixierten Grundmietzeit gelten weitere Voraussetzungen für die Zurechenbarkeit beim Leasinggeber. Hierbei sollte bei einer so genannten Kaufoption des Leasingnehmers der Kauf des Leasingobjektes immer mindestens zum Restbuchwert vollzogen werden. Wurde bei der Kaufoption des Leasingnehmers eine Restwertgarantie für den Leasinggeber vereinbart, so darf der Mehrerlös zu maximal 75 % an den Leasingnehmer übergehen. Der Leasinggeber kann somit zumindest mit 25 % am Mehrerlös partizipieren. Dies gilt jedoch nur, wenn nach Ablauf der Grundmietzeit der Verkehrswert den Restbuchwert überschreitet. Kommt es zu einer Mietverlängerungsoption für den Leasingnehmer, so muss im Immobilienbereich der vereinbarte Mietpreis mindestens 75 % der Vergleichsmiete betragen. Im Mobilienbereich hingegen sollte der Mietpreis mindestens den Betrag der linearen Abschreibung des Restbuchwertes erreichen.

Im Bereich des Spezialleasings sind vermehrt auch Leasingfonds beteiligt. Leasingfonds führen zur Teilung des nötigen Kapitals in kleinere Anteile und einer breiten Risikostreuung auf eine Vielzahl von Kapitalgebern. Die Konstruktion eines solchen Leasingfondsmodells erfolgt über die Beauftragung des Leasingunternehmens durch den Leasingnehmer. Das Leasingunternehmen agiert somit als Initiator des zukünftigen Leasingfonds und erstellt das dafür notwendige Konzept und den Prospekt für den Fonds. Im Anschluss wird die Gründung der Fondsgesellschaft durch den Initiator vollzogen, in der Regel in Form einer GmbH & Co. KG, die als Leasinggeber fungiert. Der Mietvertrag wird zwischen dieser Fondsgesellschaft und dem Leasinggeber abgeschlossen. Das Leasingunternehmen beauftragt für die KG-Anteile sodann einen Treuhänder, während der Initiator die KG-Anteile bei einer Bank oder einem Finanzdienstleister abgibt. Die Bank vollzieht die Vermittlung der KG-Anteile an verschiedene Kapitalanleger. Zwischen dem Kapitalanleger und dem Treuhänder kommt es zum Abschluss eines Treuhandvertrages über die KG-Anteile. Der Treuhänder gibt den anteiligen Gewinn oder die anteiligen Liquidationserlöse an die Kapitalanleger weiter. Die Verwaltung wird vom Leasingunternehmen übernommen, das wiederum mit der Einzweckgesellschaft einen Verwaltungsvertrag abschließt. Dieser Verwaltungsvertrag regelt die Übernahme der Verwaltungstätigkeiten zur Betreibung des Fonds gegen Zahlung eines entsprechenden Entgelts.

Beim Spezialleasing ist auch die Forfaitierung, das heißt der Verkauf von zukünftigen Leasingforderungen zu Beginn der Vertragslaufzeit, möglich. Hierbei wird der Verkauf an eine oder mehrere Banken zum Barwert vollzogen. Es ist jedoch zu beachten, dass lediglich die Anteile der Leasingforderungen zum Verkauf stehen, die im Barwert dem Anteil der Fremdfinanzierung der Gesamtinvestition entsprechen. Gemäß §§ 18, 19 KWG wird der Leasingnehmer durch die Fortfaitierung bankenaufsichtsrechtlich zum Kreditnehmer der forderungsankaufenden Banken. Wichtig ist, dass bei Verträgen mit Option auf Kauf- und Mietverlängerung das Risiko einer eventuellen Wertminderung beim Leasinggeber verbleibt. Der Einzweckgesellschaft wird die Möglichkeit gegeben, durch den Forderungsverkauf einen Steuervorteil zu erzielen. Im Gegensatz zu einer klassischen Finanzierung, bei der aus der Darlehensfinanzierung Dauerschuldzinsen im gewerbesteuerlichen Sinne entstehen, die bei Feststellung der Bemessungsgrundlage der Gewerbeertragsteuer berücksichtigt werden, fallen hierdurch Steuerersparnisse an. Werden Forderungen verkauft, wird somit ausschließlich ein passiver Rechnungsabgrenzungsposten bilanziert, der gewerbesteuerlich keine Anrechnung als Dauerschuldzins findet.

11.5 Wirtschaftlichkeitsvergleich von Kauf und Leasing

Leasing besitzt im Gegensatz zum Kauf beziehungsweise zur Kreditfinanzierung einige Vorzüge. Vergleicht man Leasing und Kauf, so ist beim Kauf eine Fremdfinanzierung, meist in Form eines Annuitätendarlehens, anzunehmen, um diese beiden Formen adäquat vergleichen zu können. Bei der Annuität handelt es sich, wie in Kapitel 7 beschrieben, um einen gleich bleibenden Betrag, der sich aus Zins- und Tilgungsleistungen zusammensetzt und sich dadurch mit einer Leasingrate vergleichen lässt. Da der Zins nur auf die rückläufige Restschuld zu zahlen ist, wird der Zinsanteil immer geringer, der Anteil der Tilgung dementsprechend höher. Meist wird die Annuitätszahlung jedoch nicht einmal pro Jahr abgegolten, sondern in monatlichen oder vierteljährlichen Raten.

Für einen Vorteilhaftigkeitsvergleich müssen spezielle Kriterien betrachtet werden, welche die Handlungsalternativen miteinander vergleichbar machen.

Als Methoden für den Wirtschaftlichkeitsvergleich zwischen Leasing- und Kreditfinanzierung können zumeist die Methode des internen Zinsfußes, die Ertragswert- und die Kapitalwertmethode herangezogen werden.

Ein Unternehmer, der sich zwischen dem fremdfinanzierten Kauf eines Objektes oder dem Leasing dieses Objektes zu entscheiden hat, kann eine Vergleichsrechnung anstellen, wie sie im Folgenden dargestellt ist. Die Anschaffungs- beziehungsweise Herstellkosten eines Leasingobjektes betragen 100 000 €, seine Nutzungsdauer liegt bei fünf Jahren, die prognostizierten Betriebseinnahmen der Unternehmung liegen bei jährlich 45 000 €. Der Zinssatz für einen Kredit (für den Kauf des Objektes) liegt bei 10 %, die Tilgung beträgt 20 000 € pro Jahr. Die Leasingraten belaufen sich auf 40 212 € für die ersten drei Jahre. Der Steuersatz auf den Gewinn beträgt 60 %. Abbildung 46 fasst die Ein- und Auszahlungen bei beiden Finanzierungsalternativen zusammen.

In diesem fiktiven Beispiel, bei dem die Gewinne mit einem internen Zinsfuß von 10 % abdiskontiert wurden, ist das Ergebnis der beiden Alternativen letztendlich gleich.

Bei einer Entscheidung zwischen den beiden Alternativen Kauf oder Leasing ist zuerst die Berechnung des zu erwartenden Gewinnes wichtig. Ist dieser gleich groß, sollte zudem die Steuer- (Steuerverschiebung) sowie die Vermögenspolitik (Eigentum, Besitz) berücksichtigt werden.

Letztlich ist Leasing in jedem Fall individuell zu beurteilen. Dass es Liquidität schont, Bilanzstrukturen verändern kann und zahlreiche Vorteile aufweist, wurde aufgezeigt.

Jahr	Betriebs-einnahme	Zins + Tilgung	Leasing-rate	Gewinn nach Steuer bei Fremdfinan-zierung	Gewinn nach Steuer bei Leasing	Abgezinster Gewinn bei Fremdfinan-zierung	Abgezin-ster Gewinn bei Leasing
1	45 000 €	30 000 €	40 212 €	6 000 €	1 916 €	5 455 €	1 742 €
2	45 000 €	28 000 €	40 212 €	6 800 €	1 916 €	5 620 €	1 583 €
3	45 000 €	26 000 €	40 212 €	7 600 €	1 916 €	5 710 €	1 440 €
4	45 000 €	24 000 €	0 €	8 400 €	18 000 €	5 737 €	12 204 €
5	45 000 €	22 000 €	0 €	9 200 €	18 000 €	5 712 €	11 177 €
						28 234 €	28 236 €

Abb. 46: Vergleich von Leasing und Kauf

12
Franchising als Finanzierungsvariante

Der Begriff des Franchisings ist schon seit dem Mittelalter bekannt. Franchising existiert in seiner standardisierten Form bereits seit mehr als 25 Jahren mit Beispielen aus der Hotellerie (Hilton), der Bildung (Schülerhilfe), der Gastronomie (McDonald's) oder auch dem Bauhandel (Obi). Aktuelle Daten über Franchisesysteme, dort erzielte Umsätze und Mitarbeiterzahlen sind beim Deutschen Franchise-Verband (DFV) in Berlin oder dem Europäischen Franchise-Verband (European Franchise Federation EFF) erhältlich. Franchising wird häufig lediglich als Marketinginstrument verwendet, dabei ist dieses Modell gerade bei wachsenden Unternehmen als Finanzierungsinstrument interessant, da hier die Finanzierung zum größten Teil über die Franchisingpartner erfolgt.

12.1 Merkmale des Franchisings

Der vom französischen Verb francher (befreien) abgeleitete Begriff Franchising bezog sich im Mittelalter auf die Befreiung von Zöllen, Steuern oder anderen Diensten und wurde in den folgenden Jahrhunderten für eine Form des dezentralen Absatzes von Waren durch Überlassung von Nutzungs- und Namensrechten benutzt. Franchising im angelsächsischen Sprachgebrauch entwickelte sich in den USA zur Vergabe von Konzessionen, im Sinne von Exklusivrechten zum Verkauf von Gütern. Die ersten »modernen« Franchisesysteme entstanden mit dem Beginn der Industrialisierung. 1860 gestattete die »Singer Sewing Machine Company« fahrenden Händlern, ihre Nähmaschinen auf eigene Rechnung und in eigenem Namen zu vertreiben.

Franchising ist eine vertraglich geregelte Kooperation, bei der die Franchisenehmer das Recht erhalten, gegen eine Franchisegebühr und Gewährung von Weisungs- und Kontrollrechten ein klar abgegrenztes Programm beziehungsweise Franchisepaket zu verwenden. Bei dem Franchisepaket handelt es sich um ein speziell vom Franchisegeber entwickeltes Beschaf-

Handbuch Alternative Finanzierungsformen. Ottmar Schneck
Copyright © 2006 WILEY-VCH Verlag GmbH & Co. KGaA, Weinheim
ISBN 3-527-50219-X

fungs-, Absatz- und Organisationskonzept. Die zwei wesentlichen Kernelemente des Franchisings sind die rechtliche Selbstständigkeit des Franchisenehmers sowie die Arbeitsteilung zwischen den beiden Vertragspartnern. Der Franchisegeber ist verpflichtet, das Betriebskonzept strategisch und organisatorisch zu gestalten, während der Franchisenehmer das Konzept operativ umsetzen muss.

Die Leistungen des Franchisegebers können aus der Unterstützung bei der Planung, dem Aufbau und der Einrichtung des Franchisebetriebes, der Überlassung von Nutzungsrechten (beispielsweise Schutzrechten), betriebswirtschaftlichen Dienstleistungen in allen Bereichen und der Weiterentwicklung des Systems bestehen. Zudem hilft er bei Pacht-, Miet- oder Erwerbsverhandlungen über Gebäude und Grundstücke, Entwicklung von Bau-, Umbau- und Einrichtungsplänen sowie bei Finanzierungsfragen und Aktivitäten in der Eröffnungsphase des Betriebs.

Der Franchisenehmer verpflichtet sich zur Einhaltung der Systemstandards, Abgabe von Gebühren an den Franchisegeber, unternehmerischem Engagement und muss der Systemzentrale Informationen über lokale Marktentwicklungen und Betriebsdaten zur Verfügung stellen.

Der 1978 gegründete Deutsche Franchise-Verband e.V. definiert Franchising als ein auf Partnerschaft basierendes Absatzsystem mit dem Ziel der Verkaufsförderung, bei dem der Franchisegeber die Planung, Durchführung und Kontrolle eines erfolgreichen Betriebstyps übernimmt und dessen unternehmerisches Gesamtkonzept von seinen Geschäftspartnern, den Franchisenehmern, selbstständig an ihrem Standort umgesetzt wird. Gemäß der Festlegung des Deutschen Franchise-Verbands wird das Franchising durch bestimmte Merkmale charakterisiert.

Franchising ist demzufolge ein vertikal kooperatives Absatzsystem, das heißt, dass die kooperierenden Unternehmen auf unterschiedlichen Stufen agieren. Die Kooperationspartner arbeiten im eigenen Namen und auf eigene Rechnung. Die Franchisenehmer stellen rechtlich selbstständige Kaufleute dar, die das wirtschaftliche Risiko ihres Betriebes selbst zu tragen haben. Sie erkennen jedoch die Systemführerschaft des Franchisegebers an und üben ihre unternehmerische Selbstständigkeit im Rahmen der vertraglichen Vereinbarungen aus.

Die Zusammenarbeit zwischen dem Franchisegeber und dem Franchisenehmer ist laut Definition des Franchise-Verbands in einem vertraglichen Dauerschuldverhältnis, also langfristig angelegt. Die vertraglichen Leistungsverpflichtungen richten sich nach der Dauer des Vertrages, so dass auf der Basis eines erhöhten Vertrauensverhältnisses dem juristischen Grundsatz von Treu und Glauben eine gesteigerte Bedeutung zukommt. Ein weiteres wesentliches Merkmal ist *die Homogenität von Markennamen, -zeichen, -image und Produktangebot* und die Einhaltung des systemkonformen Verhaltens, die dem Aufbau beziehungsweise dem Erhalt einer gemeinsamen Systemreputation dienen. Auf diese Weise sollen die Kunden das Franchisesystem als Einheit identifizieren. Zur Sicherung des einheitlichen Marktauftrittes ist der Franchisegeber berechtigt, die ordnungsgemäße Führung der angeschlossenen Franchisebetriebe zu überprüfen und die strategische Ausrichtung des Gesamtsystems festzulegen.

Es besteht sowohl für den Franchisegeber als auch für den Franchisenehmer vertragliche Leistungspflicht. Die Systemzentrale stellt im Rahmen des Franchisepakets ihren Franchisenehmern ein Beschaffungs-, Absatz- und Organisationskonzept sowie seine Systemreputation zur Verfügung. Dadurch kann der Franchisenehmer beispielsweise auf ein erprobtes Knowhow und bestehende gewerbliche Schutzrechte zurückgreifen. Der Franchisegeber verpflichtet sich zudem, die Franchisenehmer aktiv und laufend zu unterstützen sowie das Franchisekonzept ständig weiterzuentwickeln. Der Franchisenehmer bezahlt für dieses Franchisepaket im Gegenzug dem Franchisegeber ein Entgelt, das zumeist aus einer Eintrittspauschale und einer laufenden Franchisegebühr besteht. Zudem stellt er neben personellen und finanziellen Ressourcen insbesondere seine lokalen Informationen sowie seine unternehmerische Motivation in den Dienst der Systembeziehung. In Abbildung 47 sind die wesentlichen Merkmale des Franchisings dargestellt.

Abb. 47: Systemmerkmale des Franchisings

Die Beziehung zwischen den Franchisepartnern ist im *Franchisevertrag* geregelt. Zu Beginn dieses Vertrages steht die Präambel, gefolgt von einer Beschreibung des Vertragsgegenstandes und der Corporate Identity. Des Weiteren werden Aspekte wie das Vertragsgebiet, die jeweiligen Rechte und Pflichten der beiden Franchisepartner sowie Schutzrechte im Vertrag verankert. Alle Details hinsichtlich der Franchisegebühren, der Mindestlaufzeit von fünf Jahren, der Verlängerung der Zusammenarbeit, Ausstiegsklauseln und der künftigen Zusammenarbeit unterliegen einer schriftlichen Fixierung.

Der Franchisevertrag hat den nationalen Gesetzen, dem Recht der EU und den regionalen Verhaltenskodizes zu entsprechen. Darüber hinaus hat er den Vertrieb eines Erzeugnisses oder einer Dienstleistung vom Franchisegeber unter einem einheitlichen Namen, Symbol, Warenzeichen oder einer Ausstattung zum Inhalt. Zwischen dem Franchisegeber und dem Franchisenehmer gibt es ein vertraglich vereinbartes Dauerschuldverhältnis über den Vertrieb von Waren und Dienstleistungen.

Darüber hinaus wird im Franchisevertrag festgehalten, wie das Betriebsgeheimnis und das Wettbewerbsverbot gehandhabt werden sollen. Auch Kündigungsfristen, Versicherung, Haftung, Buchhaltung und Betriebswirtschaft sowie das Widerrufsrecht bedürfen einer vertraglichen Fixierung. Nach dem Verbraucherkreditgesetz muss der Franchisenehmer des Weiteren explizit eine Widerrufsbelehrung erhalten und diese schriftlich im Rahmen des Franchisevertrags bestätigen.

Abbildung 48 stellt die wichtigsten Bestandteile eines Franchisevertrags zusammenfassend dar.

- garantierte Nutzung von Patenten und Lizenzen des Franchisegebers durch den Franchisenehmer
- eindeutiger Standort des Betriebes und Vertragsgebiets
- klar geregelter Gebietsschutz
- Status des Franchisenehmers, zum Beispiel GmbH
- Inhalt und Transfer von Know-how, Marketing und Schulungsleistungen durch den Franchisegeber
- Pflichten des Franchisenehmers, zum Beispiel Absatz der Vertragswaren oder -dienstleistungen, Einsatz der gesamten Arbeitskapazität, Durchführung von Werbemaßnahmen
- Einrichtungs- und Ausstattungsgegenstände des Betriebs, Regeln zur Instandhaltung und Führung sowie Lieferanten- und Bezugsvereinbarungen
- Rechte des Franchisegebers in Bezug auf die Kontrolle des Betriebs (zum Beispiel Einsicht in die Bücher)
- Standards für die Qualitätssicherung des Systems
- Vertragsdauer so, dass die Investition des Franchisenehmers amortisiert wird

Abb. 48: Bestandteile eines Franchisevertrags

Im *Systemhandbuch* wird das Franchisesystem bis ins Detail beschrieben. Hier werden das Organisationskonzept und Richtlinien zu dessen zeitlicher Umsetzung beschrieben. Das Systemhandbuch orientiert sich am Vertrag und soll dem Franchisenehmer zudem Hilfestellung für das operative Tagesgeschäft geben.

Der Deutsche Franchise-Verband e.V. hat mit einer Untersuchung ermittelt, welche Gebühren und Investitionen im Franchising üblich sind. Eine Einmalgebühr wird zumeist vor oder unmittelbar nach dem Vertragsabschluss erbracht oder durch noch zu erbringende Leistungen abgegolten. Die dauerhaften Leistungen erfordern laufende Gebühren, die in der Regel monatlich geleistet werden müssen. Sie honorieren den Aufwand des Franchisegebers für die Aufrechterhaltung des Betreuungsapparates, die Weiterentwicklung und Überlassung des Know-hows sowie permanente Dienstleistungen. Auch für Marktanalysen, einheitliche Werbeaktionen sowie die Fortschreibung der Handbücher erheben Franchisegeber zumeist laufende Franchisegebühren.

12.2 Formen des Franchisings und Abgrenzung zu anderen Vertriebsformen

Es lassen sich verschiedene Franchisingformen unterscheiden. Im *Produktionsfranchise* wird ein Produkt größtenteils durch den Franchisenehmer erstellt. Der Franchisenehmer sorgt gleichzeitig für die Bearbeitung, Verarbeitung, Veredelung sowie für den Vertrieb des Produktes unter dem Warenzeichen und nach Vorgaben des Franchisegebers. Im Gegensatz hierzu erfolgt beim *Vertriebsfranchise* keine Veränderung des Produktes. Der Franchisenehmer verkauft in seinem Geschäft Waren, die den Namen des Franchisegebers tragen. Beim *Dienstleistungsfranchise* stehen vor allem die Dienstleistungen des Franchisenehmers im Mittelpunkt. Der Franchisenehmer bietet Dienstleistungen im Rahmen des Systems an und verpflichtet sich gleichzeitig, spezielle Richtlinien und Vorgaben einzuhalten.

Im Gegensatz zum *Vertragshändlersystem*, das kein detailliert geregeltes, einheitliches Organisationssystem darstellt, bietet das Franchising ein besser strukturiertes Management-, Organisations-, Marketing- und Werbekonzept. Während beim Vertragshändlersystem der Warenvertrieb im Vordergrund steht und die Hersteller keine Kontrollrechte besitzen, ist der Franchisenehmer stärker in das Franchisesystem eingebunden. Er besitzt Kontrollrechte und kann die vertraglich vereinbarte Unterstützung und Betreuung durch den Franchisegeber wahrnehmen.

Die wesentlichen Unterschiede des Franchisenehmers gegenüber dem *Handelsvertreter* sind, dass der Handelsvertreter beziehungsweise der Agent für einen oder mehrere Hersteller gemäß § 84 HGB im Namen Dritter und auf fremde Rechnung gleichzeitig tätig ist. Im Allgemeinen bringen Handelsvertreter im Gegensatz zu Franchisenehmern kein eigenes Kapital ein und sind nicht an Verlusten beteiligt. Sie tragen also kein eigenes Risiko. Franchisenehmer dagegen agieren zwar auch als selbstständige Kaufleute, jedoch mit dem Unterschied, dass sie Geschäfte auf eigene Rechnung und eigenes Risiko eingehen.

Beim *Kommissionsagentensystem* tritt der Kommissionär als selbstständiger Kaufmann auf. Er kauft und verkauft Waren im eigenen Namen und auf Rechnung Dritter. Dadurch werden alle Freiheiten, die der Kommissionär durch Ein- und Verkauf erhält, an den Auftraggeber, den so genannten Kommittenten, weitergegeben. Der Kommittent bleibt gleichzeitig Eigentümer des Lagers, weshalb er sich in rechtlicher Hinsicht deutlich von einem Franchisenehmer unterscheidet. Im Gegensatz zum Kommissionär handelt der Franchisenehmer auf eigene Rechnung sowie eigenes Unternehmensrisiko und hat das Recht auf Eigentum an den Waren. Er erzielt zudem den Gewinn aus der Differenz zwischen Einkauf und Verkauf.

Lizenzverträge überlassen dem Lizenznehmer unter anderem die Rechte zur Nutzung von gewerblichen Schutzrechten wie beispielsweise der Marke, des Patents und des speziellen Namens. Das Franchisesystem hingegen weist ein einheitliches Marketingkonzept auf, das zur Bindung aller Beteiligten an das System beiträgt und für einen einheitlichen Marktauftritt nach außen sorgt. Im Gegensatz zum Franchising ist der Einfluss des Lizenzgebers auf den Lizenznehmer sehr begrenzt, Lizenzsysteme besitzen weder ein eigenes Dienstleistungs- noch ein eigenes Marketingkonzept.

Franchisesystem und *Filialsystem* setzen beide einen einheitlichen Marktauftritt der Vertragspartner und eine arbeitsteilige Zusammenarbeit voraus. Bei einem Filialsystem vertreibt der Hersteller oder Großhändler seine Waren beziehungsweise Dienstleistungen über seine eigenen Außenstellen, die rechtlich nicht selbstständige Organe darstellen. Die Mitarbeiter in den Filialen sind Dienstnehmer des Herstellers, der so genannten Zentrale. Das wesentliche Unterscheidungskriterium des Filialsystems gegenüber dem Franchising stellt die Handhabung des Weisungs- und Kontrollrechtes dar. Im Filialsystem kommen der Zentrale weitaus umfangreichere Rechte zu. Des Weiteren ist der Franchisenehmer im Gegensatz zum Filialleiter rechtlich nicht als Selbstständiger zu betrachten. Er ist Angestellter in der firmeneigenen Absatzorganisation. Betrachtet man beide Systeme von außen, sind sie lediglich schwer zu unterscheiden. In der Praxis kommen sie auch häufig in einem Gesamtsystem nebeneinander vor.

Innerhalb eines Franchisingsystems besteht die vertragliche Regelung, der zufolge der Franchisegeber dem Franchisenehmer in bestimmten Bereichen Vorgaben machen darf. Diese sind zum Schutz und zur Gewährleistung des unternehmerischen Erfolgs des Franchisenehmers vorgesehen.

Genossenschaften besitzen im Gegensatz zu Franchisesystemen einen horizontalen Charakter. Partner derselben Wirtschaftsstufe kooperieren innerhalb einer losen Verbindung miteinander. Die einzelnen Genossenschaften stellen dabei gleichzeitig Mitglieder und Kunden dar. Ein weiteres Unterscheidungsmerkmal ist, dass die Genossenschaft kein Überwachungs- und Weisungsrecht besitzt. Darüber hinaus fehlt das durchorganisierte Vertriebskonzept.

12.3 Vorteile und Nachteile des Franchisesystems

Franchising kann für einen Franchisenehmer ein erfolgreicher Weg in die Selbstständigkeit sein und dient dem Franchisegeber als Finanzierungsinstrument. Der Kauf einer fertigen Geschäftsidee minimiert für den Franchisenehmer die Risiken der Selbstständigkeit, er verzichtet dafür aber auf einen Teil seiner unternehmerischen Freiheit. Der Franchisenehmer hat den Vorteil, selbstständiger Unternehmer zu sein, der sich ganz auf den Vertrieb konzentriert und den Ertrag seines Unternehmens beeinflusst. Zudem ist er Nutznießer eines etablierten Markenimages und funktionierender Beschaffungskanäle und kann den Bekanntheitsgrad und das Vertrauen eines etablierten Systems nutzen. Des Weiteren spart er die so genannten Anlaufkosten und wird beim Betrieb des Geschäfts unterstützt, beispielsweise bei Werbung, Einkauf und Unternehmensführung. Durch die Teilhabe an der Werbung des Systems muss der Franchisenehmer nicht selbst für Werbekampagnen aufkommen.

In der Wahl seiner Mitarbeiter und in seiner Finanzplanung ist der Franchisenehmer unabhängig. Bei Produktentwicklung, Marktanalyse oder Strategieplanung muss er kaum Ressourcen aufbringen. Franchising vermindert durch die Teilnahme an einem funktionierenden Geschäftskonzept vor allem das Unternehmensrisiko des Franchisenehmers.

Von Nachteil für den Franchisenehmer ist, dass er zwar wirtschaftlich und rechtlich selbstständig bleibt, sich jedoch dem Franchisegeber unterzuordnen hat.

Für den Erfolg eines Franchisings ist nicht allein die Franchisezentrale verantwortlich. Entscheidend ist auch die Fähigkeit des möglichen Franchisenehmers, gegebene Chancen zu nutzen und Leistungen, Konzepte sowie das Know-how des Franchisegebers auf das eigene Unternehmen zu übertragen. Eigeninitiative und Engagement stellen wesentliche Erfolgsfaktoren dar.

Für das Franchising ist der Aufbau eines effizienten Informations- und Kommunikationssystems von großer Bedeutung. Kommunikation zwischen Franchisenehmer und -geber sowie zwischen den Franchisenehmern untereinander verhindert Konflikte und erzeugt Gemeinschaftsgefühl, übermittelt Know-how, motiviert und ermöglicht Innovationen sowie Flexibilität. In Franchisesystemen können im Vergleich zu anderen Systemen besondere Anreizsysteme für die Franchisenehmer geschaffen werden, die auf der Kommunikationsebene ablaufen. So werden zum Beispiel hervorragende Leistungen von Franchisenehmern belohnt und über entsprechende Kanäle kommuniziert. Diese Art der Anerkennung kann in hohem Maße motivierend wirken, da sie das Prestige und Ansehen des einzelnen Franchisenehmers innerhalb des Systems erhöht. Ein schneller Know-how-Transfer ermöglicht den Aufbau einer standardisierten Leistung, von Qualität und Corporate Identity innerhalb des Franchisesystems.

Durch ein professionelles Informationssystem können die Kundenwünsche sowie Marktveränderungen und Trends dokumentiert werden, was für den Erfolg von existenzieller Bedeutung ist. Die ständige Weiterentwicklung beziehungsweise Schaffung neuer Marktleistungen durch Franchisegeber und -nehmer erhöht die Leistungsfähigkeit des Franchisings gegenüber anderen Vertriebssystemen. In diesem Zusammenhang sind Erfahrungsaustauschgruppen ein wichtiges Kommunikationsinstrument, um die Weiterentwicklung des Systems zu fördern und mögliche Konflikte zu vermeiden.

Sowohl aus Sicht der Franchisenehmer als auch jener der Franchisegeber bietet sich Franchising als Finanzierungsmodell an. Für Franchisenehmer bringt dieses Modell vor allem bei der Unternehmensgründung Vorteile. Der Unternehmer geht dabei lediglich das Risiko einer laufenden Zahlung ein und vermeidet die Aufnahme von Krediten zur Finanzierung des Unternehmens. Im Gegensatz zum kreditfinanzierten Unternehmen profitiert der Franchisenehmer durch diese Form von einer selbstständigen Tätigkeit und einer eventuell schnelleren Expansionsmöglichkeit, da die Produkte schon eingeführt sind und ein größeres System für Bekanntheit und Image sorgt. Durch die straffe Systemorganisation können weitere Kosten eingespart werden. Die unternehmerischen Risiken sind sehr viel geringer als bei anderen Start-ups.

Aus der Sicht der Franchisegeber stellt Franchising eine Entlastung der Bilanz dar, da die eigene Expansion durch Investitionen der Franchisenehmer finanziert wird. Da das Anlagevermögen beim Franchisenehmer liegt, werden die Aktiva des Franchisegebers reduziert und es kommt zu einer Bilanzverkürzung. Folglich steigt die Rentabilität des Eigenkapitals, was zur Verringerung des Verschuldungsgrades und zur Verbesserung des Ratings führt. Die anfallenden Franchisegebühren werden beim Franchisegeber in der Gewinn- und Verlustrechnung verbucht, was eine Reduzierung des zu versteuernden Gewinns zur Folge hat.

12.4 Erfolgsfaktoren im Franchising

Aus den Publikationen der deutschen und europäischen Franchise-Verbände lassen sich die wichtigsten Erfolgsfaktoren für das Franchising ableiten. Franchisesysteme scheinen besonders dann Erfolg zu haben, wenn die angebotenen Produkte oder Dienstleistungen ihrer Zielgruppe klare Wettbewerbsvorteile bieten. Der Franchisegeber muss daher über intensive Marktkenntnisse und Markterfahrung verfügen. Das Angebot des Franchisegebers, das sich an die Zielgruppe wendet, sollte genau festgelegt sein, um eine maßgeschneiderte Ansprache der Zielgruppe zu garantieren. Je exakter die Zielausrichtung des Franchisegebers ist, desto geringer ist die Gefahr falscher Sortimentpolitik, verkehrter Standortwahl sowie hoher Streuverluste bei der Werbung.

Die *Unternehmensphilosophie eines Franchisesystems muss schlüssig sein* und sich klar von jener der Konkurrenz abheben. Jedermann, ob Kunde, Mitarbeiter oder Lieferant, sollte von Anfang an wissen, was die Ziele und Aufgaben beziehungsweise Angebote des Franchisesystems sind. Die Unternehmensphilosophie sollte nach außen getragen werden. Beim Erscheinungsbild der Geschäftsstellen, im Auftritt der Mitarbeiter und der Präsentation des Angebots sollte eine klare Linie zu erkennen sein.

Dies kann durch die Schaffung eines gemeinsamen Systems geschehen, bei dem der Franchisegeber die Werte, Normen, Charaktereigenschaften, den kulturellen Hintergrund sowie die Erziehung des Franchisenehmers in Einklang mit seinem eigenen System bringt. Dies kann durch die Erschaffung einer klaren Systemsprache sowie durch einen interaktiven Führungsstil begünstigt werden. Ist das gemeinsame System in sich geschlossen, so kann es vor äußeren Negativeinflüssen wie beispielsweise Wettbewerbsdruck und Konflikten schützen.

Ein weiterer Erfolgsfaktor ist die *Abgabe eines stimmigen Angebots*. Eine der zentralen Aufgaben des Franchisegebers besteht darin, das Angebot an die sich verändernden Anforderungen und Erwartungen der Zielgruppe anzupassen. Nur so lässt sich stets ein stimmiges Angebot machen und der ursprüngliche Wettbewerbsvorteil mittel- und langfristig sichern und fortsetzen.

Da sich im Franchising beim Marketing absatzpolitische Fehler multiplizieren können, muss der *Einsatz der Marketinginstrumente* wie Verkaufsstrategie, Preisstrategie, Werbung, Verkaufsförderung und Public Relations aufeinander abgestimmt werden.

Ein weiteres Kriterium ist die *Schaffung einer klar strukturierten Organisation*. Der Franchisegeber sollte seine Geschäftsidee gründlich planen und in einem Pilotbetrieb auf dessen Praktizierbarkeit überprüfen. Wichtig ist anschließend die genaue und verständliche Ausarbeitung der Handlungsanweisung für den Franchisenehmer im Betriebshandbuch. Dieses hat einerseits die Aufgabe, einen standardisierten Geschäftsablauf der Franchisebetriebe für den Franchisegeber zu garantieren, andererseits soll es dem Franchisenehmer helfen, die spezifischen Prozessabläufe des Franchisesystems zu übernehmen.

Für den erfolgreichen Bestand eines Franchisesystems bedarf es eines *effektiven und schnellen Kommunikationssystems* zwischen Franchisegeber und -nehmer. Dabei sollten beide Partner die Vorzüge, die sich aus der vertikalen Arbeitsteilung ergeben, gemeinsam ausbauen. Aufgabe des Franchisenehmers ist es, Marktveränderungen möglichst rasch an den Franchisegeber weiterzuleiten, damit dieser sein Angebot an die veränderten Bedürfnisse seiner Zielgruppen anpassen kann. Der Franchisegeber hingegen sollte den Franchisenehmer bei aufkommenden Schwierigkeiten unterstützen und Ratschläge erteilen.

Selbst das beste Franchisesystem benötigt *Kontrollemechanismen*, die sich ähnlich wie das Marketing oder die Kommunikation reibungslos in die bestehende Organisation einfügen lassen. Dabei darf die Kontrolle den Tagesablauf des einzelnen Franchisebetriebes nicht behindern, sollte jedoch jederzeit Zugriff auf alle relevanten Daten ermöglichen. Hier hilft in den meisten Fällen ein EDV-System in der Zentrale des Franchisegebers. Mit Hilfe der zentralen Datenverarbeitung kann der Franchisegeber frühzeitig

12 Franchising als
Finanzierungsvariante

erkennen, ob Umsätze rückläufig sind, Markttrends sich ändern und inwieweit Werbemaßnahmen erfolgreich sind. Ferner kann der Franchisegeber auf diese Weise aussagekräftige Daten sammeln, um anstehende strategische Unternehmensentscheidungen fundiert zu treffen. In einem funktionierenden Franchisesystem sollten dem Franchisenehmer Spezialisten zur Verfügung stehen, die ihn bei auftretenden Problemen unterstützen.

13
Möglichkeiten eines Börsengangs

Ein Börsengang bedeutet die Beteiligung von nicht mit dem Unternehmen in Beziehung stehenden Aktionären und stellt ohne Zweifel einen bedeutenden Schritt in der Geschichte eines Unternehmens dar. Die Entscheidung über eine Eigenkapitalaufnahme am Kapitalmarkt ist einerseits von objektiven, ökonomischen Faktoren abhängig, liegt aber andererseits auch im subjektiven Ermessen der Gesellschafter und der Geschäftsführung. Dabei ist es wichtig, sowohl die finanzielle und ökonomische Situation des Unternehmens als auch organisatorisch-kulturelle Aspekte und die damit zusammenhängende öffentliche Wahrnehmung des Unternehmens in die Überlegungen mit einzubeziehen. Die Finanzierung von Investitionen und des nachhaltigen Wachstums eines Unternehmens gehören zu den wichtigsten Gründen für einen Börsengang. Weitere Ziele können in der Zuführung risikotragenden Eigenkapitals oder einer fristenkongruenten Unternehmensfinanzierung bestehen.

Die Veräußerung von Geschäftsanteilen aus Altbesitz wird jedoch vom Kapitalmarkt meist nicht akzeptiert, da kein mit dem Unternehmen in Zusammenhang stehender Finanzierungscharakter vorliegt. Ein Börsengang kommt also in erster Linie zur Wachstumsfinanzierung in Frage und scheint für einen reinen Unternehmensverkauf weniger geeignet. Ein solcher reiner Verkauf ist eher im direkten Kontakt zu einem spezialisierten institutionellen oder strategischen Investor durchzuführen.

Für eine nachhaltige Wachstumsfinanzierung eignet sich ein Börsengang deshalb besonders, weil im Anschluss daran durch weitere Ausgabe von Aktien in Form von Kapitalerhöhungen weiter Eigenkapital aufgenommen werden kann. Ebenso erlauben die Notierung an der Börse und das dadurch erlangte Vertrauen der Finanzmarktteilnehmer die Erschließung weiterer Finanzierungsinstrumente, wie zum Beispiel die Emission von Wandel- und Optionsanleihen oder Genussscheinen. Zudem kann ein bereits notiertes Unternehmen durch die Ausgabe von Anleihen wesentlich einfacher an Fremdkapital gelangen. Die Notierung wirkt sich im Allgemeinen auch po-

Handbuch Alternative Finanzierungsformen. Ottmar Schneck
Copyright © 2006 WILEY-VCH Verlag GmbH & Co. KGaA, Weinheim
ISBN 3-527-50219-X

sitiv auf die Bonität des Unternehmens aus, was zu einer Verbesserung der Konditionen der übrigen Fremdkapitalquellen des Unternehmens führen kann. Vor allem die Kreditkonditionen bei einer traditionellen Kreditfinanzierung über eine Hausbank können sich nach dem Börsengang verbessern.

13.1 Für die wirtschaftliche Börsenreife sind erhöhte Kommunikation und Transparenz eines Unternehmens entscheidend

Die folgenden zwei Abschnitte sind der Frage gewidmet, wann ein mittelständisches Unternehmen die notwendige Reife besitzt, um einen Börsengang durchzuführen. Letztendich ist für die Börsenfähigkeit eines Unternehmens entscheidend, ob und zu welchem Preis die Marktteilnehmer bereit sind, sich an einem Unternehmen zu beteiligen. Dabei konkurriert jedes Unternehmen mit den alternativen Anlagemöglichkeiten der ebenfalls am Markt notierten Unternehmen. Folglich ist es für einen erfolgreichen Börsengang von existenzieller Wichtigkeit, die Marktteilnehmer vom eigenen Unternehmen zu überzeugen.

Hinsichtlich der Börsenreife eines Unternehmens lassen sich zwei Anforderungsbereiche unterscheiden: die zu erfüllenden wirtschaftlichen Voraussetzungen und die geltenden rechtlichen Bestimmungen, die sich auch auf die Versteuerung auswirken. Letztere werden in Kapitel 13.2 erläutert.

Für die *wirtschaftliche Börsenreife* eines Unternehmens bestehen sowohl qualitative als auch quantitative Kriterien. Bei den quantitativen Kriterien der wirtschaftlichen Börsenreife liegen die speziellen Probleme von mittelständischen Unternehmen bei der Einhaltung der Mindestanforderungen hinsichtlich der Größe des Unternehmens, des Umsatzes und des Platzierungsvolumens. Als Mindestumsatzvolumen sind circa 50 Millionen € für die Börsenreife eines Unternehmens anzusetzen. Das Emissionsvolumen sollte mindestens 30 Millionen € betragen. Die Leistungsfähigkeit eines Unternehmens kann anhand geläufiger betriebswirtschaftlicher Kennzahlen ermittelt werden. Wichtig sind hier eine angemessene Rentabilität, ein positiver Cashflow und ein Trend zu steigenden Umsätzen und Erträgen.

Auf der qualitativen Seite dürften vor allem die Schaffung übersichtlicher Unternehmensstrukturen, die hohe Qualität des Rechnungswesens und des Controllings sowie die geforderte hohe Publizitätsbereitschaft die wichtigsten Hürden gerade für mittelständische Unternehmen darstellen. Es sind zumeist umfangreiche organisatorische Veränderungen notwendig, um in diesen Punkten Börsenreife zu erlangen. Bei der Schaffung übersichtlicher Unternehmensstrukturen geht es in erster Linie um die Auflösung meist historisch bedingter, komplexer Zusammenhänge zwischen den einzelnen Bestandteilen des Unternehmens. Rechnungswesen und Controlling genügen bei vielen mittelständischen Unternehmen nicht den Anforderungen, die zu einer erstmaligen Notierung des Unternehmens am Kapitalmarkt notwendig sind. Wichtig ist eine ausführliche und detaillierte Datenerfassung zu verschiedenen Funktionen und Geschäftsbereichen des Unternehmens, die zumeist viel Mühe und Zeit erfordert. Ein weiterer bedeutender Aspekt ist die Publizitätsbereitschaft eines Unternehmens, für das mit einem Börsengang zahlreiche Publizitätspflichten verbunden sind. Die gesetzlichen Publizitätspflichten bestehen aus der jährlichen Veröffentlichung eines Geschäftsberichts, der eine Bilanz, eine Gewinn- und Verlustrechnung, einen Anhang und einen Lagebericht beinhaltet, sowie der Ad-hoc-Publizität, das heißt der Verpflichtung zur unmittelbaren Veröffentlichung kursrelevanter Informationen.

Darüber hinaus müssen entsprechende interne Unternehmensvorgänge und Ergebnisse ausreichend und offensiv nach außen hin kommuniziert werden. Ein börsennotiertes Unternehmen wird nur dann erfolgreich sein können, wenn die Spielregeln des Kapitalmarktes akzeptiert und in das tägliche Unternehmensgeschehen integriert werden. Die laufende Pflege der Investorenbeziehung gehört zu den wichtigsten Faktoren des Erfolgs eines am Kapitalmarkt notierten Unternehmens. Diese Pflege beinhaltet Maßnahmen wie regelmäßige Treffen mit Analysten und institutionellen Großinvestoren beziehungsweise Portfoliomanagern, aber auch die ständige und umgehende Information der Kapitalmarktteilnehmer über kursrelevante Vorgänge im Unternehmen. Die Gesamtheit dieser Maßnahmen, also die Pflege der Investorenbeziehung, wird oft als Investor Relations bezeichnet. Deshalb empfiehlt es sich oft, einen eigens für die Pflege der Investorenbeziehungen verantwortlichen Mitarbeiter an die Seite der Unternehmensleitung zu stellen, den so genannten Investor Relations Manager.

Letztlich sind unter wirtschaftlichen Aspekten auch die Kosten eines Börsengangs zu betrachten. Diese lassen sich in einmalige und laufende Kosten untergliedern. *Einmalige Kosten* entstehen für die Emissionsbegleitung (Emissionsdienstleistung), die Begebung und Börseneinführung der Aktien (Platzierung) und die Prospekterstellung. Der Großteil der Kosten einer Börsenemission fällt für die Emissionsdienstleistungen der betreuenden Emissionsbank beziehungsweise des Emissionskonsortiums an, das die Aktien platziert und das Platzierungsrisiko übernimmt. Die Höhe dieser Kosten

13.1 Für die wirtschaftliche Börsenreife sind erhöhte Kommunikation und Transparenz eines Unternehmens entscheidend

kann von Transaktion zu Transaktion in Abhängigkeit von der Größe der Emission und beispielsweise des Bekanntheitsgrades des Unternehmens stark schwanken. Darüber hinaus hat das Unternehmen Kosten für Ausarbeitung, Erstellung und Produktion des Emissionsprospekts zu tragen. Diese hängen aufgrund der jeweiligen Publizitätsanforderungen vom gewählten Marktsegment ab. Die gesamten einmaligen Kosten eines Börsengangs belaufen sich in der Regel auf ungefähr 7 bis 10 % des Emissionsvolumens.

Zusätzlich zu den einmaligen Kosten entstehen durch einen Börsengang *laufende Kosten*, die vor allem aus den Publizitätsansprüchen an börsennotierte Gesellschaften resultieren. Dabei handelt es sich einerseits um gesetzliche Erfordernisse, wie beispielsweise die Prüfung und Veröffentlichung der Jahresabschlüsse, die Dividendenbekanntmachungen, die Vorbereitung und Durchführung der Hauptversammlungen sowie die Kosten für den Aufsichtsrat. In einigen Marktsegmenten wird zudem die Veröffentlichung von Quartalsberichten (Quartalsberichterstattung) verlangt. Auch die für alle börsennotierten Unternehmen vorgeschriebene Ad-hoc-Publizität ist mit Kosten verbunden. Darüber hinaus fallen für die Öffentlichkeitsarbeit und die Pflege der Investorenbeziehungen weitere Kosten an.

Vor einem Börsengang sollte ein Unternehmen also zunächst auf seine wirtschaftliche Börsenreife überprüft werden. Dabei spielen transparente Unternehmensdaten und die richtige Kommunikation mit den anderen Marktteilnehmern eine entscheidende Rolle. Auch die Kosten eines Börsengangs sollten nicht unterschätzt und einkalkuliert werden.

13.2 Rechtliche Anforderungen und steuerliche Aspekte eines Börsengangs

Die rechtliche Börsenreife besteht zum einen aus einer zulässigen Rechtsform und der Bildung der für die jeweilige Gesellschaftsform vorgeschriebenen Organe, zum anderen muss das Unternehmen die Zulassungskriterien für das gewünschte Marktsegment erfüllen. Die einzelnen Segmente des deutschen Kapitalmarkts werden in Kapitel 13.3 beschrieben.

Die Mehrzahl der mittelständischen Unternehmen und Familiengesellschaften sind als Gesellschaft mit beschränkter Haftung (GmbH) organisiert. Um die Kapitalmärkte zur Finanzierung des Unternehmens mittels Ausgabe von Aktien nutzen zu können, muss das emittierende Unternehmen jedoch die Rechtsform einer Aktiengesellschaft (AG), einer Kommanditgesellschaft auf Aktien (KGaA) oder einer GmbH & Co. KGaA besitzen.

Gegebenenfalls muss also im Vorfeld der Emission eine Umwandlung von einer Rechtsform in die andere erfolgen. Die Effekte dieser Umwandlung sind zum Beispiel aus steuerlicher Sicht besonders dann bedeutend, wenn es sich bei dem ursprünglichen Unternehmen um eine Personengesellschaft handelt. Auch wenn rechtlich bei den drei genannten Rechtsformen die Finanzierung eines Unternehmens über die Kapitalmärkte durch Ausgabe von Aktien möglich ist, gilt die Aktiengesellschaft als einzige tatsächlich am Markt anerkannte Rechtsform.

Die *Umwandlung einer GmbH in eine Aktiengesellschaft* ist im Vergleich zur Umwandlung einer Personengesellschaft in eine Aktiengesellschaft verhältnismäßig einfach. Die rechtliche Identität des Unternehmens bleibt erhalten. Außerdem muss keine Umwandlungsbilanz erstellt werden, da bei dieser Form der Umwandlung von der GmbH zur Aktiengesellschaft keine Bewertungswahlrechte bestehen. Die Umwandlung erfordert einen mit einer Dreiviertelmehrheit gefassten, notariell beurkundeten Gesellschafterbeschluss. Die Geschäftsführer haben im Vorfeld der Gesellschafterversammlung, die über eine die Umwandlung beschließen muss, einen Umwandlungsbericht zu erstellen. Ein solcher Umwandlungsbericht enthält Regelungen zur Umwandlung selbst und regelt die künftige Beteiligung der Gesellschafter an der Aktiengesellschaft. Er muss eine Vermögensaufstellung (Vermögensgegenstände und Verbindlichkeiten sind mit dem tatsächlichen Wert anzusetzen) und einen Entwurf des Umwandlungsbeschlusses enthalten und zusammen mit der Einberufung zur Gesellschafterversammlung an alle Gesellschafter versandt werden. Ein solcher Umwandlungsbericht und die Vermögensaufstellung sind jedoch nicht notwendig, wenn alle Gesellschafter auf diese verzichten und die Verzichterklärung notariell beurkundet ist.

Die weitere Durchführung der Umwandlung beinhaltet die Berufung des Aufsichtsrats der Aktiengesellschaft im Umwandlungsbeschluss, da der Umwandlungsbeschluss ohne die Organe einer Aktiengesellschaft nicht durchführbar ist. Dieser neue Aufsichtsrat bestellt dann den Vorstand der Aktiengesellschaft. Die Gesellschafter haben dann einen Gründungsbericht zu erstellen, in dem alle rechtlich relevanten Vorgänge der Gründung darzustellen und vom Aufsichtsrat, Vorstand und einem vom Gericht bestellten Prüfer (Gründungsprüfer) zu überprüfen sind. Nach Abschluss der Gründungsprüfung kann die Anmeldung der neuen Aktiengesellschaft beim Handelsregister erfolgen. Diese Anmeldung muss vom Geschäftsführer der umgewandelten GmbH vorgenommen werden.

- Protokoll des Umwandlungsbeschlusses
- Protokoll des Aufsichtsratsbeschlusses über die Bestellung des Vorstandes
- Gründungsbericht der Gesellschafter
- Prüfungsbericht von Aufsichtsrat und Gründungsprüfer
- Wortlaut der Satzung der Aktiengesellschaft
- Umwandlungsbericht (beziehungsweise Verzichterklärungen aller Gesellschafter)

Abb. 49: Unterlagen für die Anmeldung beim Handelsregister

Die Umwandlung ist durch Eintragung ins Handelregister vollständig vollzogen. Die Gesellschaft wird ab diesem Zeitpunkt als Aktiengesellschaft geführt.

Die *Umwandlung einer Personengesellschaft in eine Aktiengesellschaft* gleicht in großen Teilen der Umwandlung einer GmbH in eine Aktiengesellschaft. Grundlage der Umwandlung ist ebenfalls ein Umwandlungsbeschluss. Diesem muss in diesem Falle allerdings von allen Gesellschaftern zugestimmt werden. Aus steuerlichen Gründen muss in diesem Fall der Umwandlung eine Umwandlungsbilanz zugrunde liegen. Für diese hat die Gesellschaft dahingehend ein Wahlrecht, ob sie die Buchwerte fortführen oder alternative Werte ansetzen will. Ein weiterer Unterschied besteht darin, dass die Handelsregisteranmeldung in diesem Fall von allen Mitgliedern des Vorstandes und des Aufsichtsrates zu unterzeichnen ist und nicht wie bei der Umwandlung einer GmbH vom Geschäftsführer der GmbH.

Alternativ zur Grundform der AG können die Kommanditgesellschaft auf Aktien (KGaA) und die GmbH & Co. KGaA als für einen Börsengang zulässige Rechtsformen gewählt werden.

Die *Kommanditgesellschaft auf Aktien (KGaA)* kann für Unternehmen, die sich über die Ausgabe von Aktien am Kapitalmarkt finanzieren wollen, eine interessante Alternative darstellen. Diese Rechtsform erlaubt den Altgesellschaftern, mehr als andere Rechtsformen ihren Einfluss auf die neue Gesellschaft beizubehalten. Eine Kommanditgesellschaft auf Aktien unterteilt die Gesellschafter in zwei Gruppen: Kommanditisten und persönlich haftende Komplementäre. In einer KGaA sind die Altgesellschafter neben den Aktionären, die als Kommanditisten auftreten, als Komplementäre an der Gesellschaft beteiligt und können somit ihren Einfluss auf das Unternehmen wahren. Die Geschäftsführung wird bei einer Kommanditgesellschaft auf Aktien von den persönlich haftenden Komplementären und nicht von einem Vorstand ausgeübt. Die Marktakzeptanz eines Unternehmens, das den ersten Gang an die Börse in der Rechtsform einer KGaA unternimmt, ist allerdings relativ gering. Die Umwandlung einiger bekannter Kommanditgesellschaften auf Aktien zu Aktiengesellschaften scheint zu bestätigen, dass die Aktiengesellschaft die einzige an den Kapitalmärkten wirklich akzeptierte Rechtsform ist.

Bei der GmbH & Co. KGaA als Sonderform der Kommanditgesellschaft auf Aktien wird eine juristische Person in Form der GmbH als haftender Komplementär der KGaA eingesetzt. Diese Rechtskonzeption besitzt durch die dadurch entstehende Haftungsbeschränkung zusätzliche Attraktivität. Das Problem der eventuell fehlenden Marktakzeptanz besteht aber genauso wie bei der gewöhnlichen Kommanditgesellschaft auf Aktien.

Eine Veränderung der steuerlichen Situation tritt für ein Unternehmen bei einem Börsengang vor allem dann auf, wenn im Zuge dessen eine Umwandlung von einer Personengesellschaft zu einer Kapitalgesellschaft (Aktiengesellschaft oder Kommanditgesellschaft auf Aktien) durchgeführt wird. Bei der Betrachtung der steuerlichen Auswirkungen eines Börsengangs ist darüber hinaus auch zwischen den unmittelbar durch den Umwandlungsvorgang und den Börsengang ausgelösten und den im Anschluss an einen Börsengang kontinuierlich erfolgenden steuerlichen Belastungen zu unterscheiden. Die einmaligen steuerlichen Effekte, die durch die Umwandlung der Gesellschaft von einer bestimmten Rechtsform in eine Aktiengesellschaft ausgelöst werden, hängen von der Art der ursprünglichen Gesellschaftsform ab. Handelt es sich bei dem Unternehmen um eine Personengesellschaft, so fallen bei der Umwandlung eventuell ertragssteuerliche Belastungen an. Dies ist vom gewählten Wertansatz, das heißt dem Wert, mit dem die Wirtschaftsgüter in die Bilanz des neuen Unternehmens eingestellt werden, abhängig. Die Ertragssteuern ergeben sich dabei aus der Differenz der neuen Bilanzwerte und der ursprünglichen Buchwerte abzüglich der von den Gesellschaftern zu tragenden Umwandlungskosten. Auch im Fall einer Kapitalgesellschaft wird dieser Betrag betrachtet und unterliegt dann der Körperschaftsteuer. Es kommt aber zu keiner steuerlichen Belastung, wenn die Wirtschaftsgüter zu ihren ursprünglichen Buchwerten bilanziert werden. Im Zuge einer formwechselnden Umwandlung einer GmbH in eine Aktiengesellschaft entsteht keine zusätzliche Belastung.

Zu einer Veränderung der steuerlichen Situation eines Unternehmens kommt es also vor allem, wenn dem Börsengang die Umwandlung einer Personengesellschaft in eine Kapitalgesellschaft zugrunde liegt. Diese Umwandlung hat Auswirkungen auf die Körperschaftsteuer, die Gewerbesteuer und die Ertragssteuer. Kapitalgesellschaften sind mit einer Körperschaftsteuer belastet, während Personengesellschaften eine Einkommensteuer zu entrichten haben. Bei entsprechend niedrigem Einkommen können bei Personengesellschaften also Progressionsvorteile entstehen, das heißt, die Belastung mit einem relativ niedrigen Steuersatz kann zu Vorteilen gegenüber der Besteuerung einer Kapitalgesellschaft führen. Auch im Hinblick auf die erbschaftsteuerliche Situation sind Personengesellschaften im Vergleich zu Kapitalgesellschaften vorteilhaft. Grund dafür ist die Anwendung unterschiedlicher Verfahren zur Ermittlung des zu versteuernden Wertes. Während bei der Personengesellschaft der anteilige Einheitswert zugrunde gelegt wird, werden bei der Kapitalgesellschaft das so genannte Stuttgarter Verfahren oder ein aus den Verkäufen abgeleiteter Wert angenommen. Letztere Werte liegen bei ertragskräftigen Unternehmen jedoch oft deutlich über dem Wert, der für die Steuerbemessung bei der Vererbung eines Anteils an einer Personengesellschaft dient. Darüber hinaus sieht das Erbschaftsteuergesetz für den Erben eines Anteils an einer Personengesellschaft ein Stundungsrecht vor. Ein solcher Stundungsanspruch ist für Erben eines Anteils an einer Kapitalgesellschaft dagegen nicht vorgesehen. Gewerbesteuerlich ist die Kapitalgesellschaft gegenüber der Personengesellschaft allerdings meist im Vorteil. Das liegt daran, dass die Bezüge tätiger Anteilseigner den Gewerbeertrag der Kapitalgesellschaft und somit die entsprechenden Steuern mindern.

13.3 Zulassung zu den verschiedenen Börsensegmenten

Schließlich kann der Markt in einzelne *Börsensegmente* unterteilt werden. Es werden insbesondere amtlicher Handel, geregelter Markt und der Freiverkehr unterschieden. Wertpapiere können immer nur in einem Marktsegment zugelassen sein. In der Regel existiert beim Handel zwischen den einzelnen Segmenten keine räumliche Trennung. Um am *amtlichen Markt* teilnehmen zu können, müssen die Emittenten die schärfsten Zulassungsvoraussetzungen erfüllen. Er ist aber auch das umsatzstärkste Wertpapierhandelssegment an deutschen Kassabörsen. Der *geregelte Markt* hingegen stellt weniger strenge Anforderungen an den Emittenten und soll somit auch jungen und mittelständischen Unternehmen einen Börsengang erleichtern. Der *Freiverkehr* wird im Gegensatz zu den zuvor genannten Marktsegmenten unter privatrechtlichen Regeln vollzogen. Die Börse kann Wertpapiere gemäß § 57 Abs. 1 zum Freiverkehr zulassen, wenn durch Handelsrichtlinien eine ordnungsmäßige Durchführung des Handels und der Geschäftsabwicklung gewährleistet erscheint.

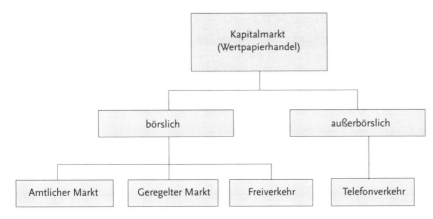

Abb. 50: Börsensegmente in der Übersicht

Eine weitere Möglichkeit des Handels ist der *Telefonverkehr*. Er unterliegt nicht den gesetzlichen Regelungen für den amtlichen oder geregelten Markt beziehungsweise den Bestimmungen für den Freiverkehr. Dieser Handel findet nicht im Börsensaal, sondern außerhalb der Börse telefonisch statt und stellt auch kein eigenständiges Börsensegment dar, da er allenfalls kleineren, nicht börsenfähigen Unternehmen als Plattform dient und somit nur auf geringes Interesse der Anleger stößt.

Bei amtlichem und geregeltem Handel handelt es sich gemäß der Europäischen Wertpapierdienstleistungsrichtlinie um »organisierte Märkte«, da sie von der Börsenaufsichtsbehörde des jeweiligen Bundeslandes überwacht werden. Im Freiverkehr notierte Unternehmen sind streng genommen nicht börsennotiert, da der Handel nicht von staatlicher Seite kontrolliert wird (§ 3 Abs. 2 AktG), sondern als privatrechtlich organisiertes Segment nur die ordnungsgemäße Durchführung des Handels und der Geschäftsabwicklung gewährleistet sein muss (§ 57 Abs. 1 BörsG).

Grundsätzlich gehen die steigenden Anforderungen an einen Emittenten vom Freiverkehr über den geregelten bis zum amtlichen Markt auch mit einer steigenden Öffentlichkeitswirkung und einem wachsenden Zugang zu institutionellen Investoren einher. Folglich müssen Unternehmen, die beispielsweise am geregelten Markt emittieren, tendenziell Bewertungsabschläge hinnehmen.

Die Zulassung muss für die meisten Börsensegmente zusammen mit einem »Kreditinstitut, einem Finanzdienstleistungsinstitut oder einem nach § 53 Abs. 1 Satz 1 oder § 53b Abs.1 Satz 1 des Gesetzes über das Kreditwesen tätigen Unternehmen« (§ 30 Abs. 2 BörsG beziehungsweise Börsenordnungen für den geregelten Markt) bei der Zulassungsstelle der jeweiligen Börse beantragt werden.

Für jeden Emittenten besteht die Pflicht, im Zuge seiner Emittierung eine Zahl- und Hinterlegungsstelle zu bestimmen, bei der »alle erforderlichen Maßnahmen hinsichtlich der Wertpapiere, im Falle der Vorlegung der Wertpapiere bei dieser Stelle kostenfrei, bewirkt werden können« (§ 39 Abs. 1 BörsG).

Um eine ausreichende Liquidität sicherzustellen, sind je nach Börsensegment Mindestgrenzen hinsichtlich des Emissionsvolumens, des Anteils im Streubesitz (des so genannten Free Float) und der Mindestanzahl an emittierten Aktien festgelegt. Zudem wird unterschieden, ob alle Aktien einer Gattung oder nur ein Teil von diesen emittiert werden dürfen.

Einige Segmente haben auch das Zulassungskriterium eines Mindesteigen-, Mindestfremd- oder Mindestgesamtkapitals. Weiterhin sind Schwellenwerte für Kapital- oder Erfolgsgrößen zu beobachten.

Das Kernstück der Zulassungsdokumente bildet der Verkaufs- oder Emissionsprospekt, der gemäß § 1 Verkaufsprospektgesetz für alle erstmalig öffentlich angebotenen Wertpapiere erstellt werden muss. Er muss »über die tatsächlichen und rechtlichen Verhältnisse, die für die Beurteilung der zuzulassenden Wertpapiere wesentlich sind, Auskunft geben und richtig und vollständig sein« (§ 2 Abs. 1 Verkaufsprospektverordnung beziehungsweise § 13 Abs. 1 BörsZulV).

Der Emittent und die Konsortialbanken haften drei Jahre lang (vgl. § 46 BörsG), beginnend mit der Prospektveröffentlichung, gemeinsam für die Vollständigkeit und Richtigkeit der Angaben im Verkaufsprospekt (vgl. §§ 44, 55 BörsG).

Nach der Zulassung zum Handel durch die Zulassungsstelle müssen der Zulassungsantrag, der Zulassungsbeschluss und der gebilligte Verkaufsprospekt der Öffentlichkeit zugänglich gemacht werden.

Eine weitere Publizitätspflicht ist in § 15 WpHG für den geregelten und für den amtlichen Markt vorgesehen. Im Rahmen der so genannten Ad-hoc-Publizität müssen Insiderinformationen unverzüglich veröffentlicht werden. Darunter werden »Informationen über nicht öffentlich bekannte Umstände« verstanden, »die geeignet sind, im Falle ihres öffentlichen Bekanntwerdens den Börsen- oder Marktpreis [...] erheblich zu beeinflussen« (§ 13 WpHG). Vor der Veröffentlichung sind sowohl die Börsen als auch die Bundesanstalt für Finanzdienstleistungsaufsicht (BaFin) zu informieren. Letztere kann im Fall einer Schädigung der berechtigten Interessen des

Unternehmens eine Befreiung von der Veröffentlichungspflicht aussprechen.

Für im Prime Standard der Frankfurter Wertpapierbörse notierte Unternehmen wird außerhalb der Bilanzpressekonferenz noch zusätzlich eine
Analystenkonferenz verlangt, in der Analysten die Möglichkeit gegeben
wird, dem Management Fragen zur Geschäftsentwicklung sowie zur finanziellen Lage des Unternehmens zu stellen. Eine Pflicht zur Beantwortung
der Fragen besteht jedoch nicht.

13.4 Phasen eines Börsengangs

Von der Vorbereitung eines Börsengangs bis hin zur Notierung des Unternehmens am Markt sind zahlreiche Einzelschritte notwendig. Diese lassen
sich in drei Phasen zusammenfassen: erstens die Vorbereitung des Börsengangs, zweitens der Börsengang selbst und zuletzt die Nachbereitung des
Börsengangs. Oft wird für einen Börsengang auch der englische Begriff IPO
(Initial Public Offering) verwendet. Die folgende Abbildung gibt einen
Überblick über den gesamten Prozess eines Börsengangs.

In der ersten Phase des Börsengangs geht es um seine Vorbereitung. Diese lässt sich in die administrative Vorbereitung der Emission und die Erar-

Vorbereitung		Börsengang				Nachbereitung	
Vorbereitung der Emission	Emissionsstrategie	Pre-Markering	Preisfindung	Roadshow	Platzierung	Publizität	Kurspflege
– Überprüfung der Börsenreife – Wahl des IPO-Teams – Due Diligence, Equity Story – Voraussetzungen der Zulassung – Wahl der Zielgruppe für Platzierung – Konzeption Businessplan – Wahl Börsensegment, Aktiengattung, Platzierungsart – Platzierungsverfahren		– Bestimmung Emissionszeitpunkt – Due Diligence und Unternehmensbewertung – Pre-Marketing-Phase, Kommunikation – Festlegung der Preisspanne – Erstellung des Zulassungsprospekts – Unterzeichnung des Übernahmevertrags – Roadshow und Zeichnungsphase – Festsetzung des Ausgabepreises, Zuteilung der Aktien – Notierungsaufnahme, eventuell Greenshoe				– Jahres- und Quartalsberichte – Jahreshauptversammlung – Analystenveranstaltungen – Investor Relations – Publizitätspflichten der Börsensegmente – Kurspflege	

Abb. 51: Überblick über die Phasen eines Börsengangs

beitung einer Emissionsstrategie gliedern. Im Rahmen der *administrativen Vorbereitung* der Emission stellt die Überprüfung der Börsenreife den ersten wichtigen Schritt dar. Dabei sind wirtschaftliche und rechtliche Aspekte zu betrachten, auf die bereits in Kapitel 13.1 und 13.2 ausführlich eingegangen wurde. Die Aufarbeitung der notwendigen Voraussetzungen für einen Börsengang sollte von einem Börsengang-Team übernommen werden, das sich aus internen Fachkräften des Unternehmens und externen Beratern zusammensetzt. Bei der Bildung des internen Börsengang-Teams ist es wichtig, dass Mitglieder der höchsten Führungsebene eingebunden werden, um den Prozess des Börsengangs verantwortlich zu steuern. Außerdem sollten auch Sachverständige aus Rechnungswesen und Controlling Teil des Teams sein, da dieser Bereich eine bedeutende Rolle für die Ermittlung der benötigten Daten spielt.

Als externe Partner sollten Emissionsberater, Wirtschafts- und Steuerprüfer, Rechtsanwälte und auch eine Werbeagentur hinzugezogen werden. Der wichtigste externe Partner ist aber eine Bank oder ein Bankenkonsortium, da sie als Emissionsbegleiter unerlässlich sind. Sie tragen zur Transaktion in erster Linie ihre Kapitalmarktexpertise bei und sind für die Platzierung der auszugebenden Wertpapiere zuständig. Emissionsberater kümmern sich um sämtliche während des Börsengangs auftretenden Fragen der Dokumentation, Koordination, aber auch der Unternehmensbewertung. Oft dient die beauftragte Investmentbank gleichzeitig auch als Emissionsberater. Auch ist es sinnvoll, einen Wirtschaftsprüfer in den Verlauf der Emissionsvorbereitung mit einzubeziehen, der das interne und externe Rechnungswesen begleiten und letztlich testieren kann. Ein Steuerberater sollte sich mit den speziellen steuerrechtlichen Fragen beschäftigen, die sich im Zuge eines Börsengangs ergeben. Bezüglich der Erfüllung der Publizitätsvorschriften ist es zudem sinnvoll, einen Rechtsanwalt mit in das Börsengang-Team einzubinden. Um eine offensive und effiziente Kommunikation am Finanzmarkt zu gewährleisten, sollte eine auf Finanzmarktkommunikation spezialisierte PR- oder Werbeagentur konsultiert werden.

Sobald die grundlegenden wirtschaftlichen und rechtlichen Voraussetzungen durch das Börsengang-Team überprüft worden sind, schließt sich in der Regel die ausführliche Bewertung des Unternehmens an, die als Due Diligence bezeichnet wird. Due Diligence bedeutet wörtlich »mit angemessener Sorgfalt«, das heißt im Hinblick auf die Unternehmensbewertung eine formalisierte, umfassende und fundierte Vorgehensweise. Das Due-Diligence-Gutachten soll unter Anwendung höchster Sorgfalt alle Seiten des Unternehmens beleuchten. So werden nicht nur wirtschaftliche Kennzahlen zur Ermittlung des Unternehmenswertes angewandt, sondern auch Aspekte der Unternehmensumwelt wie Kundenrelation, Konkurrenz und Wettbewerb oder personelle Aspekte und rechtliche Probleme beschrieben. Das Due-Diligence-Gutachten kann erhebliche Kosten verursachen, was bei kleinen und mittleren Unternehmen häufig zu einem Hemmnis für den Börsengang wird. Es können also verschiedene Elemente einer Due Diligence unterschieden werden. Die geschäftliche Due Diligence stellt eine eingehende Untersuchung der Organisations- und Gesellschaftsstruktur des Unternehmens sowie des Marktumfelds des Unternehmens und der Position des Unternehmens in diesem Marktumfeld dar. Die rechtliche Due Diligence versucht rechtliche Hindernisse für einen Börsengang aufzuspüren und diese zu beseitigen. Die finanzielle Due Diligence stellt eine umfassende Vorbereitung des Unternehmens hinsichtlich des Rechnungswesens und Reportwesens auf den Börsengang dar. Dabei werden oft nachträglich für vorangegangene Jahre Quartalsberichte erstellt und Planbilanzen und Plan-GuV-Rechnungen erstellt. Ebenso muss das interne Rechnungswesen auf die Anforderungen des Kapitalmarkts vorbereitet werden. Die steuerliche Due Diligence versucht steuerliche Hindernisse für einen Börsengang aufzuspüren und diese zu beseitigen. Dabei geht es in erster Linie um die Überprüfung von Steuerbescheiden. Die Ergebnisse der Due Diligence werden letztlich in einem Bericht zusammengefasst, dessen Bestandteil auch die so genannte Equity Story ist. In der Equity Story wird versucht, die Vorzüge des Unternehmens möglichst griffig und für den Investor verständlich darzustellen und hervorzuheben. Dabei stehen die Wettbewerbsposition des Unternehmens, der Markt, in dem das Unternehmen agiert, und dessen Wachstumsaussichten im Mittelpunkt. Eine überzeugende Equity Story ist für die Akzeptanz eines Unternehmens am Kapitalmarkt daher besonders wichtig.

Es gibt verschiedene Verfahren zur Unternehmensbewertung. Investmentbanken wenden häufig ein Verfahren mit Transaktionsmultiplikator, ein Verfahren mit Vergleichsmultiplikator oder ein Barwertverfahren an; diese drei Verfahren stellen in der Bewertungspraxis jedoch die wichtigsten Ansätze zur Bewertung von Unternehmen dar.

Beim Verfahren mit *Transaktionsmultiplikator* werden Transaktionen untersucht, bei denen ähnlich strukturierte Unternehmen an strategische und Finanzinvestoren verkauft wurden. Dabei wird der erzielte Preis ins Verhältnis zu bestimmten Bilanz- oder Erfolgskennzahlen gesetzt, zum Beispiel zum Umsatz oder zur Erfolgsgröße EBITDA. Dieser Wert kann wie folgt berechnet werden:

$$Transaktionsmultiplikator = \frac{Transaktionswert}{Umsatz}$$

oder

$$Transaktionsmultiplikator = \frac{Transaktionswert}{EBITDA}$$

Es können zahlreiche weitere Multiplikatoren erstellt werden, mit denen ermittelt werden kann, wie viel bei ähnlichen Transaktionen für ein vergleichbares Unternehmen bezahlt wurde. Diese Methode besticht besonders durch die Einfachheit ihrer Anwendung und die Transparenz ihrer Ergebnisse.

Beim Bewertungsverfahren mit Vergleichsmultiplikatoren soll der Wert des zu untersuchenden Unternehmens im Vergleich zu ähnlichen, an Börsen notierten Unternehmen ermittelt werden. Dazu wird der Markt- beziehungsweise Börsenwert dieser Unternehmen wieder zu bestimmten Bilanz- oder Erfolgskennzahlen ins Verhältnis gesetzt, so zum Beispiel die Relation von Börsenwert und EBIT:

$$Vergleichsmultiplikator = \frac{Börsenwert}{EBIT}$$

Als Vergleichsmultiplikator wird häufig auch die Kurs-Gewinn-Relation verwendet:

$$KGV = \frac{Börsenwert/Aktie}{Gewinn/Aktie}$$

Auch bei dieser Methode sind Einfachheit und Transparenz als Vorteile zu nennen. Bei beiden Verfahren muss jedoch beachtet werden, dass die zyklischen Schwankungen an den Kapitalmärkten hier zu Verzerrungen führen. Letztlich basieren alle multiplen Verfahren auf der Annahme, dass ein vergleichbarer Börsengang in der Vergangenheit vom Markt bereits einmal bewertet wurde und dieser Wert auch für die anstehende Transaktion nicht falsch sein kann. Problematisch ist zudem, dass für mittelständische Unternehmen mit ihrer Differenziertheit unter anderem bezüglich Branche, Größe, Familienbezug keine echte Vergleichstransaktion zu finden sein wird.

Das Barwertverfahren ist in seiner Anwendung wesentlich aufwändiger. Dabei müssen in einem ersten Schritt die freien Zahlungsströme eines Unternehmens für zukünftige Perioden ermittelt werden. Sie werden dann mit einem nach Eigen- und Fremdkapital gewichteten Abzinsungssatz auf den jetzigen Zeitpunkt abgezinst und so der Wert des Unternehmens ermittelt. Diese Bewertungsmethode verlangt jedoch eine eingehende Analyse des Unternehmens und ist somit relativ zeitintensiv.

Sind Due Diligence und Equity Story erstellt, wird eine Emissionsstrategie entwickelt. Diese befasst sich mit der Zielgruppe der Platzierung, der Festlegung des geeigneten Börsensegments sowie dem Platzierungsvolumen und -verfahren. Bei der Wahl der Zielgruppe der Emission wird entschieden, ob sich das Angebot in erster Linie an institutionelle oder an private Investoren richtet oder ob es auf spezielle Investorengruppen zugeschnitten werden soll. So ist es bestimmten institutionellen Investoren nur möglich, in Aktien zu investieren, die im amtlichen Handel gehandelt werden. Die Wahl dieses Börsensegments beeinflusst also die Attraktivität des Unternehmens für potenzielle Investoren, die eventuell Anlagerestriktionen hinsichtlich des Börsensegments unterliegen. Mit Hilfe der begleitenden Emissionsbank kann dann ein Emissionsplatz ausgewählt werden. Dabei ist nicht nur das Segment, sondern auch der Platz an sich sorgfältig auszuwählen. In Deutschland gibt es acht Börsenplätze: Berlin, Bremen, Düsseldorf, Frankfurt, Hamburg, Hannover, München und Stuttgart. Obgleich der sicher bekannteste Börsenplatz in Deutschland Frankfurt ist, kann die Wahl einer Regionalbörse für ein regional bekanntes Unternehmen durchaus Vorteile bieten. Handelt es sich um ein großes Unternehmen, so ist auch die Platzierung der Anteile an den bekannten internationalen Börsenplätzen wie New York, London, Zürich oder Tokio zu erwägen. Dabei müssen allerdings die dort geltenden Zulassungsvoraussetzungen, Publizitäts- und Bilanzierungspflichten beachtet werden.

Darüber hinaus muss auch eine Entscheidung über die zu emittierende Aktiengattung getroffen werden. Aktien können nach dem Umfang der verbrieften Rechte in Stammaktien und Vorzugsaktien und nach dem Grad der Übertragbarkeit in Inhaberaktien und Namensaktien unterschieden werden. Stammaktien verbriefen vollständige Inhaberrechte für den Aktionär, während Vorzugsaktien für eine bevorzugte Dividendenausschüttung Stimmrechte ausschließen oder einschränken können. Inhaberaktien sind frei handelbar, wohingegen Namensaktien an den Halter der Aktie gebunden sind. Die im Rahmen einer Aktienemission zur Auswahl stehenden Aktienarten sind in Abbildung 52 im Überblick dargestellt.

Bei einer *Inhaberaktie* handelt es sich um ein Papier, das gemäß § 929 BGB durch Einigung und Übergabe an den neuen Eigentümer übergeht. Bei dieser Aktienart sind daher dem Unternehmen die derzeitigen Eigentümer und damit stimmberechtigten Teilnehmer auf der nächsten Hauptversammlung nicht oder nur zum Teil bekannt. Um diese Unsicherheit gerade

233

- Stammaktien/Inhaberaktien: Normaltyp der Aktie. Sie ist verbunden mit Stimmrecht und Gewinnanspruch für den Inhaber.

- Vorzugsaktien: Sie beinhalten in der Regel bestimmte Vorteile bei der Gewinnverteilung oder der Verteilung eines eventuellen Liquidationserlöses im Falle der Beendigung der Gesellschaft; sie sind mit Einschränkungen des Stimmrechts verbunden.

- Namensaktien: Es handelt sich hierbei um eine auf den Namen des Aktionärs ausgestellte und im Aktienbuch der AG eingetragene Aktie. Die Übertragung erfolgt durch Indossament oder durch Forderungsabtretung sowie Übergabe des Papiers.

- Vinkulierte Namensaktien: Bei dieser Aktie ist die Übertragung an die Zustimmung der Aktiengesellschaft gekoppelt.

- Nennwertlose Aktien: Diese Aktie verbrieft keinen absoluten Nennbetrag für den Eigentümer, sondern einen bestimmten Anteil am Eigenkapital.

Abb. 52: Übersicht über die Aktienarten

in Zeiten feindlicher Übernahmen durch Aufkäufer von Anteilen zu umgehen, sind Unternehmen in den letzten Jahren vermehrt dazu übergegangen, *Namensaktien* auszugeben. Hier kann eine Übertragung nur durch ein Indossament, das heißt eine Abtretung mit Eintragung des neuen Eigentümers in das Aktienbuch der Unternehmung erfolgen. Darin sind Name, Wohnort und Beruf vermerkt, so dass das Unternehmen jederzeit die Eigentümer namentlich kennt.

Möchte ein Unternehmen die Übertragung der Anteile von seiner Genehmigung abhängig machen, so *vinkuliert* es diese Namensaktien. Die Übertragung ist damit gemäß § 68 II AktG von der Zustimmung der Gesellschaft und damit vom Vorstand als gesetzlichem Vertreter abhängig. Zwar ist der Verwaltungsaufwand dieser Aktienbuchführung höher als bei Inhaberaktien, ein zielgerichtetes Investor Relationship, das heißt eine zielgerichtete Betreuung und Information der Eigentümer ist dadurch aber leichter möglich. Da Namensaktien und besonders vinkulierte Namensaktien schwerer zu übertragen sind und damit deren Fungibilität eingeschränkt ist, wird dem Käufer derartiger Papiere häufig ein zusätzliches Sonderrecht eingeräumt. Dieses kann in höheren Dividenden oder immateriellen Anreizen bestehen.

Derartige Vorzüge kommen aber auch bei Inhaberaktien vor. Man unterscheidet daher in Vorzugs- und Stammaktien. Bei der normalen Aktie, der *Stammaktie*, sind alle bereits genannten Rechte – Stimmrecht, Gewinnanspruch, Anspruch auf Liquidationserlös – enthalten, während die *Vorzugs-*

13 Möglichkeiten eines
Börsengangs

aktie Vorzüge insbesondere beim Gewinnanspruch einräumt und dafür meist nicht mit Stimmrechten ausgestattet ist. Eine stimmrechtslose Vorzugsaktie verwehrt damit die Mitwirkung an Entscheidungen in der Hauptversammlung. *Nennwertaktien* unterscheiden sich von Quoten- oder Stückaktien dadurch, dass auf jedem Stück der nominale Wert, zum Beispiel 5 €, abgedruckt ist; er unterscheidet sich in aller Regel vom Börsenwert. Die *Quotenaktie* verbrieft hingegen einen Anteil am Unternehmen, sie gewährt Bruchteilseigentum, zum Beispiel in Höhe von einem Tausendstel des gesamten Unternehmens. Bei *Stückaktien* handelt es sich ebenfalls um nennwertlose Aktien, wobei in der Satzung vermerkt sein muss, wie viele Stücke derzeit im Umlauf sind.

Von jungen Aktien spricht man bei der Emission beziehungsweise der Ausgabe neuer Aktien am Primärmarkt. Alte Aktien sind bereits im Umlauf und werden daher am so genannten Sekundärmarkt gehandelt.

Sonderformen der Aktien sind die *eigenen Aktien*. Gemäß § 57 AktG ist der Rückkauf eigener Aktien grundsätzlich verboten, wobei die Ausnahmen (Verlustausgleich, Ausgabe von Belegschaftsaktien) in § 71 AktG in Verbindung mit § 272 IV HGB geregelt sind. *Belegschaftsaktien* sind Anteile, die von den Mitarbeitern gehalten werden und aktienähnliche Rechte versprechen, wobei zum Teil keine eigentlichen Eigenkapitalanteile ausgegeben wurden. Diese werden auch als Genussrechte bezeichnet.

Auf den internationalen Eigenkapitalmärkten sind außer den genannten Anteilsformen noch weitere Aktienarten bekannt. So sind beispielsweise die *American Depositary Receipts (ADR-Papier)* zu nennen, die ausländischen Investoren übereignet werden, denen eventuell ein Zugang zum US-amerikanischen Eigenkapitalmarkt verwehrt ist. ADRs sind Wertpapiere, die Rechte an zugrunde liegenden Aktien verbriefen. Diese werden von der ausgebenden Bank gehalten und können dort jederzeit getauscht oder zurückgegeben werden. Letztlich handelt es sich um eine Platzierung von Anteilen im amerikanischen Markt an der offiziellen Börse vorbei.

Bei *Tracking Stocks* handelt es sich um in den USA übliche Aktien, die nur Anteile an bestimmten Geschäftsbereichen eines Unternehmens verbriefen. So haben große Gesellschaften in den USA ihre Stammaktien, die Anteile am Gesamtunternehmen verbrieften, in den letzten Jahren in Bereichsaktien umgewandelt, die nur Ansprüche an den jeweiligen Geschäftsbereich gewähren. Der Vorteil besteht darin, dass ein Unternehmen nicht wie in Deutschland in Form einer rechtlich selbstständigen Tochtergesellschaft geführt werden muss, um für diese eigene Anteile auszugeben Es bleibt weiterhin ein Board of Directors, das heißt der Vorstand, für das gesamte

235

Unternehmen verantwortlich. Allerdings muss für die einzelnen Geschäftsfelder, bei denen Tracking Stocks ausgegeben sind, auch eine eigenständige Rechnungslegung erfolgen.

Die Wahl des geeigneten Platzierungsvolumens richtet sich in erster Linie nach dem Kapitalbedarf des Unternehmens, aber auch nach den Mindesterfordernissen der Marktsegmente im Hinblick auf die Marktakzeptanz der Emission. Bei den *Platzierungsverfahren* wird hinsichtlich des Grades der Zusicherung eines bestimmten Emissionserlöses, also des Umfangs der Übernahme des Platzierungsrisikos durch die betreuende Bank, zwischen verschiedenen Verfahren unterschieden. Das Platzierungsrisiko besteht darin, dass eventuell nicht alle Aktien zum vorgesehenen Preis platziert werden können und somit nur ein geringerer Emissionserlös als geplant erzielt werden kann.

Beim traditionellen *Festpreisverfahren* übernimmt die betreuende Emissionsbank das gesamte Platzierungsrisiko. Dieses Verfahren wird als Festpreisverfahren bezeichnet, weil die Emissionsbank dem emittierenden Unternehmen einen festen Preis für die zu verkaufenden Aktien garantiert. Das Unternehmen überträgt also das Risiko, dass ein unter den Erwartungen liegender Preis für die Aktien erzielt werden kann, auf seine Bank. Andererseits ist in diesem Fall das emittierende Unternehmen auch nicht in der Lage, plötzliche, nach Festlegung des Emissionspreises auftretende positive Marktentwicklungen zu nutzen und von einem höheren Emissionspreis zu profitieren. Bei großer Nachfrage nach den zu emittierenden Aktien wird daher oft die Zeichnungsfrist für die auszugebenden Aktien verkürzt, da keine Korrektur über einen höheren Emissionspreis der Aktien stattfinden kann.

Seit einigen Jahren ist das *Bookbuilding-Verfahren* das wichtigste Verfahren für die Emission von Aktien. Der englische Ausdruck Bookbuilding steht dabei für die schrittweise Bildung (Building) eines Orderbuches (Book), in dem die Kaufaufträge der Investoren mit den dazugehörenden Preisen »eingetragen« werden. Beim Bookbuilding-Verfahren werden potenzielle Investoren von Anfang an in den Preisfindungsprozess mit einbezogen, indem sie im Rahmen einer im Voraus ermittelten Preisspanne verbindliche Zeichnungsgebote abgeben. Bei diesem Platzierungsverfahren werden dem Emittenten keine festgelegten Emissionspreise garantiert, sondern der Emissionserlös des Unternehmens hängt vom tatsächlich erzielten Emissionspreis ab. Dadurch sind die Banken in der Lage, ihr Platzierungsrisiko zu verringern und teilweise auf den Emittenten selbst zu verlagern. Gerade für mittelständische Unternehmen bietet dieses Verfahren Vorteile, da durch die aufeinander folgenden Stufen der Festlegung einer indikativen Preisspanne, der Pre-Marketing-Kommunikation und der Festlegung der definitiven Preisspanne bei Presse und Marktteilnehmern eine höhere Aufmerksamkeit geweckt wird und somit das Interesse für die Emission unter Umständen deutlich gesteigert werden kann. Pre-Marketing beschreibt eine Kontaktaufnahme mit bedeutenden, institutionellen Investoren, welche in erster Linie zur Festlegung einer Preisspanne zu verstehen sind. Durch enge Kooperation des emittierenden Unternehmens und der betreuenden Unternehmen mit den Marktteilnehmern kann das Risiko einer negativen Kursentwicklung am Sekundärmarkt, das heißt an dem Markt, an dem die bereits ausgegebenen Aktien nach der Emission gehandelt werden, eingeschränkt werden.

Sinnvollerweise werden die Festsetzung eines Emissionspreises beziehungsweise die Festlegung auf das anzuwendende Emissionsverfahren, ein genauer Emissionszeitpunkt, die Zusammensetzung des Emissionskonsortiums, Formalien hinsichtlich der Abrechnung und Abführung des Emissionserlöses sowie Regelungen bezüglich des zu erstellenden Emissionsprospektes in einem Emissionsvertrag festgehalten.

Sind all dies Voraussetzungen erfüllt, so ist ein Börsenprospekt zu erstellen. Der Börsenzulassungsprospekt regelt die Zulassung der neuen Aktien des Unternehmens an einer beziehungsweise mehreren Wertpapierbörsen. Dabei müssen im Einzelfall die genauen Anforderungen der jeweiligen Wertpapierbörse und des entsprechenden Segments in Erfahrung gebracht und der Zulassungsprospekt an diese Anforderungen angepasst werden. Im Allgemeinen beinhaltet ein solcher Zulassungsprospekt Angaben über die auszugebenden Wertpapiere, das emittierende Unternehmen und dessen Tochtergesellschaften, dessen Kapital, Geschäftstätigkeit, Vermögens-, Ertrags- und Finanzlage, Inhaberstruktur und Abschlussprüfer. Zentraler Bestandteil des Zulassungsprospektes ist die Haftungsklausel, in der die Unterzeichnenden die Gewähr für die Richtigkeit der gemachten Angaben übernehmen.

Unmittelbar vor der Notierung des Unternehmens erfolgt eine intensive Marketing- und Werbekampagne, bei der die Geschäftsführung des Unternehmens und das betreuende Emissionshaus in direkten Kontakt mit potenziellen institutionellen Investoren treten. Häufig wird für die in dieser Phase typischen Marketingveranstaltungen der Begriff *Roadshow* verwendet. Dabei sollen mit Hilfe von Präsentationen und persönlichen Gesprächen mit den Investoren die spezifischen Stärken des emittierenden Unternehmens herausgearbeitet und betont werden, um ein möglichst hohes Emissionsvolumen, also einen möglichst hohen Emissionspreis zu erreichen. Im Anschluss an die Roadshow beginnt unmittelbar die Zeichnungsphase. Dabei geben die Investoren innerhalb der festgelegten Preisspanne ihre Zeichnungsgebote mit Zeichnungsvolumen und Zeichnungspreis an. Diese werden von der federführenden Bank gesammelt und ausgewertet. Aus den Geboten der Investoren im Rahmen der Zeichnungsphase ergibt sich letztendlich der Emissionspreis der Aktien.

In der ersten Phase der Notierung, das heißt der Preisstellung für die neuen Aktien am Kapitalmarkt, kann es aufgrund eines Ungleichgewichts von Angebot und Nachfrage zu Kursausschlägen kommen. Dabei spielt die so genannte *Greenshoe-Option* eine besondere Rolle. Diese Option erlaubt dem betreuenden Emissionshaus, zu ursprünglichen Konditionen circa 10 bis 15 % des ursprünglichen Emissionsvolumens zu beziehen. Dies kann dann zur Kursstabilisierung beitragen, wenn die Emission stark überzeichnet ist, also eine zu große Nachfrage für die zum Angebot stehenden Aktien besteht. Gerade bei der Emission von mittelständischen Unternehmen ist das Halten eines Greenshoe durch das Emissionshaus zur Kurspflege besonders wichtig.

Die Nachbereitungsphase eines Börsengangs ist zeitlich nicht einzugrenzen, da den Pflichten und Aufgaben eines börsennotierten Unternehmens fortlaufend nachgekommen werden muss. Dabei lassen sich die Komponenten der Nachbereitungsphase in die zwei Bereiche Publizitätspflichten und Kurspflege gliedern.

Die Publizitätspflichten eines börsennotierten Unternehmens umfassen im Wesentlichen die Erstellung und Veröffentlichung von Jahres- und Quartalsberichten, die Ausrichtung einer Jahreshauptversammlung sowie von Analystenveranstaltungen, Investor-Relations-Aktivitäten, das heißt Maßnahmen zur Information des Investorenpublikums, sowie die Einhaltung der Publizitätsanforderungen der einzelnen Börsensegmente. Die kontinuierliche Information der Investoren über die Unternehmensentwicklung ist für den nachhaltigen Erfolg eines börsennotierten Unternehmens von großer Bedeutung und mit erheblichen Kosten verbunden.

Die Pflege des Aktienkurses ist lediglich als Notfallmaßnahme in Phasen extremer Kursschwankungen zu betrachten. Dabei kann das Unternehmen im Fall eines starken Kurseinbruchs mit Stützungskäufen für die Erhaltung beziehungsweise Rückgewinnung des Investorenvertrauens sorgen. Gerade bei den nachgelagerten Kurspflegeaufgaben haben mittelständische Unternehmen mangels personeller Ressourcen Mühe, all den Aufgaben einer optimalen Marktbeobachtung, -begleitung und -steuerung nachzukommen.

13.5 Möglichkeiten zur Wahrung des Einflusses nach dem Börsengang

Häufig sind die Gedanken an einen Börsengang bei mittelständischen Unternehmen von Seiten der Eigentümer (beziehungsweise bei Familienunternehmen der Unternehmerfamilie) mit ernsthaften Bedenken hinsichtlich des Verlustes von Einfluss auf und Kontrolle über das Unternehmen verbunden.

Auf der einen Seite sind diese Bedenken nicht unbegründet, da durch die Ausgabe von Aktien und die damit verbundene Beteiligung externer Investoren am Unternehmen Einfluss auf das Unternehmen verloren geht. Auf der anderen Seite eröffnet das Aktiengesetz aber insbesondere für mittelständische Unternehmen interessante Möglichkeiten zur Sicherung der erforderlichen Mehrheiten in der Hauptversammlung beziehungsweise des Einflusses auf den Aufsichtsrat. Diese bestehen in der Gestaltung der Unternehmenssatzung, der entsprechenden Wahl geeigneter Aktiengattungen, Stimmrechtsbeschränkungen, der Wahrung des Familieneinflusses im Aufsichtsrat und auf die Unternehmenspolitik des Vorstandes sowie einer Organisation des Einflusses der Alteigentümer.

Eine erste Möglichkeit, den Einfluss der Anteilseigner zu sichern, besteht in einer entsprechenden *Gestaltung der Satzung* des Unternehmens. So kann die Satzung bestimmen, dass bestimmte Beschlüsse, die von Gesetzes wegen einer Dreiviertelmehrheit bedürfen, mit einer einfachen Mehrheit gefasst werden können. So kann also die Einflussmöglichkeit der ursprünglichen Anteilseigner, die lediglich über eine einfache Mehrheit verfügen, erheblich ausgeweitet werden.

In der Satzung des Unternehmens sollte außerdem für die ursprünglichen Eigentümer ein Einberufungsrecht der Hauptversammlung verankert werden. Im Aktiengesetz ist dazu vorgesehen, dass eine Minderheit von mindestens 5 % des stimmberechtigten Grundkapitals eine Einberufung der Hauptversammlung verlangen kann. Zwar kann von Seiten der ursprünglichen Anteilseigner so eine Hauptversammlung verlangt werden, die Einberufung selbst obliegt jedoch noch immer dem Vorstand.

Auch durch die *Auswahl bestimmter Aktiengattungen* kann der Einfluss der Alteigentümer auf das Unternehmen nach dem Börsengang sichergestellt werden. Die verschiedenen Aktienarten wurden bereits in Kapitel 13.4 ausführlich beschrieben.

So hat der Gesetzgeber zu diesem Zweck insbesondere die Aktiengattung der stimmrechtslosen Vorzugsaktie geschaffen. Dabei liegt der besondere

239

13.5 Möglichkeiten
zur Wahrung des
Einflusses nach dem
Börsengang

Vorzug für die ursprünglichen Gesellschafter darin, dass die Aktien dieser Gattung im Gegensatz zu gewöhnlichen Stammaktien grundsätzlich keine Stimmrechte gewähren und so der Einfluss der Alteigentümer nicht verwässert wird. Allerdings können diese stimmrechtslosen Vorzugsaktien nicht unbegrenzt ausgegeben werden. Dazu bestimmt das Aktiengesetz, dass der Gesamtnennbetrag der Vorzugsaktien, also die Summe der Nennwerte der Vorzugsaktien, den Gesamtnennbetrag der anderen Aktien nicht übersteigen darf. Die Marktakzeptanz solcher stimmrechtslosen Namensaktien ist durch zahlreiche erfolgreiche Börsenemissionen in der Vergangenheit belegt.

Eine weitere Möglichkeit des Kontrollerhalts besteht durch die *Ausgabe von vinkulierten Namensaktien*. Aktien sind laut Aktiengesetz als Inhaber- oder Namensaktien auszugeben. Als Aktionär der Gesellschaft gilt nur, wer mit Name, Wohnort und Beruf im Aktienbuch verzeichnet ist. Bindet die Gesellschaft die Übertragung einer solchen Namensaktie zusätzlich noch an ihre Zustimmung, so spricht man von einer vinkulierten Namensaktie.

Darüber hinaus muss allerdings die Zustimmungskompetenz für die Übertragung der Aktien per Satzung vom Vorstand hin zum Aufsichtsrat oder der Hauptversammlung verlagert werden, da die Einflussmöglichkeit der ursprünglichen Inhaber auf den Vorstand nur dann gewährleistet ist, wenn diese auch persönlich im Vorstand vertreten sind. Diese Maßnahmen hindern die Gesellschaft jedoch keineswegs an der Emission von Aktien an ein breites Anlegerpublikum im herkömmlichen Sinne eines Börsengangs. In der Tat würde es sicherlich einige Schwierigkeiten bereiten, die oben genannten vinkulierten Namensaktien an ein breites Börsenpublikum zu emittieren. Jedoch sollten diese im Rahmen des Börsengangs eines mittelständischen Unternehmens lediglich zur Wahrung der Interessen der ursprünglichen Anteilseigner dienen, indem sie an die Familie selbst ausgegeben und an ausgewählte Investoren privat platziert werden. Für das öffentliche Angebot an das breite Anlegerpublikum eignen sich in erster Linie die gebräuchlicheren Inhaberaktien.

Das Aktiengesetz ermöglicht die *Beschränkung von Stimmrechten* für bestimmte Aktiengattungen. Einzelne Aktionäre oder Gruppen von Aktionären wie beispielsweise die Anteilseignerfamilien sind davon ausgeschlossen. Wichtig ist hierbei, dass sich die verschiedenen Gattungen € die mit den für sie spezifischen Stimmrechtsbeschränkungen verbunden sind € hinsichtlich Gewinnverteilung, Nachbezugsrechten auf Gewinnanteile, Vorrechten auf Liquidationserlös und anderen Aspekten vermögensrechtlichen Inhalts unterscheiden. Dies kann laut Aktiengesetz in der Form von Höchstbeträgen für einzelne Investoren oder Abstufungen geschehen. Bestehen lediglich Unterschiede in Bezug auf Nennbetrag, Ausgabebetrag, Zugehörigkeit zu verschiedenen Emissionen oder Übertragbarkeit, so sind diese für sich gesehen nicht gattungsbegründend, das heißt, es dürfen zwischen ihnen keine Stimmrechtsbeschränkungen bestehen. Bei den hinsichtlich des Stimmrechts beschränkten Aktiengattungen müssen jedoch an anderer Stelle Vorrechte eingeräumt werden, um die Stimmrechtsbegrenzung auszugleichen. Diese Bedingung führt in der Praxis oft dazu, dass die Stimmrechtsbeschränkung als relativ unattraktiv empfunden wird. Darüber hinaus gelten die Beschränkungen des Stimmrechts ausschließlich für die Stimmenmehrheit (§ 133 AktG) und nicht für eine nach Gesetz oder Satzung erforderliche Kapitalmehrheit. Die Effektivität der Stimmrechtsbeschränkung im Sinne des Kontrollerhalts wird dadurch weiter eingeschränkt. Die tatsächliche Anwendungsmöglichkeit dieses Instruments muss daher im Einzelfall erwogen werden.

Auch die bewusste Organisation der Altgesellschafter zum Erreichen der gemeinsamen Ziele stellt einen Weg zur Sicherung der Familieninteressen dar. Zur Beherrschung einer Aktiengesellschaft sind über 50 % aller Stimmen erforderlich. Ein solch hoher Stimmanteil liegt gerade in der zweiten Unternehmergeneration meist nicht mehr in einer Hand. Daher müssen sich die Anteilseigner abstimmen, um einen möglichst großen Einfluss auf die Gesellschaft ausüben zu können. Dazu sollten sie geeignete Methoden anwenden, beispielsweise abgestimmte Verfahren zur Sicherung einer einheitlichen Stimmabgabe, die Bestimmung Einfluss nehmender Personen beziehungsweise Vertreter, eine Koordination der zur Verfügung stehenden finanziellen Mittel sowie die Bestimmung eines Sprechers gegenüber Aufsichtsrat und Vorstand. Eine relativ lose Form einer solchen Koordination sind Absprachen zwischen den Altgesellschaftern, die jedoch auf einem hohen gegenseitigen Vertrauen basieren müssen, so dass sie von allen Beteiligten als verbindlich angesehen werden. So genannte Stimmbindungsverträge stellen die nächste Stufe der Interessenbündelung dar. Bei diesen ist im Gegensatz zur Absprache eine Klage wegen nicht vertragsgemäßer Stimmabgabe prinzipiell möglich, die abgegebene Stimme ist jedoch aktienrechtlich gültig, und so ist die Klage nur von begrenztem Nutzen.

Um diesem Problem zu entgehen, bieten sich zum Beispiel so genannte *Stimmenpools* mit Vollzugsorganen an. Diese fassen die abzugebenden Stimmen zusammen, ohne dass die Eigentümer ihre Aktien abgeben müssen. Ein solches Stimmenpooling kann unter anderem durch Übertragung an einen Treuhänder geschehen, der verpflichtet ist, die Rechte unter Beachtung

13.5 Möglichkeiten
zur Wahrung des
Einflusses nach dem
Börsengang

bestehender Rechtsbeziehungen und Regelungen zwischen ihm und den Vertretenen auszuüben. Unter *dinglichen Stimmenpools* versteht man eine Organisationsform, der die Alteigentümer nicht nur beitreten, sondern in die sie auch ihre Aktien einbringen. Dazu wird eine Gesellschaft einer beliebigen Gesellschaftsform gegründet. Für die Ausübung und Verwaltung der Stimmrechte ist die Besetzung der Geschäftsführung der Gesellschaft ausschlaggebend. Ein Beispiel eines solchen dinglichen Stimmenpools ist die Familienholding, deren Aufgabe darin besteht, die Rechte der eingebrachten Beteiligung der Altgesellschafter an der börsennotierten Gesellschaft zu vertreten. Einer Familienholding sollten ausreichende finanzielle Ressourcen zur Verfügung stehen, mit denen sie gegebenenfalls Aktien des börsennotierten Unternehmens aus dem Markt nehmen kann, um die Mehrheitsverhältnisse zu ihren Gunsten zu beeinflussen. Um ihre Aufgabe wirkungsvoll ausführen zu können, sollte die Geschäftsführung der Familienholding stets über aktuelle Vorgänge in der börsennotierten Gesellschaft und deren Mehrheitsverhältnisse informiert sein.

Eine gesicherte Mehrheit der Altgesellschafter in der Hauptversammlung sichert jedoch noch keinen ausreichenden Einfluss auf das Unternehmen, da diese in Bezug auf Vorstand und Aufsichtsrat keine Weisungsberechtigung hat. Der Vorstand wird in einer Aktiengesellschaft durch den Aufsichtsrat bestellt und kontrolliert. Es ist daher für den Einfluss auf das Unternehmen wichtig, entsprechend *im Aufsichtsrat vertreten zu sein*. Der Aufsichtsrat setzt sich aus Vertretern von Arbeitnehmern und Aktionären zusammen. Darüber hinaus kann die Satzung eines Unternehmens für die Inhaber bestimmter Aktien das Recht begründen, Mitglieder in den Aufsichtsrat zu entsenden. Dadurch haben die Altgesellschafter die Möglichkeit, zu bestimmten Aufsichtsratmitgliedern eine enge Bindung aufzubauen und mit diesen Aufsichtsratsmitgliedern zu kooperieren. Dabei dürfen selbstverständlich die Sorgfaltspflichten dieser Aufsichtsratsmitglieder nicht verletzt werden. Hinsichtlich der entsandten Mitglieder kann per Satzung zusätzlich auch das Recht eingeräumt werden, diese jederzeit wieder aus dem Aufsichtsrat abzuberufen. Zusätzlich können in der Satzung die Beschlüsse des Vorstandes an die Zustimmung des Aufsichtsrates gebunden werden.

Die Unternehmerfunktion der Aktiengesellschaft ist dem Vorstand zugewiesen. Er unterliegt weder den Weisungen des Aufsichtsrats noch denen der Hauptversammlung, so dass nur durch die persönliche Vertretung im Vorstand unmittelbarer Einfluss auf die Politik des Unternehmens ausgeübt werden kann. In diesem Zusammenhang gilt es mittels der Geschäftsordnung des Vorstandes sicherzustellen, dass der Aufsichtsrat in allen Fragen von grundsätzlicher Bedeutung ein Mitentscheidungsrecht besitzt. Außerdem kann durch den Vorsitzenden und den Personalausschuss des Aufsichtsrates Einfluss auf die personelle Besetzung des Vorstandes ausgeübt werden.

Eine weitere Möglichkeit der Einflussnahme ist der im Aktiengesetz verankerte Beherrschungsvertrag, durch den die Mehrheitsgesellschafter die Möglichkeit haben, dem Vorstand eines Unternehmens Weisungen zu erteilen. Bei einem solchen Mehrheitsgesellschafter muss es sich jedoch um ein Unternehmen und nicht um eine Privatperson handeln. Die Altgesellschafter müssen ihre Aktien also zu einer Holding zusammenfassen, deren Konzern- beziehungsweise Tochterunternehmen die börsennotierte Gesellschaft im Zuge eines Beherrschungsvertrags wird. Der Beherrschungsvertrag kann grundsätzlich nur mit Zustimmung von drei Vierteln des bei der Beschlussfassung bei der Hauptversammlung vertretenen Kapitals gültig werden. Zudem muss den außenstehenden Aktionären ein angemessener Ausgleich angeboten werden, der in Form einer Dividendengarantie und einer angemessenen Abfindung bei Rückgabe der Aktien zu erfolgen hat.

Abschließend ist für die Wahrung des Einflusses nach dem Börsengang auch die Regelung der Erbfolge wichtig. Die Börsennotierung zieht finanzielle Folgen nach sich, die sich erst nach einigen Jahren bemerkbar machen können und für Teilhaber an Familienunternehmen von großer Bedeutung sind. Als solche Folge einer Börsennotierung sind zum Beispiel die erbschaftsteuerlichen beziehungsweise schenkungssteuerlichen Auswirkungen der Börsennotierung zu nennen. Diese resultieren weniger aus der Umwandlung zur Aktiengesellschaft als aus der Notierung an der Börse als solche. Die Bemessungsgrundlage für die zu entrichtenden Steuern bezieht sich auf das durch Erbe oder Schenkung zu übertragende Objekt. Bei nicht börsennotierten Unternehmen wird diese Bemessungsgrundlage im Regelfall nach dem Stuttgarter Verfahren ermittelt, ein Bewertungsverfahren, bei dem Vermögens- und Ertragswert in die Bewertung einfließen. Bei einer an der Börse notierten Aktiengesellschaft wird hingegen die Marktkapitalisierung zur Ermittlung der Bemessungsgrundlage herangezogen. Der Börsenkurs ist also ausschlaggebend für diesen Wert. Er wird durch zukünftige Ertragspotenziale bestimmt und liegt im Normalfall bei einem Vielfachen des mit dem Stuttgarter Verfahren ermittelten Unternehmenswerts. Die Steuerlast erhöht sich hierdurch also beträchtlich. Im Vorfeld eines Börsengangs ist es daher empfehlenswert, entsprechende Möglichkeiten einer geregelten Erbfolge zu prüfen und gegebenenfalls entsprechende Maßnahmen einzuleiten.

243

13.5 Möglichkeiten
zur Wahrung des
Einflusses nach dem
Börsengang

13.6 Vor- und Nachteile eines Börsengangs

Die durch den Börsengang entstehende Eigentümerstruktur kann unterschiedlich bewertet werden. So ist einerseits die Schaffung fungibler, das heißt handelbarer Unternehmensanteile durch die Notierung aus Gesellschaftersicht als positiv zu betrachten, da so Wechsel im Gesellschafterkreis einfacher möglich sind und eventuelle Abfindungszahlungen verhindert werden können. Andererseits wird diese Fungibilität gerade von den Altaktionären kritisch betrachtet, da sie mit Kontrollverlust und dem Einfluss externer Aktionäre verbunden ist. Wie der Einfluss dennoch bewahrt werden kann, wurde in Kapitel 13.5 beschrieben. Unter Nutzung der Spielräume bei der Satzungsgestaltung sind die meisten Entscheidungen durchzusetzen. Durch einen Börsengang verlieren die Altgesellschafter teilweise Einfluss auf ihr Unternehmen. Dies geschieht formal durch die Beteiligung der Aktionäre am Unternehmen. Auf der anderen Seite ist aber auch abseits der formalen Abgabe von Einfluss in Form von Stimmrechten zu beachten, dass ein Börsengang meist eine relativ strenge Ausrichtung des Unternehmens an der wertbasierten Konzeption der Unternehmenssteuerung mit sich bringt. Dieser *Fremdeinfluss* kann für mittelständische Unternehmen auch schädlich sein. Das Unternehmen muss sich somit häufig einem bestimmten Ziel- und Wertekodex unterwerfen, der nicht unbedingt mit dem der Altgesellschafter übereinstimmt.

Die Börseneinführung verschafft einem Unternehmen einen unvergleichbaren Freiraum zur Aufnahme von Eigenkapital und damit einen *zusätzlichen Finanzierungsspielraum*. Dieser ist gerade deshalb so wichtig und notwendig, da angesichts von Veränderungen immer öfter immer kostspieligere Investitionen notwendig sind und auch die Aufnahme von Mitteln auf traditionellem Wege immer schwieriger und teurer wird. Durch die Aufnahme von Eigenkapital auf dem Weg einer Börsennotierung sind auch kleine und mittlere Unternehmen in der Lage, ihre oftmals relativ schwachen Eigenkapitalquoten zu verbessern und somit die Aufnahme von Fremdkapital durch einen Bankkredit zu erleichtern, der die traditionelle Finanzierungsquelle des deutschen Mittelstands darstellt. Aufgrund der in Kapitel 2 dargestellten regulatorischen Veränderungen um Basel II werden Banken weniger und teurere Kredite an mittelständische Unternehmen vergeben. Um den Fortbestand des Unternehmens und seine erfolgreiche Entwicklung zu sichern, müssen sich mittelständische Unternehmen also verstärkt nach alternativen Finanzierungsformen umsehen, was zu einer *Diversifikation der Finanzierungsquellen* führt. Der Börsengang und die dadurch ermöglichte wiederholte Aufnahme von Eigenkapital, das dem Unternehmen dauerhaft zur Verfügung steht, stellt eine in Erwägung zu ziehende Möglichkeit dar. Hinzu kommt, dass ein erstmaliger Börsengang mittelfristig auch eine weitere Finanzierung über Fremdkapitalaufnahme an den Kapitalmärkten ermöglichen und erleichtern kann, da er den Bekanntheitsgrad des Unternehmens in hohem Maße steigert. Ist der Name eines Unternehmens den Kapitalmarktteilnehmern erst einmal bekannt, kann auch über die Ausgabe von Anleihen nachgedacht werden. Ebenso stehen dem börsennotierten Unternehmen auch weitere flexible Finanzierungsinstrumente wie Wandel- oder Optionsanleihen zur Verfügung, das heißt Anleihen, die mit Bezugsrechten auf Aktien verknüpft sind. Diese können speziell auf die Bedürfnisse des Unternehmens, aber auch der Investoren zugeschnitten werden.

Vorteilhafte Effekte können durch die erhöhte *Öffentlichkeitsarbeit und die Investor-Relations-Aktivitäten* auftreten. So kann beispielsweise die Erfüllung der Investorenanforderungen zu einem effizienteren Berichtswesen führen. Darüber hinaus kann die Auseinandersetzung mit externen Beobachtern und Analysten auch als Frühwarnsystem für potenzielle negative Entwicklungen beispielsweise innerhalb der Branche oder bei bestimmten Produkten genutzt werden. Die Orientierung an anerkannten Finanzkennzahlen kann zu einer erhöhten finanziellen und unternehmerischen Disziplin führen. Auf der anderen Seite besteht für börsennotierte Unternehmen die potenzielle Gefahr, langfristige Ertragspotenziale kurzfristigen Erfolgen zu opfern, um in der Gunst des Anlegerpublikums zu bleiben.

Die übermäßige Öffentlichkeit kann dem mittelständischen Unternehmen aber auch schaden, wenn zu viel Produkt- oder Markt-Know-how bekannt wird.

Zu beachten sind auch die Kosten und der erhebliche *Aufwand im Vorfeld des Börsengangs*, aber auch der *dauerhafte Aufwand* danach. Die Führung einer Aktiengesellschaft zur Zufriedenheit der Aktionäre verlangt die Erhebung zahlreicher interner Unternehmensdaten und die nachvollziehbare Ausrichtung und Steuerung des Unternehmens nach Maßgabe dieser Kriterien. Dazu muss ein umfassendes und effizientes Berichtwesen aufgebaut werden, wodurch ebenfalls entsprechend Kosten entstehen.

Ein Börsengang schafft durch die leichte Handelbarkeit der Aktien gute Voraussetzungen für eine Mitarbeiterbeteiligung am Unternehmen. Eine *Mitarbeiterbeteiligung* kann unter *Finanzierungs-, aber auch aus Motivationsaspekten* für beide Seiten attraktiv sein.

Im Bereich der *Erbschaftsteuer* bestehen für Kapitalgesellschaften gegenüber der Personengesellschaft Nachteile. Diese liegen in einem meist höheren Wertansatz der Bemessungsgrundlage begründet. Dieser Effekt wird bei der börsennotierten Aktiengesellschaft durch die Nutzung der Marktkapitalisierung, also einem aus dem Aktienkurs abgeleiteten Wert, der meist deutlich über den Substanzwerten des Unternehmens liegt, noch verstärkt.

Der Börsengang kann also durchaus eine attraktive Finanzierungsmöglichkeit angesichts der erschwerten Finanzierung mittels traditioneller Finanzierungsinstrumente darstellen. Gerade für ertragreiche und rentable Unternehmen mit guten Wettbewerbspositionen und Wachstumsperspektiven bietet ein Börsengang die Möglichkeit zur wiederholten Aufnahme von Eigen- und Fremdkapital an den Finanzmärkten und einer Finanzierung von Betrieb und Wachstum. Dabei muss allerdings im Einzelfall abgewogen werden, ob das jeweilige Unternehmen gewillt und in der Lage ist, den organisatorischen und finanziellen Anforderungen eines Börsengangs und einer Börsennotierung auf andauernder Basis nachzukommen.

13.7 Fallbeispiel: Erfolgreicher Börsengang eines mittelständischen Unternehmens

Am 21. Juli 1998 ging die Beispiel-AG an die Börse und wurde am »Neuen Markt« notiert. Auch wenn der Neue Markt bekanntermaßen zusammengebrochen ist und das Börsensegment nicht mehr existiert, so ist doch der hier vorgestellte und anonymisierte reale Fall beispielhaft für einen Börsengang.

Durch die erfolgte Kapitalerhöhung konnte die Beispiel-AG ihren Kapitalbedarf von rund 15€€ Millionen € decken, ihr Wachstum finanzieren und letztlich ihren Umsatz bedeutend steigern.

Der Anbieter von IT-Lösungen für den Mittelstand beobachtete den Börsenmarkt auf der Suche nach Finanzierungsmöglichkeiten schon seit 1993. Nicht zuletzt mit dem Blick auf einen möglichen Börsengang entschied sich die Beispiel-AG im Jahr 1995 zu einer Änderung der Rechtsform und führte eine Umwandlung von einer GmbH in eine AG durch. Dieser nur wenige Wochen andauernde Prozess wurde hauptsächlich von einer Steuerkanzlei sowie einem Notar betreut und abgewickelt. Die Kosten und der Aufwand waren relativ gering. Eine der wesentlichsten Aufgaben für die Eigentümer, die auch das Management bildeten, bestand in der sinnvollen Besetzung des Aufsichtsrats.

Im Sommer 1997 beschloss der Vorstandsvorsitzende – in diesem Fall auch der Hauptanteilseigner –, an die Börse zu gehen und erstellte hierfür ein Basiskonzept. Die Beispiel-AG hatte zu diesem Zeitpunkt einen Kapitalbedarf von rund 30 Millionen D-Mark, um die eigenen Wachstumspläne zu finanzieren. Das Management hatte neben dem Börsengang auch andere Finanzierungsalternativen geprüft, jedoch in keiner die Chancen gesehen, solch ein Kapitalvolumen zu vergleichbaren Konditionen zu beschaffen und gleichzeitig den Einfluss auf das Unternehmen zu wahren. Für börsentauglich hielt man sich, da man im Vergleich zu den im beginnenden New-Economy-Boom üblichen Emittenten auf eine solide, über ein Jahrzehnt dauernde Unternehmensgeschichte zurückblicken konnte.

Für den Vorstand waren die Rechtsform einer Aktiengesellschaft und der Börsengang jedoch auch eine gute Möglichkeit, die Nachfolge im Unternehmen zu regeln. Die Aktiengesellschaft ermöglicht eine Nachfolgeregelung, da diese Rechtsform besonders gut für die Führung durch einen angestellten Vorstand geeignet ist. Die Rechtsvorschriften von AG, Aufsichtsrat und Hauptversammlung bieten geeignete Kontrollmechanismen, auch wenn die Alteigentümer vielleicht nicht mehr die Mehrheit haben. Auch nach einem Ausstieg aus dem operativen Geschäft kann so der Aktionär in Form von Dividenden und Kurssteigerungen von der Entwicklung des Unternehmens profitieren und den grundsätzlichen Einfluss auf das Unternehmen wahren. Zudem ist es durch den täglichen Handel weiterhin möglich, sich als Alteigentümer vergleichsweise einfach von seinen Anteilen zu trennen.

Auch die Möglichkeit, das eigene finanzielle Risiko zu streuen, floss in die Entscheidung für einen Börsengang mit ein. Durch Umplatzierung eigener Aktien bestand damals für die Alteigentümer die Möglichkeit, einen Teil ihres eingesetzten Kapitals bei einem erfolgreichen Börsengang zu sehr guten Konditionen abzuziehen und somit ihre Abhängigkeit vom Erfolg des Unternehmens zu mindern.

Ein wesentliches Element des Emissionskonzeptes war es, im ersten Schritt ein Gleichgewicht zwischen der Kapitalerhöhung durch den Börsengang und dem vorher vorhandenen Grundkapital zu finden. Um eine für den Markt attraktive Stückzahl an Aktien herausgeben und gleichzeitig noch eine Mehrheit der Anteilseigner sichern zu können, wurde vor dem Börsengang eine Kapitalerhöhung durchgeführt. Häufig geschieht dies mit Hilfe von Beratern, die auch die finanzielle Unterstützung bereitstellen. Aufgrund der dadurch entstehenden hohen Kosten entschied sich die Beispiel-AG, diesen Schritt in Eigenregie zu gehen. So gelang es durch gute Beziehungen zur Hausbank, selbstständig über einen Kredit im Vorfeld des Börsengangs eine ausreichende Kapitalerhöhung durchzuführen. Bei den Verhandlungen war es von Vorteil, dass das Unternehmen bisher kaum Kredite in Anspruch genommen hatte und so auch an keine weiteren Bedingungen, wie die Zusicherung einer späteren Konsortialführerschaft, geknüpft war. Das Darlehen konnte nach dem Börsengang aus den erzielten Erlösen problemlos zurückgezahlt werden.

Die Wahl des Börsensegments fiel zur damaligen Zeit relativ leicht. Für die Notierung standen der Freiverkehr, der geregelte Markt oder der Neue Markt zu Auswahl. Der Neue Markt schien die beste Alternative zu sein, da er zu diesem Zeitpunkt einen guten Ruf genoss, Finanzierungserfolge aufweisen konnte, extra für Wachstumsunternehmen in mittelständischer Größe geschaffen wurde und auch das für die Branche übliche Segment darstellte. Für den geregelten Markt war die Größe des Unternehmens hingegen zu gering und dem Freiverkehr wurde nicht ausreichend Vertrauen entgegengebracht. Bei der Wahl des Segments und bei den darauf folgenden Schritten wurde die Beispiel-AG durch einen IPO-Berater unterstützt.

Bei der Entwicklung des Emissionskonzepts wurde zunächst darauf geachtet, dass die Alteigentümer weiterhin 60 % der Stimmen in der Hauptversammlung auf sich vereinen konnten, um Ihren Einfluss auf die Entscheidungen im Unternehmen zu wahren. Ein Stimmenpoolvertrag wurde anfangs zwar erwogen, kam allerdings letztendlich nicht zustande. Die Einflusssicherung war ohnehin kein primäres Ziel, da aus Sicht der Alteigentümer ein so dynamischer Markt wie der IT-Markt die latente Gefahr einer »unfreundlichen Übernahme« zwangsläufig mit sich bringt. Die Alteigentümer vereinbarten weiterhin eine Halteverpflichtung für ein Jahr nach dem Börsengang, konnten jedoch, wie zuvor beschrieben, durch Umplatzierung von Aktien einen Teil ihres investierten Kapitals abziehen. Im Rahmen des Konzepts entschied sich die Beispiel-AG für ein Family-and-Friends-Programm, das 50 000 Aktien für Mitarbeiter und Geschäftsfreunde umfasste.

Das Emissionsvolumen orientierte sich, neben dem Faktor der Einflusssicherung und dem für einen ordentlichen Handel notwendigen Streubesitz, auch an den Umsätzen der vergangenen und den Erwartungen für die künftigen Jahre. Neben den konkreten Wachstumsplänen war hier eine Umsatzsteigerung von rund 20 Millionen D-Mark im Jahr des Börsengangs sichergestellt, die sich aus der Veränderung der Vertriebswege des größten Partners des Unternehmens ergaben.

Der Konsortialführer wurde mit Hilfe eines »Beauty Contest« ausgewählt. Jedoch gab es zu diesem Zeitpunkt kaum Banken, die sich im deutschsprachigen Raum durch ihre Erfahrungen im IPO-Geschäft auszeichnen konnten. Die Wahl zum Konsortialführer fiel schließlich auf die Hausbank, mit der schon in der Vergangenheit sehr gut zusammengearbeitet wurde und deren Mitarbeiter den Prozess auch im Folgenden aktiv begleiteten. Bei der Verhandlung des Emissionsvertrags kam es wegen der guten Vorbereitung durch den Berater zu nur sehr geringen Differenzen in den beiderseitig erwarteten Konditionen, und so konnte das Dokument nach kurzer Zeit unterzeichnet werden. Als Konsortialbank wurde eine zweite Bank in das Konsortium aufgenommen. Es wurde jedoch allein schon durch das Engagement der Hausbank eine mehrfache Überzeichnung erreicht. Beide Banken übernahmen die Rolle der zwei Designated Sponsors, die für den Neuen Markt zur regelmäßigen Preisfeststellung im elektronischen Handel nötig waren. Im Rahmen des Emissionsvertrags wurde auch eine Due Diligence vereinbart, die durch eine Wirtschaftsprüfungsgesellschaft durchgeführt wurde. Sie diente als Grundlage für den Übernahmevertrag und für die im Pricing-Verfahren wichtige Unternehmensbewertung.

Die Erstellung des Verkaufsprospekts war mit erheblichem Aufwand verbunden, da es die Balance zwischen positiver Außendarstellung und den sich ergebenden Haftungswirkungen zu finden galt. Bei der Umsetzung wurde die Beispiel-AG durch den IPO-Berater und den Konsortialführer unterstützt. Um die Aktualität der Angaben zu gewährleisten, wurden diese erst relativ kurz vor ihrer Veröffentlichung endgültig eingepflegt. Der Verkaufsprospekt enthielt neben allgemeinen Informationen – zu dem Unternehmen, seinen Strukturen, seiner Geschichte, Jahresabschlüssen, Konzernbilanz, Zwischenberichten – auch die Risikofaktoren einer Anlage sowie einen Ausblick auf die zukünftige Entwicklung des Unternehmens. Zum einen wurden unter dem Punkt »Risikofaktoren/Anlageerwägungen« Risikohinweise aufgelistet, zum anderen aber auch die positiven Erwartungen. Beispielsweise erhoffte die Beispiel-AG für das kommende Jahr das beste Geschäftsjahr ihrer Unternehmensgeschichte. Neben einer deutlichen Umsatz- und Ergebnissteigerung im Bereich Standardsoftware und einer Umsatzsteigerung im Bereich Hardware rechnete die Beispiel-AG mit positiven Ergebnisbeiträgen aus allen bestehenden Gesellschaften. Die Investitionsziele waren zum einen die Produktentwicklung, zum anderen eine bessere Marktdurchdringung und die Ausschöpfung vorhandener Marktpotenziale. Auch für 1999 wurde mit weiteren Umsatz- und Ergebnissteigerungen gerechnet. Als strategische Ziele, die durch die Effekte des Börsengangs verstärkt werden sollten, wurden Sicherung der finanziellen Grundlage für hohes Wachstum, Forcierung der Präsenz im Ausland, Steigerung des Be-

249

kanntheitsgrades und Ausbau der Marktstellung durch Unternehmenszukäufe genannt.

Die Finanzkommunikation bestand mehrheitlich aus gezielten Anzeigen. Die Kommunikationsmaßnahmen richteten sich hauptsächlich an Großinvestoren und wurden durch eine Roadshow in den Finanzzentren Europas begleitet. Allein das Vertriebsnetz des Konsortialführers reichte allerdings schon aus, um die Aktie deutlich zu überzeichnen.

Die Preisfindung wurde nach dem Bookbuilding-Verfahren durchgeführt. Die Spanne für den Emissionspreis lag dabei zwischen 52 und 62 D-Mark. Durch die hohe Nachfrage wurde das maximale Emissionsvolumen von 522 000 Aktien zu 62 D-Mark erreicht, was einem Gesamtwert von rund 32 Millionen D-Mark entspricht. Der erste im Handel festgestellte Preis lag mit 74 D-Mark noch weiter darüber.

Von der Beschlussfassung zur Durchführung eines IPO bis zur eigentlichen Emission verging etwa ein Jahr. Die Kosten beliefen sich in Summe auf circa 1 Millionen D-Mark. Anzeigen, die Finanzkommunikation und die durchgeführte Roadshow kosteten das Unternehmen etwa 300 000 D-Mark. Die Begleitung des Börsengangs durch einen Berater verursachte Kosten in Höhe von 200 000 D-Mark. In diesen Beträgen sind nicht die Kosten enthalten, die durch unternehmensinterne Personalbindung entstanden. So beschäftigte sich zum Beispiel der Vorstandsvorsitzende im letzten halben Jahr vor dem IPO fast ausschließlich mit dem Projekt Börsengang und musste das Tagesgeschäft nahezu vollständig zurückstellen.

Mit dem Ende des Neuen Marktes wechselte die Beispiel-AG unter den Qualitätserfordernissen des Prime Standards in den geregelten Markt an der Frankfurter Wertpapierbörse. Neben den einmaligen Kosten entstanden durch die Börsennotierung auch Folgekosten, die bei etwa 300 000 € im Jahr anzusetzen sind. Sie setzen sich aus den Kosten für Investor Relations, für den Designated Sponsor, für die jährliche Hauptversammlung und die hohen Publizitätspflichten mit Quartalsberichten und Jahresabschlüssen zusammen. Die für jedes Quartal notwendige Erfolgsüberprüfung schärft jedoch den Blick für Anzeichen von Fehlentwicklungen, auch wenn sie mit erheblichem Aufwand verbunden ist.

Bei der Betrachtung des Börsengangs und der fortbestehenden Notierung in ihrer Gesamtheit lässt sich ein positives Urteil fällen. Neben den hohen Kosten und den hohen Publizitätserfordernissen dominieren der alternativlos gute Finanzierungseffekt und die sinnvolle Nachfolgeregelung. Auch die Option, im Falle eines erhöhten Kapitalbedarfs eine weitere Kapitalerhöhung durchführen zu können, stellt einen wesentlichen Vorteil dieser Finanzierungsform dar. Zudem wirkt sich die Steigerung der Bekanntheit positiv auf das Unternehmen aus. Neben der erhöhten Aufmerksamkeit in der Presse im Zuge des Börsengangs zeigt die erhöhte Transparenz des Unternehmens auch Erfolge im Umgang mit den Kunden. Die Tendenz zu kurzfristigen Entscheidungen wird durch die Beispiel-AG weniger als Nachteil betrachtet, sondern als ein Motiv für ein stetiges und langfristig erfolgreiches Management.

14
Private Equity für Unternehmen ohne Börsenreife

Wenn Unternehmen die im vorhergehenden Kapitel ausführlich dargestellten Voraussetzungen für einen Börsengang nicht erfüllen, so bietet sich diesen als Finanzierungsalternative zu Public Capital das so genannte Private Capital beziehungsweise Private Equity (PE) an. Durch die Aufnahme von Private Equity wird einerseits der aktuelle Kapitalbedarf eines Unternehmens gedeckt, andererseits aber auch die Eigenkapitalbasis erhöht. Da die Eigenkapitalquote einer der entscheidenden Faktoren für das Rating eines Unternehmens ist, kann der Einsatz von Private Equity zu einer Verbesserung des Ratings und damit zu günstigeren Finanzierungskonditionen für das Unternehmen führen. Auch das professionelle Management-Know-how von Private-Equity-Unternehmen ist ein möglicher Vorteil dieser Finanzierungsform.

14.1 Abgrenzung von Private Equity zu anderen Finanzierungsformen

Der Begriff Private Equity ist ein Oberbegriff für alle Formen der Bereitstellung außerbörslichen Eigenkapitals für Unternehmen, im Gegensatz zum so genannten Public Equity, das für die Eigenkapitalbeschaffung an der Börse steht. Private Equity umfasst somit die Finanzierung durch Venture Capital, aber auch Buy-Out-Formen wie das Leverage-Buy-Out, das Management-Buy-Out oder das Management-Buy-In. Venture Capital ist ein Teilbereich des Private Equity und wird speziell für die risikoreiche Frühphasenfinanzierung von Unternehmen verwendet.

Der Begriff »Venture Capital« wird in der Literatur häufig für die Wachstumsfinanzierung junger Unternehmen mit Eigenkapital verwendet.

Der Begriff »Buy-Out« umfasst Möglichkeiten eines Unternehmensaufkaufs, entweder durch eigenes oder externes Management (MBO) oder durch externe Beteiligte.

Handbuch Alternative Finanzierungsformen. Ottmar Schneck
Copyright © 2006 WILEY-VCH Verlag GmbH & Co. KGaA, Weinheim
ISBN 3-527-50219-X

Um sich für eine geeignete Art des Private Equity zu entscheiden, ist es wichtig, den Reifezustand des Unternehmens sowie die Motivation für eine PE-Finanzierung zu berücksichtigen.

Sucht ein junges Unternehmen finanzielle Mittel für die Innovations- beziehungsweise Frühphasenfinanzierung, müssen zunächst Innovationsspezialisten gefunden werden, die über die erforderliche Fachkompetenz, praktische Erfahrung und ein Kontaktnetzwerk verfügen. Des Weiteren sollten sie Kenntnisse des modernen Controllings sowie der Unternehmenssteuerung besitzen.

Im Allgemeinen kann man beim Innovations- und Frühphasengeschäft zwischen zwei Finanzierungsstufen unterscheiden. So spricht man von *Seed Money* oder *Seed Capital*, das die finanzielle Basis zur Ausreifung und Umsetzung einer Idee in verwertbare Resultate, beispielsweise bis hin zum Prototyp, darstellt. Unternehmen können diese Art der PE-Finanzierung nutzen, um eine Expansion ihres Unternehmens ohne Hilfe von Fremdkapital durchzuführen.

Die Erfolgsaussichten des geplanten Unternehmenswachstums werden seitens der interessierten Investoren oder Kapitalbeteiligungsgesellschaften von Projektmanagern mit besonderen Kompetenzen in den Bereichen Marketing, Unternehmensplanung und Controlling geprüft. Kommt es zu einer Beteiligung, dann üben diese eine beratende und kontrollierende Funktion aus. Das aufgenommene Kapital kann für die Ausweitung der Produktionskapazitäten, die Produktdiversifikation oder die Marktausweitung verwendet werden oder auch für zusätzliche Liquidität sorgen.

Der anbietende PE-Investor legt den Preis anhand der Unternehmensbewertung und der Aussicht auf eine möglichst günstige Ausstiegssituation fest.

Die Kontaktaufnahme eines Kapital suchenden Unternehmens mit einer Kapitalbeteiligungsgesellschaft kann auf mehreren Wegen erfolgen. So bietet der Bundesverband Deutscher Kapitalbeteiligungsgesellschaften auf seiner Homepage beispielsweise ein Tool zur internationalen PE-Vermittlung an. Anhand mehrerer Kriterien, wie Finanzierungsphase und Branchenschwerpunkt, kann mit diesem Tool der geeignete Kapitalgeber unter einer Auswahl zahlreicher PE-Anbieter gefunden werden. Zudem können Kapitalbeteiligungsgesellschaften auch direkt über ihre Homepage kontaktiert werden. Eine effektive Art der Kontaktaufnahme erfolgt über M&A-Berater, was jedoch mit hohen Kosten verbunden ist. Da viele Beteiligungsverhältnisse über persönliche Empfehlungen zustande kommen, kann es sich lohnen, beispielsweise über Handwerkskammern Kontakte aufzubauen.

14.2 Voraussetzungen für ein Private Equity

Kapitalbeteiligungsgesellschaften stellen bestimmte Anforderungen an die potenziellen Zielunternehmen, die im Vorfeld einer Investition untersucht und geprüft werden.

Damit eine Projektprüfung nicht übermäßig dauert und die Verhandlungspartner ermüden, ist es für die Kapital suchenden Unternehmen empfehlenswert, schon im Voraus zu prüfen, ob sie die Auswahlkriterien der Beteiligungsgesellschaften erfüllen.

Zu den *qualitativen Bedingungen*, die ein Unternehmen erfüllen muss, zählen die Bereitschaft, Rechte und Eigentum zu teilen, die Qualität der Unternehmensführung, Aussichten auf neue Marktchancen und das Agieren in stabilen Märkten, eine zuverlässige Unternehmensorganisation, eine gesicherte Unternehmensrentabilität und die Gewährung von Einblicken in die Unternehmensvergangenheit.

So gehört zum ersten Schritt, der vielen Unternehmern schwer fällt, die Bereitschaft, neue Partner zu akzeptieren und mit ihnen Rechte und Eigentum zu teilen.

Zudem ist eine kompetente *Unternehmensführung* wichtig. Die Meinungsbildner eines potenziellen Beteiligungsunternehmens müssen sich anhand von wenigen zeitlich begrenzten Begegnungen ihr eigenes Bild von der Qualität der Unternehmensleitung machen. Oftmals wird auch die Referenz von Dritten eingeholt.

Ebenfalls von großer Bedeutung sind die Aussichten auf zukünftige *Marktchancen,* da sich hier das Entwicklungspotenzial des Unternehmens abzeichnet. Als solche Marktchancen können beispielsweise Innovationen, Wachstum durch neue Produkte, Erschließung neuer Märkte und Marktführerschaft angesehen werden. Kapitalbeteiligungsgesellschaften bevorzugen zumeist Unternehmen, die in einem stabilen und nicht zyklischen Wettbewerbsumfeld agieren. Je neuartiger das Produkt und je kleiner und jünger das Unternehmen ist, desto schwieriger ist es, eine zuverlässige Aussage über den Markt und seine Chancen zu machen.

Eine weitere Voraussetzung für eine PE-Beteiligung ist eine transparente *Unternehmensorganisation.* Die Bewertung des Unternehmens durch die Prüfer des Beteiligungsunternehmens wird unter anderem anhand der Grundsätze des Business Reengineering und verschiedener Benchmarks durchgeführt.

Auch die *Unternehmensvergangenheit* fließt in die Unternehmensbewertung mit ein. Bereits erbrachte Leistungen können als Argument für eine

255

gute Zukunft des Unternehmens verwendet werden. Vollständige Wirtschaftsprüfungsberichte sollten daher vorhanden sein.

Wichtig ist vor allem die Betrachtung der *quantitativen Voraussetzungen*. Hierzu zählen unter anderem die Größe des Unternehmens, ein stabiler Cashflow und eine gesicherte Unternehmensrentabilität.

Die *Größe des Unternehmens* ist klares Ausschlusskriterium aller Kapitalbeteiligungsgesellschaften. Die meisten Kapitalbeteiligungsgesellschaften bieten aus Rentabilitäts-, Kosten- und Aufwandsgründen eine Beteiligung erst ab einer Umsatzgröße von 5 Millionen € an. Ebenso wirkt sich die Größe des Unternehmens auch auf die Möglichkeit späterer Ausstiegsmöglichkeiten aus. Ein Börsengang ist zum Beispiel nur für Unternehmen mit einem Emissionsvolumen von mindestens 2,5 Millionen € durchführbar und Beteiligungsunternehmen, die ein Going Public als klare Ausstiegsstrategie vor Augen haben, sind folglich an einem Unternehmen mit einer geringeren Größe nicht interessiert.

Ebenso ist es wichtig, dass ein *stabiler Cashflow* vorgewiesen werden kann. Der Cashflow zeigt an, inwieweit ein Unternehmen in der Lage ist, zukünftige Einzahlungsüberschüsse zu erwirtschaften. Durch einen stabilen Cashflow kennt der Investor die ungefähren Einnahmen des finanzierten Unternehmens und kann somit sein Risiko besser einschätzen.

Eine ebenfalls wichtige Voraussetzung ist eine hohe *Unternehmensrentabilität*. Wenn die Prüfung des Managements, der Marktchancen und der Organisation positiv ausgefallen ist, lässt dies in der Regel auch auf eine positive Unternehmensrentabilität schließen. Trotzdem sollten die Positionen der Gewinn- und Verlustrechnung kritisch durchgegangen und eine Vorsorge für nicht auszuschließende Risiken eingebaut werden. Um zu einer zuverlässigen Beurteilung zu kommen, ist es empfehlenswert, sich betriebswirtschaftliche Kennziffern der jeweiligen Branche aus objektiven Quellen zu beschaffen und diese mit den Zahlen des Zielunternehmens zu vergleichen.

14.3 Arten von Kapitalbeteiligungsgesellschaften und Buy-Out-Formen

Private Equity kann über Kapitalbeteiligungsgesellschaften beschafft werden. Das Ziel dieser Gesellschaften ist es, durch Kapitalerhöhung einen langfristigen Mehrwert im Unternehmen zu schaffen, der zu Profit für den Unternehmer und zu einer hohe Rendite für ihre Beteiligung führt. Die meisten dieser Gesellschaften in Deutschland sind im Bundesverband deutscher Kapitalgesellschaften (BVK) organisiert.

Die Kompetenzen der Kapitalbeteiligungsgesellschaften sind breit gefächert und reichen von der Vermittlung zwischen Angebot und Nachfrage nach PE bis hin zur Bereitstellung von auf PE maßgeschneiderten Organisationsstrukturen und geschultem Fachpersonal. Zu den wichtigsten Aufgaben der PE-Organisationen zählen das *Fund Raising*, die Suche nach geeigneten Investitionsprojekten und deren Analyse sowie die laufende Beratung und Kontrolle der erworbenen Beteiligungen.

Eine besondere Gruppe der Kapitalbeteiligungsgesellschaften sind die staatlich geförderten Kapitalbeteiligungsgesellschaften, die verschiedene staatliche Fördermaßnahmen umsetzen, um den privaten KBG einen Anreiz für die Übernahme auch an kleineren Beteiligungen an KMU zu geben. Beispiele hierfür sind das 1970 verabschiedete ERP-Beteiligungsprogramm, die 1975 gegründete Wagnisfinanzierungs-Gesellschaft mbH (WFG) und das 1987 in Kraft getretene Gesetz über Unternehmensbeteiligungsgesellschaften (UBGG).

Gemäß der Definition der European Private Equity & Venture Capital Association (EVCA) sind bei *Corporate-Venture-Capital(CVC)*-Kapitalgebern strategische Faktoren wichtiger als finanzieller Profit. Dies wird auch als Window-on-Technologie bezeichnet. Das Interesse eines Industrieunternehmens besteht hiernach im Zugang zu neuen Technologien durch die Bereitstellung von Eigenkapital. Ein innovatives Unternehmen, das aus Industriesicht interessante Produkte entwickelt, erhält auf diesem Wege Kapital, das es für die Produktion und Vermarktung seiner neuartigen Produkte benötigt. Andererseits kann sich die Industrie durch gezielte Investitionen Zugang zu innovativen Konzepten verschaffen und dadurch mögliche eigene Innovationsschwächen ausgleichen.

Die Mehrheit der deutschen DAX-Unternehmen sind mittlerweile im CVC-Bereich aktiv. Als Beispiele können hier DaimlerChrysler, BASF oder Siemens angeführt werden. Gerade für mittelständische Unternehmen, die eine Technologie entwickelt haben, welche ein großes Unternehmen interessant findet, kann dessen Beteiligung an einem Teil des mittelständischen Unternehmens von Vorteil sein.

Da sich die deutsche Unternehmenslandschaft gerade im Umbruch befindet und sich immer mehr Großunternehmen von ihren Randaktivitäten trennen, rückt die Buy-out-Finanzierung in den Vordergrund. Ähnlich wie bei der Ablösung ausscheidender Gesellschafter sind hier die Gründe für

14.3 Arten von
Kapitalbeteiligungsgesellschaften und Buy-Out-
Formen

einen Wechsel in der Unternehmensführung der Generationswechsel und die Umstrukturierung.

Das Konzept *des Management-Buy-Out (MBO)* besteht im Aufkauf eines Unternehmens durch das bisher tätige Management. Da diese Führungskräfte meistens nicht über genügend finanzielle Mittel für den Kauf der Gesellschaftsanteile verfügen, wenden sie sich an Fremdfinanziers oder PE-Unternehmen. Aufgrund der anteiligen Fremdfinanzierung handelt es sich nicht um ein typisches PE-Investment. Die Fremdfinanzierung bringt insofern Vorteile mit sich, als das erworbene Unternehmen selbst belastet werden kann und die so entstandene Verschuldung aus dessen eigenem Cashflow verzinst und getilgt wird. Ein bedeutender Vorteil dieser Finanzierung ist, dass das Know-how im Management erhalten bleibt. Häufig wird das Management-Buy-out auch als Übergang in die Selbstständigkeit gewählt.

Bei einem *Management-Buy-In (MBI)* besteht der wesentliche Unterschied zum MBO darin, dass von außen gewonnene Führungskräfte das Unternehmen übernehmen. Ein klarer Vorteil dieser Art der PE-Finanzierung ist, dass das externe Management seine Branchenexpertise einbringen kann und das aufgekaufte Unternehmen von außen und daher eventuell objektiver betrachtet. Diese unvoreingenommene Sichtweise ermöglicht dem Management, mögliche Probleme und Gefahren in der zukünftigen oder gegenwärtigen Struktur des Unternehmens zu erkennen und ineffiziente Strukturen aufzubrechen.

Eine weitere Form des Buy-Out stellt das so genannte *Leverage-Buy-Out (LBO)* dar. Hierbei handelt es sich in der Regel um ein MBO, bei dem ein erheblicher Teil der Finanzierung mit langfristigem Fremdkapital bestritten wird. Diese langfristigen Bankdarlehen werden aus Cashflow, Gewinn und gegebenenfalls stillen Reserven des Zielunternehmens zurückgeführt und steuerfrei verzinst. Die Vorteile im Vergleich zu einem normalen MBO sind die besonderen Auswirkungen des Leverage-Effekts. Dieser Hebeleffekt führt zu einer Verbesserung der Eigenkapitalrendite durch die Erhöhung des Verschuldungsgrades. Der Mechanismus dieses Effekts ist allerdings nur vorteilhaft wirksam, solange die Gesamtkapitalrentabilität höher ist als die Fremdkapitalzinsen nach Steuern. Da diese Art von PE-Finanzierung stark fremdfinanziert wird, achten mögliche Investoren besonders streng darauf, dass Voraussetzungen wie eine gesicherte Marktposition, eine hohe Ertragskraft, ein geringer Verschuldungsgrad sowie ein geringer Investitionsbedarf in der Zukunft gegeben sind. Mögliche Motive für ein LBO sind der Abbau ineffizient gewordener Unternehmensstrukturen, die Einsparung von Personalkosten, die Konzentration auf Kernkompetenzen, die reduzierte Steuerbelastung und reale Wertsteigerungen.

Private-Equity-Finanzierung kann auch für Unternehmen interessant sein, die sich in einer ernsten Krise oder Insolvenz befinden und einen Turnaround (Wendepunkt) nach einer Verlustphase zur Wiedererreichung der Gewinnzone anstreben. Wenn das Unternehmen ein schlüssiges Fortführungskonzept vorweisen kann, besteht die Möglichkeit, von einer Kapitalbeteiligungsgesellschaft (KBG) finanziell unterstützt zu werden. Eine solche KBG befasst sich dann mit erforderlichen Restrukturierungs- und Sanierungsmaßnahmen, um die negative wirtschaftliche Entwicklung umzukehren.

14.4 Vor- und Nachteile der Private-Equity-Finanzierung

Die Aufnahme von Private Equity hat, je nach Vertragsform, weit reichende Folgen für das Unternehmen. Daher sollten vor einer Beteiligung die Vor- und Nachteile genau auf ihre Relevanz für das jeweilige Unternehmen untersucht werden.

Ein positiver Effekt des Zuflusses von zusätzlichem Eigenkapital ist die *Erhöhung der bilanziellen Eigenkapitalquote*, die das Rating und die Bonität des Unternehmens verbessern kann. Somit kann das Unternehmen zu günstigeren Bedingungen Fremdkapital aufnehmen. Zudem bietet die Finanzierung durch Private Equity den Vorteil, dass zukünftige Cashflows nicht durch Zins- beziehungsweise Tilgungszahlungen belastet werden. Diese Mischfinanzierung reduziert die Gesamtfinanzierungskosten für das Unternehmen und erhöht somit die Eigenkapitalrentabilität (*Leverage-Effekt*).

Da der PE-Geber eine möglichst hohe Rendite erzielen möchte, ist er an der Wertsteigerung des Eigenkapitals und am Erfolg des finanzierten Unternehmens interessiert. Oft sind Kapitalgeber daher über die reine Kapitaleinbringung hinaus auch in anderen Bereichen wertschöpfend für das Unternehmen tätig. Gerade bei mittelständischen Unternehmen kann diese Beraterrolle maßgeblich zum Erfolg beitragen, da Investoren meistens über eine sehr gute Ausbildung sowie Beratungserfahrung verfügen.

Die Beteiligung von Außenstehenden bringt jedoch nicht nur Vorteile für das Unternehmen mit sich. Wenn sich eine Beteilungsgesellschaft aktiv in das Management eines Unternehmens einmischt, kann dies die unternehmerischen *Freiheiten* durch Interessenkonflikte *einschränken*. Hält beispielsweise ein Unternehmen ein langfristiges Investment für sinnvoll, so hat die Kapitalbeteiligungsgesellschaft meistens einen kürzen Zeithorizont und möchte sich nicht ihre Ausstiegsmöglichkeiten gefährden.

Ein weiteres Problem kann die hohe Renditeforderung von Kapitalbeteiligungsgesellschaften sein, die sich im Bereich zwischen 20 und 30 % befindet. Unternehmen können diese Forderungen meist nur durch starkes Umsatz- und Profitabilitätswachstum erreichen.

Des Weiteren stellt die begrenzte Anzahl an Ausstiegsmöglichkeiten des Investors aus dem Unternehmen ein Problem dar.

Der Investmenthorizont bewegt sich üblicherweise, je nach Ziel und Strategie des Kapitalgebers, zwischen drei und sechs Jahren. Als Ausstieg für den PE-Investor kommen dann ein Börsengang, ein Rückverkauf durch das Unternehmen (Buy-Back), ein so genannter Trade Sale oder ein Secondary Purchase in Frage. Unter einem *Buy-Back* versteht man den Rückkauf von Anteilen durch die verbleibenden oder ehemaligen Altgesellschafter eines Unternehmens.

Bei einem *Trade Sale* wird die Beteiligung an einen strategischen, meist industriellen Investor aus der gleichen oder einer verwandten Branche verkauft. Aufgrund möglicher Synergieeffekte ist ein solcher Investor möglicherweise bereit, einen höheren Preis für das Unternehmen zu bezahlen als ein reiner Finanzinvestor. Im Regelfall kommt ein Trade Sale zustande, wenn der institutionelle Anleger mit den Wachstumsaussichten des Unternehmens nicht zufrieden ist und sich von der Investition trennen will.

Im Falle des *Secondary Purchase* wird die Beteiligung des Fonds an einen anderen institutionellen Investor verkauft. Dies ist beispielsweise sinnvoll, wenn der jetzige Fondinvestor sich auf eine Innovationsphase, zum Beispiel die Frühphasenfinanzierung, spezialisiert hat und seine Expertise nicht für die weitere Betreuung in der Form der Wachstumsfinanzierung geeignet ist.

Die Abbildung 53 enthält drei Internetadressen von Equity-Verbänden, bei denen weitere aktuelle Informationen über Kapitalbeschaffungsmöglichkeiten eingeholt werden können.

– Bundesverband deutscher Kapitalbeteiligungsgesellschaften	www.bvk-ev.de
– European Private Equity and VentureCapital Association	www.evca.com
– Verband Deutscher Kapitalbeteiligungsgesellschaften	www.bvk-ev.de

Abb. 53: Internetadressen von Equity-Verbänden

14.5 Fallbeispiel einer Private-Equity-Finanzierung

Eine Filialbäckerei wurde zehn Jahren nach ihrer Gründung an einen US-Lebensmittelkonzern verkauft, wobei der Gründer im Management aktiv blieb und die Geschäftsführung übernahm. Durch ein Management-Buy-Out kaufte er sein Unternehmen nach vier Jahren wieder zurück und gründete eine Beteiligungsgesellschaft mbH. Dabei wurde er von verschiedenen Private-Equity-Unternehmen unterstützt. Bereits ein Jahr später wurde die Beteiligungsgesellschaft in eine AG umgewandelt und an die Börse gebracht. Schließlich wurde den Aktionären vom Vorstand der AG empfohlen, das Übernahmeangebot einer ausländischen Gruppe anzunehmen, worauf die Übertragung der Aktien erfolgte und das Delisting von der Frankfurter Börse vollzogen wurde.

Bei dieser Beteiligungsfinanzierung wurde die Projektprüfung der qualitativen Faktoren erfolgreich abgeschlossen. Ein hervorragendes Management existierte, die Motivation, mit einer Beteiligungsgesellschaft in Form eines MBO zu kooperieren, war hoch, eine klare Organisation des Unternehmens lag vor und die Beispiel-Bäckereikette hatte gegenüber Einzelhändlern klare Vorteile und wies somit Marktchancen in Form von Wachstum oder möglicher Marktführerschaft auf. Ebenso lagen alle nötigen Unterlagen für eine Due Diligence vor, wodurch einer detaillierten und sorgfältigen Untersuchung, Prüfung und Bewertung des Großbäckereiunternehmens nichts mehr im Wege stand.

Ausschlaggebend waren vor allem das innovative Geschäftskonzept und die Marktstellung des Beispielunternehmens. Auch war es für das Beispielunternehmen ein Vorteil, dass es Marktführer im Bereich der Großbäckereien war und es damals noch keine Discount-Bäckereiketten gab, wie dies heute der Fall ist.

Da die Beteiligungsgesellschaft des Weiteren auch vom Management des Beispielunternehmens überzeugt war und es die genannten qualitativen und quantitativen Kriterien erfüllte, wurde eine Beteiligung der Beteiligungsgesellschaft zusammen mit anderen Private-Equity-Unternehmen beschlossen.

Sie verfolgte einen Investmenthorizont von durchschnittlich fünf Jahren. Die Beteiligungsgesellschaft als reine Kapitalbeteiligungsgesellschaft war besonders gut für die Finanzierung des MBO des Gründers geeignet.

Das Beispielunternehmen hat den Börsengang als Ausstiegsinstrument genutzt. Er ist sehr erfolgreich verlaufen. Da die Aktien stark überzeichnet waren, wurde der Ausgabekurs am oberen Ende der Bookbuilding-Spanne gewählt. 19 % der Aktien blieben damals im Besitz der Private-Equity-Investoren.

15
Chancen einer stillen Gesellschaft

Die stille Gesellschaft ist zur Finanzierung von Unternehmen weit verbreitet. Häufig sind an Familienunternehmen die nicht im Unternehmen aktiven Familienmitglieder als stille Gesellschafter beteiligt. Dabei ist diese Form der alternativen Finanzierung nicht immer einfach zu gestalten, wie bereits aus der Namensgebung ersichtlich wird.

15.1 Formen und Beteiligte der stillen Gesellschaft

Das Wesen der stillen Gesellschaft ist in § 230 HGB beschrieben. Die Vermögenseinlage eines stillen Gesellschafters geht hiernach in das Vermögen des Inhabers des Handelsgeschäfts über, der aus den in dem Betrieb geschlossenen Geschäften allein berechtigt und verpflichtet wird. In § 231 Abs. 2 HGB wird ergänzend hinzugefügt, dass im Gesellschaftsvertrag bestimmt werden kann, dass der stille Gesellschafter nicht am Verlust beteiligt wird, aber eine Beteiligung am Gewinn möglich ist. Aus der Errichtung einer stillen Gesellschaft ergibt sich also keine Vergemeinschaftung des Geschäftsvermögens. Dieses ist inklusive aller sich daraus ergebenden Rechte dem Geschäftsinhaber zuzuordnen. Obwohl die stille Gesellschaft eine reine Innengesellschaft darstellt, so ist sie doch als echte Gesellschaft im Sinne des § 705 BGB anzusehen. Hierfür entscheidend ist der gemeinsame Zweck, zu dessen Erreichung sich die Gesellschafter durch den Gesellschaftsvertrag verpflichten.

Wirtschaftlich gesehen hat die stille Gesellschaft gewisse Ähnlichkeit mit einer Kommanditgesellschaft, da auch bei dieser die Haftung von mindestens einem Gesellschafter auf die Höhe der Einlage beschränkt ist.

Die stille Gesellschaft ist eine Innengesellschaft bürgerlichen Rechts ohne rechtliche Außenbeziehung. Sie muss in keinem öffentlichen Register wie zum Beispiel dem Handelsregister eingetragen werden und bedarf auch keiner Anmeldung, so dass sich stille Gesellschafter diskret im Hintergrund halten können. Aufgrund der fehlenden Formvorschrift ist die stille Beteili-

Handbuch Alternative Finanzierungsformen. Ottmar Schneck
Copyright © 2006 WILEY-VCH Verlag GmbH & Co. KGaA, Weinheim
ISBN 3-527-50219-X

gung eine einfache und kostengünstige Beteiligungsform. Außerdem erfordert die Beteiligung eines stillen Gesellschafters nicht die Aufgabe der Rechtsform des Unternehmens, wie es bei einem Börsengang erforderlich wäre.

Grundsätzlich lassen sich die typische und die atypische stille Gesellschaft unterscheiden. Die im Gesetz erwähnte Ausgestaltung einer stillen Gesellschaft gemäß §§ 230 ff. HGB beschreibt das Wesen einer *typischen stillen Gesellschaft*. Das HGB räumt hier dem typischen stillen Gesellschafter Kontrollrechte, jedoch keine Mitunternehmerinitiative ein. Die typische stille Gesellschaft ist eine Gesellschaft ohne Vermögen. Alleininhaber des Geschäftsvermögens ist dinglich und schuldrechtlich der nach außen hin tätige Inhaber des Handelsgewerbes. Weicht der Gesellschaftsvertrag von dieser Definition einer stillen Gesellschaft ab, so spricht man von einer *atypischen stillen Gesellschaft*. Je nach Art der Abweichung unterscheidet man hier zwischen einer atypischen stillen Gesellschaft im zivilrechtlichen oder im steuerlichen Sinne. Die Abweichungen liegen meist in der Erweiterung der Rechte des stillen Gesellschafters. So kann neben der notwendigen Gewinnbeteiligung eine Beteiligung am Verlust, an den Anlagewerten, an den offenen und stillen Rücklagen oder an einem etwaigen Geschäfts- oder Firmenwert festgelegt werden.

Die beteiligten Personen einer stillen Gesellschaft sind der Inhaber des Handelsgewerbes sowie der stille Gesellschafter selbst. Zur Gründung einer stillen Gesellschaft muss ein Handelsgewerbe mit Gewinnerzielungsabsicht vorliegen, dessen Inhaber stets Kaufmann im Sinne des HGB sein muss. Im Umkehrschluss kann rechtlich gesehen eine stille Gesellschaft nicht entstehen, wenn dem Inhaber die Kaufmannseigenschaft fehlt. In einem solchen Fall wird das Vertragsverhältnis in der Regel nach den Vorschriften des bürgerlichen Rechts gestaltet. Auch eine Beteiligung als stiller Gesellschafter eines Kleingewerbetreibenden ist nur dann möglich, insofern dieses im Handelsregister eingetragen ist. Zwar kann schon vor der Eintragung ins Handelsregister der entsprechende Vertrag geschlossen sein, jedoch wird die stille Gesellschaft erst mit der Eintragung gemäß § 2 HGB wirksam.

Gemäß § 230 HGB darf der Inhaber des Handelsgewerbes nicht gleichzeitig stiller Gesellschafter des eigenen Geschäfts sein, da er so zugleich Schuldner und Gläubiger wäre. Dies gilt nicht, wenn der Inhaber des Handelsgewerbes eine Handelsgesellschaft ist. In diesem Fall können die Gesellschafter gleichzeitig still beteiligt sein. Dies trifft auch für eine Einmann-GmbH zu. Man spricht hier von einer GmbH & Still.

Alle natürlichen und juristischen Personen des privaten und öffentlichen Rechts können als stille Gesellschafter auftreten. Des Weiteren steht diese Möglichkeit nicht eingetragenen Vereinen und Genossenschaften, Gesellschaften des bürgerlichen Rechts und Erbengemeinschaften offen. Einem bestimmten Personenkreis wie Beamten oder Freiberuflern ist es jedoch untersagt, sich gewerblich zu betätigen. Für diese Personen kommt daher eine atypische stille Beteiligung aufgrund der Mitunternehmerinitiative nicht in Frage.

Die Grundlage einer stillen Gesellschaft bildet der *Gesellschaftsvertrag*. Am Ende dieses Kapitels sind zwei Musterverträge abgebildet. Durch den Gesellschaftsvertrag wird geregelt, inwieweit und von wem die gemeinsamen Angelegenheiten geregelt und bestimmt werden und in welcher Weise die einzelnen Partner daran beteiligt sind. Durch die große Gestaltungsfreiheit können die gesellschaftlichen Beziehungen im Innenverhältnis je nach Interesse der Beteiligten ausgestaltet werden, eine feste Form ist nicht vorgeschrieben. Die stille Gesellschaft entsteht mit Wirksamwerden des Gesellschaftsvertrags, da sie nicht ins Handelsregister eingetragen werden muss. Der Gesellschaftsvertrag einer stillen Gesellschaft stellt gewisse Mindestanforderungen. Notwendig für die Gründung einer stillen Gesellschaft ist der *Animus contrahendae societatis*, das heißt der Wille der Beteiligten, zur Erreichung eines gemeinsamen Zwecks zusammenzuarbeiten. Die Mindestanforderungen betreffen außerdem alle anderen Wesensmerkmale der stillen Gesellschaft, damit aus dem Vertrag die stille Gesellschaft eindeutig als solche zu erkennen ist. Ferner sollen im Gesellschaftsvertrag durch weitere Regelungen eindeutige Rechtsverhältnisse geschaffen werden. Ist einer der Vertragspartner minderjährig, so muss bei Gründung einer atypischen stillen Gesellschaft eine vormundschaftsgerichtliche Genehmigung vorliegen, nicht aber bei Gründung einer typischen stillen Gesellschaft. Der Gesellschaftsvertrag ist zum einen als Schuldvertrag, zum anderen aber auch als gemeinschaftsbegründeter, sozial- und personenrechtlicher Vertrag anzusehen, da die sich aus § 705 BGB ergebende schuldrechtliche Seite durch die personenrechtliche Seite in der Förderung eines gemeinsamen Zwecks ergänzt wird. Aus diesem Grund werden durch den Gesellschaftsvertrag nicht nur die gegenseitigen Rechte und Pflichten geregelt, sondern auch die Mitwirkungs- und Kontrollrechte, die Gewinn- und Verlustbeteiligung sowie die Auseinandersetzung oder Beendigung des Geschäftsverhältnisses.

Die Abgrenzung der stillen Gesellschaft zu den anderen Beteiligungsformen ist in der Theorie einfach, in der Praxis kann sie jedoch erhebliche Schwierigkeiten bereiten. Von der stillen Gesellschaft im Sinne des §§ 230 ff.

HGB sind zunächst die anderen Formen einer internen Unternehmensbeteiligung abzugrenzen. Zu ihnen gehören die stille Gesellschaft des bürgerlichen Rechts, die Vornahme von Geschäften für gemeinsame Rechnung und die Unterbeteiligung am Geschäftsanteil des Gesellschafters einer Handelsgesellschaft oder eines stillen Gesellschafters.

Trotz der äußerlichen Ähnlichkeit mit der Rechtsstellung des Kommanditisten unterscheidet sich die stille Gesellschaft von der handelsrechtlichen Personengesellschaft in grundlegenden Punkten. Im Gegensatz zum Kommanditisten ist der stille Gesellschafter gegenüber den Gläubigern frei von jeglicher Haftung und Verantwortung, auch wenn er seine Vermögenseinlage noch nicht oder noch nicht vollständig geleistet hat. Auch bei atypischer Ausgestaltung der stillen Gesellschaft besteht kein gesamthänderisch gebundenes Gesellschaftsvermögen, an dem der stille Gesellschafter dinglich mitberechtigt ist.

Partiarische Rechtsverhältnisse haben im Vergleich zu den Verhältnissen einer stillen Gesellschaft andere Rechtsfolgen, da ihnen die Verfolgung eines gemeinsamen Zwecks fehlt. Partiarische Verträge sind folglich bloße Dienst-, Miet-, Pacht- oder Darlehensverträge. Die Darlehensgeber eines Partiarischen Darlehens werden als Entschädigung für die von ihnen erbrachte Leistung am Gewinn beteiligt, es liegt jedoch keine gesellschaftliche Beteiligung vor. Die Kontrollrechte des partiarisch Beteiligten beschränken sich daher auf die Überprüfung seines Tantiemenanspruchs. Während in der Regel der stille Gesellschafter am Verlust beteiligt wird, ist bei Darlehensverträgen im Sinne des § 607 Abs. 1 BGB eine Verlustbeteiligung ausgeschlossen. Der Darlehensgeber kann seine Forderung auf einen Dritten übertragen, was bei der stillen Gesellschaft der Zustimmung der anderen Gesellschafter bedarf. Des Weiteren besitzt der partiarische Darlehensgeber bessere Kündigungsmöglichkeiten und kann im Falle einer Insolvenz die volle Darlehensforderung als Insolvenzforderung geltend machen.

15.2 Die Rechte und die Pflichten der Gesellschafter

Der zu leistende *Beitrag des Inhabers des Handelsgeschäfts* zur Förderung des gemeinsamen Zwecks besteht in der Führung seines Handelsgewerbes auf gemeinsame Rechnung. Dabei ist allein das Interesse der Gesellschaft richtungsweisend, die Verfolgung eigener Interessen ist ihm verboten. Sollte der Inhaber seine im Vertrag festgelegten Geschäftsführungsbefugnisse überschreiten, so ist dies nur für das Innenverhältnis relevant und kann zu

Schadenersatzverpflichtungen seitens des Inhabers führen. Nach außen hin tritt allein der Inhaber mit seinem Unternehmen auf, seine Rechtsstellung wird mit der Errichtung einer stillen Gesellschaft nicht verändert. Ferner darf der Inhaber die Grundform des Handelsgewerbes zum Zeitpunkt der Gründung ohne die Zustimmung des Teilhabers nicht umgestalten, erweitern, einschränken, einstellen oder veräußern. Eine solche Zuwiderhandlung könnte die Interessen des Teilhabers in Bezug auf Gewinnanteil, eventuelle Verlustbeteiligung oder die Auszahlung des Auseinandersetzungsguthabens erheblich einschränken. Wettbewerbsbeschränkungen des Inhabers gegenüber einem typisch still Beteiligten ergeben sich aus der Treuepflicht. Dieser Aspekt steht bei einer atypischen stillen Gesellschaft, die im Innenverhältnis einer OHG beziehungsweise KG gleicht, nicht im Vordergrund. Aufgrund der Geschäftsführungsbefugnisse eines atypischen Stillen gewinnen auch die engen persönlichen Beziehungen an Bedeutung, so dass in diesem Fall eine Anwendung der §§ 112, 113 HGB gerechtfertigt erscheint.

Der *Beitrag des stillen Gesellschafters* wird durch die Einbringung von Kapital, anderen Vermögenswerten oder seiner Arbeitskraft zur Verfügung gestellt. Für diesen Beitrag ist er angemessen am Erfolg des Unternehmens zu beteiligen. Auch der stille Gesellschafter muss zur Verfolgung des gemeinsamen Zwecks auf die gemeinschaftlichen Interessen Rücksicht nehmen. Analog zum Inhaber verpflichtet sich der stille Gesellschafter daher zur Geheimhaltung des Geschäftsverhältnisses. Wettbewerbsbeschränkungen seitens des Stillen bestehen grundsätzlich nicht. Gemäß § 233 Abs. 1 HGB ist der still Beteiligte berechtigt, eine Kopie des Jahresabschlusses sowie der Gewinn- und Verlustrechnung zu verlangen und Richtigkeit zu überprüfen. Falls notwendig, kann sich der Stille zur Klärung offener Fragen der Hilfe eines Buchsachverständigen bedienen. Die ihm zugesprochenen Kontrollrechte besitzt der Stille nur während des Bestehens der stillen Gesellschaft, jedoch nicht nach Beendigung zur Überprüfung des Auseinandersetzungsguthabens oder zur Ansehung schwebender Geschäfte. Die Haftung des Stillen für Verbindlichkeiten der Gesellschaft ist ausgeschlossen, auch wenn bei atypischer Ausgestaltung der Geschäftsinhaber dem Stillen zur Führung seiner Geschäfte nur vorgeschoben ist.

Die Rechte des Stillen müssen sich nicht nur allein auf die Kontrollfunktion beschränken. Je nach Vereinbarung kann der Stille zusammen mit dem Inhaber, neben ihm oder an seiner Stelle zur Geschäftsführung berechtigt oder verpflichtet sein. Aufgrund dieser Geschäftsführungstätigkeit hat der atypische Stille grundsätzlich keinen sonstigen Anspruch auf Vergütung seiner Tätigkeit, insofern dies nicht im Vertrag gesondert aufgeführt ist. Die Handlungsbefugnis des Stillen ist idealerweise auf das Innenverhältnis beschränkt. Daher muss ihm Prokura oder Handlungsvollmacht erteilt werden, damit er auch im Außenverhältnis für das Handelsgewerbe tätig werden kann. Eine im Gesellschaftsvertrag erteilte Prokura oder Handlungsvollmacht kann nur dann durch eine Kündigung des Vertrags rückgängig gemacht werden, wenn vertraglich keine Voraussetzung zur Entziehung der Vollmacht vereinbart wurde. Als Geschäftsführer, Prokurist und Handlungsbevollmächtigter haftet der atypische Stille gemäß Vorschrift für jedes Verschulden ähnlich dem Inhaber.

Die *Beteiligung* des stillen Gesellschafters *am Gewinn* zu einem angemessenen Anteil ist eins der Wesensmerkmale einer stillen Gesellschaft und kann nicht ausgeschlossen werden. Eine angemessene Gewinnverteilung richtet sich nicht nur nach der Höhe der eingebrachten Vermögenseinlage, sondern auch nach dem Risiko einer Verlustbeteiligung, dem Ausschluss von Haftung oder dem Arbeitseinsatz. Im Allgemeinen obliegen aufgrund der Gestaltungsfreiheit des Gesellschaftsvertrags die Höhe und die Regelung über die Gewinnverteilung ausnahmslos den Gesellschaftern. Bei Streitigkeiten entscheidet über die Angemessenheit der Gewinnbeteiligung das Gericht. Im Regelfall nimmt der stille Gesellschafter nur in Höhe seiner Einlage am Verlust teil. Wurde seine Einlage durch Verluste gemindert, so muss er mit künftigen Gewinnen seine Einlage erst auffüllen, bevor er wieder einen Gewinnauszahlungsanspruch hat. Ist vertraglich nichts anderes vereinbart, stellt in der Praxis der Handelsbilanzgewinn die Berechnungsgrundlage zur Gewinnermittlung dar. Möglich ist aber auch die vertragliche Festlegung auf den steuerrechtlich ermittelten Gewinn.

Bei der Berechnung des Gewinnanspruchs des *typischen stillen Gesellschafters* auf Grundlage der Handels- oder Steuerbilanz ergibt sich die Gefahr, dass der Jahresüberschuss aufgrund von handelsbilanziellen Unterbewertungen oder steuerlichen Mehrabschreibungen gesenkt wird und es somit zur Bildung stiller Reserven kommt. In diesem Fall wäre eine Regelung über eine interne Korrektur des Ergebnisses sinnvoll. Ferner sollte das Ergebnis um alle Aufwendungen und Erträge bereinigt werden, die ihren Ursprung nicht im Handelsgewerbe des Inhabers haben. Ebenso ist der typische still Beteiligte im Regelfall an Wertveränderungen im Anlagevermögen und am Firmenwert nicht beteiligt. Dies gilt jedoch nicht für Wertveränderungen am Umlaufvermögen.

Da der *atypische stille Gesellschafter* schuldrechtlich am Gesamtvermögen der Gesellschaft beteiligt ist, lässt sich sein Gewinnanteil weitaus einfacher berechnen, da keine Unterscheidung nach der Herkunft der Erträge und Aufwendungen gemacht werden muss. Der atypische Stille ist so auch an eventuellen stillen Reserven beteiligt, die bei späterer Auflösung der stillen Gesellschaft aufgedeckt werden müssen. Seine Stellung ist deshalb mit der eines Kommanditisten vergleichbar.

Das mittelständische Unternehmen als Kaufmann ist grundsätzlich zur Buchführung und zur Bilanzierung der stillen Gesellschaft nach den Grundsätzen ordnungsmäßiger Buchführung verpflichtet. Umstritten ist die Frage, inwieweit eine stille Gesellschaft je nach Ausgestaltungsform dem Eigenkapital oder dem Fremdkapital zugerechnet werden muss. Die Mindestanforderung für die *Bilanzierung der Einlage als Eigenkapital* stellt die Beteiligung am Verlust und die Nachrangigkeit im Insolvenzfall dar. Darüber hinaus muss gewährleistet sein, dass keine Grundverzinsung der Einlage vorliegt und dass im Falle der Auseinandersetzung wegen der Einlageleistung keine festen Ansprüche gegenüber dem Inhaber bestehen. In der Literatur werden diese Mindestanforderungen teilweise durch die Langfristigkeit des Vertragsverhältnisses ergänzt. Erst wenn die stille Beteiligung längerfristig angelegt ist, kann auch in Zukunft davon ausgegangen werden, dass die Haftungsmasse nicht durch Auszahlung der stillen Beteiligung vermindert wird. Eine bestimmte Zeitdauer, ab der eine Beteiligung als langfristig bezeichnet wird, ist zwar nicht definiert, doch werden stille Beteiligungen, bei denen der Vertrag auf unbestimmte Zeit abgeschlossen wurde, zumeist als langfristig betrachtet. Die Langfristigkeit schließt dennoch eine Kündigung aus wichtigem Grund nicht aus.

Die Bilanzierung eigenkapitalähnlicher stiller Beteiligungen sollte als Untergliederungspunkt der Passivposition »Eigenkapital« erfolgen. Stille Beteiligungen sind als *Fremdkapital* anzusehen, wenn der Stille nicht am Verlust des Handelsgewerbes teilnimmt oder im Fall einer Insolvenz seine Einlage wie andere Gläubiger als Forderung geltend machen kann. In der Bilanz sind fremdkapitalähnliche stille Beteilungen stets unter der Position »sonstige Verbindlichkeiten« auszuweisen. Ist der still Beteiligte ein Unternehmen, so kann die Beteiligung auch unter der Position »Verbindlichkeiten gegenüber Unternehmen, mit denen ein Beteiligungsverhältnis besteht« bilanziert werden. Die Bewertung der stillen Beteiligung in der Bilanz richtet sich nach der Höhe des Auseinandersetzungsanspruchs, die nach den vertraglichen Vereinbarungen zum Bilanzstichtag besteht.

15.3 Auflösung und Auseinandersetzungsguthaben

Bei der Auflösung einer stillen Gesellschaft werden nur die schuldrechtlichen Beziehungen zwischen Inhaber und Beteiligten abgewickelt. Eine Liquidation findet nicht statt, da die stille Gesellschaft als reine Innengesellschaft kein Gesellschaftsvermögen besitzt. Die aufgelöste stille Gesellschaft besteht vorerst unter einer Abwicklungsgesellschaft fort, bis schließlich die Auseinandersetzung abgeschlossen ist. Dazu müssen schwebende Geschäfte noch abgewickelt und das Endguthaben des Stillen ermittelt und ausgezahlt werden. Dies gilt nicht bei Auflösung der Gesellschaft durch Kündigung.

Bei Auflösungsgründen kann grundsätzlich zwischen gesetzlich zwingenden und im Vertrag gesondert aufgeführten Kündigungsgründen unterschieden werden. Im Allgemeinen entsprechen die Auflösungsgründe einer stillen Gesellschaft denen einer Gesellschaft des bürgerlichen Rechts beziehungsweise der OHG. Im Gesetz wird den Auflösungsgründen nur mit § 234 Abs. 1 HGB in Form der ordentlichen Kündigung Rechnung getragen, nach § 723 BGB wird die fristlose Kündigung aus wichtigem Grunde bestimmt. Bei einem zeitlich begrenzten oder zweckgerichteten Gesellschaftsvertrag geschieht die Auflösung der stillen Gesellschaft nach Ablauf der vorgesehenen Zeit, nach Erreichen eines vereinbarten Zwecks oder einer vereinbarten auflösenden Bedingung. Auch durch Unmöglichwerden der Verfolgung eines gemeinsamen Zwecks, den Wegfall der Geschäftsgrundlage, durch Insolvenz eines Gesellschafters oder durch Tod des Inhabers des Handelsgewerbes kann die Gesellschaft aufgelöst werden. Bei einer atypischen stillen Gesellschaft ist zu prüfen, ob das ordentliche Kündigungsrecht vertraglich eingeschränkt wurde.

Zweck der Auseinandersetzung ist es, die sich aus dem Gesellschaftsvertrag ergebenden Ansprüche in einem einheitlichen Verfahren zu begleichen. Letztlich umfasst die Auseinandersetzung alle erforderlichen Maßnahmen zur Ermittlung des dem stillen Gesellschafter zustehenden Guthabens. Dieses besteht aus dem Buchwert der Einlage, korrigiert um den bis zu diesem Tage anfallenden anteiligen Gewinn oder Verlust. Bei der Auseinandersetzung einer atypischen stillen Gesellschaft sollte eine Vermögens- beziehungsweise Liquidationsbilanz erstellt werden, damit ein nach dem Verkehrswert des Betriebsvermögens bemessenes Auseinandersetzungsguthaben berechnet werden kann. Die Bestimmungen hierzu ergeben sich in erster Linie aus dem Gesellschaftsvertrag. Im Fall eines passiven Einlagekontos muss der Stille den Passivsaldo nicht mehr ausgleichen, es sei denn, er hatte seine Einlage nicht vollständig erbracht. Dann muss er diese leisten, um das Passivkonto auszugleichen.

Die stille Gesellschaft kann durch mangelnde Rechtsfähigkeit nicht selbst insolvent, aber von der Insolvenz des Geschäftsinhabers erfasst werden. Das dann eingeleitete Insolvenzverfahren umfasst das gesamte der Zwangsvollstreckung unterliegende Vermögen, also auch die vom still Beteiligten übertragene Vermögenseinlage. Die stille Beteiligung mit Fremdkapitalcharakter kann die Einlage, soweit sie nicht durch vorangegangene Verluste aufgezehrt wurde, als Insolvenzforderung geltend machen und muss diese beim Insolvenzverwalter anmelden. Der stille Gesellschafter ist so gemäß § 236 Abs. 1 HGB Insolvenzgläubiger im Sinne des § 38 InsO. Generell gilt dies auch für den atypischen still Beteiligten. Auch dessen Forderung ist grundsätzlich ein Gläubigerrecht, aus dem eine Insolvenzforderung geltend gemacht werden kann. In diesem Fall besteht keinerlei Verbindung zur Stellung der Gesellschafter der Handelgesellschaft, deren Einlagen in die Insolvenzmasse mit eingeflossen sind.

Die stille Beteiligung mit Eigenkapitalcharakter ist dann eigenkapitalähnlich, wenn vertraglich ein Rangrücktritt vereinbart wurde. Aber auch ohne diese Vereinbarung besteht ein Eigenkapitalcharakter, wenn die Einlage zur Aufrechterhaltung des Geschäftsbetriebs unerlässlich ist. Bei Feststellung des Eigenkapitalcharakters kann nicht mehr auf § 236 HGB zugegriffen werden, da eine eigenkapitalähnliche stille Beteiligung voll in die Insolvenzmasse eingeht. Der stille Gesellschafter kann seine Forderung also erst nach Vollzug der Schlussverteilung geltend machen, sofern noch ein Überschuss an Barmitteln besteht.

15.4 Die Besteuerung der stillen Gesellschaft

Die *steuerliche Anerkennung von stillen Gesellschaften* erfolgt grundsätzlich nach den Maßstäben des Zivil- und Handelsrechts, also insbesondere der §§ 230 ff. HGB. Für die steuerliche Anerkennung ist allerdings weniger die zivilrechtliche Wirksamkeit der Gesellschaft von Bedeutung, sondern der Gesellschaftsvertrag muss tatsächlich vollzogen sein, das heißt dass der stille Gesellschafter seine Einlage in das Vermögen des Inhabers geleistet hat. Rückwirkend ist eine solche Einflussnahme auf Sachverhalte grundsätzlich unzulässig. Problematisch ist der Nachweis einer stillen Gesellschaft bei einem Steuerverfahren. Für die Finanzverwaltung ist dann nicht der Wille der Beteiligten bedeutsam, sondern ob das objektive Gesamtbild der Verhältnisse auf eine stille Gesellschaft schließen lässt, insbesondere durch das Vorliegen eines Rechtsbindungswillens. Die steuerliche Anerkennung ist daher häufig weniger eine Rechts- als eine Beweisfrage. Umso wichtiger ist daher eine schriftliche Ausgestaltung des Gesellschaftsvertrags. Für Streitfälle hat die Rechtsprechung eine Reihe von Indizien entwickelt, die auf die Existenz einer stillen Gesellschaft hinweisen und diese von verwandten Rechtsinstituten abgrenzen. Dies sind zum Beispiel der Vertragswille der Beteiligten zur Erzielung eines gemeinsamen Zwecks, das Maß an Risiko des still Beteiligten, das Bestehen von Kontrollrechten und die Länge der Kündigungsfrist. Ebenfalls bedeutsam für die steuerliche Anerkennung als stille Beteiligung ist das Motiv, mit der diese eingegangen wurde. So ist die stille Beteiligung an einer privaten Liebhaberei zivilrechtlich zwar wirksam, steuerrechtlich findet eine solche stille Beteiligung aufgrund mangelnder Gewinnabsicht jedoch keine Anerkennung. Wenn der stille Gesellschafter und der Inhaber bei Vertragsabschluss keine entgegengesetzten, sondern gleich gerichtete Interessen verfolgen, so ist die steuerliche Anerkennung darüber hinaus erschwert. Die Finanzverwaltung könnte hier vermuten, dass in Realität ein steuerlich ungünstigeres Rechtsverhältnis besteht und die stille Gesellschaft nur aus steuerlichen Gründen vorgeschoben wurde. Dieser Ausnahmefall besteht bei der stillen Familiengesellschaft und der GmbH & Still.

In der Frage, ob ein stiller Gesellschafter als typisch still oder atypisch still gilt, unterscheidet sich das Steuer- vom Handelsrecht. Die steuerliche Anerkennung einer atypischen stillen Beteiligung ist grundsätzlich dann gegeben, wenn der still Beteiligte sowohl Mitunternehmerinitiative zeigt als auch Mitunternehmerrisiko trägt. Gemäß Hinweis aus 138 Abs. 1 der EStR ist für das Vorliegen der Mitunternehmerinitiative ausreichend, wenn dem still Beteiligten gesellschaftsrechtliche Kontrollrechte anlog § 716 Abs. 1 BGB zustehen. Mitunternehmerrisiko trägt gemäß 138 Abs. 1 EStR derjenige, der am Gewinn und Verlust des Unternehmens und an den stillen Reserven einschließlich etwaigem Geschäftswert beteiligt ist. Dies ist auch deshalb Regelvoraussetzung, da nur so der Gewerbebetrieb im Innenverhältnis auf gemeinsame Rechnung und Gefahr geführt wird. Alle anderen Abweichungen von der gesetzlichen Definition gemäß §§ 230 ff. sind für die steuerliche Behandlung irrelevant. Eine typische stille Gesellschaft führt folglich zu Einkünften aus Kapitalvermögen, eine atypische stille Gesellschaft zu Einkünften aus dem Gewerbebetrieb.

Bei der steuerlichen Behandlung der typischen stillen Gesellschaft stellt diese an sich kein selbstständiges Steuerrechtssubjekt dar, als Steuerrechtssubjekte gelten der stille Gesellschafter und der Inhaber des Handelsgewerbes. Steuerrechtlich existiert daher auch kein Gewinn einer typischen stillen Gesellschaft. Wichtig sind in diesem Zusammenhang die Betrachtung der *Einkommen- und der Körperschaftsteuer* sowie der Gewerbesteuer. Der typische stille Gesellschafter bezieht Einkünfte aus Kapitalvermögen, die dem Kapitalabzug unterliegen. Der Abzug der Kapitalertragsteuer ist vom Inhaber auf Rechnung des Stillen vorzunehmen, sobald dem Stillen die Einkünfte zufließen. Ist die stille Beteiligung Teil des Betriebsvermögens, so müssen die anfallenden Gewinne unter der Einkunftsart versteuert werden, zu der der Betrieb des Stillen gehört. Ist der still Beteiligte am Verlust beteiligt, kann er die Verlustanteile aus laufenden Geschäften als Werbungskosten im Sinne des § 9 EStG bei den Einkünften aus Kapitalvermögen geltend machen, da diese Verluste wirtschaftlich unmittelbar mit den Einkünften aus Kapitalerträgen zusammenhängen. Die Kapitaleinlage eines typischen stillen Gesellschafters kann nicht negativ werden und somit können Verluste nur bis zur Höhe seiner Einlage ausgewiesen werden; der § 15a EStG findet hier also keine Anwendung. Im Fall der Insolvenz ist der Verlust der restlichen Einlage einkommensteuerrechtlich nicht relevant. Dies ist vor allem ein Nachteil, wenn der Verlust am Handelsgewerbe vertraglich ausgeschlossen wurde. Für den Inhaber des Handelsgewerbes sind die auf den stillen Gesellschafter entfallenden Gewinnanteile Betriebsausgaben im Sinne des § 4 Abs. 4 EStG. Diese mindern den einkommen- oder körperschaftsteuerpflichtigen Gewinn.

Die typische stille Gesellschaft ist *von der Gewerbesteuer nicht betroffen*. Der Inhaber muss den Gewinnanteil des typisch still Beteiligten zur Berechnung der Gewerbesteuer wieder dem Jahresüberschuss zurechnen, sofern er zuvor in der GuV abgesetzt wurde. Dies gilt nicht, falls die stille Beteiligung zum Betriebsvermögen des Stillen gehört und der Gewinnanteil hier gewerbesteuerpflichtig ist.

Die *steuerliche Behandlung der atypischen stillen Gesellschaft* erfolgt wie die eines Gesellschafters einer KG oder OHG, obwohl sie dinglich nicht am Gesamtvermögen beteiligt ist. Wie die typische stille Gesellschaft stellt auch die atypische stille Gesellschaft kein selbstständiges Steuerrechtssubjekt dar. Jedoch ist die atypische stille Gesellschaft ebenso wie eine Personengesellschaft als selbstständiges Subjekt der Gewinnerzielung, Gewinnermittlung und Einkünftequalifikation anzusehen und erzielt somit einkommensteuerrechtlich einen Gewinn. Die Grundlage zur einkommensteuerrechtlichen Behandlung der atypischen stillen Gesellschaft bildet die einheitliche Gewinnfeststellung. Diese wird vom Betriebsfinanzamt vorgenommen, das wiede-

273

rum über die Höhe des Gewinns, den sich daraus ergebenden Anteil für den stillen Gesellschafter und über das tatsächliche Vorliegen einer atypischen stillen Gesellschaft entscheidet. Zur vollständigen Ermittlung der gewerblichen Einkünfte muss ein Sonderbetriebsvermögen geführt werden, wenn der Stille sonstige Vergütungen bezieht, dem Geschäftsinhaber entgeltlich Wirtschaftsgüter überlässt oder seine Beteiligung fremdfinanziert. Da seine Einkünfte gewerblich sind, unterliegen sie nicht dem Steuerabzug vom Kapitalertrag. Die Gewinnanteile sind dem stillen Gesellschafter bereits zum Ende des jeweiligen Wirtschaftjahrs zuzurechnen, unabhängig davon, ob eine Ausschüttung erfolgt ist oder nicht. Die Verlustanteile aus einer atypischen stillen Gesellschaft sind in § 15 Abs. 1 Satz 1 Nr. 2 geregelt und werden als negative Einkünfte aus Gewerbebetrieb angesehen. Auch im Insolvenzfall kann in der Steuererklärung der Verlust der Einlage als negative Einkünfte aus Gewerbebetrieb anderen Einkünften gegengerechnet werden. Für den Inhaber des Handelsgewerbes bedeutet die Teilhabe des stillen Gesellschafters am Gewinn steuerrechtlich eine Aufteilung des Gewinns auf Gesellschafterebene. Der auf den stillen Gesellschafter entfallende Gewinnanteil mindert also nicht den auf das Handelsgewerbe entfallenden Gewinn, der je nach Rechtsform der Einkommen- oder der Körperschaftsteuer unterliegt.

Die Gewinnbeteiligung des atypischen stillen Gesellschafters unterliegt in jedem Fall der Gewerbesteuer. Dies ergibt sich daraus, dass die Gewinnbeteiligung und sonstige Vergütungen des atypischen stillen Gesellschafters bereits bei der Ermittlung des Gewinns aus Gewerbebetrieb erfasst werden. Die Tätigkeit einer atypischen stillen Gesellschaft stellt darüber hinaus einen selbstständigen Gegenstand der Gewerbesteuer dar. Dies ist auch dann der Fall, wenn der atypisch still Beteiligte nur schuldrechtlich am Handelsgewerbe beteiligt ist. Deshalb sind die gesamten Bezüge eines atypisch still Beteiligten einkommen- und gewerbesteuerpflichtig. Dies bedeutet nicht, dass der atypisch stille Gesellschafter auch Schuldner der Gewerbesteuer ist. Gemäß § 5 Abs. 1 Satz 1 GewStG ist dies allein der Geschäftsinhaber.

15.5 Die stille Beteiligung in der Praxis

Die Finanzierungsform der stillen Gesellschaft erfreut sich in der Praxis großer Beliebtheit. Dies basiert vor allem auf der großen Gestaltungsfreiheit in Bezug auf den Gesellschaftsvertrag, wodurch eine individuelle Anpassung an die Interessen aller Beteiligten möglich wird. Genaue Statistiken über Anzahl und Volumen stiller Beteiligungen liegen allerdings nicht vor.

Auf Seiten der Investoren müssen zwei verschiedene Gruppen unterschieden werden: die Privatinvestoren und die institutionellen Investoren, die sich in ihren Beteiligungsmotiven und dem Volumen der Beteiligung unterscheiden. Für private Investoren ist vor allem der Markt der kleinen Unternehmen interessant, da ein Privatinvestor in der Regel eine kleinere Einlage leisten möchte. Auf der anderen Seite könnte für den stillen Gesellschafter die steuerliche Verwertung von Anlaufverlusten einer GmbH interessant sein, jedoch ist auf die Einschränkungen der Verlustverrechnung nach § 15a EStG zu achten. Auch einer zukünftigen Unternehmensnachfolge kann durch die Gründung einer stillen Gesellschaft zur frühzeitigen Bindung des Nachfolgers an das Unternehmen entgegengekommen werden.

Beteiligungsgesellschaften verfügen dagegen über ausreichend Kapital, um auch den gehobenen Mittelstand zu finanzieren. Gerade bei mittelständischen Unternehmen mit Investitionsbedarf und zusätzlich hohem Verschuldungsgrad ist eine Finanzierung durch eine eigenkapitalähnliche stille Beteiligung besonders günstig. Auf diese Weise kann die im Zuge von Basel II erschwerte Kreditaufnahme elegant umgangen werden. Eine eigenkapitalähnliche stille Beteiligung kann die erforderliche Investition finanzieren und zugleich das für die Erlangung zukünftiger Kredite notwendige Rating durch Verringerung des Verschuldungsgrads positiv beeinflussen. Durch eine Kreditfinanzierung der Investition hingegen verschlechtert sich der Verschuldungsgrad zunehmend und reduziert durch die schlechteren Rating-Ergebnisse die Chance auf zukünftige Kredite.

Derzeit existieren in Deutschland viele Beteiligungsgesellschaften, die zahlreiche stille Beteiligungen speziell für mittelständische Unternehmen anbieten. Der Finanzierungszeitraum beträgt in der Regel fünf bis zehn Jahre. Nach Ablauf dieser Zeit muss eine stille Beteiligung zurückgezahlt werden. Für den Verkauf einer offenen Beteiligung wären darüber hinaus eine Börseneinführung, der Verkauf an einen institutionellen Investor, der Rückkauf der Anteile durch andere Gesellschafter oder der Kauf der Anteile durch das Management denkbar. Diese zeitliche Befristung der stillen Gesellschaft sowie die eventuell höheren Zinsaufwendungen im Vergleich zum klassischen Kredit stellen eine mögliche Problematik dar. Die folgenden Vertragsbeispiele fassen die zu regelnden Aspekte einer stillen Beteiligung zusammen.

Vertrag
zwischen
A-OHG

mit Sitz in ....

vertreten durch den persönlich haftenden Gesellschafter
– nachfolgend: Außengesellschafter –
und
Herrn B

wohnhaft in ....
– nachfolgend: stiller Gesellschafter –

Vorbemerkung

Die Außengesellschaft betreibt in .... ein Handelsgewerbe. Gegenstand des Unternehmens ist .... Herr B wird sich als stiller Gesellschafter an diesem Unternehmen beteiligen. Zu diesem Zweck schließen die Parteien folgenden

Gesellschaftsvertrag

§ 1
Einlage des stillen Gesellschafters

(1) Der stille Gesellschafter beteiligt sich an dem Unternehmen des Außengesellschafters mit einer Einlage in Höhe von .... €.
(2) In Höhe von .... € ist die Einlage sofort fällig und auf das Konto...................... einzuzahlen.
(3) Darüber hinaus übereignet der stille Gesellschafter dem Außengesellschafter seinen Pkw .... Die Parteien sind sich darüber einig, dass das Eigentum an dem Pkw an den Außengesellschafter übergehen soll. Der Pkw wird mit .... € auf die Einlageverpflichtung angerechnet.

§ 2
Dauer

(1) Die Gesellschaft beginnt am .... und wird auf unbestimmte Zeit geschlossen.
(2) Das Geschäftsjahr entspricht dem des Außengesellschafters.

§ 3
Geschäftsführung

Der Außengesellschafter bedarf zu folgenden Geschäften der vorherigen Zustimmung des stillen Gesellschafters:
– Änderung des Gesellschaftsvertrags
– Herabsetzung der Einlageverpflichtung
– Änderung des Gegenstands des Unternehmens des Außengesellschafters und der Gesellschaftsform
– Eingehen von Bürgschaften und Verpflichtungen von einem Nennbetrag über ....
Euro
Aufnahme weiterer stiller Gesellschafter

§ 4
Gewinn- und Verlustverteilung

(1) Der Anteil am Gewinn oder Verlust des stillen Gesellschafters beträgt .... % des nach den folgenden Absätzen ermittelten Ergebnisses der Gesellschaft. Am Verlust der Gesellschaft nimmt der stille Gesellschafter nur in Höhe der Einlage teil.

(2) Grundlage der Ergebnisbeteiligung des stillen Gesellschafters ist das in der Steuerbilanz ausgewiesene Ergebnis des Außengesellschafters. Unberücksichtigt bleiben jedoch Aufwendungen und Erträge, die auf Geschäftsvorfällen vor Eintritt des stillen Gesellschafters beruhen. Diese Aufwendungen und Erträge werden dem steuerlichen Ergebnis hinzugerechnet beziehungsweise davon abgezogen.

Ebenfalls unberücksichtigt bleiben Gewinne und Verluste aus Abgängen von Wirtschaftsgütern des Anlagevermögens, die zum Zeitpunkt des Eintritts des stillen Gesellschafters bereits zum Betriebsvermögen des Außengesellschafters gehörten. Auch diese steuerlichen Aufwendungen und Erträge sind dem steuerlichen Ergebnis hinzuzurechnen beziehungsweise davon abzuziehen.

(3) Der Ergebnisanteil ist unverzüglich nach Feststellung dem Konto des stillen Gesellschafters zuzuschreiben. Wird das Ergebnis nicht innerhalb von sechs Monaten nach Abschluss des Geschäftsjahres festgestellt, verzinst die Gesellschaft die Einlage des stillen Gesellschafters bis zur Feststellung des Ergebnisses mit 5 % über dem jeweiligen Basiszinssatz der Europäischen Zentralbank.

(4) Der stille Gesellschafter ist berechtigt, die Gewinnanteile vollständig zu entnehmen. Sollte aufgrund von Verlustzuweisungen der Bestand des Kapitalkontos unter den in § 1 genannten Betrag abgesunken sein, so ist eine Entnahme von Gewinnen so lange unzulässig, bis der in § 1 genannte Betrag wieder erreicht ist.

(5) Der stille Gesellschafter darf im laufenden Wirtschaftsjahr Abschlagszahlungen zum Ende eines jeden Quartals jeweils in Höhe von 20 % des letztjährig festgestellten Gewinnergebnisses entnehmen. Die Gesellschaft ist berechtigt, die Abschlusszahlung zu verweigern, sollte sich herausstellen, dass die Abschlagszahlungen die voraussichtliche Höhe des Gewinnanteils des stillen Gesellschafters übersteigen.

§ 5
Kontrollrechte/Informationsrechte

(1) Dem stillen Gesellschafter stehen die gesetzlichen Kontroll- und Informationsrechte gemäß § 233 HGB zu.

(2) Der stille Gesellschafter ist berechtigt, seine Rechte gemäß Absatz 1 durch einen Rechtsanwalt oder Steuerberater wahrnehmen zu lassen.

(3) Der stille Gesellschafter ist verpflichtet, über alle ihm bekannt gewordenen Angelegenheiten der Gesellschaft Stillschweigen zu bewahren.

§ 6
Übertragung von Rechten

Die Abtretung oder sonstige Verfügung über seinen Gesellschaftsanteil sowie sein Anspruch auf Gewinnauszahlung darf der stille Gesellschafter nur mit vorheriger schriftlicher Zustimmung des Außengesellschafters vornehmen.

§ 7
Kündigung

(1) Die stille Gesellschaft kann mit einer Frist von sechs Monaten zum Ende des Geschäftsjahres gekündigt werden.

(2) Ohne Einhaltung einer Kündigungsfrist kann der Gesellschaftvertrag jederzeit bei Vorliegen eines wichtigen Grundes gekündigt werden. Als wichtiger Grund gilt insbesondere:
– wenn ein Gesellschafter eine ihm nach diesem Gesellschaftsvertrag obliegende wesentliche Verpflichtung vorsätzlich oder grob fahrlässig verletzt
– wenn über das Vermögen eines der beiden Gesellschafter das Konkursverfahren eröffnet oder die Öffnung eines Konkursverfahrens mangels Masse abgelehnt wird.

§ 8
Tod des stillen Gesellschafters/Gesellschafterwechsel

(1) Durch den Tod des stillen Gesellschafters wird die stille Gesellschaft nicht aufgelöst.

(2) Durch einen Gesellschafterwechsel der OHG wird die stille Gesellschaft aufgelöst.

§ 9
Auseinandersetzungsguthaben

(1) Das Auseinandersetzungsguthaben des stillen Gesellschafters beträgt sein Kapitalkonto, vermindert um auf ihn entfallene Verlustanteile, erhöht um auf ihn entfallene Gewinnanteile. An den offenen und stillen Reserven der GmbH, am Geschäftswert und an den schwebenden Geschäften ist der stille Gesellschafter nicht beteiligt.

(2) Das Auseinandersetzungsguthaben ist sofort fällig. Sollte die Gesellschaft zu einer sofortigen Auszahlung nicht in der Lage sein, so hat sie es mit 3 % über dem jeweiligen Diskontsatz der deutschen Bundesbank zu verzinsen.

§ 10
Schriftform/Salvatorische Klausel

(1) Änderungen und Ergänzungen dieses Vertrags bedürfen zu ihrer Wirksamkeit der Schriftform. Mündliche Nebenabreden bestehen nicht.

(2) Sollte eine Bestimmung dieses Vertrags unwirksam sein, so wird davon die Gültigkeit der übrigen Regelungen nicht berührt. Die Parteien sind verpflichtet, sich auf eine Bestimmung zu einigen, die rechtlich wirksam ist und der unwirksamen wirtschaftlich am nächsten kommt. Entsprechendes gilt, wenn sich bei der Durchführung des Vertrags eine ergänzungsbedürftige Lücke ergeben sollte.

Ort, den ....

....
Unterschrift   Unterschrift

Quelle: Deutsches Steuerberatungsinstitut e.V., Das Neue Vertrags-Handbuch für Steuerberater, Verlag für deutsche Steuerberater AG

Abb. 54: Mustervertrag über die Errichtung einer typischen stillen Gesellschaft

Vertrag
zwischen
A-OHG

mit Sitz in ....

vertreten durch den persönlich haftenden Gesellschafter
– nachfolgend: Außengesellschafter –
und
Herrn B

wohnhaft in ....
– nachfolgend: stiller Gesellschafter –

Vorbemerkung

Die Außengesellschaft betreibt in .... ein Handelsgewerbe. Gegenstand des Unternehmens ist .... Herr B wird sich als stiller Gesellschafter an diesem Unternehmen beteiligen. Zu diesem Zweck schließen die Parteien folgenden

Gesellschaftsvertrag

§ 1
Einlage des stillen Gesellschafters

(1) Der stille Gesellschafter beteiligt sich an dem Unternehmen des Außengesellschafters mit einer Einlage in Höhe von .... €.

(2) In Höhe von .... € ist die Einlage sofort fällig und auf das Konto .... einzuzahlen.

(3) Darüber hinaus übereignet der stille Gesellschafter dem Außengesellschafter seinen Pkw .... Die Parteien sind sich darüber einig, dass das Eigentum an dem Pkw an den Außengesellschafter übergehen soll. Der Pkw wird mit .... € auf die Einlageverpflichtung angerechnet.

§ 2
Dauer

(1) Die Gesellschaft beginnt am .... und wird auf unbestimmte Zeit geschlossen.

(2) Das Geschäftsjahr entspricht dem des Außengesellschafters.

§ 3
Geschäftsführung

(1) Der stille Gesellschafter hat hinsichtlich aller Rechtsgeschäfte, die über den normalen Betrieb des Geschäftsbereichs hinausgehen, ein Widerspruchsrecht. Macht der stille Gesellschafter von seinem Widerspruchsrecht Gebrauch, so muss die Vornahme des Geschäfts unterbleiben.

(2) Der Außengesellschafter bedarf zu folgenden Geschäften der vorherigen Zustimmung des stillen Gesellschafters:
– Änderung des Gesellschaftsvertrags,
– Herabsetzung der Einlageverpflichtung,
– Änderung des Gegenstands des Unternehmens der Außengesellschaft und der Gesellschaftsform,

279

- Eingehen von Bürgschaften und Verpflichtungen von einem Nennbetrag über .... €,
- Aufnahme weiterer stiller Gesellschafter,
- Ankauf, Verkauf und Belastung von Grundbesitz,
- Bestellung von Prokura und Geschäftsführern.

§ 4
Gewinn- und Verlustverteilung

(1) Der Anteil am Gewinn oder Verlust des stillen Gesellschafters beträgt .... % des nach den folgenden Absätzen ermittelten Ergebnisses der Gesellschaft. Am Verlust der Gesellschaft nimmt der stille Gesellschafter nur in Höhe der Einlage teil.

(2) Grundlage der Ergebnisbeteiligung des stillen Gesellschafters ist das in der Steuerbilanz ausgewiesene Ergebnis des Außengesellschafters. Unberücksichtigt bleiben jedoch Aufwendungen und Erträge, die auf Geschäftsvorfällen vor Eintritt des stillen Gesellschafters beruhen. Diese Aufwendungen und Erträge werden dem steuerlichen Ergebnis hinzugerechnet beziehungsweise abgezogen.

Berücksichtigt werden allerdings Gewinne und Verluste aus Abgängen von Wirtschaftsgütern des Anlagevermögens, die zum Zeitpunkt des Eintritts des stillen Gesellschafters bereits zum Betriebsvermögen des Außengesellschafters gehört haben.

(3) Der Ergebnisanteil ist unverzüglich nach Feststellung dem Konto des stillen Gesellschafters zuzuschreiben. Wird das Ergebnis nicht innerhalb von sechs Monaten nach Abschluss des Geschäftsjahres festgestellt, verzinst die Gesellschaft die Einlage des stillen Gesellschafters bis zur Feststellung des Ergebnisses mit 5 % über dem jeweiligen Basiszinssatz der Europäischen Zentralbank.

(4) Der stille Gesellschafter ist berechtigt, die Gewinnanteile vollständig zu entnehmen. Sollte aufgrund von Verlustzuweisungen der Bestand des Kapitalkontos unter den in § 1 genannten Betrag abgesunken sein, so ist eine Entnahme von Gewinnen so lange unzulässig, bis der in § 1 genannte Betrag wieder erreicht ist.

(5) Der stille Gesellschafter darf im laufenden Wirtschaftsjahr Abschlagszahlungen zum Ende eines jeden Quartals in Höhe von 20 % des letztjährig festgestellten Gewinnergebnisses entnehmen. Die Gesellschaft ist berechtigt, die Abschlusszahlung zu verweigern, sollte sich herausstellen, dass die Abschlagszahlungen die voraussichtliche Höhe des Gewinnanteils des stillen Gesellschafters übersteigen.

§ 5
Kontrollrechte/Informationsrechte

(1) Dem stillen Gesellschafter stehen die gesetzlichen Kontroll- und Informationsrechte gemäß § 166 HGB zu.

(2) Der stille Gesellschafter ist berechtigt, seine Rechte gemäß Absatz 1 durch einen Rechtsanwalt oder Steuerberater wahrnehmen zu lassen.

(3) Der stille Gesellschafter ist verpflichtet, über alle ihm bekannt gewordenen Angelegenheiten der Gesellschaft Stillschweigen zu bewahren.

§ 6
Übertragung von Rechten

Die Abtretung oder sonstige Verfügung über seinen Gesellschaftsanteil sowie seinen Anspruch auf Gewinnauszahlung darf der stille Gesellschafter nur mit vorheriger schriftlicher Zustimmung des Außengesellschafters vornehmen.

§ 7
Kündigung

(1) Die stille Gesellschaft kann mit einer Frist von sechs Monaten zum Ende des Geschäftsjahres gekündigt werden.

(2) Ohne Einhaltung einer Kündigungsfrist kann der Gesellschaftsvertrag jederzeit bei Vorliegen eines wichtigen Grundes gekündigt werden. Als wichtiger Grund gilt insbesondere:
– wenn ein Gesellschafter eine ihm nach diesem Gesellschaftsvertrag obliegende wesentliche Verpflichtung vorsätzlich oder grob fahrlässig verletzt,
– wenn über das Vermögen eines der beiden Gesellschafter das Konkursverfahren eröffnet oder die Öffnung eines Konkursverfahrens mangels Masse abgelehnt wird.

§ 8
Tod des stillen Gesellschafters/Gesellschafterwechsel

(1) Durch den Tod des stillen Gesellschafters wird die stille Gesellschaft nicht aufgelöst.

(2) Durch einen Gesellschafterwechsel der OHG wird die stille Gesellschaft aufgelöst.

§ 9
Auseinandersetzungsguthaben

(1) Das Auseinandersetzungsguthaben des stillen Gesellschafters beträgt sein Kapitalkonto, vermindert um auf ihn entfallene Verlustanteile, erhöht um auf ihn entfallene Gewinnanteile, zuzüglich seines Anteils an den offenen und stillen Reserven der OHG und am Geschäftswert. An den schwebenden Geschäften ist der stille Gesellschafter nicht beteiligt.

(2) Das Auseinandersetzungsguthaben ist sofort fällig. Sollte die Gesellschaft zu einer sofortigen Auszahlung nicht in der Lage sein, so hat sie es mit 3 % über dem jeweiligen Diskontsatz der deutschen Bundesbank zu verzinsen.

§ 10
Schriftform/Salvatorische Klausel

(1) Änderungen und Ergänzungen dieses Vertrags bedürfen zu ihrer Wirksamkeit der Schriftform. Mündliche Nebenabreden bestehen nicht.

(2) Sollte eine Bestimmung dieses Vertrags unwirksam sein, so wird dadurch die Gültigkeit der übrigen Regelungen nicht berührt. Die Parteien sind verpflichtet, sich auf eine Bestimmung zu einigen, die rechtlich wirksam ist und der unwirksamen wirtschaftlich am nächsten kommt. Entsprechendes gilt, wenn sich bei der Durchführung des Vertrags eine ergänzungsbedürftige Lücke ergeben sollte.

Ort, den ....

....
Unterschrift Unterschrift

Quelle: Deutsches Steuerberatungsinstitut e.V., Das Neue Vertrags-Handbuch für Steuerberater, Verlag für deutsche Steuerberater AG

Abb. 55: Vertrag über die Errichtung einer atypischen stillen Gesellschaft

16
Genussscheine und der graue Kapitalmarkt

So wie Nachrangdarlehen und stille Beteiligungen gehören Genussscheine zu den Mezzanine-Finanzierungen, also zu jenen Beteiligungen an einem Unternehmen, die zwischen einer direkten Beteiligung am Stammkapital und einem gesicherten Darlehen liegen. Genussscheine sind frei übertragbare, grundsätzlich börsenfähige Wertpapiere mit beliebig langer Laufzeit und stellen ein Finanzinstrument im Sinne des § 1 Abs. 11 KWG dar. Folglich bedarf die Ausgabe von Genussscheinen einer Erlaubnis der BaFin. Genussscheine bieten dem Anleger in der Regel eine feste Grundverzinsung und den Genuss des Gewinns, also eine weitere Gewinnbeteiligung. Aufgrund seiner Flexibilität wird der Genussschein gerade bei mittelständischen Unternehmen für individuelle Finanzierungen immer wichtiger. Da nicht börsennotierte Genussscheine nicht registriert werden müssen, kann ihre Zahl bei mittelständischen Unternehmen heute kaum geschätzt werden.

16.1 Gesetzliche Grundlagen und Entstehung von Genussscheinen

Genussscheine sind Wertpapiere, die bestimmte Rechte an einem Unternehmen, zum Beispiel eine Gewinnbeteiligung, verbriefen. Sie gewähren keinerlei Mitgliedschafts- oder Kontrollrechte wie das Stimmrecht, lediglich Informationsrechte können eingeräumt werden. Der Begriff des Genussscheins wird in mehreren Gesetzen erwähnt, wie zum Beispiel im Kreditwesengesetz (KWG), im Gesetz über die Beaufsichtigung von Versicherungsunternehmen (VAG), im Vermögensbildungsgesetz (VermBG), im Aktiengesetz (AktG), im Einkommensteuergesetz (EStG) sowie im Körperschaftsteuergesetz (KStG). Rechtlich gesehen sind Genussscheine schuldrechtliche Verträge zwischen dem emittierenden Unternehmen und den Genussberechtigten und können somit innerhalb der Grenzen der Vertragsfreiheit ausgestaltet und durch das emittierende Unternehmen in den

Handbuch Alternative Finanzierungsformen. Ottmar Schneck
Copyright © 2006 WILEY-VCH Verlag GmbH & Co. KGaA, Weinheim
ISBN 3-527-50219-X

Genussscheinbedingungen festgelegt werden. Grenzen werden lediglich durch allgemeine Rechtsgrundsätze sowie das Gesetz über die Allgemeinen Geschäftsbedingungen (AGBG) gesetzt. Im AGB-Gesetz ist besonders § 9 AGBG von Bedeutung, wonach Genussscheinbedingungen, die den Genussberechtigten als Vertragspartner entgegen den Geboten von Treu und Glauben unangemessen benachteiligen, unwirksam sind.

Genussscheine wurden vermutlich zum ersten Mal im Jahr 1858 in Frankreich von Ferdinand de Lesseps zur Finanzierung beim Bau des Suezkanals eingesetzt. Die emittierten Genussscheine (»parts de fondateur«) verbrieften einen Anteil von 10 % der zukünftigen Gewinne der Gesellschaft, ohne dabei Stimmrechte zu gewähren. In Deutschland und Österreich wurden Genussscheine seit Mitte des 19. Jahrhunderts vor allem von privaten Eisenbahngesellschaften eingesetzt. Hintergrund waren Eisenbahnkonzessionen, wonach die Bahnanlagen der Gesellschaften nach Ablauf einer bestimmten Zeitspanne ohne Entschädigung in Staatsbesitz übergingen. Als Ausgleich für die schwindenden Rechte der Aktionäre wurden Genussscheine ausgegeben. Zwischen 1920 und 1930 wurden Genussscheine sehr häufig als Finanzierungs- und Sanierungsinstrument eingesetzt. Als Sanierungsinstrument verlor der Genussschein an Bedeutung, als 1931 die vereinfachte Kapitalherabsetzung eingeführt wurde. Die Einführung der stimmrechtslosen Vorzugsaktie im Aktiengesetz 1937 führte dazu, dass anstelle von Genussscheinen vermehrt Vorzugsaktien zur Finanzierung eingesetzt wurden. Im Entwurf zum Aktiengesetz 1930 wurde bewusst auf genaue Regelungen für Genussscheine verzichtet, um die individuelle Ausgestaltung der Praxis zu überlassen. Die geringe Popularität von Genussscheinen bis in die 1980er-Jahre führte dazu, dass es seitens des Gesetzgebers keine Schritte bezüglich einer weiteren Regulierung oder Standardisierung gab. Mit dem »Gesetz zur Förderung der Vermögensbildung der Arbeitnehmer durch Kapitalbeteiligung« (VermBG) wurden 1983 gewinnabhängig gestaltete Genussscheine in den Katalog der förderungswürdigen vermögenswirksamen Leistungen aufgenommen. Diese Änderung führte zu einer vermehrten Ausgabe von oftmals nicht börsennotierten Genussscheinen in Form von Mitarbeiterbeteiligungen bei Industrieunternehmen. Von großer Bedeutung für die Entwicklung der Genussscheine war die Novelle des Kreditwesengesetzes (KWG) 1985. Dadurch wurde Kreditinstituten nach § 10 Abs. 5 KWG ermöglicht, Genusskapital unter bestimmten Bedingungen wie zum Beispiel der Gewinnabhängigkeit, der Verlustteilnahme, der Nachrangigkeit und der Mindestlaufzeit von fünf Jahren aufsichtsrechtlich dem Eigenkapital zuzurechnen. In den Folgejahren stieg die Emission von Genussscheinen durch Kreditinstitute in Zahl und Volumen sprunghaft an, wobei die meisten Emittenten damals noch Kreditinstitute waren.

Die meisten Unternehmen verfolgen bei einer Finanzierung durch Genussscheine mehrere Ziele gleichzeitig. Grenzen im Handelsrecht, im Steuerrecht und wirtschaftliche Vorgaben schränken die grundsätzliche Vertragsfreiheit des Emittenten bei der Erreichung dieser Finanzierungsziele jedoch ein. Handelsrechtlich werden Grenzen gesetzt, wenn durch die Nachrangigkeit eine Haftungsfunktion des Genusskapitals sowie eine Stärkung des Eigenkapitals erreicht werden soll. Steuerrechtlich müssen die Vorgaben des Körperschaftsteuergesetzes (KStG) erfüllt werden, um einen steuerwirksamen Abzug der Genussscheinvergütung als Betriebsausgaben zu ermöglichen. Für das emittierende Unternehmen ist es zudem sinnvoll, Ausschüttungen an die Genussscheininhaber nur bei ausreichendem Gewinn zu leisten sowie eine Verwässerung der Gesellschafterstruktur durch die Gewährung von Stimmrechten zu verhindern. Die Ausgestaltung der Genussscheinbedingungen ist auch durch wirtschaftliche Rahmenbedingungen wie Kapitalmarktregulierungen und die Platzierbarkeit der Genussscheine am Kapitalmarkt beschränkt. Das Unternehmen hat zudem sicherzustellen, dass die Genussscheinbedingungen die Interessen der Kapitalgeber angemessen berücksichtigen. Erschwerend kommt hinzu, dass die mangelnde Standardisierung und hohe Komplexität die Vergleichbarkeit des Finanzierungsinstruments Genussschein einschränkt und somit für Kapitalgeber weniger attraktiv macht. Von besonderer Bedeutung bei den Finanzierungsgenussscheinen sind die Genussscheinemissionen von Banken und Versicherungen. Sie unterliegen besonderen aufsichtsrechtlichen Vorschriften im KWG und VAG.

Genussscheine können nicht nur als Finanzierungsinstrument, sondern auch als Sanierungsinstrument dienen. Auch können mit Hilfe von Genussscheinen Probleme bei der Bewertung von zum Beispiel Patenten, Lizenzen oder Konzessionen umgangen werden, indem die Vergütung der Genussscheine direkt an die Einnahmen aus der jeweiligen Sacheinlage gebunden wird. Die Ausgabe von Genussscheinen ist nicht auf bestimmte natürliche oder juristische Personen beschränkt. Genussscheine können an Anteilseigner, Investoren, Mitarbeiter, Führungskräfte, Kreditgeber oder sonstige mit dem Unternehmen verbundene Personen ausgegeben werden.

Auch außerhalb Deutschlands finden Genussscheine Anwendung. In der *Schweiz* existieren zwei dem deutschen Genussschein ähnliche Finanzierungsinstrumente, der so genannte schweizerische Genussschein und der Partizipationsschein. Der im schweizerischen Obligationenrecht geregelte

285

Genussschein unterscheidet sich vom typischen deutschen Genussschein dadurch, dass er keinen Nennwert haben darf und nicht gegen aktivierbare Einlagen ausgegeben werden kann. Die Zielsetzung einer Kapitalbeschaffung durch Genussscheine kann aufgrund dieser Regelung nicht erreicht werden. Stattdessen werden die schweizerischen Genussscheine hauptsächlich als Sanierungsinstrument eingesetzt. In diesem Fall erhalten die Gläubiger oder Aktionäre als Ausgleich für ihren Forderungsverzicht Genussscheine, die einen Anteil am Gewinn, am Liquidationserlös oder ein Bezugsrecht auf neue Aktien verbriefen. Stimmrechte oder sonstige Mitgliedschaftsrechte werden nicht eingeräumt. Als Instrument zur Beschaffung von Kapital setzen mittelständische schweizerische Unternehmen häufig den Partizipationsschein ein. Die vermögensrechtliche Ausgestaltung des Partizipationsscheins orientiert sich an der Aktie und gleicht dem deutschen Genussschein in weiten Teilen. Partizipationsscheine können nur von Aktiengesellschaften begeben werden. Schweizerische Aktiengesellschaften entsprechen in ihren Grundeigenschaften den deutschen AGs. Das Partizipationskapital ist unbefristet und darf 200 % des Aktienkapitals nicht überschreiten. Steuerrechtlich wird das Partizipationskapital wie voll haftendes Eigenkapital behandelt. Der Partizipationsschein ist wie der Genussschein im schweizerischen Obligationenrecht geregelt. Um eine Unterscheidung vom Genussschein zu erreichen, muss bei der Ausgabe ausdrücklich auf die Eigenschaft als Partizipationsschein hingewiesen werden. Partizipationsscheine verbriefen zwingend das Recht auf Gewinnteilnahme, das Recht auf eine Beteiligung am Liquidationserlös sowie ein Bezugsrecht auf Aktien und Partizipationsscheine. Zusätzlich müssen Partizipationsscheine der Gesellschafterversammlung ein Anfechtungsrecht sowie ein Informationsrecht gewähren. Stimmrechte oder Kündigungsrechte werden nicht gewährt.

Gefördert wurde die Entwicklung der Partizipationsscheine durch das Verbot der Emission von Vorzugsaktien. Den schweizerischen Unternehmen konnte durch die Ausgabe von Partizipationsscheinen weiterhin Eigenkapital zugeführt werden, ohne die Gesellschafterstrukturen durch die Gewährung von Stimmrechten zu verwässern.

Ähnlich wie in Deutschland ist das Genussrecht auch in *Österreich* in der Rechtsprechung nicht genau definiert, wird aber an mehreren Stellen in verschiedenen Gesetzen erwähnt. Grundsätzlich bieten sich emittierenden Unternehmen also auch hier weit reichende Gestaltungsmöglichkeiten. Bestimmte Genussscheintypen werden allerdings durch Regelungen in Spezialgesetzen eingegrenzt. Hier sind vor allem das Gesetz über Beteiligungsfonds (öBfG) und das österreichische Kreditwesengesetz (öKWG) zu nennen. Der öBfG-Genussschein darf nicht auf einen bestimmten Grundbetrag lauten und verbrieft einen festen Anteil am Jahresüberschuss und am Realisierungserlös eines Beteiligungsfonds. Die Beteiligungsfonds-Aktiengesellschaft investiert das Genusskapital ihrerseits wieder als Risikokapital in weitere Unternehmen. Besondere Bedeutung erlangte der Typ des öBfG-Genussscheins durch die steuerliche Förderung durch den österreichischen Staat. Das österreichische Kreditwesengesetz unterscheidet zwischen Partizipations- und Ergänzungskapital. Partizipationskapital wird beim emittierenden Unternehmen aufsichtsrechtlich zu 100 % dem originären Eigenkapital hinzugerechnet. Um eine Qualifikation als Partizipationskapital zu erreichen, müssen die Kriterien Nachrangigkeit, gewinnabhängige Vergütung, volle Verlustteilnahme sowie Teilnahme am Liquidationserlös erfüllt sein. Partizipationsscheine verbriefen bei unbegrenzter Laufzeit kein Kündigungsrecht und kein Stimmrecht, wohl aber ein besonderes Auskunftsrecht für die Partizipationsscheininhaber. Das Ergänzungskapital wird dem Eigenkapital und den offenen Rücklagen bankenaufsichtsrechtlich nur zu 30 % hinzugerechnet. Die Restlaufzeit der ausgegebenen Genussscheine darf hierbei drei Jahre, die Gesamtlaufzeit acht Jahre nicht unterschreiten. Auch Ergänzungskapital muss nachrangig ausgestaltet sein, zudem darf die Vergütung der Genussberechtigten nur aus dem Reingewinn erfolgen.

In Frankreich, dem Ursprungsland der Genussscheine, wurden bis 1966 sowohl Gründergenussscheine (parts de fondateur) als auch Genussscheine eines bestehenden Unternehmens (parts bénéficiaires) ausgegeben, die jeweils einen Anteil am Gewinn, aber kein Stimmrecht verbrieften. 1983 führte der französische Gesetzgeber zwei genussscheinähnliche Finanzierungsinstrumente zur Beschaffung von Eigenkapital für Unternehmen ein: die Investitionszertifikate (certificats d'investissement) und die Anteilspapiere (titres participatifs).

Die Investitionszertifikate entstehen entweder aus der Trennung der Vermögensrechte und der Nicht-Vermögensrechte einer bestehenden Aktie in zwei Wertpapiere oder durch die parallele Neuemission von Investitionszertifikaten und Stimmrechtszertifikaten (certificats de droit de vote). Sie verbriefen die typischen Vermögensrechte einer Aktie wie Gewinnbeteiligung, lauten auf einen festen Nennbetrag und gewähren dem Inhaber zudem ein besonderes Informationsrecht. Investitionszertifikate dürfen nur von Aktiengesellschaften in Höhe von bis zu 25 % des Grundkapitals emittiert werden und bedürfen der Zustimmung durch die Hauptversammlung. Die typischen Nicht-Vermögensrechte eines Aktionärs wie Stimmrecht, Informationsrecht und das Recht auf Teilnahme an der Hauptversammlung werden in den Stimmrechtszertifikaten verbrieft, die als Namenspapiere im Gegensatz zu den Investitionszertifikaten nicht an der Börse handelbar sind. Eine weitere den Genussscheinen verwandte Finanzierungsform sind die Anteilspapiere (titres d'investissement), durch die vor allem für Gesellschaften öffentlichen Rechts und Genossenschaften ein leichterer Zugang zum Kapitalmarkt geschaffen werden sollte. Charakteristisches Merkmal der Anteilspapiere ist neben der Nachrangigkeit und dem Bezugsrecht auf neue Aktien die Vergütung, bestehend aus einer festen und einer erfolgsabhängigen Komponente. Anteilspapiere haben keine bestimmte Laufzeit und sind erst bei Liquidation des Unternehmens zurückzuzahlen.

16.2 Einsatzmöglichkeiten und Klassifizierungen von Genussscheinen

Genussscheine sind Wertpapiere, die ein Genussrecht verbriefen. Hier kann man grundsätzlich zwischen Quotenpapieren und Nominalpapieren unterscheiden.

Nominalpapiere weisen einen bestimmten *Nennwert* aus, der mit Ablauf der Laufzeit an den Genussscheininhaber zurückzuzahlen ist. Im Normalfall sind Genussscheine als Nominalpapiere ausgestaltet. Für Nominalpapiere gibt es keine gesetzliche Regelung bezüglich eines Mindestnennwerts, was theoretisch eine sehr kleine Stückelung der Genussscheine ermöglicht. Dadurch können breitere Anlegerschichten wie zum Beispiel Kleinanleger angesprochen werden. Wirtschaftlich stellen die eventuell höheren Platzierungskosten eine Einschränkung bei der Wahl einer kleinen Stückelung dar.

Quotenpapiere verbriefen einen Anspruch auf Ausschüttung einer bestimmten Quote einer Bezugsmasse, zum Beispiel einen festen Prozentsatz vom Gewinn eines Unternehmens. Ein Quotenpapier kann sich nach dem jährlichen Gewinn, dem Liquidationsüberschuss oder bei Aktiengesellschaften nach der Aktiendividende richten. Von besonderer Bedeutung sind Quotenpapiere bei Bezugsmassen, die nur schwer zu bewerten sind, zum Beispiel bei immateriellen Leistungen wie Patenten. In der Praxis werden Genussscheine nicht als Quotenpapiere ausgegeben.

Neben der Unterscheidung zwischen Nominal- und Quotenpapieren können Genussscheine als Inhaberpapier nach § 793 BGB, als Orderpapier nach § 363 HGB oder als Namenspapiere begeben werden. Orderpapiere sind in der Praxis bei Genussscheinen unbedeutend.

16 Genussscheine
und der graue
Kapitalmarkt

Ein Inhaberpapier kann nach § 793 Abs. 1 Satz 1 BGB jede erlaubte Leistung zum Inhalt haben. Das Leistungsversprechen muss dabei an den Inhaber des Wertpapiers gerichtet sein. Ein als Inhaberpapier gestalteter Genussschein verbrieft somit die Genussrechte an den Genussscheininhaber. Aus Kostengründen werden Inhabergenussscheine in der Regel als Sammel- oder Globalurkunden verbrieft, die in einer Girosammelstelle hinterlegt werden. In der Praxis werden Genussscheine hauptsächlich als Inhabergenussscheine ausgegeben. Vor allem bei börsennotierten Genussscheinen werden die geringeren Kosten sowie die höhere Fungibilität der Inhaberpapiere genutzt.

Ein Genussschein wird als Namenspapier angesehen, wenn eine bestimmte Person als Berechtigter bezeichnet ist und das Papier weder an Order gestellt noch gesetzlich als Orderpapier erklärt ist. Namenspapiere können gemäß § 413, 399 BGB mit einer Abtretungsbeschränkung beziehungsweise einem Abtretungsverbot versehen werden. Das bedeutet, dass der Emittent die Übertragung der Wertpapiere von seiner Zustimmung abhängig machen kann. Bei Namensgenussscheinen werden oft Rückfallklauseln vereinbart, die Voraussetzungen definieren, unter denen Genussscheine wieder an das ausgebende Unternehmen zurückfallen. Namensgenussscheine werden insbesondere bei Mitarbeiterbeteiligungen eingesetzt, wobei die besonderen Vorteile der Genussscheine an die Mitarbeiter des emittierenden Unternehmens und nicht an unternehmensfremde Dritte weitergegeben werden sollen.

Bei der Klassifizierung von Genussscheinen ist zudem zwischen Genussscheinen ohne Kapitalmittelzufluss und Kapitalbeschaffungsgenussscheinen zu differenzieren. Die Unterscheidung erfolgt danach, ob dem emittierenden Unternehmen liquide Mittel zufließen oder nicht. Eine weitere Unterform sind Genussscheine, die ähnlich wie Besserungsscheine einen Forderungsverzicht der Gläubiger beinhalten und als Sanierungsinstrument dienen. Die Mehrzahl der Genussscheine dient der Kapitalbeschaffung. Emittenten von *Kapitalbeschaffungsgenussscheinen* sind in erster Linie Banken, große Industrieunternehmen, Versicherungen und mittelständische Unternehmen. Das generierte Genusskapital muss beim Emittenten auf der Passivseite der Bilanz bilanziert werden und gilt unter bestimmten Umständen als Eigenkapital, ohne dabei die steuerliche Abzugsfähigkeit der Ausschüttungen einzubüßen. Vorteil ist, dass neben der Kapitalbeschaffung eine Verwässerung der Gesellschafterstruktur verhindert wird, da Genussscheine keine Stimmrechte verbriefen.

16.2 Einsatzmöglichkeiten und Klassifizierungen von Genussscheinen

Für die *Ausgabe von Genussscheinen ohne Kapitalmittelzufluss* gibt es unterschiedliche Beweggründe. Als Beispiel wären die Audi-NSU-Genussscheine zu nennen, die im Zuge der Übernahme der Audi-NSU AG durch die heutige Volkswagen AG emittiert wurden. Um die Bewertungsproblematik für die Einnahmen aus dem Patent auf den Wankelmotor zu umgehen, wurden direkt an diese Einnahmen gebundene Genussscheine ausgegeben, die keinen Kapitalmittelzufluss beinhalteten und somit beim Emittenten nicht bilanziert werden mussten.

Sanierungsbedürftige Unternehmen können aufgrund des hohen Verschuldungsgrades oft nur schwer weiteres Fremdkapital beschaffen, da die Gläubiger nicht bereit sind, weitere Risiken einzugehen. Steht ein Unternehmen vor der Überschuldung oder droht die Zahlungsunfähigkeit, können *Genussscheine als Sanierungsinstrument* ausgegeben werden. Genussscheine können bei der Sanierung eines Unternehmens zum Beispiel bei einer Kapitalherabsetzung als Ausgleich für die Verluste der Eigenkapitalgeber ausgegeben werden. Eine weitere Lösung sieht die Sanierung eines Unternehmens durch den Einsatz von Genussscheinen in Kombination mit einem Erlassvertrag vor. Bei dieser Genussscheinform wird die Sanierung eines Unternehmens dadurch unterstützt, dass die Gläubiger durch einen Erlassvertrag so lange auf ihre Forderungen verzichten bis eine Besserung der Vermögensverhältnisse des Unternehmens eintritt. Nach § 397 BGB erlöschen die Verbindlichkeiten aufgrund des Schuldenerlasses durch den Gläubiger zunächst. Sie leben erst dann wieder auf, wenn die vorher definierte verbesserte wirtschaftliche Lage des Unternehmens erreicht ist. Dies hat den Vorteil, dass die erlassenen Forderungen nicht in die Überschuldungsbilanz aufgenommen werden müssen und auch nicht in der Handelsbilanz zu passivieren sind. In der Regel wird vereinbart, dass die Nachzahlungen auf die erlassenen Schulden aus zukünftigen Gewinnen oder dem Liquidationserlös erfolgen sollen. Bei der Sanierung von Aktiengesellschaften wurden in den letzten Jahren vermehrt Optionsgenussscheine als Ausgleich für den Verzicht der Gläubiger auf unbesicherte Forderungen eingesetzt. Bei diesem Debt-Equity-Swap profitieren die Gläubigerbanken von der Gewinnbeteiligung der Genussscheine sowie von der Möglichkeit der Teilnahme am Wertzuwachs des Unternehmens, welche durch die Veräußerung der Aktien erreicht werden kann.

Generell ist die Emission von Genussscheinen unabhängig von der Rechtsform des Unternehmens möglich. Emittenten können neben den Rechtsformen der Kapitalgesellschaft wie AG und GmbH grundsätzlich auch Personengesellschaften, Einzelunternehmen, Genossenschaften oder

16 Genussscheine
und der graue
Kapitalmarkt

öffentlich-rechtliche Anstalten sowie Mischformen wie die GmbH & Co. KG sein.

Die Voraussetzungen und die Zulässigkeit von *Genussrechten bei der AG* sind im Aktiengesetz erwähnt, eine genaue Definition existiert aber nicht. Die Bedingungen für eine Ausgabe von Genussscheinen durch eine Aktiengesellschaft sind wie auch die für Wandel- oder Gewinnschuldverschreibungen in § 221 AktG formuliert. Entscheidendes Merkmal von Genussscheinen ist nach dem AktG die gewinnabhängige Ausgestaltung; Genussscheine können eine feste Verzinsung bei ausreichendem Gewinn gewähren, aber auch keine laufende Vergütung, sondern lediglich eine Beteiligung am Liquidationserlös verbriefen. Dasselbe gilt, wenn der Genussberechtigte schon vor der Liquidation des Unternehmens eine Beteiligung an den stillen Reserven erhält. Dies ist zum Beispiel bei einer Zahlung der Fall, die den Rückzahlungswert des Genusskapitals übersteigt. Genussscheine fallen nur dann nicht unter § 221 AktG, wenn sie eine wie bei Darlehen übliche gewinnunabhängige Festverzinsung garantieren. Für das Eingreifen des § 221 Abs. 3 AktG ist auch die wirtschaftliche Bedeutung des Genusskapitals, also die Höhe des Genusskapitals im Verhältnis zum Kapital der AG relevant. Diese ist also nicht von der Anzahl der ausgegebenen Genussscheine abhängig, sondern kann schon durch die Ausgabe eines einzelnen Genussscheins mit einem dementsprechenden Volumen erreicht werden. Grundsätzlich entscheidet der Vorstand einer AG über die Notwendigkeit einer Ausgabe von Genussscheinen. Der Hauptversammlungsbeschluss bedarf der Zustimmung von mindestens drei Vierteln des anwesenden Grundkapitals, sofern es keine darüber hinausgehenden satzungsmäßigen Bestimmungen gibt. Der Vorstand wird durch den Beschluss für höchstens fünf Jahre ermächtigt, Genussscheine in Höhe eines festgelegten Maximalbetrages auszugeben. Das gesetzliche Bezugsrecht der Aktionäre gilt nach § 221 Abs. 4 AktG auch für Genussscheine. Danach muss dem Aktionär auf dessen Verlangen ein seinem Anteil an dem bisherigen Grundkapital entsprechender Teil der neuen Genussscheine zugeteilt werden. Ein Ausschluss des Bezugsrechts der Aktionäre ist gemäß § 186 Abs. 3 und 4 AktG grundsätzlich zulässig, wenn ein dementsprechender Hauptversammlungsbeschluss von mindestens drei Vierteln des anwesenden Grundkapitals getragen wird. Ebenso kann ein Hauptversammlungsbeschluss den Vorstand gemäß § 203 Abs. 2 AktG ermächtigen, über einen Ausschluss des Bezugsrechts zu entscheiden.

Auch die Voraussetzungen und die Zulässigkeit von Genussrechten bei der GmbH lehnen sich an das AktG an. Bei der Ausgabe von Genussscheinen wird die GmbH von der Geschäftsführung vertreten. Die Notwendigkeit eines Gesellschafterbeschlusses oder einer Satzungsermächtigung für die Emission von Genussscheinen, die eine Beteiligung am Gewinn oder am Liquidationserlös verbriefen, ist in der Literatur umstritten. Grundsätzlich gilt, dass bei einer Beeinträchtigung der mitgliedschaftlichen Rechte eine Zustimmung der Gesellschafter notwendig ist. Genussscheine, die mit einer Gewinnbeteiligung ausgestattet sind, mindern den Gewinn der GmbH und somit die Ansprüche der Gesellschafter. Eine generelle Regelung existiert für die GmbH nicht, vielmehr muss im Einzelfall die Bedeutung der Emission für die GmbH beachtet werden. Wie groß der Umfang der Emission sein muss, um die Notwendigkeit einer Zustimmung der Gesellschafter zu rechtfertigen, kann zum Beispiel aus den in den Geschäftsführungsbefugnissen festgelegten Höchstbeträgen abgeleitet werden. Übersteigt der Betrag der ausgegebenen Genussscheine die Geschäftsführungsbefugnisse, sollte eine Zustimmung der Gesellschafter eingeholt werden. Eine Satzungsgrundlage ist darüber hinaus bei Genussscheinen bestimmten Inhalts notwendig, zum Beispiel wenn dem Genussberechtigten die Teilnahme an der Gesellschafterversammlung (ohne Stimmrecht) gewährt wird. Bei Kapitalbeschaffungsgenussscheinen sollte eine Regelung in Bezug auf Genussscheine in die Satzung mit aufgenommen werden, um eventuellen Unklarheiten vorzubeugen. In der Regel haben die Gesellschafter einer GmbH kein Bezugsrecht auf Genussscheine, allerdings kann ein solches Recht in der Satzungsregelung vereinbart werden.

16.3 Abgrenzung von anderen Finanzierungsinstrumenten

Die wirtschaftliche Ausgestaltung von *Gewinnanleihen* und Genussscheinen unterscheidet sich dadurch, dass Gewinnanleihen keine Teilnahme am Verlust des Unternehmens verbriefen, aber einen festen Rückzahlungsbetrag vorsehen. Im Gegensatz dazu verpflichten Genussscheine in der Regel zu einer Teilnahme am Verlust und garantieren daher keinen festen Rückzahlungsbetrag. Zwar können auch Gewinnanleihen nachrangig ausgestaltet sein, in der Praxis wird davon aber wenig Gebrauch gemacht. Genussschein und Gewinnanleihe weisen auch einige Gemeinsamkeiten auf. Rechtlich handelt es sich in beiden Fällen um ein schuldrechtliches Verhältnis zwischen Kapitalgeber und Unternehmen, es liegt also keine gesellschaftsrechtliche Beteiligung am Unternehmen vor. Kontrollrechte, die wie das Stimmrecht den Anteilseignern zustehen, werden also nicht gewährt.

16 Genussscheine
und der graue
Kapitalmarkt

Die Vergütung beider Finanzierungsinstrumente erfolgt über eine Beteiligung am Gewinn des emittierenden Unternehmens.

Das *Nachrangdarlehen* ist unter den Instrumenten der Mezzanine-Finanzierung am ehesten dem Fremdkapital zuzuordnen. Im Gegensatz zu Genussscheinen ist eine Teilnahme am laufenden Verlust bei einem Nachrangdarlehen nicht vorgesehen. Dies hat zur Folge, dass bei Nachrangdarlehen die Rückzahlung eines vorher festgelegten Betrages vereinbart wird, während Genussscheinbedingungen aufgrund der Verlustteilnahme eine derartige Regelung in der Regel nicht beinhalten. Ein weiterer Unterschied zwischen Nachrangdarlehen und Genussscheinen liegt darin, dass im Rahmen von Nachrangdarlehen keine weiteren Rechte wie zum Beispiel Bezugsrechte gewährt werden können. Wie bei Genusscheinen handelt es sich bei Nachrangdarlehen um schuldrechtliche Verträge zwischen Unternehmen und Darlehensgeber als Gläubiger. Entscheidend bei der Gestaltung des Nachrangdarlehens ist die Nachrangabrede, in der die genauen Rangrücktrittsbedingungen festgelegt werden können. In der Regel tritt der Nachrangdarlehensgeber damit im Rang hinter genau definierte dritte Gläubiger zurück, es kann aber auch eine universelle Nachrangigkeit hinter allen Gläubigern formuliert werden. Eine Rangrücktrittsvereinbarung hat in der Regel zum Ziel, eine Überschuldung des Unternehmens zu verhindern. Eine Rückzahlung des Nachrangdarlehens im Insolvenzfall ist nur nach der Begleichung der Ansprüche der anderen Insolvenzgläubiger vorgesehen, außerhalb des Insolvenzverfahrens muss genügend ungebundenes Vermögen für die Rückzahlung vorhanden sein.

Der Genussrechtsvertrag stellt nach der Rechtsprechung des BGH, WM 1959, 434 *keine stille Gesellschaft* nach § 230 HGB dar. Der wesentliche Unterschied liegt darin, dass Genussscheine im Gegensatz zur stillen Gesellschaft keinen Zusammenschluss mehrerer Personen zu einer Zweckgesellschaft darstellen, sondern lediglich zur Erwirtschaftung von Gewinnen erworben werden. Vermögensrechtlich bestehen zwischen stiller Gesellschaft und Genussscheinen je nach Ausgestaltung der Genussscheinbedingungen wenige oder keine Unterschiede. Nach § 231 Abs. 2 HGB nimmt ein stiller Gesellschafter immer am Gewinn teil, eine Teilnahme am Verlust kann hingegen ausgeschlossen werden. Die Haftung des stillen Gesellschafters ist auf die eingezahlte Einlage beschränkt. Solange seine Einlage durch Verlust vermindert ist, wird der jährliche Gewinn zur Deckung des Verlustes verwendet. Im Falle eines Insolvenzverfahrens kann der stille Gesellschafter seine Einlage abzüglich anteiliger Verluste als Insolvenzgläubiger zurückfordern (§ 236 Abs. 1 HGB). Deshalb gilt die Einlage des stillen Gesellschafters nicht

293

als Haftkapital, das zur Sicherung der Ansprüche der anderen Gläubiger des Unternehmens eingesetzt werden kann. Die Haftungsfunktion kann nur durch eine zusätzliche Nachrangabrede erreicht werden. Eine Nachrangabrede ist eine Vereinbarung, mit der der stille Gesellschafter im Rang hinter die anderen Gläubiger des Unternehmens zurücktritt. Im Insolvenzfall oder bei Liquidation des Unternehmens werden die Ansprüche des stillen Gesellschafters dann erst nach denen der vorrangigen Gläubiger erfüllt.

Eine Abgrenzung zwischen Genussscheinen und *Vorzugsaktien* lässt sich einfach anhand der Rechtsnatur der beiden Finanzierungsinstrumente treffen. Während das Verhältnis zwischen Genussscheininhaber und emittierendem Unternehmen schuldrechtlicher Natur ist, verbrieft eine Vorzugsaktie eine mitgliedschaftliche Beteiligung des Aktionärs am Unternehmen. Die Vorzugsaktie gewährt dem Aktionär ein bedingtes Stimmrecht, von dem dann Gebrauch gemacht werden kann, wenn in zwei aufeinander folgenden Jahren keine Dividende an die Vorzugsaktionäre gezahlt wurde. Die Festlegung einer bestimmten Laufzeit, wie sie bei Genussscheinen üblich ist, die im Rahmen von Mezzanine-Finanzierungen ausgegeben werden, kann bei Vorzugsaktien nicht erfolgen. Wirtschaftlich betrachtet ähneln sich Genussschein und Vorzugsaktie in wesentlichen Punkten. Beide werden gewinnabhängig vergütet und nehmen am laufenden Verlust teil. Ebenso stehen beide im Rang nach Gläubigern des Unternehmens. Eine Beteiligung am Liquidationserlös wie bei Vorzugsaktien hingegen wird bei Genussscheinen in der Regel nicht gewährt, da die Genussscheinvergütung dann nicht mehr als Betriebsausgabe steuerlich geltend gemacht werden kann.

16.4 Vermögensrechte beim Genussschein

Bei Genussrechten unterscheidet man in der Regel zwischen Vermögensrechten und Nicht-Vermögensrechten. Die typischen Vermögensrechte umfassen einen Anspruch auf Beteiligung am Gewinn, einen Anspruch auf Beteiligung am Wertzuwachs sowie eventuelle Bezugsrechte auf neue Gesellschaftsanteile. Eine Beteiligung am Wertzuwachs des Unternehmens kann dem Genussberechtigten mit dem Ziel eines zusätzlichen Investitionsanreizes gewährt werden. In der Praxis erfolgt dies zum Beispiel durch eine Beteiligung am Liquidationserlös oder durch so genannte Equity-Kicker beziehungsweise Non-Equity-Kicker. Als Equity-Kicker bezeichnet man Wandel- und Optionsrechte, die dem Genussberechtigten die Möglichkeit einer gesellschaftlichen Beteiligung am emittierenden Unternehmen bieten. Durch die gesellschaftsrechtliche Beteiligung kann der Genussberechtigte zusätzlich zur Genussscheinvergütung von einer positiven Unternehmensentwicklung profitieren. Non-Equity-Kicker beteiligen den Genussberechtigten ebenfalls am Wertzuwachs des Unternehmens, allerdings ohne dabei eine gesellschaftsrechtliche Beteiligung am Unternehmen zu gewähren. Stattdessen erhält der Genussberechtigte zusätzlich zur laufenden Vergütung eine Zahlung, die sich am Wertzuwachs des Unternehmens orientiert. Zu den Vermögensrechten zählt auch die Teilnahme am laufenden und am absoluten Verlust, die häufig als »Genusspflicht« bezeichnet wird. Die Vermögensrechte eines Genussberechtigten orientieren sich an den jeweiligen Vermögensrechten eines Gesellschafters und sind insofern in ihrer Ausgestaltung zu einem gewissen Maße abhängig von der Rechtsform des Unternehmens. Genussberechtigte einer Aktiengesellschaft haben demnach an die typischen Vermögensrechte eines Aktionärs angelehnte Rechte. Im Gegensatz dazu umfassen die Nicht-Vermögensrechte nicht monetäre Rechte wie zum Beispiel Verwaltungsrechte. Diese sind aber aufgrund der rechtlichen Stellung des Genussberechtigten als Gläubiger sehr eingeschränkt, insbesondere ein Stimmrecht kann nicht gewährt werden. Wichtigstes Vermögensrecht ist der Anspruch der Genussberechtigten auf eine *Beteiligung am Gewinn*. Die laufende Vergütung von Genussscheinen erfolgt über eine Gewinnbeteiligung. Diese kann entweder gewinnabhängig, gewinnunabhängig oder als Kombination dieser beiden Vergütungsvarianten ausgestaltet sein. Entscheidend ist, aus welcher Bezugsmasse die Ausschüttung bezogen werden soll und nach welchem Berechnungsschlüssel der Anspruch der Genussberechtigten festzulegen ist. Die eventuelle Rückzahlung des Genusskapitals an die Genussberechtigten bei Laufzeitende ist gesondert von der laufenden Vergütung zu betrachten.

In der Praxis ist die gewinnabhängige Vergütung des Genusskapitals üblich. Dies bedeutet, dass ein Vergütungsanspruch für das eingesetzte Genusskapital nur im Falle eines erwirtschafteten Gewinns entsteht. Ähnlich wie bei Dividendenzahlungen an Aktionäre kann die Höhe der Ausschüttung an die Genussscheininhaber von der Höhe des erwirtschafteten Gewinns abhängig gemacht werden. Die gewinnabhängige Vergütung ist Voraussetzung für eine handelsrechtliche Anerkennung des Genusskapitals als Eigenkapital.

Das eingesetzte Genusskapital kann auch mit einer festen Verzinsung vergütet werden. Hier muss unterschieden werden zwischen gewinnabhängiger und gewinnunabhängiger fester Verzinsung. Normalerweise wird die Höhe der Verzinsung als Prozentsatz des Genussscheinnennwerts angege-

16.4 Vermögensrechte
beim Genussschein

ben. Auch eine feste Verzinsung des Genusskapitals kann gewinnabhängig gestaltet werden. Voraussetzung für die volle Ausschüttung einer gewinnabhängigen festen Verzinsung ist ein ausreichendes, positives Unternehmensergebnis. Reicht der Gewinn nicht zur Auszahlung des vereinbarten Festzinses aus, so reduzieren sich die Ausschüttungen an die Genussscheininhaber anteilsmäßig. Somit kann eine gewinnabhängige Festverzinsung als Höchstzinssatz angesehen werden, da im Falle eines Gewinns, der für die volle Ausschüttung der Genussscheinvergütung ausreicht, der vereinbarte Festzinssatz nicht überschritten wird. Andererseits erhält der Genussberechtigte bei nicht ausreichendem Gewinn oder bei Verlust nur eine reduzierte oder gar keine Zinszahlung. Eine gewinnunabhängige feste Verzinsung wird auch dann an die Genussscheininhaber ausgezahlt, wenn das Unternehmensergebnis nicht zur Deckung der Ausschüttungen ausreicht oder wenn ein Verlust erwirtschaftet wird. Hier ist die feste Verzinsung unabhängig von Erfolgsgrößen wie dem Bilanzergebnis oder dem Ergebnis der GuV. Das so vergütete Genusskapital ist in seinen Ausstattungsmerkmalen einer klassischen Fremdkapitalfinanzierung ähnlich, was sich in seiner handelsbilanziellen Behandlung widerspiegelt.

Die vielfältigen Möglichkeiten bei der Ausgestaltung der Genussscheinvergütung lassen zudem auch eine Kombination aus fester und gewinnabhängiger Verzinsung des Genusskapitals zu. So können Genussscheine zum Beispiel mit einer gewinnunabhängigen Festverzinsung sowie darüber hinaus mit einer am Gewinn orientierten Vergütungskomponente ausgestattet sein. Dies garantiert dem Genussscheininhaber auch im Verlustfall eine Mindestverzinsung, beinhaltet aber gleichzeitig eine Erhöhung der Ausschüttung bei Erreichen vorher definierter Gewinnziele.

Für die laufende Vergütung von Genussscheinen muss eine *Bezugsmasse* festgelegt werden. Als Bezugmasse wird der Bilanzposten verstanden, aus dem die Ausschüttung an die Genussberechtigten vorgenommen wird. Die Bezugsmasse wird einschließlich des Gewinnanteils der Genussberechtigten ausgedrückt. Bei gewinnabhängiger Vergütung werden in der Regel der Jahresüberschuss oder der Bilanzgewinn als Bezugsmasse gewählt. Denkbar sind aber auch andere Größen wie zum Beispiel der ausschüttungsfähige Gewinn aus Handels- oder Steuerbilanz. Der Genussberechtigte hat nur dann Anspruch auf Zahlung, wenn ein Jahresüberschuss oder ein Bilanzgewinn erwirtschaftet wurde. Zudem darf die Ausschüttung an die Genussberechtigten nicht zu einem negativen Ergebnis führen. Der *Berechnungsschlüssel* bestimmt die Höhe des Anteils an der Bezugsmasse, der an die Genussberechtigten ausgezahlt wird. Dieser besteht aus der Bemessungsgrundlage einerseits und dem Berechnungsfaktor anderseits. Dabei kann die Bemessungsgrundlage von der Bezugsmasse abweichen. Die Bezugsmasse beschreibt die Größe, aus der der Gewinn ausgezahlt wird, in den meisten Fällen ist das der Jahresüberschuss oder der Bilanzgewinn. Die Bemessungsgrundlage bildet die Basis für die Berechnung des Gewinnanteils. Diese kann ausgehend von Jahresüberschuss und Bilanzgewinn, aber auch von ausschüttungsfähigem Gewinn, der Dividende oder Konzerngewinn erfolgen. Zudem kann die Bemessung auch an die Erträge einer bestimmten Unternehmenssparte oder an das Ergebnis des Unternehmens aus der GuV vor Zinsen und Steuern (EBIT) gekoppelt werden. Ebenso können der Umsatz des Unternehmens oder der Nennwert des Genussscheins als Bemessungsgrundlage dienen. Der Berechnungsfaktor dient zur Errechnung der Höhe der Ausschüttung auf Basis der Bemessungsgrundlage und kann sich auf fixe oder variable Prozentsätze beziehen. Ein fixer Berechnungsfaktor könnte sich zum Beispiel aus dem Verhältnis zwischen Genuss- und dem Grundkapital der Gesellschaft ableiten lassen. Variable Berechnungsfaktoren können beispielsweise an bestimmte Bilanzkennzahlen oder an Rendtemaße wie Gesamtkapitalrendite, Eigenkapitalrendite oder Umsatzrendite gekoppelt sein.

Bei gewinnabhängiger Vergütung wird in den Genussscheinbedingungen häufig ein *Nachzahlungsanspruch* eingeräumt. In Verlustjahren ausgefallene Ausschüttungen können zu einem späteren Zeitpunkt nachgezahlt werden. Voraussetzung ist, dass in den Folgeperioden ausreichend Gewinn erwirtschaftet wird, da durch die Nachzahlung kein Verlust entstehen darf. Ein Nachzahlungsanspruch kann nur bei Genussscheinen mit Fest- oder Mindestverzinsung vereinbart werden, da sich nur hier die Höhe der Nachzahlung genau berechnen lässt. Nach Ende der Laufzeit des Genussrechtsverhältnisses hat der Genussberechtigte keinen Anspruch mehr auf eventuelle Nachzahlungen. Ein gesetzlicher Anspruch auf Nachzahlung besteht nicht, dieser muss vielmehr ausdrücklich in den Genussscheinbedingungen formuliert werden.

Bezüglich der *Rangstellung der Genussscheininhaber* bei der Genussscheinvergütung gibt es ebenfalls verschiedene Möglichkeiten. Bei gewinnabhängiger Vergütung muss die Rangstellung der Genussscheininhaber im Verhältnis zu den Gesellschaftern des Unternehmens festgelegt werden. Hierbei gibt es drei Möglichkeiten: der Genussschein kann vorrangig, gleichrangig oder nachrangig ausgestaltet sein. Eine Vorrangigkeit des Genussscheins ist dann gegeben, wenn die Ausschüttung aus dem Gewinn an die Genussscheininhaber vor den Ausschüttungen an die Gesellschafter erfolgt. Sollte der Gewinn zur Befriedigung der Ansprüche der Genussscheininhaber nicht ausreichen, kann zudem ein Nachzahlungsanspruch eingeräumt werden. Bei Gleichrangigkeit sind die Vergütungsansprüche von Genussscheininhabern und Gesellschaftern gleichgestellt. Eine nachrangige Ausgestaltung sieht eine Vergütung der Genussscheine erst nach Befriedigung der Gesellschafter vor.

Der Genussberechtigte ist bei gewinnabhängiger Vergütung der Genussscheine nicht nur von dem tatsächlichen wirtschaftlichen Erfolg des Unternehmens, sondern zu einem großen Teil auch von den *Entscheidungen der Gesellschaftsorgane* abhängig. Besondere Einflussmöglichkeiten bieten sich diesen vor allem durch die Ausnutzung von Ermessensspielräumen bei der Erstellung der Bilanz. Durch Bilanzierungswahlrechte wie Aktivierungs-, Bewertungs- und Methodenwahlrechte können systematisch stille Reserven gebildet werden, die den Gewinn des Unternehmens und somit auch die Ausschüttung an die Genussberechtigten mindern. Weitere Einflussmöglichkeiten der Gesellschaftsorgane ergeben sich bei der Berechnung der Ausschüttungshöhe. Kennzahlen, die der Berechnung des Gewinnanteils dienen, können so gesteuert werden, dass die Genussscheinvergütung geringer ausfällt. Die Wahl der Bezugsmasse bestimmt maßgeblich die Einflussmöglichkeiten der Gesellschafter und somit unter Umständen auch die Höhe der Ausschüttung an den Genussberechtigten. Wird der Jahresüberschuss aus der GuV als Bezugsmasse gewählt, ist die Ausnutzung von Bilanzierungswahlrechten beschränkt. Gewinn- und Verlustvorträge sowie Einstellungen in andere Gewinnrücklagen haben hier keine Auswirkungen auf die Höhe der Ausschüttung. Eine Bindung der Genussscheinvergütung an den Bilanzgewinn hingegen bietet den Gesellschaftern eine größere Einflussnahme, da hier Einstellungen in Gewinnrücklagen oder Gewinnvorträge möglich sind.

Die Gesellschaftsorgane dürfen jedoch nicht absichtlich zum Nachteil des Genussberechtigten handeln. Angesichts der fehlenden Einfluss- und Kontrollmöglichkeiten auf die Geschäftsführung des Unternehmens beschränkt sich der Schutz des Genussberechtigten auf mögliche Schadensersatzforderungen. Solche Forderungen können vom Genussberechtigten dann geltend gemacht werden, wenn die Gesellschaft Sorgfalts- und Schutzpflichten verletzt, die der Wahrung der Interessen des Genussberechtigten dienen. Eine grobe Pflichtverletzung liegt zum Beispiel vor, wenn Entscheidungen der Geschäftsführung, die zu einer Minderung des Genusskapitals führen, von einem neutralen Standpunkt aus nicht gerechtfertigt werden können. Verdeckte Gewinnausschüttungen an die Gesellschafter, die eine einseitige Benachteiligung der Genussberechtigten bedeuten, können demnach einen Schadensersatzanspruch begründen.

Die *Teilnahme am Verlust* eines Genussscheininhabers kann in den Genussscheinbedingungen formuliert werden. Unterschieden werden muss hierbei zwischen der Teilnahme am laufenden Verlust und der Teilnahme am absoluten Verlust. Eine Teilnahme am laufenden Verlust (Ausschüttungsausfall) tritt dann ein, wenn ein versprochener Zinszahlungsstrom nur vermindert oder gar nicht ausgeschüttet wird. Bei einer Teilnahme am absoluten Verlust wird der Genussberechtigte im Insolvenzfall an den anfallenden Verlusten bei der Liquidation eines Unternehmens beteiligt. Grundsätzlich ist eine Begrenzung der Verlustteilnahme möglich, zum Beispiel auf einen bestimmten Prozentsatz des Nominalwertes des Genusskapitals. Die Ausgestaltung der Verlustteilnahme ist entweder als Kapitalkonto oder als Festkapital möglich. Die Definition der Bezugsgröße unterliegt der Gestaltungsfreiheit des Genussscheinemittenten. In der Praxis orientieren sich die Genussscheinbedingungen normalerweise am Bilanzverlust oder am Jahresfehlbetrag, eine Ausrichtung am negativen Betriebsergebnis kommt ebenfalls vor. Die Verlustteilnahme wird in der Regel an dieselbe Bezugsgröße gekoppelt wie die Gewinnbeteiligung.

Die Teilnahme am Verlust kann zunächst über ein *bewegliches Kapitalkonto* erfolgen. Durch die Anrechnung der Verluste reduziert sich zunächst der Nennbetrag des Genusskapitals. Der Rückzahlungsanspruch des Genussberechtigten wird so gemindert. In den meisten Genussscheinbedingungen ist aber eine Auffüllung des Kapitalkontos festgelegt, die bei Auftreten eines ausreichenden Gewinns in den Folgeperioden erfolgt. Ist dies in den Genussscheinbedingungen nicht explizit vorgesehen, hat der Genussberechtigte auf Grundlage der ergänzenden Vertragsauslegung trotzdem einen Anspruch auf Wiederauffüllung des Genusskapitals. Dieser Anspruch basiert darauf, dass der Genussberechtigte zwar nicht verwaltungsrechtlich, dafür aber wirtschaftlich und finanziell ähnlich wie der Gesellschafter behandelt werden muss. Ebenso gilt, dass Genussrechte nicht erlöschen, wenn der Nennwert des Genusskapitals auf null reduziert wird. Eine Teilnahme am Verlust wirkt sich insbesondere dann stark aus, wenn der Nennbetrag des Genusskapitals als Bemessungsgrundlage für die laufende Vergütung eingesetzt wird. Durch die Reduzierung des Genusskapitals vermindern sich in diesem Fall der Rückzahlungsanspruch sowie der Gewinnanspruch der Genussberechtigten. Da die Gesellschafter eines Unternehmens im Gegensatz zu den Genussberechtigten bis zu einer Kapitalherabsetzung nach dem Nennbetrag ihrer Anteile bedient werden, wirken sich Verluste überproportional auf die Genussberechtigten aus. In den Genussscheinbedingungen können die Regelung der Rechtsfolgen durch Verminderung des Kapitalkontos und der Bemessungsgrundlage für den Gewinn unabhängig voneinander gestaltet werden. Die Berechnungsgrundlage für die laufende Vergütung wird in einem solchen Fall durch den aufgrund einer Verlustteilnahme reduzierten Rückzahlungsanspruch der Genussberechtigten nicht betroffen.

Eine andere Ausgestaltungsmöglichkeit ist die Einrichtung eines *negativen Kapitalkontos*. Übersteigt der Verlust das ausgewiesene Genusskapital, wird der das Genusskapital übersteigende Verlust als gesonderter Verlustvortrag ausgewiesen. Somit entsteht anstelle einer Nachschusspflicht eine Ausschüttungssperre auf die Genussrechte. Die Gewinnanteile der Genussberechtigten werden dann in den Folgeperioden für die Tilgung des gesonderten Verlustvortrags eingesetzt. Eine Ausschüttung an die Genussberechtigten erfolgt erst wieder, wenn der gesonderte Verlustvortrag vollständig getilgt worden ist.

Die Ausgestaltung der Verlustteilnahme kann auch als Festkapital erfolgen Dabei orientiert sich die Verlustteilnahme des Genusskapitals an der Behandlung des gezeichneten Kapitals. Wird das gezeichnete Kapital im Verlustfall herabgesetzt, so ist das Genusskapital im gleichen Verhältnis und zu gleichen Bedingungen herabzusetzen. Die Genussberechtigten können aufgrund des fehlenden Stimmrechts im Gegensatz zu den Gesellschaftern nicht über den Einsatz einer Kapitalherabsetzung entscheiden, obwohl sie ebenfalls Risikokapital in das Unternehmen einbringen. Diese Ungleichbehandlung wird besonders deutlich, wenn die Kapitalherabsetzung aufgrund von Rückstellungen für drohende Verluste (nach § 249 Abs. 1 Satz 1 HGB) und nicht als Ausgleich für bereits angefallene Verluste vorgenommen wird. Die Genussberechtigten werden dann unangemessen benachteiligt, wenn die Verluste nicht in der erwarteten Höhe eintreten. Ebenso kritisch ist die Herabsetzung des Genusskapitals auf nahezu null, sollte in den Genussscheinbedingungen für diesen Fall eine Einziehung der Genussrechte festgelegt sein. Es ist gesetzlich vorgeschrieben, dass bei einem Kündigungsrecht im Rahmen einer Herabsetzung des Genusskapitals auf null keine unangemessene Benachteiligung der Genussberechtigten gegenüber den Gesellschaftern des Unternehmens erfolgen darf, also ein Ausgleich geschaffen werden muss. Wie dieser Ausgleich zu erfolgen hat, ist allerdings nicht definiert. Bei der Ermittlung einer angemessenen Abfindung sollten mehrere Aspekte berücksichtigt werden, so zum Beispiel die aufgelösten Verlustrückstellungen, wenn die Verluste geringer ausfallen als eventuelle Verlustrückstellungen. Bei Genussscheinen, die einen Anteil am Liquidationserlös verbriefen, sollten zudem stille Reserven in die Abfindung mit einbezogen werden. Dies gilt nicht für Genussrechte, die lediglich einen Anspruch am Gewinn verbriefen. Für den Fall einer Kapitalherabsetzung können als Ausgleich für den Verlust der Genussrechte Bezugs- oder Optionsrechte bei einer späteren Kapitalerhöhung vereinbart werden. Diese ersetzen den Anspruch auf angemessene Abfindung nicht, sondern können nur ergänzend eingesetzt werden, da eine Neuinvestition der Genussberechtigten zur Erhaltung der Renditechancen vorausgesetzt wird. Die Vereinbarung der Zahlung einer bestimmten Summe als Abfindung ist nicht sinnvoll, da sie im Krisenfall die Liquidität eines Unternehmens zusätzlich belasten und die Gläubiger benachteiligen kann.

Durch eine *Nachrangabrede* treten die Genussberechtigten hinter die anderen Gläubiger eines Unternehmens im Rang zurück. Die Nachrangabrede kann sich sowohl auf den laufenden Verlust als auch auf den absoluten Verlust beziehen. Eine Nachrangabrede, die sich auf den laufenden Verlust bezieht, regelt die Rangfolge der Genussberechtigten im Verhältnis zu den Gesellschaftern während der Laufzeit des Genussscheins. Sie kann sich auch auf eine Beteiligung am absoluten Verlust beziehen. Hierbei treten die Genussberechtigten im Insolvenzfall oder bei Liquidation des Unternehmens im Rang hinter alle anderen Gläubiger zurück. Das Genusskapital kann dann nur aus dem freien Vermögen oder dem Liquidationsüberschuss zurückgezahlt werden. Die Nachrangabrede kann somit zu einem Ausfall der Rückzahlung an den Genussscheininhaber führen. Wenn die Genussscheinbedingungen keine Teilnahme am laufenden Verlust vorsehen, kann die Nachrangabrede das einzige Element der Verlustteilnahme darstellen. Die Regelungen bezüglich des laufenden Verlusts können anders ausgestaltet sein als die Vereinbarung über die Rangfolge im Insolvenzfall.

Eine *Beteiligung am Wertzuwachs* des Unternehmens bietet potenziellen Kapitalgebern zusätzliche Investitionsanreize. Die Genussberechtigten haben dann die Möglichkeit, neben der Genussscheinvergütung auch von einer positiven zukünftigen Entwicklung des Unternehmenswertes zu profitieren. In der Praxis erfolgt die Beteiligung der Genussberechtigten am Wertzuwachs des Unternehmens entweder durch eine Beteiligung am Liquidationserlös beziehungsweise am Liquidationsüberschuss, durch so genannte Equity-Kicker oder durch Non-Equity-Kicker. Als Equity-Kicker werden zum Beispiel Wandel- und Optionsrechte verstanden, durch die der Genussberechtigte eine gesellschaftsrechtliche Beteiligung am Unternehmen erhält. Non-Equity-Kicker gewähren im Gegensatz dazu keine Beteiligung am Unternehmen, sondern erlauben den Genussberechtigten eine Teilnahme am Wertzuwachs beispielsweise durch eine Sonderzahlung.

Steigt der Wert eines Unternehmens, profitiert der Genussberechtigte bei der Liquidation des Unternehmens von dem höheren erzielbaren Liquidationserlös beziehungsweise -überschuss. Als Liquidation werden die Beendigung der Erwerbstätigkeit eines Unternehmens und der Verkauf des Vermögens bezeichnet. Ein Anspruch auf Beteiligung am Liquidationserlös besteht nur, wenn dies in den Genussscheinbedingungen explizit vereinbart wird. Für die Berechnung der Beteiligung am Wertzuwachs, die zusätzlich zur Rückzahlung des Genusskapitals geleistet wird, ist eine Unterscheidung zwischen Liquidationserlös und Liquidationsüberschuss wichtig. Der Liquidationserlös umfasst das aus dem Verkauf resultierende Nettoschlussvermögen nach Begleichung aller Verbindlichkeiten, also den Restwert des Unternehmens nach Befriedigung aller Gläubiger inklusive der Genussberechtigten. Der Liquidationsüberschuss hingegen bezeichnet das Vermögen, das bei Liquidation eines Unternehmens nach Befriedigung aller Gläubiger und aller Gesellschafter zur Verfügung steht. Aus Sicht der Genussberechtigten ist eine Orientierung am Liquidationserlös erstrebenswert, da ein Liquidationsüberschuss nicht in allen Fällen ausgezahlt werden kann.

Die genaue Höhe des Liquidationsanteils der Genussberechtigten wird in den Genussscheinbedingungen geregelt. Ähnlich wie bei der Gewinnbeteiligung kann die Beteiligung am Liquidationserlös im Rahmen der Vertragsfreiheit ausgestaltet werden. Der Liquidationsanteil kann als fester oder variabler Prozentsatz oder als fester Nominalbetrag festgelegt oder durch Höchst- beziehungsweise Mindestbeträge eingegrenzt werden. Die Rangfolge der Beteiligung der Genussberechtigten am Liquidationserlös kann grundsätzlich frei vereinbart werden, hier ist eine vor-, gleich- oder nachrangige Behandlung im Vergleich zu dritten Gläubigern möglich. Wenn für den Fall der Liquidation eine Rückzahlungsvereinbarung vereinbart wird, die unabhängig von dem Vorhandensein eines Liquidationserlöses zurückzuzahlen ist, wertet man das Genusskapital handelsrechtlich als Verbindlichkeit. In der Praxis wird von einer Beteiligung der Genussberechtigten am Liquidationserlös nur wenig Gebrauch gemacht. Hintergrund dafür ist § 8 Abs. 3 KStG, wonach ein steuerlicher Abzug der Genussscheinvergütung als Betriebsausgaben nicht möglich ist, wenn die Beteiligung am Liquidationserlös mit einer Gewinnbeteiligung kombiniert wird.

Neben der Gewinnbeteiligung und der Beteiligung am Liquidationserlös können die in den Genussscheinen verbrieften Vermögensrechte auch *Wandel- und Optionsrechte* oder Bezugsrechte auf neue Gesellschaftsanteile, so genannte Equity-Kicker, gewähren.

Wandelgenussscheine beinhalten ein Wandlungsrecht, wonach die bisherigen Genusskapitalanteile des Genussberechtigten in Gesellschaftskapital umgewandelt werden können. Bei Aktiengesellschaften zum Beispiel bedeutet dies eine Wandlung der Genussscheine in Vorzugs- oder Stammaktien. Die Wandlungsbedingungen werden bei Abschluss des Genussrechtsvertrags festgelegt und können sich nach den Bedürfnissen des emittierenden Unternehmens und der Genussberechtigten richten. Das Umtauschverhältnis kann flexibel festgelegt und eine zusätzliche Zahlung bei Wandlung der Genussscheine vereinbart werden. In der Regel werden Wandlungsrechte an Genussscheine mit befristeter Laufzeit gekoppelt, das Wandlungsrecht greift dann bei Ablauf der Laufzeit. Mit Ausübung des Wandlungsrechts wird das Genussrechtsverhältnis beendet, der Genussberechtigte wird dann zum Gesellschafter des Unternehmens. Ein Wandelgenussschein ist für das emittierende Unternehmen interessant, weil bei Beendigung des Genussrechtsverhältnisses keine Rückzahlung an den Genussberechtigten zu erfolgen hat und somit die Liquidität nicht verringert wird.

Optionsgenussscheine verbriefen neben dem eigentlichen Genussrecht zusätzlich noch ein Optionsrecht, das zum Erwerb von Gesellschaftsanteilen berechtigt. Das Optionsrecht ist vom Genussrecht unabhängig und kann davon losgelöst gehandelt werden. Mit der Ausübung dieses Rechts bleibt das Genussscheinverhältnis weiterhin bestehen, der Genussberechtigte wird zusätzlich Gesellschafter des Unternehmens. Die Anteile des Genussberechtigten können entweder von Altgesellschaftern oder im Zuge einer Kapitalerhöhung übernommen werden. Die Bedingungen bezüglich Umtauschverhältnis und Ausübungspreis werden bei der Emission der Genussscheine festgelegt und bieten dem Genussberechtigten somit die Möglichkeit, zu einem späteren Zeitpunkt von seinem Optionsrecht zu profitieren. Die Nachteile von Optionsscheinen für das emittierende Unternehmen bestehen darin, dass durch den Fortbestand des Genussrechtsverhältnisses auch bei Ausübung der Option eine Rückzahlung des Genusskapitals nicht umgangen werden kann und durch die Ausübung der Wandel- und Optionsrechte die Gesellschafterstruktur verwässert wird.

Bezugsrechte auf neue Gesellschaftsanteile, die in Kombination mit Genussscheinen verbrieft werden, können im Gegensatz zu Wandel- und Optionsrechten nur bei Kapitalerhöhungen ausgeübt werden. Der Genussberechtigte besitzt allerdings kein automatisches Recht auf Einforderung einer Kapitalerhöhung, sondern ist an die diesbezüglichen Entscheidungen der Gesellschaftsorgane gebunden.

16.4 Vermögensrechte
beim Genussschein

Genussscheine, die mit Wandel- oder Optionsrechten kombiniert werden, dürfen bei Aktiengesellschaften nach § 221 AktG nur aufgrund eines Beschlusses auf der Hauptversammlung genehmigt werden. Der Beschluss muss von einer Dreiviertelmehrheit des vertretenen Grundkapitals getragen werden und berechtigt den Vorstand des Unternehmens für bis zu fünf Jahre, Genussscheine auszugeben.

Wandel- und Optionsrechte werden in der Praxis oft als *Equity-Kicker* bezeichnet, da sie dem Genussberechtigten durch die mögliche gesellschaftsrechtliche Beteiligung eine Teilnahme am Wertzuwachs des Unternehmens gewähren und somit zusätzliche Investitionsanreize bieten. Die Teilnahme am Wertzuwachs kann aber auch ohne das Recht auf eine gesellschaftsrechtliche Beteiligung als so genannter Non-Equity-Kicker ausgestaltet werden. Dies erfolgt beispielsweise am Ende der Laufzeit durch die Auszahlung einer Rückzahlungsprämie, die sich am Wertzuwachs oder an bestimmten Unternehmenskennzahlen orientieren kann. Fiktive Wandel- oder Optionsrechte beteiligen den Genussberechtigten am Wertzuwachs durch eine auf dem aktuellen Aktienkurs basierende Zahlung. Der Einsatz von Non-Equity-Kickern bietet den Vorteil, dass die Gesellschafterstruktur des Unternehmens nicht verwässert wird. Im Gegenzug wirken sich die Zahlungen im Rahmen der Non-Equity-Kicker negativ auf den Cashflow des Unternehmens aus.

Die weit reichenden Ausgestaltungsmöglichkeiten von Genussscheinen lassen eine *Vielzahl von Vermögensrechten* zu, die neben den typischen Vermögensrechten, wie zum Beispiel dem Recht auf Gewinnbeteiligung, verbrieft werden können. Möglich ist beispielsweise die Gewährung besonderer Benutzungs- oder Bezugsrechte auf Waren durch das emittierende Unternehmen. Benutzungsrechte können sich zum Beispiel auf gesellschaftseigene oder gesellschaftsfremde Einrichtungen wie Sportanlagen oder Bäder beziehen. Die Verbriefung von speziellen Benutzungsrechten eignet sich vor allem für Genussscheine, die in Form von Mitarbeiterbeteiligungen ausgegeben werden. Ebenso ist es möglich, Bezugsrechte auf bestimmte Waren und Dienstleistungen zu verbriefen. Diese werden mit dem Ziel gewährt, zusätzliche Anreize für den Kauf der Genussscheine zu schaffen. Ein Beispiel ist das Recht auf den kostengünstigeren Bezug von Produkten des emittierenden Unternehmens. In der Praxis spielt die Gewährung von Benutzungsrechten und Bezugsrechten auf Waren und Dienstleistungen jedoch nur eine sehr geringe Rolle.

Obwohl der Genussberechtigte mit dem emittierenden Unternehmen in einem schuldrechtlichen Verhältnis steht und folglich die Rechtsstellung eines Gläubigers einnimmt, können ihm in den Genussscheinbedingungen auch *Verwaltungsrechte* eingeräumt werden, solange die autonome Führung des Unternehmens durch die Gesellschafter nicht beeinträchtigt wird. Denkbar sind zum Beispiel das Recht auf Teilnahme an der Haupt- beziehungsweise Gesellschafterversammlung mit beratender Stimme sowie Informationsrechte über Einberufung, Tagesordnungspunkte und Beschlüsse der Haupt- beziehungsweise Gesellschafterversammlung. Ebenso ist es möglich, ein Recht auf Einsicht in den Jahresabschluss oder den Jahresbericht zu gewähren. Die Gewährung dieser Rechte steht dem emittierenden Unternehmen frei und muss ausdrücklich in den Genussscheinbedingungen formuliert werden. Bei einer GmbH müssen die Gesellschafter den besonderen Informations- und Teilnahmerechten zustimmen.

16.5 Ausstattungsmerkmale sowie bilanzielle und steuerliche Behandlung von Genussscheinen

Grundsätzlich können Genussscheine eine unbeschränkte oder auch eine eingeschränkte *Laufzeit* besitzen. Sind die Genussscheine mit einer Laufzeit von unter zwölf Monaten ausgestattet, gilt das eingezahlte Genusskapital nach dem Handelsrecht jedoch auf Unternehmensseite als kurzfristige Verbindlichkeit und ist somit nicht mehr als Eigenkapital anrechenbar. Genussscheine mit Laufzeiten von über 30 Jahren gelten laut Steuerrecht als Eigenkapital, was dazu führt, dass die Ausschüttungen an die Genussscheininhaber nicht mehr als Betriebsausgabenabzug geltend gemacht werden können.

In den Genussscheinbedingungen kann eine Mindesthaltefrist vorgesehen werden, die das Kapital des Genussberechtigten für eine bestimmte Zeit an das Unternehmen bindet. Zudem bieten Laufzeitoptionen die Möglichkeit, die Laufzeit eines Genussscheins zu verkürzen oder zu verlängern. Die Laufzeit der Genussscheine wird vom emittierenden Unternehmen bestimmt und richtet sich nach der Zielsetzung der Finanzierung. Wird mit der Finanzierung durch Genussscheine eine Erhöhung der handelsbilanziellen Eigenkapitalquote angestrebt, so werden zumeist mindestens fünf Jahre Laufzeit festgelegt. Börsennotierte Genussscheine haben oftmals Laufzeiten von circa zehn Jahren.

Ein *Kündigungsrecht* kann sowohl für den Emittenten als auch für den Genussberechtigten eingeräumt werden. Dabei ist es unerheblich, ob das Genussrechtsverhältnis befristet oder unbefristet angelegt ist. Die Kündigungsvoraussetzungen können in den Genussscheinbedingungen gemäß dem Grundsatz der Vertragsfreiheit weitgehend frei gestaltet werden. Eine Unterscheidung zwischen ordentlichem und außerordentlichem Kündigungsrecht ist sinnvoll.

Das *ordentliche Kündigungsrecht* wird ebenfalls in den Genussscheinbedingungen formuliert. Eine mögliche Variante sieht die Vereinbarung einer Mindesthaltefrist vor, nach deren Ablauf eine Kündigung überhaupt erst möglich wird. Ebenso können bestimmte Kündigungszeitpunkte festgelegt werden, zu denen eine Kündigung erfolgen kann. Bei Genussscheinverhältnissen mit unbefristeter Laufzeit besteht, soweit es nicht anders vereinbart ist, nach § 608 BGB ein ordentliches Kündigungsrecht für beide Seiten. Bei Genussscheinen mit begrenzter Laufzeit besteht ein ordentliches Kündigungsrecht nur, wenn dies ausdrücklich vereinbart wurde.

Während das ordentliche Kündigungsrecht bei Genussscheinen ausgeschlossen werden kann, kann eine *außerordentliche Kündigung* nach § 314 BGB bei Vorliegen eines wichtigen Grundes ausgesprochen werden. Ein wichtiger Grund liegt vor, wenn dem kündigenden Teil die Fortsetzung des Vertragsverhältnisses bis zur vereinbarten Beendigung oder bis zum Ablauf einer Kündigungsfrist nicht zugemutet werden kann. Nach § 314 Abs. 1 BGB müssen die Umstände des Einzelfalls besonders berücksichtigt werden, vor allem die vertraglichen und gesetzlichen Risikoverteilungen. Der Genussberechtigte als Risikokapitalgeber bei wirtschaftlichem Misserfolg des Unternehmens besitzt also kein außerordentliches Kündigungsrecht. Eine Manipulation des Jahresabschlusses, die eine Ausschüttung an den Genussberechtigten vermindert, kann dagegen als außerordentlicher Kündigungsgrund angesehen werden. Dies gilt auch bei einem Zahlungsverzug des Unternehmens, ohne dass ein wirtschaftlicher Grund vorliegt. Bei einer Störung der Geschäftsgrundlage kann gemäß § 313 BGB eine Anpassung der Vertragsbedingungen erwirkt werden. Eine Störung der Geschäftsgrundlage liegt vor, wenn Veränderungen in den Grundlagen des Vertrags eingetreten sind, die für eine Partei nicht zumutbar sind und unter denen ein Vertragsschluss von vornherein nicht zustande gekommen wäre. Eine Kündigung des Genussrechtsverhältnisses aufgrund einer Störung der Geschäftsgrundlage ist nur möglich, wenn trotz der Anpassung der Vertragsbedingungen die Fortsetzung des Vertragsverhältnisses für eine Partei nicht zumutbar ist. Die außerordentliche Kündigung und die Regelungen im Falle einer Störung der Geschäftsgrundlage können in den Genussscheinbedingungen nicht ausgeschlossen werden. Es ist daher ratsam, rechtlichen Unklarheiten bezüglich der außerordentlichen Kündigung durch entsprechende Vereinbarungen in den Genussscheinbedingungen zu begegnen; die speziellen Regelungen gehen den allgemeinen Rechtsgrundsätzen vor.

Bei Genussscheinen mit begrenzter Laufzeit oder bei Kündigung des Genussrechtsverhältnisses wird in der Regel eine *Rückzahlung* des eingesetzten Kapitals an den Genussberechtigten vereinbart. Die Tilgung der Genussscheine erfolgt gemäß der vereinbarten Rangfolge zumeist in einem Betrag am Ende der Laufzeit. Normalerweise sind Tilgungszahlungen während der Laufzeit des Genussscheins nicht vorgesehen, da sie den Cashflow eines Unternehmens belasten, der für die Bedienung der vorrangigen Darlehen eingesetzt werden sollte. Während der Laufzeit besteht die Vergütung der Genussberechtigten daher typischerweise nur aus den Zinszahlungen. Alternativ kann auch eine Vergütung vereinbart werden, bei der sämtliche Zinszahlungen erst am Ende der Laufzeit ausgeschüttet werden. Ebenso ist es möglich, dem emittierenden Unternehmen Sondertilgungsrechte zu gewähren. Voraussetzung für eine Sondertilgung ist, dass genügend Cashflow vorhanden ist, der nicht an die Befriedigung vorrangiger Gläubigeransprüche gebunden ist. Auch muss eine dementsprechende Vereinbarung mit den anderen Gläubigern getroffen werden (Intercreditor Agreement). In der Praxis ist in den Genussscheinbedingungen eine Rückzahlung in Höhe des Nennwerts beziehungsweise zum Buchwert (Nennwert abzüglich angefallener Verluste) üblich. Anstelle einer Rückzahlung des Genusskapitals kann zum Ende der Laufzeit zur Schonung des Cashflows ein Wandlungsrecht vereinbart werden. Durch die Ausübung des Wandlungsrechts bei Fälligkeit erhält der Genussberechtigte als Ersatz für seinen Rückzahlungsanspruch eine gesellschaftsrechtliche Beteiligung am Unternehmen.

Neben der steuerlichen Behandlung als Fremdkapital streben Unternehmen eine *bilanzielle Einstufung* des Genusskapitals als Eigenkapital an. Eine Erhöhung des Eigenkapitals durch die Ausgabe von Genussscheinen hat den Vorteil, dass die Kapitalstruktur des emittierenden Unternehmens verbessert wird. Die Erhöhung der Eigenkapitalquote, also des Anteils des Eigenkapitals am Gesamtkapital des Unternehmens, bringt dem Unternehmen Vorteile, zum Beispiel eine erleichterte Kreditaufnahme bei Banken durch bessere Ratings. Um eine handelsbilanzielle Anrechnung des Genusskapitals als Eigenkapital zu erreichen, müssen je nach Rechnungslegung verschiedene Voraussetzungen erfüllt sein. Im Folgenden werden diese für die Rechnungslegung nach HGB sowie nach den internationalen Rechnungslegungsstandards IFRS dargestellt.

Die bilanzielle Behandlung von Genussrechten ist im HGB nicht gesondert geregelt. Allerdings hat der Hauptfachausschuss (HFA) des Instituts der Wirtschaftsprüfer (IDW) 1994 in einer Stellungnahme »Zur Behandlung von Genussrechten im Jahresabschluss von Kapitalgesellschaften« Kriterien für die Eigenkapitalqualifikation von Genussrechten formuliert. Laut IDW muss Genusskapital eine ausreichende Haftungsqualität besitzen, um sich als Eigenkapital zu qualifizieren. Dies ist gewährleistet, wenn vier Kriterien zeitgleich erfüllt werden, diese sind die Nachrangigkeit, die erfolgsabhängige Vergütung, die Verlustteilnahme in voller Höhe und die Längerfristigkeit der Kapitalüberlassung.

Nachrangigkeit bedeutet, dass die Rückzahlungsansprüche der Genusskapitalgeber im Fall einer Insolvenz der Gesellschaft erst nach der Geltendmachung der Ansprüche aller anderen Gläubiger betrachtet werden und somit Genusskapital zur Befriedigung der Ansprüche der Fremdkapitalgeber herangezogen werden kann. Die Ansprüche der Genussberechtigten werden erst aus einem möglichen Liquidationserlös befriedigt, wobei die Verteilung zwischen den Eigenkapitalgebern und Genussberechtigten keine Auswirkungen auf die bilanzielle Behandlung des Genusskapitals hat.

Das Kriterium der *erfolgsabhängigen Vergütung* bezieht sich auf die laufende Vergütung des Genusskapitals. Das Genusskapital soll danach nur aus frei verfügbaren Teilen des Eigenkapitals vergütet werden, wobei die Ausschüttung nicht zu einem Jahresfehlbetrag führen darf. Die Vergütungsmöglichkeiten für die verschiedenen Eigenkapitalbestandteile sowie Ausschüttungen aus Gewinnrücklagen bei AG und GmbH sind limitiert (§§ 269, 272 IV und 274 II HGB). Genussrechte mit Eigenkapitalfunktion dürfen diese Kapitalerhaltungsregeln durch erfolgsunabhängige Vergütung nicht umgehen. Genusskapital mit einer erfolgsunabhängigen Mindestverzinsung darf nicht als Eigenkapital gewertet werden, dies ist laut IDW nur dann zulässig, wenn keine besonders geschützten Teile des Eigenkapitals herangezogen werden.

Wird das Genusskapital vollständig zum Ausgleich aufgelaufener Verluste herangezogen, ist damit das Kriterium der *Verlustteilnahme* in voller Höhe erfüllt. Die anfallenden Verluste werden erst in gesamtem Umfang mit dem Genusskapital verrechnet, bevor die besonders gesetzlich geschützten Teile des Eigenkapitals zur Verlustdeckung herangezogen werden. Als Ausgleich kann ein Nachzahlungsanspruch für die Genussscheininhaber eingeräumt werden. Bei einem Nachzahlungsanspruch werden die aufgelaufenen Verluste bei ausreichenden Jahresüberschüssen in den Folgeperioden ausgeglichen.

Die *Längerfristigkeit* der Kapitalüberlassung ist von der Haftungsfunktion des Eigenkapitalbegriffes abgeleitet. Hier soll die längerfristige Haftungsfunktion des Genusskapitals gegenüber den Fremdkapitalgebern sichergestellt werden, wobei kein genauer Zeitraum bestimmt ist. Lediglich für Kreditinstitute (§ 10 Abs. 5 KWG) sowie für Versicherungen (§ 53c Abs. 3a VAG) sind in diesem Zusammenhang Mindestlaufzeiten von fünf Jahren gesetzlich definiert. Eine Umqualifizierung des Genusskapitals aufgrund der sich stetig verkürzenden Restlaufzeit ist nicht erforderlich.

Bei der Bilanzierung des Genusskapitals nach HGB muss grundsätzlich zwischen Genussrechten mit Eigenkapital- und solchen mit Fremdkapitalcharakter unterschieden werden.

Qualifiziert das Genusskapital als Fremdkapital, so wird es gemäß § 266 Abs. 2 Nr. 2 HGB (§ 265 Abs. 5 Satz 2 HGB) als Verbindlichkeit unter dem neuen Posten »Genusskapitalverbindlichkeiten« oder »Genussrechtskapital« ausgewiesen. Börsennotierte Genussscheine können mit einem Davon-Vermerk unter dem Posten »Anleihen« ausgewiesen werden. Genusskapital mit Eigenkapitalcharakter kann entweder in einer neuen Eigenkapitalposition gemäß § 265 Abs. 5 HGB oder als Kapitalrücklage ausgewiesen werden. Der Hauptfachausschuss des IDW empfiehlt, eigenkapitalähnliches Genusskapital in einer neuen Bilanzposition nach den Gewinnrücklagen oder als letzten Eigenkapitalposten auszuweisen.

Genussscheine werden oftmals mit Agien oder Disagien ausgegeben, die teilweise in der Bilanz angeführt werden müssen. Generell besteht nach HGB für nennwertbezogene Agien oder Disagien keine Ausweispflicht. Nennwertbezogene Agien oder Disagien entstehen, wenn der Ausgabe- oder der Rückzahlungswert der Genussscheine vom Nennwert abweicht. Agien oder Disagien müssen nur dann ausgewiesen werden, wenn eine Differenz zwischen Ausgabe- und Rückzahlungswert besteht, da hier ein ergebniswirksamer Überschuss beziehungsweise Fehlbetrag entsteht. Ein Disagio zwischen Ausgabebetrag und höherem Rückzahlungsbetrag kann als vorzeitige Genussscheinvergütung angesehen werden und sollte daher auf der Aktivseite der Bilanz als Rechnungsabgrenzungsposten erfasst und durch jährliche Abschreibungen getilgt werden. Eine Differenz zwischen Auszahlungsbetrag und geringerem Rückzahlungsbetrag entspricht somit einem Agio, das auf der Passivseite der Bilanz angesetzt und jährlich erfolgswirksam aufgelöst werden kann.

Auch bei der Bilanzierung der laufenden Vergütung der Genussscheine in der *Gewinn- und Verlustrechnung* des emittierenden Unternehmens muss zunächst zwischen Genusskapital mit Eigen- oder Fremdkapitalcharakter unterschieden werden. Aufwendungen für Genussrechte mit Fremdkapitalcharakter werden unter dem Posten »Zinsen und ähnliche Aufwendungen« ausgewiesen und müssen im Anhang vermerkt werden. Dabei ist es uner-

16.5 Ausstattungsmerkmale sowie bilanzielle und steuerliche Behandlung von Genussscheinen

heblich, ob es sich um eine feste oder eine erfolgsabhängige Vergütung des Genusskapitals handelt. Bei Genussrechten mit Verlustbeteiligung wird im Falle eines Verlusts die Verbindlichkeit des Genusskapitals auf der Passivseite der Bilanz verringert und in der GuV nach § 277 Abs. 3 Satz 2 HGB als »Ertrag aus Verlustübernahme« oder als »Ertrag aus Herabsetzung des Genusskapitals« in einem gesonderten Posten ausgewiesen. Die eventuelle Wiederauffüllung des Genussrechtkapitals zu einem späteren Zeitpunkt erfolgt dann analog als Aufwand in der GuV mit einer gleichzeitigen Erhöhung des Genussrechtkapitals. Der IDW sieht Ausschüttungen auf Genussrechte mit Eigenkapitalcharakter ebenfalls als Aufwand an. Dies wird damit begründet, dass das Jahresergebnis komplett zur Disposition der Gesellschafter stehen muss (§ 58 Abs. 4 AktG). Die Vergütung der Genussberechtigten sollte daher schon vorher in einem separaten Posten als Aufwand in der GuV ausgewiesen werden. Es ist ebenfalls möglich, die Ausschüttung an die Genussberechtigten in einem gesonderten Posten des Eigenkapitals auszuweisen. Mögliche Verlustteilnahmen des Genusskapitals mit Eigenkapitalcharakter sind als Entnahmen aus Rücklagen auszuweisen. Eine spätere Wiederauffüllung des Genusskapitals wird dann dementsprechend als Rücklagenzuführung betrachtet. Generell sind Art und Zahl der Genussrechte *im Anhang des Jahresabschlusses* anzugeben. Genussrechte mit Fremdkapitalcharakter müssen bei einer Restlaufzeit von über fünf Jahren als langfristige Verbindlichkeiten im Anhang aufgeführt werden (§ 285 Nr. 1a HGB). Bei Genussrechten mit Eigenkapitalcharakter ist die Restlaufzeit anzugeben. Diese ermittelt sich aus dem Zeitraum zwischen dem Bilanzstichtag und dem frühestmöglichen Kündigungs- oder Rückzahlungszeitpunkt.

Genussrechte können im Jahresabschluss nach IFRS sowohl als Fremdkapital wie auch als Eigenkapital angesetzt werden. Eine Unterscheidung erfolgt vor allem anhand der vereinbarten Rückzahlungsmodalitäten.

Nach *IFRS* qualifiziert Genusskapital als Fremdkapital, wenn nach IAS 32.22 eines oder mehrere der folgenden Kriterien erfüllt sind: Genusskapital gilt als finanzielle Verbindlichkeit, wenn der Genussberechtigte einen Anspruch auf die Rückzahlung des eingesetzten Kapitals in voller Höhe hat, eine Verlustbeteiligung also ausgeschlossen wurde. Dies ist beispielsweise der Fall, wenn in den Genussscheinbedingungen der Rückkauf des Genussscheins durch das emittierende Unternehmen zu einem vorher festgelegten Betrag vereinbart wurde. Analog wird Genusskapital als Fremdkapital betrachtet, wenn der Genussberechtigte nach Ablauf einer festgelegten Frist die Rückzahlung des eingesetzten Kapitals zu einem vorher vereinbarten Betrag verlangen kann.

Nach IFRS wird Genusskapital als Eigenkapital gewertet, wenn sich der Rückzahlungsanspruch der Genussberechtigten nur auf das Restvermögen der Gesellschaft nach Befriedigung aller Gläubiger bezieht. Zudem dürfen die Genussscheinbedingungen nicht derart ausgestaltet sein, dass der Genussberechtigte die Rückzahlung des eingesetzten Kapitals einfordern kann. Die Gewährung einer derartigen Option für das emittierende Unternehmen ist allerdings denkbar, ohne die Eigenkapitalqualifikation des Genusskapitals zu beeinträchtigen. Der Ausweis des Genusskapitals kann bei Erfüllung der oben genannten Kriterien im Eigenkapital in einem gesonderten Posten erfolgen.

Wandel- oder Optionsgenussscheine bestehen aus Eigen- und Fremdkapitalanteilen. Die Schuldkomponente wird als Fremdkapital angesetzt, während die Option auf Wandlung des Genussscheins in Gesellschaftsanteile als Eigenkapital gewertet wird. Ein Wandel- oder Optionsgenussschein kann dann komplett als Eigenkapital angesetzt werden, wenn die Verpflichtung des Emittenten aus dem Genussscheinverhältnis durch eine Beteiligung der Genussberechtigten am Unternehmen abgegolten werden kann. Als Bedingung gilt, dass der Genussberechtigte am Risiko der Wertänderung des Eigenkapitals teilnimmt. Dazu kann zum Beispiel die Anzahl der dem Genussberechtigten zustehenden Gesellschaftsanteile schon bei der Emission des Genussscheins festgelegt werden. Da der Wert der Gesellschaftsanteile zum Zeitpunkt der Wandlung nicht dem ursprünglichen Wert entsprechen muss, nimmt der Genussberechtigte am Risiko der Wertänderung des Eigenkapitals teil.

Die aus dem Genusskapital resultierenden Gewinne oder Verluste werden in der GuV als Erträge oder Aufwendungen angegeben. Bei einer Klassifizierung des Genusskapitals in der Bilanz als Fremdkapital wird die laufende Vergütung der Genussberechtigten im Zinsergebnis aufgeführt. Qualifiziert das Genusskapital als Eigenkapital, werden damit verbundene Erträge oder Aufwendungen dem Eigenkapital direkt zugeschrieben oder abgesetzt.

IAS 32 fordert die Angabe von umfassenden Informationen über Fremd- und Eigenkapitalinstrumente im Anhang eines Geschäftsberichts. Dies soll dem Bilanzadressaten einen besseren Einblick in die wirtschaftliche Situation des Unternehmens ermöglichen. Im Einzelnen beziehen sich die Informationsanforderungen beispielsweise auf Art und Umfang der Finanzierungsinstrumente. Wesentliche vertragliche Regelungen wie Laufzeiten, die Auswirkungen auf die Höhe, die Zeitpunkte und die Wahrscheinlichkeit zukünftiger Finanzmittelzuflüsse haben können, müssen ebenfalls erläutert werden. Ferner sind die angewendeten Rechnungslegungsgrundsätze und Bewertungsmethoden anzugeben.

16.5 Ausstattungsmerkmale sowie bilanzielle und steuerliche Behandlung von Genussscheinen

Genussrechte sind nach IFRS mit den fortgeführten Anschaffungskosten zu bewerten, die als ursprüngliche Anschaffungskosten abzüglich Kapitalrückzahlungen und Amortisationen wie beispielsweise Disagien definiert werden. Eine Marktbewertung wird nicht vorgenommen, da die Ausgabe der Genussscheine nicht zu Handelszwecken erfolgt.

Entscheidend für die *ertragssteuerliche Behandlung* von Genusskapital bei Kapitalgesellschaften ist ebenfalls die Einstufung als Eigen- oder Fremdkapital. Bei *Genusskapital mit Eigenkapitalcharakter* (beteiligungsartiges Genusskapital) gelten die Vorschriften des Körperschaftsteuergesetzes (KStG). Nach § 8 Abs. 3 Satz 2 KStG gilt das Genusskapital steuerrechtlich als Eigenkapital, wenn die Genussscheine sowohl eine Beteiligung an einem möglichen Liquidationserlös als auch eine Gewinnbeteiligung verbriefen. Im Umkehrschluss bedeutet dies, dass Genusskapital steuerrechtlich dann als Fremdkapital (obligationenartiges Genusskapital) anerkannt wird, wenn eines der beiden oben genannten Kriterien nicht zutrifft. Nur bei obligationenähnlichem Genusskapital ist ein Abzug der Genussscheinvergütung als Betriebsausgaben möglich. Eine Teilnahme am Liquidationserlös liegt dann vor, wenn der Genussscheininhaber das eingesetzte Genusskapital nicht vor der Liquidation des Unternehmens zurückfordern kann, das heißt, wenn kein Kündigungsrecht eingeräumt und keine befristete Laufzeit festgelegt wurde. Ebenso wird die anteilige Auszahlung von stillen Reserven als Kriterium der Teilnahme am Liquidationserlös angesehen. Ausschüttungen auf Genussrechte mit festen oder unkündbaren Laufzeiten von bis zu 30 Jahren werden in der Regel als Betriebsausgaben anerkannt. Bei Laufzeiten von über 30 Jahren verliert der Rückzahlungsanspruch der Genussberechtigten seine wirtschaftliche Bedeutung, womit er selbst für den Fall, dass keine Beteiligung am Liquidationserlös vorgesehen ist, nicht mehr von der Steuer abgesetzt werden kann. Das Kriterium der Gewinnbeteiligung ist dann erfüllt, wenn der erzielte Gewinn zwischen Gesellschaftern und Genussberechtigten aufgeteilt wird. Da die Höhe der Genussscheinvergütung von der Höhe des Gewinns abhängt, nehmen die Genussberechtigten am Risiko des Geschäftsbetriebs teil.

Ausschüttungen auf beteiligungsartiges Genusskapital werden beim emittierenden Unternehmen wie Dividenden als Gewinnverwendung behandelt, da sie eine Verwendung des Einkommens darstellen. Die körperschaftsteuerliche Bemessungsgrundlage kann deshalb nicht durch einen Betriebsausgabenabzug gemindert werden. Die Ausschüttungen an die Genussberechtigten unterliegen der vollen Körperschaft- sowie der Gewerbesteuer. Für Kapitalgesellschaften als Genussberechtigte ist § 8b KStG von Bedeutung, wonach für Ausschüttungen auf Beteiligungen an anderen Körperschaften oder Personenvereinigungen die Dividendenfreistellung gilt. Zusätzlich muss das pauschale Abzugsverbot von 5 % beachtet werden. Ausschüttungen auf Genussscheine unterliegen nach § 43 Abs. 1 Nr. 1 EStG der Kapitalertragsteuer und der Gewerbesteuer. Für die Berechnung der Bemessungsgrundlage der Gewerbesteuer gelten die Regelungen bezüglich Hinzurechnungen (§ 8 Nr. 5 GewStG) und Kürzungen (§ 9 Nr. 2a GewStG).

Eine Beteiligung am Verlust durch Genussscheine wird steuerlich gleich behandelt wie bei anderen Anteilsrechten.

Genusskapital gilt dann als obligationenartig, wenn die Kriterien der Beteiligung am Liquidationserlös und der Gewinnbeteiligung nicht gleichzeitig erfüllt sind. Ausschüttungen an Genussberechtigte können vom emittierenden Unternehmen wie Zinsaufwendungen für Fremdkapital als Betriebsausgaben steuerlich geltend gemacht werden. Eine Klassifizierung der Genussscheinvergütung als Betriebsausgaben hat den Vorteil, dass der körperschaftsteuerpflichtige Gewinn vermindert wird und weniger Körperschaft- und Gewerbesteuer anfallen. Bei der Berechnung der Bemessungsgrundlage der Gewerbesteuer ist für Ausschüttungen auf das Genusskapital § 8 Gewerbesteuergesetz (Hinzurechnungen) zu beachten. Demnach muss die Vergütung des obligationenartigen Genusskapitals für die Berechnung der gewerbesteuerlichen Bemessungsgrundlage hälftig hinzugerechnet werden.

Es sollte auch geprüft werden, ob die Genussscheinvergütung als verdeckte Gewinnausschüttung betrachtet werden kann. Dies kann dann der Fall sein, wenn der Genussberechtigte gleichzeitig Gesellschafter des Unternehmens ist oder einem Gesellschafter nahe steht. Genussscheinvergütungen an beherrschende Gesellschafter gelten dann als verdeckte Ausschüttung, wenn sie direkt von der Höhe der Gewinnausschüttung abhängen. Die Einnahmen aus Genusskapitalanlagen sind für Unternehmen steuerpflichtig. Nach § 20 Abs. 1 Nr. 7 EStG zählen Genussscheinvergütungen zu den einkommensteuerpflichtigen gewerblichen Einkünften. Die Genussberechtigten müssen für die Ausschüttungen aus den Genusskapitalanlagen zudem nach § 43 Abs. 1 Nr. 2 EStG Kapitalertragsteuer entrichten. Bei obligationenartigen Genussscheinen ist eine Teilwertabschreibung mit steuerlicher Wirkung möglich, was bei beteiligungsähnlichen Genussscheinen nicht der Fall ist.

Genusskapital von Körperschaften, die keine Kapitalgesellschaften sind (zum Beispiel Personengesellschaften, Einzelunternehmen, eingetragene Genossenschaft, Versicherungsverein auf Gegenseitigkeit), wird generell wie Fremdkapital behandelt. Die einkommensteuerliche Behandlung von Genussscheinen bei Privatanlegern ist besonders für mittelständische Unternehmen relevant. Die Vergütung, die der Genussberechtigte im Gegenzug für seine Anlage erhält, unterliegt der Einkommensteuer. Nach § 20 Abs. 1 Nr. 7 EStG zählen sie zu den Einkünften aus Kapitalvermögen. Die Berechnung der Steuerlast des Anlegers erfolgt anhand des *Halbeinkünfteverfahrens*. Danach erfolgt die Berechnung der Einkommensteuerlast in zwei Schritten. In einem ersten Schritt führt das Unternehmen die pauschale Kapitalertragsteuer auf den Gewinnanteil des Anlegers als Steuergutschrift an das zuständige Finanzamt ab. Die Kapitalertragsteuer beträgt 25 % zuzüglich 5,5 % Solidaritätszuschlag auf die Kapitalertragsteuer. Im zweiten Schritt wird die Gutschrift des Genussberechtigten mit der individuellen Steuerschuld verrechnet. Die Bruttodividende unterliegt der individuellen Einkommensteuer des Genussberechtigten zuzüglich des Solidaritätszuschlags. Nach der Verrechnung der Steuergutschrift mit der individuellen Steuerschuld des Genussberechtigten muss dieser entweder eine Nachzahlung leisten oder er erhält eine Rückzahlung.

Für Dividendenausschüttungen auf Genussscheine gelten die Sparerfreibeträge und Werbungskostenpauschbeträge. Für private Anleger sind zudem die Steuern auf Veräußerungsgewinne relevant. Diese fallen an, wenn der Gewinn aus dem Verkaufserlös abzüglich der Anschaffungs- und Veräu-

Gewinnanteil	100,00 €
Besteuerung auf Unternehmensseite	
Kapitalertragsteuer	25,00 €
Solidaritätszuschlag	1,38 €
= **Nettodividende**	**73,62 €**
Steuergutschrift insgesamt	26,38 €
Besteuerung beim Anleger	
Nettodividende	73,62 €
Steuergutschrift	26,38 €
= Einkünfte aus Kapitalvermögen	100,00 €
Steuerlast bei einem persönlichen Steuersatz von 35 % zzgl. Solidaritätszuschlag	36,93 €
Steuergutschrift	26,38 €
Vom Anleger noch zu zahlende Einkommensteuer	**10,55 €**
Gewinnanteil nach Steuern	**63,07 €**

Abb. 56: Beispielrechnung der Gewinnbesteuerung

ßerungskosten mehr als 512 € beträgt und der Verkauf innerhalb eines Jahres nach der Anschaffung erfolgt. Zudem unterliegen Genussscheine der Erbschafts- und der Schenkungssteuer.

16.6 Fallbeispiel zur Ausgabe von Genussscheinen

Die Beispiel-AG ist ein Hersteller von Schleifmitteln, die in der Industrie zur Veredelung von Oberflächen und im Handwerk eingesetzt werden. Als Einzelunternehmen gegründet, wurde das Unternehmen unter neuer Geschäftsführung zur heutigen Beispiel-AG umgewandelt. Die Beispiel-AG ist die Konzernmutter von vier hundertprozentigen Tochtergesellschaften. Die drei ausländischen Vertriebsgesellschaften in Frankreich, England und Schweden befinden sich noch im Aufbau. Das deutsche Tochterunternehmen produziert exklusiv für die Beispiel-AG. 75 % der Umsätze der Beispiel-AG werden im Ausland generiert. Die Beispiel-AG beschäftigt rund 350 Mitarbeiter, das Grundkapital der Gesellschaft beträgt 5 000 000 €. Zudem bestand eine erfolgsabhängige Genussrechtsbeteiligung eines institutionellen Investors am Unternehmen, die durch Teilrückzahlung und Teilverzicht abgewickelt wurde.

Der institutionelle Investor beteiligte sich dann mit 800 000 € an der neuen Genussscheinemission. Das Emissionsvolumen umfasste 250.000 Genussscheine im Gesamtnennbetrag von 25 000 000 € in Form von Inhaberpapieren. Die Genussscheinemission diente dem Ziel der Verbesserung der Finanzstruktur und der Stärkung der Liquidität der Beispiel-AG. Investitionen im Inlandssegment, eine Erweiterung des Netzes der Auslandsniederlassungen sowie eine weitere Automatisierung der Produktion sollten weitgehend bankenunabhängig über privates Genusskapital finanziert werden. Ebenso sollten durch die zusätzliche Liquidität Factoringkosten eingespart werden, die bis zu 17 % der an die Factoringgesellschaft abgetretenen Forderungen betrugen. Auch sollte die Liquidität zur gezielten Nutzung von Skonti eingesetzt werden. Die Verbriefung der Genussrechte erfolgte als Globalgenussschein. Die Stückelung der Miteigentumsanteile an der Sammelurkunde betrug 100 € pro Anteil bei einer Mindestzeichnung von 1 000 €. Die Ausgabe der Anteile erfolgte bis zum Stichtag in Höhe von 100 % des Nennwerts. Spätere Ausgaben von Anteilen erfolgten dann jeweils zum aktuellen Kurs. Für alle Anteile fiel zudem ein Ausgabeagio von 5 % als Abschlussgebühr an, wodurch die Kosten der Kapitalmarktemission gedeckt werden sollten. Die Emissionskosten bestanden im Wesentlichen aus den fixen Kosten

315

für Prospektherstellung, Prospektentwicklung, Druck und Marketing sowie aus den variablen Kosten, die durch die Platzierung und die Begleitung der Emission entstehen. Die Platzierung der Genussscheine erfolgte größtenteils ohne die Beteiligung von Finanzdienstleistern. Die variablen Kosten für die direkte Platzierung wurden mit 1.650.000 € veranschlagt, denen ein Agio von 1 250 000 € gegenüberstand. Die Emissionsaufwendungen überstiegen die Emissionserträge also um 400.000 €. Die Handelbarkeit der Genussscheine war zunächst eingeschränkt, eine Börsennotierung beziehungsweise eine Aufnahme in den Telefonhandel oder ein alternatives Handelssystem wurden jedoch für die Zukunft vorgesehen. Die Beispiel-AG hatte vor, das Genussrechtskapital vollständig zu platzieren, wobei mit Kapitalzuflüssen von 5 000 000 € im ersten Jahr, 12 000 000 € im zweiten Jahr und 8 000 000 € im dritten Jahr nach der Emission gerechnet wurde. Gleichzeitig sollte der Anteil der Fremdkapitalfinanzierungen am Unternehmen in der Zukunft reduziert werden. Die Planung für das zweite Jahr sah eine Reduktion des Fremdkapitalanteils um 7 000 000 € auf 5 000 000 € vor. Die Genussscheinbedingungen regelten die vertraglichen Bedingungen des Vertragsverhältnisses zwischen der Beispiel-AG und den Genussberechtigten. Die folgend angeführten Bedingungen der Beispiel-AG sind ein typisches Beispiel für die Ausgestaltung eines mezzaninen Kapitalbeschaffungsgenussscheins eines mittelständischen Unternehmens.

Gewinnbeteiligung:
Die Gewinnbeteiligung der Genussscheine der Beispiel-AG teilt sich auf in eine Grunddividende und eine Übergewinnbeteiligung. Die Grunddividende besteht aus einer Mindestausschüttung in Höhe von 6,5 % des Nennbetrags. Darüber hinaus gewährt die Übergewinnbeteiligung den Genussberechtigten eine zusätzliche Vergütung von 25 % des Jahresüberschusses. Durch die Grunddividende darf sich kein Jahresfehlbetrag ergeben. Die Ausschüttungen an die Genussberechtigten reduzieren sich entsprechend, wenn der Jahresüberschuss zur Zahlung nicht vollständig ausreicht, für die Wiederauffüllung des Genusskapitals eingesetzt wird oder den gesetzlichen beziehungsweise satzungsmäßigen Rücklagen zugeführt werden muss. Für nicht bediente Grunddividendenansprüche besteht ein Nachzahlungsanspruch aus den Jahresüberschüssen der nachfolgenden Geschäftsjahre. Die individuell gestalteten Regelungen hinsichtlich der Gewinnbeteiligung zeigen die großen Ausgestaltungsmöglichkeiten, die es der Beispiel-AG gestatten, die Finanzierung den Bedürfnissen des Unternehmens anzupassen.

16 Genussscheine
und der graue
Kapitalmarkt

Verlustbeteiligung:

Weist die Beispiel-AG in ihrem Jahresabschluss einen Jahresfehlbetrag aus, so nimmt das Genusskapital bis zur vollen Höhe am Verlust teil. Dabei wird das Genusskapital in Verhältnis zu den nicht besonders gegen Ausschüttung geschützten bilanzierten Eigenkapitalanteilen anteilig herabgesetzt. Im Verhältnis zu den besonders geschützten Eigenkapitalanteilen wird das Genusskapital vorrangig gemindert. Werden in den folgenden Geschäftsjahren Jahresüberschüsse erzielt, müssen diese von der Beispiel-AG nach der Wiederauffüllung der gesetzlichen und satzungsmäßigen Rücklagen wieder zur Erhöhung des Genusskapitals bis auf den Nennwert eingesetzt werden.

Nachrangigkeit:

Die Genussscheinbedingungen der Beispiel-AG enthalten eine für Genussscheine typische Rangrücktrittsvereinbarung. In ihr ist festgelegt, dass die Forderungen aus den Genussscheinen gegenüber allen anderen Ansprüchen von Gläubigern im Rang zurücktreten. Das Genusskapital wird im Fall des Insolvenzverfahrens oder der Liquidation der Beispiel-AG erst nach Befriedigung aller nicht nachrangigen Gläubiger zurückgezahlt. Die Genussscheine begründen keinen Anspruch auf Teilnahme am Liquidationserlös im Falle der Auflösung der Gesellschaft.

Laufzeit, Kündigung, Rückzahlung und Bezugsrechte:

Die Laufzeit der Genussscheine ist unbestimmt. Eine Kündigung ist frühestens zum 31. Dezember eines Jahres möglich, wobei eine Kündigungsfrist von zwei Jahren eingehalten werden muss. Die Rückzahlung der wirksam gekündigten Genussscheine erfolgt zum Nennbetrag abzüglich einer etwaigen anteiligen Verlustbeteiligung. Bei der Gewährung von weiteren Genussrechten haben die Genussberechtigten zunächst kein implizites Bezugsrecht auf die neuen Anteile. Ein solches Bezugsrecht kann allerdings von der Hauptversammlung der Beispiel-AG beschlossen werden.

Mitgliedschaftliche Rechte:

In den Genussscheinbedingungen wird ausdrücklich darauf hingewiesen, dass die Genussscheine Gewinnrechte gewähren, die keine Mitgliedschaftsrechte wie Teilnahme-, Mitwirkungs- und Stimmrechte an der Hauptversammlung beinhalten.

Bilanzpolitik der Gesellschaft:

Die Beispiel-AG verpflichtet sich zudem, den besonderen Interessen der Genussberechtigten bei der Aufstellung der Jahresabschlüsse Rechnung zu tragen. Das gilt insbesondere bei bilanzpolitischen Entscheidungen wie bei der Bildung und Auflösung von Rücklagen.

Die Genussscheinbedingungen der Beispiel-AG ermöglichten es dem Unternehmen, die Ziele einer Mezzanine-Finanzierung zu erreichen. Durch die Ausgabe der Genussscheine konnte das bilanzielle und wirtschaftliche Eigenkapital erhöht werden, bei gleichzeitiger Erfüllung der steuerlichen Voraussetzungen für einen Betriebsausgabenabzug der Genussscheinvergütung. Die Eigenkapitalqualifikation des Genusskapitals nach HGB wurde durch die gleichzeitige Erfüllung der Kriterien Nachrangigkeit, Gewinnabhängigkeit, Teilnahme am Verlust und Längerfristigkeit der Kapitalüberlassung erreicht, die in den Genussscheinbedingungen festgelegt wurden. Steuerrechtlich qualifizierte das Genusskapital als Fremdkapital und ermöglichte der Beispiel-AG eine Anrechnung der Genussscheinvergütung als Betriebsausgaben. § 8 Abs. 3 Satz 2 KStG wurde erfüllt, da zwar eine Gewinnbeteiligung, nicht aber eine Beteiligung an einem möglichen Liquidationserlös gewährt wurde.

Das Volumen der Emission entsprach der für mezzanine Genussscheine im Mittelstand typischen Größe. Die Laufzeit war zunächst unbegrenzt, was die Genussscheine der Beispiel-AG von Genussscheinen unterscheidet, die von Private-Equity-Gesellschaften finanziert werden.

Wie aus diesem Beispiel deutlich wurde, können auch mittlere Unternehmen sich durch solche Konstrukte eine alternative Form der Finanzierung erschließen.

17
Asset Backed Securities (ABS)

Die Abkürzung ABS wird auch im Deutschen verwendet und steht für *Asset Backed Securities*, was übersetzt *mit Vermögensgegenständen besicherte Wertpapiere* bedeutet. Aus dieser Bezeichnung lassen sich bereits die Grundzüge dieser Finanzierungsform ableiten. Unter einer ABS-Finanzierung versteht man die Finanzierung eines Unternehmens auf Basis einer Verbriefung von Vermögensgegenständen. Bei den Vermögensgegenständen handelt es sich in der Regel um Forderungen, aber auch um andere Finanzaktiva, die als Sicherheit für die ausgegebenen Wertpapiere dienen. Durch die Ausgabe dieser Wertpapiere erlangt das Unternehmen Liquidität.

Im Rahmen einer ABS-Transaktion werden ausgewählte Forderungen oder andere Finanzaktiva an eine Zweckgesellschaft übertragen. Diese Zweckgesellschaft wird oft auch als Special Purpose Vehicle oder Special Purpose Company bezeichnet, weil sie für den speziellen Zweck (Special Purpose) gegründet wird, Forderungen anzukaufen und Wertpapiere zur Finanzierung des Ankaufs auszugeben. Der Vorgang der Emission von Wertpapieren zur Finanzierung des Ankaufs von Forderungen wird als Verbriefung bezeichnet.

Aufgrund einer Vielzahl von rechtlichen und regulatorischen Hindernissen setzte sich die in den USA entstandene Verbriefung von Vermögensgegenständen in Europa nur sehr zögerlich durch. Dazu haben sicherlich auch die in einigen europäischen Ländern vorherrschende und vergleichsweise einfachere Variante der Pfandbriefe sowie die unterschiedliche Wettbewerbssituation im europäischen Bankenmarkt beigetragen. In den letzten Jahren war eine Weiterentwicklung der Verbriefungsformen zu beobachten, die den Bedürfnissen der Originatoren, also der emittierenden Unternehmen, und der Investoren Rechnung trägt.

Handbuch Alternative Finanzierungsformen. Ottmar Schneck
Copyright © 2006 WILEY-VCH Verlag GmbH & Co. KGaA, Weinheim
ISBN 3-527-50219-X

17.1 Die einzelnen Schritte einer ABS-Transaktion

Die Finanzierung über ABS kann grundlegend in drei Schritten veranschaulicht werden, die in Abbildung 57 dargestellt sind.

Der Ausgangspunkt einer jeden ABS-Transaktion ist das Unternehmen, das sich durch die Verbriefung von Forderungen liquide Mittel beschaffen will. Dieses Unternehmen wird mit dem Begriff Originator bezeichnet. Der Originator überträgt im Rahmen der Transaktion die zu verbriefenden Finanzaktiva an eine so genannte Zweckgesellschaft (Special Purpose Vehicle, SPV), nachdem er eine Auswahl geeigneter Vermögensgegenstände getroffen hat. Die auszulagernden Forderungen müssen bestimmten Kriterien gerecht werden, auf die im Folgenden genauer eingegangen wird.

Zunächst sind die *Bewertbarkeit und Prognostizierbarkeit* der Zahlungseingänge wichtig. Dafür sollten statistische Datenreihen über mindestens drei Jahre zu den zu verbriefenden Forderungen verfügbar sein. Weiterhin ist die *Abtretbarkeit und Trennbarkeit* der Forderungen notwendig. Es sollten also keine gesetzlichen Regelungen oder Vertragsklauseln vorliegen, die einer Forderungsabtretung mit bilanzbefreiender Wirkung entgegenstehen. Darüber hinaus muss die Forderung gleichzeitig vom restlichen Forderungspool klar trennbar sein. Dies gilt insbesondere dann, wenn sie durch Verträge als Service Agent im Forderungsbestand des Originators verbleibt und somit behandelt wird, als sei sie nicht abgetreten worden. Der Pool sollte zudem eine breit gestreute Schuldnerstruktur, also eine *Diversifikation*

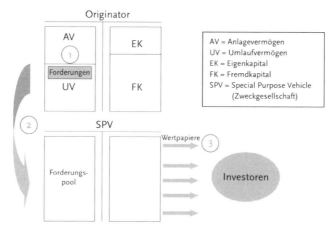

Abb. 57: Darstellung der drei Hauptschritte einer ABS-Transaktion

beispielsweise bezüglich der Branche, der Geografie und der Unternehmensgröße aufweisen, um das Risiko des Forderungsportfolios so gering wie möglich zu halten und dadurch ein gutes Rating zu ermöglichen.

Die Forderungen sollten darüber hinaus *niedrige Ausfall- und Rückzahlungsraten* besitzen und ihre *Verzinsung sollte über der Verzinsung der ABS-Wertpapiere* liegen, so dass die positiven Zahlungsströme zur Verringerung der Transaktionskosten der ABS eingesetzt werden können.

Damit die Strukturierung einer ABS-Transaktion ohne enormen Mehraufwand möglich ist, müssen alle zu übertragenden Forderungen über ähnlich gute Zahlungscharakteristika verfügen, es sollte also eine möglichst *hohe Homogenität* vorliegen. Der Pool sollte nach Angaben verschiedener Anbieter über ein *Mindestvolumen* von 20 Millionen € verfügen, da die Durchführung einer Verbriefung einen hohen Kostenaufwand darstellt. Darüber hinaus ist bei einem geringeren Volumen die Marktakzeptanz der Transaktion fraglich. Ein Unternehmen muss also über einen hohen Forderungsbestand verfügen, um das notwendige Mindestvolumen aufbringen zu können.

Auch der Originator selbst sollte über bestimmte Charakteristika verfügen, um eine ABS-Transaktion durchführen zu können. Er tritt meistens als Service Agent auf, der die Forderungen weiter betreut. Deshalb muss er in der Lage sein, ein Debitorenmanagement auf hoher qualitativer Ebene durchzuführen. Davon sind insbesondere Inkasso-, Mahn- und Berichtswesen betroffen. Der Ordinator sollte daher über leistungsfähige EDV-Systeme verfügen, die ihm auch eine strikte Trennung zwischen eigenen Forderungen und denen, die er als Service Agent betreut, ermöglichen. Außerdem sind personelle Kapazitäten notwendig, um neben dem Debitorenmanagement auch regelmäßige Berichte, Auswertungen und Statistiken sowohl für den Treuhänder als Vertreter der Investoren wie auch für die Rating-Agentur, die die vergebenen Ratings in regelmäßigen Abständen kontrolliert, zu erstellen.

Nachdem die Identifikation eines geeigneten Verbriefungspools erfolgt ist, wird dieser in einem *zweiten Schritt* auf die zu diesem Zweck gegründete Zweckgesellschaft übertragen. Dabei wird grundsätzlich zwischen der klassischen und der synthetischen Übertragung unterschieden. Die klassische Übertragung stellt historisch gesehen die erste Entwicklungsstufe des ABS-Vorgehens dar, während die synthetische Übertragung eine Weiterentwicklung ist, die hinsichtlich Kostenstruktur und Übernahme des Adressenrisikos andere Eigenschaften aufweist. Für mittelständische ABS-Transaktionen sind ausschließlich klassische Strukturen von Bedeutung, so dass sich die folgenden Ausführungen auf diese beschränken.

17.1 Die einzelnen
Schritte einer
ABS-Transaktion

Klassische ABS-Transaktionen werden oft auch als True-Sale-Transaktionen bezeichnet. Dabei steht die Begrifflichkeit True Sale für einen *tatsächlichen Verkauf* der Forderungen, also eine Ausgliederung der Forderungen aus der Bilanz des Originators. Handelsrechtlich gesehen handelt es sich bei einer klassischen Struktur um eine stille Zession mit bilanzbefreiender Wirkung. Der Forderungspool verschwindet aus der Bilanz des Originators und geht auf die der Zweckgesellschaft über, wodurch eine Bilanzentlastung entsteht. Diese ist vor allem gegenüber Banken wichtig, da die Entlastung des für Kredite haftenden Eigenkapitals zu einer Verbesserung der entsprechenden Risikokennzahlen und somit zur Ermöglichung weiterer Krediteinräumungen führt.

Der Übergang des Ausfallrisikos der Forderungen im Rahmen einer solchen stillen Zession an die Zweckgesellschaft beziehungsweise die Investoren kann auch das Rating des Unternehmens verbessern. Dies erfolgt dadurch, dass es sich beim Verkauf des Forderungspools um einen regresslosen Verkauf handelt, also einen Verkauf, bei dem der Verkäufer jeglichen Einfluss auf die Forderungen sowie sämtliche Zugriffsrechte und Rückkaufmöglichkeiten verliert. Gleichzeitig bestehen aber auch von Seiten der Zweckgesellschaft im Falle eines Zahlungsausfalls eines Debitors keine Regressmöglichkeiten dem Originator gegenüber. Die Zweckgesellschaft trägt also das Ausfall- beziehungsweise Delkredererisiko, welches sie durch die Emission der ABS-Wertpapiere an die Investoren weiterreicht. Auf der anderen Seite ist die Zweckgesellschaft durch diese Ausgestaltung des Forderungsverkaufs auch gegenüber einer Insolvenz des Originators abgesichert. Die Ausgliederung der zu verbriefenden Vermögensgegenstände in eine Zweckgesellschaft ermöglicht also eine strikte Trennung von veräußerndem Unternehmen und veräußerten Aktiva, wodurch eine Bewertung der Aktiva unabhängig vom Originator möglich wird. Diese Konstruktion führt dazu, dass sich die Rendite der ABS-Wertpapiere und damit die Finanzierungskosten des Originators ausschließlich nach der Bonität der ausgegliederten Forderungen richten.

Die Übertragung erfolgt als *stille Zession*, das heißt ohne Wissen des Debitors. Die Beziehung zwischen Originator und Debitor wird also nicht beeinflusst. Der Originator übernimmt im Rahmen eines Geschäftsbesorgungsvertrages mit der Zweckgesellschaft die Rolle des Service Agent und führt seine forderungsgebundenen Tätigkeiten so weiter, als hätte die Zession der Forderungen nicht stattgefunden. Die aus den Forderungen generierten Zahlungsströme leitet der Service Agent dann an einen von der Zweckgesellschaft bestellten Treuhänder weiter, der die Weitergabe der Zahlungen an die Investoren übernimmt.

Die Gründung der Zweckgesellschaft erfolgt im Vorfeld einer Transaktion auf Initiative des Originators durch einen so genannten Arrangeur. Dabei hat die Zweckgesellschaft meist die Rechtsform eines Sondervermögens oder einer Gesellschaft mit beschränkter Haftung (GmbH). Wird für die Zweckgesellschaft die Rechtsform des Sondervermögens gewählt, spricht man oft auch von einem Trust. Eines der Ziele bei der Gründung der Zweckgesellschaft besteht darin, die Kosten der ohnehin relativ teuren Struktur zu minimieren. Dazu werden oft Konzepte gewählt, die die Kostenstruktur der Transaktion unter Steuer- und Transaktionskostenaspekten optimieren. Um diese Möglichkeiten der Kostenoptimierung zu ermöglichen, darf der Trust jedoch keinerlei wirtschaftliche Aktivität aufweisen, sondern nur als Durchlaufstelle (Conduit) dienen. Weiterhin sind spezifische gesellschaftsrechtliche Konstrukte notwendig, um die Bilanzentlastung zu gewährleisten und durch Sicherungsmaßnahmen einer Insolvenz der Zweckgesellschaft entgegenzuwirken. Zur gesellschaftsrechtlichen Gestaltung der ABS-Transaktionen werden daher meist außenstehende Spezialisten zur Beratung hinsichtlich dieser Aspekte hinzugezogen.

Wenn ein geeigneter Forderungspool identifiziert und an eine Zweckgesellschaft übertragen wurde, steht der dritte grundlegende Schritt der ABS-Transaktion an, die Verbriefung des Forderungspools. Es werden also die Rechte an den erwarteten Zahlungsströmen in Form von Wertpapieren an Investoren übertragen. Dazu emittiert die Zweckgesellschaft ABS-Wertpapiere und bietet diese Investoren als Kapitalanlage an. Durch die Kapitalanlagen der Investoren wird der Ankauf der Forderungen finanziert.

Die ABS-Wertpapiere können auf zwei Arten ausgestaltet werden: als Fondszertifikate und als Anleihen. Im Rahmen des Fondszertifikatekonzepts werden den Investoren Fondszertifikate zur Investition angeboten, durch die sie Miteigentümer an den Aktiva und Sicherheiten des Fonds werden können. Dieses Konzept wird in erster Linie dann eingesetzt, wenn die Gründung der Zweckgesellschaft in Form eines Sondervermögens beziehungsweise Trusts erfolgt. Beim Anleihenkonzept werden Anleihen oder kurzfristige Schuldtitel emittiert. Hierbei wird der Investor zum Fremdkapitalgeber. Im Rahmen des Anleihenkonzepts wird die Zweckgesellschaft meist als Kapitalgesellschaft gegründet.

Die Platzierung der im Rahmen der ABS-Transaktion zu emittierenden Papiere übernimmt im Regelfall ein externer Berater. Dabei werden bei größeren Transaktionen meist Investmentbanken eingesetzt; bei mittelständischen ABS-Transaktionen erfolgt die Platzierung meist von Seiten des externen Dienstleisters, der die gesamte Transaktionen organisiert und durchführt. Die Papiere können dabei entweder im Rahmen einer Privatplatzierung oder eines öffentlichen Angebots am Kapitalmarkt angeboten werden. Eine Privatplatzierung richtet sich dabei exklusiv an einen ausgewählten Investorenkreis, während die innerhalb eines öffentlichen Angebots emittierten Papiere von allen Kapitalmarktteilnehmern erworben werden können. Aus Gründen des Anlegerschutzes sind im Rahmen eines öffentlichen Angebots daher wesentlich strengere Publizitätsanforderungen zu beachten. Die Privatplatzierung ist wegen der geringeren Publizitätsanforderungen an die im Rahmen einer ABS-Transaktion auszugebenden Papiere meist kostengünstiger. Eine öffentliche Platzierung kann den Vorteil einer breiten Streuung der Papiere mit sich bringen, wodurch sich die Papiere von den Investoren leichter weiterveräußern lassen und sich somit ihr Risiko reduziert. Aufgrund dieser Risikominderung erwarten die Investoren eine geringere Rendite, was zu niedrigeren Finanzierungskosten für den Originator führt. Folglich ist es sinnvoll, dass bei einer Entscheidung hinsichtlich der Platzierungsform in erster Linie die Kostendifferenz mit der Reduktion der Renditeerwartung für die emittierten Papiere verglichen wird.

Für die Platzierung am Kapitalmarkt werden ABS-Papiere meist mit einer variablen Verzinsung ausgestaltet. Dabei werden sie mit einem Renditeaufschlag auf einen Referenzzinssatz wie beispielsweise den Euribor quotiert.

Aus dem folgenden kurzen Beispiel soll diese Kalkulation sichtbar werden. Die Verzinsung eines ABS-Papiers setzt sich aus dem Sechs-Monats-Euribor zuzüglich so genannter Basispunkte, das heißt Zinszuschläge zusammen. Liegt der Sechs-Monats-Euribor beispielsweise bei 2,5 %, so kann der Investor eine Rendite von 6,5 % erwarten. Steigt der Referenzzinssatz auf 3,5 % an, so bekommt der Investor 7,5 % seines investierten Kapitals als Rendite ausgezahlt.

Je nach Marktsituation ändern sich die Erwartungen der Investoren hinsichtlich der Renditeaufschläge für bestimmte Bonitätsklassen, aber auch hinsichtlich der Laufzeiten oder der Ratingklassen. Daher muss bei der Verbriefung die Ausgestaltung der Emission an die jeweilige Marktsituation angepasst werden. Es müssen also in Abhängigkeit von Marktsituation und vorliegenden Investorenprofilen ABS-Wertpapiere mit geeigneter Laufzeit, gewünschter Bonitätseinstufung und entsprechendem Renditeniveau definiert werden.

17.2 Detailaspekte zur Funktionsweise der ABS-Grundstruktur

Eine ABS-Transaktion lässt sich also in die drei Schritte der Auswahl eines geeigneten Forderungspools, der Übertragung dieses Forderungspools an eine Zweckgesellschaft und der Verbriefung des Forderungspools untergliedern. Zur erfolgreichen Durchführung einer solchen Transaktion sind aber noch weitere Maßnahmen notwendig. Diese sind zum Beispiel die zusätzliche Besicherung der ABS-Wertpapiere zur weiteren Optimierung der Finanzierungskosten, die Transparenz der Transaktion hinsichtlich der Bonität der emittierten Papiere oder die sichere und verlässliche Verwaltung der Zahlungsströme innerhalb der Transaktion.

Das Primärziel einer ABS-Transaktion besteht aus Sicht des Originators in der zinsgünstigen Kapitalbeschaffung am Kapitalmarkt, also einer Minimierung der Finanzierungskosten. Um diese Kostenreduktion zu erreichen, müssen die Risiken für die Investoren minimiert und eine möglichst gute Bonitätseinstufung erreicht werden. Um die Bonitätseinstufung einer ABS-Transaktion zu optimieren, werden zusätzlich zur Auswahl geeigneter Forderungen *spezielle Besicherungsmaßnahmen* eingesetzt. Die aus dem Einsatz dieser zusätzlichen Besicherung resultierende Verbesserung der Bonitätseinstufung wird häufig mit dem Begriff Credit Enhancement bezeichnet. Im Rahmen von ABS-Transaktionen werden verschiedene Formen der zusätzlichen Besicherung eingesetzt.

Eine Möglichkeit der zusätzlichen Besicherung besteht in der Überbesicherung der emittierten Wertpapiere, der so genannten *Over-Collateralisation*. Hierbei übersteigt der Wert des Verbriefungspools den Wert der emittierten Wertpapiere. Durch diese Überbesicherung kann der Ausfall von Zahlungsströmen aus dem Verbriefungspool bis zu einer gewissen Grenze abgefedert werden, ohne dass es zur Verringerung oder dem Ausfall der Zahlung an die Investoren kommt. Dadurch wird im Rahmen der Transaktion zwar weniger Liquidität generiert, die Finanzierungskosten können jedoch weiter reduziert werden.

Weiterhin kann die Emission durch Subordination abgesichert werden, indem die zu emittierenden Wertpapiere in verschiedene Tranchen beziehungsweise Gruppen aufgeteilt werden. Dabei emittiert die Zweckgesellschaft nicht nur ABS-Wertpapiere einer Bonitätseinstufung, also mit identischem Rating, sondern es werden ABS-Wertpapiere in Tranchen mit unterschiedlichem Rating ausgegeben. Die Tranchen werden in Abhängigkeit von ihrer Bonitätseinstufung (Seniorität) bedient, zunächst erfolgt die Auszahlung an die Tranchen mit der höchsten Seniorität und erst danach werden Zahlungen an die Investoren in den ABS-Wertpapieren mit der nächsthöheren Seniorität geleistet. Als Letztes werden die Investoren der Eigenkapital-Tranche bedient.

Je nach Art der Transaktion und der verbrieften Vermögensgegenstände enthält jede ABS-Struktur ein bestimmtes Risiko. Dieses Risiko kann grundsätzlich von drei der beteiligten Parteien übernommen werden: den Investoren, dem Originator oder einem externen Anbieter einer zusätzlichen Besicherung (Credit Enhancer). Außer dem Investor kann also eine zusätzliche Besicherung durch Risikoverteilung auf den Originator beziehungsweise einen externen Anbieter einer Besicherung die Finanzierungskosten weiter reduzieren. In diesem Sinne besteht eine weitere Möglichkeit der Besicherung in der Bereitstellung von Liquiditätsfazilitäten aus einem *Reservefonds*. Dabei dient dieser Reservefonds primär als Liquiditätspuffer zum zeitlichen Abgleich der Zahlungsströme aus den verbrieften Vermögensgegenständen und Zahlungsströmen an die Investoren. Der Reservefonds wird zu Beginn der Transaktion einmalig vom Originator aufgefüllt und variiert während deren Verlauf mit den genannten Ein- und Auszahlungen.

Darüber hinaus können Dritte im Rahmen externer Sicherungsmaßnahmen mit in die Risikoübernahme einbezogen werden. Dabei werden häufig von Kreditinstituten oder Versicherungsgesellschaften Garantien in Form von Zahlungsversprechen für den Fall eines Zahlungsausfalles der unterliegenden Forderungen bis zu einer gewissen Höhe geleistet. Eine weitere, schwächere Form der externen Besicherung ist die Bereitstellung von Liquiditätslinien ebenfalls durch Kreditinstitute oder spezialisierte Versicherungsunternehmen. Diese Liquiditätslinien dienen jedoch nicht der Übernahme des Ausfallrisikos, sondern sollen lediglich Liquiditätsengpässe im Fall eines Zahlungsverzugs ausgleichen.

Solche Techniken der zusätzlichen Besicherung stellen einen wichtigen Detailaspekt einer ABS-Transaktion hinsichtlich der Finanzierungskosten des Originators dar. In diesem Zusammenhang und vor allem im Hinblick auf die Kapitalmarktfähigkeit der emittierten ABS-Wertpapiere ist auch eine unabhängige Bonitätsbeurteilung durch eine externe Rating-Agentur von großer Bedeutung. Das Rating *der ABS-Wertpapiere* durch eine anerkannte Rating-Agentur ist eine Grundvoraussetzung für die Kapitalmarktfähigkeit der auszugebenden ABS-Papiere. Durch diese Bonitätsbeurteilung soll den Investoren eine Einschätzung des Risikoprofils der Papiere ermöglicht werden. Um mit der ABS-Transaktion eine möglichst günstige Refinanzierungsquelle zu erschließen, zielt die gesamte Strukturierung darauf hin, ein möglichst gutes Rating zu erzielen und so die Finanzierungskosten so gering wie möglich zu halten. Dabei liegt die Besonderheit der Bonitätsbewertung darin, dass die Bonität des Originators im Rahmen einer ABS-Finanzierung kein Bestandteil des Ratings und damit der Refinanzierungskosten ist. Die wichtigsten Bestandteile des Ratings bestehen vielmehr in den unterliegenden Vermögensgegenständen, der Strukturierung der Transaktion, den zusätzlichen Besicherungsmaßnahmen sowie dem rechtlichen Konstrukt der Zweckgesellschaft und des Forderungsverkaufs. Somit können auch Unternehmen mit relativ schwacher Bonitätseinstufung Wertpapiere mit sehr gutem Rating auf den Markt bringen und von den entsprechend niedrigen Refinanzierungskosten profitieren. Die Bewertung des Forderungspools erfolgt dabei als statistisch-historische Bewertung des gesamten Forderungsportfolios. Das bedeutet, dass nicht jede einzelne Forderung hinsichtlich ihrer Bonität bewertet wird, sondern das Gesamtportfolio als Ganzes. Auf Basis der Ausfallwahrscheinlichkeiten für die einzelnen Tranchen wird eine Bonitätseinstufung, also ein Rating, ermittelt. Dabei wird unter bestimmten Annahmen und Szenarien (Stress Tests) die Vergangenheitsstatistik als Prognose fortgeschrieben und somit das Risiko ermittelt, aus dem sich dann die Finanzierungskosten des Originators ableiten lassen. Indirekt spielt jedoch auch die Bonität des Originators insofern eine Rolle, als sie im Rahmen bestimmter Formen der zusätzlichen Besicherung mit in das Risikoprofil der Transaktion einfließen kann. Daher sollten sich Originatoren mit sehr schlechtem Rating auf externe Maßnahmen der zusätzlichen Besicherung konzentrieren, um ein möglichst gutes Rating für die ABS-Transaktion erzielen zu können. Die zur Bewertung von ABS-Wertpapieren verwendete Rating-Symbolik entspricht der allgemein bekannten Notation, die zum Beispiel auch für Ratings von Anleihen verwendet wird.

Auch die *Verwaltung der anfallenden Zahlungsströme* durch den Service Agent, also durch das emittierende Unternehmen, ist für eine kostengünstige Finanzierung von Bedeutung. Der Service Agent leitet die Zahlungsströme aus den Vermögensgegenständen an den Treuhänder als Vertreter der Investoren weiter. Dabei lässt sich die Art und Weise der Weitergabe in zwei Varianten – die Pass-through-Struktur und die Pay-through-Struktur – unterscheiden.

Im Rahmen einer *Pass-through-Struktur* werden sämtliche eingehenden Zahlungen ohne Modifikation hinsichtlich Höhe oder Zeitpunkt unmittelbar weitergegeben. Diese Struktur wird meist angewandt, wenn es sich bei der Transaktion um ein Konstrukt nach dem Fondszertifikatekonzept handelt. Die Investoren erhalten dabei eine Zahlung, die der Höhe ihres Anteils am Kapital der Zweckgesellschaft entspricht. Innerhalb der Pass-through-Struktur trägt der Investor das Risiko von Zahlungsverzögerungen und vorzeitiger Tilgung, welches er sich meist durch einen entsprechenden Renditeaufschlag vergüten lässt.

Häufiger wird jedoch die *Pay-through-Struktur* verwendet. Dabei wird ein aktives Zahlungsstrommanagement betrieben, das heißt, die positiven Zahlungsströme werden vom Treuhänder nicht unmittelbar, sondern in bestimmter Höhe und zu einem bestimmten Zeitpunkt an die Investoren weitergeleitet. Diese Struktur findet bei der Platzierung von ABS-Papieren in Form von Anleihen und kurzfristigen Schuldtiteln Anwendung. Dabei werden die Zins- und Tilgungszahlungen jeweils zu den vertraglich vereinbarten Zeitpunkten geleistet. Innerhalb der Pay-through-Struktur übernimmt also die Zweckgesellschaft das Risiko verspäteter Forderungszahlungen.

17.3 Die Rollen der einzelnen Akteure einer ABS-Transaktion

Unter *Originator* versteht man also ein Unternehmen, das sich über ABS finanzieren will. Zusammen mit dem Arrangeur plant der Originator die Transaktion, gründet eine Zweckgesellschaft, wählt den geeigneten Forderungsbestand aus und verkauft diesen an die Zweckgesellschaft. Bei der Auswahl der Forderungen ist auf die Eignung der zu verbriefenden Vermögensgegenstände zu achten. Die Qualität der Aktiva wirkt sich entscheidend auf die Bonität und somit auf die Finanzierungskraft der Emission aus. Der Originator ist verpflichtet, einen stabilen Forderungspool zu erhalten und entsprechend neue Forderungen zum Verkauf bereitzustellen. Ebenso entscheidet er über die Beschaffenheit der ABS-Wertpapiere und stellt im Rahmen zusätzlicher Besicherungsmaßnahmen über den Forderungspool hinausgehende Sicherheiten.

Zumeist übernimmt das Unternehmen auch die Rolle des *Service Agent*. Seine wichtigste Aufgabe besteht in der Zahlungsabwicklung zwischen den Schuldnern der verkauften Forderungen und dem Treuhänder. Der Service Agent betreibt die gesamte Kreditüberwachung und Debitorenbuchhaltung. Dazu kommt das monatliche Erstellen von Berichten (Reports) an den Treuhänder und die Investoren. Bei einer gemeinsamen Forderungsabtretung verschiedener Gesellschaften ist es wahrscheinlich, dass die Aufgaben des Service Agent von einem Dritten ausgeführt werden.

Der *Investor* erwirbt die von der Einzweckgesellschaft emittierten Wertpapiere und somit das Endprodukt einer ABS-Transaktion. Es gibt aus Sicht der Investoren verschiedene Gründe, die für einen Kauf und somit für eine Investition in ABS-Wertpapiere sprechen. Zum einen sind die guten Renditen im Vergleich zu ähnlichen Anlagen für einen Kauf dieser Wertpapiere zu nennen. Diese sollen den mit dieser relativ jungen Anlageform noch wenig vertrauten Marktteilnehmern als zusätzliche Risikoprämie dienen und die Investition attraktiv machen. Dazu kommt die Möglichkeit, durch die Tranchierung der auszugebenden ABS-Wertpapiere speziell an die Bedürfnisse der institutionellen Investoren angepasste Wertpapiere anzubieten.

Investoren versuchen, das Risiko ihres Gesamtportfolios durch möglichst breite Streuung ihrer Anlagen zu minimieren. Diese Streuung der Anlagen wird als Diversifikation bezeichnet. Die Vermögensklasse der ABS-Wertpapiere bietet Investoren hierzu neue und bisher nicht vorhandene Möglichkeiten. Der Streuungseffekt ist dann am größten, wenn die Vermögensklasse eine möglichst geringe Korrelation zu anderen Vermögensklassen hat, das heißt möglichst unabhängig von anderen Vermögensklassen ist. Auch unter diesen Gesichtspunkten stellen ABS-Wertpapiere für Investoren eine interessante Alternative dar. Prinzipiell können alle Marktteilnehmer als Investoren in ABS-Wertpapieren auftreten. Jedoch wird der Markt für diese Wertpapiere bislang weitestgehend von institutionellen Investoren dominiert.

Die *Zweckgesellschaft* wird oft auch als Special Purpose Vehicle (SPV) oder Special Purpose Company (SPC) bezeichnet. Sie ist einer der zentralen Akteure im Rahmen einer ABS-Transaktion. Ihre vorrangigen Aufgaben bestehen im Ankauf der Forderungen vom Originator und der Ausgabe von ABS-Wertpapieren zur Finanzierung dieses Ankaufs. Damit steht sie im Mittelpunkte des zentralen Vorgangs einer ABS-Transaktion, nämlich der Generierung von Liquidität zur Finanzierung eines Unternehmens durch den Verkauf beziehungsweise die Verbriefung eines Forderungspools. Die Existenz der Zweckgesellschaft und die entsprechende Gestaltung der Übertragung des Forderungspools als stille Zession ermöglicht die strikte Trennung von veräußerndem Unternehmen und den freigesetzten Finanzaktiva, wodurch wiederum eine isolierte Bonitätsanalyse der Zweckgesellschaft, das heißt der ausgelagerten Forderungen möglich wird. Durch diese Trennung lassen sich die für ABS-Transaktionen typischen Finanzierungsvorteile erzielen.

Die gesellschaftsrechtliche Ausgestaltung erfolgt dabei meist als Kapitalgesellschaft oder in selteneren Fällen auch als Sondervermögen (Trust). Für die Platzierung der ABS-Wertpapiere an die Investoren durch Privatplatzierung oder am Kapitalmarkt wird meist ein Emissionskonsortium zwischengeschaltet.

Der *Arrangeur* spielt in erster Linie im Vorfeld der Transaktion eine entscheidende Rolle. In dieser Phase ist er für eine Voruntersuchung der an die Zweckgesellschaft zu veräußernden Forderungen zuständig. Diese Voruntersuchung wird häufig auch als Due-Diligence-Verfahren bezeichnet. Dabei untersucht der Arrangeur den Forderungspool vor allem hinsichtlich der Eignung der Forderungen, des Umfangs, der Herkunft und der Spezifikation des Pools, der Kreditwürdigkeit der Schuldner und der Sicherstellung der Trennung der verkauften Aktiva von den übrigen Forderungen des Originators. Darüber hinaus ist der Arrangeur im Vorfeld der Transaktion meist mit der Gründung der Zweckgesellschaft betraut.

Der *Treuhänder* fungiert als Intermediär zwischen dem Originator und dem Investor. Dabei hat er die Aufgabe, eine korrekte Abwicklung der Zahlungsströme, vor allem der Zins- und Tilgungszahlungen, zwischen beiden Parteien zu gewährleisten. Meist ist der Treuhänder darüber hinaus für die Information der Anleger verantwortlich und übernimmt weitere Dienstleistungsaufgaben im Rahmen der Transaktion. Oft dient hierbei der Arrangeur der Transaktion als Treuhänder.

Die *Rating-Agentur* ist für die Kapitalmarktfähigkeit der ABS-Wertpapiere wichtig. Sie gibt eine externe und unabhängige Bonitätseinstufung der besicherten Wertpapiere ab und unterstützt damit den Investor bei seiner Einschätzung der Kreditqualität der emittierten Wertpapiere und bei der Bonitätsbeurteilung der den verbrieften Forderungen zugeordneten Schuldnern. Dabei weicht der Rating-Ansatz der Agenturen von deren traditioneller Vorgehensweise ab. Bei der Bestimmung der Kreditwürdigkeit von ABS-Transaktionen sind vor allem zwei Faktoren ausschlaggebend, nämlich die verbrieften Vermögensgegenstände und die zusätzliche Besicherung. Die Beurteilung wird aufgrund der Trennung von Forderungspool und Originator unabhängig von der geschäftlichen und finanziellen Situation des initiierenden Unternehmens erstellt.

17.4 Vor- und Nachteile einer ABS-Transaktion

Asset Backed Securities stellen ein alternatives Finanzierungsinstrument für Unternehmungen dar, die ein Mindestvolumen an Finanzaktiva, insbesondere Forderungen, aufweisen. Bei der Entscheidung, ob Asset Backed Securities mit in die Finanzierungsstrategie eines Unternehmens integriert werden sollen, sind die spezifischen Vor- und Nachteile gegeneinander abzuwägen. Dabei steht der vielfältige Nutzen einer solchen Transaktion, wie zum Beispiel die Diversifikation der Refinanzierungsquellen oder positiven Auswirkungen auf Bilanzkennzahlen, den relativ hohen Kosten gegenüber. Die Vorteile des Einsatzes von Asset Backed Securities zur Finanzierung eines Unternehmens lassen sich in vier Aspekte untergliedern. Diese sind die Optimierung der Bilanzstruktur, die Risikoverteilung, die Kosteneinsparung sowie die Diversifikation der Refinanzierungsquellen.

Die *Reduzierung der Finanzierungskosten* ist sicherlich eines der entscheidenden Ziele einer jeden ABS-Finanzierung. Dabei spielt die Isolierung des Forderungsportfolios durch ABS und die daraus resultierenden Rating- und Finanzierungskostenvorteile die entscheidende Rolle. Die Forderungsisolierung resultiert vielfach in einem im Vergleich zum forderungsverkaufenden Unternehmen vorteilhafteren Rating der Zweckgesellschaft. Dies ist darauf zurückzuführen, dass das ausgegliederte Forderungsportfolio ein geringeres Risiko aufweist als das Unternehmen des Originators als Ganzes. Für diesen Teil des Unternehmens können dann also zinsgünstig Finanzierungsmittel aufgenommen werden. Dieser Effekt kann durch Subordination beziehungsweise Tranchierung noch weiter verstärkt werden. Dabei wird durch die Zuordnung unterschiedlicher Seniorität zu einzelnen Tranchen erreicht, dass diese aufeinander folgend bedient werden. So kann zum Beispiel ein durchschnittlich mit »BBB« geratetes Forderungsportfolio in Tranchen mit den Rating-Einstufungen »AAA« sowie »BBB«, »B« und »Eigenkapital« unterteilt werden. Anleihen oder Schuldverschreibung würden diese getrennte Betrachtung der abgelösten, hoch qualitativen Forderungen und die Tranchierung mit Hilfe der Subordination nicht ermöglichen. Darüber hinaus reduziert die Tilgung langfristiger Verbindlichkeiten aus der vorzeitig generierten Liquidität das Gewerbekapital des Unternehmens und führt somit zu einer Verringerung der abzuführenden Gewerbesteuer. Die Verbriefung von Vermögensgegenständen ermöglicht dem Originator die *Übertragung der damit verbundenen Risiken auf Dritte*. Dabei sind die Chancen für das Unternehmen umso höher, je besser das Management des Forderungsausfallrisikos, die Steuerung des Zinsänderungsrisikos sowie die Reduzierung des Refinanzierungsrisikos ist. Die Reduzierung des Forderungsausfallrisikos ist dabei am wichtigsten. Vor der Verbriefung trägt der Originator das Risiko eines Forderungsausfalls vollständig. Durch den Verkauf der Forderung an die Zweckgesellschaft geht das Risiko des Forderungsausfalls auf den Investor über und der Originator behält nur das aus einer eventuellen zusätzlichen Besicherung (Credit Enhancement) resultierende Restrisiko.

331

ABS-Finanzierungen stellen innerhalb einer bestehenden Finanzierungsstrategie im Normalfall eine zusätzliche Refinanzierungsquelle dar. Dabei sind vor allem die *Diversifikation der Refinanzierungslinien* sowie die Inanspruchnahme neuer Investorenkreise positiv hervorzuheben.

Die Diversifikation von Refinanzierungslinien ist im Besonderen für Unternehmen interessant, denen die Kapitalmärkte nur in begrenztem Maße zur Verfügung stehen. Die Erschließung dieser neuen Finanzierungsmöglichkeit erlaubt es, bestehende Kreditlinien zu schonen und somit für potenzielle Liquiditätsschwierigkeiten zu reservieren. Gerade für die Finanzierung eines langfristigen Umsatzwachstums, wie es zum Beispiel bei jungen und noch relativ kleinen Unternehmen zu erwarten ist, ist der Forderungsverkauf geeignet, da er das damit einhergehende Bilanzwachstum begrenzt.

Im Vergleich zum Factoring, das sich aufgrund des geringen Maßes an Standardisierung der Transaktion auf Investorenseite vor allem an Banken und Versicherungen richtet, ermöglichen ABS durch den Zugang zu funktionierenden Märkten die Erschließung neuer Investorenkreise. Des Weiteren erlaubt die Verbriefung von Vermögensgegenständen mittelständischer Unternehmen, die unterhalb des Investmentgrades »BBB« geratet würden, die Emission von mit AAA oder AA gerateten Wertpapieren und damit den Zugang zu Investorenkreisen wie zum Beispiel Kapitalanlagegesellschaften, denen aufgrund ihrer Anlagerichtlinien eine Direktinvestition in das Unternehmen nicht möglich ist. ABS-Emissionen können zudem meistens mit deutlich geringeren Volumina als die Ausgabe von Anleihen durchgeführt werden. Des Weiteren wird der Machtverlust vermieden, der bei einer Aufnahme von Eigenkapital für viele Unternehmer einen entscheidenden Nachteil darstellt.

Der Einsatz von Asset Backed Securities hat zahlreiche Auswirkungen auf Bilanz und Bilanzkennzahlen des Unternehmens. Im Rahmen einer ABS-Transaktion findet die Umwandlung von weitgehend illiquiden Vermögensgegenständen in liquide Zahlungsmittel statt, was sich positiv auf Liquidität sowie Vermögens- und Kapitalstruktur des Unternehmens auswirkt. Die erhöhte Liquidität kann zur Finanzierung von Investitionen oder ähnlichen Projekten verwendet werden, wofür sonst Fremdkapital hätte aufgenommen werden müssen. Bestehende Kreditlinien können also geschont werden und es kann auf eine Neuaufnahme von Krediten verzichtet werden. Durch ABS kann aber auch die Kapitalstruktur des Unternehmens verbessert werden, wenn die vorzeitig generierte Liquidität nicht zur Finanzierung von Investitionen, sondern zur vorzeitigen Tilgung von Verbindlichkeiten verwendet wird. Somit kann eine Verringerung des Verschuldungsgrades erreicht werden.

Zu berücksichtigen ist jedoch, dass die Umwandlung von Forderungspositionen in Liquidität auf der Präferenz bereits erhaltener und somit risikofreier Zahlungsströme gegenüber den mit Risiko behafteten Forderungspositionen basiert und auch der Zufluss zukünftiger Zahlungsmittel aufgrund von ABS-Transaktionen abnimmt. Entwickeln sich die durch die Verbriefung von Vermögensgegenständen mit finanzierte Kapazitätsausweitung und das Umsatzwachstum nicht parallel, können in den Folgeperioden Liquiditätsunterdeckungen auftreten.

Abbildung 58 zeigt die einzelnen Schritte, die zur Verkürzung der Bilanz und somit zur Verringerung des Verschuldungsgrades beitragen.

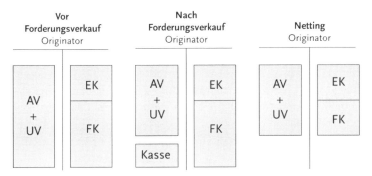

Abb. 58: Auswirkungen auf die Bilanz des Originators bei Verwendung der Liquidität zur Tilgung von Verbindlichkeiten

Mit der Verringerung des Verschuldungsgrades wird eine Verbesserung der finanzwirtschaftlichen Kennzahlen erreicht, und sie bedeutet gleichzeitig eine Verbesserung der Eigenkapitalquote des Unternehmens. Insgesamt nimmt also das Risiko des Unternehmens ab, weshalb sich ABS nicht nur als Finanzierungs-, sondern auch als Risikomanagementinstrument wachsender Beliebtheit erfreuen.

Die Verbesserung der Bilanzkennzahlen und des Risikos kann die Bonitätseinstufung erhöhen und somit zu einer weiteren Verringerung der Finanzierungskosten auch bei anderen Finanzierungsarten wie der klassischen Kreditfinanzierung beitragen.

Die Bindung von Eigen- und Fremdkapital in Forderungen des Umlaufvermögens führt zu erheblichen Finanzierungskosten, denen keine oder nur sehr geringe Verzinsungsbeiträge gegenüberstehen. Durch die Verbriefung der Forderungen und die damit verbundene Freisetzung von Liquidität kann durch betriebswirtschaftliche Verwendung eine höhere Rendite erzielt werden.

Eine ABS-Transaktion stellt aber auch eine relativ komplexe und aufwändige Form der Unternehmensfinanzierung dar. Dementsprechend sind die mit ihr verbundenen *Fremd- und Eigenleistungskosten relativ hoch.*

Fremdleistungskosten lassen sich in einmalige und fortlaufende Kosten aufteilen. Zu den einmaligen Fremdleistungskosten zählen Kosten der Vorbereitung zum Beispiel für juristische Beratung oder das Rating, Kosten der Auflegung und Begebung wie die Vermittlungsprovision oder Veröffentlichungskosten, Kosten für die Besicherung beispielsweise durch Enhancements und Liquiditätsfazilitäten oder Kosten der Börseneinführung wie die Börseneinführungsprovision. Die laufenden Fremdleistungskosten können sich aus den Kosten für den Treuhänder und den Service Agent, das laufende Rating, die Zahlstelle, die Bogenausgabe und die laufende Tilgung zusammensetzen.

Den Fremdleistungskosten müssen noch die internen Kosten des Originators, welche vorrangig aus Personalkosten bestehen, hinzugefügt werden. Bei der Entscheidung, ob ein Unternehmen ABS-Finanzierungen als Refinanzierungsquelle erschließen soll, müssen diese Kosten den Finanzierungsvorteilen und sonstigen Vorzügen der ABS-Technologie gegenübergestellt werden. Die relativ hohen Kosten einer ABS-Transaktion stellen häufig das Haupthindernis für mittelständische Unternehmen dar.

Die Verbriefung von Finanzaktiva in Form von Forderungen durch die Auslagerung in eine Zweckgesellschaft birgt das *Risiko der Doppelbesicherung*. Diese Doppelbesicherung entsteht dadurch, dass ein Vermögensgegenstand zum einen den Fremdkapitalgeber des Originators, aber gleichzeitig auch den Investor in die durch das Special Purpose Vehicle emittierten Wertpapiere besichert. Im Rahmen der Sicherungsabtretung von Forderungen aus Warenlieferungen und Leistungen tritt der Kreditnehmer Forderungen an den Zessionar ab. Dies kann in Form von Einzelabtretungen oder von Rahmenabtretungen geschehen. Bei der Einzelabtretung verpflichtet sich der Kreditnehmer, einzelne Forderungen abzutreten, bei der Rahmenabtretung werden laufende Forderungen bis zu einer festgesetzten Höhe abgetreten. Werden diese Forderungen nun zur Verbriefung in eine Zweckgesellschaft ausgelagert, dient ein Vermögensgegenstand als Besicherung für zwei verschiedene Gläubiger, den Kreditgeber des Unternehmens und den Investor in die von der Zweckgesellschaft emittierten Wertpapiere.

17.5 Rechtliche und steuerliche Aspekte einer ABS-Transaktion

Nur eine dem Zweck entsprechende *rechtliche Ausgestaltung* erlaubt die Erschließung der zahlreichen Vorteile der ABS-Transaktion.

Der Forderungskaufvertrag zwischen Originator und Zweckgesellschaft ist hierbei von entscheidender Bedeutung. Nach §§ 240, 242 HGB hat der Kaufmann seine Vermögensgegenstände und Schulden in die Handelsbilanz aufzunehmen. Bei einer für ABS-Transaktionen geeigneten Forderungsübertragung muss ein *echter Forderungsverkauf* vorliegen, um einen Übergang der Forderungen vom Originator in das Vermögen der Zweckgesellschaft zu gewährleisten. Nur durch einen solchen echten Forderungsverkauf wird auch die bilanzentlastende Wirkung der ABS-Transaktion ermöglicht. Im Rahmen eines echten Forderungsverkaufs muss die zivilrechtliche Forderungsinhaberschaft dinglich auf die Zweckgesellschaft übergehen. Die Zweckgesellschaft ist also verpflichtet, die ihm vom Originator angebotenen Forderungen bis zu einem bestimmten Limit regresslos anzukaufen. Dieser Ankauf erfolgt dabei befristet bis zu einem bestimmten Stichtag. Der Originator hingegen ist durch diesen Vertrag verpflichtet, revolvierend neue vertragskonforme Forderungen zum Verkauf anzubieten. Handelsrechtlich gesehen handelt es sich um eine stille Zession der Forderungen. Dabei ist es wichtig zu beachten, dass die Abtretung der zu verkaufenden Forderungen nicht bereits vertraglich ausgeschlossen wurde, das heißt, dass das Risiko der Doppelbesicherung ausgeschlossen ist.

Für den Übergang des Ausfallrisikos aus dem Forderungspool ist letztendlich entscheidend, ob die Forderung tatsächlich verkauft wurde oder es sich um ein durch die zedierten Forderungen besichertes Darlehen von der Zweckgesellschaft an den Originator handelt. Im zweiten Fall hätte der Käufer der Forderungen, also die Zweckgesellschaft, eine Rückgriffsmöglichkeit auf den Forderungsverkäufer bei fehlender Bonität des Drittschuldners. Der Übergang des Adressenrisikos im Rahmen einer solchen stillen Zession wird also dadurch ermöglicht, dass es sich bei diesem Verkauf des Forderungspools um einen regresslosen Verkauf handelt. Dabei verliert der Verkäufer jeglichen Einfluss auf die Forderungen sowie sämtliche Zugriffsrechte und Rückkaufmöglichkeiten. Gleichzeitig bestehen aber auch von Seiten der Zweckgesellschaft im Fall eines Zahlungsausfalls eines Debitors keine Regressmöglichkeiten dem Originator gegenüber. Das Ausfallrisiko wird von der Zweckgesellschaft getragen und anschließend durch die Emission der ABS-Wertpapiere an die Investoren weitergereicht. Auch die Zweckgesellschaft ist durch diese Ausgestaltung des Forderungsverkaufs gegenüber einer Insolvenz des Originators abgesichert. Die Ausgliederung der zu verbriefenden Vermögensgegenstände in eine Zweckgesellschaft gewährleistet eine strikte Isolierung von veräußerndem Unternehmen und veräußerten Aktiva, wodurch eine Bewertung der Aktiva unabhängig vom Originator möglich wird. Diese Konstruktion führt letztendlich dazu, dass sich die Rendite der ABS-Wertpapiere und damit die Finanzierungskosten des Originators ausschließlich nach der Bonität der zedierten Forderungen richten.

Die rechtliche Ausgestaltung der Zweckgesellschaft als Personengesellschaft ist unvorteilhaft, da durch eine Einbeziehung des Originators in die Zweckgesellschaft das Unternehmensrisiko auf die Gesellschaft übertragen werden kann. Dies widerspricht jedoch der eigentlichen Idee der Verbriefung, nämlich der Trennung des Konkursrisikos des Originators vom in den ausgelagerten Forderungen inhärenten Risiko. Bei der Auswahl der Rechtsform ist also darauf zu achten, dass die Zweckgesellschaft vom Konkurs des Originators unberührt bleibt. Deshalb sind also vor allem Kapitalgesellschaften als Rechtsform für eine Zweckgesellschaft geeignet. Die Übertragbarkeit der Wertpapiere ist bei der GmbH durch Emission von Inhaberschuldverschreibungen dann gewährleistet, wenn der Originator als Eigentümer der Zweckgesellschaft fungiert. Bei der GmbH ist im Gegensatz zur AG keine ABS-Emission auf der Basis von Eigentumsrechten möglich, da sich GmbH-Anteile nicht verbriefen und sich daher nur mit erheblichem rechtlichen Aufwand übertragen lassen.

Eine Alternative dazu stellt die Einrichtung der Zweckgesellschaft als eingetragene Genossenschaft dar. Mehrere Originatoren schließen sich hierbei als Genossenschaft zusammen und verbriefen schuldrechtliche Ansprüche gegen die Zweckgesellschaft. Eine Verbriefung von Eigentumsrechten wäre im Falle der Genossenschaft nicht sinnvoll, da Eigentumsrechte an Genossenschaften ebenfalls nicht fungibel sind. Da darüber hinaus der Konkurs eines Genossen nicht zur Auflösung der Genossenschaft führt, das Konkursrisiko des Originators also von dem der Zweckgesellschaft getrennt werden kann, ist auch die Rechtsform der Genossenschaft als Rechtsmantel für die Zweckgesellschaft im Rahmen einer ABS-Transaktion grundsätzlich geeignet.

Die Trennung des Konkursrisikos des Originators von der Zweckgesellschaft findet also sowohl bei der Rechtsform einer GmbH als auch bei AG und Genossenschaft statt. Eigentumsrechte lassen sich allerdings nur im Falle der AG verbriefen. Unter Berücksichtigung des im Vergleich zur AG wesentlich geringeren finanziellen und rechtlichen Aufwands für die Gründung einer GmbH ergeben sich deutliche Vorteile für diese Rechtsform. Die Gründung dieser Zweckgesellschaft erfolgt im Normalfall im Vorfeld einer Transaktion auf Initiative des Originators durch den Arrangeur.

Um steuerliche Belastungen zu minimieren und die bilanzbefreiende Wirkung zu gewährleisten, wird für die Zweckgesellschaft oft ein Rechtssitz außerhalb Deutschlands gewählt. Dabei wird auch oft auf die Gründung der Zweckgesellschaft in Form eines Sondervermögens beziehungsweise Trusts zurückgegriffen.

Die steuerliche Behandlung einer ABS-Finanzierung lässt sich auf einen gewerbesteuerlichen und einen umsatzsteuerlichen Aspekt hin untersuchen. Auch dabei ist es entscheidend, ob das Eigentum an den zu verbriefenden Forderungen vom Originator auf die Zweckgesellschaft übergeht. Analog zur bilanziellen Behandlung scheiden die im Rahmen einer klassischen Transaktion auf die Zweckgesellschaft übertragenen Forderungen auch für gewerberechtliche Zwecke aus dem Vermögen des Originators aus. Für die Gewerbesteuer hat der Aktivtausch im ersten Schritt bei einem Forderungsverkauf keine Bedeutung. Erst wenn mit der vorzeitig generierten Liquidität die Passivseite abgebaut wird und bestehende Verbindlichkeiten zurückgeführt werden, entsteht ein steuerlicher Effekt. Dieser bewirkt eine Verkürzung der Bemessungsgrundlage für die Gewerbeertragsteuer auf Dauerschuldzinsen.

Der Forderungsverkauf ist bei Übergang des Ausfallrisikos auf die Zweckgesellschaft steuerfrei (§ 4 Nr. 8c UStG). Da in der Regel das Inkassoverfahren und das Mahnverfahren beim Originator verbleiben und ihm diese Dienstleistung regelmäßig vergütet wird, fällt hierauf Umsatzsteuer an. Anders ist es, wenn die Einzweckgesellschaft ihren Sitz in einem Drittland hat. Die Inkassofunktion wird dann nicht im Inland ausgeführt und so fehlt es an einer umsatzsteuerbaren Leistung. Des Weiteren ist umsatzsteuerlich die Emission der Wertpapiere zu bewerten. Laut einem Schreiben beziehungsweise Erlass des Bundesfinanzministeriums (21.09.1990) sind Asset Backed Securities ab dem 01.01.1991 als Wertpapiere im Sinne des § 4 Nr. 8e UStG anzusehen. Die Emission der Asset Backed Securities ist somit umsatzsteuerbefreit.

17.6 Mittelstandsspezifische Ausgestaltungsformen einer ABS-Finanzierung

ABS-Finanzierungen sind aus Kosten- und Akzeptanzgründen erst ab einem ausreichend großen Mindestvolumen möglich und sinnvoll. Dieses wird häufig bei etwa 20 Millionen Euro angesetzt. Da derselbe Betrag gleichzeitig auch eine Umsatzobergrenze zur Definition eines mittelständischen Unternehmens darstellt, wird es einem einzelnen mittelständischen Unternehmen nicht möglich sein, den zur Verbriefung geeigneten Forderungspool aufbringen zu können. Um ABS-Finanzierungen mittelständischen Unternehmen besser zugänglich zu machen, kann eine Kooperation verschiedener Originatoren in Erwägung gezogen werden. Dabei führen mehrere Originatoren ihre zu verkaufenden Forderungen in einem gemeinsamen Forderungspool zusammen. ABS-Transaktionen, die eine solche Zusammenführung von Forderungen verschiedener Originatoren enthalten, werden als Multiseller Conduits oder Multiseller-Transaktionen bezeichnet (Multiseller = viele Verkäufer). Bei Multiseller-Transaktionen werden im Rahmen eines so genannten doppelstöckigen Verbriefungsmodells mehrere Zweckgesellschaften gegründet, denen dann im Laufe der Transaktion bestimmte Aufgaben zufallen. Die Gründung der Zweckgesellschaften sowie die Zuordnung der jeweiligen Aufgaben übernimmt dabei aufgrund der relativen Komplexität meist ein externer Arrangeur. Dieser berät und unterstützt den Originator während der gesamten Transaktion und ist oft auch in die Platzierung der Wertpapiere involviert. Im Auftrag dieses Arrangeurs gründet eine Trustgesellschaft eine Holdinggesellschaft, welche wiederum mehrere Ankaufsgesellschaften und eine Emissionsgesellschaft als hundertprozentige Tochtergesellschaften hält. Die Holdinggesellschaft ist wiederum hundertprozentige Tochter eines steuerbegünstigten Objekts. Dadurch entsteht ein steuerlicher Vorteil und die Konsolidierungspflichten für Originator und Arrangeur entfallen. Dies ist für die ABS-Transaktion von großer Bedeutung, da sich sonst die entsprechenden bilanzentlastenden Effekte nicht einstellen würden. Das Zweckgesellschafts-Konstrukt wird dabei meist in steuerbegünstigten Ländern gegründet und nur minimal kapitalisiert. Den Ankaufsgesellschaften kommt innerhalb des Konstrukts die Aufgabe zu, die Forderungen der Originatoren zu erwerben, die Emissionsgesellschaft bündelt und verbrieft diese, um die gewünschte Liquidität zu generieren. Dabei steht häufig jedem Originator eine Ankaufsgesellschaft gegenüber. Dies wird durch die Unterschiedlichkeit der verschiedenen Forderungstypen hinsichtlich Laufzeiten, Ausfallwahrscheinlichkeiten und angemessener zusätzlicher Besicherungsformen notwendig. Im Gegensatz zu ABS-Emissionen eines Originators werden Multiseller-Transaktionen meistens unter dem Namen der Emissionsgesellschaft durchgeführt. Die Originatoren, deren Forderungen letztendlich die Besicherung der vom Investor erworbenen Wertpapiere darstellen, bleiben dabei anonym. Der Investor trifft also seine Kaufentscheidung lediglich auf Grundlage des Ratings der Papiere, ohne nähere Informationen über Originator und unterliegende Forderungen zu erhalten.

Da aber für mittelständische Unternehmen die Gründung einer eigenen Aktiengesellschaft in Rahmen einer Multiseller-Transaktion mit unverhältnismäßig hohen Kosten verbunden ist, durch die sich die Finanzierung durch ABS zumeist nicht mehr lohnt, werden häufig Strukturen gewählt, bei denen nur ein bestimmter Teil der angekauften Forderungen aus mittelständischen Forderungen besteht. Dabei spezialisiert sich meist eine Ankaufsgesellschaft auf den Ankauf mittelständischer Forderungen, während die restlichen Ankaufsgesellschaften zur Verbriefung geeignete Forderungen von Banken und Großunternehmen übernehmen. Die Ankaufsgesellschaft bietet zusätzlich zum Forderungsaufkauf auch die notwendige Infrastruktur zur Überprüfung der Forderungen auf Verität und Bonität, die Strukturierung eines verkaufsfähigen Forderungspools und die Gewährleistung eines tragfähigen Debitorenmanagements an. Dabei müssen die Forderungen den Kriterien der jeweiligen Dienstleister entsprechen, um eine Übertragung zu ermöglichen.

So ist die Coface-Gruppe bereits seit langer Zeit im Bereich der klassischen ABS-Transaktionen tätig. Im Zusammenhang mit der Eignung von Finanzinstrumenten speziell für mittelständische Unternehmen bietet Coface Mittelstands-ABS bereits ab einem Forderungsvolumen von 10 Millionen € und zum Teil. darunter an. Das Mittelstands-ABS der Coface-Gruppe entsteht durch die Kooperation zwischen einer Investmentbank, einer Kreditversicherung und mehreren Mittelstandsunternehmen. Die AK Finance Ltd. tritt als Einzweckgesellschaft mit Sitz in Irland auf und poolt die Forderungen verschiedener Mittelständler. Forderungsverkäufer erhalten einen Verkaufserlös abzüglich eines Abschlags für die Dienstleistungen der Beteiligten und eines Verwässerungsabschlags. Mit Verwässerung ist die Wertminderung von Forderungen beispielsweise durch Gutschriften, Skonti oder Mengenrabatte gemeint, die sich aus historischen Werten errechnet. Hinzu kommen Abschläge für eintretende Schäden durch Forderungsausfälle, die der Kunde bis zu einem bestimmten Prozentsatz des Ankaufsvolumens selbst trägt. Für darüber hinausgehende Schäden ist das Portfolio

17.6 Mittelstands-
spezifische
Ausgestaltungs-
formen einer
ABS-Finanzierung

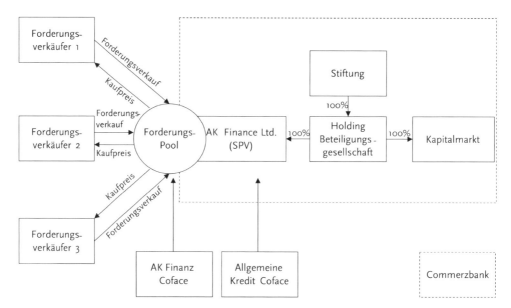

Abb. 59: Struktur des Mittelstands-ABS der Coface-Gruppe

durch die AK Coface-Gruppe versichert. Dies steigert die Bonität und die Wertpapiere werden für potenzielle Investoren auf dem Kapitalmarkt interessanter. Durch die Kooperation mit der Commerzbank werden die Forderungen durch Commercial Papers am Kapitalmarkt refinanziert. Die Platzierung der Commercial Papers ist Aufgabe der Commerzbank, die falls nötig selbst Commercial Papers kauft, um das ABS-System zu erhalten. Die Laufzeit der Commercial Papers beträgt drei Monate und ist nicht an die Fälligkeit der Forderungen gebunden. Das SPV (Special Purpose Vehicle) kauft revolvierende Forderungen der Originatoren auf, um im Forderungspool einen konstanten Deckungsbeitrag für die ausgegebenen Commercial Papers zu haben.

Die Allgemeine Kredit Coface bewertet die von der SPV anzukaufenden Forderungen und sichert diese ab. Dadurch agiert sie als externer Anbieter einer zusätzlichen Besicherung (Credit Enhancer). Darüber hinaus übernimmt sie im Rahmen der Transaktionen weitere Funktionen eines Arrangeurs. Sie erstellt ein Erst-Rating des Forderungsverkäufers und ist unter anderem auch für die Akquisition zuständig.

Die AK Finanz Coface ist Vermittler zwischen den an der Transaktion beteiligten Parteien. Sie ist verantwortlich für Angebotsabgaben, den Kundenservice und für die Steuerung des Cashflows der anzukaufenden Forderungen. Durch eine EDV-Anbindung mit den Originatoren sieht sie, welche Eigenschaften die angekauften Forderungen haben. Sie nimmt also die Funktion eines Service Agent im Rahmen der Transaktion ein.

Die AK Finance Limited kauft die Forderungen verschiedener Unternehmen, dabei schließt sie mit dem Kunden drei Verträge: einen Forderungsvertrag, einen Kontenverpfändungsvertrag und ein Definitionsverzeichnis. Der Forderungsvertrag wird nach deutschem Recht und in deutscher Sprache geschlossen. Hauptinhalt des Vertrages ist die Regelung des Forderungsankaufes, Ankaufskriterien für die Forderungen, Sicherheitsabschläge für Ausfälle, Boni, Skonti, Sicherheitsabtretung, Gebühren und die Übernahme des Bonitätsrisikos für angekaufte Forderungen durch die Zweckgesellschaft. Der Kontenpfändungsvertrag ist notwendig, da das Mittelstands-ABS im so genannten stillen Verfahren durchgeführt wird, das heißt, die Debitoren des Kunden begleichen die Forderungen wie gewohnt auf die bekannten Konten des Originators. Der Verkauf wird erst im Nichtzahlungsfall offengelegt. Das Definitionenverzeichnis definiert die wichtigsten Begriffe im Forderungskauf- und Kontenpfändungsvertrag rechtsverbindlich zwischen dem Kunden und der AK Finance Ltd.

Die Commerzbank ist die Verbindung zum Kapitalmarkt. Sie tritt bei dieser ABS-Struktur als Conduit, das heißt als Durchlaufstelle auf und ist verantwortlich für die Strukturierung der anzukaufenden Forderungen und für die Platzierung der Commercial Papers.

Bei den Anforderungen an den Mittelständler unterscheidet die Coface-Gruppe zwischen harten Faktoren, weichen Faktoren und Ausschlussfaktoren. Zu den harten Faktoren gehört zum Beispiel, dass die Gesellschaft seit mindestens zwei Jahren ihren Sitz in Deutschland haben muss. Des Weiteren müssen die Forderungen deutschem Recht folgen, wenig einredeanfällig und in € ausgestellt sein; zudem müssen sie aus Warenlieferungen oder Dienstleistungen und nach vollständig erbrachter Leistung fakturiert sein. Das Zahlungsziel der Forderungen darf maximal 60 Tage betragen und der regelmäßige offene Posten muss bei 10 bis 50 Millionen € liegen. Zudem muss der Schuldner seinen Sitz in der EU oder in der Schweiz haben.

Die Kostenkalkulation für die ABS-Transaktion lässt sich in drei Teile untergliedern: erstens in Kosten für Finanzierung, Service und Kreditversicherung, zweitens in vorab zu bezahlende Kosten für Rating, Due Diligence und EDV-Anbindung und drittens in jährliche Kosten für die Prüfung und Überwachung der einzelnen Debitoren. Die Kosten für die Finanzierung orientieren sich am Drei-Monats-Euribor plus 1 % vom Refinanzierungsbetrag. Auf Ser-

341

vice und Versicherung werden 1 bis 1,5 % vom Refinanzierungsbetrag berechnet. Für die vorab zu bezahlenden Kosten ist eine einmalige Pauschale einzukalkulieren, die bei Unterzeichnung des Mandatsbriefes fällig wird. Die laufende Überwachung der Debitoren wird pro Debitor berechnet.

Das Kalkulationsbeispiel in Abbildung 60 soll in etwa den Umfang der Kosten darstellen. Es beruht auf einem Angebot der Coface AG.

Es ist jedoch zu beachten, dass dieses Beispiel auf frei gewählten Anfangszahlen beruht und bezüglich der anfallenden Kosten einen Durchschnittswert nach Anfrage bei einer großen Kreditversicherung ausweist.

Generell können bei einer ABS-Transaktion Strukturierungskosten, Rechtskosten für die Dokumentationserstellung, Asset-Audit-Kosten, Rating-Kosten, laufende Programmgebühren und Liquiditätsliniengebühren auftreten. Je nachdem, für welches Programm sich ein Unternehmen entscheidet, werden diese Gebühren unterschiedlich hoch ausfallen beziehungsweise bereits im Paket mit inbegriffen sein.

Generell sind die Kosten für ABS relativ hoch. Gerade deshalb sollten sich mittelständische Unternehmen für ein »schlankeres« und somit kostengünstigeres ABS-Programm entscheiden, das speziell für den Mittelstand entwickelt wurde. Zudem ist zu bedenken, dass die Finanzierung über ABS langfristig angelegt ist und die Kosten daher auch auf einen längeren Zeit-

Ausgangssituation:

Verkaufte Forderungen:	5,55 Mio. €
Gewonnene Liquidität:	5 Mio. € (circa 90 % der verkauften Forderungen)
Umsatz:	50 Mio. €
Debitoren:	50 im Inland, 10 im Ausland
Euribor (3 Monate):	2,1770 %

Beispielrechnung:

Laufende Kosten		
Finanzierung, Rating, Kreditversicherung:	*hier nicht berücksichtigt*	
Zinsen in Höhe von 3 Monaten Euribor	5 Mio. × 2,1770 % = 108 850 €	
Kreditprüfungsgebühren (pro Debitor)		
Debitoren im Inland: 35,00 €	50 × 35,00 €	= 1 750 €
Debitoren im Ausland: 62,50 €	10 × 62,50 €	= 625 €
Einmalkosten		10 000 €
Up-front fee:		
EDV-Anbindung (softwareabhängig):		circa 7 500 €
Summe aller Kosten:		**128 725 €**

Abb. 60: Kostenkalkulation für eine ABS-Transaktion

raum verteilt zu betrachten sind. Die wesentlichen Vorteile des Mittelstands-ABS der Coface-Gruppe sind die geringeren vorab zu entrichtenden Kosten, da hier die komplette ABS-Struktur bereits besteht, was zusätzlich eine schnelle Implementierung möglich macht. Das Hauptproblem für den Mittelständler, ein ausreichendes Forderungsvolumen aufzubringen, wird durch dieses Multiseller-Programm umgangen, indem Forderungen mehrerer Unternehmen gebündelt werden. Dadurch können auch nachteilige Debitorenkonzentrationen vermieden werden und es kann durch die größere Diversifikation der Forderungen ein besseres Rating erzielt werden.

Für kleinere Mittelständler, die auch das Mindestvolumen der Cofac-Gruppe an Forderungen nicht erfüllen können, gibt es seit einigen Jahren alternative Programme, die speziell auf die Bedürfnisse kleinerer Unternehmen abgestimmt sind. Als Vorreiter ist EuReFin zu nennen. EuReFin wurde 2001 als »European Receivables Financing« in Dublin gegründet. Es ist die Zweckgesellschaft (SPV) von Gerling NCM, die in diesem Programm eine tragende Rolle spielt. Es ist als ABCP- (Asset Backed Commercial Papers) Programm aufgebaut, wobei sich EuReFin durch die Emissionserlöse finanziert. Die Gerling NCM als einer der führenden Kreditversicherer weltweit bietet im Rahmen des ABS-Programms ihren Kunden in erster Linie begleitende Dienste an, wie zum Beispiel die Absicherung und das Rating der Forderungen, und ist darüber hinaus Arrangeur der Forderungen auf dem Anlegermarkt. Das Besondere an EuReFin ist, dass es ein integriertes ABS-Programm ist, das heißt, der Kapitalmarktzugang sowie die Kreditversicherung werden gleichzeitig angeboten, was vor allem zu einer schnelleren Abwicklung des ABS-Programms führt.

- Forderungen von 5 bis 60 Millionen € werden revolvierend eingekauft.
- Es gibt ein EDV-System, das den täglichen, wöchentlichen oder monatlichen Ankauf durchführt.
- EuReFin verwendet standardisierte deutsche Verträge, was den großen Vorteil hat, dass es zu keinen kostspieligen, langwierigen Verhandlungen kommt; jedoch sind auch keine spezifischen Anpassungen möglich.
- Weiterhin garantiert EuReFin eine Abwicklungszeit von zwei Monaten ab Mandatsvergabe bis zum ersten Forderungskauf. Im Vergleich zu anderen ABS-Programmen ist das äußerst schnell.
- Durch die hundertprozentige Kreditversicherung seitens der Gerling NCM erhalten Forderungen, die über EuReFin verkauft werden, grundsätzlich hohe Ratings (Rating von Standard & Poor's: A-1). Dadurch wird ein Verkauf der Forderungen auf dem Kapitalmarkt sichergestellt.

Abb. 61: Besonderheiten des Forderungsankaufs bei EuReFin im Überblick

Von den täglich eingehenden offenen Posten wählt EuReFin diejenigen aus, die folgende Kriterien erfüllen:

- bestehendes Kreditversicherungslimit für Einzelforderungen bei einer geprüften Kreditversicherungsgesellschaft (zum Beispiel Gerling NCM),
- sämtliche Forderungen müssen rechtlich begründet, abtretungsfähig und frei von Rechten Dritter sein,
- maximales Zahlungsziel/Laufzeit der Forderungen von 180 Tagen,
- Forderungen sind nicht mehr als 60 Tage über dem Fälligkeitsdatum,
- Einhaltung von Konzentrationslimits, das heißt kein Klumpenrisiko,
- für den Ankauf ausländischer Forderungen wird nach einer Länderliste in Abhängigkeit des Kreditversicherers ausgewählt, wobei der Anteil ausländischer Schuldner kleiner als 25 % des Gesamtportfolios sein muss.

Abb. 62: EuReFins Kriterien zur Auswahl der Forderungen

Bei der Auswahl dieses oder eines ähnlich strukturierten Mittelstandsangebotes ist zu beachten, dass bereits ein integriertes ABS-Angebot vorliegt, das heißt, dass es sowohl den Kapitalmarktzugang als auch die Kreditversicherung beinhaltet, was zu einer schnelleren Umsetzung führt (zwei Monate). Außerdem sollten eine Standardisierung und eine feste Abwicklung erfolgen, was dem Ziel der schnellen und einfachen Umsetzung dient, aber auch zu Kosteneinsparungen führt. Es sollten zudem keine Zusatzkosten zum Beispiel für Rating, Anwälte oder Berater anfallen und ausschließlich Standardverträge verwendet werden, die bei festen Konditionen eine Nettoliquidität von über 90 % garantieren.

Die Vorteile der ABS-Finanzierung für mittelständische Unternehmen ab einer gewissen Größenordnung liegen bei geringeren Finanzierungskosten im Vergleich zu einer Finanzierung durch einen klassischen Bankkredit. Aufgrund der Trennung der Forderungen vom Insolvenzrisiko des Unternehmens werden die Vermögensgegenstände besser in einem Rating bewertet als das Unternehmen selbst. Durch die Finanzierung über den Kapitalmarkt ist es zudem möglich, Kreditlinien bei Banken zu schonen. Durch die gewonnene Liquidität und die damit verbundene Möglichkeit der Bilanzverkürzung verbessern sich Unternehmenskennzahlen wie die Eigenkapitalquote des Forderungsverkäufers.

Nachteilig an einer ABS-Finanzierung sind die bei einer klassischen ABS-Transaktion anfallenden hohen Strukturierungskosten. Aufwändig ist auch die notwendige EDV für die Administration des Forderungspools. Durch die hohen einmaligen Kosten zu Beginn der Transaktion ist ein Ausstieg aus der ABS-Finanzierung erst nach ein paar Jahren möglich, da sich die anfänglichen Strukturierungskosten sonst nicht rentieren. Kritisch zu sehen ist auch der True Sale beim Forderungsverkauf. Um einen True Sale mit bilanzentlastender Wirkung zu gewährleisten, sollte bei der Ausgestaltung der ABS-Struktur unbedingt mit dem Wirtschaftsprüfer Rücksprache gehalten werden, damit die gewünschte Entlastung erreicht werden kann.

17.7 Fallbeispiel eines erfolgreichen Mittelstands-ABS

Ein erfolgreiches und aktuell existierendes mittelständisches Speditionsunternehmen fand sich nach eigenen Angaben in einem Umfeld wieder, in dem vor allem vor dem Hintergrund von Basel II das Thema Finanzierung für mittelständische Unternehmen immer schwieriger wurde und alternative Finanzquellen gefunden werden mussten. Des Weiteren existierte bei den Kunden ein Trend zu längeren Zahlungsfristen, wodurch sich der Zahlungseingang und somit die notwendige Liquidität merklich verzögerten. Diese Grundtendenz war im Ausland noch stärker, so dass es zusätzlich zu einer Diskrepanz zwischen inländischen und ausländischen Zahlungszielen kam. Ein dritter Faktor war das Ziel des Unternehmens zu expandieren. Deshalb benötigte es eine Finanzierungsart, die einem wachsenden Geschäftsvolumen nicht nur gerecht wird, sondern es auch unterstützen konnte. Ein weiterer Grund für die Entscheidung für eine ABS-Finanzierung war das Unternehmensimage, da eine Finanzierung über die Verbriefung von Forderungen das Kapitalmarktansehen steigern sollte. Dies folgt aus der Erfüllung der strikten Bedingungen der Kapitalmärkte, denen ein Mittelständler in der Regel nicht unterliegt. Als Folgeeffekt des ABS-Engagements erhoffte man sich natürlich auch, eine Bilanzentlastung herbeizuführen.

Die Machbarkeit der Transaktion wurde im Fall des Speditionsunternehmens durch die Strukturen innerhalb des Unternehmens sowie durch vertrauensvolle Kundenbeziehungen, die auf einer sorgfältigen Auswahl der Vertragspartner beruhen, begünstigt. Generell bevorzugt das Unternehmen langjährige Kunden, mit denen so genannte Rahmenverträge geschlossen wurden. Durch diese engen Beziehungen wird automatisch auch das Ausfallrisiko von Zahlungen gesenkt, so dass längere Zahlungsfristen von 30 bis 45 Tagen gewährt werden können. Bei einmaligen Aufträgen hingegen findet vor Auftragsannahme eine intensive Prüfung der Bonität statt. Ist diese nicht ausreichend, kommt der Vertragsabschluss nur gegen Vorauskasse zustande.

Im Vorfeld der ABS-Transaktion wurden die für die Verbriefung in Frage kommenden Forderungen untersucht. Das Unternehmen entschied sich für Forderungen aus den Speditions- und Logistikleistungen. Das Ausfallrisiko

345

dieser Forderungen wurde kleiner als 1 % eingeschätzt, für die ABS-Transaktion wurden zudem nur Forderungen mit einem kalkulatorisch nullprozentigen Risiko gewählt. Bei der Forderungsauswahl wurde neben der Ausfallwahrscheinlichkeit der Forderungen auch darauf geachtet, dass kein Klumpenrisiko entstand, das heißt, der Anteil eines Debitors an dem Gesamtvolumen der Forderungen wurde möglichst klein gehalten, damit es nicht zu einem überproportional hohen Risiko kam. Die Kumulation des Risikos ist in erster Linie für kleine Mittelständler ein Problem, da diese unter Umständen von wenigen Großkunden abhängen und so das Risiko schwer diversifizieren können.

Ein günstiger Faktor war das vorhandene EDV-System des Unternehmens. Die Spedition arbeitete schon lange vor der Verbriefung mit SAP. Ohne ein solches System gestaltet sich die ABS-Transaktion sehr schwierig; deshalb ist es empfehlenswert, ein System wie SAP für ein reibungsloses Debitorenmanagement zu haben, bevor ABS als Finanzierungsform eingesetzt wird.

Nachdem die externen und internen Voraussetzungen für eine erfolgreiche ABS-Transaktion im Unternehmen und eine genaue Zielvorstellung bezüglich der eigenen Position geschaffen wurden, erfolgte die Auswahl der anderen Beteiligten. Letztendlich fiel die Wahl des schwäbischen Speditionsunternehmens auf die Landesbank Baden-Württemberg als Partner der Transaktion. Zum einen bot die LBBW ein gut geschnürtes Paket mit unkomplizierter Abwicklung, zum anderen war dies gleichzeitig auch die Hausbank des Unternehmens. Die bereits existierende enge Beziehung war ein wesentlicher Vorteil für die Abwicklung der Transaktion, da spezifische und sensible Themen besser behandelt werden konnten. Da die LBBW mit den Prozessen und der Arbeitsweise des Unternehmens vertraut war, konnte das ABS-Programm an das Unternehmen angepasst werden. Die Bereitschaft, vom Standard abzuweichen, war ein weiterer Grund für die Wahl der LBBW und trotz interner Schwierigkeiten konnte das Speditionsunternehmen die Strukturierungsphase einschließlich der Vorbereitungen innerhalb eines Jahres abschließen.

Nachdem mit Hilfe des Arrangeurs und des SPV alle Vorbereitungen abgeschlossen waren und das EDV-System installiert war, folgte eine Testphase, in der alle Transaktionen real durchgespielt wurden, um das System auf die Tauglichkeit in der Realität zu prüfen. Diese Phase ist stets ausschlaggebend für den Erfolg einer Transaktion, da sich hier die letzte Möglichkeit bietet, Veränderungen vorzunehmen, ohne den eigentlichen Ablauf zu stören. Beim Beispielunternehmen bestand die Testphase aus täglichen Forderungsver- und -ankäufen. Diese vielen Probeläufe waren notwendig, damit die Transaktionspartner sicher sein konnten, dass während der richtigen Transaktion alles nach Plan laufen würde. Auch war es in dieser Testphase von entscheidender Bedeutung, im engen Kontakt mit den Partnern zu stehen. So durchliefen Mitarbeiter der LBBW unter anderem auch vor Ort mit der Spedition die Prozesse der Transaktion. Diese Übung führte dazu, dass schon innerhalb eines Jahres der tägliche operative Aufwand auf etwa drei Stunden pro Tag reduziert werden konnte.

Als SPV gründete das Unternehmen die so genannte Neckar Funding Ltd. in Jersey, die Forderungen des Unternehmens zu vertraglich festgelegten Konditionen einkauft. Das Unternehmen muss laut Vertrag täglich ein bestimmtes Volumen an Forderungen an die Neckar Funding Ltd. verkaufen, es handelt sich somit um einen revolvierenden Verkauf. Die Neckar Funding Ltd. ist verpflichtet, dieses Ankauflimit zu erfüllen, jedoch nur bis zu einer bestimmten Obergrenze. Die Basis dafür ist ein täglicher Datenaustausch, im Rahmen dessen das Unternehmen eine Liste von in Frage kommenden Forderungen an die Neckar Funding Ltd. gibt und diese als Feedback eine »Einkaufsliste« der Forderungen an das Unternehmen sendet. Vertraglich festgelegt wurde zudem, dass die Forderungen deutschem Recht folgen, einem deutschen Gerichtsstand unterliegen, in € bewertet sind und 100 % kreditversichert sein müssen. Diese Kreditversicherung übernimmt nicht die LBBW, sondern ein externer Kreditversicherer. Nach Aussage des Wirtschaftsprüfers der Spedition ist eine Kreditversicherung unbedingt notwendig, damit die Verbriefung der Forderungen seitens der Finanzbehörden als True Sale akzeptiert wird. Ferner darf es laut Vertrag nicht zu einem Klumpenrisiko kommen. Sind die vereinbarten Kriterien erfüllt, kann die SPV alle Forderungen einkaufen. Da das gesamte Forderungsportfolio des Speditionsunternehmens einmal jährlich gerated wird, entfällt das jeweilige Rating pro Transaktion. Die Zeitspanne zwischen Verkauf der Forderungen und Geldzahlung des SPV beträgt in der Regel zwei Tage. Nach dem Verkauf fungiert das Unternehmen als Service Agent und übernimmt die damit verbundenen Funktionen. Damit die künftigen Transaktionen reibungslos ablaufen, werden in einem jährlichen Audit die Prozesse, die Dokumentation und die internen Abläufe des Unternehmens seitens der Neckar Funding Ltd. geprüft.

Es ist sicherlich nicht möglich, dieses Praxisbeispiel auf alle mittelständischen Unternehmen zu übertragen. Anzumerken ist jedoch, dass sich ein täglicher und automatisierter Forderungsverkauf, wie er im Fallbeispiel dargestellt wurde, empfiehlt. Als Grund ist neben den schnelleren Einzahlungen ins Unternehmen vor allem der Wegfall von wiederholten Ratings und der damit verbundenen Kosten hervorzuheben. Der Nachteil eines solchen Verfahrens ist jedoch, dass nur jene Forderungen verkauft werden können, die exakt die vertraglich vereinbarten Bedingungen erfüllen. Deshalb ist es bei den Verhandlungen im Vorfeld besonders wichtig, die Eigenschaften der zu verbriefenden Forderungen zu kennen und abzusprechen. Entscheidend ist es, diejenigen Forderungen zu verkaufen, die die besten Konditionen bringen.

18
Finanzielle Mitarbeiterbeteiligung

Unter einer Mitarbeiter-Kapitalbeteiligung versteht man die freiwillige vertragliche dauerhafte Beteiligung der Mitarbeiter am Kapital des Arbeit gebenden Unternehmens. Sowohl für den Arbeitnehmer als auch für das Unternehmen ist eine Mitarbeiterbeteiligung ein vorteilhafter Finanzierungsweg.

18.1 Anlässe und Vertragsformen für die Einführung von Mitarbeiterbeteiligungsmodellen

Die Mitarbeiterbeteiligung war bisher hauptsächlich in größeren Unternehmen zu finden. Inzwischen setzt sie sich zunehmend auch bei mittelständischen Unternehmen durch, da sie Lösungen für verschiedene mittelstandsspezifische Probleme bietet. Zu den Vorteilen der Mitarbeiterbeteiligungsmodelle gehört, dass die Eigenkapitalquote und somit die Chancen auf ein besseres Rating durch eine Beteiligung der Mitarbeiter am Eigenkapital erhöht werden. Dies erleichtert die Aufnahme eines traditionellen Kredits.

Die Mitarbeiterkapitalbeteiligung sorgt für einen stetigen Liquiditätszufluss.

Des Weiteren können durch Mitarbeiterbeteiligung auch exzellente Mitarbeiter an das Unternehmen gebunden und die Motivation der Mitarbeiter aufgrund des eventuellen Gewinnanspruches entscheidend erhöht werden, was positiv auf den Umsatz wirken kann. In mittelständischen Unternehmen, in denen es keinen Nachfolger gibt, bietet die Mitarbeiterbeteiligung Möglichkeiten der Übergabe an Personen, die der Inhaber kennt und denen er aufgrund langjähriger Zusammenarbeit vertrauen kann. Ein weiterer interessanter Aspekt ist die Nutzung der Mitarbeiterbeteiligung als innerbetriebliche Altersvorsorgeregelung.

Es besteht grundsätzlich keine rechtliche Verpflichtung für den Arbeitgeber, den Betriebsrat, sofern dieser vorhanden ist, in seine Entscheidung bezüglich einer Mitarbeiterkapitalbeteiligung mit einzubeziehen. Er kann

Handbuch Alternative Finanzierungsformen. Ottmar Schneck
Copyright © 2006 WILEY-VCH Verlag GmbH & Co. KGaA, Weinheim
ISBN 3-527-50219-X

unter Berücksichtigung der Zustimmungspflicht der Haupt- oder Gesellschaftsversammlung oder des entsprechenden Organs frei entscheiden, ob und in welcher Form er eine Mitarbeiterbeteiligung anbieten will. Jedoch kann die Mitarbeiterbeteiligung auch als Maßnahme zur Förderung der Vermögensbildung nach § 88 Abs. 3 BetrVG im Rahmen einer freiwilligen Betriebsvereinbarung zwischen Betriebsrat und Arbeitgeber geregelt werden. Ausdrückliche Mitbestimmungsrechte hat der Betriebsrat in Bezug auf den begünstigten Mitarbeiterkreis, um eine Schlechterstellung einzelner Arbeitnehmer zu verhindern.

Die Entscheidung für eine bestimmte Form der Mitarbeiterbeteiligung wird von Faktoren wie zum Beispiel Größe und Art des Unternehmens, der persönlichen Einstellung und dem Innovationsgeist des Arbeitgebers sowie der Rechtsform des Unternehmens beeinflusst.

Es lassen sich drei Formen der Kapitalbeteiligung unterscheiden. Dies sind von Mitarbeitern beigesteuertes Fremdkapital, eine Mezzanine-Beteiligung, bei der die Mitarbeiter zwar Gewinnrechte, aber eingeschränkte oder keine Mitsprecherechte haben, und eine Eigenkapitalbeteiligung der Mitarbeiter. Diese grundlegenden Vertragsformen sind in Abbildung 63 dargestellt.

Durch die *Bereitstellung von Fremdkapital* geht der Mitarbeiter eine begrenzte Bindung mit seinem Unternehmen ein. Das Fremdkapital steht dem Unternehmen nur befristet zur Verfügung und muss zurückgezahlt

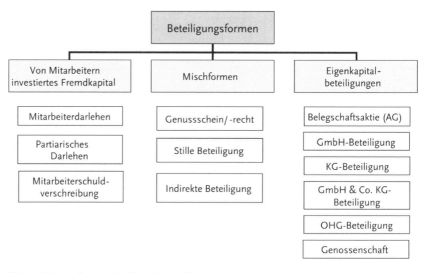

Abb. 63: Vertragsformen der Mitarbeiterbeteiligung

werden. Es wird meistens ergebnisunabhängig verzinst, durch ein schuld-rechtliches Verhältnis begründet und beinhaltet keine Mitsprache- bezie-hungsweise Mitbestimmungsrechte. Das Fremdkapital kann dem Unter-nehmen von seinen Mitarbeitern in Form von Mitarbeiterdarlehen, Mitar-beiterschuldverschreibung und Partiarischem Darlehen zur Verfügung ge-stellt werden.

Bei einem *Mitarbeiterdarlehen* stellt ein Arbeitnehmer dem Arbeitgeber ei-nen bestimmten Geldbetrag für einen festgelegten Zeitraum zur Verfügung. Dafür erhält er eine feste Verzinsung, die teilweise mit einer ertragsabhän-gigen Komponente kombiniert werden kann. Das Darlehensverhältnis wird in einem schuldrechtlichen Vertrag entsprechend den §§ 488 ff. und §§ 607 ff. BGB geregelt. Zu den darin geforderten Mindestanforderungen gehört die Verpflichtung des Darlehensnehmers, das Darlehen zurückzuerstatten. Die Verzinsung ist in der Regel jeweils zum Jahresende zu entrichten. Wird für das Darlehen kein Zeitpunkt für die Rückerstattung festgelegt, so wird die-se mit der Kündigung des Mitarbeiters fällig.

Die schriftliche Fixierung der Darlehensbedingungen ist nicht erforder-lich, wird aber für Mitarbeiterbeteiligungsmodelle empfohlen. Der Mitar-beiter wird durch das Darlehen rechtlich zum Gläubiger des Unternehmens, jedoch ohne Kontroll- und Mitbestimmungsrechte. Er erhält aber oft Infor-mationsrechte auf freiwilliger Basis.

Ein Vorteil des Mitarbeiterdarlehens ist, dass es unabhängig von der Rechtsform des Unternehmens vereinbart werden kann. Es eignet sich be-sonders für Unternehmen, für die die Mitarbeiterbeteiligung ein neues Fi-nanzierungsinstrument ist, und stellt eine risikoarme Ergänzung zu ande-ren Finanzierungsformen dar. Das Mitarbeiterdarlehen kann unter den Be-dingungen des § 489 BGB ordentlich gekündigt werden. Durch eine Bank-bürgschaft oder eine privatrechtliche Versicherung wird darüber hinaus das Konkursrisiko abgesichert.

Die Nachteile dieser Modelle sind für den Arbeitgeber, dass eine eventuell vorhandene Bankbürgschaft oder Versicherung Kosten (Avalprovision) ver-ursacht und dass sich bei starker Zunahme die Eigenkapitalquote ver-schlechtert. Darüber hinaus muss das Unternehmen dem Mitarbeiter das Darlehen nach Ablauf der Frist mit Zinsen zurückzahlen. Das Kapital bleibt also nicht dauerhaft im Unternehmen.

Das *Partiarische Darlehen* wurde in seinen Einzelheiten bereits in Kapitel 8 dargestellt. Diese Form des Darlehens kann auch durch Mitarbeiter ge-währt werden. Dabei handelt es sich um einen Kredit, der mit einer gewinn-abhängigen Rückzahlung und einer eventuellen Basisverzinsung gekoppelt ist. Im Gegensatz zum festverzinslichen Mitarbeiterdarlehen geht der Arbeitnehmer hierbei ein höheres Risiko ein. Er hat jedoch bei einem profitablen Unternehmen die Chance auf eine überdurchschnittliche Verzinsung und erhält darüber hinaus Kontrollrechte über die Gewinnermittlung.

Auch können Mitarbeiter an einer *Schuldverschreibung* des Unternehmens teilnehmen, wie sie in Kapitel 9 beschrieben wurde. Hierbei werden die Schulden des Unternehmens verbrieft und so als Wertpapier handelbar gemacht. Voraussetzung für die Emission von Mitarbeiterschuldverschreibungen ist die Emissionsfähigkeit eines Unternehmens. Je nach Ausgestaltung ist die Schuldverschreibung von Beginn an oder ab einem zuvor bestimmten Zeitpunkt zu tilgen. Ein Aufschub der Tilgungszahlungen erlaubt es dem Unternehmen, seine Liquidität nach Aufnahme des Fremdkapitals zu schonen und die Tilgung zu beginnen, wenn sich die finanzielle Situation des Unternehmens gebessert hat. Ein weiterer Flexibilitätsgewinn für das Unternehmen ist die Ausstattung der Anleihe mit einem vorzeitigen Kündigungsrecht des Emittenten. Diese gibt ihm die Möglichkeit, die Anleihe zu bei Emission festgelegten Konditionen früher als geplant zu tilgen, um beispielsweise von einer für ihn günstigeren Lage am Kapitalmarkt zu profitieren. Der umgekehrte Fall, das heißt ein vorzeitiges Kündigungsrecht des Schuldners, ist äußerst selten. Mitarbeiterschuldverschreibungen können als Wandelschuldverschreibungen, Optionsanleihen oder Gewinnschuldverschreibungen ausgegeben werden.

Die zweite grundlegende Vertragsform ist die materielle Mitarbeiterbeteiligung als Mischform aus Eigen- und Fremdkapital. Hier lassen sich auch wieder drei Arten unterscheiden: die Zeichnung eines Genussscheins, eine stille Beteiligung und eine indirekte Beteiligung durch den Mitarbeiter.

Die Ausgabe von Genussscheinen wurde bereit in Kapitel 16 erläutert. Da es für Genussscheine keine speziellen Regeln im deutschen Aktiengesetz gibt, können Genussscheinbedingungen sehr individuell und von Unternehmen zu Unternehmen unterschiedlich geregelt werden und so ideal auf die Mitarbeiter-interessen in Bezug auf Ausschüttungsansprüche, Verlustbeteiligung und Kündigungs- und Umtauschrechte zugeschnitten werden. Mitarbeiter als Genussscheininhaber werden im Insolvenzfall nachrangig nach Gläubigern, aber vorrangig vor Anteilseignern behandelt; gesetzlich sind keine Mitwirkungs-, Informations- oder Kontrollrechte vorgeschrieben; diese können aber ebenfalls individuell festgelegt werden.

Ein Mitarbeiter kann auch *stiller Gesellschafter* (vgl. Kapitel 15) eines Unternehmens werden, wenn er sich mit einer Vermögenseinlage an dem Unternehmen beteiligt, ohne nach außen hin in Erscheinung zu treten. Es liegt also nur eine Innengesellschaft vor, die gemäß § 230 I HGB als stille Gesellschaft eröffnet ist, sobald die Einlage durch den Mitarbeiter erbracht wird. Der Mitarbeiter hat dann Anspruch auf Beteiligung am Gewinn. Laut § 231 II HGB kann auch eine Beteiligung am Verlust stattfinden. Als Gesellschafter hat der Mitarbeiter keine Mitspracherechte oder Geschäftsführungsbefugnisse, ihm stehen jedoch nach § 233 III HGB übertragbare Informations- und Kontrollrechte zu.

Es sind auch bei der stillen Gesellschaft durch Mitarbeiter die typische und die atypische Form zu unterscheiden. Die typische stille Gesellschaft ermöglicht dem Mitarbeiter nur die Beteiligung am Erfolg und beschränkte Informations- und Kontrollrechte, wohingegen die atypische stille Gesellschaft den Mitarbeiter steuerrechtlich durch eine Substanzbeteiligung oder wesentliche Mitwirkungsrechte zum Mitunternehmer macht. Der Arbeitnehmer hat gemäß § 234 HGB ein Kündigungsrecht mit einer auf § 132 HGB basierenden Frist von sechs Monaten vor Schluss des Geschäftsjahres. Die Auszahlung erfolgt je nach Vertragsgestaltung durch einen Nominalanspruch oder einen Anspruch auf Anteil am Wert des Unternehmens.

Die Mitarbeiterbeteiligung kann auch als *indirekte Beteiligung* am Unternehmen ausgestaltet sein. Die bisher dargestellten Mitarbeiterbeteiligungsformen gehen von einem direkten Vertragsverhältnis zwischen dem Unternehmen und dem Mitarbeiter aus. Bei der indirekten Beteiligung wird eine Beteiligungsgesellschaft zwischengeschaltet und damit eine klare Trennung zwischen Arbeits- und Gesellschaftsverhältnis gebildet. Gründe für eine indirekte Beteiligung können die Bündelung der vertraglichen Beziehungen zwischen Unternehmen und Arbeitnehmer sein, wodurch nur ein Ansprechpartner die Interessen der Beteiligten wahrnimmt. Eine indirekte Beteiligung bietet sich auch dann an, wenn eine Beschränkung der Entscheidungsfreiräume im Beteiligungsunternehmen durch eine direkte Beteiligung nicht gewünscht wird oder Jahresabschlüsse nicht transparent werden sollen. Auch für eine einheitliche Beteiligungskonzeption verschiedener rechtlich selbstständiger Unternehmen ist die indirekte Beteiligung gut geeignet.

Bei der indirekten stillen Beteiligung erwerben die Mitarbeiter einer Unternehmung eine stille Beteiligung an der Mitarbeiterbeteiligungsgesellschaft der Unternehmung, in der sie selbst beschäftigt sind. Die Mitarbeiterbeteiligungsgesellschaft sammelt das Kapital und gibt es gebündelt an das Unternehmen weiter. Durch die Einlage ist die Mitarbeiterbeteiligungsgesellschaft wiederum in Form einer stillen Beteiligung an den Gewinnen der Unternehmung beteiligt. Die Gewinne, die durch diese Einlage entstehen,

18.1 Anlässe und Vertragsformen für die Einführung von Mitarbeiterbeteiligungsmodellen werden an die Mitarbeiterbeteiligungsgesellschaft ausgeschüttet und können direkt an die beteiligten Mitarbeiter weitergeleitet werden. Sowohl die rechtlichen und bilanziellen Aspekte als auch die Vor- und Nachteile sowie die Anforderungen und die Finanzierungswirkung der indirekten Beteiligung gleichen denen der direkten stillen Beteiligung. Der Unterschied zwischen diesen beiden Formen besteht darin, dass bei der indirekten Beteiligung die Mitwirkungsrechte gebündelt werden und ausschließlich der Mitarbeiterbeteiligungsgesellschaft zustehen.

Vorteile	
Unternehmen (U)	Arbeitnehmer (AN)
Innenfinanzierungsmöglichkeit, wenn Arbeitnehmer zustimmen, dass ihr Gewinnanteil in Fremdkapital umgewandelt wird, somit wird verhindert, dass die Mittel dem Unternehmen durch Ausschüttung wieder entzogen werden (bei festgesetzter Laufzeit)	Zusätzlicher Lohn, der nur an positiven Unternehmenserfolg gekoppelt ist
Nachteile	
Starke Abhängigkeit von der Zustimmungsbereitschaft der Arbeitnehmer	Keine Mitbestimmungsrechte
	Verständnisschwierigkeiten, wenn Beteiligungssumme an Finanzkennzahlen gekoppelt ist, mit denen nicht jeder AN vertraut ist

Abb. 64: Vor- und Nachteile der Gewinnbeteiligung

Vorteile	
Unternehmen	Arbeitnehmer
Höhere Produktivität, da der Anreiz direkt an die Arbeitsleistung gekoppelt ist	Möglichkeit, Engagement mit zusätzlichem Einkommen zu koppeln
Nachteile	
Aufwändiges Kostenrechnungssystem notwendig, da unterschieden werden muss, ob eine schlechte Leistung tatsächlich an geringer Stundenproduktivität liegt oder auch an hohen Fixkosten	Sehr abhängig von dem Kostensystem des Arbeit gebenden Unternehmens
	Schwierig bei nicht produzierendem Gewerbe

Abb. 65: Vor- und Nachteile der Leistungsbeteiligung

Vorteile	
Unternehmen	Arbeitnehmer
Lohncharakter: Betriebsausgabe der Periode kann von Lohnsteuer befreit werden bis zu einem bestimmten Betrag => Liquiditätsgewinn	Steuerliche Vorteile bis zu einem bestimmten Betrag
Vereinbarung von Sperrfristen, während denen dem Unternehmen die Erfolgsanteile zur Verfügung stehen	Zinsgewinn durch das »Liegenlassen« der Erfolgsteile, was allerdings vorher vereinbart werden muss
Nachteile	
Verleitet dazu, sich nur auf den Umsatz zu konzentrieren	Wenig wertvoll für Gesamtbelegschaft, da Umsatz vor allem den kaufmännischen Bereich betrifft
	Beteiligung auch an negativem Ergebnis

Abb. 66: Vor- und Nachteile der Ertragsbeteiligung

Vorteile	
Unternehmen	Arbeitnehmer
Ausschüttungen auf stille Beteiligungen als Betriebsausgaben mindern den steuerlichen Gewinn und können als Steuerungsinstrument bzgl. der Steuern verwendet werden	Möglichkeiten, die Verlustbeteiligung auszuschließen
Kostengünstig und simpel, denn ein Eintrag im Handelsregister ist nicht vonnöten	
Nachteile	
Umwandlung der Rechtsform des Unternehmens nicht ohne Zustimmung der stillen Gesellschafter möglich	Ausschluss an der Substanz des Unternehmens
	Keine Absicherung gegen Konkursrisiko

Abb. 67: Vor- und Nachteile der stillen Beteiligung

Vorteile	
Unternehmen	Arbeitnehmer
Unternehmerische Autorität bleibt gewährleistet durch den Mangel an Mitsprache- beziehungsweise Kontrollrechten	Möglichkeit betrieblicher Altersvorsorge, wenn Genussrechte in Ansprüche Dritter gewandelt werden
Ansprüche der Genussscheininhaber können in Ansprüche Dritter (Fremdkapital) umgewandelt werden und als Pensionsrückstellungen im Unternehmen bleiben (Mittebindung)	
Nachteile	
Im Falle staatlicher Förderung kann die Vertragsfreiheit eingeschränkt werden	Keine Kontroll- und Mitspracherechte

Abb. 68: Vor- und Nachteile der Genussrechte

355

Vorteile	
Unternehmen	Arbeitnehmer
Kein Kontroll- beziehungsweise Mitspracherecht des Darlehensgebers	Leicht verständlich
Verlust- und Haftungsausschluss	
Vereinbarungsmöglichkeit über Zinsabschlüsse	
Minimierung der Gewinnsteuer	
Nachteile	
Hälfte der Zinsen werden zur Gewerbesteuerrechnung dazugeschrieben (vgl. §8 GewStG)	Geringe Motivationseffekte
	Besteuerung aufgrund der Einkünfte aus Kapitalvermögen (vgl. § 20 Abs. 1 EStG)

Abb. 69: Vor- und Nachteile des Mitarbeiterdarlehens

18.2 Die Art der Eigenkapitalbeteiligung durch Mitarbeiter ist abhängig von der Rechtsform des Unternehmens

Die Formen der Eigenkapitalbeteiligungen sind letztlich abhängig von der Rechtsform des Unternehmens. Abbildung 70 stellt die verschiedenen Arten der Eigenkapitalbeteiligungen von Mitarbeitern im Zusammenhang mit der Rechtsform des Unternehmens dar.

Eine typische Beteiligungsform bei Aktiengesellschaften (AG) sind *Belegschaftsaktien*. Für die Ausgabe dieser Aktien ist die Rechtsform einer AG notwendig. Bei vielen börsenorientierten Unternehmen beteiligen sich Mitarbeiter durch den Erwerb von Aktien am Eigenkapital des Unternehmens. Im Aktiengesetz werden dem Mitarbeiter im Zusammenhang mit dem Erwerb von Belegschaftsaktien Verwaltungs- und Vermögensrechte zugesprochen. Zu den Verwaltungsrechten gehören gemäß § 118 AktG das Stimmrecht, gemäß § 134 AktG das Recht auf Teilnahme an der Hauptversammlung, das Recht, beim Vorstand Informationen über alle die Gesellschaft betreffenden Details einzuholen, sowie das Anfechtungsrecht gegenüber gesetzes- und satzungswidrigen Beschlüssen der Hauptversammlung. Darüber hat der Aktionär Vermögensrechte, das heißt das Recht auf einen Anteil am Jahresgewinn, das Recht auf den Bezug neuer Aktien bei einer Kapitalerhöhung und das Recht auf einen Anteil am Liquidationserlös nach Auflösung und Abwicklung der Gesellschaft.

Durch die Möglichkeit der Ausgabe verschiedener Aktienarten kann ein Unternehmen die Mitbestimmungsrechte des Mitarbeiters und die Verfü-

	Belegschaftsaktie (AG)	GmbH-Beteiligung	GmbH & Co. KG-Beteiligung	KG-Beteiligung	Genossenschafts-Beteiligung
Anzahl der beteiligten Mitarbeiter	Viele (aus allen Ebenen)	Wenige	Viele (Kommanditisten)	Viele (Kommanditisten)	Wenige
Gewinn-beteiligung	Ja	Ja	Ja	Ja	Ja
Mitbestimmungs-rechte	Abhängig von Aktienart	Ja	Nein	Nein	Ja
Haftung der Beteiligten	In Höhe der Aktien	In Höhe der Einlage	In Höhe der Einlage	In Höhe der Einlage	In Höhe der Einlage (+ evtl. Nachschuss)
Steuerliche Vorteile	Nein	Nein	Ja	Ja	Ja
Veräußerungs-möglichkeiten	Ja	Zustimmung nötig	Zustimmung nötig	Zustimmung nötig	Zustimmung nötig
Kündigungs-möglichkeiten	Evtl. Rücknahme	Ja	6-monatige Frist zum Ende des Geschäftsjahres	6-monatige Frist zum Ende des Geschäftsjahres	6-monatige Frist
Rechtliche Anforderungen zur Einführung	1. Umwandlung in AG 2. Beschluss durch HV (75 %)	Dreiviertelmehrheit Gesellschafterversammlung	Beschluss durch Komplementäre (GmbH)	Beschluss durch Komplementäre	Beschluss durch Generalversammlung

Abb. 70: Mitarbeiterbeteiligungsmatrix Eigenkapital

gungsfreiheit über die Aktien beeinflussen. Beispiele sind die stimmrechtslose Vorzugsaktie und die vinkulierte Namensaktie, zu deren Übertragung die Zustimmung der AG notwendig ist. Die einzelnen Aktienarten sind in Kapitel 13 ausführlich dargestellt.

Da der Mitarbeiter im Idealfall durch seine Beteiligung Vermögen aufbaut, muss festgelegt werden, ob eine Sperrfrist für den Verkauf der Anteile angesetzt wird oder nicht. Für Belegschaftsaktien gilt nur die einjährige so genannte Spekulationsfrist. Eine sechsjährige Frist vor der Veräußerung der Aktien wird gesetzlich verlangt, falls der Mitarbeiter von der Sparzulage des Staates Gebrauch macht. Des Weiteren ist es sinnvoll, Regelungen zu treffen, wie mit dem Beteiligungsverhältnis im Fall einer Kündigung verfahren wird.

Die Kosten für das Unternehmen durch die Ausgabe der Belegschaftsaktien sowie die durch eine Kapitalerhöhung entstehenden Kosten sind als Betriebsausgaben buchbar. Die AG ist eine juristische Person und selbstständiges Steuersubjekt, dessen Gewinn der Gewerbe- und Körperschaftsteuer unterliegt. Erträge, welche die Mitarbeiter aus ihrer Beteiligung erhalten, sind steuerpflichtige Einkünfte aus Kapitalvermögen. Die AG behält vom gesamten Gewinn einen Anteil der Kapitalertragsteuer ein, die auf die Ein-

18.2 Die Art der Eigenkapitalbeteiligung durch Mitarbeiter ist abhängig von der Rechtsform des Unternehmens

kommensteuerschuld des Anteilseigners angerechnet wird. Unter bestimmten Umständen ist die Erstattung der Kapitalertragsteuer über Freistellungsauftrag möglich. Wenn einem Mitarbeiter eine verbilligte Beteiligung im Unternehmen eingeräumt wird, bleibt der Vorteil nach § 19 EStG bis zu einem Wert von 154 € pro Jahr steuer- und sozialabgabenfrei, falls es sich nicht um vertraglich geschuldeten Lohn handelt. Für diese Steuervergünstigung besteht keine Einkommensgrenze.

Zu den Vorteilen der Belegschaftsaktie zählt vor allem die Beteiligung am Eigenkapital mit vollen Verwaltungs- und Vermögensrechten. Vorteilhaft ist außerdem die Handelbarkeit bei börsenorientierten Aktien, die sich unproblematisch verwirklichen lässt und nur einen geringen Verwaltungsaufwand erfordert. Des Weiteren ist die Privathaftung ausgeschlossen, das heißt, der Aktionär haftet in Höhe seiner Einlage. Es besteht aber auch die Möglichkeit, so genannte Vorzugsaktien ohne Stimmrecht oder mit eingeschränktem Stimmrecht auszugeben. Die Aktie ist besonders gut für eine breite Mitarbeiterbeteiligung geeignet, da auch Aktien mit kleinem Nennwert ausgegeben werden können.

Die durch Belegschaftsaktien finanzierte Kapitalerhöhung erhöht die Eigenkapitalquote des Unternehmens. Auch die Kreditwürdigkeit des Unternehmens kann sich als Folge der erhöhten Eigenkapitalquote verbessern, was sich positiv im Rating des Unternehmens bemerkbar macht.

1) AG (Belegschaftsaktien)
a) Vorteile der Belegschaftsaktie:

- Da es sich hier um Eigenkapital handelt, steht das Mitarbeiterkapital langfristig zur Verfügung. Es kann verkauft, jedoch nicht gekündigt werden.
- Die Eigenkapitalquote und somit die Kreditwürdigkeit werden erhöht, was sich positiv im Rating bemerkbar macht.
- Durch die Möglichkeit, Aktien mit kleinem Nennwert auszugeben, eignet sich die Belegschaftsaktie auch für eine sehr breite Mitarbeiterbeteiligung.
- Im Gegensatz zur GmbH sind die Formalitäten, was Erwerb und Veräußerung der Aktien angeht, gering.
- Durch die direkte Beteiligung am Unternehmen werden oft die Identifikation mit dem Unternehmen und die Motivation der Mitarbeiter gesteigert, was Produktivitäts- und Umsatzsteigerungen mit sich bringt.

- Die Geschäftsführung bleibt dem Vorstand überlassen, der anders als bei der GmbH nicht weisungsgebunden ist.
- Das Unternehmen steigert seine Liquidität und kann durch Investition seine Wettbewerbssituation verbessern.
- Da der Mitarbeiter am Kapital und möglichen Gewinn beteiligt ist, wird oft das Kostenbewusstsein des Arbeitnehmers verbessert, und er zeigt mehr Initiative.
- Andere bereits in der Praxis beobachtete Konsequenzen sind geringere Mitarbeiterfluktuation und sinkende Fehlzeiten.
- Durch Belegschaftsaktien kann der Unternehmer auf unproblematische Weise seine Nachfolge regeln, wenn das Unternehmen nicht familienintern weitergeführt werden kann.
- Über den Umweg der »kleinen AG« kann nach einer Gewöhnungsphase auch der Weg an die Börse gefunden werden, wodurch dem Mittelständler die Möglichkeit zu weiterem Wachstum gegeben wird.
- Die Fungibilität der Anteile der kleinen AG lassen sich flexibler gestalten, was diese Rechtsform zu einer zukunftsträchtigen Alternative und sehr gut zur Mitarbeiterbeteiligung geeigneten Rechtsform macht.

b) Nachteile der Belegschaftsaktie:

- Das größte Hindernis für Mittelständler in Bezug auf Belegschaftsaktien ist die dafür notwendige Rechtsform der AG. Jedoch wurde, wie oben angesprochen, durch das »Gesetz für kleine Aktiengesellschaften« der Wechsel in die AG für den Mittelstand attraktiver gemacht.
- Dennoch entstehen durch die Umwandlung Kosten, bei denen zu berücksichtigen ist, ob der Wechsel in die AG auch rentabel ist.
- Was für börsennotierte Unternehmen ein Vorteil ist, nämlich die Abhängigkeit des Aktienkurses vom Markt und die leichte Handelbarkeit, gestaltet sich bei mittelständischen AGs, die nicht an der Börse notiert sind, oft schwieriger. So können die Bewertung des Aktienkurses und die Handelbarkeit der Belegschaftsaktien Probleme bereiten. Mit Hilfe des Unternehmens kann jedoch, zum Beispiel durch eine Mitarbeiterbörse, der interne Handel unterstützt werden.
- Auch sind bei der AG die Freiheiten für eine individuelle Ausgestaltung der Mitarbeiterbeteiligung begrenzt, da die strikten Vorgaben des Aktiengesetzes einzuhalten sind.
- Besteht bereits eine AG, verschlechtert die Neuemission von Aktien zur Mitarbeiterbeteiligung die Position der Altaktionäre.

18.2 Die Art der Eigenkapitalbeteiligung durch Mitarbeiter ist abhängig von der Rechtsform des Unternehmens

Die Mitarbeiterbeteiligung an einer GmbH ist generell im GmbHG geregelt. Bei der Aufnahme neuer Mitarbeiter in die GmbH müssen analog der AG strenge Formvorschriften erfüllt werden. Es bedarf des Beschlusses mit einer Dreiviertelmehrheit in der Gesellschafterversammlung und die Veränderungen müssen neu in den Gesellschaftsvertrag aufgenommen werden. Darüber hinaus muss die Änderung des Gesellschaftsvertrages notariell beurkundet werden und der Änderungseintrag muss im Handelsregister erfolgen. Die neuen Gesellschafter müssen die Übernahme der Kapitaleinlage auch notariell beurkunden lassen und im Handelsregister veröffentlichen. Es fallen hohe Kosten für Neuaufnahmen von Gesellschaftern an; diese ergeben sich beispielsweise aus den Notariatsgebühren, den Kosten des Registergerichts und der Gesellschafterversammlung. Diese Kosten können jedoch als Betriebsausgaben abgesetzt und verbucht werden. Da neue Gesellschafter an offenen Rücklagen und stillen Reserven der GmbH partizipieren, diese aber in der Vergangenheit gebildet wurden, sollten sie zudem zusätzlich zu ihrer Stammeinlage ein Agio bezahlen, das die entstandenen Rücklagen beziehungsweise Reserven anteilig widerspiegelt. Im Gegensatz zur Beteiligung an einer AG in Form von Belegschaftsaktien werden die Mitarbeiter hierbei zu gleichberechtigten Gesellschaftern gemacht. Gemäß § 13 I, II GmbHG können Gesellschafter mit Stammeinlagen am Stammkapital der Gesellschaft beteiligt werden, ohne persönlich für die Verbindlichkeiten der Gesellschaft zu haften. Das bedeutet, dass die Gesellschafter nur eine Haftung bis zur Höhe ihrer geleisteten Einlagen übernehmen. Dies ermöglicht den Mitarbeitern, sich auch mit kleineren Beträgen am Unternehmen zu beteiligen. Der GmbH-Gesellschafter geht damit das Risiko ein, dass er den Wert seines Geschäftsanteils teilweise oder ganz verliert. Der Mitarbeiter wird am Gewinn sowie am Verlust beteiligt, erhält gleichzeitig dieselben Rechte wie ein Gesellschafter und kann so durch die Gesellschafterversammlung seine Interessen durchsetzen. Diese Form der Beteiligung erfordert eine notarielle Beurkundung, vor allem wenn sich die Kapitalbesitzverhältnisse ändern. Die Gesellschafterversammlung ist das höchste Organ der GmbH. Durch diese Versammlung haben die Gesellschafter die Möglichkeit, ihre Rechte geltend zu machen.

Diese Form der Mitarbeiterbeteiligung birgt Schwierigkeiten in sich, falls sie in einer breiten Mitarbeiterschaft angewendet wird. Die Gesellschafter der GmbH besitzen Mitspracherechte durch die Gesellschafterversammlung und können je nach Einlage maßgeblich Einfluss nehmen. Vor allem aber wird eine Einigung bei einer zu hohen Anzahl von Gesellschaftern erschwert. Es ist jedoch eine gute Möglichkeit, um besonders qualifizierte Mit-

18 Finanzielle
Mitarbeiterbeteiligung

arbeiter und Führungskräfte an das Unternehmen zu binden, was insbesondere die Nachfolgeregelung vereinfachen kann. Da es für GmbH-Anteile keinen organisierten Markt gibt, sind sie gegenüber börsenfähigen Aktien weniger fungibel, was eine Bewertung und Veräußerung der Anteile schwierig macht.

2) GmbH
a) Vorteile der GmbH-Beteiligung:

- Relativ leichte Aufnahme neuer Gesellschafter mit unter Umständen geringeren Stammeinlagen als die alten Gesellschafter und dadurch eingeschränktes beziehungsweise geringeres Stimmrecht, falls die Alt-Gesellschafter weiterhin die Kontrolle behalten wollen.
- Auch Gesellschafter mit geringen Mitteln können sich beteiligen, da das Stimmrecht nach Kapitalanteil angesetzt wird.
- Mitarbeiter werden gegenüber anderen Kapitalgebern gleichgestellt.
- Besonders hoch qualifizierte Mitarbeiter werden an das Unternehmen gebunden.
- Substanzgewinnbeteiligung.
- Eigentlich die weitreichendste Form der Mitarbeiterbeteiligung, da es sich hier um eine direkte Beteiligung handelt.
- Nachfolgeregelungen werden unter Umständen vereinfacht, wenn Führungskräfte ans Unternehmen gebunden werden.
- Der Mitarbeiter erhält mit einer Beteiligung auch Informations- und Kontrollrechte und kann auf die Unternehmensentscheidung maßgeblich Einfluss nehmen.

b) Nachteile der GmbH-Beteiligung:

- Diese Form der Mitarbeiterbeteiligung eignet sich nicht für eine breite Mitarbeiterbeteiligung, da die Gesellschafter hier im höchsten Organ, der Gesellschafterversammlung, Entscheidungen fällen und die Mitarbeiter somit zumindest betriebswirtschaftliche und rechtliche Grundkenntnisse besitzen sollten.
- Darüber hinaus werden die Mitarbeiter zwar am Gewinn beteiligt, allerdings sind auch Verluste mit zu tragen. Dies ist ungünstig für den Mitarbeiter, da zum möglichen Verlust des Arbeitsplatzes auch noch ein möglicher Kapitalverlust hinzukommt.
- Mitspracherechte durch die Gesellschafterversammlung.

18.2 Die Art der Eigenkapitalbeteiligung durch Mitarbeiter ist abhängig von der Rechtsform des Unternehmens

- Da die notarielle Beurkundung jeglicher Änderungen der Kapitalbesitz-verhältnisse erforderlich ist, ist diese Beteiligungsform sehr ungünstig für eine größere Anzahl von Mitarbeitern.
- Eine Bewertung ist sehr schwierig, da bei nicht börsennotierten Unternehmen die wirtschaftliche Bewertung eines GmbH-Anteils durch Bewertungsverfahren ermittelt werden muss und das relativ aufwändig ist.
- Die GmbH-Anteile sind, falls der Mitarbeiter den Arbeitsplatz wechseln möchte, sehr schwer veräußerbar und eine Bewertung ist sehr teuer.
- Da es für GmbH-Anteile keinen organisierten Markt gibt, sind sie gegenüber den börsenfähigen Aktien weitaus weniger fungibel.

Die Mitarbeiterbeteiligung an einer Kommanditgesellschaft (KG) ist ebenfalls möglich. Die KG ist eine auf den Betrieb eines Handelsgewerbes unter gemeinschaftlicher Firma gerichtete Personengesellschaft aus zwei oder mehreren natürlichen oder juristischen Personen. Bei einer KG haftet mindestens ein Gesellschafter, der so genannte Komplementär, unbeschränkt und mindestens ein Gesellschafter, der Kommanditist, beschränkt. Neue Kommanditisten können relativ problemlos aufgenommen werden, da die Kommanditisten als Teilhafter nur in Höhe ihrer Einlage haften und auch gesetzlich nicht zur Geschäftsführung und Vertretung verpflichtet und berechtigt sind. Die Kommanditisten werden nur am Gewinn beteiligt und haben darüber hinaus keinen Anspruch auf Entnahmen.

Weiterhin besteht die Möglichkeit, neue Komplementäre aufzunehmen, was aber für die Mitarbeiterbeteiligung ungeeignet ist, da der neue Gesellschafter ein Mitspracherecht in allen Belangen der Gesellschaft hat und dies für den Unternehmer einen Machtverlust darstellt. Die Beteiligung von Mitarbeitern als Kommanditisten ist sinnvoll, wenn die Aufnahme von neuen Gesellschaftern beziehungsweise Eigenkapital beabsichtigt wird, für die neuen Gesellschafter jedoch keine Mitspracherechte geltend gemacht und sie weitgehend aus der Geschäftsleitung herausgehalten werden sollen. Im Vergleich zur GmbH-Beteiligung wird hierbei lediglich eine Kapitalanlage getätigt. Diese Form ermöglicht auch Mitarbeitern mit geringen betriebswirtschaftlichen Kenntnissen, Anteile am Unternehmen zu erwerben, ohne an der Leitung des Unternehmens beteiligt zu sein. Bei der Kommanditeinlage handelt es sich um eine reine Kapitalanlage, sie ist somit nur beschränkt für eine Ausweitung der Eigenkapitalbasis einsetzbar, da es ihr an Fungibilität und Sicherheit mangelt, was letztlich einen Nachteil gegenüber anderen Kapitalanlageformen darstellt. Bei Neuaufnahmen von Mitarbeitern als Gesellschafter beziehungsweise der Beteiligung von Mitarbeitern muss der Gesellschaftsvertrag geändert und eine Sonderbilanz erstellt werden. Zudem muss die entsprechende Eintragung im Handelsregister vorgenommen werden. Eine Kündigung des Kapitalanteils kann mit einer Frist von sechs Monaten geschehen.

Der Gewinn der Personengesellschaft unterliegt der Einkommensteuer und wird den Mitarbeitern als Gesellschafter der KG steuerlich zugerechnet.

3) KG

a) Vorteile der KG-Beteiligung:

- Relativ unbeschränkte Aufnahme von Mitarbeitern als neue Kommanditisten, die lediglich dem Finanzierungszweck der Gesellschaft dienen.
- Gegenüber der OHG also deutlich bessere Möglichkeiten der Eigenkapitalaufnahme durch die Teilhafter (Kommanditisten).
- Günstigere Besteuerung gegenüber der GmbH, da es sich um eine Personengesellschaft handelt. Die KG muss Einkommensteuer bezahlen, wenn es sich um natürliche Personen handelt, die GmbH hingegen Körperschaftsteuer.
- Mitarbeiter haben als Kommanditisten lediglich für ihre Einlage zu haften und dadurch ein geringeres Risiko, aber doch eine Gewinnbeteiligung.

b) Nachteile der KG-Beteiligung:

- Kein Mitspracherecht, was die Geschäftsführung anbelangt (§ 164 HGB). Nur bei Handlungen, die über den gewöhnlichen Betrieb eines Handelsgewerbes hinausgehen, dürfen Kommanditisten Widerspruch einlegen.
- Die Anzahl der Komplementäre sollte beschränkt bleiben, da diese an der Geschäftsleitung beteiligt sind und die Leitung bei einer größeren Anzahl an Gesellschaftern nur schwer handzuhaben ist.
- Da es sich bei der Kommanditeinlage nur um eine reine Kapitalanlage handelt, ist sie nur beschränkt für eine Ausweitung der Eigenkapitalbasis einsetzbar, da es ihr an Fungibilität und Sicherheit mangelt, was letztlich einen Nachteil gegenüber anderen Kapitalanlageformen darstellt.

18.2 Die Art der Eigenkapitalbeteiligung durch Mitarbeiter ist abhängig von der Rechtsform des Unternehmens

Bei einer Mitarbeiterbeteiligung an einer GmbH & Co. KG werden zugleich die Vorteile der Kapitalgesellschaft in Form von begrenzter Haftung und einer Vielzahl von Finanzierungsmöglichkeiten mit den steuerlichen Vorteilen einer Personengesellschaft verbunden. Es wird zunächst eine GmbH gegründet, welche die Rolle des Komplementärs übernimmt. Stellen die Gesellschafter der GmbH gleichzeitig die Kommanditisten der KG, so handelt es sich um eine echte oder typische GmbH & Co. KG, andernfalls wird die GmbH & Co. KG als unecht beziehungsweise atypisch bezeichnet. Eine Mitarbeiterbeteiligung an diesem Modell gibt sowohl die Möglichkeit, durch die Aufnahme weiterer Kommanditisten die Eigenkapitalquote zu verbessern, wobei die neuen Gesellschafter nur einen geringen Einfluss auf das Unternehmen gewinnen, als auch Komplementäre in die GmbH aufzunehmen. Allerdings hat ein Komplementär Mitspracherechte und will unter Umständen an der Leitung des Unternehmens partizipieren. Somit ist nur die GmbH selbst als Komplementär geschäftsführungsbefugt. Für die GmbH handeln die Geschäftsführer, die bei einer typischen GmbH & Co. KG mit den Kommanditisten identisch sind. Diese Form zeichnet sich dadurch aus, dass die GmbH als Komplementär zwar unbeschränkt mit ihrem Vermögen haftet, die Gesellschafter der GmbH allerdings nur mit ihren Stammeinlagen. Somit handelt es sich um eine Personengesellschaft, deren Gesellschafter Mitspracherechte haben und dennoch nur mit ihrem Risikokapital haften. Das Hauptargument in Bezug auf die Mitarbeiterbeteiligung liegt vor allem in der günstigen Besteuerung. Da es sich bei der GmbH & Co. KG um eine Personengesellschaft handelt und somit die Vorschriften der KG zuerst Anwendung finden, ergibt sich hier ein steuerlicher Vorteil gegenüber der GmbH. Der Gewinn einer GmbH & Co. KG wird nach einem zuvor vereinbarten Schlüssel auf die Gesellschafter beziehungsweise die Mitarbeiter verteilt. Über den Gewinnverteilungsschlüssel können die Gesellschafter Einfluss darauf nehmen, in welchem Maße Gewinnteile dem Komplementär zugerechnet werden und somit körperschaftsteuerpflichtig sind oder den Kommanditisten zugerechnet werden und damit der Einkommensteuer unterliegen. Die GmbH & Co. KG stellt im Prinzip eine Erweiterung der KG dar und ist als Personengesellschaft weder prüfungs- noch publizitätspflichtig.

4) GmbH & Co. KG

a) Vorteile der GmbH-&-Co.-KG-Beteiligung:

- Günstigere Besteuerung als bei einer GmbH; Gesellschafter können Einfluss darauf nehmen, in welchem Maße die Gewinne entweder dem Komplementär zugerechnet werden, also körperschaftsteuerpflichtig sind, oder dem Kommanditisten, der der Einkommensteuer unterliegt.
- Keine der beteiligten natürlichen Personen (zumindest bei der typischen GmbH & Co. KG) muss mit dem Privatvermögen haften.
- Die GmbH & Co. KG stellt im Prinzip eine Erweiterung der KG dar, ist also eine Personengesellschaft und somit weder prüfungs- noch publizitätspflichtig.

b) Nachteile der GmbH-&-Co.-KG-Beteiligung:

- Die Kommanditisten können hier allerdings nicht wie bei einer normalen KG, bei der die Komplementäre unbeschränkt haften, darauf vertrauen, dass die Komplementäre immer im Interesse des Unternehmens handeln.

Mitarbeiter können sich auch an einer Genossenschaft beteiligen. Die Genossenschaft ist eine im Genossenschaftsgesetz (GenG) geregelte Form der juristischen Person, deren Zweck es ist, den Erwerb und die Wirtschaft der Mitglieder (= Genossen) zu fördern. Von einer eingetragenen Genossenschaft spricht man, wenn eine Genossenschaft gemäß § 1 GenG in das Genossenschaftsregister eingetragen wurde. Auf den Geschäftsanteil, das heißt den festgelegten höchstmöglichen Einlagebetrag, hat jeder Mitarbeiter als Genosse eine Pflicht- oder Mindesteinlage von mindestens 10 % zu leisten. Ein Grundkapital ist gesetzlich nicht vorgeschrieben. Weiterhin muss die Genossenschaft im Gründungsprozess einem Prüfungsverband beitreten und einer Gründungsprüfung unterzogen werden. Anschließend kann die Anmeldung im Genossenschaftsregister erfolgen, wodurch die Genossenschaft den Status einer juristischen Person erhält. Die Verantwortung des Mitarbeiters ist bei der Genossenschaft größer als bei der AG, da jeder Mitarbeiter eine Stimme in der Generalversammlung hat. Außerdem hat die Generalversammlung weitreichendere Befugnisse als die Hauptversammlung bei der AG. Relevant für die Mitarbeiterbeteiligung ist außerdem, ob unbeschränkte, beschränkte oder keine Nachschusspflicht besteht. Bei einer Genossenschaft mit unbegrenzter Nachschusspflicht muss der Mitarbeiter

365

18.2 Die Art der Eigenkapitalbeteiligung durch Mitarbeiter ist abhängig von der Rechtsform des Unternehmens

mit seinem gesamten Vermögen für die in Konkurs geratene Genossenschaft haften. Tritt ein Mitarbeiter als Genosse durch Kündigung aus, hat er nur den Anspruch auf Auszahlung des Nominalwerts seines Geschäftsguthabens. Dieses ist der Betrag, mit dem der Genosse zu einem bestimmten Zeitpunkt an der Genossenschaft beteiligt ist, also die entrichteten Einlagen zuzüglich der zugeschriebenen Gewinne und abzüglich der Verluste. Gemäß der gesetzlichen Regelung ist ein Genosse nicht am Wertzuwachs der Genossenschaft beteiligt.

Die Generalversammlung entscheidet grundsätzlich frei über die Aufnahme neuer Mitglieder. Die Aufnahme neuer Mitarbeiter als Genossen ist also relativ einfach. Durch Aufnahme von Mitarbeitern als neue Genossen profitiert die Genossenschaft auf doppelte Weise. Es entsteht Liquidität und durch das breite Spektrum der verschiedenen Berufe der Genossen wächst der Gesamtnutzen für alle Beteiligten. Der Gewinn beziehungsweise Verlust, den die Genossenschaft erzielt, geht proportional zur Einlage auf den Geschäftsanteil des einzelnen Genossen über. Die Mitarbeiterbeteiligung an einer Genossenschaft hat wie bei anderen Eigenkapitalbeteiligungen den Vorteil, die Motivation der Beteiligten zu erhöhen. Auch hier fließt Liquidität zu, die zum Voranbringen der Genossenschaft genutzt werden kann.

Besonders interessant ist die Genossenschaft im Fall einer geplanten Betriebsstilllegung. Durch diese Rechtsform wird den Mitarbeitern die Möglichkeit eröffnet, das Unternehmen oder Unternehmensteile weiterzuführen. Ein weiterer Vorteil einer Beteiligung an einer kleinen Genossenschaft ist, dass durch den Zusammenschluss mehrerer Personen das Haftungsrisiko des Einzelnen beschränkt wird, er aber trotzdem zum Miteigentümer wird. Im Gegensatz zur AG ist das Ausscheiden eines Genossen, zum Beispiel bei Kündigung, problematisch. Erhält er seinen Geschäftsanteil zurück, verringert sich das Eigenkapital der Genossenschaft, was negative Effekte auf die Eigenkapitalquote und die Kreditwürdigkeit hat.

5) Genossenschaft
a) Vorteile der Genossenschaftsbeteiligung:

- Die Mitarbeiterbeteiligung an einer Genossenschaft hat wie bei anderen Eigenkapitalbeteiligungen den Vorteil, die Motivation der Beteiligten zu erhöhen. Auch hier fließt Liquidität zu, die zum Voranbringen der Genossenschaft genutzt werden kann.
- Das Beteiligungsrisiko ist für jeden Genossen je nach Vereinbarung begrenzt.

- Besonders gut geeignet ist die Genossenschaft für kleine Betriebe, die aus verschiedenen Gründen in Mitarbeiterhand übergehen müssen, da die Auflösung droht.
- Es handelt sich um eine sehr demokratische Form der Mitarbeiterbeteiligung, da dem Mitarbeiter mehr Rechte zugebilligt werden als in anderen Beteiligungsformen und jeder gleiches Stimmrecht besitzt.
- Sie ist in ihrer Gründung unproblematisch, es gibt kein gesetzlich vorgeschriebenes Mindestkapital.
- Außerdem bietet die Genossenschaft steuerliche Vorteile.

b) Nachteile der Genossenschaftsbeteiligung:

- Das gleiche Stimmrecht für alle Genossen, das für Mitarbeiter mit geringer Beteiligung ein Vorteil ist, ist für Mitarbeiter mit höherem Geschäftsanteil ein Nachteil.
- Der Inhaber gibt große Verantwortung ab, was diese Form der Mitarbeiterbeteiligung für viele Mittelständler weniger attraktiv machen wird.

Bei einer Mitarbeiterbeteiligung an einer offenen Handelsgesellschaft (OHG), die eine auf den Betrieb eines Handelsgewerbes gerichtete Personengesellschaft unter gemeinschaftlicher Firma ist, leiten die Mitarbeiter als Gesellschafter gemeinsam das Unternehmen, soweit der Gesellschaftsvertrag nichts Gegenteiliges regelt, und haften für die Gesellschaftsschulden unmittelbar, unbeschränkt und solidarisch als Gesamtschuldner. Bei der OHG kann die Mitarbeiterbeteiligungsfinanzierung durch Einlagen von Mitarbeitern, die schon lange als Gesellschafter fungieren oder durch die Aufnahme von Mitarbeitern als neue Gesellschafter erfolgen. Dabei wird die Einbringung neuen Kapitals seitens der alten Gesellschafter durch deren persönliche Vermögensverhältnisse begrenzt. Es sollten aber nicht zu viele Mitarbeiter als neue Gesellschafter aufgenommen werden, da die Leitung bei einer großen Anzahl an Gesellschaftern nur schlecht zu handhaben ist. Die auf einem guten persönlichen Verhältnis der Mitarbeiter als Gesellschafter basierende OHG hat daher in der Regel auch nur zwei bis vier Gesellschafter.

Die OHG ist eine zur direkten Beteiligung von Mitarbeitern ungeeignete Rechtsform, da die wenigsten Mitarbeiter das Risiko einer Vollhaftung eingehen wollen und die wenigsten Geschäftsführer durch Aufnahme neuer Gesellschafter weit reichende Kompetenzen abgeben möchten. Außerdem kann es durch die Beteiligung von Mitarbeitern, deren Privatvermögen wo-

367

möglich niedriger ist als das der alten Gesellschafter, zu erheblichen Interessenunterschieden in Bezug auf Gewinnentnahme und Gewinnthesaurierung kommen.

18.3 Schritte zur Einführung eines Mitarbeiterbeteiligungsmodells

Im Folgenden wird die allgemeine Vorgehensweise zur Einführung eines Mitarbeiterbeteiligungsmodells vorgestellt. Die Einführung eines Mitarbeiterbeteiligungsmodells kann zur Orientierung in vier Phasen eingeteilt werden. Dies sind die Information und Zielfindung, die Erarbeitung eines Konzeptes, die Entscheidung und Modellverabschiedung und zuletzt die Realisierung.

Die *erste Phase* der Information und Zielfindung gliedert sich in die Phasen Ziel- und Motiverklärung, Informationssammlung, Festlegung strategischer Eckpunkte, die Vorabinformation und Einbeziehung der Betriebspartner. Die Initiative für die Einführung eines Beteiligungsmodells geht oft von der Unternehmensführung aus. Die Initiatoren sind gefordert, sehr früh ihre Wunsch- und Zielvorstellungen zu formulieren. Solche Zielstellungen können zum Beispiel Verbesserung der Leistungsmotivation, höhere Identifikation mit und Interesse am Unternehmen, stärkeres Kostenbewusstsein, verbesserte Eigenkapitalbasis und Kapitalstruktur oder Flexibilisierung von Personalkosten sein.

Auch Befürchtungen und Vorbehalte sollten geäußert werden, damit von vornherein Rahmenbedingungen festgelegt werden können. So schränkt der Wunsch, die gegebenen Kapitalverhältnisse nicht zu verändern, die Wahl der möglichen Beteiligungsformen ein, ohne jedoch eine Beteiligungsmöglichkeit generell in Frage zu stellen. Weiterhin müssen Informationen über die möglichen Beteiligungsformen durch Literaturbeschaffung, Seminarbesuche und Gespräche mit Verbänden und anderen Beteiligungsunternehmen eingeholt werden. Auch sollten Rechtsbeistand und Steuerberater zu Rate gezogen werden.

Da eine Beteiligung für den Eigentümer beziehungsweise die Unternehmensführung mit weit reichenden Konsequenzen, zum Beispiel dem Verzicht auf einen Teil des Gewinns und der Einräumung von Mitspracherechten, verbunden sein kann, sollten zuerst Überlegungen auf der Eigner- und Managementseite angestellt werden. Noch bevor ein größerer Kreis angesprochen und eine Projektgruppe mit der weiteren Konzeption beauftragt wird, sind die

Rahmendaten des Beteiligungsmodells festzulegen. Es muss entschieden werden, ob eine Beteiligung am Eigenkapital oder am Fremdkapital erfolgen soll und ob Informations- und Mitwirkungsrechte der Mitarbeiter gewünscht werden oder nur tolerierbar sind. Zudem sollte überprüft werden, ob es gesellschaftsvertragliche Hindernisse gibt und ob die Gesellschafter einer Beteiligung durch Mitarbeiter zustimmen. Wichtig ist es auch, zu berücksichtigen, ob den Mitarbeitern eine Verlustbeteiligung zumutbar ist. Die direkte Beteiligung sollte gegen die indirekte Beteiligung über eine zwischengeschaltete Institution abgewogen werden, die eine Bündelung der Interessenwahrnehmung für die beteiligten Mitarbeiter ermöglicht. Zu bedenken gilt es auch, ob eine Mittelaufbringung auch durch Eigenleistungen der Mitarbeiter möglich ist. Im Vorfeld einer Mitarbeiterbeteiligung ist es ratsam, zunächst die Führungskräfte und die Vertretung der Mitarbeiter vertraulich zu informieren. Die Beteiligungskultur im Unternehmen gewinnt an Glaubwürdigkeit, wenn der Betriebsrat beziehungsweise Mitarbeitervertreter frühzeitig in die Modellerarbeitung und -einführung einbezogen werden.

Die *zweite Phase* hat die Erarbeitung eines konkreten Beteiligungskonzeptes zum Inhalt. Diese Phase kann in die Schritte Bildung einer Projektgruppe, Unterstützung durch externe Beratung, Gestaltung der Gewinnformel und Modellrechnungen sowie die Ausarbeitung des Modells gegliedert werden.

Die Projektgruppe sollte sich idealerweise neben Vertretern des Managements aus dem Finanz- und Personalbereich auch aus Vertretern des Betriebsrates oder Arbeitnehmern zusammensetzen, die ein besonderes Vertrauen ihrer Kollegen genießen. Aufgabe der Projektgruppe ist die Ausarbeitung des Beteiligungskonzepts auf Basis der bis dahin festgelegten Rahmenbedingungen. Bei der späteren Umsetzung des Modells können die Mitglieder dieser Projektgruppe auch die Aufgabe von Beratern und Vertrauenspersonen übernehmen.

Das Maß der Notwendigkeit einer Unterstützung des Projekts durch externe Berater ist abhängig von der Komplexität der Modellerarbeitung und Modelleinführung, dem Fachwissen der eingebundenen Mitarbeiter des Unternehmens sowie dem Bedürfnis, einen Coach oder Vermittler in der Projektgruppe einzusetzen. Letztlich ist es auch eine Kostenfrage. Wenn das Modell ohne externe Unterstützung erarbeitet wird, ist es sinnvoll, einen Berater vor Verabschiedung des erarbeiteten Modells an einer Projektgruppensitzung teilnehmen zu lassen. Interner oder externer Sachverstand ist nicht nur bei rechtlichen Fragen, sondern zumeist auch bei Quantifizierungen (zum Beispiel Kapitalkosten, Renditen) nötig.

Zu den wesentlichen Elementen des Beteiligungsmodells gehört die Entscheidung über die Finanzierungsquellen für die Beteiligung und die am besten geeignete Beteiligungsform für die Anlage dieser Mittel. Auch die rechtliche Gestaltung der Beteiligung und die Voraussetzungen für eine Teilnahme am Modell sollten im Entwurf dargestellt werden. Zudem sollte eine Regelung der Verfügungsmöglichkeiten an der Beteiligung (Sperrfristen, Kündigung etc.) getroffen und die Frage der gesellschaftsrechtlichen Auswirkungen hinsichtlich der Informations-, Kontroll- und Mitwirkungsrechte geklärt werden.

Dabei sollten die Grundelemente eines Beteiligungsmodells im Zusammenhang betrachtet werden. So ergeben sich beispielsweise durch die Wahl eines Beteiligungsinstruments unterschiedliche Spielräume bei der Gestaltung von Mitwirkungs-, Informations- und Kontrollrechten. Eng verknüpft mit der Wahl der Rechtsform ist auch die Frage der Verlustbeteiligung. Falls befürchtet wird, dass die Mitarbeiter zunächst keine Verlustbeteiligung akzeptieren, stehen zwei Wege offen, die Arbeitnehmer dennoch an eine Beteiligung mit Kapitalchancen und -risiken heranzuführen. Den Mitarbeitern werden zwei Varianten eines Beteiligungsinstruments angeboten; die eine mit und die andere ohne Verlustbeteiligung. Die Akzeptanz eines Verlustrisikos schlägt sich dabei in einer höheren möglichen Verzinsung nieder. Eine andere Möglichkeit besteht darin, den Mitarbeitern zunächst Mitarbeiterdarlehen als Vorstufe zu einer mit Verlustrisiken behafteten Beteiligung anzubieten.

In einem frühen Stadium der Modellgestaltung kommt der Konzeption der Gewinn- und Verlustbeteiligung eine zentrale Bedeutung zu. Diese sollte von langfristiger Natur sein, damit eine anhaltend positive oder negative Ertragslage keinen Grund bietet, die Gewinnverteilungsformel anpassen zu müssen. Zudem ergibt sich aus Sicht der Mitarbeiter daraus die zu erwartende Rendite, die wiederum ganz wesentlich die Attraktivität des Beteiligungsmodells bestimmt. Aus Sicht des Unternehmens wird mit der Gewinnverteilungsformel die Verpflichtung zur Bedienung des Mitarbeiterkapitals und zugleich deren Variabilität in Abhängigkeit vom Unternehmenserfolg festgelegt.

Durch Veränderung einzelner Parameter können alternative Modellrechnungen erarbeitet werden und auf ihre finanzwirtschaftliche Machbarkeit aus Sicht des Unternehmens und der Wünschbarkeit aus Sicht des Mitarbeiters untersucht werden. Letzten Endes müssen beide Seiten die Kapitalbedienung im Kontext der übrigen Beteiligungskonditionen wie die Verlustbeteiligung oder die Absicherung im Konkursfall akzeptieren können.

Bei der Ausarbeitung des Modells werden die einzelnen Gestaltungselemente präzisiert und für die interne Präsentation vorbereitet. Hierbei können durchaus noch mehrere Varianten vorgestellt werden. Die Projektgruppe und der Unternehmer treffen auf dieser Basis die Entscheidung für das geeignete Modell und stellen die Unterlagen als Entscheidungsvorlage zusammen. Spätestens zu diesem Zeitpunkt ist ein Gespräch der Projektgruppe mit dem Beteiligungsberater sinnvoll, um eventuell vorhandene Schwachstellen aufzudecken. Sofern Unternehmensleitung und Kapitaleigner nicht identisch sind, sollte der Abstimmungsbedarf mit der Eigentümerseite dargestellt und vorab geklärt werden. Im Falle einer Aktiengesellschaft sind beispielsweise eine Beschlussvorlage für den Vorstand und ein Antrag für die Hauptversammlung zu erarbeiten.

In der *dritten Phase* wird nach der Information des Betriebsrates und der Führungskräfte durch Geschäftsführung und Eigentümer die Entscheidung für ein Modell getroffen und dieses Modell verabschiedet. Die konkreten Gestaltungselemente werden festgelegt, die rechtlichen Aspekte der Beteiligungsform und die Rahmenbedingungen werden in entsprechenden Vertrags- und Angebotsbedingungen ausformuliert und anschließend zur Prüfung einem Rechtsanwalt und dem Steuerberater vorgelegt. Durchaus sinnvoll kann auch die Einholung einer Beurteilung oder der Zustimmung durch die Finanzbehörden sein. Entsprechend der gesellschaftsrechtlichen Zustimmungserfordernisse sind Entscheidungen durch Gesellschafterversammlungen notwendig. Liegt deren Zustimmung vor, kann das Beteiligungsmodell jetzt offiziell im Unternehmen eingeführt werden.

Die *vierte Phase* besteht hauptsächlich aus der Erstellung von Informationsunterlagen und Formularen, der Information der Mitarbeiter sowie der Einführung des Modells und der kontinuierlichen Modellweiterentwicklung. Neben dem Beteiligungsangebot mit den aktuell gültigen Angebotsbedingungen sollten ein Formular für die Zeichnung der Beteiligung sowie gegebenenfalls der Antrag auf Anlage vermögenswirksamer Leistungen erstellt werden. Hilfreich kann auch eine Informationsbroschüre sein, in der die wichtigsten Rahmenbedingungen erläutert werden.

Schließlich sind die verwaltungstechnischen Voraussetzungen zur Lösung der sich ergebenden Abrechnungsprobleme und der Buchhaltungsfragen zu schaffen. Bei Erfolgsbeteiligungen müssen etwa die Daten aus der Lohn- und Gehaltsabrechnung aufbereitet werden, bei einer Kapitalbeteiligung sind zusätzliche Konten zu eröffnen. Als Formulare für die betriebliche Abwicklung dienen die Beteiligungsurkunde, die das Beteiligungsverhältnis veranschaulichen soll, Kontoauszüge der Mitarbeiter, welche die

Höhe der Beteiligung nachweisbar zeigen, die Bescheinigung über die Anlage vermögenswirksamer Leistungen sowie ein »Gewinnkupon« und Informationen zu Gewinnanteil, Kapitalertragsteuerabzug und Auszahlungstermin. Hinzu kommen noch ein Vordruck zur Rückzahlung und schriftlichen Kündigung und Informationen der Mitarbeiter bezüglich der Einführung des Modells.

In der Phase der Modelleinführung sollten Maßnahmen ergriffen werden, um die Beschäftigten über die Chancen und Risiken der Beteiligung am Produktivkapital des eigenen Unternehmens zu informieren. Zunächst sollte die Mitarbeiterbeteiligung auf der Betriebsversammlung durch die Geschäftsführung und die Projektgruppe vorgestellt werden.

Während der Zeichnungsfrist haben die Mitarbeiter die Möglichkeit, das Beteiligungsangebot anzunehmen. Dies geschieht durch Unterzeichnung des Beteiligungsangebots auf entsprechenden Vordrucken.

Nach Abschluss der Zeichnungsfrist kann eine Auswertung vorgenommen werden. Im Mittelpunkt des Interesses stehen dabei Beteiligungsquote, Höhe des Beteiligungskapitals, Akzeptanz unterschiedlicher Beteiligungsalternativen und Aufwand für Firmenzuschuss.

Um eine höhere Beteiligungsquote unter den Mitarbeitern zu erreichen, können beispielsweise desinteressierte Mitarbeiter nach den Gründen ihrer Ablehnung befragt werden. Anhand der Erfahrungen aus der ersten Beteiligungsaktion kann analysiert werden, welche Modellbestandteile geändert oder überarbeitet werden müssen.

Im Hinblick auf die langfristig angelegten Zielsetzungen der Mitarbeiterbeteiligung wie Mitarbeiter-Motivation, Identifikation mit dem Unternehmen und der Förderung des unternehmerischen Denkens wird ein Beteiligungsmodell nur dann zum gewünschten Erfolg führen, wenn die Mitarbeiterbeteiligung aktiv, partnerschaftlich und kooperativ im Unternehmen gelebt wird. Zudem sollte das Beteiligungsmodell weiterentwickelt werden und bei den Mitarbeitern durch regelmäßige Informationen und gegebenenfalls wiederkehrende Zeichnungsangebote präsent bleiben. Auch sollten die partnerschaftlichen Gremien, wie zum Beispiel die Gesellschafterversammlung oder der Partnerschaftsausschuss, ihre Aufgaben aktiv im Sinne der Mitarbeiterbeteiligung wahrnehmen. Damit werden Voraussetzungen geschaffen, um die Mitarbeiter sowohl über ihre Kapitalbeteiligung als auch über ihre verstärkte Heranführung an die Unternehmensziele in das Unternehmensgeschehen einzubeziehen.

18.4 Beispiele von Mitarbeiterkapitalbeteiligungen aus der Praxis

Im Folgenden werden vier Unternehmen vorgestellt, die sich in Rechtsform, Größe, Umsatz und Branche erheblich voneinander unterscheiden. Alle wenden Mitarbeitermodelle an, die jedoch unterschiedliche Ziele verfolgen. Auch hier handelt es sich wieder um ein reales Beispiel, das anonymisiert wurde.

Das erste Beispiel für eine Mitarbeiterbeteiligung ist die mittelständische Maschinenfabrik K-Druck GmbH & Co. KG aus der Druck- und Medienbranche mit 210 Mitarbeitern und einem Umsatz von 22 Millionen € im Jahr 2002. Die K-Druck GmbH & Co. KG beteiligt seit 1988 erfolgreich ihre Mitarbeiter in Form einer stillen Gesellschaft.

Die Zielsetzung bei der Einführung des Mitarbeiterbeteiligungsmodells war die Beteiligung der Mitarbeiter an den betrieblichen Entscheidungsprozessen, am Kapital und am Erfolg des Unternehmens. Die Mitarbeiter der GmbH & Co. KG sind stille Gesellschafter der Mitarbeiterbeteiligungs-Gesellschaft mbH (KMB), die wiederum eine Beteiligung an den zum Unternehmen gehörenden Unternehmen hat. Es handelt sich somit um eine indirekte stille Beteiligung.

Die Entscheidung und Einführung der Mitarbeiterbeteiligung bei K im Jahr 1988 dauerte neun Monate. Jedes Jahr entscheiden die Mitarbeiter aufs Neue über die stille Beteiligung, wobei sie einen Anteilsschein in Höhe von 211 € oder ein Vielfaches hiervon erwerben können. Zur Beteiligung berechtigt sind Mitarbeiter mit unbefristetem Anstellungsvertrag, wobei auch Teilzeitbeschäftigte von dem Angebot profitieren können. In Abhängigkeit der testierten Umsatzrendite werden die jährlichen Gewinne berechnet und ausgezahlt, die Verluste gehen zu Lasten des Beteiligungskontos. Die Beteiligung unterliegt einer Sperrfrist von sechs Jahren, es besteht jedoch die Möglichkeit einer vorzeitigen Kündigung. Die Gesellschafter werden durch einen Partnerschaftsausschuss vertreten. Mindestens einmal pro Jahr findet eine Gesellschafterversammlung statt. Die Kapitalaufbringung erfolgt bei K-Druck durch vermögenswirksame Leistungen nach § 2 VermBG, das heißt durch Geldleistungen, die der Arbeitgeber dem Arbeitnehmer anlegt. Diese finden neben verschiedenen Aufwendungen des Arbeitnehmers unter anderem in Form von Sparbeiträgen des Arbeitnehmers augrund eines Sparvertrags, durch Wertpapiere oder andere Vermögensbeteiligungen nach § 4 ihre Anwendung. Auch betriebliche Zuschüsse nach § 19a EStG und Eigenleistungen der Mitarbeiter dienen der Mittelaufbringung. Die betrieblichen

Zuschüsse belaufen sich auf 51 € je Anteilsschein, werden jedoch für maximal fünf Anteilsscheine gewährt. Falls die betrieblichen Zuschüsse den geförderten Rahmen (135 €) überschreiten, muss dieser Teil vom Mitarbeiter versteuert werden. Bei Verwendung vermögenswirksamer Leistungen und Einhaltung bestimmter Einkommensgrenzen gibt es eine staatliche Sparzulage zur Beteiligung.

Der Stellenwert der Mitarbeiterkapitalbeteiligung und die Akzeptanz bei den Mitarbeitern kann durch einige Zahlen verdeutlicht werden. Von den 125 berechtigten Personen sind 86 am Unternehmen beteiligt. Dies entspricht einer Beteiligungsquote von 67 %. Durch die Einbindung in unternehmerische Entscheidungen und offene Informationspolitik wird dem Mitarbeiter ein besserer Einblick in das Unternehmen gewährt, Chancen und Risiken werden transparenter. Im Durchschnitt ist ein Mitarbeiter mit 7 000 € am Unternehmen beteiligt. Der Kapitalstand der Mitarbeiter beträgt 610 000 €.

Das Unternehmen profitiert ebenfalls auf vielfache Art von der Mitarbeiterbeteiligung, so zum Beispiel durch Motivationssteigerung der Mitarbeiter, Produktivitätssteigerungen und Finanzierungseffekte. Zudem wurde die Eigenkapitalausstattung des Unternehmens erheblich verbessert. Für die Zukunft plant K-Druck eine Kombination des Beteiligungsmodells mit einer Pensionskasse als betriebliche Altersvorsorge. Mitarbeiter, die Anteile besitzen, erhalten den betrieblichen Zuschuss auch für die Pensionskasse (für maximal fünf Anteile).

Das zweite Beispiel ist die R & Co. GmbH. Das Unternehmen musste 1972 einem zu hohen Lohnanteil entgegenwirken. Ziel war es, den Lohnanteil unter 33 % der Gesamtkosten zu halten. Der eingesparte Anteil wurde zur Hälfte an die Mitarbeiter ausgeschüttet und zur anderen Hälfte in Anlagen investiert. Um diese Form der Leistungsbeteiligung zugänglich zu machen, wurden die Monatsergebnisse im Aufenthaltsraum veröffentlicht. Zusätzlich wurden Motivationseffekte erzielt, indem die Mitarbeiter direkt Einfluss auf das Wohlergehen ihres Unternehmens hatten. 1975 verließ ein Gesellschafter die GmbH, dessen Anteil sich auf 250 000 D-Mark belief. Somit musste die Finanzierungspolitik des Unternehmens überdacht werden und es wurde ein Mitarbeiter-Beteiligungsmodell beschlossen. Jeder Mitarbeiter sollte eine Kapitaleinlage bis zu 10 000 D-Mark einbringen. Um dies zu erleichtern, wurde mit einer ortsansässigen Bank ein Abkommen getroffen, dass jeder Mitarbeiter durch einen Kredit an diesem Projekt teilnehmen konnte, wobei die R & Co. GmbH die nötige Garantie übernahm.

Vorteile	
Unternehmen	**Arbeitnehmer**
Keine Einlagen von externen Kapitalgebern	Leicht verständlich
Hohe Motivation der Mitarbeiter	Mitbestimmen am Unternehmen
Fremdkapital wird weniger	Zusätzliches Einkommen: in 8 Jahren ergab sich eine Verzinsung von 130 % (1994 Nennwert: 100 D-Mark, Preis 250 D-Mark, 2002: 525 D-Mark)
Kapitalbindung, da die Anlage mindestens 5 Jahre liegen bleiben muss	
Nachteile	
Hälfte der Zinsen werden zur Gewerbesteuerrechnung dazugeschrieben (vgl. § 8 GewStG)	Besteuerung aufgrund der Einkünfte aus Kapitalvermögen (vgl. § 20 Abs. 1 EStG)

Abb. 71: Vor- und Nachteile des „R-Mitarbeiter-Gesellschaft"-Modells

1997 wurde dieses Modell jedoch abgelehnt, da es nicht alle Arbeitnehmer ansprach, sondern nur die eher risikobereiten und kapitalkräftigen. Deswegen wurde ein zweites Beteiligungsmodell entwickelt und umgesetzt. Die Mitarbeiter gründeten eine Gesellschaft bürgerlichen Rechts, die R-Mitarbeiter-Gesellschaft (RMG). Zwei Geschäftsführer vertraten die RMG bei Gesellschaftsversammlungen und die restlichen zwei Drittel wurden von den Altgesellschaftern getragen. Der ausgeschüttete Betrag wurde individuell nach den tatsächlich geleisteten Arbeitsstunden verteilt, und zwar zu einem Stücknennwert von 500 D-Mark. Nach sechs Jahren war das Ziel erreicht und der dritte Gesellschafteranteil, die RMG, war aufgefüllt. Die Mitarbeiter kauften nun zusätzliche Anteilsscheine, die allerdings fünf Jahre ruhen mussten, bevor sie an der innerbetrieblichen Börse gehandelt werden durften.

Das dritte Beispiel ist ein Energieversorgungsunternehmen aus Baden-Württemberg. Hier wurde als Mitarbeiterbeteiligungsmodell eine Gewinnbeteiligung für die Mitarbeiter eingerichtet.

Grundlage der Gewinnbeteiligung ist die Kennzahl Return on Capital Employment. Hierbei wird folgende Formel zur Ermittlung der Erfolgsbeteiligung herangezogen: EB = (RoCE in % – 9,5 %) × 0,32 × Monatsvergütung. Bis 2005 ist die Beteiligung auf 0,8 Monatsvergütungen beschränkt, kann sich aber auf maximal 1 erhöhen, wenn der RoCE größer als 12 % ist. Ziel ist es, die Mitarbeiter proportional an den Unternehmenserfolg zu binden.

Als viertes Beispiel kann ein mittelständisches Unternehmen aus dem Schwarzwald, das ebenfalls Maschinen produziert, herangezogen werden. Hier wird das Mitarbeiterbeteiligungsmodell mittels stiller Gesellschaftsverträge der Mitarbeiter realisiert.

Vorteile	
Unternehmen	Arbeitnehmer
Bindung von Mitarbeitern	Kein Risiko
Nachteile	
Kein finanzpolitisches Instrument, da kein Kapital geschaffen wird	Schwer verständlich, da an eine Formel gebunden
	Kein Mitbestimmungsrecht

Abb. 72: Vor- und Nachteile des Konzepts des Energieversorgungsunternehmens

Vorteile	
Unternehmen	Arbeitnehmer
Keine Einlagen von externen Kapitalgebern	Nebeneinkommen
Eigenkapitalquote wächst	Unternehmerisches Tätigsein (keine Mitwirkungsrechte)
Durch das Darlehen wachsen auch die Forderungen	
Lange Kündigungsfrist des Gesellschaftervertrags	
Keine Mitwirkungsrechte	
Nachteile	
Hälfte der Zinsen werden zur Gewerbesteuerrechnung dazugeschrieben (vgl. § 8 GewStG)	Besteuerung aufgrund der Einkünfte aus Kapitalvermögen (vgl. § 20 Abs. 1 EStG)
	Verlustbeteiligung möglich

Abb. 73: Vor- und Nachteile des Konzepts der H-AG

Die H-AG bietet ihren Mitarbeitern an, sich an dem Unternehmen durch stille Gesellschaftseinlagen zu beteiligen. Dies wird explizit in einem Vertrag geregelt. Die Besonderheit hierbei ist, dass die H-AG den Arbeitnehmern ein Darlehen anbietet, damit diese die Einlage aufbringen können. Dieses Darlehen wird mit 6 % verzinst und im Zuge der Gewinne, die die Einlage einbringt, zurückerstattet.

Die H-AG hat durch ihren außerordentlichen Erfolg bewiesen, dass sich die Mitarbeiterbeteiligung nicht nur finanzpolitisch lohnt, sondern in hohem Maße zur Mitarbeitermotivation beiträgt.

Unabhängig von der Form der Beteiligung ist nochmals darauf hinzuweisen, dass eine Mitarbeiterbeteiligung nicht nur als alternatives Finanzierungsmodell zu betrachten ist, sondern nicht unerhebliche Motivationseffekte auslösen und somit zum künftigen Erfolg des Unternehmens beitragen kannn.

19
Modelle der betrieblichen Altersvorsorge zur Finanzierung eines Unternehmens

Das Altersvermögensgesetz und die Novellierung des Betriebsrentengesetzes haben in den vergangenen Jahren zu einer neuen Qualität der betrieblichen Altersversorgung geführt. Auch das seit 2005 geltende Alterseinkünftegesetz verstärkt dies nochmals. Da alle rentenversicherungspflichtigen Arbeitnehmer nunmehr das Recht auf Entgeltumwandlung zugunsten einer betrieblichen Altersversorgung (bAV) haben, ist es sinnvoll, sich als Arbeitgeber aktiv mit diesem Thema auseinander zu setzen. Zudem dient die betriebliche Altersversorgung im Wesentlichen auch als Finanzierungsinstrument für das Unternehmen. Insbesondere bei einer arbeitgeberfinanzierten Zusage auf Altersversorgung wird zur Anlage der Gelder häufig das eigene Unternehmen gewählt. Dies geschieht in der Regel über eine Darlehensgewährung. Das Unternehmen wendet der Unterstützungskasse mit steuerlicher Wirkung Gelder zu und kann über diese Mittel auf dem Wege einer Darlehensgewährung wieder verfügen. Im Vergleich zu einem Unternehmen ohne intern finanzierte betriebliche Altersversorgung verfügt ein Unternehmen mit betrieblicher Altersversorgung unter sonst gleichen Umständen über eine finanzkräftigere Kapitalbasis. Die betriebliche Altersversorgung ist ein wesentlicher Faktor für die Verbesserung der Kapitalausstattung der Unternehmen und damit ihrer Investitions- und Wachstumsmöglichkeiten. Sie schafft damit die Grundlage für die Erhaltung ihrer zukünftigen Wettbewerbsfähigkeit.

19.1 Einführung und gesetzliche Grundlagen

Unter betrieblicher Altersversorgung versteht man alle Leistungen, die ein Arbeitgeber seinen Arbeitnehmern zur Alters-, Hinterbliebenen- oder Invaliditätsversorgung aufgrund des Arbeitsverhältnisses zusagt. Das Unternehmen verspricht dem Arbeitnehmer, nach dessen beruflicher Tätigkeit beim Unternehmen für ihn oder seine Hinterbliebenen Versor-

Handbuch Alternative Finanzierungsformen. Ottmar Schneck
Copyright © 2006 WILEY-VCH Verlag GmbH & Co. KGaA, Weinheim
ISBN 3-527-50219-X

gungsleistungen zu erbringen. Diese Versorgungsleistungen werden oft durch einen Kapitalstock finanziert, der durch Beiträge des Arbeitgebers oder Arbeitnehmers aufgebaut wird. Arbeitnehmer oder Arbeitgeber zahlen während des Beschäftigungsverhältnisses Beiträge in diesen Kapitalstock ein, aus dem beim Eintritt des Versorgungsfalls die Rentenleistungen gezahlt werden. Unter Umständen können mit dem Vermögen des Kapitalstockes durch Kapitalanlagen zusätzliche Erträge erwirtschaftet werden. Die Leistungen aus der betrieblichen Altersversorgung können entweder regelmäßige Rentenzahlungen oder eine einmalige Kapitalabfindung sein.

Als Voraussetzung für eine betriebliche Altersversorgung muss ein Arbeitsverhältnis zwischen Arbeitnehmer und Arbeitgeber bestehen und als Zweck die Versorgung des Arbeitnehmers beim Ausscheiden aus dem Arbeitsleben im Vordergrund stehen. Altersversorgungsleistungen werden aus diesem Grund nur als betriebliche Altersversorgung anerkannt, wenn die Altersrente frühestens ab dem Alter von 60 Jahren ausgezahlt wird. In der Praxis verfolgt der Arbeitgeber noch andere Ziele wie zum Beispiel die Belohnung von Betriebstreue.

Die betriebliche Altersversorgung hat in Deutschland eine lange Tradition. Schon vor Jahrzehnten gewährten Betriebe ehemaligen Arbeitnehmern betriebliche Versorgungsleistungen. Dies war aufgrund der fortschreitenden Industrialisierung notwendig geworden, da die Verlagerung der Arbeitstätigkeit aus dem häuslichen Bereich in die Fabrik und der damit einhergehenden Urbanisierung eine Auflösung der Großfamilien zur Folge hatte. Diese waren seit Jahrhunderten für die Versorgung der Familienmitglieder in besonderen Notfällen, bei Krankheiten oder im Alter verantwortlich gewesen. Der Ursprung der betrieblichen Versorgungsleistungen ist das Verantwortungsbewusstsein der Arbeitgeber gegenüber ihren Arbeitnehmern. Dementsprechend bestand für die Arbeitnehmer kein Rechtsanspruch auf diese Leistungen, die Absicherung erfolgt als freiwillige Leistung des Arbeitgebers.

Besonders in den Jahren nach dem Zweiten Weltkrieg, zur Zeit des Wiederaufbaus in Deutschland, breiteten sich die Programme der betrieblichen Altersversorgung stark aus. Dies war vor allem auf den hohen Kapitalbedarf der Unternehmen zu dieser Zeit zurückzuführen. Das Prinzip der betrieblichen Altersversorgung mit der steuerlichen Förderung von Pensionsrückstellungen half den Unternehmen, die benötigten Mittel für den Wiederaufbau bereitzustellen.

Als gesetzliche Grundlage der betrieblichen Altersvorsorge als Finanzierungsmodell gelten das Sozialgesetz und das Altersvermögensgesetz, das

Betriebsrentengesetz und das Alterseinkünftegesetz. In der Vergangenheit hing die Einführung einer betrieblichen Altersversorgung von der freiwilligen Leistung des Arbeitgebers ab. Mit Wirkung zum 1.1.2002 hat der Gesetzgeber diesen Grundsatz *im Sozialgesetzbuch* geändert. Der Arbeitnehmer kann seit diesem Zeitpunkt von seinem Arbeitgeber die Einrichtung einer betrieblichen Altersversorgung durch Entgeltumwandlung verlangen, was bis heute zu einer starken Ausbreitung der arbeitnehmerfinanzierten betrieblichen Altersversorgung führte. Unter Entgeltumwandlung versteht man die Mitfinanzierung von Betriebsrentenzusagen durch den Arbeitnehmer, das heißt, ein Teil des Gehaltes des Arbeitsnehmers wird ihm nicht ausgezahlt, sondern als Beitrag zur betrieblichen Altersversorgung verwendet. Voraussetzung für die Entgeltumwandlung ist, dass der Arbeitnehmer in der gesetzlichen Rentenversicherung pflichtversichert ist. Das Recht auf Entgeltumwandlung besteht nur bis zu einem Betrag von 4 % der Beitragsbemessungsgrenze in der Rentenversicherung. Des Weiteren muss für die betriebliche Altersversorgung mindestens 1/160 der monatlichen Bezugsgröße nach § 18 (1) Sozialgesetzbuch IV umgewandelt werden. Die Anlageform wird in einer Vereinbarung zwischen Arbeitgeber und Arbeitnehmer einzelvertraglich, betrieblich oder tariflich festgelegt. Besteht keine solche Vereinbarung, hat der Arbeitnehmer auf jeden Fall Anspruch auf Entgeltumwandlung in eine Direktversicherung. Generell beschränkt sich die Entgeltumwandlung nur auf übertarifliche Entgeltbestandteile. Ist im Tarifvertrag aber vorgesehen, auch tariflich geregelte Entgeltansprüche für die betriebliche Altersversorgung zu benutzen, kommen diese Bestandteile des Entgeltes auch für die Entgeltumwandlung in Betracht. Es besteht nicht bereits eine anrechenbare, durch Entgeltumwandlung finanzierte betriebliche Altersversorgung. Auf Wunsch des Arbeitnehmers muss der Arbeitgeber einen förderungsfähigen Durchführungsweg (Pensionskasse, Pensionsfond und Direktversicherung) wählen, bei dem er nach § 10a EStG die Förderung der privaten Vorsorge in Anspruch nehmen kann. Dazu müssen die Leistungen als Renten ausgezahlt und die Beiträge aus dem individuell versteuerten Entgelt geleistet werden.

Ursprünglich sollte nach den Vorstellungen des Gesetzgebers im Gesetz zur Verbesserung der betrieblichen Altersversorgung vom 19.12.1974 (BGBl. I S. 3610) der Aufwand zur betrieblichen Altersvorsorge nur vom Arbeitgeber geleistet werden. *Das Altersvermögensgesetz (AVmG)* ist das Gesetz zur Reform dieser gesetzlichen Rentenversicherung und zur Förderung eines durch Kapital gedeckten Altersvorsorgevermögens. Es wurde am 26.06.2001 verabschiedet und regelt seit dem 01.01.2002 vor allem den Aufbau einer zusätzlichen durch Kapital gedeckten Altersvorsorge (»Riester-Rente«). Die Finanzierung der betrieblichen Altersvorsorge erfolgt seither vermehrt aus der Umwandlung von Arbeitsentgelt des Arbeitnehmers. Arbeitnehmer und Arbeitgeber haben durch das AVmG die Vorteile, dass Beiträge zur Sozialversicherung gespart werden können und die Besteuerung dieser Entgelte erst im Versorgungsfall erfolgt. Um zu vermeiden, dass durch das AVmG das Beitragsaufkommen der Sozialversicherung stark vermindert wird, zählen ab dem 01.01.2009 auch umgewandelte Entgeltbestandteile, die arbeitnehmerfinanzierte Altersvorsorge, zum beitragspflichtigen Arbeitsentgelt. Um die Umsetzung dieser Regelungen ab 2009 zu erleichtern, wurde eine Übergangszeit vom 01.01.2002 bis 31.12.2008 beschlossen. In dieser Zeit sind bei einer Entgeltumwandlung zugunsten einer betrieblichen Altersversorgung neben den geltenden Regelungen für eine Direktversicherung in den Durchführungswegen der Direktzusage beziehungsweise Pensionszusage und des Pensionsfonds Entgeltbestandteile bis zu 4 % der Beitragsbemessungsgrenze der Rentenversicherung der Arbeiter und Angestellten nicht dem Arbeitsentgelt hinzuzurechnen. Diese Entgeltbestandteile sind damit beitragsfrei.

Durch das *Betriebsrentengesetz (BetrAVG)* werden die einem Arbeitnehmer aus Anlass seines Arbeitsverhältnisses vom Arbeitgeber zugesagten Leistungen der Alters-, Invaliditäts- oder Hinterbliebenenversorgung geregelt. Die Durchführung der betrieblichen Altersversorgung kann unmittelbar über den Arbeitgeber oder über einen der in § 1b Abs. 2 bis 4 genannten Versorgungsträger erfolgen. Direktversicherung, Pensionskasse und Pensionsfonds bieten auch die Möglichkeit einer Einbeziehung der Förderung nach dem AVmG. Der Arbeitgeber muss die von ihm zugesagten Leistungen auch dann erbringen, wenn die Durchführung nicht unmittelbar über ihn selbst erfolgt.

Das Betriebsrentengesetz vom 1.1.2002 enthält zum ersten Mal einen Anspruch der rentenversicherungspflichtigen Arbeitnehmer auf Entgeltumwandlung gemäß § 1a zugunsten einer betrieblichen Altersversorgung. Weitere Regelwerke des Betriebsrentengesetzes, wie zum Beispiel die Unverfallbarkeitsregelung gemäß § 1b (1), der Übertragungsanspruch gemäß § 4 und die Insolvenzsicherung gemäß § 7, stellen die betriebliche Altersversorgung als bedeutenden Teil der Altersversorgung dar.

Das seit 01.01.2005 gültige *Alterseinkünftegesetz* bezieht die Direktversicherung als Finanzierungsinstrument für Unternehmen in die Lohnsteuerfreiheit der Beiträge mit ein und löst die zuvor noch mögliche Pauschalversteuerung für neue Zusagen ab. Aus diesem Grund ist die Direktversiche-

19 Modelle der betrieblichen Altersvorsorge zur Finanzierung eines Unternehmens

rung so gut wie in allen relevanten Punkten mit der Pensionskasse vergleichbar. Anstelle der bis Ende 2004 zusätzlichen pauschal versteuerten Beiträge bei der Direktversicherung und Pensionskasse können nun zu den Beiträgen in Höhe von 4 % der jeweiligen Beitragsbemessungsgrenze noch weitere 1 800 Euro lohnsteuerfrei in die Direktversicherung, die Pensionskasse oder den Pensionsfonds geleistet werden. Diese Beiträge sind allerdings sozialversicherungspflichtig. Diese neuen Regelungen gelten lediglich für Zusagen seit dem 01.01.2005. Des Weiteren regelt das Alterseinkünftegesetz auch das Recht des Arbeitnehmers auf Mitnahme der unverfallbaren Anwartschaft beim Wechsel des Arbeitgebers.

19.2 Durchführungswege der betrieblichen Altersversorgung

Die später zu erwartenden Leistungen können grundsätzlich auf drei verschiedenen Wegen zugesagt werden. Dies sind die reine Leistungszusage, die beitragsorientierte Leistungszusage und die Beitragszusage mit Mindestleistung.

Bei reinen Leistungszusagen werden dem Arbeitnehmer Leistungen der Alters-, Invaliditäts- oder Hinterbliebenenversorgung aufgrund seines Arbeitsverhältnisses vom Arbeitgeber zugesagt. Hier verpflichtet sich der Arbeitgeber, dem Arbeitnehmer im Versorgungsfall eine konkret zugesagte Leistung zu erbringen. Beispielsweise sagt der Arbeitgeber dem Arbeitnehmer zu, ihm im Versorgungsfall eine monatliche Rente von 150 € zu zahlen.

Bei einer *beitragsorientierten Leistungszusage* ist es in der Praxis aus wirtschaftlicher Sicht für den Unternehmer sehr schwierig, Leistungszusagen gegenüber dem Arbeitnehmer zu machen, ohne sich Gedanken über deren Finanzierung zu machen. In der Novellierung des BetrAVG wurde deshalb ausdrücklich die beitragsorientierte Leistungszusage aufgenommen. Nun liegt betriebliche Altersversorgung auch vor, wenn sich der Arbeitgeber verpflichtet, bestimmte Beiträge in eine Anwartschaft auf Alters-, Invaliditäts- oder Hinterbliebenenversorgung umzuwandeln. Anwartschaft bedeutet in diesem Zusammenhang einen bedingten Versorgungsanspruch. Tritt der Versorgungsfall ein, wird der bedingte Versorgungsanspruch zu einem Vollanspruch auf die zugesicherten Leistungen. Im Unterschied zur reinen Leistungszusage wird dem Arbeitnehmer bei der beitragsorientierten Leistungszusage keine konkrete Höhe der Leistungen zugesagt. Die Leistungen werden vielmehr entsprechend dem in der Anwartschaft vereinbarten Beitrag errechnet.

Eine Beitragszusage mit Mindestleistung liegt vor, wenn der Arbeitgeber die Durchführungswege Direktversicherung, Pensionskasse oder Pensionsfonds wählt. Bei diesen Durchführungswegen werden die Beiträge an externe Versorgungsträger übertragen, die mit diesen Beiträgen die späteren Leistungen erwirtschaften. Um das Risiko der Arbeitnehmer zu reduzieren, aufgrund von zum Beispiel riskanten Kapitalanlagen durch den Versorgungsträger einen Verlust der Leistungen zu erleiden, haftet der Arbeitgeber für eine Mindestleistung. Diese besteht aus der Summe der vereinbarten Beiträge. Hierbei bezahlt der Arbeitgeber beispielsweise für einen Arbeitnehmer zehn Jahre lang 500 € pro Jahr. Dies ergibt einen Gesamtbetrag von 5000 €. Tritt nun der Versicherungsfall ein und es stehen nur 4000 € zur Verfügung, so haftet der Arbeitgeber für die Differenz von 1000 €.

In Deutschland sind fünf so genannte Durchführungswege der betrieblichen Altersversorgung möglich. Der Durchführungsweg beschreibt dabei, was mit den Beiträgen geschieht, welchen Anspruch der Arbeitnehmer gegen wen hat, was der Arbeitgeber zu leisten hat und eventuell welche externen Versorgungsträger einzuschalten sind. Bei diesen Durchführungswegen kann man zwischen unmittelbarer und mittelbarer Durchführung unterscheiden. Bei der *unmittelbaren Durchführung* erbringt der Arbeitgeber die Versorgungsleistungen später direkt an den Arbeitnehmer, das heißt, im Versorgungsfall führt er die Zahlungen an den Arbeitnehmer selbst aus. *Versorgungsfall* bedeutet hier je nach abgeschlossener Versicherung das Erreichen der Altersgrenze, Tod oder Invalidität. Bei der *mittelbaren Durchführung* wird die betriebliche Altersversorgung über einen externen Versorgungsträger abgewickelt. Der Versorgungsträger verwaltet die Beiträge und führt im Versorgungsfall die Zahlungen an die Arbeitnehmer aus. Auch bei der mittelbaren Durchführung haftet der Arbeitgeber für die zugesagten Leistungen, das heißt, kann der Versorgungsträger nicht die volle Höhe der zugesagten Leistungen zahlen, steht der Arbeitgeber für den Differenzbetrag ein.

Die so genannte *Direktzusage*, die auch Pensionszusage genannt wird, ist eine der ältesten und die am weitesten verbreitete Form der Durchführung in Deutschland. Die Direktzusage ist der einzige gesetzliche Durchführungsweg, in dem während der Anfangsphase keine Finanzmittel aus dem Unternehmen abfließen. Alle anderen Durchführungswege wurden erst später als zweite Säule des Altersicherungssystems ins Leben gerufen und dienen daher allein dem Versorgungszweck. Abbildung 75 zeigt den Aufbau einer Direktzusage.

382

19 Modelle der
betrieblichen
Altersvorsorge zur
Finanzierung eines
Unternehmens

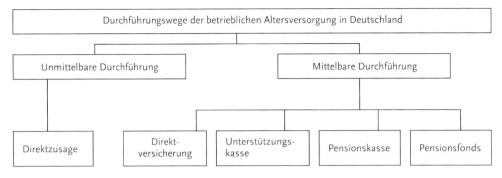

Abb. 74: Durchführungswege der betrieblichen Altersversorgung in Deutschland

Der wesentliche Bestandteil der Direktzusage ist die Pensionszusage (1.), bei der der Arbeitgeber die Verpflichtung eingeht, dem Arbeitnehmer oder dessen Angehörigen ab Eintritt des Versorgungsfalles Leistungen in bestimmter Höhe zu bezahlen. In diesem Fall ist das Unternehmen der Versorgungsträger, das heißt, der Arbeitnehmer hat im Versorgungsfall einen direkten Anspruch (2.) gegen das Unternehmen. Die Direktzusage ist in der Regel eine allein vom Arbeitgeber finanzierte Form der Altersversorgung und unterliegt keiner staatlichen Aufsicht oder Anlageregulierung. Aus diesem Grund ist der Arbeitgeber in der Gestaltung der Finanzierung der späteren Leistungen völlig frei und hat die Wahl zwischen Kapitalanlagen oder späteren Cashflows. In der Bilanz müssen Pensionsrückstellungen gebildet

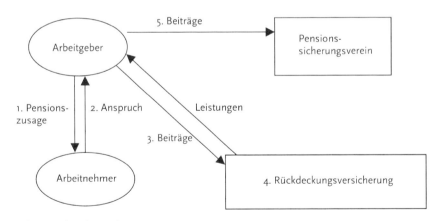

Abb. 75: Aufbau der Direktzusage

19.2 Durchführungswege der betrieblichen Altersversorgung

werden. Deshalb ist die Direktzusage in der Regel nur für bilanzierende Unternehmen geeignet. Die für die Finanzierung der zugesagten Versorgungsleistungen erforderlichen Pensionsrückstellungen sind für den Arbeitgeber Betriebsausgaben. Das für die späteren Leistungen notwendige Kapital wird im Unternehmen angehäuft und im Versorgungsfall als nachträglicher Arbeitslohn ausgezahlt. Somit fallen in der Anwartschaftsphase weder Steuern noch Beiträge zur Sozialversicherung an. Im Gegensatz hierzu unterliegt die Versorgungsleistung der Lohnsteuer. Mit Beiträgen (3.) an eine Rückdeckungsversicherung (4.) kann sich das Unternehmen vollständig oder auch nur teilweise von den Risiken einer Versorgungszusage befreien. Für den Fall der Insolvenz sind Beiträge (5.) an den Pensionssicherungsverein zu zahlen, der bei Zahlungsunfähigkeit des Arbeitgebers die laufenden Leistungen für die durch die betriebliche Altersversorgung abgedeckten Versicherten übernimmt.

Die gesetzliche Insolvenzsicherung regelt die Anwartschaftsphase und Ansprüche der Arbeitnehmerinnen und Arbeitnehmer und bietet somit eine gute Sicherung bei Insolvenz. Der Arbeitgeber kommt hierfür für Umlagen an den Pensionssicherungsverein (PSVaG) auf. Im Falle eines Konkurses des Unternehmens wird deshalb die Betriebsrente vom PSVaG als Träger der gesetzlichen Insolvenzsicherung fortführend ausgezahlt. Der PSVaG ist ein Versicherungsverein auf Gegenseitigkeit (VvaG), der vom Gesamtverband der Deutschen Versicherungswirtschaft, der Bundesvereinigung der Deutschen Arbeitgeberverbände und dem Bundesverband der Deutschen Industrie (BDI) zum Zweck der Insolvenzsicherung nach dem Gesetz zur Verbesserung der Betrieblichen Altersversorgung (BetrAVG) am 1. Januar 1975 gegründet wurde. Zu den Aufgaben des PSVaG gehören vor allem die Sicherung der gesetzlich unverfallbaren Anwartschaften und die laufenden Renten der Mitarbeiter und Rentner von Unternehmen, über deren Vermögen oder Nachlass das Insolvenzverfahren eröffnet worden ist.

Die Zusage kann von den Beschäftigten durch Entgeltumwandlung erhöht werden. Die Direktzusage unterliegt jedoch keiner staatlichen Förderung im Rahmen der »Riester-Förderung« mit Zulagen oder Sonderausgabenabzug. Unter Entgeltumwandlung wird gemäß §§ 1a, 1b des Gesetzes zur Verbesserung der betrieblichen Altersversorgung und § 115 Sozialgesetzbuch IV die Umwandlung von Entgeltbestandteilen in eine betriebliche Versorgungsanwartschaft (bAV) verstanden. Dabei verzichtet der Arbeitnehmer innerhalb einer Vereinbarung zwischen ihm und seinem Arbeitgeber auf einen Teil seines Entgeltanspruches, den der Arbeitgeber im Gegenzug für die bAV verwendet. Tarifvertraglich festgelegte Entgelte dürfen jedoch lediglich durch tarifliche

Regelung umgewandelt werden. Prinzipiell wird in betrieblichen oder tariflichen Versorgungsordnungen geregelt, welche Teile des Gehalts zur bAV verwendet werden dürfen. Des Weiteren wird darin festgesetzt, ob der Arbeitgeber sich darüber hinaus durch einen eigenen Beitrag beteiligt.

Die gesetzliche Grundlage für die Direktzusage stellt § 1b des Gesetzes zur Verbesserung der betrieblichen Altersversorgung dar. Die Finanzierungseffekte der Direktzusage ergeben sich aus der Pflicht des Arbeitgebers zur Bildung von Pensionsrückstellungen. Mit der Erteilung der Pensionszusage geht das Unternehmen eine Verbindlichkeit gegenüber seinem Arbeitnehmer ein, die auf der Passivseite in der Bilanz ausgewiesen wird. Die Bildung von Pensionsrückstellungen bedeutet einen Aufwand, der durch den Arbeitnehmer mit seiner Arbeitsleistung erbracht worden ist. Deshalb kann das Unternehmen hierfür Betriebsausgaben steuerlich geltend machen, obwohl noch keine Zahlungen an den Arbeitnehmer in Form von Versorgungsleistungen geleistet wurden. Wenn diese Beiträge nicht in die betriebliche Altersversorgung eingezahlt, sondern als Gehaltszahlungen an die Arbeitnehmer ausgezahlt werden würden, fände entsprechend ein Kapitalabfluss aus dem Unternehmen statt, dieses Kapital stände also dem Unternehmen nicht mehr zur Verfügung. Der Posten auf der Passivseite mindert zudem den zu versteuernden Gewinn, woraus sich geringere Steuerzahlungen und zusätzliche Liquidität ergeben.

Verstärkt wird der Finanzierungseffekt durch die Möglichkeit der Entgeltumwandlung an sich. Die zusätzlichen Beiträge der Arbeitnehmer verbleiben im Unternehmen und stehen dem Arbeitgeber für weitere Investitionen zur Verfügung. Folglich müssen weniger Kredite aufgenommen und somit weniger Fremdkapitalzinsen geleistet werden, woraus sich ein weiterer Liquiditätsvorteil ergibt. Die Beitragszahlungen der Arbeitnehmer können auch als zinsloser Kredit an das Unternehmen interpretiert werden. Durch eine Direktzusage erfolgt eine Liquiditätserhöhung, die dem Unternehmen sofort zur Verfügung steht und erst beim Eintritt des Versorgungsfalls wieder aus dem Unternehmen abfließt.

Die *Direktversicherung* stellt die zweite Form des Direktleistungswegs dar und ist eine spezielle Form der Kapitallebensversicherung. Als traditionelle Förderung nutzen Anleger hierbei die Steuerpauschale. Der Arbeitgeber schließt eine Lebensversicherung für seine Beschäftigten ab, indem er ein Lebensversicherungsunternehmen als externen Versorgungsträger einschaltet. Voraussetzung ist, dass der Unternehmer nicht selbst Versicherungsnehmer ist, da in einem solchen Fall keine Direktversicherung vorliegt. Bezugsberechtigt für eine spätere Versicherungsleistung sind der Arbeitnehmer oder seine Hinterbliebenen. Der Beschäftigte beteiligt sich generell durch eine Gehaltsumwandlung an den Monatszahlungen. Zukünftige Rentenzahlungen müssen nur mit dem Ertragsanteil versteuert werden. Beitragszahlungen bis zu maximal 1752 € beziehungsweise 2148 € pro Jahr (Stand 2004) werden pauschal mit 20 % versteuert, zuzüglich Solidarzuschlag und Kirchensteuer. Wird der Beitrag aus Sonderzahlungen wie Urlaubsgeld oder 13. Monatsgehalt durch den Arbeitnehmer bestritten, so entfallen alle Sozialversicherungsabgaben für ihn. Diese Regelung gilt jedoch nur bis zum Jahr 2008. Möchte ein Arbeitnehmer ab 2002 Zulagen oder Sonderausgabenabzug der Riester-Rente in Anspruch nehmen, so bedarf es seines Verzichts auf die Pauschalbesteuerung. Außerdem hat er die Beiträge individuell zu versteuern. Nur auf diese Weise tritt für den Arbeitnehmer die Riester-Förderung in Kraft. Als Leistungen können Alters-, Hinterbliebenen- oder Invaliditätsversorgungen erbracht werden. Möglich ist der Abschluss von Kapitalversicherungen inklusive Risikoversicherungen, Rentenversicherungen oder auch fondsgebundenen Lebensversicherungen.

Die *Unterstützungskasse* als dritter Direktleistungsweg ist eine rechtsfähige, eigenständige Versorgungseinrichtung. Sie tritt meistens als eingetragener Verein auf und finanziert sich aus Zuwendungen eines oder mehrerer Trägerunternehmen, die ihre betriebliche Altersversorgung über die Unterstützungskasse abwickeln. Die Unterstützungskasse gewährt den Arbeitnehmern ihrer Trägerunternehmen Versorgungsleistungen ohne Rechtsanspruch. Deshalb unterliegt sie nicht der Versicherungsaufsicht und ist in der Anlage ihres Vermögens frei. Dies stellt einen wesentlichen Unterschied zu allen anderen unmittelbaren Durchführungswegen dar. Die Beschäftigten erhalten somit durch die Unterstützungskasse vom Arbeitgeber die Zusage, dass der Betrieb nach Eintritt des Versorgungsfalles für Rentenleistungen in einer bestimmten Höhe aufkommen wird. Im Gegensatz zur Direktzusage wird das Versorgungskapital hierbei nicht vom Unternehmen allein, sondern mit Hilfe der Unterstützungskasse verwaltet. Das Vermögen wird dabei durch Zuwendungen der Unternehmen und durch Vermögenserträge der Unterstützungskasse aufgebaut und erhalten. Die Arbeitnehmer erhalten keinen Leistungsanspruch gegen die Unterstützungskasse, so dass der Arbeitgeber ihnen gegenüber zur Leistung verpflichtet bleibt. Die Besteuerung der Gelder aus der Unterstützungskasse erfolgt erst bei späterer Rentenauszahlung als nachträglicher Arbeitslohn. In der Anwartschaftsphase fällt dagegen für die Beiträge des Arbeitgebers an die Unterstützungskasse keine Lohnsteuer an. Die gesetzliche Insolvensicherung tritt auch hier wieder wie bei der Direktzusage in Kraft.

Die *Pensionskasse* als vierter Direktleistungsweg funktioniert wie ein eigenes Lebensversicherungsunternehmen, stellt eine rechtsfähige Versorgungseinrichtung dar und wird von einem oder mehreren Unternehmen getragen. Sie ist eine selbstständige juristische Person und haftet für die Erfüllung der durch Arbeitgeber und Arbeitnehmer finanzierten Versorgungsleistungen. Die Ansprüche des Mitarbeiters aus einer entsprechenden Zusage sind gegen die Pensionskasse zu richten und nicht an den Arbeitgeber, wobei die Arbeitnehmer dieser Unternehmen einen Rechtsanspruch auf die zugesagten Leistungen haben. Die Pensionskassen erbringen Leistungen, die auf spezielle Höchstbeträge begrenzt sind. Alle Pensionskassen sind zumeist kleinere Versicherungsvereine. Die Gründung einer Pensionskasse in einem Unternehmen kann durch den Arbeitgeber selbst stattfinden oder dadurch, dass der Arbeitgeber einer bestehenden Pensionskasse beitritt. Pensionskassen unterliegen keiner Verpflichtung zur Rückdeckung oder Absicherung gegen Insolvenz, dafür aber der Aufsicht des Bundesamtes für Versicherungswesen. Die Beiträge, die der Arbeitgeber an die Pensionskasse leistet, können als Betriebsausgaben abgezogen werden. Sie stellen einen Anteil des steuerpflichtigen Arbeitslohns des Arbeitnehmers dar. Gleichfalls bedeutet ein Verzicht des Arbeitnehmers auf Teile seines Arbeitslohns zugunsten von Zuwendungen an eine Pensionskasse, dass die Höhe des steuerpflichtigen Bruttoarbeitslohns nicht erreicht wird. Bei den zukünftigen Leistungen ist von den Mitarbeitern nur der Ertragsanteil zu versteuern. Der Ertragsanteil ist der Zinsanteil, der auf das angesparte Kapital entfällt, welches ratenweise ohne Steuern zurückbezahlt wird. Dabei hängt das Ausmaß des Ertragsanteils von der Art und dem Beginn der Rente ab. Beispielsweise beträgt der Ertragsanteil bei einer Altersrente ab Vollendung des 65. Lebensjahres 27 %, das heißt, dass lediglich 27 % des Rentenbetrags der Steuerpflicht unterliegen. Die Pensionskassen unterliegen prinzipiell der Steuerfreiheit. Es muss hierfür allerdings der Sozialcharakter gewährleistet sein. Dies bedeutet vor allem, dass die Obergrenzen für die Höhe der Leistungen eingehalten werden müssen, und gleichzeitig auch, dass das reale Vermögen der Pensionskassen eine gewissen Betrag nicht übersteigen darf.

Seit der Rentenreform vom 01.01.2002 ist der Pensionsfonds als rechtlich selbstständiger Versorgungsträger im Rahmen der betrieblichen Altersversorgung als fünfter Durchführungsweg festgelegt. Die Gründung eines solchen Fonds kann durch einen Arbeitgeber allein oder branchenübergreifend erfolgen. Die Aufsicht über den Pensionsfonds erhält das Bundesaufsichtsamt für Versicherungswesen. Ein Pensionsfonds kommt lebenslang für die

19.2 Durchführungswege der betrieblichen Altersversorgung

Altersrenten in Höhe der vom Arbeitgeber erbrachten Versorgungszusagen auf. Des Weiteren ist es durch einen Pensionsfonds möglich, das Invaliditäts- oder Hinterbliebenenrisiko abzusichern. Die Rechtsform hierfür kann durch eine Aktiengesellschaft oder einen Pensionsfondsverein festgelegt werden. Die Finanzierung eines Pensionsfonds erfolgt durch Zuwendungen des Unternehmens als Arbeitgeber, die als Betriebsausgaben abgezogen werden können. Eine weitere Möglichkeit der Finanzierung ist die Kopplung der Zuwendungen mit Gehaltsumwandlungen oder auch die alleinige Anwendung von Gehaltsanwendungen. Der Pensionsfonds ähnelt im Vergleich mit den anderen Durchführungswegen der bAV am meisten der Pensionskasse. Aus diesem Grund wird er bis auf wenige Ausnahmen mit der Pensionskasse gleichgestellt und unterliegt somit auch den gleichen steuer- und sozialversicherungsrechtlichen Regelungen. Ein positiver Aspekt des Pensionsfonds als Finanzierungsinstrument für das Unternehmen ist die gesetzlich vorgegebene Freiheit bei der Kapitalanlagepolitik. Pensionsfonds wird es ermöglicht, eine liberalere und risikobehaftete Politik zu betreiben als Pensionskassen und Direktversicherungen. Nachteilig ist allerdings, dass den größeren Renditemöglichkeiten ein größeres Risiko gegenübersteht, welches über den Pensionssicherungsverein eG (PSVaG) gegen Insolvenz abgesichert werden kann.

Die Berufsunfähigkeit und der Tod eines Arbeitnehmers sind schwer zu prognostizieren und stellen für das Unternehmen unkalkulierbare Risiken dar, die zu großen finanziellen Belastungen führen können, vor allem wenn die betriebliche Altersversorgung im Unternehmen noch nicht lange Zeit besteht und die Leistungsansprüche der Arbeitnehmer sehr viel höher als die bereits eingezahlten Beiträge sind. Damit die Versorgungsleistungen im unvorhergesehenen Fall das Unternehmen nicht zu sehr belasten, können die Risiken durch eine Rückdeckungsversicherung abgedeckt werden. Vor allem für kleine Unternehmen bietet sich der Abschluss einer solchen Versicherung an. In diesem Fall erweitert sich die Direktzusage zur rückgedeckten Direktzusage. Bei einer Rückdeckungsversicherung ist der Arbeitnehmer die versicherte Person und der Arbeitgeber der Versicherungsnehmer und Beitragszahler. Das bedeutet, dass der Arbeitgeber die Beiträge an die Versicherung abführt und die späteren Leistungen bezieht. Tritt der Versorgungsfall ein, fließen Leistungen von der Rückdeckungsversicherung an das Unternehmen, das mit diesen Mitteln seinerseits die Leistungen an den Arbeitnehmer erfüllen kann. Dadurch ist nur ein Teil der Beiträge an die betriebliche Altersversorgung an die Rückdeckungsversicherung abzuführen. Der Rest verbleibt als Kapital im Unternehmen. Im Gegensatz zu Berufs-

	Pensionszusage	Unterstützungskasse	Pensionsfonds	Direktversicherung	Pensionskasse
Leistungs-zusage	Ratierliches Verfahren	Ratierliches Verfahren	Ratierliches Verfahren	Ratierliches Verfahren oder versicherungs-vertragliches Verfahren	Ratierliches Verfahren oder versicherungs-vertragliches Verfahren
Beitrags-orientierte Leistungs-zusage	Erreichte Anwartschaft	Erreichte Anwartschaft	Ratierliches Verfahren	Ratierliches Verfahren oder versicherungs-vertragliches Verfahren	Ratierliches Verfahren oder versicherungs-vertragliches Verfahren
Beitrags-zusage mit Mindest-leistung	Nicht möglich	Nicht möglich	Gezahlte Beiträge zzgl. Erträge	Gezahlte Beiträge zzgl. Erträge	Gezahlte Beiträge zzgl. Erträge

Abb. 76: Überblick über die Berechnungsmöglichkeiten des unver-fallbaren Anspruches

unfähigkeit und Tod sind die Verpflichtungen, die aus der Zusage von Altersversorgung entstammen, hinsichtlich der Höhe und des Zeitpunktes besser prognostizierbar. Trotzdem können aber auch sie über eine Rückdeckungsversicherung abgedeckt werden. In diesem Fall muss der gesamte Betrag, den der Arbeitnehmer oder der Arbeitgeber an die betriebliche Altersversorgung leisten, an die Rückdeckungsversicherung abgeführt werden. Damit stehen dem Unternehmen keine Mittel aus der betrieblichen Altersversorgung als liquide Mittel zur Verfügung. Ein Finanzierungseffekt aus einbehaltenen Gehaltsbestandteilen tritt also nur auf, wenn diese nicht komplett als Beiträge in die Rückdeckungsversicherung geleistet werden. Abbildung 76 fasst die verschiedenen Verfahren zusammen.

Der Versicherungsanspruch der Arbeitnehmer hängt zum einen von der Leistungszusage des Arbeitgebers, zum anderen vom Verfahren zur Berechnung der Anspruchshöhe ab.

Es lassen sich drei verschiedene Zusagearten unterscheiden. Die *Leistungszusage* stellt die klassische Form der Zusage dar, das heißt, sie ist eine allgemeine Zusage, bei der eine Leistung erbracht werden wird. Eine *beitragsorientierte Leistungszahlung* dagegen sagt die Leistungshöhe nicht zu.

Mit der Einführung der *Beitragszusage mit Mindestleistung* (§ 1 Abs. 2 Nr. 2 BetrAVG) hat der Gesetzgeber darauf reagiert, auch solche Zusagen als betriebliche Altersversorgung anzuerkennen, bei denen lediglich die Zahlung eines bestimmten Arbeitgeberbeitrages zugesagt wird und der Arbeitnehmer das Anlagerisiko allein trägt. Es wurde aber zudem festgelegt, dass eine bAV auch dann vorliegt, wenn der Arbeitgeber sich verpflichtet, Beiträge an einen Pensionsfonds, eine Pensionskasse oder eine Direktversicherung zu zahlen. Zusätzlich muss er die Garantie übernehmen, dass zur Altersversorgung am Ende mindestens die Summe der zugesagten Beiträge zur Verfügung steht. Eine Verzinsung wird dabei nicht berücksichtigt. Werden Beitragsbestandteile zur Absicherung vorzeitiger Risiken wie Invalidität oder Tod verwendet, so sind sie von der Mindestleistung abzuziehen.

Als Verfahren zur Berechnung der Anspruchshöhe wird häufig das *ratierliche Verfahren* angewendet. Bei diesem ist die Anspruchshöhe von der Beschäftigungsdauer und nicht von der Entgeltumwandlungsdauer abhängig. Des Weiteren werden hierbei AG-Zuschüsse bei Mitarbeitern mit verspäteter Rentenzusage ausbezahlt. Der Begriff der *Anwartschaft* taucht zumeist als Bestandteil von Begriffen wie Versorgungsanwartschaft oder Betriebsrentenanwartschaft auf. Unter einer Anwartschaft versteht man einen aufschiebend bedingten Versorgungsanspruch, der mit Eintritt der Bedingung, das heißt des Versorgungsfalles, zum Vollrecht erstarkt.

19.3 Die Einführung einer betrieblichen Altersversorgung im Unternehmen

Den Durchführungsweg kann der Arbeitgeber unter den externen Finanzierungswegen mit Rechtsanspruch (Pensionskasse, Pensionsfonds, Direktversicherung) wählen. Nach einer Einigung mit dem Arbeitnehmer sind auch Pensionszusage und Unterstützungskasse möglich. Ist die Wahl eines Durchführungsweges erfolgt, steht die eigentliche Einführung der betrieblichen Altersversorgung im Unternehmen an. Dazu gibt es verschiedene Arten, zu denen die vertraglichen Zusagen, Betriebsvereinbarung, die betriebliche Übung sowie die Gleichbehandlung zählen.

Vertragliche Zusagen können entweder einzelnen Arbeitnehmern oder auch der gesamten Belegschaft gemacht werden. Wichtig ist dabei zu beachten, dass die schriftliche Form nicht zwingend notwendig ist. Ein Versorgungsanspruch kann schon durch ein mündliches Versprechen entstehen. Als Zusage reicht auch ein Aushang am schwarzen Brett oder die Verkündung auf einer Betriebsversammlung aus.

Um zukünftige Änderungen des Versorgungswerkes in einem mitbestimmten Unternehmen leichter umsetzen zu können, empfiehlt sich eine *Betriebsvereinbarung*. Sie wird nicht Bestandteil jedes Arbeitsvertrages, aber sie ist für die gesamte Belegschaft außer den leitenden Angestellten verbindlich. Altersversorgungsansprüche aus Betriebsvereinbarungen bestehen auch fort, wenn das Versorgungswerkes geändert wird oder wenn ein übergehender Betriebsteil im Falle eines Unternehmensverkaufs vom Erwerber als selbstständiger Betrieb geführt wird. Wird ein übergehender Betriebsteil beim Erwerber in einen bei diesem bestehenden Betrieb eingegliedert, finden diese Betriebsvereinbarungen Berücksichtigung als kollektive Normen. Altersversorgungsansprüche aus Betriebsvereinbarungen gehen damit nicht verloren. Sie werden nach § 613 a BGB Teil des Arbeitsvertrages, ohne dass dieser umgeschrieben werden muss. Der neue Arbeitgeber muss sie gegen sich gelten lassen. Allerdings bestehen insbesondere für verfallbare Anwartschaften Risiken, wenn die Arbeitnehmer später vor Eintritt der Unverfallbarkeit betriebsbedingt gekündigt werden. Ein weiteres Risiko kann darin bestehen, dass im aufnehmenden Unternehmen eine schlechtere Betriebsvereinbarung zur betrieblichen Altersversorgung existiert, welche die Vereinbarung aus dem untergehenden Betrieb verdrängt.

Eine weitere Form ist die *betriebliche Übung*, unter der man im Rahmen der betrieblichen Alterszusagen Versorgungsleistungen versteht, die der Arbeitgeber über einen längeren Zeitraum ohne besondere Zusage an einzelne oder alle Arbeitnehmer aufbringt. In diesem Fall haben alle vergleichbaren Arbeitnehmer einen Anspruch auf die gleiche Leistung. Zahlt zum Beispiel der Arbeitgeber seit vielen Jahren allen Arbeitnehmern, die in den Ruhestand treten, eine Altersrente, so haben auch die noch aktiven Arbeitnehmer bei Eintritt in den Ruhestand einen derartigen Anspruch. Auch neu eingestellte Arbeitnehmer können sich auf die betriebliche Übung berufen und hieraus Ansprüche stellen. Der Arbeitgeber kann die Entstehung einer betrieblichen Übung durch einen eindeutigen und ausdrücklichen Freiwilligkeitsvorbehalt vermeiden. Dazu muss er vor jeder Erbringung der Versorgungsleistung unmissverständlich klarmachen, dass mit dieser Zahlung kein Rechtsanspruch auf weitere Zahlungen entsteht.

Ein wichtiger Grundsatz bei der Einführung der Betrieblichen Altersversorgung ist die *Gleichbehandlung und Gleichberechtigung der Arbeitnehmer*. Gleichbehandlung bedeutet, dass der Arbeitgeber einzelne oder mehrere Arbeitnehmer nicht ohne sachlichen Grund von der Altersversorgung ausschließen darf, wenn anderen Arbeitnehmern diese gewährt wird. Das heißt aber nicht, dass zwingend eine betriebliche Altersversorgung für alle Arbeitnehmer eingeführt werden muss. Es muss nur ein sachlicher Grund für die Begünstigung von Einzelnen oder von Gruppen vorliegen. Sachliche Gründe sind in diesem Fall zum Beispiel eine lange Betriebszugehörigkeit oder eine besondere Qualifikation. Teilzeitkräfte hingegen dürfen nicht aus der betrieblichen Altersversorgung ausgeschlossen werden. Auch Außen- und Innendienstmitarbeiter sollten gleich behandelt werden. Neben der Gleichbehandlung ist die Gleichberechtigung sehr wichtig bei der Einführung einer betrieblichen Altersversorgung. Es darf keine Diskriminierung aufgrund des Geschlechtes bei der Ausgestaltung des Versorgungswerkes bestehen. Ebenso ist die Ansetzung von unterschiedlichen Altersgrenzen bei Männern und Frauen nicht erlaubt.

Scheidet ein Arbeitnehmer vorzeitig aus dem Unternehmen aus, muss geregelt sein, wie mit der betrieblichen Altersversorgung, die für ihn eingerichtet wurde, weiter verfahren wird. Das vorzeitige Ausscheiden von Mitarbeitern stellt für das Unternehmen ein Risiko dar. Dabei ist der Begriff des unverfallbaren Anspruches wichtig. Hierzu müssen Bedingungen wie beispielsweise Dauer der Betriebszugehörigkeit oder Alter definiert werden, unter denen dem Arbeitnehmer beim vorzeitigen Ausscheiden die zugesagten Leistungen nicht mehr verwehrt werden können. Die *Unverfallbarkeit der Anwartschaft* ist in § 1b BetrAVG geregelt. Da die betriebliche Altersversorgung auch als Belohnung für die Betriebstreue des Arbeitnehmers gewährt wird, kann dem Arbeitnehmer, wenn er diese Treue nicht erbringt, unter Umständen der Versorgungsanspruch entzogen werden.

Hat er einen unverfallbaren Anspruch, kann dies nicht geschehen. Bei den Regelungen zur Unverfallbarkeit werden die Zusagen aufgrund einer Entgeltumwandlung und arbeitgeberfinanzierten Zusagen unterschiedlich behandelt. Bei der arbeitgeberfinanzierten Zusage muss der Arbeitnehmer, um einen gesetzlichen Unverfallbarkeitsanspruch seiner Anwartschaft zu haben, mindestens 30 Jahre alt sein und die Versorgungszusage muss mindestens fünf Jahre bestanden haben. Anders sieht es bei Zusagen aus, die auf einer Entgeltumwandlung beruhen. Sie sind sofort gesetzlich unverfallbar. Bei den Durchführungswegen Pensionsfonds, Pensionskasse und Direktversicherung kommen zusätzliche Regelungen hinzu. Der Arbeitgeber muss dem Arbeitnehmer ab Beginn der Entgeltumwandlung ein unwiderrufliches Bezugsrecht auf die Versorgungsleistung einräumen und darf den Vertrag ab Ausscheiden nicht mehr beleihen oder verpfänden. Sämtliche Überschüsse müssen zur Leistungserhöhung verwendet werden. Beim Ausscheiden erhält der Arbeitnehmer das Recht, die Versicherung mit eigenen

19 Modelle der
betrieblichen
Altersvorsorge zur
Finanzierung eines
Unternehmens

Beiträgen fortzuführen. Sind die Unverfallbarkeitsfristen seitens des Arbeitnehmers erfüllt, hat er rechtlich gesehen einen *Unverfallbarkeitsanspruch dem Grunde nach*, das heißt er hat auf jeden Fall Anspruch auf Leistungen. Die Höhe der Leistungen ist dadurch aber noch nicht geregelt. Scheidet der Arbeitnehmer ohne Eintreten des Versorgungsfalles aus und hat gleichzeitig einen unverfallbaren Anspruch, so errechnet sich die Höhe seiner Leistungen nach dem so genannten *ratierlichen Verfahren*. Das ratierliche Verfahren sagt einen Vollanspruch zu, der mit dem Quotient aus tatsächlicher Dienstzeit und möglicher Dienstzeit multipliziert wird. Die Höhe des Anspruches richtet sich somit nicht nach der Betriebszugehörigkeit ab Zusageerteilung, sondern nach der insgesamt erbrachten Betriebszugehörigkeit.

Bei beitragsorientierten Leistungszusagen aus einer Pensionszusage oder Unterstützungskasse tritt an die Stelle des ratierlichen Anspruchs zwingend die so genannte *erreichte Anwartschaft*. Diese ergibt sich aus den bis zum Ausscheiden erbrachten Beiträgen. Für alle Beitragszusagen mit Mindestleistungen gilt immer die Berechnungsmethode der gezahlten Beiträge plus der damit erwirtschafteten Erträge. Die Leistungen im Versorgungsfall ergeben sich aus den bis zum Ausscheiden bezahlten Beiträgen zuzüglich der bis zum Eintritt des Versorgungsfalles darauf erzielten Erträge. Bei der Form der Direktversicherung ergeben sich weitere Besonderheiten. Hier kann der ratierliche Anspruch bei vorzeitigem Ausscheiden wesentlich höher sein als der bis zu diesem Zeitpunkt finanzierte Versicherungswert. Dies ist vor allem dann der Fall, wenn erst nach langer Betriebszugehörigkeit eine betriebliche Altersversorgung zugesagt wird. Hier hat der Arbeitgeber ein Wahlrecht und kann vom Arbeitnehmer anstelle des ratierlichen Anspruches die Übertragung der Versicherungsnehmereigenschaft fordern.

Im Falle des vorzeitigen Ausscheidens spielt auch die *Abfindung* eine wichtige Rolle. Besonders bei jungen Arbeitnehmern, die einen geringen unverfallbaren Anspruch haben, ist sie von Bedeutung. Für das Unternehmen ist die Aufrechterhaltung der Anwartschaft mit einem hohen Aufwand verbunden, da es über viele Jahre hinweg diese Anwartschaft noch verwalten muss. Das Betriebsrentengesetz enthält die Möglichkeit, solche Ansprüche mit einer einmaligen Abfindung abzugelten. In diesem Fall sind aber bestimmte Abstufungen gesetzt. Fordert entweder der Arbeitnehmer oder der Arbeitgeber eine Abfindung, so ist sie beispielsweise nur zulässig, wenn der monatliche Rentenbetrag 1 % der monatlichen Bezugsgröße (nach § 18 SBG VI) oder die Kapitalleistung, also die gesamte Abfindung, 12/10 der monatlichen Bezugsgröße nicht übersteigen. Sind sich beide Parteien jedoch einig, so kann eine Monatsrente bis zu 2 % der monatlichen Bezugsgröße beziehungsweise eine Kapitalleistung bis zu 24/10 der monatlichen Bezugsgröße abgefunden werden. Eine dritte Abstufung ist, wenn sich beide Parteien einig sind und der Abfindungsbetrag in die gesetzliche Rentenversicherung, in eine Direktversicherung, in einen Pensionsfonds oder in eine Pensionskasse gezahlt wird. Hierbei kann eine Monatsrente bis zu 4 % der monatlichen Bezugsgröße beziehungsweise eine Kapitalleistung bis zu 48/10 der monatlichen Bezugsgröße abgefunden werden. Bei der Entgeltumwandlung gelten die Regeln wie in der dritten Abstufung, außer dass der Abfindungsbetrag nicht zwingend in die gesetzliche Rentenversicherung oder in einen anderen Durchführungsweg eingezahlt werden muss. Die Höhe der Abfindung entspricht dem Barwert des unverfallbaren Anspruches. Bei Direktversicherung, Pensionskasse und Pensionsfonds ist der Zeitwert – das Versicherungsguthaben, das zum Zeitpunkt des Ausscheidens vorhanden ist – anzusetzen.

Tritt der Versorgungsfall ein, so ist der Arbeitgeber verpflichtet, die versprochenen Versorgungsleistungen zu erbringen. Je nach gewähltem Durchführungsweg leistet er sie selber oder beauftragt hiermit den entsprechenden externen Versorgungsträger. Somit sind der vorzeitige Ruhestand sowie die Anpassungsprüfungspflicht des Arbeitgebers als zwei weitere Fälle zu beachten.

Im Fall des *vorzeitigen Ruhestandes* hat der Arbeitnehmer Anspruch auf Leistungen der betrieblichen Altersversorgung, wenn er bereits Altersrente aus der gesetzlichen Rentenversicherung bezieht. Allerdings auch nur dann, wenn er diese Altersrente in voller Höhe bezieht. Die Inanspruchnahme der so genannten Teilrente aus der gesetzlichen Rentenversicherung genügt nicht, um Leistungen aus der betrieblichen Altersversorgung beanspruchen zu können. Hat der Arbeitnehmer einen vorzeitigen Anspruch auf die Leistungen, stehen sie ihm dennoch nicht in voller Höhe zu. Es empfiehlt sich, in die Regelung der Leistungszusage für diesen Fall explizite Bestimmungen zur Kürzung der Leistung bei vorgezogenem Rentenbeginn aufzunehmen. Andernfalls errechnet sich die Höhe der Ansprüche aus dem ratierlichen Verfahren. Bei diesem Verfahren wird aber nur die geringere Betriebstreue des Arbeitnehmers berücksichtigt. Der längere Bezugzeitraum der Renten bleibt dabei außen vor, was für den Arbeitgeber eine zusätzliche Belastung des Unternehmens bedeutet.

Die *Anpassungsprüfungspflicht* bezieht sich ausschließlich auf laufende Leistungen an ehemalige Arbeitnehmer oder Hinterbliebene. Diese Leistungen verlieren im Lauf der Zeit inflationsbedingt an Wert. Der Arbeitgeber ist verpflichtet, laufende Rentenleistungen alle drei Jahre zu überprüfen

19 Modelle der betrieblichen Altersvorsorge zur Finanzierung eines Unternehmens

und über eine Erhöhung zu entscheiden. Eine Erhöhung kann unter Umständen dazu führen, dass das Unternehmen am Ende mehr Leistungen an den Mitarbeiter ausbezahlen muss, als er ehemals dafür zurückbehalten beziehungsweise angespart hat. Dies stellt einen Nachteil der bAV als Finanzierungsinstrument im Unternehmen dar und birgt gewisse Risiken für das Unternehmen. Bei dieser Entscheidung werden die wirtschaftliche Lage des Arbeitgebers und der Kaufkraftverlust der Renten betrachtet. Weiterhin darf die Erhöhung nicht höher als der Anstieg der Nettolöhne vergleichbarer Arbeitnehmer im Unternehmen sein. Zur Anpassung bei schlechter wirtschaftlicher Lage ist zu sagen, dass eine Anpassung der Betriebsrenten nur dann zu erfolgen hat, wenn auch in Zukunft ihre Finanzierung aus den Erträgen des Unternehmens gewährleistet ist. Wurde die Anpassung nicht durchgeführt, muss sie auch nicht nachgeholt werden. Darüber hinaus gibt es Ausnahmen für die so genannte Drei-Jahres-Anpassung. Die Anpassungsverpflichtung entfällt, wenn der Arbeitgeber sich verpflichtet, die Betriebsrenten jährlich um mindestens 1 % zu erhöhen. Wurden die Beiträge per Entgeltumwandlung finanziert, ist diese Art der Anpassung sogar Pflicht. Werden bei der Direktversicherung und der Pensionskasse alle Überschüsse, die der externe Versorgungsträger aus den Kapitalanlagen erhält, zur Erhöhung der Leistungen eingesetzt, entfällt die Anpassungsverpflichtung. Bei Beitragszusagen mit Mindestleistung entfällt die Anpassungsverpflichtung vollständig.

Für den Fall einer *Insolvenz* des Arbeitgebers bedarf es einer Sicherung der Zahlung der betrieblichen Altersversorgung. So übernimmt der Pensionssicherungsverein bei einem insolventen Unternehmen die Zahlung der Renten. Der PSVaG unterliegt als aufsichtspflichtiges Versicherungsunternehmen der Aufsicht des Bundesaufsichtsamtes für das Versicherungswesen. Betriebsrenten und gesetzlich unverfallbare Anwartschaften werden laufend über den PSVaG insolvenzgesichert. Bei Insolvenz eines Unternehmens, das einen sicherungspflichtigen Weg der bAV festgesetzt hat, übernimmt der PSVaG dessen Rentenverpflichtungen. Die Durchführungswege Direktzusage und Unterstützungskasse sind uneingeschränkt insolvenzsicherungspflichtig. Grundsätzlich nicht sicherungspflichtig sind Leistungen, die über eine Pensionskasse oder aus einer Direktversicherung gewährt werden. Hier ist die Insolvenzsicherung generell über das Versicherungsaufsichtsgesetz (VAG) festgelegt. Die liquiden Mittel zur Finanzierung der PSVaG-Leistungen werden durch die Beiträge der Unternehmen aufgebracht, die selbst sicherungspflichtige Formen für die Durchführung der bAV gewählt haben. Diese Unternehmen besitzen gegenüber dem

PSVaG eine Beitragspflicht. Das Unternehmen als Arbeitgeber hat aus diesem Grund dem PSVaG innerhalb von drei Monaten das Bestehen einer versicherungspflichtigen Altersversorgung zu melden. Der Beitragssatz ist größtenteils von der Zahl der Insolvenzen abhängig. Es kann vorkommen, dass durch die Insolvenz eines großen Unternehmens der Beitragssatz für alle Unternehmen in der Solidargemeinschaft stark erhöht wird.

19.4 Steuerliche und bilanzielle Handhabung

Zahlt der Arbeitgeber für seine Arbeitnehmer Beiträge in die betriebliche Altersversorgung ein, sind diese Aufwendungen grundsätzlich in voller Höhe als Betriebsausgaben abzugsfähig. Nur der Zeitpunkt, wann sie steuerlich geltend gemacht werden können, unterscheidet sich bei den verschiedenen Durchführungswegen. Sind externe Versorgungsträger in die betriebliche Altersversorgung eingeschaltet, können die Beiträge, die der Arbeitgeber an sie entrichtet, sofort geltend gemacht werden. Dabei sind aber bestimmte Voraussetzungen und Höchstgrenzen zu beachten. Ist die betriebliche Altersversorgung durch eine Direktzusage geregelt, können bereits Betriebsausgaben vom Arbeitgeber geltend gemacht werden, obwohl noch gar keine Zahlungen stattgefunden haben. Die bilanzierten Pensionsrückstellungen entsprechen den späteren Aufwendungen, mindern aber in der Gegenwart schon den Gewinn.

Mit der Neugestaltung des Betriebsrentengesetzes wurde ausdrücklich die Form der *Entgeltumwandlung* als betriebliche Altersversorgung in das Gesetz aufgenommen. Auch steuerlich wird sie als solche anerkannt. Allerdings gibt es Einschränkungen in ihrer Anerkennung, um den Versorgungsanspruch auch weiterhin im Vordergrund zu behalten. Sie soll nicht nur aus steuerlichen Gründen und Vorteilen eingeführt werden. Die Entgeltumwandlung geht von der Umwandlung von Bestandteilen des zukünftigen Arbeitslohnes aus. Zukünftig bedeutet in diesem Zusammenhang, dass der Arbeitnehmer schon auf das Gehalt verzichtet, wenn er noch gar keinen Anspruch darauf hat. Bei Umwandlungen aus dem monatlichen laufenden Monatsgehalt muss zum Beispiel schon vor dem ersten Tag des Monats eine Umwandlungsvereinbarung zwischen Arbeitgeber und Arbeitnehmer abgeschlossen sein. Damit die Entgeltumwandlung als betriebliche Altersversorgung anerkannt wird, muss mindestens ein biometrisches Risiko abgesichert sein. Biometrische Risiken sind in diesem Fall das Alter, der Tod oder die Berufsunfähigkeit. Die Leistungen an den Arbeitnehmer dürfen erst im Versorgungsfall erfolgen. Eine Ausnahme bildet in diesem Fall die Abfindung eines gesetzlich unverfallbaren Anspruches vor dem Eintritt des Versorgungsfalles, zum Beispiel beim vorzeitigen Ausscheiden aus dem Unternehmen. Ist der Anspruch gesetzlich unverfallbar, ist die Abfindung nicht steuerschädlich. Dies bezieht sich aber nur auf durch Abfindung abgegoltene Ansprüche.

Die *sozialversicherungsrechtliche Behandlung* der Beiträge und Leistungen aus der betrieblichen Altersversorgung hängt von dem gewählten Durchführungsweg ab. Außerdem wird dabei zwischen Arbeitgeberfinanzierung und Entgeltumwandlung unterschieden. Werden die Beiträge zum Beispiel im Rahmen einer Direktzusage vom Arbeitgeber geleistet, müssen davon keine Beiträge in die Renten-, Kranken-, Arbeitslosen- und Pflegeversicherung eingezahlt werden. Anders bei der Entgeltumwandlung, denn auch hier sind die Beiträge zur betrieblichen Altersversorgung beitragsfrei, allerdings nur bis 4 % der Beitragsbemessungsgrenze. Ab 2009 werden die Beiträge aber komplett beitragspflichtig. Nach Eintritt des Versorgungsfalls sind die Versorgungsbezüge aus einer betrieblichen Altersversorgung beitragsfrei in der Renten- und Arbeitslosenversicherung. Werden die Leistungen der betrieblichen Altersversorgung allerdings als laufende Rentenzahlungen erbracht, müssen Beiträge in die gesetzliche Krankenversicherung einbezahlt werden, wenn der Rentner dort pflichtversichert ist.

Wie bereits beschrieben, müssen bei der *Direktaussage* für die zukünftigen Verpflichtungen gegenüber der Arbeitnehmer Pensionsrückstellungen in der Bilanz gebildet werden. Den Aufwand hat der Arbeitnehmer durch seine Arbeitsleistung erbracht. Für diesen Aufwand können somit Betriebsausgaben steuerlich geltend gemacht werden, obwohl noch keine Zahlungen an den Arbeitnehmer erfolgt sind. Diese Zahlungen werden erst bei Eintritt des Versorgungsfalls geleistet. Die Betriebsausgaben mindern den Gewinn, was zu einer geringeren Steuerschuld führt. Die Höhe der zusätzlich gewonnenen Liquidität sind genau die Steuern, die auf diese Betriebsausgaben hätten gezahlt werden müssen.

Da sich diese Rückstellungen bis zum Eintritt des Versorgungsfalls aufbauen, das heißt bis dahin Steuer sparend wirken, müssen sie nach dem Eintritt des Versorgungsfalls nach und nach wieder abgebaut werden. Die Verbindlichkeiten gegenüber dem Arbeitnehmer sinken mit jeder Rentenauszahlung. Das bedeutet, dass nach dem Eintritt des Versorgungsfalls die Auflösung der Pensionsrückstellungen den Gewinn erhöht, obwohl das Unternehmen keine vergleichbaren Einnahmen hat. Genau wie beim Aufbau der Pensionsrückstellungen bei den Aufwendungen treten nun Einnahmen auf, mit denen keine entsprechenden Einzahlungen an das Unternehmen verbunden sind. Da sie aber steuerwirksam sind, wird dem Unternehmen in der Höhe der auf sie zu leistenden Steuer Liquidität wieder entzogen. Das heißt, bis zum Ende des Versorgungsfalls fließt die gesamte Liquidität, die durch die Einführung einer betrieblichen Altersversorgung gewonnen wurde, wieder aus dem Unternehmen ab. Laut Einkommensteuergesetz müssen bestimmte Voraussetzungen erfüllt werden, um Pensionsrückstellungen bilden zu können: der Arbeitnehmer muss einen Rechtsanspruch auf die zugesagten Leistungen haben und die Zusage muss schriftlich erfolgt sein. Die Zusage darf keinen schädlichen Vorbehalt enthalten, der es dem Arbeitgeber möglich macht, dem Arbeitnehmer die Pensionsleistungen zu kürzen oder ganz zu entziehen. Außerdem dürfen die Leistungen nicht von künftigen gewinnabhängigen Bezügen abhängig sein. Die Zusage muss vor dem Versorgungsfall gemacht werden und der Arbeitnehmer muss bis Mitte des Wirtschaftsjahres mindestens 28 Jahre alt sein. Hat der Arbeitnehmer schon vor dem 31.12.2001 eine Zusage bekommen, gilt eine Altersgrenze von 30 Jahren. Bei Entgeltumwandlung sieht es anders aus. Hier ist keine Altersgrenze vorgesehen.

Pensionszusagen stellen für das Unternehmen wirtschaftliche Lasten in der Zukunft dar, die in ihrer Höhe ungewiss sind. Auch die Regelung über die Unverfallbarkeit beim Ausscheiden des Arbeitnehmers aus dem Unternehmen spielt dabei eine wichtige Rolle. Seit dem 1.1.1987 existiert eine *Bilanzierungspflicht* für diese Zusagen in Form von Pensionsrückstellungen. Für Zusagen, die vor diesem Datum gemacht wurden, besteht ein Passivierungswahlrecht. Die Voraussetzungen für die Bildung der Pensionsrückstellungen ergeben sich aus den steuerlichen Regelungen. Die Pensionsrückstellung muss erstmals in der Schlussbilanz des Jahres ausgewiesen werden, in dem die Pensionszusage erfolgt ist. Aus den steuerlichen Voraussetzungen ergibt sich für die Steuerbilanz der Unterschied, dass dort erstmals in dem Wirtschaftsjahr Pensionsrückstellungen gebildet werden dürfen, bis zu dessen Mitte der Pensionsberechtigte das 30. Lebensjahr vollendet hat. Wenn beispielsweise ein Arbeitnehmer am 15.10.2001 eine Pensionszusage erhalten hat, aber sein 30. Lebensjahr erst am 20.09.2004 vollendet hat, dürfen steuerlich wirksame Rückstellungen erst am 31.12.2005 in der Steuerbilanz ausgewiesen werden. Hier weichen Handels- und Steuerbilanz voneinander ab.

Aus dem Einkommensteuergesetz ergibt sich die Regel, dass die Rückstellungen höchstens in Höhe des Teilwertes anzusetzen sind. Vereinfachend ist der Teilwert der Barwert der Versorgungen, die sich der Arbeitnehmer durch seine Betriebszugehörigkeit bereits verdient hat und auf die er im Versorgungsfall Anspruch hat. Die Berechnung des Teilwertes ist im Einkommensteuergesetz § 6 geregelt und hängt davon ab, welche Leistungen zugesagt wurden, wie alt der Arbeitnehmer bei Betriebseintritt war und wie lange er schon dem Betrieb angehört. Die Höhe des jährlich zugeführten Betrages zu den Pensionsrückstellungen ist der Differenzbetrag aus dem Teilwert des Vorjahres und dem Teilwert des laufenden Wirtschaftsjahres. Eine Ausnahme dieser Regelung besteht für die erstmalige Rückstellung. Diese kann unter Umständen, nämlich wenn zum Beispiel eine Zusage bilanziert wird, aber der Arbeitnehmer schon länger zum Betrieb gehört, für den Arbeitgeber sehr hoch werden und sich für ihn belastend auswirken. In diesem Fall hat der Arbeitgeber die Möglichkeit, die Erstrückstellung auf drei Jahre gleichmäßig zu verteilen. Dieses Vorgehen ist auch möglich, wenn sich der Teilwert in einem Jahr um mehr als 25 % erhöht. Erfolgt die Pensionszusage in Form einer Entgeltumwandlung, können die Teilwerte erheblich niedriger sein als der unverfallbare Anspruch des Arbeitnehmers. Deswegen ist zusätzlich der Barwert des unverfallbaren Anspruches zu berechnen. Ist der Barwert höher als der Teilwert, muss er an der Stelle des Teilwertes in der Bilanz angesetzt werden. Ab dem Eintritt des Versorgungsfalles wird mit der Zahlung der Versorgungsleistungen begonnen. In diesem Jahr werden die Pensionsrückstellungen auf ihren vollen Barwert angehoben. Folglich ist der Barwert der Versorgung bei Eintritt des Versorgungsfalles am höchsten. Mit jeder Rentenzahlung sinkt er jetzt wieder und die Pensionsrückstellungen lösen sich so nach und nach auf. Vor allem bei Eintritt vorzeitiger Versorgungsfälle können der dann ermittelte Barwert und der bis zu diesem Zeitpunkt passivierte Teilwert der Ansprüche stark voneinander abweichen. Die notwenige Anhebung kann auch hier maximal über drei Jahre gleichmäßig verteilt werden. Die ab dem Eintritt des Versorgungsfalles eintretenden Versorgungszahlungen können in voller Höhe als Betriebsausgaben steuerlich geltend gemacht werden. Die Rückstellungen werden im Gegenzug gewinnerhöhend aufgelöst. Erst wenn der Grund für die Pensionsrückstellungen wegfällt, können sie ganz aufgelöst werden.

Bei Einführung einer betrieblichen Altersversorgung über eine Pensionszusage ist vor allem für kleine Unternehmen eine Rückdeckungsversicherung zu empfehlen. Da die Inanspruchnahme der Leistungen der Bezugsberechtigten ungewiss ist, können auf den Unternehmer große wirtschaftliche Belastungen bei Eintritt des Versorgungsfalles auftreten. Die Ansprüche, die dem Unternehmen aus der Rückdeckungsversicherung zustehen, müssen mit dem Deckungskapital aktiviert werden.

19.5 Anforderungen an das Unternehmen und Rechenbeispiel

Allgemein stellt eine Einführung einer betrieblichen Altersversorgung keine hohen Anforderungen an das Unternehmen. Es muss keine bestimmte Rechtsform haben und das Potenzial für die Einführung einer betrieblichen Altersversorgung ist grundsätzlich auch in jedem KMU vorhanden. Je mehr Angestellte, also Beitragszahler, beschäftigt werden, desto höher sind die Liquiditätsvorteile für das Unternehmen. Grundsätzlich kommt aber auch bei wenigen Mitarbeitern die Direktzusage als Finanzierungsinstrument in Frage. Es gilt zu beachten, dass für eine betriebliche Altersversorgung durch Entgeltumwandlung das Einverständnis der Arbeitnehmer notwendig ist.

Die betriebliche Altersversorgung als Finanzierungsinstrument bietet damit Unternehmen viele Vorteile. Durch bewährte Durchführungswege ist die bAV eine sichere Form der Finanzierung und kann unter Beachtung der Gesetzesgrundlagen im Unternehmen problemlos angewendet werden. Sie ist ein von Banken, Versicherern und Rückdeckungsversicherungen unabhängiges Finanzierungsinstrument für das Unternehmen und bindet gleichzeitig oftmals bestehende Versorgungseinrichtungen mit kompetenter Betreuung vor Ort mit ein. Die bAV ermöglicht Einsparungen bei laufenden Betriebsrenten und durch ihre Beitragsfreiheit auch eine der Ertragslage entsprechende, flexible Finanzierung. Die bAV führt zu keinen bilanziellen Auswirkungen, stellt eine liquiditätsneutrale Befreiung der Bilanz von Pensionszusagen dar und schadet dem Betriebsergebnis somit in keiner Weise. Ein weiterer positiver Aspekt der bAV als Finanzierungsinstrument für Unternehmen liegt darin, dass die Finanzierung sowohl durch die Arbeitgeber als auch durch Entgeltumwandlung möglich ist. Die Unternehmen sind somit frei in der Handhabung der bAV und können deren Finanzierung selbst nach Bedarf auswählen. Der Verwaltungsaufwand der bAV entfällt für das Unternehmen, da es auf die Unterstützungskasse übertragen wird. Das Unternehmen spart außerdem hohe Beträge bei den Lohnnebenkosten ein. Auch werden durch bAV Mitarbeiter langfristig an das Unternehmen gebunden, was sich zusätzlich positiv auf ihre Motivation auswirken kann.

Die finanziellen Auswirkungen einer Direktzusage sollen anhand eines Fallbeispieles verdeutlich werden. Ein 40-jähriger Arbeitnehmer vereinbart mit seinem Arbeitgeber, dass 1 200 € seines Jahresgehaltes nicht ausbezahlt, sondern in eine Pensionszusage umgewandelt werden. Die Fälle Tod und Berufsunfähigkeit werden hier nicht berücksichtigt. Dem Arbeitnehmer werden nur Leistungen beim altersbedingten Austritt aus dem Unterneh-

| | | | Pensionszusage aus Gehaltsumwandlung | | | | | | Gehaltsaus-zahlung | | |
Bilanztermin 31.12.	Alter	Gehalt	5% Verzinsung	Pensionsrück-stellungen	Zuführung zu den Pensions-rückstellungen	Gewinn-minderung	Steuer-minderung	Liquiditäts-auswirkung	Liquiditäts-auswirkung	Delta Liquidität	Liquiditäts-konto = 7 %
Jahr 1	40	1 200	1 260	6 992	6 992	6 992	2 657	2 657	−744	3 401	3 549
Jahr 2	41	1 200	2 583	7 889	897	897	341	341	−744	1 085	4 835
Jahr 3	42	1 200	3 972	8 843	954	954	363	363	−744	1 107	6 199
Jahr 4	43	1 200	5 431	9 859	1 016	1 016	386	386	−744	1 130	7 647
Jahr 5	44	1 200	6 962	10 940	1 081	1 081	411	411	−744	1 155	9 184
Jahr 6	45	1 200	8 570	12 092	1 152	1 152	438	438	−744	1 182	10 815
Jahr 7	46	1 200	10 259	13 320	1 228	1 228	467	467	−744	1 211	12 548
Jahr 8	47	1 200	12 032	14 630	1 310	1 310	498	498	−744	1 242	14 388
Jahr 9	48	1 200	13 893	16 029	1 399	1 399	532	532	−744	1 276	16 344
Jahr 10	49	1 200	15 848	17 523	1 494	1 494	568	568	−744	1 312	18 422
Jahr 11	50	1 200	17 901	19 121	1 598	1 598	607	607	−744	1 351	20 631
Jahr 12	51	1 200	20 056	20 832	1 711	1 711	650	650	−744	1 394	21 981
Jahr 13	52	1 200	22 318	22 665	1 833	1 833	697	697	−744	1 441	25 482
Jahr 14	53	1 200	24 694	24 632	1 967	1 967	747	747	−744	1 491	28 144
Jahr 15	54	1 200	27 189	26 745	2 113	2 113	803	803	−744	1 547	30 979
Jahr 16	55	1 200	29 808	29 020	2 275	2 275	865	865	−744	1 609	34 002
Jahr 17	56	1 200	32 559	31 471	2 451	2 451	931	931	−744	1 675	37 226
Jahr 18	57	1 200	35 447	34 116	2 645	2 645	1 005	1 005	−744	1 749	40 666
Jahr 19	58	1 200	38 479	36 975	2 859	2 859	1 086	1 086	−744	1 830	44 341
Jahr 20	59	1 200	41 663	40 072	3 097	3 097	1 177	1 177	−744	1 921	48 270
Jahr 21	60	1 200	45 006	43 432	3 360	3 360	1 277	1 277	−744	2 021	52 473
Jahr 22	61	1 200	48 517	47 084	3 652	3 652	1 388	1 388	−744	2 132	56 975
Jahr 23	62	1 200	52 202	51 061	3 977	3 977	1 511	1 511	−744	2 255	61 801
Jahr 24	63	1 200	56 073	55 398	4 337	4 337	1 648	1 648	−744	2 392	66 979
Jahr 25	64	1 200	60 136	60 136	4 738	4 738	1 800	1 800	−744	2 544	72 540
Jahr 26	65		0	0	− 60 136	0	0	− 60 136	0	− 60 136	12 943

Abb. 77: Auswirkungen einer Gehaltsumwandlung eines Mitarbeiters auf die Liquiditätslage eines Unternehmens

men zugesagt. Ebenso wird vereinbart, dass bei Eintritt des Versorgungsfalls eine einmalige Kapitalzahlung an den Arbeitnehmer erfolgt und es somit keine regelmäßigen Rentenzahlungen geben wird. Der Arbeitgeber garantiert dem Arbeitnehmer 5% Zinsen pro Jahr auf die umgewandelten Gehaltsbestandteile. Anhand von Abbildung 77 sollen die verschiedenen Auswirkungen auf die Liquidität des Unternehmens gezeigt werden.

19.5 Anforderungen an das Unternehmen und Rechenbeispiel

Bei Eintritt in das Pensionsalter steht dem Arbeitnehmer laut Abbbildung 77 eine Kapitalzahlung von 36 136 € zu. Dieser Betrag kommt durch die jährliche Verzinsung der schon umgewandelten Gehaltsteile mit 5 % zustande. Der wesentliche Vorteil für den Arbeitnehmer liegt darin, dass während der Anwartschaft die umgewandelten Entgeltbestandteile nicht der Besteuerung unterworfen werden. Darüber hinaus werden umgewandelte Entgeltbestandteile bis zu einer Höhe von 4 % der Beitragsbemessungsgrundlage in der gesetzlichen Rentenversicherung bis Ende des sechsten Jahres nicht mit Sozialabgaben belastet, was einen Vorteil für Arbeitnehmer und Arbeitgeber darstellt. Der Arbeitgeber kann über die nicht ausbezahlten Gehaltsbestandteile verfügen. Steht gerade eine größere Investition an, kann diese ohne Aufnahme eines Kredites erfolgen. Wenn sich die Zinsen auf 7 % pro Jahr belaufen, kann der Arbeitgeber bereits 2 Prozent Zinsen durch die Gehaltsumwandlung einsparen

Im ersten Jahr der Zusage müssen im verwendeten Beispiel 6 992 € als Pensionsrückstellungen bilanziert werden. Diese Pensionsrückstellungen mindern in voller Höhe den Gewinn. Der Gewinn wird mit 38 % versteuert, das heißt, ohne Minderung durch die Pensionsrückstellungen müsste das Unternehmen 2 657 € Steuern mehr zahlen. Dieser Betrag steht dem Unternehmen somit in voller Höhe als Liquiditätserhöhung zur Verfügung. Zusätzlich dazu kann das Unternehmen über 744 € aus dem umgewandelten Gehalt verfügen. Insgesamt stehen dem Unternehmen im ersten Jahr also 3 401 € zusätzlich zur Verfügung. Um eine Aussage über die Vorteilhaftigkeit der Gehaltsumwandlung für das Unternehmen machen zu können, ist der Unterschied zwischen der Liquiditätsauswirkung einer Gehaltsauszahlung und der einer Gehaltsumwandlung zu ermitteln. Der Unterschiedsbetrag wird auf einem virtuellen Liquiditätskonto mit 7 % angenommenem Fremdkapitalzinssatz verzinst. Die Größen für den gesamten Zeitraum lassen sich analog berechnen.

Vor allem bei mittelständischen Unternehmen müssen die Vorteile einer betrieblichen Altersversorgung gegen ihre Nachteile abgewogen werden.

Vorteile ergeben sich vor allem aus den Finanzierungseffekten und der Versorgung der Arbeitnehmer. Vor allem ist eine Direktzusage günstig, da durch sie eine Liquiditätserhöhung erfolgt, die dem Unternehmen sofort zur Verfügung steht. Beim einzelnen Arbeitnehmer ergibt sich eine Liquiditätswirkung bis zum Eintritt des Versorgungsfalls. Danach fließt die Liquidität wieder aus dem Unternehmen ab. Bis dahin kann sie viele Investitionen finanziert und Zinserträge erwirtschaftet haben. Zusätzlich zur Finanzierungswirkung bei der Entgeltumwandlung durch den Verbleib von Teilen des Gehaltes im Unternehmen ergeben sich durch die Bildung von Pensionsrückstellungen steuerliche Vorteile für das Unternehmen. Die Rückstellungen mindern den Gewinn und die Steuerlast des Unternehmens, ohne dass Zahlungen in der Gegenwart vorgenommen werden. Die Arbeitnehmer, deren Gehalt zu Teilen umgewandelt wird, sind im Prinzip Fremdkapitalgeber. Das Unternehmen hat ihnen gegenüber Verbindlichkeiten. Im Unterschied zu anderen Formen des Fremdkapitals müssen aber hier keine laufenden Zinszahlungen geleistet werden. Mit dem von den Arbeitnehmern zur Verfügung gestellten Kapital kann das Unternehmen viele verschiedene Vermögensanlagen tätigen. In der Anlage des Kapitals sind sie völlig frei, was zum Beispiel bei einem Bankkredit nicht immer der Fall ist. Auch die geringeren Sozialversicherungsbeiträge spielen eine wichtige Rolle. In gewissen Grenzen sind die umgewandelten Gehaltsbestandteile sozialversicherungsfrei und führen so zu weniger Lohnnebenkosten. Ein ganz anderer Vorteil ergibt sich auf der Seite der Arbeitnehmer. Auch sie genießen bei dem Aufbau einer betrieblichen Altersversorgung viele Fördermöglichkeiten durch den Staat. Vor allem in Anbetracht der Lage der gesetzlichen Rentenversicherungssysteme kann die Einführung einer betrieblichen Altersversorgung zu einer erhöhten Motivation und Zufriedenheit der Belegschaft führen, was wiederum der Produktivität des Unternehmens zugute kommt. Pensionszusagen sind aus steuerlicher Sicht sofort Aufwand, führen aber erst später, nämlich erst bei Eintritt des Versorgungsfalls, zu Auszahlungen.

Nachteilig können Pensionsrückstellungen bei dem plötzlichen, unerwarteten Eintritt des Versorgungsfalles sein. Vor allem kleine Unternehmen können vor erheblichen Problemen bei der Erbringung der Versorgungsleistungen stehen. Da Tod und Invalidität schwer zu kalkulieren sind, sollten diese Risiken in einer Rückdeckungsversicherung abgesichert werden, so dass das Unternehmen im Versorgungsfall genug Liquidität besitzt, um die Leistungen an die Geschädigten oder Hinterbliebenen erbringen zu können. Alterszusagen können dagegen besser kalkuliert werden und müssen nicht unbedingt rückgedeckt werden, da sonst kein Finanzierungseffekt mehr entsteht. In Zusammenhang mit dem seit Basel II üblichen Rating werden Pensionsrückstellungen als Fremdkapital angesehen und können damit das Rating negativ beeinflussen. Viele Unternehmen versuchen daher, ihre Rückstellungen auf verschiedenen Wegen auszulagern, um ihre Bilanz besser aussehen zu lassen. Die Pensionsrückstellungen haben Fremdkapitalcharakter, verlängern somit die Bilanz und verursachen so eine geringere Eigenkapitalquote, die bei den meisten Ratings stark gewichtet wird.

Pensionsrückstellungen an sich müssen aber nicht zu einem schlechteren Rating führen. Vor allem im Zusammenhang mit der Rückdeckung der betrieblichen Zusagen verlieren Pensionsrückstellungen ihre Gefahren für die Liquiditätslage des Unternehmens. Es ist daher wichtig, das Maß einer Absicherung der Verpflichtungen und den Finanzierungseffekt gegeneinander abzuwägen. Da also ein besseres Rating bei fehlenden Pensionsrückstellungen nicht garantiert ist, sollte in Frage gestellt werden, ob sich allein für die Möglichkeit eines besseren Ratings der Verzicht einer günstigen und flexiblen Finanzierungsquelle lohnt. Einem unter Umständen etwas besseren Ratings und in der Folge unter Umständen besseren Kreditkonditionen bei der Bank steht der Verzicht auf die günstigen Liquiditäts- und Finanzierungseffekte der Direktzusage gegenüber. Im Einzelfall kommt es darauf an, welcher dieser beiden gegensätzlichen Effekte den anderen überwiegt.

404

19 Modelle der
betrieblichen
Altersvorsorge zur
Finanzierung eines
Unternehmens

20
Nicht nur finanzielle Unterstützung durch Business Angels

Zur Komplettierung der Darstellung alternativer Finanzierungsformen gehören auch Business Angels, auch wenn diese als wesentliche Akteure des informellen Beteiligungskapitalmarktes häufig nur bei Unternehmensgründungen aktiv werden. Sie sind Privatpersonen, die einem Unternehmen nicht nur Kapital zur Verfügung stellen, sondern sich gleichzeitig aktiv in den Unternehmensprozess einbringen. Dieses Engagement besteht zum großen Teil darin, dass Business Angels mit ihrem Wissen, ihrer Erfahrung und ihrem Kontaktnetzwerk das Management meist junger Unternehmen vor allem in der Frühphase unterstützen.

20.1 Charakteristika von Business Angels und ihren Beteiligungen

Im Gegensatz zum formellen, organisierten Beteiligungskapitalmarkt kann zur Größe des informellen Business-Angels-Marktes in Deutschland mangels zugänglicher Informationen keine genaue Aussage getroffen werden. Dies ist auf mehrere Gründe zurückzuführen. So werden die Finanzierungen von Business Angels meist nicht veröffentlicht, da Business Angels oft anonym bleiben wollen, um sich vor unseriösen Angeboten zu schützen. Zudem beteiligen sich Business Angels häufig an jungen, kleinen Unternehmen, die meist nicht an der Börse notiert sind und daher keinen Publizitätsvorschriften unterliegen. Auch gibt es keine staatlich registrierten Organisationen oder Institutionen, die das Agieren von Business Angels festhalten. Auch die existierenden Business-Angels-Netzwerke können keine Auskunft über das Volumen des informellen Beteiligungskapitalmarktes geben, vor allem deshalb, weil nur ein Bruchteil der Business Angels Beteiligungen mit Hilfe eines Netzwerkes eingeht. Ein typisches Charakteristikum von Business Angels ist, dass sie eher im Hintergrund agieren und anonym bleiben möchten. Anhand von Studien konnten dennoch einige Er-

Handbuch Alternative Finanzierungsformen. Ottmar Schneck
Copyright © 2006 WILEY-VCH Verlag GmbH & Co. KGaA, Weinheim
ISBN 3-527-50219-X

kenntnisse über den Business-Angels-Markt in Deutschland gewonnen werden. Sowohl Business Angels als auch ihre Beteiligungen können durch für sie typische Merkmale beschrieben werden.

Das Fraunhofer Institut für Systemtechnik und Innovationsforschung (FhG-ISI) und das Zentrum für europäische Wirtschaftsforschung (ZEW) schätzten 2005 im Rahmen eines Vergleichs des Business-Angels-Marktes Deutschland mit anderen Staaten ein Potenzial von 219 000 Business Angels für den deutschen Markt, von dem lediglich 27 000 aktiv waren. Es ist anzunehmen, dass Business Angels eine sehr heterogene Gruppe sind und daher ist es schwierig, verschiedene Kategorien zu bilden, um Business Angels zu typologisieren. In der Literatur haben sich allerdings einige den Business-Angels-Markt beschreibende Begriffe etabliert. Ein *Virgin Angel* hat bisher noch keine Beteiligung eingegangen, bringt aber die notwendigen Voraussetzungen hierfür mit. Er ist somit ein potenzieller Business Angel. *Latent Angels* sind potenzielle Angels, welche entweder früher bereits eine Beteiligung eingegangen sind oder kurz vor ihrer ersten Beteiligung stehen. *Income Seeking Angels* suchen selbst eine Beschäftigung oder ein regelmäßiges Einkommen. Fachwissen ist bei Income Seeking Angels vorhanden, allerdings reichen die finanziellen Mittel oft nicht aus, um einen relevanten Eigenkapitalbeitrag für das Unternehmen zu leisten. Unter einem *Corporate Angel* werden Business Angels verstanden, die ihr Kapital in andere Unternehmen investieren, um dadurch für ihr eigenes Unternehmen vor allem strategische Vorteile zu schaffen.

Business Angels haben meist ähnliche Motivationsgründe und Renditeerwartungen bezüglich ihrer Beteiligung, und auch die Unternehmen nennen im Gegenzug spezielle Gründe für den Einsatz von Business Angels. Im Folgenden werden die wesentlichen Ergebnisse der empirischen Studien dargestellt.

Die Motivation der Business Angels, durch ein Frühphasenengagement eine vergleichsweise risikoreiche Beteiligung mit besonders hohem Wachstumspotenzial einzugehen, entspringt dabei nicht ausschließlich Renditegründen. Vielmehr geben finanzielle und nicht finanzielle Gründe zusammen den Ausschlag. Motivationsgründe von Business Angels sind laut einer Studie aus dem Jahr 2005 neben der Erwartung einer hohen Rendite, in einem unternehmerischen Umfeld ihre Berufserfahrung einzubringen, einen Betrag für eine erfolgreiche Gründung zu leisten, Produktideen zu forcieren und die Geschäftsentwicklung beeinflussen zu können. Viele Business Angels sehen zudem ihre Tätigkeit eine persönliche Herausforderung an.

Im Rahmen der empirischen Studie für die tbg Technologie-Beteiligungs-Gesellschaft mbH der Deutschen Ausgleichsbank wurde untersucht, in welche Branchen Business Angels bevorzugt investieren. Mit 52 % liegt der Investitionsschwerpunkt der Business Angels in der Informationstechnologie. Ihr folgen die Brachen Life Science mit 22 %, Dienstleistungen mit 17 % und Maschinen- und Anlagenbau mit 14 %. Mehr als 10 % der befragten Business Angels gaben an, in die Branchen Telekommunikation, Media und Entertainment und Elektrotechnik zu investieren. Obwohl die meisten Business Angels in technologieintensive Branchen investieren, von denen sie das größte Wachstumspotenzial erwarten, sind dennoch auch weitere Faktoren wie Branchen-Know-how und persönliche Interessen eines Business Angels bei der Auswahl des Beteiligungsunternehmens entscheidend.

Die so genannte Value-Added-Leistung eines Business Angels ist der durch ihr zusätzliches Engagement entstehende Mehrwert gegenüber einer normalen anderen Beteiligungsform. Die Durchführung der Beteiligung ist je nach Business Angel und Gründungsunternehmen und deren Präferenzen von verschiedenen Beteiligungsaktivitäten geprägt. Neben dem Kapitaleinsatz stehen bei einer Business-Angel-Beteiligung vor allem das Einbringen von Wissen, Erfahrung und Kontaktnetzwerk und der daraus resultierende Mehrwert für das Unternehmen im Mittelpunkt. Leistungen von Seiten der Business Angels, welche einen nachhaltigen Mehrwert schaffen, werden als Value-Added-Leistungen bezeichnet. Abhängig von der Branche, in der das Gründungsunternehmen agiert, nehmen die Value-Added-Leistungen der Business Angels unterschiedliche Ausprägungen an.

Durch langjährige Berufserfahrung in verschiedenen Branchen und Tätigkeitsfeldern können Business Angels auf eigene, dichte, bestehende *Kontaktnetzwerke* zurückgreifen. Als Vermittler kann der Business Angel diese Kontakte beispielsweise zu Lieferanten, Kunden und zukünftigen Kapitalgebern an seine Beteiligung weitergeben. Start-ups besitzen auf ihrem Fachgebiet meist ein hervorragendes Know-how, allerdings sind in vielen Fällen die betriebswirtschaftlichen Kenntnisse nur schwach ausgeprägt oder gar nicht vorhanden. An diesem Punkt setzt die Aktivität des Business Angels an. Er kann den Gründungsunternehmen bei der Festlegung von strategischen Zielen oder während des Gründungsprozesses mit Rat und Tat zur Seite stehen. In manchen Fällen kommt es gar erst durch die *Beratung* von Business Angels zu Unternehmensgründungen. Neben den üblichen, den Geschäftsprozess betreffenden Beratungsleistungen ist es für Start-ups wichtig, einen kompetenten Partner vor allem bei Problemen der *Entscheidungsfindung* zur Verfügung zu haben. Der Gründer kann einen Business

Angel in den Entscheidungsfindungsprozess einbeziehen und von seinem breiten Erfahrungsschatz profitieren und lernen. Bei beiderseitigem Einverständnis ist es möglich, dass Business Angels im allgemeinen Unternehmensprozess mitwirken. Im Rahmen von *operativen Tätigkeiten* bringen sie ihr vorhandenes Wissen in Unternehmensbereiche wie beispielsweise Marketing oder Personal ein und sind somit nicht nur als Berater tätig, sondern direkt in Entscheidungsprozesse involviert. Der Mehrwert besteht für Gründungsunternehmen aber nicht nur in der engagierten Betreuung durch Business Angels, sondern auch darin, dass Aufwendungen für externe Berater eingespart werden und grundsätzlich Fehlentwicklungen durch die Value-Added-Leistungen von Business Angels vermieden werden können.

20.2 Der Prozess einer Business-Angels-Beteiligung

Obwohl es keine verlässlichen Quellen darüber gibt, wie im Rahmen von Business-Angels-Beteiligungen Kapitalabsicht und -kraft zusammenkommen, haben sich im Laufe der Zeit mehrere Möglichkeiten herauskristallisiert.

Nach einer aktuellen Studie handelt es sich vor allem um geschäftliche und private Kontakte. Diese sind für die Sicherung des Dealflows, das heißt der Anzahl der Investmentangebote an Business Angels zur Unternehmensbeteiligung, am wichtigsten. Erst an dritter Stelle werden Netzwerke genannt, sie wurden von rund 41 % der befragten Business Angels als Informationsquelle angegeben. 29 % der befragten Business Angels gaben an, direkt durch Kapital Suchende angesprochen worden zu sein. Über Business-Plan-Wettbewerbe entdeckten rund 28 % der Business Angels ihre potenzielle Beteiligung. Knapp 24 % der Business Angels gaben an, selbst Beteiligungen akquiriert zu haben. Etablierte Absatzmittler, das heißt Steuerberater, Wirtschaftsprüfer und Anwälte, tragen ebenso wie Banken nur in einem geringen Maß zum Dealflow bei. Anzumerken ist, dass die Kontaktmöglichkeiten unterschiedlich oft genutzt werden und voneinander abweichende Erfolgsquoten verzeichnen.

Bemerkenswert ist außerdem, dass nur ein kleiner Teil der Gründungsunternehmen aktiv nach Business Angels sucht und die bestehenden Beratungsangebote wie beispielsweise Business-Angels-Netzwerke nutzt, in denen Business Angels und Gründer in einem organisierten Rahmen zusammenfinden sollen.

Vor dem Eingehen einer Beteiligung sollten sowohl das Unternehmen als auch der Business Angel einige Aspekte beachten. Die Marktakteure sind heterogen und haben individuelle Motive. Innovative Unternehmen suchen Investoren, die bereit sind, in der Frühphase der Forschung und Entwicklung ein erhöhtes Risiko einzugehen und durch ihr Kapital bei der Überbrückung der Eigenkapitallücke zu helfen und darüber hinaus zusätzliche Leistungen zu erbringen. Obwohl die Innovation durch das Unternehmen generiert wird und ein hohes Maß an Fachkompetenz vorliegt, kann durch den Einbezug des Business Angels dessen zusätzliche Fachkompetenz hilfreich sein. So ist es für den Unternehmer ideal, einen Business Angel zu finden, der die jeweiligen Defizite auch bei wirtschaftswissenschaftlichen Kenntnissen bestmöglich ausgleichen kann. Bei der Auswahl geeigneter Business Angels sollte sich ein Unternehmen im Vorfeld die Frage nach dessen Fähigkeiten stellen. So sollte geklärt werden, ob der Business Angel in der Lage ist, die vorhandene Kapitalnachfrage zu befriedigen, ob er über Kontakte verfügt, um die Finanzierung, zum Beispiel durch Syndizierung/Co-Finanzierung beziehungsweise eine Anschlussfinanzierung, zu sichern, ob in bestimmten Bereichen eventuell ein Wissenstransfer möglich ist, was für einen Hintergrund der Business Angel hat und woher sein Vermögen stammt. Aufgrund der Bedeutung des finanziellen Aspekts der Beteiligung für den Business Angel wird dieser sich im Vorfeld einer potenziellen Zusammenarbeit nicht nur mit der Geschäftsidee und dem Businessplan, sondern auch mit dem Unternehmen selbst beschäftigen. Der Großteil der Business Angels führt in der Regel im Anschluss an die Vorselektion und eine erfolgte Grobprüfung der Finanzstruktur eine umfassende Unternehmensanalyse durch.

Mit einem Exit, das heißt dem Ausstieg aus der Beteiligung, sind bestimmte Ziele des Business Angels verbunden. Da je nach Beteiligungsform im Laufe der Zusammenarbeit unter Umständen keine Gewinnausschüttungen stattfinden, ist letzten Endes das Erzielen eines Veräußerungsgewinnes ausschlaggebend. Dieser ist in solchen Fällen die einzige Einnahmequelle des Business Angels. Im Rahmen des Ausstiegs aus einer Beteiligung sind verschiedene Strategien möglich. In der folgenden Darstellung der Exit-Mechanismen wird von einer offenen Beteiligung ausgegangen.

Bei einer stillen Beteiligung ist die einfache Rückzahlung des Darlehens der übliche Exit-Mechanismus, aber auch der Börsengang oder Buy Back und andere Formen sind möglich. Im Idealfall nutzt der Business Angel den *Börsengang* des unterstützten Unternehmens als Exit-Kanal. Hierbei hat er die Möglichkeit, seine Aktien flexibel zu veräußern, und kann von Kurssteigengerungen profitieren. Allerdings müssen Lock-up-Fristen, in denen Altaktionäre nach dem Börsengang keine Aktien verkaufen dürfen, eingehalten werden.

Bei einem *Buy Back* werden die Anteile des Business Angels von den Altgesellschaftern oder Gründern zurückerworben. Der Buy Back wird entweder durch eine Aufnahme von Fremdkapital oder durch einen positiven Cashflow finanziert. Durch den Buy Back hat das Unternehmen meist einen sehr hohen Mittelabfluss, was die weitere Entwicklung oder Expansion schwierig macht. Zudem treten möglicherweise Differenzen zwischen den Altgesellschaftern und dem Business Angel bezüglich der Höhe des Rückkaufpreises auf.

Unter *Trade Sale* versteht man im Allgemeinen den Verkauf des Anteils an einen strategischen Investor, welcher zum Beispiel ein Unternehmen aus der gleichen Branche oder ein Wettbewerber sein kann. Diese Investoren sind entweder an einer Mehrheitsbeteiligung oder an einer Übernahme des Unternehmens interessiert. Obwohl Unternehmen bei Trade Sales niedriger als bei einem Börsengang bewertet werden, ist der Trade Sale für den Business Angel rentabler als das Buy Back, denn der Verhandlungsprozess ist durch die geringe Anzahl von Teilnehmern einfacher. Durch die Aufnahme eines strategischen Investors befürchten vor allem die Gesellschafter bei einem Trade Sale den Verlust der Eigenständigkeit.

Im Zuge eines *Secondary Purchase* hat der Business Angel die Möglichkeit, seine Anteile an einen Finanzinvestor, zum Beispiel eine Venture-Capital-Gesellschaft, zu verkaufen. Da die Finanzinvestoren den Verkaufswillen des Business Angels zum Teil als negatives Signal werten und sich die Frage stellen, ob der Business Angel seine Anteile aufgrund von nicht erfüllten Gewinnerwartungen veräußern will, ist es unter Umständen schwierig, einen Käufer zu finden.

Zu einer *Liquidierung* kommt es, wenn keiner der Gesellschafter zusätzliches Kapital in das Unternehmen einbringen möchte oder wenn keine neuen Investoren gefunden werden können. Daher müssen die Vermögenswerte veräußert werden, was für die Gesellschafter oft in einem Totalverlust mündet, da die Vermögenswerte meist nur ausreichen, um Schulden bei den Gläubigern zu begleichen. Zumeist wird für den Fall einer Liquidierung den Business Angels ein bestimmter Liquidationserlös durch den Beteiligungsvertrag sichergestellt.

20 Nicht nur finanzielle
Unterstützung durch
Business Angels

20.3 Die möglichen Beteiligungsformen eines Business Angels

Wenn Unternehmen durch Business Angels Eigenkapital oder eigenkapitalähnliche Mittel zur Verfügung gestellt werden, so geschieht dies zum Teil mit Hilfe der bereits in den vorhergehenden Kapiteln vorgestellten Beteiligungsformen.

Geht der Business Angel eine *offene Beteiligung* ein, so wird er Anteilseigner, partizipiert am Gewinn oder Verlust des Unternehmens und erwirbt Mitsprache-, Stimm- und Kontrollrechte. Da bei dieser Beteiligungsform der Business Angel Mitgesellschafter wird, entsteht für junge Unternehmen der Vorteil, dass die Haftungsbasis vergrößert und somit die Aufnahme von Fremdkapital zu einem späteren Zeitpunkt möglich wird. Weiterhin müssen im Gegensatz zu Fremdkapital keine Zins- oder Tilgungszahlungen getätigt werden.

Entscheidet sich der Business Angel für eine *stille Beteiligung*, so erwirbt er keine Unternehmensanteile und wird nicht ins Handelsregister eingetragen. Er gewährt ein nicht besichertes Darlehen an die Gesellschaft, wodurch dieses einen Eigenkapitalcharakter erhält. Der Kapitalgeber kann entweder eine typische oder eine atypische Beteiligung eingehen, bei der je nach Vertragsgestaltung die Gewinn- und Verlustbeteiligung oder auch Mitsprache- und Informationsrechte unterschiedlich sein können.

Gewährt der Business Angel dem Unternehmen ein *nachrangiges Darlehen*, so bedeutet dies, dass der Kapitalgeber im Insolvenzfall oder bei der Liquidation hinter sonstige Fremdkapitalgeber zurücktritt. Aufgrund dessen wird ein nachrangiges Darlehen auch als wirtschaftliches Eigenkapital betrachtet. Der Business Angel partizipiert nicht an Verlusten des Unternehmens und erhält eine Verzinsung, die wegen des erhöhten Risikos über dem Zinssatz für einen Bankkredit liegt.

Beteiligt sich der Business Angel durch den Erwerb von *Genussscheinen* am Unternehmen, so erhält er Vermögensansprüche, beispielsweise den Anspruch auf Gewinnbeteiligung, aber keine Mitgliedschaftsrechte wie zum Beispiel das Stimmrecht. Durch verschiedene Ausgestaltungsformen können Genussscheine entweder fremd- oder eigenkapitalnah sein. Genussscheine sind Gläubigerpapiere, welche einen Gewinnanspruch haben, aber je nach Genussscheinbedingungen im Insolvenzfall oder bei der Liquidation nachrangig behandelt werden. Daher kann auch diese Beteiligungsform einen Eigenkapitalcharakter erhalten.

Sobald das Unternehmen schnell wächst und der Business Angel die für das Wachstum benötigten Kapitalmittel nicht mehr alleine aufbringen kann, bietet sich anstelle eines Ausstiegs die Möglichkeit der Syndizierung an. Dies bedeutet, dass sich Business Angels untereinander oder mit anderen Co-Investoren zusammenschließen, um den Finanzierungsbedarf zu decken. Als Co-Investoren bieten sich unter anderen weitere Business Angels, Venture-Capital-Gesellschaften, Kreditinstitute, öffentliche Förderprogramme, Unternehmer oder auch Familie und Freunde der Gründer an.

20.4 Rechtsfragen und steuerliche Aspekte

Zwischen dem Business Angel und dem Unternehmen sollten verschiedene Verträge geschlossen werden. Bereits kurz nachdem sowohl der Business Angel als auch das Unternehmen ein Interesse an einer Beteiligungsfinanzierung geäußert haben und der Business Angel sich mit internen Informationen beschäftigen möchte, ist es sinnvoll, eine Vertraulichkeitsvereinbarung zu treffen. Diese verpflichtet den Business Angel zur Geheimhaltung aller ihm zur Verfügung gestellten Informationen oder Erkenntnisse über das Unternehmen gegenüber Dritten. Im Zuge der nächsten Verhandlungen und einer Konkretisierung des Interesses beider Seiten können Unternehmen und Business Angels eine Art Vorvertrag schließen, auch *Letter of Intent* genannt, der die weitere Vorgehensweise dokumentiert und die folgenden Schritte regelt. Zum einen kann der Letter of Intent unverbindliche Vorgaben bezüglich der möglichen Beteiligungshöhe oder des Finanzierungsbetrags beinhalten und zum anderen verbindliche Regelungen wie beispielsweise die Kostenträgerschaft bei einem Engagement von Dritten im Rahmen der Due Diligence. Des Weiteren kann der Letter of Intent eine Exklusivitätsregelung umfassen, die besagt, dass das Unternehmen während der Verhandlungen keine Gespräche mit anderen potenziellen Geldgebern führen darf. Waren die Verhandlungen zwischen Business Angel und dem Unternehmen erfolgreich, kommt es zum Abschluss eines Beteiligungsvertrags, der je nach Business Angel und Unternehmen verschiedene Ausprägungen annehmen kann, aber grundsätzlich die Rechte und Pflichten der Vertragspartner verbindlich regelt. Die wichtigsten Bestandteile des Beteiligungsvertrags sind die Höhe der Beteiligung, Bewertungs- und Kostenregelungen sowie die Exit-Strategien. Die Bestimmung der *Höhe des Anteils* des Business Angels am Unternehmen ist beispielsweise davon abhängig, in welcher Phase sich das Unternehmen befindet, ob bereits ein marktfähiges

Produkt besteht und wie stark das als Dienstleistung zu beurteilende Einbringen von Know-how gewichtet wird. Ist bei Abschluss des Beteiligungsvertrages die Unternehmensentwicklung noch unklar, so empfiehlt sich eine Klausel, die regelt, was bei einer *Änderung der Bewertung* des Unternehmens geschieht. So können unter Umständen bei einer niedrigen Bewertung des Unternehmens zu einem späteren Zeitpunkt dem Business Angel weitere Anteile zum Nominalwert überlassen werden, während er bei einer positiven Änderung der Bewertung dem Unternehmen Anteile zurückgeben muss. Möchte der Business Angel für seine Beratungsleistungen ein Entgelt verlangen, so sollte eine *Kostenregelung* im Beteiligungsvertrag geregelt werden. Bringt er sein Know-how unentgeltlich in die Unternehmung ein, so sollte er diese Dienstleistung im Rahmen der Bemessung der Höhe der Beteiligung beachten. Um die Einhaltung von *Zusicherungen und Garantien* von Seiten des Unternehmens zu gewährleisten, sollte im Vertragswerk eine Klausel eingefügt werden, die bei der Nichteinhaltung von Zusicherungen und Garantieen greift, um den Business Angel vor einem Schaden zu schützen. Sind sich Business Angel und Unternehmen im Klaren darüber, welcher *Exit* angestrebt wird, so sollten der mögliche Zeitpunkt und die Voraussetzungen hierfür bereits im Beteiligungsvertrag festgelegt werden. Weiterhin sollten auch Vereinbarungen bezüglich der Geheimhaltung und den Mitsprache- und Kontrollrechten getroffen werden.

20.5 Finanzierungsnetzwerke zur Vermittlung von Kapital und Kontakten

Der informelle Beteiligungskapitalmarkt wird durch eine hohe Intransparenz geprägt, was dazu führt, dass Business Angels und Kapital suchende Unternehmen nur schwer zusammenfinden. Es bestehen auf diesem Markt keine zentralen Vermittlungsstellen, da der Markt nicht institutionalisiert ist. Daher müssen Möglichkeiten gefunden werden, um Angebot und Nachfrage zusammenzuführen und die bestehenden Informationsdifferenzen zwischen den Marktakteuren zu überwinden. Um die Aktivitäten im informellen Beteiligungskapitalmarkt auszuweiten, sollen Business-Angels-Netzwerke das Zusammenbringen von Investitionsmöglichkeiten und Kapitalgebern vereinfachen. Die Hauptzielgruppen von *Business-Angels-Netzwerken* sind daher zum einen die Business Angels, wobei auch die potenziellen Angels nicht vernachlässigt werden dürfen, und zum anderen die Kapital suchenden (Gründungs-)Unternehmen. Vor allem unerfahrene Business Angels, die so genannten Virgin Angels, dürften von Business-Angels-Netzwerken profitieren, da ihnen im Gegensatz zu erfahrenen Business Angels Kontaktnetzwerke und somit der Zugang zu möglichen Beteiligungsunternehmen noch fehlen. Grundsätzlich können Business-Angels-Netzwerke sehr unterschiedliche Ausprägungen annehmen. So bestehen beispielsweise Netzwerke auf regionaler, nationaler oder internationaler Ebene. Manche befinden sich in privater Trägerschaft, andere sind auf staatliche Initiativen zurückzuführen. Dennoch verfolgen alle ein Hauptziel, nämlich die erfolgreiche Vermittlung von Angebot und Nachfrage nach Beteiligungskapital, das *Matching*. Gleichzeitig haben die Netzwerke neben ihrer Vermittlungsfunktion noch weitere Aufgaben und bieten eine Vielzahl von unterschiedlichen Leistungen an. Diese können die Identifikation attraktiver Unternehmen, die Prüfung und Qualifizierung von Business- und Finanzierungsplänen, das Bereitstellen von Musterverträgen, Veranstaltungen zum Erfahrungsaustausch von Business Angels, Gründern und Netzwerken sowie das Herstellen und die Pflege von Kontakten zu ausländischen und transnationalen Initiativen umfassen. Aufgrund dieses breiten Spektrums tragen Business-Angels-Netzwerke dazu bei, den informellen Beteiligungskapitalmarkt zu strukturieren, Angebot und Nachfrage zusammenzubringen und somit die Verfügbarkeit von informellem Beteiligungskapital systematisch zu erhöhen.

Sowohl Investoren als auch kKapital suchende Unternehmen sollten bestimmte Anforderungen an die Netzwerke stellen. Wichtig ist, dass ein Netzwerk von einer Organisation oder Einrichtung betrieben wird, der sowohl Anbieter als auch Nachfrager von Kapital vertrauen können. Um überhaupt eine Vermittlung möglich zu machen, sollte das Netzwerk eine große Kundenbasis haben.

Auch sollte das Angebot zusätzlicher Leistungen durch das Netzwerk, wie die Prüfung der Businesspläne auf Plausibilität und andere Service- und Informationsleistungen, berücksichtigt werden. Solche Leistungen beeinflussen die Chance der erfolgreichen Vermittlung und stärken die Glaubwürdigkeit des Netzwerkes.

Obwohl der Erfolg eines Matchings letzten Endes von vielen verschiedenen Faktoren und vor allem auch von persönlichen Sympathien abhängt, kann ein Netzwerk durch eine effiziente Vorauswahl die Wahrscheinlichkeit eines Erfolges beträchtlich erhöhen. Allerdings ist es schwierig, den Erfolg eines einzelnen Netzwerkes zu messen, da mit der Kontaktaufnahme von Angel und Unternehmen der Vermittlungsprozess endet, der Verhandlungsprozess aber erst beginnt.

Im Jahre 1997 existierte in Deutschland nur ein einziges Business-Angels-Netzwerk, das Deutsche Eigenkapitalforum der KfW und der Deutschen Börse AG. Seitdem hat sich die Situation stark verändert. Seit der Gründung der überregional agierenden Dachorganisation BAND e.V. (Business-Angels-Netzwerk Deutschland e.V.) hat die Anzahl der Netzwerke stetig zugenommen. Heute bestehen alleine 41 bei BAND registrierte nationale sowie regionale Netzwerke. Träger dieser Netzwerke sind meist öffentliche Institutionen oder selbst verwaltete, oft regionale Einrichtungen der Wirtschaft. Dies können beispielsweise Industrie- und Handelskammern oder auch Universitäten sein. Durch den Bezug zu öffentlichen Institutionen werden die Netzwerke zu einem großen Teil von staatlichen Fördergeldern unterstützt und haben gleichzeitig verschiedene andere Sponsoren. Nur etwa die Hälfte der Netzwerke widmet sich hauptsächlich der Vermittlung von Kontakten. Bedeutende Tätigkeiten sind hingegen Gründungsberatung, Wirtschaftsförderung oder auch die Durchführung von Businessplan-Wettbewerben.

Das Business-Angels-Netzwerk Deutschland (BAND) e.V. beschäftigt sich mit dem Aufbau und der Professionalisierung der Business-Angels-Kultur in Deutschland. Das Netzwerk steht unter der Schirmherrschaft des Bundeswirtschaftsministeriums und wird durch Sponsorengelder und Mitgliedsbeiträge finanziert. BAND bietet Leistungen für Business Angels, Unternehmen und andere Business-Angels-Netzwerke. Beispielhaft sind das kostenlose Internet-Matching, verschiedene Informationsservices für Angels, Qualifizierungsmodule für Gründer und die Organisation des Deutschen Business-Angels-Tages zu nennen. Weiterhin leistet BAND mit einem Online-Magazin und gezielten Awareness-Kampagnen Öffentlichkeitsarbeit und fördert die Kommunikation und Zusammenarbeit der regionalen deutschen Netzwerke. Durch dieses breite Servicespektrum konnte das Netzwerk einen hohen Bekanntheitsgrad im informellen Beteiligungskapitalmarkt erlangen. Ausführlichere Informationen finden sich unter www.business-angels.de.

415

20.5 Finanzierungs-
netzwerke zur Vermittlung
von Kapital und
Kontakten

21
Nutzung von Förderprogrammen

Bisher wurden lediglich privatwirtschaftlich ausgerichtete Finanzierungsmöglichkeiten vorgestellt. Auch in einer Marktwirtschaft sollten die staatlichen Förderprogramme, die politisch motiviert einzelnen Branchen oder
Unternehmenssituationen alternative Finanzierungsmöglichkeiten einräumen, betrachtet werden. Die folgende Darstellung kann aber nur einen
Überblick über die Vielfalt dieser Programme darstellen, die bundesweit,
landesweit oder auch nur regional zur Verfügung gestellt werden.

21.1 Übersicht über deutsche Förderprogramme

Die Mittelstandsförderung in der Europäischen Union wird von allen po-
litischen Entscheidungsträgern als wichtiges wirtschaftspolitisches Ziel angesehen. Aus diesem Grund stellen die EU, der Bund und die Länder jährlich eine Vielzahl an Förderprogrammen und Fördermitteln für KMU zur
Verfügung. Die Mittelstandsförderung erfolgt aufgrund von Größenvorga-
ben direkt an die Unternehmen und umfasst in etwa 40 Größenklassen,
nach denen Unternehmen auf Ihre Förderungswürdigkeit überprüft werden. Am wichtigsten sind hierbei die Vorgaben der EU. Diese besagen, dass
ein Unternehmen in den Richtlinien und Programmen, die auf diese Vorgaben verweisen, nur maximal 250 Mitarbeiter haben darf. Weiterhin muss es
weniger als 20 Millionen € Bilanzsumme oder weniger als 27 Millionen €
Umsatz im Jahr zuvor erzielt haben. Mittelständische Förderung erfolgt darüber hinaus bei Unternehmen, die einen Umsatz von 500 000 bis 500 Millionen € nicht überschreiten. Die unterste Grenze existiert in der Bera-
tungsförderung und die maximale Grenze in der Investitionsförderung.
Die Ziele der Mittelstandsförderung liegen vor allem im Ausbau und der
Vernetzung der Technologie-Transfereinrichtungen und der Innovationsbe-
ratung sowie in der Aufarbeitung der Ergebnisse der Grundlagenforschung
für die mittelständische Wirtschaft. Insbesondere wird die Hilfe zur Selbst-

Handbuch Alternative Finanzierungsformen. Ottmar Schneck
Copyright © 2006 WILEY-VCH Verlag GmbH & Co. KGaA, Weinheim
ISBN 3-527-50219-X

hilfe und zur Förderung von Eigeninitiative der Kooperation zwischen Wissenschaft und Wirtschaft angestrebt und der Ausbau von Bildung und Fortbildung zur Schließung der Ingenieurlücke in Deutschland unter Beteiligung der mittelständischen Wirtschaft gefördert. Des Weiteren zielen die Förderprogramme vornehmlich auf die Bereitstellung von mehr Chancenkapital für mehr Existenzgründungen und zum Ausbau der Bürgschaften ab.

Strukturfonds stehen im Zentrum der europäischen Förderpolitik. Der Europäische Fonds für regionale Entwicklung (EFRE) dient in erster Linie der Förderung von Regionen mit wirtschaftlichem Aufholbedarf. Gefördert werden Investitionen zur Schaffung und Erhaltung dauerhafter Arbeitsplätze sowie Projekte zur Verbesserung der Infrastruktur. Zudem soll das Entwicklungspotenzial der Regionen durch die Unterstützung lokaler Initiativen vor allem kleiner und mittlerer Unternehmen (KMU) verbessert werden.

Im Gegensatz zum EFRE besitzt der Europäische Sozialfonds (ESF) die Hauptaufgabe der Bekämpfung der Arbeitslosigkeit. Die Entwicklung beruflicher Kenntnisse, Fähigkeiten und Qualifikationen zur Eingliederung von Langzeitarbeitslosen und Jugendlichen wird daher ebenso unterstützt wie die berufliche Bildung und Umschulung von Personen, denen der Ausschluss aus dem Arbeitsmarkt droht. Weiterer Schwerpunkt ist die Förderung der Chancengleichheit von Frauen und Männern auf dem Arbeitsmarkt.

Neben den Strukturfonds besteht als ein weiteres Instrument zur Förderung durch die EU der Kohäsionsfonds. Der Kohäsionsfonds finanziert Projekte, durch die die Umwelt und die Integration in die transeuropäischen Verkehrsnetze in denjenigen Mitgliedstaaten gefördert werden sollen, in denen das Pro-Kopf-Brutto-Inlandsprodukt unter 90 % des Gemeinschaftsdurchschnitts liegt. Damit leistet der Kohäsionsfonds einen Beitrag zur dauerhaften Entwicklung der betreffenden Staaten und zur Festigung des Zusammenhalts innerhalb der Europäischen Union.

Neben den generell über Landes- und Bundesprogramme vergebenen Strukturfondsmitteln bietet die EU viele weitere Förderprogramme. Mit ihnen werden verschiedene Themenbereiche abgedeckt, insbesondere auch die wirtschaftliche Förderung. Die Laufzeiten und Bedingungen sind unterschiedlich und müssen im Einzelfall ermittelt werden. Manche sind an bestimmte Ausschreibungstermine gebunden, die im Amtsblatt der Europäischen Gemeinschaften veröffentlicht werden.

Die Förderung erfolgt grundsätzlich auf fünf verschiedene Arten, das heißt in Form von Darlehen, Zuschüssen, Beteiligungen, Bürgschaften und steuerlichen Förderungen. Für die Förderung von Existenzgründungen und bestehenden Unternehmen stehen grundsätzlich die Finanzierungsprogramme des ERP-Sondervermögens und der Mittelstandsbank sowie Programme zur Förderung von Information, Schulung und Beratung zur Verfügung. Ein Schwerpunkt des Angebots liegt auf der Förderung von Existenzgründungen und von mittelständischen Unternehmen. Der Aufbau und die Weiterentwicklung der Betriebe sowie die Verbesserung der Umwelt und der Innovationsfähigkeit stehen hierbei im Mittelpunkt. Die ERP-Mittel leisten einen wirksamen Beitrag zur Steigerung der Wettbewerbsfähigkeit der kleinen und mittleren Unternehmen und der freien Berufe und damit zur Schaffung neuer und zur Sicherung bestehender Arbeitsplätze. Im Jahr 2003 wurden über 8 000 langfristige, zinsgünstige Darlehen mit einem Volumen von 3,2 Milliarden € vergeben. Darlehensempfänger waren kleine und mittlere Unternehmen sowie Unternehmensgründer der gewerblichen Wirtschaft einschließlich der freien Berufe. Eine hohe Nachfrage ist aber auch bei Investitionen in betriebliche Umweltschutzmaßnahmen zu verzeichnen. Die häufigste Förderungsart ist das zinsgünstige Darlehen, gefolgt von den öffentlichen Bürgschaften.

Für alle Formen der Förderung gilt grundsätzlich, dass die Mittel nur gewährt werden, wenn ein öffentliches Interesse an der Förderung besteht und die Durchführung des Vorhabens ohne öffentliche Unterstützung nicht möglich oder erheblich erschwert ist. Darüber hinaus wird nicht der gesamte Finanzierungsbedarf über öffentliche Mittel abgedeckt, sondern lediglich der Teil, den der Investor nicht selbst oder durch andere Finanzierungsmittel aufbringen kann.

21.2 Adressverzeichnis für Förderprogramme

Förderinstitute der EU:

EUREKA/COST-Büro
Im Deutschen Zentrum für Luft- und Raumfahrt DLR e.V.
Projektträger des BMBF
Heinrich-Konen-Straße 1
53227 Bonn
Tel. (0228) 3821-352
Internet: www.eureka.dom.de

Förderinstitute des Bundes:

Deutsche Ausgleichsbank (DtA)
Ludwig-Erhard-Platz 1–3
53179 Bonn
Tel. (0228) 831-0
Info-Telefon (0228) 831-2400
Internet: www.dta.de

tbg Technologie-Beteiligungs-Gesellschaft mbH
der Deutschen Ausgleichsbank
Ludwig-Erhard-Platz 3
53179 Bonn
Tel. (0228) 831-2290
Internet: www.tbgbonn.de

gbb Beteiligungs-AG
Kronenstraße 1
10117 Berlin
Tel. (030) 85085-4707

Kreditanstalt für Wiederaufbau (KfW)
Palmengartenstraße 5–9
60325 Frankfurt am Main
Tel. (069) 7431-0
Info-Telefon: (01801) 335577
Internet: www.kfw.de

DEG Deutsche Investitions- und Entwicklungsgesellschaft mbH
Belvederestraße 40
50933 Köln
Tel. (0221) 4986-401
Internet: www.deginvest.de

Bundesministerien:

Bundesministerium für Arbeit und Sozialordnung (BMA)
Wilhelmstraße 49
10117 Berlin
Tel. (01888) 527-0
Internet: www.bma.bund.de

Bundesministerium für Bildung und Forschung (BMBF)
Heinemannstraße 2
53175 Bonn
Tel. (01888) 57-0
Internet: www.bmbf.de

Bundesministerium für Umwelt, Naturschutz und Reaktorsicherheit (BMU)
Heinrich-v.-Stephan-Straße 1
53175 Bonn
Tel. (01888) 305-0
Internet: www.bmu.de

Bundesministerium für Verbraucherschutz, Ernährung und Landwirtschaft (BML)
Rochusstraße 1
53123 Bonn
Tel. (0228) 529-0
Internet: www.bml.de

Bundesministerium für Wirtschaft und Technologie (BMWi)
Scharnhorststraße 34–37
10115 Berlin
Tel. (01888) 615-0
Internet: www.bmwi.de

Bundesbehörden:

Bundesamt für Wirtschaft und Ausfuhrkontrolle (BAFA)
Frankfurter Straße 29–31
65760 Eschborn
Tel. (06196) 908-0
Internet: www.bafa.de

Bundesagentur für Arbeit (BA)
Regensburger Straße 104
90478 Nürnberg
Tel. (0911) 179-0
Internet: www.arbeitsagentur.de

Bundesinstitut für Berufsbildung (BIBB)
Hermann-Ehlers-Straße 10
53113 Bonn
Tel. (0228) 107-0
Internet: www.bibb.de

Bundesstelle für Außenhandelsinformation (BFAI)
Agrippastraße 87–93
50676 Köln
Tel. (0221) 2057-0
Internet: www.bfai.de

Bundesverwaltungsamt
Barbarastraße 1
50735 Köln
Tel. (0188) 8358-0
Internet: www.bundesverwaltungsamt.de

Deutsche Bundesstiftung Umwelt (DBU)
An der Bornau 2
49090 Osnabrück
Tel. (0541) 9633-0
Internet: www.dbu.de

Umweltbundesamt (UBA)
Bismarckplatz 1
14193 Berlin
Tel. (030) 8903-0
Internet: www.umweltbundesamt.de

Bundesverbände und beauftragte Organisationen:

Ausstellungs- und Messe-Ausschuss der Deutschen Wirtschaft e.V. (AUMA)
Lindenstraße 8
50674 Köln
Tel. (0221) 20907-0
Internet: www.auma.de

Bundesverband der Deutschen Industrie e.V.
Breite Straße 29
10178 Berlin
Tel. (030) 2028-0
Internet: www.bdi-online.de

Bundesverband der Freien Berufe e.V.
Reinhardtstraße 34
10117 Berlin
Tel. (030) 284444-0
Internet: www.freie-berufe.de

Bundesverband Deutscher Kapitalbeteiligungsgesellschaften e.V. (BVK)
Residenz am Deutschen Theater
Reinhardtstraße 27 c
10117 Berlin
Tel. (030) 306982-0
Internet: www.bvk-ev.de

Deutscher Industrie- und Handelskammertag (DIHK)
Breite Straße 29
10178 Berlin
Tel. (030) 20308-0
Internet: www.diht.de

Institut der deutschen Wirtschaft Köln e.V.
Gustav-Heinemann-Ufer 84–88
50968 Köln
Tel. (0221) 4981-1
Internet: www.iwkoeln.de

PwC Deutsche Revision AG
New-York-Ring 40
22297 Hamburg
Tel. (040) 6378-0
Internet: www.pwc.de

**Rationalisierungs- und Innovationszentrum
der Deutschen Wirtschaft e.V. (RKW)**
Düsseldorfer Straße 40
65760 Eschborn
Tel. (06196) 495-1
Internet: www.rkw.de

Zentralverband des Deutschen Handwerks (ZDH)
Mohrenstraße 20–21
10117 Berlin
Tel. (030) 20619-0
Internet: www.zdh.de

Förderdatenbanken und Informationen im Internet:

Bundesebene:
Förderdatenbank des Bundesministeriums für Wirtschaft und
    Technologie: www.bmwi.de
Förderkatalog des Bundesministeriums für Bildung und Forschung:
    www.bmbf.de
Förderdatenbank der Bundesstelle für Außenhandelsinformationen:
    www.bfai.de
Informationen des Bundesamtes für Wirtschaft und Ausfuhrkontrolle:
    www.bafa.de
Informationen der Deutschen Bundesstiftung Umwelt: www.dbu.de
Datenbanken des Umweltbundesamtes: www.umweltbundesamt.de

Bundesverband Deutscher Kapitalbeteiligungsgesellschaften e.V.:
   www.bvk-ev.de
Firmendatenbank des Deutschen Eigenkapitalforums:
   www.venture-management-services.de/ekforum/
Deutsche Ausgleichsbank: www.dta.de
Kreditanstalt für Wiederaufbau: www.kfw.de

Landesebene:
Baden-Württemberg:
L-Bank Staatsbank für Baden-Württemberg: www.l-bank.de
Landesregierung Baden-Württemberg: www.baden-wuerttemberg.de

Bayern:
LfA Förderbank Bayern: www.lfa.de
Landesregierung Bayern: www.bayern.de/Wirtschaft/

Berlin:
Investitionsbank: www.investitionsbank.de
Landesregierung Berlin: www.berlin.de/home/Wirtschaft/
   InstitutionenEtAnsprechpartner/

Brandenburg:
Investitionsbank: www.ilb.de
Landesregierung Brandenburg: www.brandenburg.de/foerderprg.htm

Bremen:
Bremer Aufbau-Bank GmbH: www.bab-bremen.de
Landesregierung Bremen: www.bremen.de oder www.bremerhaven.de

Hamburg:
Landesregierung Hamburg: www.hamburg.de

Hessen:
Investitionsbank Hessen AG: www.hlt.de

Mecklenburg-Vorpommern:
Landesförderinstitut: www.lfi-mv.de
Landesregierung Mecklenburg-Vorpommern:
www.mecklenburg-vorpommern.de

Niedersachsen:
Landestreuhandstelle: www.lts-nds.de
Landesregierung Niedersachsen: www.mw.niedersachsen.de

Nordrhein-Westfalen:
Investitionsbank NRW (IB): www.ibnrw.de
Landesregierung NRW: www.nrw.de

Rheinland-Pfalz:
Investitions- und Strukturbank: www.isb.rlp.de
Wirtschaftsministerium Rheinland-Pfalz: www.mwvlw.rpl.de

Saarland:
Saarländische Investitionskreditbank AG: www.sikb.de
Wirtschaftsministerium Saarland: www.wirtschaft.saarland.de

Sachsen:
SAB Sächsische Aufbaubank GmbH: www.sab.sachsen.de
Landesregierung Sachsen: www.sachsen.de

Sachsen-Anhalt:
Landesförderinstitut Sachsen-Anhalt: www.lfi-lsa.de
Wirtschaftsministerium Sachsen-Anhalt: www.mw.sachsen-anhalt.de

Schleswig-Holstein:
Investitionsbank Schleswig-Holstein: www.ibank-sh.de
Landesregierung Schleswig-Holstein: www.schleswig-holstein.de

Thüringen:
Thüringer Aufbaubank: www.tab.thueringen-online.de
Wirtschaftsministerium Thüringen: www.th-online.de

Literatur und weiterführende Quellen

Bücher

Achleitner, Th. (Hg).: *Handbuch Corporate Finance*, Köln 2002.

Achleitner, A.-K.: *Handbuch Investment Banking*, Wiesbaden 2002.

Arnold, J.: *Das Franchise-Seminar*, München 1997.

Bär, H.-P.: *Asset Securitisation*, Dissertation Universität Zürich, 1997.

Becker, H.: *Internationale Finanzmärkte im Wandel*, Stuttgart 1999.

Becker R.: *Buy-Outs in Deutschland*, Köln 2000.

Beike, R., Schlütz, J.: *Finanznachrichten lesen – verstehen – nutzen*, Stuttgart 2001.

Bell, M.: *Venture-Capital-Finanzierungen*, Wiesbaden 2001.

Besser, A.: *Funktion und Dynamik von Finanzinnovationen*, Wiesbaden 1996.

Betsch, O.: *Corporate Finance*, München 2000.

Betsch, O.: *Gründungs- und Wachstumsfinanzierung*, München 2000.

Bette, K.: *Factoring*, Frankfurt 2001.

Bösl, K.: *Praxis des Börsengangs. Ein Leitfaden*, Wiesbaden 2002.

Bohn, A.: *Bewertung von Wandelanleihen*, Wiesbaden 2002.

Brezski, E.: *Mezzanine-Kapital für den Mittelstand*, Stuttgart 2006.

Brühwiler, B.: *Innovative Risikofinanzierung*, Wiesbaden 1999.

Büschgen, H.: *Handbuch Rating*, Wiesbaden 1996.

Bund, S.: *Asset Securitisation*, Fraunkfurt 2000.

Caprano, E., Wimmer, K.: *Finanzmathematik*, München 1999.

Conrad, Chr. (Hg.): *Risikomanagement an internationalen Finanzmärkten*, Stuttgart 2000.

Copeland, L.: *Exchange Rates and International Finance*, London 2000.

Copeland, T.: *Unternehmenswert*, Frankfurt 2002.

Cuthbertson, K.: *Financial Engineering*, Chichester 2001.

Däumler, K.: *Betriebliche Finanzwirtschaft*, Berlin 2002.

Diewald, H.: *Zinsfutures und Zinsoptionen*, München 1999.

Drukarczyk, J.: *Finanzierung*, Stuttgart 2003.

Eckstein, W.: *Leasing. Handbuch für die betriebliche Praxis*, Frankfurt 2000.

Ehlers, H., Jurchert, M.: *Börsengang von Mittelstandsunternehmen*, München 1999.

Eichhorn, P.: *Finanzierung des Mittelstandes vor neuen Herausforderungen*, Baden-Baden 2003.

Eilenberger, G.: *Betriebliche Finanzwirtschaft*, München 1998.

Eller, R.: *Alles über Finanzinnovationen*, München 1995.

Engelmann, A. et. al.: *Moderne Unternehmensfinanzierung*, Frankfurt 2000.

Fischl, B.: *Alternative Finanzierungsformen für kleine und mittelere Unternehmen*, Wiesbaden 2006.

Fahrenholz, B.: *Neue Formen der Unternehmensfinanzierung*, München 1998.

Geigenberger, I.: *Risikokapital für Unternehmensgründer*, München 1999.

Gildeggen, R.: *Internationale Handelsgeschäfte*, München 2000.

Gerke, W. et. al. (Hg.): *Handbuch des Finanzmanagements*, München 1993.

Gerke, W., Bank, M.: *Finanzierung*, Stuttgart 2005.

Gigl, M.: *Betriebliche Altersversorgung*, Stuttgart 2003.

Gögler, C.: *Asset-Backed Securities*, Dissertation Wiesbaden 1995.

Gräfer, H.: *Finanzierung*, Berlin 2001.

Haarmeyer, H.: *Handbuch der Insolvenzordnung*, München 2001.

Häberle, S.: *Einführung in die Exportfinanzierung*, München 1995.

Hager, P.: *Value-at-Risk und Cash Flow at Risk in Unternehmen*, Siegen 2004.

Häger, M.: *Mezzanine Finanzierungsinstrumente*, Wiesbaden 2004.

Hagenmüller, K.F., Sommer, H.J.: *Factoring-Handbuch*, Frankfurt 1997.

Heull, J.: *Optionen, Futures und andere Derivate*, München 2001.

Jaschinski, S.: »Verbriefung als neues Finanzierungsinstrument für den gehobenen Mittelstand«, in: *Die Bank* 2003.

Jorion, P.: *Value at Risk*, New Jersey 2001.

Keitsch, D.: *Risikomanagement*, Stuttgart 2000.

Kettel, B.: *Economics of Financial Markets*, New Jersey 2001.

Kienbaum, J., Börner, C. J.: *Neue Finanzierungswege für den Mittelstand*, Wiesbaden 2003.

Koch, W.: *Praktikerhandbuch Börseneinführung*, Stuttgart 2000.

Koch, W.: *Praktikerhandbuch Due Diligence*, Stuttgart 2001.

Kokalj, L.: *Neue Tendenzen in der Mittelstandsfinanzierung*, Bonn 2002.

Krahé, A.: *Der kleine Ratgeber zur Wirtschaftsförderung*, Köln, 2001.

Kramer, K.: *Die Börseneinführung als Finanzierungsinstrument mittelständischer Unternehmen*, Wiesbaden 2000.

Kratzer, J.: *Leasing in Theorie und Praxis*, Wiesbaden 2001.

Kruschwitz, L.: *Finanzierung und Investition*, Berlin 1999.

Kruschwitz, L.: *Finanzmathematik*, Berlin 2001.

Link, G.: *Anreizkompatible Finanzierung durch Mezzanine-Kapital*, Frankfurt 2002.

Loderer, C. et al.: *Handbuch der Bewertung*, Frankfurt 2001.

Löhr, A.: *Börsengang*, Stuttgart 2001.

Lüpken, S.: *Alternative Finanzierungsinstrumente für mittelständische Unternehmen*, Stuttgart 2004.

Manz, K., Dahmen, A.: *Finanzierung*, München 1998.

Marotzke, W.: *Das Unternehmen in der Insolvenz*, Frankfurt 2001.

Menkoff, L.: *Finanzmärkte in der Krise*, Stuttgart 1999.

Mewissen, D.: *Mittelstandsfinanzierung mit Factoring und Asset Backed Securities*, Wiesbaden 2005.

Meyer, J.-A., Hansen, P.: *Handbuch der Förderprogramme für kleine und mittlere Unternehmen*, München 1999.

Müller-Känel, O.: *Mezzanine Finance*, Zürich 2003.

Nittka, J.: *Informelles Venture-Capital am Beispiel von Business-Angels*, Stuttgart 2000.

Obst, G., Hintner, O.: *Geld-, Bank- und Börsenwesen*, Stuttgart 2000.

Oehler, A.: *Finanzwirtschaftliches Risikomanagement*, Berlin 2001.

Ohl, H.P.: *Asset Backed Securities: Ein innovatives Instrument zur Finanzierung deutscher Unternehmen*, Wiesbaden 1994.

O.V.: *Mezzanine Finanzierungen für KMUs*, Zürich 2005.

O.V.: *Corporate Finance & Private Equity Guide 2005*, Zürich 2005.

Perridon, L., Steiner, M.: *Finanzwirtschaft der Unternehmung*, München 2000.

Reuter, A.: *Projektfinanzierung*, Stuttgart 2001.

Rosar, M.: *Asset-Backed Securities*, Aachen 2000.

Schmidt, A.: *Betriebliche Altersversorgng in mittelständischen Unternehmen*, Stuttgart 1985.

Schneck, O.: *Betriebswirtschaft konkret*, Weinheim 2006.

Schneck, O.: *Finanzierung*, München 2004.

Schneck, O.: *Lexikon der Betriebswirtschaft*, München 2005.

Schneck, O.: *Rating*, München 2003.

Schneck, O.: *Rating ABC*, Weinheim 2004.

Schneider, J.: *Erfolgsfaktoren der Unternehmensüberwachung*, Berlin 2000.

Schumacher, C.: *Investor Relations Management and Ad-hoc-Publizität*, München 2001.

Scott, C.: *Due Diligence in der Praxis*, Wiesbaden 2001.

Sprink, J.: *Finanzierung*, Stuttgart 2000.

Stocker, K.: *Internationales Finanzrisikomanagement*, Wiesbaden 1997.

Szesny, K.: *Handbuch Finanzmarkt*, Wiesbaden 2001.

Terstege, U.: *Bezugsrecht bei Kapitalerhöhungen*, Wiesbaden 2001.

Turwitt, M.: *Asset-backed Finanzierungen und handelsbilanzielle Zuordnung*, Wiesbaden 1999.

van Horne, J.: *Financial Market Rates and Flows*, New Jersey 2001.

Weber, Th.: *Mezzanine-Finanzierung. Neue Perspektiven für den Mittelstand*, Wiesbaden 2005.

Weitnauer, W.: *Handbuch Venture-Capital*, München 2000.

Weitnauer, W.: *Management Buy-Out. Handbuch für Recht und Praxis*, München 2003.

Werner, H.: *Mezzanine-Kapital*, Wiesbaden 2004.

Werner, H.: *Stilles Gesellschaftskapital und Genussrechtskapital als stimmrechtsloser Eigenkapitalersatz*, Göttingen 2004.

Wimmer, K.: *So rechnen Banken*, München 2000.

Zahn, E.: *Handlexikon zu Futures, Optionen und innovativen Finanzinstrumenten*, Hemsbach 2000.

Internet-Links

Bank for International Settlements	http://www.bis.org
Bundesanstalt für Finanzdienstleistungsaufsicht	http://www.bafin.de
Bundesministerium für Wirtschaft und Arbeit	http://www.bmwi.de
KfB Mittelstandsbank	http://www.kfw-mittelstandsbank.de
Deutsche Börse AG	http://www.deutsche-boerse.de
European Private Equity & Venture Capital Association (EVCA)	http://www.evca.com
Inernational Swaps and Derivatives Association	http://www.isda.org
Kreditanstalt für Wiederaufbau Bankengruppe	http://www.kfw.de
Prof. Dr. Schneck Rating GmbH	http://schneck-rating.de

Software

Brink, U.: *Factoringvertrag* auf Diskette, Kommunikationsforum 1998.

Deutsch, H.: *Derivate und Interne Modelle. Modernes Risikomanagement*, Stuttgart 2001.

Dieckmann, H.: *Öffentliche Finanzhilfen* auf Diskette, Baden 1999.

Ertl, M.: *Finanzmanagement in der Unternehmenspraxis* auf CD-ROM, München 2000.

Existenzgründungssoftware auf CD-ROM, Bodlee Consultants 2000.

Finanz Planer inkl. TelDeInfo, DTP Neue Medien 2000.
Franchise-CD, Forbys Guide 2001.
Handbuch Risikomanagement mit Diskette, Stuttgart 2001.
Leasing oder Kauf mobiler Investitionsobjekte, NWB 2001.
Planbilanz auf CD-ROM, NWB 2000.
Schneck, O.: *Lexikon der BWL* auf CD-ROM, München 2006.

Verzeichnis der Abbildungen

Handbuch Alternative Finanzierungsformen. Ottmar Schneck
Copyright © 2006 WILEY-VCH Verlag GmbH & Co. KGaA, Weinheim
ISBN 3-527-50219-X

Index

Handbuch Alternative Finanzierungsformen. Ottmar Schneck
Copyright © 2006 WILEY-VCH Verlag GmbH & Co. KGaA, Weinheim
ISBN 3-527-50219-X

Ottmar Schneck

Betriebswirtschaft konkret

Alles, was Sie wissen müssen

2005. 321 Seiten. 91 Abbildungen. Broschur.
ISBN 3-527-50193-2

Fundierte Entscheidungen im Unternehmen verlangen ein solides BWL-Wissen – egal ob im Marketing, im Controlling, in der Finanzplanung, im Personalmanagement oder im strategischen Management. Das heißt betriebswirtschaftliche Grundkenntnisse sind unerlässlich für Entscheidungsträger und solche, die es werden wollen. Doch nicht jeder Praktiker im Unternehmen besitzt diese Kenntnisse.

Professor Dr. Ottmar Schneck hat alle wichtigen Aspekte der Betriebswirtschaft in seinem Buch zusammengestellt: von den klassischen Themen des Managements über die Geschichte und Entwicklung der Disziplin BWL bis hin zu den aktuellen Ansätzen moderner Betriebswirtschaftslehre. Das Buch ist in den unterschiedlichen Kapiteln klar strukturiert, so dass der Leser sich leicht orientieren und persönliche Schwerpunkte setzen kann. Die Inhalte sind systematisch und praxisnah dargestellt. Darstellende Übersichten sowie Fallbeispiele, kurze Zusammenfassungen und Übungen erleichtern dem Praktiker die Wissensaneignung.

Ein ideales Buch für alle Praktiker und Studenten, die sich grundlegendes BWL-Basiswissen aneignen oder ihr bereits erworbenes Wissen auffrischen möchten.